Thomas Klie
Kasualtheorie

Thomas Klie

Kasualtheorie

Angelegenheiten gelebter Kirchlichkeit

DE GRUYTER

ISBN 978-3-11-914810-8
e-ISBN (PDF) 978-3-11-220494-8
e-ISBN (EPUB) 978-3-11-220459-7

Library of Congress Control Number: 2025945481

Bibliografische Information der Deutschen Nationalbibliothek
Die Deutsche Nationalbibliothek verzeichnet diese Publikation in der Deutschen Nationalbibliografie; detaillierte bibliografische Daten sind im Internet über http://dnb.dnb.de abrufbar.

© 2025 Walter de Gruyter GmbH, Berlin/Boston, Genthiner Str. 13, 10785 Berlin.
Satz: Frank Hamburger

www.degruyterbrill.com

Fragen zur allgemeinen Produktsicherheit:
productsafety@degruyterbrill.com

Für Linde

Vorwort

Die vorliegende Kasualtheorie gelebter Kirchlichkeit, die ich etwas verwegen mit „Angelegenheiten" überschrieben habe, hat eine längere Entstehenszeit hinter sich als viele andere Buchpublikationen, die zumeist in einer konzentrierten Auszeit wie einem Forschungsfreisemester entstehen. Seit 2020 habe ich an der Theologischen Fakultät Rostock regelmäßig Lehrveranstaltungen zur Kasualtheorie angeboten und in Vorlesungen und (Ober-)Seminaren dieses für die kirchliche Religionskultur so zentrale Thema traktiert. Den ganzen Themenbereich der Bestattungskultur wurde allerdings schon seit Beginn meiner Rostocker Lehrtätigkeit bearbeitet. Die ersten Veröffentlichungen liegen hier schon über 20 Jahre zurück, ebenso die Arbeiten zum zivilreligiösen Festkalender. Das Kasuelle mitsamt seinen kulturellen, kirchlichen und pastoralen Resonanzen war also der ständige Begleiter meines akademischen Lebens. Viele wichtige Impulse, die mich immer wieder genötigt haben, meine Theorie nachzujustieren, habe ich in Pfarrkonferenzen bekommen, die ich als Referent besuchte. Anregend waren nicht zuletzt auch die verschiedenen Tagungen zur Kasualkultur, zu denen ich nach Rostock einladen konnte – allen voran natürlich die lange Reihe der funerale-Tagungen.

Kurzum: Dieses Buch stellt zu weiten Teilen eine Art Summa meines Lehrens und Forschens dar. Und ich freue mich, das Manuskript jetzt zwei Jahre nach meiner Emeritierung abschließen zu können.

Ich danke allen, denen ich die exemplarischen Praxisimpressionen jeweils am Beginn der einzelnen Kasualkapitel verdanke: Pastor Sebastian Gunkel / Rostock, Klaus Haendel / Salzderhelden, Pastor i.R. Gerd Kerl / Dortmund, Peggy Morenz und Michael Angern / Ahrensbök, Landessuperintendent i.R. Matthias Kleiminger / Parkenthin und Pastorin Susanne Zingel / Keitum auf Sylt.

Dr. des. Jakob Kühn gebührt mein ganz besonderer Dank. Als Mitarbeiter und freundschaftlich verbundener Kombattant war es immer ein anregendes Vergnügen, mit ihm mit- und querdenken zu können.

Stud. theol. Juliette Strößner sage ich Dank für die akribische Durchsicht des Manuskripts. Und Dipl. theol. Frank Hamburger verdanke ich das wie so oft tadellose Layout der Druckvorlage.

Aus ihrem Bernischen Pfarramt heraus begleitete meine Frau Dr. Sieglinde Klie meine kasualtheoretische Arbeit mit ihren Praxiserfahrungen und ihrem praktisch-theologischen Sachverstand. Ihr ist dieses Buch gewidmet.

Amsoldingen im Januar 2025   Thomas Klie

Inhalt

Vorwort —— VII

1	**Fallweise kirchlich – Das Wesentliche vorweg —— 1**	
1.1	Angelegenheiten —— 1	
1.2	Kerngeschäft im Sinkflug —— 5	
1.3	Tradieren brüchiger Üblichkeiten —— 10	
1.4	Rede und Ritus —— 13	
1.5	Mehr als Seelsorge —— 14	
1.6	Rites sans passage —— 16	
1.7	Mehr als die „holy four", mehr als der Einzelne —— 17	
1.8	Adressierung —— 20	
1.9	Kasualdinge —— 21	
1.10	Erinnerung —— 22	
1.11	Close reading / distant reading —— 24	
1.12	Genese —— 25	
2	**Kasualien – eine kleine Theoriegeschichte —— 26**	
2.1	Kasualien als liturgischer Akt am Ort des Subjekts —— 26	
2.2	Kasualien als Predigtpraxis in der Gemeinde —— 30	
2.3	Kasualien als kirchlicher Verkündigungsauftrag —— 33	
2.4	Kasualpraxis als ritueller Ausdruck volkskirchlicher Normalität —— 37	
2.5	Kasualpraxis im Spiel theologischer Deutungen —— 40	
2.6	Kasualien als Religionspraxis —— 45	
2.7	Eine vorläufige Bilanz —— 48	
3	**Konstitutiva —— 50**	
3.1	Der Kasus —— 50	
3.1.1	Kasus, Kasualie und gemeinsamer Nenner —— 50	
3.1.2	Der Kasus als resonantes Ereignis und Besonderung —— 55	
3.1.3	Der Kasus im Singular, Dual und Plural —— 63	
3.2	Kasualgespräch —— 66	
3.2.1	Fallweise —— 66	
3.2.2	Kontaktnahme —— 69	
3.2.3	Administrative Belange —— 70	
3.2.4	Anamnese —— 71	
3.2.5	Liturgiedidaktische Vergewisserung —— 79	
3.2.6	Kompositorische Aushandlung —— 81	

3.3	Rede und Ritus —— 83	
3.3.1	Komplementäre Verschiedenheit —— 83	
3.3.2	Rhetorisch-rituelle Zuordnung —— 87	
3.3.3	Ritenzuwächse in spätmoderner Kasualpraxis —— 91	
3.3.4	Die Kasualpredigt —— 94	
4	**Alte, neue und vergessene Kasualien —— 104**	
4.1	Taufe – die fluide Freistellung des christlichen Subjekts —— 105	
4.1.1	Tauferinnerung als Osterprozession —— 105	
4.1.2	Ur-Kasualie Taufe —— 108	
4.1.3	Soziologische Befunde —— 116	
4.1.4	Rechtsfolgen —— 120	
4.1.5	Von der Differenzkasualie zur Kindersegnung —— 121	
4.1.6	Spiegelperspektive: die Taufe der Anderen —— 123	
4.2	Einschulung – Fröhlicher Wechsel in die Kohorte der Gleichaltrigen —— 126	
4.2.1	Kontraste —— 126	
4.2.2	Kleine Geschichte der Zuckertüte —— 129	
4.2.3	Die Einschulung zwischen Passageritus, Kasualie und Familienfest —— 131	
4.2.4	Spiegelperspektive —— 133	
4.2.5	Einschulungsgottesdienst —— 134	
4.3	Konfirmation – kirchliche Mündigkeit initiieren —— 137	
4.3.1	Konfliktfall Konfirmation —— 137	
4.3.2	Geschichte der Konfirmation —— 142	
4.3.3	Der praktisch-theologische Ort —— 148	
4.3.4	Inszenierungsmuster —— 161	
4.3.5	Spiegelperspektive: Konfirmation als Elternkasus —— 165	
4.4	Trauung – öffentliche Darstellung verantwortlicher Partnerschaft —— 167	
4.4.1	„Ich freute mich kindisch dazu, Braut zu werden" —— 167	
4.4.2	Szenen der Ehe: eine historische Skizze —— 169	
4.4.3	Die kirchliche Trauung —— 170	
4.4.4	Familiensoziologische Befunde und kasualtheologische Optionen —— 175	
4.4.5	Warum aber heiraten Menschen heute? Und warum heiraten sie kirchlich? —— 179	
4.4.6	Vom Passage-Ritus zum Vergewisserungs-Ritus —— 183	
4.4.7	Erinnerungen —— 186	
4.4.8	Deutende Festfolge und gestreckte Kasualie —— 189	

4.4.9	Verähnlichungen —— **190**	
4.5	Heiligabend – das *Memento nasci* als Kasus —— **194**	
4.5.1	Christvesper mit Musical —— **194**	
4.5.2	Wenn das Kirchenjahr Kasualien hervorbringt —— **197**	
4.5.3	Die Geburt der Weihnachtskasualie aus dem Geist des 19. Jh. —— **203**	
4.5.4	Alle Jahre wieder —— **206**	
4.6	Ordination – Inszenierung eines feinen Unterschieds —— **209**	
4.6.1	Neugierig auf das fremde Geschehen —— **209**	
4.6.2	Alle Merkmale einer Kasualie —— **211**	
4.6.3	Geschichte der evangelischen Ordination —— **214**	
4.6.4	… und legte ihnen die Hände auf —— **218**	
4.6.5	Ordination als Familienfeier —— **219**	
4.7	Bestattung – letzte Deutungen —— **221**	
4.7.1	„Für mich soll's rote Rosen regnen" —— **221**	
4.7.2	Das Memento mori: der Tod im Spiegel —— **225**	
4.7.3	Kleine Geschichte der christlichen Bestattung —— **226**	
4.7.4	Moderngesellschaftliche Pluralisierung der Bestattungskultur —— **230**	
4.7.5	Stationen und Begängnis —— **232**	
4.7.6	Rede und Ritus —— **237**	
4.7.7	Trösten und Erinnern —— **241**	
4.8	Riskante Liturgien – Irritationen gesellschaftlicher Sicherheitsverheißungen —— **245**	
4.8.1	Ein tragischer Badeunfall – eine riskante Andacht —— **245**	
4.8.2	Riskante Liturgien – mit landesweiter Resonanz —— **248**	
4.8.3	Riskante Liturgien – mit regionaler Resonanz —— **250**	
4.8.4	Entsicherungen —— **251**	
4.9	Realbenediktionen – dienliche Dinge Gott anbefehlen —— **252**	
4.9.1	I am sailing stormy waters to be near you, to be free —— **252**	
4.9.2	Abgeschattete Schöpfungsdinge —— **254**	
4.9.3	Unklare Grenzverläufe —— **259**	
4.9.4	Material turn und säkulares Unverfügbarkeitsmanagement —— **263**	
4.9.5	Sachverhalte gutsagen —— **267**	
4.10	Das kasuelle Feld der Gegenwart —— **269**	
5	**Konkurrenzkasualien – zwischen ritueller Enteignung und Deutungsmacht —— 271**	
5.1	Concurrere – aneinandergeraten —— **271**	
5.2	Rituelle Pluralisierung —— **275**	
5.3	Gegenspiele —— **280**	
5.3.1	Die weltliche Willkommensfeier —— **280**	

5.3.2	Die Jugendweihe	**283**
5.3.3	Die weltliche Hochzeitszeremonie	**286**
5.3.4	Die weltliche Trauerfeier	**289**
5.4	Konkurrenz im Kontext	**294**
5.4.1	Das kuratierte Selbst	**294**
5.4.2	Die Ökonomie des Einzigartigen	**296**
5.4.3	Die Marktgängigkeit der Kirche	**299**
6	**Erinnerungskasualien**	**304**
6.1	Erinnerung, Gedächtnis und Vergessen	**304**
6.2	Reset und Update	**306**
6.3	Kasuelle Episoden und szenisches Erinnern	**309**
6.4	„Erinnerung" als Leitmotiv der Gegenwartskultur	**311**
6.5	Kulturelles und kommunikatives Gedächtnis	**315**
6.6	Was Erinnerungskasualien vollbringen	**317**
7	**Kasualtheoretische Umcodierungen**	**320**
7.1	Von der Passage zur Confirmation	**320**
7.1.1	Ethnographische und sozialanthropologische Anleihen	**320**
7.1.2	Rituale zwischen Abstinenz und Option	**328**
7.1.3	Feine Unterschiede konstatieren	**337**
7.2	Vom stationären zum ambulanten Christentum	**340**
7.2.1	Gefühlte Teilhabe und faktische Teilnahme	**340**
7.2.2	Die Flaneure und ihre Kirche	**343**
7.2.3	„Assimilieren" und „hineinverstehen": Kasualagenturen	**346**
7.3	Vom Gottesdienstbesucher zum Publikum	**353**
7.3.1	Ein inventiver Spaziergang mit Jacques Rancière	**353**
7.3.2	Publikum und „die ganze Gemeinde"	**357**
7.3.3	*Interpassivität* und der *Spect-Actor*	**363**
7.3.4	Meister der Zeremonie und rubriziertes Handeln	**366**
7.4	Kasualdinge. Wenn die Sachen mithandeln	**368**
7.4.1	Die Tücke des Objekts	**368**
7.4.2	Die Exkommunikation der Kasualdinge	**370**
7.4.3	Der Anteil der Dinge an den Kasualien	**373**
7.4.4	Agency: die Macht der dinglichen Akteure	**377**
7.4.5	Und der praktisch-theologische Ertrag?	**378**
7.5	Spiegelfunktion	**379**
7.5.1	Die vergessene Gemeinde	**379**
7.5.2	Was sich zeigt	**384**

7.5.3	Theoriereferenzen —— **386**	
7.5.4	Perspektivenerweiterungen —— **388**	

8   Kasualien als Erinnerungskunst —— 390

Literaturverzeichnis —— **399**

Sachregister —— **425**

1 Fallweise kirchlich – Das Wesentliche vorweg

1.1 Angelegenheiten

Von Angelegenheiten ist die Rede, wenn etwas zu erledigen anliegt, das für Beteiligte von Belang ist. Was für jemanden anliegt, ist in der Regel wesentlich und oft auch dringlich. Angelegenheiten gehen die Betreffenden mitunter sogar ganz unbedingt an. Angelegenheiten suchen nach zeitnaher Bewältigung, weil sie quer stehen zur fließenden Allmählichkeit der Alltagspragmatik. Die Auseinandersetzung mit einer Angelegenheit kann aber auch aufgeschoben werden, wenn der auslösende Kasus aktuell nicht gelegen kommt oder die Bearbeitung Mühe macht. Die Angelegenheit wird dann oft vertagt, mitunter auch ausgeblendet oder schlicht vergessen. Wird aber die Gelegenheit ergriffen, können die Ergebnisse je nach den jeweils angewählten Bearbeitungsstrategien durchaus unterschiedlich ausfallen. Die Vielfalt der Realisierungswege und die offenen Enden von Belangen sind Teil des Problems. Wären Angelegenheiten sowie ihre Erledigung nicht plural und offen, läge nichts an.

Doch nicht jede offene Angelegenheit ist gleich ein Problem. Ihr Zustandekommen kann auch der unerwartete Ausdruck günstiger Umstände sein, durch die eine Möglichkeit für darauf bezogene Handlungen gegeben ist. Angelegenheiten sind insofern immer auch ein Aspekt individueller Zeitwahrnehmung. Sie markieren geeignete Augenblicke, die etwas in Erinnerung rufen, was bis jetzt nicht im Horizont war und darüber entsprechende Resonanzen auslöst. Oder auch nicht.

Denn Angelegenheiten sind Ansichtssache. Nicht alles, was anliegt, wird auch als besondere Gelegenheit oder Anforderung wahrgenommen. Was der eine als unbedingt angehend betrachtet, ist für andere kaum von Belang. Und umgekehrt. Relevanz und Dringlichkeit sind situations- und personenabhängig. Auch Dritte können Angelegenheiten annoncieren und entsprechend als angehend adressieren.

So oder so: Was anliegt, will bearbeitet werden. Angelegenheiten sind auf Lösungen aus, in jedem Fall aber auf Akteure, die sie sich angelegen sein lassen und die stellvertretend die Gelegenheit ergreifen. Die Angelegenheit fordert in der Regel routinierte Instanzen, die sich ihrer annehmen. Denn das Anliegen will akzeptabel gelöst bzw. seine Dringlichkeit abgefedert werden. Angelegenheiten begegnet man gelingendenfalls mit Entschleunigungen, Klärungen oder Umformungen. Hierfür eignen sich Medien und Orte, die sich bereits praktisch bewährt haben.

Delegierte Angelegenheiten werden für die angefragte bzw. beauftragte Instanz zur Gelegenheit, sich die innere Angelegenheit Anderer insoweit zu eigen zu machen, als es deren Bearbeitung bedarf. Denn die auf Anfrage Beauftragten agieren, indem sie sich kooperativ in den Dienst der Betroffenen stellen. Nicht immer kommen diese Beauftragungen für die Beauftragten gelegen. Denn über die Delegierung wird man in die fremde Angelegenheit verwickelt, hineingezogen. Auch die unmittelbar Betroffenen müssen sich auf die Handlungslogiken der von ihnen Beauftragten einlassen können, denn Delegierte sind immer auch Teil des Systems.

Andere mit eigenen Angelegenheiten zu befassen ist Vertrauenssache. Die Erfüllung einer bestimmten Zukunftserwartung richtet sich auf die Redlichkeit und Kompetenz einer speziellen Person, einer Gruppe oder einer Institution. In jedem Fall braucht es dabei immer die Zuversicht, deren Arbeit an der Angelegenheit einen hohen Verlässlichkeitsgrad einzuräumen. Macht der Vertrauende sein Wohlergehen von der Aktionsmacht seiner Kooperationspartner abhängig, geht er mit seinem Vertrauen auch ein gewisses Risiko ein. Professionalität und Reputation der Beauftragten macht dieses Risiko kalkulierbar.

Angelegenheiten sind Beziehungssache. Was anliegt, kennt Betroffene, Mitbetroffene, Zuschauer – und Zuständige, die für eine Bearbeitung angelegentlich bestellt werden. Auch wenn sich ein Betroffener allein seiner Angelegenheiten annimmt, sind sie in der Fremdwahrnehmung kommunikativ und kooperativ verfasst und in ein Bündel von Wechselwirkungen und Interaktionen eingebunden. Angelegenheiten sind nie nur eine Sache von einzelnen. Angelegenheiten können an kompetente Akteure oder gar Institutionen delegiert werden, wenn man dem sozialen Umfeld eine Bearbeitung nicht zutraut oder zumuten will. Man riskiert dann, dass sich das Private darüber einer Öffentlichkeit stellt.

Angelegenheiten, mit denen man sich wiederholt in ähnlicher Weise konfrontiert sieht, bieten die Chance auf eine ritualisierte Bearbeitung. Als Erfahrungsspeicher gewähren Riten Sicherheit, so sie sich denn an der jeweiligen Angelegenheit anmessen.

Diese Einleitung fasst die tragenden Theoriestellen der vorliegenden Kasualtheorie in knapper Form zusammen. Um sie lesbar zu halten und sie nicht durch überbordende Fußnotenapparate zu überladen, wird in den einzelnen Abschnitten jeweils auf die folgenden ausführlichen Sachkapitel verwiesen. Die Einleitung hat also die Funktion eines komprimierten thematischen Wegweisers durch das Buch.

Kasualien als Angelegenheit zu begreifen, ist durchaus unüblich. Diese Sicht der Dinge verschiebt den Fokus programmatisch auf die Beschaffenheit eines Kasus und die von ihm ausgelösten Handlungsimpulse innerhalb eines sozialen Netzwerks. Während die traditionelle Theoriebildung die Pfarrperson und ihr diesbezügliches seelsorgliches, liturgisches und homiletisches Rollenportfolio ins Zentrum rückt („Amtshandlung"), orientiert sich die Erschließungslogik in der vorliegenden Kasualtheorie in erster Linie an dem, was für wen der Fall ist bzw. nicht der Fall ist. Dieser im weitesten Sinne kairologische[1] bzw. phänomenologische Theoriezugriff setzt voraus, dass der *Kasus* als „Angelegenheit" seine je eigenen Relationen freisetzt und bestimmt. Wer in eine Angelegenheit involviert, mit ihr befasst ist oder sich wie auch immer zu ihr verhält, ist von ihr in gewisser Weise auch schon mitgesetzt. Zugespitzt: Die Pfarrperson spielt hierbei nicht selbständig – sie kommt mit ins Spiel.[2] Und zwar in ein Spiel, das längst begonnen hat, *bevor* sie als Dienstleisterin ins Spiel gebracht wird.[3] Und was sie dabei auszuspielen hat, ist vor allem anderen ihre religionshermeneutische Kompetenz, den an sie herangetragenen Fall bzw. die von ihm Betroffenen weitestmöglich zu verstehen, um dieses ihr Verstehen professionsgetreu einer theologischen Deutung zuzuführen und in Rede und Ritus religiös zur Darstellung zu bringen. Im Zentrum dieser Darstellung steht also weniger das, was der Fall ist, sondern immer auch das, was der Fall sein *könnte* bzw. coram Deo möglich wäre.

Den Fall zum Anlass für eine von der eigentlichen Angelegenheit losgelöste „Verkündigung" zu nehmen, wie es in der dialektischen Phase der Kasualtheorie[4] propagiert wurde, verkürzt das Unverfügbare und Bedrängende der jeweiligen Angelegenheit auf einen rein homiletischen Stimulus. Durch die situationsunabhängig auszurichtende „Botschaft" wird der Kasus seiner Besonderheit beraubt und die Betroffenen werden damit zugleich entmündigt.

Der Ansatz bei den Angelegenheiten löst die Kasualtheorie aber auch aus den in der Theoriegeschichte immer wieder wechselnden ausschließlich liturgischen bzw. homiletischen Rubrizierungen. Das betrifft auch die ritualtheoretischen Thematisierungsüblichkeiten. Denn bei einer Angelegenheit werden natürlich schon weit *vor* einem Gottesdienst die grundlegenden Weichen gestellt. Auch die immer noch starke Zentralstellung des einzelnen Subjekts (des Kasualbegehrenden) wird insofern relativiert, als die kategoriale Bestimmung Angelegenheiten bewusst offen lässt, wer bzw. wie viele die zentral Betroffenen sind. Bei Schulanfängergot-

---

[1] 3.1 Der Kasus.
[2] Zu den spieltheoretischen Implikationen der pastoralen Arbeit vgl. Vf., *Zeichen und Spiel: Semiotische und spieltheoretische Rekonstruktion der Pastoraltheologie* (Gütersloh: Gütersloher Vlg., 2003).
[3] Vgl. ausführlich hierzu Thomas Klie und Jakob Kühn (Hg.), Bestattung als Dienstleistung: Ökonomie des Abschieds (Stuttgart: Kohlhammer, 2019) bzw. Thomas Klie, Folkert Fendler und Hilmar Gattwinkel (Hg.), On demand: Kasualkultur der Gegenwart (Leipzig: Evang. Verlagsanstalt, 2017).
[4] Maßgeblich hier v. a. Manfred Mezger, Die Amtshandlungen der Kirche als Verkündigung, Ordnung und Seelsorge. Band I. Die Begründung der Amtshandlungen (München: Chr. Kaiser Verlag ²1963 [1957]); Günther Dehn, Die Amtshandlungen der Kirche (Stuttgart: Kohlhammer, 1950); Rudolf Bohren, Unsere Kasualpraxis – eine missionarische Gelegenheit? (München: Chr. Kaiser, 1968), 19; Erstveröffentlichung in TEH 147, München 1960. Vgl. 2. Kasualien – eine kleine Theoriegeschichte.

tesdiensten steht eine ganze Kohorte von Gleichaltrigen im Zentrum, ebenso bei der Konfirmation; und bei beiden Anlässen kommt den Eltern eine Schlüsselrolle zu.[5] Und da hier die Deutungsmacht auf diejenigen verschoben ist, die zuallererst einem kontingenten Ereignis die Qualität einer Angelegenheit zumessen, ist auch die passagere Kasualdeutung nicht ohne weiteres verallgemeinerbar.[6]

Des Weiteren bricht die methodologische Entscheidung, Kasualien als Angelegenheiten zu begreifen, religionstheoretisch das allfällige kasualtheoretische Grundmuster auf, Kasualien – implizit wie explizit – als eine binäre Verschränkung von profaner Welterfahrung und kirchlicher Weltdeutung zu denken.[7] Was eine Angelegenheit zu einem Kasus und dann zu einer kirchlichen Kasualie werden lässt, lässt sich nicht einfach mit einer Zwei-Welten-Matrix abbilden. Das Soziale und das Religiöse bzw. biographisches Widerfahrnis und kirchliche Deutung lassen sich im Fall von Kasualien nicht trennscharf auf die jeweiligen Akteure und die kirchlichen Inszenierungskontexte verteilen. Angelegenheiten sind in der Deutung immer schon in Bewegung, fluide, religionshybrid[8]. Schon der Kasus ist in der Wahrnehmung der betroffenen Subjekte oft bereits religiös imprägniert, auch die die Kasualie begehrenden Akteure haben in der Regel eine religiös-kirchliche Biographie (wie rudimentär auch immer), auch das soziale Milieu der kasuell unmittelbar Betroffenen (Familie, Freundeskreis, Bekannte etc.) ist in unterschiedlicher Dichte konfessionell gebunden oder religiös gestimmt. Und umgekehrt bewegt sich längst nicht alles, was in einem Kasualgottesdienst zur Darstellung gelangt, in der Sphäre des Unbedingten.[9] Und natürlich sind auch die die kirchlichen Akte begleitenden und sie dadurch komplettierenden Co-Inszenierungen (Fechtner) zumin-

---

5 4.2 Einschulung – Fröhlicher Wechsel in die Kohorte der Gleichaltrigen; 4.3 Konfirmation – kirchliche Mündigkeit initiieren.
6 8.1 Von der Passage zur Confirmation.
7 Dies zeigt sich in der einschlägigen Fachliteratur vor allem auch in der Terminologie, die die Kasualie als „Schnittstelle" (Kristian Fechtner, Kirche von Fall zu Fall: Kasualpraxis in der Gegenwart – eine Orientierung [Gütersloh: Gütersloher Vlg., 2003], 13, 88 u.ö.); „Scharnierstück" (Christian Albrecht, Kasualtheorie: Geschichte, Bedeutung und Gestaltung kirchlicher Amtshandlungen [Tübingen: Mohr Siebeck 2006], 5; Ulrike Wagner-Rau, Segensraum: Kasualpraxis in der modernen Gesellschaft [Stuttgart: Kohlhammer, 2000], 19 f.), Christian Grethlein, Grundinformation Kasualien: Kommunikation des Evangeliums an Übergängen des Lebens (Göttingen: Vandenhoeck, 2007) oder „Brücke" (Fechtner 2003, 27) signifiziert.
8 Thomas Klie, Peter L. Berger und Klaus Hock (Hg.), Religionshybride: Religion in posttraditionalen Kontexten (Bielefeld: Transcript, 2013).
9 Man denke nur an den Ringwechsel oder den Zusammenspruch bei kirchlichen Trauungen. Vgl. 4.4 Trauung – öffentliche Darstellung verantwortlicher Partnerschaft.

dest religionshybrid ausgelegt. Das „Jenseits der Gesellschaft"[10] ist im kasuellen Feld immer schon mit im Spiel. Kasualien als Angelegenheiten zu verstehen, löst den Kasus und die ihn reflektierende und darstellende Kasualie gewissermaßen aus ihrer traditionellen amtskirchlichen Enge, um sie in die Unwägbarkeiten enttraditionalisierter Lebenslagen einzuzeichnen und die Lesartenvielfalt nicht vorschnell einzugrenzen.

Die epistemisch größte Nähe ergibt sich hier zu den jüngeren Ansätzen in der Kasualtheorie, die die Kasualpraxis als *gelebte Religionspraxis* wahrnehmen. Ausgangspunkt ist jedoch hier die Voraussetzung einer grundsätzlichen Offenheit des kasuellen Feldes. Neue Kasualien, Konkurrenzkasualien, kasuelle Erinnerungsformate und selbst die nicht zustande gekommenen Kasualien sind wichtige Bestandteile der Theoriebildung. Thematisch wird in dieser Kasualtheorie „alles, was so dazwischen fällt", wie es Friedrich Niebergall seinerzeit ausdrückte.[11]

1.2 Kerngeschäft im Sinkflug

Für die Wahrnehmung von Kirche spielen Kasualien eine zentrale Rolle. In der Öffentlichkeit wird das Bild von Kirche nach wie vor durch ihr Kasualhandeln bestimmt. Kirche ist, wenn getauft, konfirmiert, getraut und bestattet wird. Dies gilt auch für die binnenkirchliche Wahrnehmung, denn die übergroße Mehrheit der Evangelischen nimmt ihre Kirchenmitgliedschaft traditionell aus Anlass in Anspruch und nicht weil Sonntag ist. Man lässt seine Kinder taufen (allerdings immer später) und hält sie (in der Regel) an zur Konfirmation, man wünscht eine kirchliche Trauung (schon seltener) und man will auch (mehrheitlich noch) evangelisch bestattet werden. Dabei stellt die Teilnahme an kirchlichen Kasualgottesdiensten für die mit Abstand meisten Kirchenmitglieder den einzigen direkten rituellen Kontakt zu ihrer Kirche dar. In der späten Moderne ist der „Normalfall Gottesdienst"[12] längst nicht mehr die sonntägliche Feier, sondern die Kasualie. Während durchschnittlich nur noch etwa 2,3 % der Kirchenmitglieder an den regulären Gottesdiensten an Sonn- und Feiertagen[13] teilnehmen, sind die liturgi-

---

10 Karl-Wilhelm Dahm, Volker Drehsen und Günter Kehrer, Das Jenseits der Gesellschaft: Religion im Prozeß sozialwissenschaftlicher Kritik (München: Claudius Verlag, 1975).
11 Friedrich Niebergall, Art. Kasualien, in RGG (Tübingen: Mohr Siebeck, ¹1912) Bd. 3, Sp. 949–957 (949).
12 Kristian Fechtner und Lutz Friedrichs (Hg.), Normalfall Sonntagsgottesdienst? Gottesdienst und Alltagskultur (Stuttgart u. a.: Kohlhammer, 2007).
13 Zahlen für 2022 lt. EKD-Statistik; https://www.ekd.de/ekd_de/ds_doc/kirch_leben_2022_r.pdf; vom 1.8.2024.

schen Feiern aus konkretem Anlass die Formate, an denen die traditionell religiös eher zurückhaltenden Protestanten[14] ihre Kirche noch mit einer gewissen Selbstverständlichkeit besuchen. Die empirischen Daten der jüngsten Kirchenmitgliedschaftsuntersuchung (KMU VI) belegen diese These: Bei der Interpretation der insgesamt „recht unterschiedlichen Trends zu den klassischen Kasualien" ist zu allererst zu berücksichtigen, dass „diejenigen Befragten, die angaben, im zurückliegenden Jahr mindestens einmal einen Gottesdienst besucht zu haben, [...] als Anlass dafür zu 89 % einen Kasus/ein Sakrament wie Taufe, Konfirmation, Erstkommunion oder Beerdigung [nannten]. Weihnachtsgottesdienste folgen mit 80 %, alle anderen Anlässe sind weit abgeschlagen. Kasualgottesdienste haben also von allen Gottesdiensten die größte Breitenwirkung. Sie stellen eine wichtige Kontaktstelle auch zu denjenigen Menschen dar, die nur noch wenige andere Berührungspunkte zum kirchlichen Leben haben. Diese Bedeutsamkeit gilt trotz des deutlichen Rückgangs der Kasualgottesdienste insgesamt."[15]

In den Kasualgottesdiensten wird religiöse Deutung von den Kasualbegehrenden und deren Angehörigen „von Fall zu Fall"[16] bzw. „bei Gelegenheit"[17] abgerufen. Es ist heute offenbar eine kirchliche Religion „just in time" gefragt, die man kaum noch im Wochenrhythmus kultiviert, sondern gewissermaßen auf konkrete Bedarfe hin. Denn hier werden evangelische Deutungsofferten konkret, hier können die Kasualteilnehmer die Relevanz dieser Deutungen ganz unmittelbar mit der eigenen Erfahrung bzw. der momentanen Befindlichkeit in Bezug auf den Kasus abgleichen. Und dieser Plausibilitätsabgleich beschränkt sich weder auf die direkt Beteiligten (Brautpaar, Taufeltern, Konfirmandinnen und Konfirmanden, trauernde Familienangehörige bei Bestattungen) noch nur auf die Kirchenmitglieder unter den Gottesdienstbesuchern. In zunehmendem Maße sind auch Konfessionslose, Ausgetretene und Angehörige anderer Konfessionen oder Religionen[18] als Verwandte und Freunde der Familie mit von der Partie. In den Kasual-

---

[14] Niebergall spricht schon 1912 von „nüchternen evangelischen Abendländer[n] des 20. Jhd.s"; Niebergall, Friedrich, Art. Kasualien in RGG (Tübingen: Mohr Siebeck) ¹1912, Bd. 3, Sp. 949–957 (951).
[15] Evangelische Kirche in Deutschland (Hg.), Wie hältst du's mit der Kirche? Zur Bedeutung der Kirche in der Gesellschaft. Erste Ergebnisse der 6. Kirchenmitgliedschaftsuntersuchung (Leipzig: Evang. Verlagsanstalt 2023), 62.
[16] Kristian Fechtner, Kirche von Fall zu Fall: Kasualpraxis in der Gegenwart – eine Orientierung (Gütersloh ²2011 [¹2003]).
[17] Michael Nüchtern, Kirche bei Gelegenheit: Kasualien – Akademiearbeit – Erwachsenenbildung (Stuttgart: Kohlhammer, 1991).
[18] Zur Wahrnehmung von und Partizipation an Kasualgottesdiensten vgl.: 8.3. Vom Gottesdienstbesucher zum Publikum; 8.5 Spiegelfunktion und 5. Konkurrenzkasualien – zwischen ritueller Enteignung und Deutungsmacht.

gottesdiensten öffnet sich die Kirche in einer konkreten Angelegenheit auch für ein gesellschaftliches Umfeld, das ihr sonst mehrheitlich eher distanziert begegnet. Im Blick auf dieses kasuell motivierte Teilnahmeverhalten kann man die evangelische Kirche mit Fug und Recht als eine notgedrungen offene Kasualkirche bezeichnen – mit all den Chancen, die diese Wirklichkeit für die zeitgemäße Kommunikation des Evangeliums bietet, aber auch mit allen kybernetischen Dilemmata, mit denen Pfarrpersonen dadurch konfrontiert werden. Inwieweit sind konfessionslose sog. „Taufzeugen" ein Äquivalent für das traditionelle Patenamt? Sollen auch Konfessionslose kirchlich bestattet werden? Wie steht es mit der Trauung gleichgeschlechtlicher Paare? Welche Gestaltungselemente, die nur vage oder gar keine Bezüge zur kirchlichen Tradition aufweisen, lassen sich liturgisch einpflegen, ohne darüber das evangelische Profil der Kasualie zu marginalisieren? Und wie steht es mit dem vielerorts praktizierten Zwang, nur noch im Sonntagsgottesdienst zu taufen? U.v.m.

Im Unterschied zum Sonntagsgottesdienst geschieht die Kasualie gewissermaßen „on demand" (dt.: „auf Anforderung", „auf Abruf").[19] Als editorisches Kürzel steht „on demand" für eine Buchproduktion, die erst in Gang gesetzt wird, wenn ein Interessent das entsprechende Buch bestellt hat. Zwar gibt es das Buch als digitale, verlagsseitig eingehegte Vorlage, aber eben nur im Konjunktiv. Real wird das Buch dann durch den kontingenten Kaufakt, der eine Echtzeitforderung mit sich führt. On-demand-Prozesse – in der Wirtschaft gilt dieser Begriffszusatz für Dienstleistungen jeder Art – sind flexibel angelegt, leben sie doch von einem vollen Zugriff des Kunden auf die verheißenen Leistungen. Dieser spätmoderne Produktions- und Rezeptionsvorgang dient der hier vorliegenden Kasualtheorie als Metapher für das Zustandekommen und den Erwartungshorizont von Kasualien. Wer etwas anfordert, erwartet, dass sein Gegenüber dem individuellen Anliegen auch zeitnah, individuell zugeschnitten und qualitativ angemessen gerecht wird. Dies gilt grundsätzlich auch für den Sonntagsgottesdienst, doch hier wird dieses Angebot weitgehend unabhängig von individuellen Angelegenheiten und Bedarfslagen vorgehalten und durchgeführt. Wem diese vorab formulierte religiöse Offerte nicht zusagt, der geht eben nicht hin. Und wer die Kirche als relevantes Unterstützungssystem zur Bearbeitung seiner Angelegenheiten nicht in Betracht zieht, wird keine Kasualie anfragen.

Die Heterogenität der Kasualgemeinde und die Unbestimmtheit der jeweiligen Belange ist eine der schwierigsten Planungsgrößen im kasuellen Handeln. Was in Rede und Ritus den Kasus deuten will, muss zuvor intensiv besprochen, oft aber auch regelrecht ausgehandelt werden. Das bei Paaren beliebte Brautvatergeleit[20]

---

19 Ausführlich hierzu Th. Klie, F. Fendler und H. Gattwinkel (Hg.), On Demand, 2017.
20 4.4 Trauung – öffentliche Darstellung verantwortlicher Partnerschaft.

trifft nicht bei jeder Pfarrperson auf Gegenliebe, gleiches gilt für die durchaus berechtigten Wünsche nach einem eigenständigen Taufgottesdienst am Samstagnachmittag[21]. Kasualien sind so gesehen geradezu klassische Fälle für Deutungsmachtkonflikte.[22] Denn es geht um die Reichweite biblisch-biographischer Deutung von Lebensgeschichten, um Machtworte (wer hat hier warum das Sagen?) und nicht selten auch um Konflikte, in denen die Macht zur Deutung in Frage gestellt wird. Das Phänomen kirchliche Kasualpraxis ist eben trotz agendarischer und amtskirchlicher Einhegungen disruptionsoffen. Was getaufte Christenmenschen und ihr Sympathisantenkreis in der Kasualgemeinde als Kasus identifizieren und wie sie ihn gestaltet haben wollen, ist in hohem Maße zeit-, milieu- und kulturrelativ.

Kasualien situationsgerecht, religionsästhetisch ansprechend und theologisch verantwortbar zu gestalten, stellt u. a. aufgrund der religiösen Pluralisierung und Indifferenz vor durchaus widersprüchliche Anforderungen, von denen keine die andere direkt außer Kraft setzt. In diesem kirchlichen Handlungsfeld ist je länger je weniger die kirchliche Amtsperson gefragt, die lediglich agendarisch *rite* und kirchenrechtlich *recte* agiert, sondern eine theologisch urteilsfähige Meisterin der Zeremonie, ein religionstheoretisch reflektierter und zugleich formbewusster Menschenfreund.

Dass Evangelische primär aus Anlass und weniger nach Maßgabe einer Sonntagspflicht zur Kirche gehen, ist kulturell kodiert.[23] Dieses Teilnahmeverhalten ist volkskirchlich üblich, und es ist schon lange so üblich. Schon die erste Monographie zu den Kasualien von Eduard Meuß aus dem Jahre 1892 spricht davon, dass bei Amtshandlungen „in der Regel eine sehr gemischte Menge zusammenkommt. Viele unter denen, welchen der Geistliche bei solcher Gelegenheit gegenübersteht, sieht er sonst niemals."[24]

Das kasuelle Feld ist aber nicht nur im Blick auf die heterogenen Zielgruppen in Bewegung, es franst auch hinsichtlich der gestaltungsfähigen Belange aus, es überformt kirchliche (Hoch-)Feste zu familienreligiös ausgelegten Kasualgottesdiensten[25] und es verschlankt sich quantitativ. Diese Prozesse korrelieren natürlich mit den bekannten religionskulturellen Verschiebungen. Neu sind der wachsende Druck durch eine säkulare Konkurrenz und die Einsicht, dass die Konkurrenz immer professioneller wird. Und Teil dieser Konkurrenzsituation ist auch die

---

21 4.1 Taufe – die fluide Freistellung des christlichen Subjekts.
22 Philipp Stoellger (Hg.), Deutungsmacht: Religion und belief systems in Deutungsmachtkonflikten (Tübingen: Mohr Siebeck, 2014).
23 2. Kasualien – eine kleine Theoriegschichte.
24 Eduard Meuß, Die gottesdienstlichen Handlungen von individueller Bedeutung in der evangelischen Kirche (Gotha: Perthes, 1892), 67.
25 4.5 Heiligabend – das Memento nasci als Kasus.

Nicht-Kasualie, also die Entscheidung, einen Kasus weder kirchlich noch säkular gestalten zu lassen.

Empirisch wahrnehmbar erstreckt sich das Kasualbegehren immer mehr auch auf Anlässe, die die traditionelle Vierzahl der Kasualien übersteigen: Gebäude und Reisende wollen gesegnet, Glocken geweiht, Erstklässler wie Abiturientinnen liturgisch bedacht und Presbyter verabschiedet werden; an Verstorbene soll die Kirche erinnern und das Verliebtsein am Valentinstag würdigen, die Trennung von Paaren rituell befrieden, Kranke salben und Totgeborene kirchlich bestatten. – Parallel dazu zeigt sich im Bereich kirchlicher Festkultur ein starker Trend zur Kasualisierung.[26] Man besucht die Christvesper, das Erntedankfest (im ländlichen Raum) oder den Ewigkeitssonntag, weil dort ein Kasus thematisch wird, der für die Beteiligten individuell von Belang ist: die Sehnsucht nach der heilen Familie, die (bäuerliche) Einkommensbilanz und die altersbedingt wachsende Einsicht in die Endlichkeit irdischer Existenz. Aus dem kirchenjahreszeitlichen Rhythmus wird die kasualanaloge Option. – Und quer dazu liegt der z. T. frappierende Rückgang der Kasualgottesdienste bzw. die Zahl derer, die sie in Anspruch nehmen. Laut EKD-Statistik[27] sank im durchaus überschaubaren Zeitraum von 2012 bis 2022 die Zahl der Taufen um rund 14%, die der Trauungen um 27%, die Zahl der Konfirmandinnen und Konfirmanden gar um 39% und die der Bestattungen um 24%. Dies hat natürlich zunächst Gründe, die eng mit dem Kirchenaustrittsverhalten und dem demographischen Wandel korrelieren. Doch lag der Rückgang der evangelischen Kirchenmitglieder im selben Zeitraum „nur" bei rund 18%. Allein im – in diesem Zusammenhang notabene verkürzten – Blick auf die absoluten Zahlen zeigt sich, dass mit Ausnahme der Taufen der Zuspruch zu den Kasualien stärker zurückgegangen ist als die Kirchenmitgliedschaft.[28] Offenbar hat die evangelische Kirche auch und gerade innerkirchlich ein kasuelles Vermittlungsproblem. Immer weniger Evangelische vertrauen ihrer Kirche die Gestaltung einer biographisch bedeutsamen Angelegenheit zu bzw. an.

Um diese Vermittlungshemmnisse abzubauen, haben sich in jüngster Zeit sog. *Kasualagenturen*[29] gegründet. Hier werden von jeweils einer Gruppe innovations-

---

26 Die letzten Kirchenmitgliedschaftsuntersuchungen zeigen, dass eine Bewegung hin zum Festtagsgottesdienst bzw. Erlebniskirchgang beobachtet werden kann, die Teil einer gesellschaftlichen Veränderung von Teilnahmeverhalten im kulturellen Bereich ist. Die regelmäßige Teilnahme wird durch eine punktuelle Teilnahme ersetzt, die durchaus unterschiedlich motiviert ist.
27 EKD-Statistik 2022 (https://www.ekd.de/ekd_de/ds_doc/kirch_leben_2022_r.pdf) im Vergleich zu den Zahlen von 2012 (https://www.ekd.de/ekd_de/ds_doc/kirch_leben_2012_r.pdf); vom 1.8.2024.
28 Differenzierte Einsichten in die Entwicklung und Ausgestaltung der Kirchenmitgliedschaft bieten hier die in 10-Jahresabstand durchgeführten EKD-Mitgliedschaftsuntersuchungen.
29 8.2 Vom stationären zum ambulanten Christentum.

freudiger Pfarrpersonen niederschwellige und individuell stimmige kirchliche Zeremonien angeboten. Pfarrperson und Ort können wie auch die Gestaltung des Rituals weitgehend frei verhandelt werden. Kirchenmitgliedschaft und Gemeindezugehörigkeit spielen für die Gestaltung und Durchführung der Kasualie eine nur untergeordnete Rolle – demgegenüber steht das Portfolio persönlicher Bedürfnisse im Vordergrund. Man versteht sich in diesen Anlaufstellen als Serviceeinrichtung und kirchlicher Dienstleister. Ziel ist es, administrative Hürden und Schwellenängste abzubauen, um eine zugewandte „Willkommenskultur" zu etablieren. Medienpräsenz und leichte Erreichbarkeit sind weitere programmatische Attribute dieser Arbeit. Der bewusst offene Prozess, der mit den Kasualagenturen in den Landeskirchen initiiert wurde, versteht sich als ein Erprobungsraum für eine „neue Kasualpraxis". Theologisch rekurrieren alle Agenturen diesbezüglich auf den biblischen Vorstellungs- und Gestaltungszusammenhang des Segens. Wie sich aber diese neue Kasualpraxis, die sich zunächst noch auf nur wenige urbane Zentren beschränkt, entwickelt und wie sich die hier gemachten Erfahrungen gemeindlich operationalisieren lassen, wird sich allerdings erst noch erweisen müssen.

1.3 Tradieren brüchiger Üblichkeiten

Angelegenheiten, die sich in einem Kasus verdichten, kirchlich zu begehen, ist zu weiten Teilen *auch* traditionell mitmotiviert. Man feiert den Kasus, weil *man* das *immer* so gemacht hat, weil es die Eltern und Großeltern so gehalten haben oder es die soziale Mitwelt nahelegt. Hier stehen die Kasualien als konventionelle Handlungsmuster religionskulturell bereit, auch wenn der jeweils individuelle Zugriff eingelagert ist in komplexe Traditions- und Erinnerungsprozesse. Von diesem Traditionsmotiv leben paradoxerweise auch die säkularen Konkurrenzkasualien[30], die von den kirchlichen Kasualien zwar den Anlass übernehmen und den rituellen Rahmen kopieren, nicht jedoch deren spezifisch christliche Deutungen. Im weiten Raum der Kasualkultur können Traditionen eben auch einfach nur aufgerufen, zitiert und plagiiert werden. In der späten Moderne lässt sich das individuelle Kasualbegehren angesichts brüchiger Üblichkeiten eben kaum noch einlinig aus prägenden kirchlichen Gepflogenheiten ableiten, auch wenn die traditionellen Kasualien der Kirchen nach wie vor die kulturellen Benchmarks für die säkulare Konkurrenz abgeben.

Die Wirkmacht traditioneller Motivlagen korreliert eng mit einem Stadt-Land-Gefälle. Je ländlicher (und damit oft auch noch volkskirchlicher) die Region, desto

---

[30] 5. Konkurrenzkasualien – zwischen ritueller Enteignung und Deutungsmacht.

stärker ist die Kasualkultur traditionell ausgelegt. Und umgekehrt: Je urbaner die Lebenswelt, desto marginaler fällt die Rolle der kirchlichen Tradition in dem für die Kasualie ausschlaggebenden Motivbündel aus. Die Kasualie firmiert hier wie dort als eine Option unter vielen. Dazu zählt paradoxerweise auch ihre Nichtinanspruchnahme. In urbanen Milieus artikuliert sich das Kasualbegehren weniger als fragloser Nachvollzug (familiär, konfessionell, kulturell) eines tragenden Dispositivs, sondern oft als die *Anwahl* einer traditionellen Verhaltensweise, ein willentliches Nachahmen, eine Option auf Tradition.

Die Attraktivität kasualkultureller Traditionen variiert aber auch hinsichtlich der verschiedenen Kasualien. Während die kirchliche Bestattung vielerorts noch zu den Üblichkeiten zählen, macht sich bei den kirchlichen Trauungen bereits ein starker Traditionsabbruch bemerkbar.[31] Unabhängig davon, ob Kasualien realiter kirchlich begangen werden, sind sie aber nach wie vor fest im kulturellen Gedächtnis verankert. Man *weiß*, dass man sein Kind taufen lassen und zur Konfirmation anhalten kann, auch wenn man beides aus verschiedenen Gründen (jetzt) nicht in Betracht zieht. Man erinnert sehr wohl noch die Möglichkeit religiöser Begängnisse, selbst dann, wenn man sie für die je eigenen Belange – jetzt oder später – nicht realisiert. Kasualien gehören nach wie vor zum kulturell voraussetzbaren Allgemeinwissen.

Kasuelle Traditionen äußern sich religionsästhetisch über eine vestimentäre Praxis (Taufkleid, Konfirmationsanzug, Trauerkleidung), kulinarische Anlässe (Hochzeitsessen, Leichenschmaus) und als (kirchen-)jahreszeitliches Brauchtum (Konfirmationssonntag, Taufsonntage). Je stärker die jeweilige Kasualie ästhetisch markiert ist und je stärker sie im traditionellen Brauchtum verankert ist, desto „witterungsbeständiger" zeigt sie sich im Kanon kirchlicher Traditionen.

Traditionen sind Epiphänomene des kulturellen wie des kommunikativen Gedächtnisses zugleich.[32] Man vergewissert sich seiner Identität im Modus überlieferter Erinnerungshandlungen, in die man sich durch Partizipation selbst einzeichnet. Die gemeinsame Teilhabe rekurriert dabei auf tragende (hier: biblische) Narrationen und Bekenntnisse, die die Tradition legitimieren und sie zugleich performativ fortschreiben. Jede Kasualgemeinde konstituiert gewissermaßen das erinnernde Bewusstsein im feiernden Mitvollzug. Und zugleich wird Familiengeschichte in weiten Teilen nur erzählbar über mitvollzogene Kasualien. Kasualien sind nach wie vor wichtige Taktgeber des familialen Erinnerns. Zusätzlich gestützt

---

31 In Berlin-Brandenburg ist z. B. die Zahl der kirchlichen Trauungen von 2010 bis 2018 um über 40% zurückgegangen. – https://fowid.de/meldung/kirchliche-eheschliessungen-und-scheidungen-deutschland; vom 15.8.2024.
32 8. Kasualien als Erinnerungskunst.

wird dieses Memento durch das obligatorische Familienfoto[33] und andere Erinnerungsartefakte[34] (Traubibel, Taufkerze, Konfirmationsurkunde etc.).

Der kirchliche Aktionsrahmen institutionalisiert Tradition und Erinnerung. (Solitarbestattungen[35] und sog. Pop-up-Taufen[36] stellen in diesem Zusammenhang kasualtheoretische Grenzfälle dar.)

Erosion und Repristination von Traditionen sind natürlich eingelagert in die großen kultursoziologischen Verschiebungen wie Individualisierung und Pluralisierung – mit ihren je spezifischen Teilfunktionen. Die Lebenswelten lösen sich mehr und mehr aus übergeordneten Sinnzusammenhängen, und die institutionellen Selbstverständlichkeiten lockern sich. Damit einher geht ein Generalverdacht gegen die großen kulturnormierenden Erzählungen (Lyotard), der die Vermittlung von kulturellen und religiösen Traditionsbeständen erschwert. Auf der Rückseite dieses gesellschaftlichen Transformationsprozesses aber entsteht als ein Reflex auf die an die Freiheitszuwächse gekoppelten Verlusterfahrungen eine Sehnsucht nach Gewissheiten, die das eigene Leben (neu) zu erfinden verheißen. Traditionsverlust und Traditionserfindung gehen Hand in Hand.

Die traditionellen Kasualien sichern das Wissen um die (individuelle, familiale, biblische) Vergangenheit und schließen die Diskrepanz zwischen den alten Überlieferungen und gegenwärtigem Anlass, zugleich sichern sie sie für die Zukunft. Sie inszenieren eine Retrospektive und zugleich werden sie selbst zum wichtigen Erinnerungsanker. Jede Kasualie eröffnet so gesehen einen je spezifischen Zugang zum (religions-)kulturellen Gedächtnis. Hans Blumenbergs Definition, wonach Tradition nicht etwa aus Relikten bestehe, sondern aus „Testaten und Legaten"[37], trifft für die Kasualkultur in besonderer Weise zu.

---

33 Matthias Marks, „Trost im Angesicht des Toten? Zur Bedeutung der Kasualfotografie in der heutigen christlichen Trauer- und Bestattungskultur", Praktische Theologie der Bestattung, hg. v. Thomas Klie, Martina Kumlehn, Ralph Kunz und Thomas Schlag (Berlin, München und Boston: De Gruyter, 2015), 543–574.
34 Thomas Klie und Jakob Kühn (Hg.): Kasualdinge. Anmutung und Logik kirchlicher Gegenstände (Stuttgart: Kohlhammer, 2023).
35 Dieter Becker: „Solitarbestattung: Evangelische Bestattungen ohne Angehörige als theologische Herausforderung", PTh 102 (2013), 355–370.
36 Praktiziert von einigen Kasualagenturen und z. B. in St. Marien, Berlin: https://marienkirche-berlin.de/pop-up-taufe-im-mittagsgebet-mit-abendmahl-in-st-marien/#:~:text=Nächste%20Termine%20Pop%2DUp%2DTaufe,zum%20Mittagsgebet%20in%20der%20Marienkirche; vom 1.8.2024.
37 Hans Blumenberg, Die Lesbarkeit der Welt (Frankfurt/M.: Suhrkamp, 1981), 375.

1.4 Rede und Ritus

Ein Charakteristikum aller Kasualgottesdienste ist der wechselseitige Verweisungszusammenhang von Predigt und signifikantem Ritus.[38] Ihr Gegensatz ist allerdings relativ, denn auch der Ritus vermittelt Sinn und die gottesdienstliche Rede ist rituell ausgelegt. Die rituelle Kommunikation, die beim evangelischen Predigtgottesdienst eher in den Hintergrund tritt, äußert sich in den Liturgien aus konkretem Anlass in einem Handlungsvollzug, der in aller Regel das symbolisch organisierende Zentrum bildet. Er tritt als das liturgische Komplement zur Ansprache in Erscheinung. Das Übergießen mit Wasser bei der Taufe, der Ringwechsel und das Ineinanderlegen der Hände bei der Trauung, die Handauflegung bei der Konfirmation, der dreimalige Erdwurf bei der Bestattung – all dies sind ausdrucksstarke und in mehrfacher Hinsicht wirkmächtige Handlungen. Bei vielen Kasualien dienen sie im allgemeinen Bewusstsein als die maßgebliche und darum auch namensgebende Symbolhandlung. Taufe ist, wenn getauft wird.

Während die Predigt auf gegenseitige Verständigung, auf Kommunikation aus ist, steht beim Ritus die Performanz der rituellen Darstellung im Vordergrund. Hier wird keine Information mitgeteilt, keine Lebensgeschichte erzählt, sondern in einem rituell orchestrierten Sprechakt (J. L. Austin) etwas gezeigt. Bei den kasuellen Riten verbinden sich Deixis und Lexis: Es geschieht also etwas, und dieses Geschehnis verbindet sich mit geprägten Deuteworten. Im Vollzug wird gleichsam eine neue Wirklichkeit gesetzt. Das Übergießen mit Wasser, das von den Worten begleitet wird (*„Ich taufe Dich im Namen ..."*), bewirkt etwas, was vorher nicht bzw. nicht so war. Der kasuelle Ritus konstatiert also eine Statusdifferenz zwischen einem Vorher und dem Nachher. Die archaische Bestattungsformel *„Erde zu Erde, Asche zu Asche, Staub zu Staub"*, die den dreimaligen Erdwurf deutet, markiert den folgenreichen Transitus von einem präsenten Verstorbenen zu einem unter der Erde verborgenen Leichnam. Der Verstorbene im eingesenkten Sarg ist nun symbolisch mit Erde bedeckt und somit der Welt der Lebenden entzogen.

Diese Differenz wird in der Ansprache thematisch entfaltet, die wie jedes sinnvolle Sprechen in sozialen Kontexten auch performative Effekte hat. Aber in der Ansprache dominiert die Lexis die Deixis. Für das Sagen (predigen, darlegen, ausführen, erzählen) gelten deutlich andere Regeln als für das Zeigen (darstellen, vollführen, gestalten). Das Ohr folgt einer geordneten Sequenz von Wortlauten, das Hören vollzieht sich aussagenlogisch als ein Hintereinander. Ein verlaute-

---

[38] 3.3 Rede und Ritus – Der im Bereich der Religion beheimatete Ritus-Begriff ist in vielerlei Hinsicht besser geeignet, die Kasualhandlung zu beschreiben als der semantisch stark übersteuerte Ritual-Begriff, der seine theoretische Auflösungsstärke im Diskurs weitgehend eingebüßt hat.

ter Gedanke muss für den nächsten Platz machen, er muss erst verklingen, ehe Neues folgen kann. Gehörtes ist tendenziell flüchtig. Das Auge erfasst demgegenüber primär zeitgleich, es ermöglicht eine synchrone „Übersicht" auf alles, was sich zeigt. *„Theoria"* (griech.) bedeutet „Schau" und „Evidenz" (latein.: *videre*) steht für „Gewissheit". Beim Blick kommt es auf die Richtigkeit an, beim Hören-Sagen dagegen auf die Wahrheit, die semantische Folgerichtigkeit. Die in der Deixis vermittelte Sichtbarkeit eines Gegenstands bzw. einer Handlung lässt sie uns als gegeben hinnehmen. Dagegen stellt die in der Lexis angelegte Flüchtigkeit des Gehörten das Wahrgenommene eher in Frage, es provoziert die Kritik, die skeptische Nachfrage.

Übertragen auf die kasualtypische Differenz von Rede und Ritus kann festgehalten werden, dass der kasuell gebundene Ritus (*verbum visibile*) nichts anderes ausdrückt als die kasuell gebundene Rede (*verbum audibile*), aber er „sagt" es auf andere Weise – nämlich indem er es in erster Linie zeigt. Wo die Synchronizität des Sehens das Sagen semantisch übersteigt, schafft die Serialität des Sagens Klarheit und Prägnanz. Einen Predigtsatz kann man relativieren, in Nebensätzen kontextualisieren, über den Metapherngebrauch inszenieren, aber ein kasueller Ritus ist einmalig, selbstredend und unwiederholbar.

Eine besondere Relevanz erhält das Verhältnis von Rede und Ritus bei den sog. Neuen Kasualien. Welcher Ritus trifft den Wesenskern eines Schulanfängergottesdienstes (eines Trennungsgottesdienstes, eines Gottesdienstes am Valentinstag, einer Hauseinweihung, einer Erinnerungskasualie etc.)? Ist hier der Segen wirklich das selbstevidente Passepartout oder lassen sich auch andere passgenauere Riten denken, die den spezifischen Kasus abbilden und ihn zugleich symbolisch übersteigen?

1.5 Mehr als Seelsorge

Die Kasualien als eine eher individuell adressierte kirchliche Zuwendungsform zu thematisieren, hat eine lange Geschichte.[39] Insofern bei Taufe, Konfirmation, Trauung und Bestattung immer auch einzelne Menschen in den Mittelpunkt des liturgischen Geschehens rücken, hat diese Perspektive durchaus einen gewissen Anhalt an der Wirklichkeit. Noch stärker aber rückte der individualtheoretische Fokus in den Vordergrund, als man im Gefolge der Seelsorgebewegung in den 1970er Jahren die Kasualien als einen Artikulationsraum spezieller Seelsorge

---

39 Schon Eduard Meuß 1892 legt seine Monographie als eine Theorie an, die die „gottesdienstlichen Handlungen" primär auf eine „individuelle Beziehung" hin appliziert.

betrachtete.⁴⁰ Auch heute noch ist diese Lesart unter Pfarrpersonen weit verbreitet. Diese unbefragt tradierte Perspektive reduziert jedoch den Kasus auf eine Face-to-face-Kommunikation, bei der die Kasualbegehrenden nicht einfach nur einen Kasus gestaltet haben möchten, sondern sie in erster Linie als latent problembehaftet wahrgenommen werden. Diese Lesart reduziert aber nicht nur das im Einzelfall durchaus komplexe Motivationsgefüge, es reduziert das gewachsene Kompositum aus Kasualgespräch, zu applizierender Kasualpredigt und agendarisch fixiertem Ritus auf nur eine Bedürfnislage und auf nur eine pastorale Interventionsform. Und zugleich verengt es das Feld der Kasualien auf Taufe, Trauung und Bestattung, wo sich der seelsorgliche Zugriff scheinbar wie von selbst ergibt. Und damit verlagert sich das kasuelle Kerngeschehen auf die Anamnese und weg von den Darstellungsaspekten des Gottesdienstes. Eine Kasualie ist aber deutlich mehr als nur ein pastoral ausgelegtes Zwiegespräch.⁴¹ Und sie rückt immer auch mehr als nur ein einzelnes betroffenes Subjekt ins Zentrum: Schließlich stellt ein anwesendes Kollektiv als das actuose Subjekt (Nitzsch) den Resonanzraum dar. Durch die poimenische Verengung gerieten aber auch die besondere Dynamik von Paarkasualien (Trauung, Ehejubiläen) und Gruppenkasualien (Konfirmation, Konfirmationsjubiläen, Einschulungsgottesdienst)⁴² aus dem Blick, sowie die besondere Dramaturgie von Realbenediktionen (Weihehandlungen). Vor allem aber bleiben hierbei die religionskulturellen und gesellschaftlichen Kasualkontexte systematisch außen vor. Zählt man z. B. Gottesdienste aus Anlass von Katastrophen („riskante Liturgien"⁴³) zu den Kasualien, dann steht hier gerade nicht ein isoliertes Subjekt im Zentrum, sondern ein ganzes Gemeinwesen, an und mit dem kasuell zu handeln ist.

---

40 Das einflussreiche Lehrbuch von Dietrich Rössler (Grundriß der Praktischen Theologie, Berlin und New York: De Gruyter, 1986) rubriziert die Amtshandlungen im Deuterahmen der „dreifachen Gestalt des Christentums in der Neuzeit" explizit unter „Der Einzelne". Noch stärker zeigt sich diese individualtheoretische Verengung in der poimenischen Lesart der Kasualien, die in exemplarischer Dichte greifbar ist bei Hans-Joachim Thilo, Beratende Seelsorge: Tiefenpsychologische Methodik dargestellt am Kasualgespräch (Göttingen: Vandenhoeck, 1971).
41 Nicht ohne Grund ist das erste „Opfer" dieses poimenischen Reduktionismus' die Konfirmation (ganz zu schweigen von den sog. neuen Kasualien). Denn hier lässt sich kaum ein Pendant zum Kasualseelsorgegespräch ausmachen.
42 Unter gewissen Umständen sind hier auch Taufen von mehreren Kindern im Gottesdienst zu den Gruppenkasualien zu rechnen.
43 4.8 Riskante Liturgien – Irritationen gesellschaftlicher Sicherheitsverheißungen. – Vgl. Kristian Fechtner und Thomas Klie (Hg.), Riskante Liturgien: Gottesdienste in der gesellschaftlichen Öffentlichkeit (Stuttgart: Kohlhammer, 2011).

1.6 Rites sans passage

Die jüngst publizierten Kasualtheorien[44] rubrizieren nahezu unisono die rituelle Zeitarbeit der Kirche mit van Gennep[45] als sog. „Übergangsrituale". Bei genauerem Hinsehen erweist sich dieses ethnologische Passepartout in der späten Moderne jedoch als wenig plausibel. Heute gliedern sich die weitgehend fragmentierten Lebensläufe kaum noch in signifikante Abschnitte, die rituell als kulturell verallgemeinerbare Schwellen erlebbar werden. Eine zunehmend zeitlose Gegenwart erkennt keine verbindlichen Taktungen mehr an, die das Erleben in eine sinngebende Ganzheit einzupflegen vermögen.[46] Die Syntax ehedem konventioneller Biographien löst sich mehr und mehr auf in die Semantik punktueller sozialer Stützpunkte, Bindung wird zum „commitment".[47] Nur noch ein kleiner Teil der hier reflektierten Kasualien erfüllt im weitesten Sinne die Kriterien für einen *rite de passage*: in der Regel sind es Schulanfängergottesdienste[48], unter gewissen Umstän-

---

[44] Christian Grethlein, Grundinformation Kasualien: Kommunikation des Evangeliums an Übergängen des Lebens (Göttingen: Vandenhoeck, 2007); Kristian Fechtner, Kirche von Fall zu Fall: Kasualpraxis in der Gegenwart – eine Orientierung (Gütersloh: Gütersloher Vlg., ²2011); Ulrike Wagner-Rau, Segensraum: Kasualpraxis in der modernen Gesellschaft, (Stuttgart: Kohlhammer, 2. vollst. überarb. Aufl. 2008); Lutz Friedrichs, Kasualpraxis in der Spätmoderne. Studien zu einer Praktischen Theologie der Übergänge (Leipzig: Evang. Verlagsanstalt, 2008); Christian Albrecht, Kasualtheorie: Geschichte, Deutung und Gestaltung kirchlicher Amtshandlungen (Tübingen: Mohr-Siebeck, 2006).
[45] Der französische Ethnologe Arnold van Gennep (1873–1957) wurde vor allem durch seine 1909 verfasste Monographie „Les rites de passage" bekannt (deutsch: Übergangsriten (Frankfurt/M.: Campus, 2005).
[46] Byung-Chul Han diagnostiziert in philosophischer Perspektive: „Die allgemeine Entzeitlichung führt dazu, dass temporale Abschnitte und Abschlüsse, Schwellen und Übergänge, die sinnbildend sind, verschwinden. Aufgrund der fehlenden starken Artikulation der Zeit entsteht auch das Gefühl, dass die Zeit schneller vergeht als früher. Dieses Gefühl wird dadurch verstärkt, dass Ereignisse schnell einander ablösen, ohne sich tief einzuprägen, ohne Erfahrung zu werden. Aufgrund der fehlenden Gravitation werden die Dinge nur noch flüchtig gestreift. Nichts fällt ins Gewicht. Nichts ist einschneidend. Nichts ist endgültig. Es entstehen keine Einschnitte." – Byung-Chul Han, Duft der Zeit (Bielefeld: Transcript, 2009), 31.
[47] Niklas Luhmann bezeichnet mit dieser Metapher die Ausdifferenzierung religionskultureller Bindungen. – Niklas Luhmann, Die Religion der Gesellschaft (Frankfurt/M.: Suhrkamp, 2000), 292 u. 294.
[48] 4.2 Einschulung – fröhlicher Wechsel in die Kohorte der Gleichaltrigen.

den auch Erwachsenentaufen[49], keinesfalls jedoch Trauungen[50], Konfirmationen[51] oder gar riskante Liturgien[52].

Die Rede von den „Übergängen" als kategoriales Passepartout entstammt einer Zeit, in der die Geburt noch unberechenbar war, die Konfirmation direkt ins Arbeitsleben führte und die Trauung das gemeinsame Eheleben einleitete.[53]

Statt von Übergangsriten ist hier im Blick auf die zentralen kasuellen Handlungen mit Bourdieu von *konstativen Riten*, „Einsetzungsriten" die Rede.[54] Sie sanktionieren und bekräftigen zunächst einmal ganz formal eine Differenz zwischen den Protagonisten und anderen Anwesenden. Der Ritus im Kasus konstatiert gewissermaßen einen sozialen bzw. religiösen Codewechsel zwischen getauft und ungetauft, kirchlich oder standesamtlich geheiratet, konfirmiert oder jugendgeweiht bzw. nicht konfirmiert, „weltlich" oder kirchlich bestattet bzw. religiös initiiert versus in Gebrauch genommen (bei Realbenediktionen). Wahrnehmbar und auf Verstehen gerichtet ist allerdings das ritenbegleitende Votum, das den Unterschied performiert („Ich taufe Dich im Namen des Vaters ...", „Erde zu Erde ..."). Konstative Riten haben also in erster Linie die Funktion eines Kontrastereignisses. Sie grenzen ab, indem sie institutionell normierte Dispositionen festlegen und Kompetenzen zuschreiben. Die ihnen eigene *Agency* besteht darin, dass sie Wirklichkeit im leiblich-mimetischen Vollzug setzen – als einen kontingenten „Akt sozialer Magie" bzw. „symbolischen Willkürakt" (Bourdieu). Ein konstativer Ritus setzt den „feinen Unterschied" im Modus eines leiblichen Anerkennungsprozesses. Er ist ein Kommunikationsakt besonderer Art: weniger eine Passage als vielmehr eine *Confirmation*.

1.7 Mehr als die „holy four", mehr als der Einzelne

Schon in der Rubrizierung der Kasualien als Angelegenheiten deutet sich an, dass hier der Gegenstandsbereich sehr viel weiter abgesteckt wird als in den gängigen Kasualdarstellungen. Zeichnet man die Kasualpraxis in die spätmodernen Lebenswelten ein, dann weitet sich das kasuelle Feld um ein Vielfaches. Zwar bilden die vier kirchlichen Klassiker (Taufe, Konfirmation, Trauung, Bestattung) nach wie vor

---

49 4.1 Taufe – die fluide Freistellung des christlichen Subjekts.
50 4.4 Trauung – öffentliche Darstellung verantwortlicher Partnerschaft.
51 4.3 Konfirmation – kirchliche Mündigkeit initiieren.
52 4.8 Riskante Liturgien – Irritationen gesellschaftlicher Sicherheitsverheißungen.
53 Vgl. Eberhard Winkler, Tore zum Leben: Taufe – Konfirmation – Trauung (Neukirchen-Vluyn: Neukirchener Vlg., 1995), 26.
54 7.1 Von der Passage zur Confirmation.

einen relativen Grundbestand kirchlich kasuellen Handelns, aber eine Kasualtheorie, die in einer sich fluider artikulierenden Moderne Plausibilität beanspruchen will, muss das kriteriologische Raster nach- bzw. neu justieren, um der religiösen und kirchlichen Wirklichkeit noch gerecht zu werden. Klar ist: Die Kasualkultur der Gegenwart lässt sich qualitativ längst nicht mehr nur durch vier teilen, auch wenn statistisch die vier herkömmlichen kirchlichen Kasualien wohl mit Abstand die anderen Formate überragen.[55] Der fraglosen Iteration immer gleicher Deutungsmuster hat sich aber die soziale Wirklichkeit entwunden.[56] Da in den weitaus meisten Kasualtheorien, aber auch in der kirchlichen Praxis immer noch von *den* vier Kasualien die Rede ist, wird diese Nomenklatur hier terminologisch mit dem Etikett „holy four" mitgeführt. Die Vierzahl markiert die Thematisierungsüblichkeiten, während das Epitheton „holy" die implizite Normativität dieser Rubrizierung anzeigt.

Aber nicht nur der traditionelle Viererkanon nimmt in der Literatur einen großen Raum ein. Oftmals undiskutiert geht damit auch eine Konzentration auf das einzelne religiöse Subjekt einher. Dieser Tradition weiß sich schon Eduard Meuß verpflichtet, der 1892 die erste evangelische Kasualtheorie verfasste und sie programmatisch überschrieb mit „Die gottesdienstlichen Handlungen von individueller Beziehung in der evangelischen Kirche". Dieser starke protestantisch liberale Fokus auf die kasuellen Einzelpersonen bestimmt als Cantus firmus die Kasualtheorie bis in die unmittelbare Gegenwart hinein. Im starken Sog der passageritruellen Perspektive auf die Kasualien in den 1970er Jahren haben sich die subjekttheoretischen Systemimperative, die im Gefolge von Schleiermachers romantischer Theologie eine privilegierte Partnerschaft zwischen Subjekttheorie und Kasualtheorie hervorbrachte[57], immer mehr gegen eine differenzierende Sicht auf die numerischen Logiken immunisiert, die das kasuelle Feld maßgeblich mitbestimmen. So wird mit dem generalisierenden *Singular* nicht nur die kopräsente Kasualgemeinde abgeblendet[58], sondern auch der schlichte Umstand, dass bei Konfirmationen eben nicht nur eine einzelne Konfirmandin[59], bei Trauungen grundsätzlich zwei Perso-

---

55 Zwar weisen die aktuellen Lehrbücher durchaus darauf hin, dass es auch „neue" Kasualien gibt und dass auch andere kirchliche Begängnisse als Kasualien gedeutet werden können, aber in der Theoriebildung bleibt diese Einsicht ohne Belang.
56 4. Alte, neue und vergessene Kasualien.
57 2. Kasualien – eine kleine Theoriegeschichte.
58 7.5 Spiegelfunktion.
59 4.3 Konfirmation – kirchliche Mündigkeit initiieren. – „Das Besondere der Konfirmation liegt darin, dass es sich um eine ‚Gruppenkasualie' handelt […]." Michael Meyer-Blanck, „Konfirmation", Liturgisches Kompendium, hg. v. Christian Grethlein und Günter Ruddat (Göttingen: Vandenhoeck, 2003), 329–347 (330).

nen und bei Schulanfängergottesdiensten[60] mehr als ein isolierter Erstklässler im Zentrum des liturgischen Interesses stehen. Und dieser Umstand ist keineswegs nur rein quantitativ von Bedeutung: Die kasuelle Adressierung im *Plural* – im letzten Fall: an die Kohorte der Gleichaltrigen – ist mehr als die Zueignung an eine Summe von Singularitäten, denn der Numerus bestimmt auch qualitativ den kirchlichen Anspruch, die Selbstwahrnehmung der Protagonisten und die soziale Wahrnehmung des Kasus.

Noch deutlicher kommt die Diskrepanz zwischen der Subjektorientierung und dem Erfassen von Kohärenzen und Koalitionen bei den sog. Riskanten Liturgien[61] zum Ausdruck. An den Gottesdiensten anlässlich der Amokläufe von Erfurt (2002) und Winnenden (2009) nahm fast ein ganzes Land Anteil.[62] Ähnliches war auch an der öffentlichen Wahrnehmung der Trauerfeier aus Anlass des Anschlags auf dem Berliner Weihnachtsmarkt (2016) zu beobachten.

Weniger dramatisch, aber auch Realbenediktionen bzw. Einweihungshandlungen richten sich im Blick auf die unmittelbar Betroffenen in aller Regel an mehr als nur einen Adressaten.[63] Und auch hier ist der Plural bedeutungsdifferenzierend, denn er hat direkten Einfluss auf die Adressierung der Rede und die Gestaltung des Ritus. Sei es das Wohlergehen im neuen Heim (Wohnungssegnung), die Indienstnahme eines Großgeräts oder die Einweihung eines öffentlichen Gebäudes – jedes Mal handelt es sich um ein mehr oder weniger großes Kollektiv, dessen jeweiliger Sachverhalt gutgesagt wird (Familie, Verein, Gemeinwesen).

Kasualtheoretisch von Bedeutung ist aber auch der *Dual*. So ist die zivilreligiöse Pointe der Trauung der Zusammenschluss zweier „Singles" zu einem Paar. Die öffentliche Darstellung einer verantwortlichen Partnerschaft ist schließlich das augenfällige Movens für die Traukasualie. Die Eheleute wählen die neue Identität einer „Zweiheit" in enger Relation zu einem intimen Gegenüber. Der Dual bestimmt nicht zuletzt auch die rituelle Dramaturgie: Traufragen/Trauversprechen, Ringwechsel, Ineinanderlegen der Hände, Segen mit Auflegen beider Hände, gemeinsamer Ein- und Auszug. Der Dual ist auch für Traujubiläen[64] und Trennungsliturgien[65] (wenn sie denn paarweise begangen werden) ein zentrales strukturbildendes

---

60 4.2 Einschulung – fröhlicher Wechsel in die Kohorte der Gleichaltrigen.
61 4.8 Riskante Liturgien – Irritationen gesellschaftlicher Sicherheitsverheißungen.
62 Klaus Eulenberger, „Der Boden unserer Herzen ist aufgebrochen: Trauerfeiern nach den Amokläufen von Erfurt (2002) und Winnenden (2009)", in Riskante Liturgien, hg. v. Kr. Fechtner und Th. Klie, 33–42.
63 4.9 Realbenediktionen – dienliche Dinge Gott anbefehlen.
64 6. Erinnerungskasualien.
65 4.4 Trauung – öffentliche Darstellung verantwortlicher Partnerschaft.

Kriterium. Gegenstand beider kasueller Begängnisse ist immer die „Zwiefalt" – in langjähriger Eintracht oder in Gestalt des Scheiterns.

Kasus, die einer Kasualie zur deutenden Darstellung aufgegeben sind, betreffen Christenmenschen im Singular, im Dual und im Plural.

1.8 Adressierung

Die Mehrheit der Kasualtheorien bestimmt den Kasualgottesdienst primär von den primär Betroffenen her, also vom persönlichen Geschick derjenigen Christenmenschen, um deretwillen die jeweils akute Angelegenheit als Kasualie begangen wird. Diese Zentralstellung der kasuellen Protagonisten und ihrer religiösen Bedarfsmeldung geschieht natürlich nicht grundlos, schließlich sind es die Täuflinge (bei Säuglingstaufen im Verein mit Eltern und Paten), die Konfirmandinnen und Konfirmanden (bzw. deren Eltern und Großeltern), das Brautpaar oder die nächsten Angehörigen in einem Todesfall, die einen Kasualgottesdienst veranlassen und insofern mit gewissem Recht kasualtheoretisch zentral gestellt sind. Die Rede von den „Kasualbegehrenden" bringt diesen Initialakzent deutlich zum Ausdruck. Das organisierende Zentrum einer Kasualie sind diejenigen, die die Nachfragesituation verkörpern bzw. sie durch ihr Begehren allererst herbeiführen. Eine Kasualie wird gefeiert, wenn Menschen eine Angelegenheit zum Anlass für eine kirchliche Deutungs- und Darstellungsleistung nehmen.

Doch sind die Protagonisten natürlich in den seltensten Fällen allein mit der Pfarrperson in der Kirche. Verwandte, Bekannte, Patinnen und Freunde sind natürlich immer kopräsent.[66] Und so ist empirisch davon auszugehen, dass Rede und Ritus auch bei der größeren Referenzgruppe der Kasualteilnehmenden existenzielle Resonanzen auslösen (können). Auch und gerade die Predigt muss darum mit Anverwandlungen des vordergründig an die direkt Betroffenen Adressierten rechnen – und die Kasualhomiletik muss diese Spiegelfunktion unbedingt mitreflektieren. Denn in der Hochzeitsgesellschaft gibt es z. B. ebenfalls (un-/verheiratete) Paare, die ihre Paarbeziehung mitangesprochen sehen, ihre Liebesgeschichte mit dem Gehörten abgleichen und sich ggf. erinnern an ihr erstes Rendezvous. Gleiches gilt auch für die Trauergemeinde, die das Kasualgeschehen als Memento mori wahrnimmt, und die Taufgemeinde, die an das eigene Getauftsein (bzw. Nichtgetauftsein) erinnert wird. Indem sich das eigene Befinden in der feierlich inszenierten Geschichte der Anderen spiegelt, erhöht die Kasualie – im gelingenden Fall – die thematisch gebundene Konnektivität in der unmittelbaren Kontaktzone der in

---

66 7.5 Spiegelfunktion.

der Kirche Versammelten. Die affektive Besetzung des Kasus verallgemeinert die durch ihn gesetzten Erfahrungen und vergemeinschaftet die Anwesenden in ganz eigener Weise. Über das gemeinsame Beten, Singen, Hören und Sehen (!) wird aus der kontingenten Gruppe der Anwesenden eine Kasual*gemeinde*.

1.9 Kasualdinge

Bei Kasualien kommen sehr viel mehr religiöse Medien zum Einsatz als in einem Sonntagsgottesdienst.[67] Diese Gottesdienste sind gekennzeichnet durch – bislang noch weitgehend unreflektiert – rituell konstitutive Kontaktnahmen mit Dingen. Bei einer Taufe sind Taufstein, Taufkanne/-wasser, Taufkleid/-kerze, Salböl etc. in Gebrauch, Konfirmationen fordern Kniebank, Urkunde, Bibel etc. und die Trauung Kniebank, Ringe, Patene, Brautgestühl etc. Bei Bestattungen spielen Sarg bzw. Urne, Erdwurf, Großbild des Verstorbenen, Sprechpult und die Kondolenzliste etc. ihre Rollen. Für die sog. „neuen" Kasualien (z. B. Einschulung, Wohnungs-/Haussegnung, Trennung, hohe Geburtstage, Valentinstag etc.) hat sich die Praxis längst noch nicht so stabilisiert, dass ein spezifisches Dingrepertoire identifiziert werden kann. Aber auch hier wird man zeremoniell kaum ohne religiöse Medien auskommen können. Denn die Dinge sind immer auch Bedeutungsträger, selbst wenn sie zumeist sehr diskrete pastorale Vertraute abgeben. In Kasualien aber sind sie über das hinaus zentrale Handlungsträger, die vor allem dann auffallen, wenn sie fehlen, unangemessen positioniert sind oder unprofessionell gehandhabt werden.

In allen kasuellen Vollzügen sind die zuhandenen Dinge keineswegs nur stumme Diener, die dem Handhabenden einfach nur zu Diensten sind. Sakral beanspruchte Objekte führen ein Eigenleben, sie können immer auch „handeln" bzw. mithandeln. Die liturgisierenden Subjekte sind also auf eine Instanz verwiesen, die nicht vollends unter ihrer Kontrolle ist. Dinglich realisierte, an Dinge delegierte, dinglich vermittelte Handlungen konterkarieren die allzu glatte Vorstellung vom instrumentellen Handeln. Diese von dem französischen Soziologen Bruno Latour und dem ebenfalls französischen Philosophen Michel Serres grundgelegte Spur im Handlungsportfolio kirchlicher Religion weiterzuverfolgen, zumal in einer von Grund auf spiritualisierten, an-ästhetischen Religion wie dem Protestantismus, wirft eine ganze Reihe offener Fragen auf, die bislang noch nicht in die Kasualtheorie eingetragen worden sind. Wo entstehen sublime Wechselwirkungen zwischen liturgischem Habitus und zeremoniellem Hantieren? In welche gestalterischen Abhängigkeiten drängt die Formation aus kirchenräumlichen Gegebenheiten und

---

67 7.4 Kasual-Dinge.

notwendigen Darstellungshandlungen? Wie werden Berührungen von Objekten (z. Urne bzw. Sarg) begründet und wahrgenommen? Welche Verbindung gehen Kanzel und Ambo mit der an bzw. mit ihnen agierenden Predigerin ein? Welche Umstände bereitet der Umgang mit unbelebter Materie im Kontext religiöser Handlungen?

Die in den Sach-Verhalten ruhenden Vermittlungsleistungen lassen in ihrer eigenlogischen Gravität und Widerspenstigkeit auf eine den Dingen eigene *Agency* bzw. einen sachgemäßen Ideolekt schließen.

1.10 Erinnerung

Das Geheimnis der Kasualien ist die Erinnerung, so die hier vertretene Generalthese.[68] Versteht man Erinnerung (neutestamentlich: *anamnesis*) als die den Zeitsinn steuernde Retentions- und Reproduktionskraft, dann gibt sie das Grundmerkmal ab, unter dem sich die pluriforme Kasuallandschaft kategorial fassen lässt. Der weithin geläufige Fokus auf dem Segen blendet dagegen aus, dass ein Kasus, der sich rituell in einer Kasualie verdichtet, in einer sensiblen Schnittstelle aus Gewesenem, Jetzigem und Baldigem ruht. Die dem Kasus voranliegende Lebensgeschichte, die sich im Kasus vergegenwärtigende Lebenssituation und die sich nach dem Kasus öffnende Zukunft sind im Kasualgottesdienst gewissermaßen kopräsent, und sie sind thematisch greifbar. Alle drei Zeitebenen spiegeln sich auch in der aufgerufenen und liturgisch-homiletisch dargestellten Geschichte des biblischen Textes (Geschichte/n, Gegenwärtiges, Verheißenes). Indem die gegenseitige Erschließung beider Zeitfolgen homiletisch wie liturgisch angebahnt wird, kann die Kasualie zu einer Verstehen schenkenden Anrede an die Gegenwart werden, die über sich hinaus in eine heilvoll erhoffte Zukunft weist. Im gelingenden Fall ordnet also das qualifiziert Unbekannte des biblischen Deutungsraums über die spezifischen Textinszenierungen (Lesung, Lieder, Predigt, Ritus) das biographisch Bekannte.

Zeichnet man die Aufgabe der Pfarrperson in diesen Zeithorizont ein, dann übt sie ihr „Amt der Erinnerung" (Grözinger) aus, indem sie in Rede und Ritus die Traditionen freilegt, von denen sie überzeugt ist, dass sie zum verborgenen bzw. weithin vergessenen religionskulturellen Gedächtnis gehören. Sie vermittelt zwischen Biographie und Bibeltext und macht im gelingenden Fall die christliche Überlieferung als Deutungsressource stark, die die Archive des Vergessens öffnet und das selektive Spiel der Erinnerung zu lebensdienlichen Einsichten anregt. Der biblische Kanon steht in dieser Perspektive also weder zeitresistent und sakrosankt in

---

68 8. Kasualien als Erinnerungskunst.

Geltung, sondern als eine Gegenwart und Zukunft bestimmende Größe. Zugespitzt: Die Pfarrperson befragt die Heilige Schrift, wie das, was war, *ist* und *sein wird*.

An dieser Schnittstelle löst der Kasualgottesdienst die Gegenwart aus ihrer richtungslosen Aktualität heraus und öffnet sie für religiöse Bedeutsamkeit. Rede und Ritus kontinuieren den präsenten Kasus in die Zukunft der Beteiligten, indem sie hier und jetzt paradoxerweise gleichsam von rückwärts her denken, also Vergangenes aufrufen. Das Vergangene äußert sich im biographischen Narrativ, das im Kasualgespräch eruiert wird, wie in den vordergründig alten Texten.

Das den Kasus konstituierende Davor der Kasualie – in der Regel eine biographisch, kirchlich oder gesellschaftlich relevante Begebenheit – wird homiletisch in Erinnerung gerufen, und indem die biblischen Wortlaute die Verheißungen Gottes erinnern, rücken sie den Kasus ein in das „Oberlicht der Geschichte" (Karl Barth). Beides wird in der Ansprache[69] miteinander „versprochen" (E. Lange) und in einem Ritus bekräftigt. Dieses „Versprechen" geschieht in der Hoffnung, im Verein mit dem konstatierenden Ritus die losen Zeitenden des Kasus mit den biblischen Verheißungen zu einer bewohnbaren Welt zu verbinden.

Im bewussten Bespielen dieser Schnittstelle *als* Systemstelle eines offenen Erinnerungsprozesses wird das individuelle Zeiterleben in einen ordnenden Rhythmus eingezeichnet. Generiert wird ein zeitlicher Verlauf, der erlebte Dyschronie[70] synchronisiert mit den wirkmächtigen Verheißungen der Heiligen Schrift. Ungerichtete Zeit wird in ein sinnvolles Vorher und Nachher transformiert. Erinnerung und Erwartung werden situiert, gedeutete Kenntnisse werden zu Erkenntnissen. Das diese Erinnerungsprozesse ermöglichende gottesdienstliche Interim[71] gibt den Ermöglichungsraum ab für diese Markierung. Nicht der Kasus macht bereits die Kasualie – viele Kasus werden heute nicht, schon gar nicht kirchlich begangen. Es ist vielmehr die Kasualie, die den Kasus ausmacht, weil sie ihn aus seiner Kon-

---

[69] Der bei Kasualien übliche Code-Wechsel von „Predigt" auf „Ansprache" signalisiert ein Zweifaches: Zunächst kommt im Terminus „Ansprache" ein homiletisches Diminuitiv zum Ausdruck. In der Tradition Schleiermachers ist die Kasualrede gegenüber der Paradedisziplin „Sonntagspredigt" rein quantitativ eine „kleinere Rede" (Friedrich Schleiermacher, Die Praktische Theologie nach den Grundsätzen der evangelischen Kirche im Zusammenhange dargestellt [Berlin: Reimer, 1850], 321 ff.). Zum anderen deutet sich mit „Ansprache" ein anderer rhetorischer Modus an: ein stärkerer Bezug auf die persönlichen Belange der Kasualbegehrenden, die hier eben direkt „angesprochen" werden sollen.

[70] Byun-Chul Han bezeichnet mit diesem Terminus die erfahrbare lebenszeitliche Desorganisation. Er spricht von einer „Atomisierung der Zeit", die das allgemeine Gefühl vermittle, die Zeit vergehe immer schneller. Für Menschen in der späten Moderne werde es immer schwieriger, aufgrund der „temporalen Zerstreuung" dauerhafte Erfahrungen zu machen. – B.-Ch. Han, Duft, a. a. O., 7 passim.

[71] Zu dieser spiel- und festtheoretisch relevanten Kategorie vgl. Th. Klie, Zeichen, 2003, 108–129.

tingenz löst. Denn erst die rituelle Differenz macht die Zeit bedeutsam, erst die Erinnerung deutet die Gegenwart und öffnet sie für die Zukunft. Religiös erinnertes Präsens schafft in gewisser Weise einen Sog nach vorn.

1.11 Close reading / distant reading

Jedes der Kasualkapitel (4.1–9) beginnt mit einem konkreten Beispiel aus der kirchlichen Praxis. Damit soll in einer Art dichter Beschreibung praxeologisch die Spezifik des Einzelfalls eingefangen werden, um von dorther die Theorie der Kasualie aufzuschlüsseln.[72] Die Kasualkapitel sind also programmatisch durch den Wechsel von *close reading* und *distant reading* bestimmt.

Im Modus des *close reading* (wörtlich: nahes Lesen; lesen zu den Bedingungen eines einzelnen Textes) werden in der Literaturwissenschaft einzelne Texte detailliert und hermeneutisch unter qualitativen Gesichtspunkten analysiert. Diese Lektüretechnik entstammt der amerikanischen literaturwissenschaftlichen Bewegung des New Criticism. Hier werden vor allem die hermeneutischen Methoden der kritischen Bibelexegese mitgeführt, auf die das *close reading* zurückwirkt – gewissermaßen literaturwissenschaftlich reformuliert. Angewandt auf die Kasualpraxis steht das *close reading* für die sorgfältige, nachspürende Lektüre und die induktive Interpretation eines einzelnen Textes bzw. Praxisvollzugs. Die Konzentration liegt auf dem textimmanenten Eigensinn einer gegebenen Handlung, ihrer Dynamik, der in ihr zum Ausdruck kommenden Rhetorik und der mit ihr gesetzten Logik. Exakte Fallbeschreibungen lassen dann Schlüsse zu auf die Charakteristika analoger Fälle.

Der Gegenbegriff ist das *distant reading*, bei dem quantitative und statistische Zugänge zur Literatur im Vordergrund stehen und – zumindest theoretisch – die Beschränkungen individueller Lektürehorizonte vermieden werden sollen. Der Terminus wurde von Franco Moretti bereits im Jahre 2000 eingeführt und hat sich seitdem zu einem Leitbegriff der *Digital Humanities* entwickelt.[73] In diesem Theo-

---

[72] Perspektivisch geht es bei diesem Zugang in Analogie zur Praxistheorie um ein modifiziertes Verständnis des Sozialen, auch wenn sich die einzelnen Kasualkapitel nicht in einer praxeologischen Perspektive erschöpfen. Die Akzente liegen hier vielmehr auf einer mehrperspektivischen Wahrnehmung der entsprechenden Kasualie, bei der kultursoziologische, kirchengeschichtliche, phänomenologische und praktisch-theologische Aspekte miteinander ins Gespräch gebracht werden. Exemplarisch aus der Fülle der Literatur: Hilmar Schäfer (Hg.): Praxistheorie: Ein soziologisches Forschungsprogramm (Bielefeld: Transcript, 2016).
[73] Franco Moretti, Distant Reading (Konstanz: University Press, 2016).

riemodus wird die einzelne Kasualie kontextualisiert: historisch, theologisch und phänomenologisch.

1.12 Genese

Diese *Kasualtheorie gelebter Kirchlichkeit* ist in der vorliegenden Form als kohärentes Ganzes konzipiert, aber wie es die laufende Semesterarbeit zuließ, in mehreren Phasen geschrieben worden. Immer wieder sind in dieser Zeit Impulse aus Pfarrkonferenzen, Kolloquien, Tagungen und Oberseminaren eingeflossen, in denen jeweils Theorieteile präsentiert und diskutiert wurden. Jede neue Sicht auf das Kasualhandeln, die sich darüber plausibilisierte, veränderte und verfeinerte entsprechend auch den Theoriezuschnitt. Das Buch spiegelt also einen längeren Wachstums- und Ausdifferenzierungsprozess, in dem die für die Praktische Theologie so eminent wichtige Praxis-Theorie-Relation immer wieder modifiziert und austariert wurde. Seit den ersten Veröffentlichungen des Vf. zur Kasualtheorie sind bis zum Erscheinen dieses Buches fast 20 Jahre vergangen. Es kann darum nicht ausbleiben, dass bereits Gedachtes und Publiziertes hier eingeflossen ist, wenn es sich denn in seiner Deutungskraft inzwischen nicht verschlissen hat. Einige wenige Passagen und Teilkapitel wurden bereits in anderer Form veröffentlicht und für diesen Buchkontext überarbeitet, aktualisiert und eingepasst. In den Fußnoten ist der Ort der Erstveröffentlichung jeweils vermerkt.

2 Kasualien – eine kleine Theoriegeschichte

Die in vielerlei Hinsicht oszillierenden kasuellen Deutungshandlungen haben sich in der Geschichte der Praktischen Theologie von Beginn an als ein sperriges und kaum konzis einzuhegendes Theoriestück gezeigt. Klar war das formale Grundelement, nämlich dass ein Kasus in teilöffentlicher Privatheit durch einen kirchlich berufenen Amtsträger kirchlich wahrgenommen, theologisch qualifiziert und liturgisch-homiletisch zur Darstellung gebracht wird. Doch verschoben sich je nach Sichtweise und Ordnungspräferenz die jeweiligen Rubrizierungen und die Systemstelle innerhalb der praktisch-theologischen Enzyklopädie. Wird das den Kasus annoncierende Subjekt ins Zentrum gerückt, oder ist die Kasualie primär eine Angelegenheit der Gemeinde? Sind diese kleinformatigen Gottesfeiern Ausdruck einer volkskirchlichen Religionspraxis, bei der die Kirche allenfalls als kulturelle Üblichkeit ins Spiel kommt, oder ist auch und gerade hier ein kerygmatischer Imperativ in Anschlag zu bringen? Und quer dazu: Legen diese Anlässe einen vorrangig homiletischen Zugriff nahe oder sind sie vielmehr liturgisch oder gar poimenisch zu bestimmen? Was ist schließlich die zentrale theologische Schlüsselfigur: Segen, Rechtfertigung – oder Erinnerung?

2.1 Kasualien als liturgischer Akt am Ort des Subjekts

Eduard Meuß (1817–1893), Hochschullehrer für Systematische und Praktische Theologie in Breslau, der 1892 die erste Monographie zu den Kasualien vorlegt, sieht sie vornehmlich von der Liturgie her bestimmt und als religiöse Zuwendungsform vom einzelnen Subjekt her; er definiert sie als „gottesdienstliche Handlungen von individueller Bedeutung" in der Kirche.[1] Es handelt sich um „kirchliche Akte [...], welche durch Einzelfälle des persönlichen oder des Gemeindelebens veranlasst werden".[2] Diese Rubrizierung war seinerzeit nicht unbedingt zu erwarten, denn der große praktisch-theologische Übervater Friedrich Schleiermacher nahm die Kasualien in erster Linie von der Predigt her in den Blick. Er verhandelt sie darum konsequent im Rahmen der Homiletik, wenn auch im Überschneidungsbereich zwischen kultischen und außerkultischen Belangen. Schleiermacher fragt danach, welche Predigtform für diese „kleineren" Anlässe angemessen ist und wie dabei die drei Grunddimensionen der Kasualien – Predigt, Seelsorge, Gottesdienst – jeweils

---

[1] Dies ist der programmatische Titel der Monographie von Eduard Meuß, Die gottesdienstlichen Handlungen von individueller Bedeutung in der evangelischen Kirche (Gotha: Perthes, 1892).
[2] E. Meuß, Handlungen, 43.

zu gewichten sind. Der entsprechende Abschnitt ist in seiner Praktischen Theologie überschrieben mit „Von Casualreden". Die Fälle aus dem Bereich der „speziellen Seelsorge" verlangen eben „kleinere Reden" als im Sonntagsgottesdienst.³

Meuß dagegen deutet den kasuellen Charakter in erster Linie von den rituellen Handlungen her, die „etwas sichtbar ausrichten"⁴ und vor allem: etwas bewirken. Prononciert sieht er im kirchlichen Kasus durchaus mehr als nur einen „Redeakt mit erbaulichen Gedanken, eingefasst von schönen Sprüchen und Gesängen".⁵ Das absichtsvolle pastorale Handeln steht im Vordergrund, wenn am Ort des Subjekts die rituelle „Energie des Handelns" in ein „wirksames Thun"⁶ mündet. Die individuelle Beziehung der Menschen zu ihrer evangelischen Kirche ist der die Kasualien bestimmende Nexus.⁷ Meuß grenzt diese Grundbestimmung in zweierlei Hinsicht von möglicherweise missverständlichen Lesarten ab: 1. Trotz der Zentralstellung des einzelnen Christenmenschen sind Kasualien keineswegs „Privatakte" (obwohl Trauung und Taufe „tatsächlich und missbräuchlich zuweilen recht wenig oder gar keine Zeugen um sich sehen"⁸), vielmehr ist es die Kultusgemeinde, die „einen geistlichen Zweck an einem ihr gegenüberstehenden Individuum verfolgt"⁹ und damit hinter dieser Zweckbestimmung steht, indem sie sie „genehmigt, ordnet, wäre es

---

3 Friedrich Schleiermacher, Die Praktische Theologie nach den Grundsätzen der evangelischen Kirche im Zusammenhange dargestellt (Berlin: Reimer, 1850), 321–326. Schleiermacher setzt den Akzent auf die situative Angemessenheit („Harmonie") der Rede, die je nach „Lokalität" (Familie, Kirche) und „Privatverhältnis" (Vertrautheit mit der Familie) eher symbolisch-liturgisch oder seelsorglich ausgelegt werden kann. (323).
4 E. Meuß, Handlungen, 43.
5 Ebd., 42. – Während der Tübinger Praktische Theologe Christian Palmer, Evangelische Homiletik (Stuttgart: Steinkopf, ²1845), 349–427 (¹1842) die Kasualien in Schleiermachers Diktion der Homiletik zuordnet, sehen der Kieler Pastoraltheologe Claus Harms, Der Priester, Bd. 2, Pastoraltheologie: In Reden an Theologiestudierende (Kiel: Universitätsbuchhandlung, 1831), 182–363, der Herborner Praktische Theologe Wilhelm Otto, Die erbauenden Thätigkeiten, Bd. 1, Evangelische Praktische Theologie (Gotha: Perthes, 1869), 531–590 und der Schweriner Neulutheraner Theodor Kliefoth, Theorie des Kultus der evangelischen Kirche (Parchim und Ludwigslust, 1844), 183–209 die Kasualien von ihrem gottesdienstlichen Format her bestimmt, eben als liturgische Handlungen.
6 Meuß setzt sich hier ganz explizit von Schleiermacher ab: Kasualien wie der Sonntagsgottesdienst sind „nicht bloß eine Darstellung frommer Gesinnungen und Triebe, sondern eine in der Richtung sowohl auf Gott wie auf die Gemeinde selbst wirksames Thun". E. Meuß, Handlungen, 42.
7 Meuß folgt darin vor allem Carl Immanuel Nitzsch, der im Kontext des Kasualkapitels seiner Praktischen Theologie programmatisch formuliert: „Die Gemeine wäre nicht was sie ist, wenn sie nicht in Verhältniß zu einzelnen Gliedern stände." Carl Immanuel Nitzsch, Praktische Theologie, Bd. II/2 (Bonn: Marcus, 1851), 437.
8 E. Meuß, Handlungen, 4.
9 Ebd., 44.

auch nur die, welche sich durch die gebrauchte Agende bezeugt"[10]. Dabei geht 2. die besondere Wirkung der Kasualien auch nicht in einer diakonischen Zuwendung der Kirche auf (polemisch gegen Achelis). Auch wenn sich z. B. bei Trauungen die Deutung eines „Nächstendienstes" nahelegen könnte. Aber wie jede „Feier vor Gottes Angesicht" haben auch Kasualien einen theologischen Eigensinn, der nicht einfach ethisch zu verzwecken ist.[11]

Meuß zeigt sich in seiner Abhandlung nicht nur als ein Exponent der protestantischen Individualitätskultur, seine Arbeit markiert auch die Geburtsstunde der evangelischen Kasualtheorie. Im Verein mit den beiden wirkmächtigen Arbeiten zur Kasualrede von Friedrich Uhlhorn (1896) und Friedrich Niebergall (1905)[12], die in nahem zeitlichen Abstand erschienen, rücken diejenigen kirchlichen Handlungen in den Fokus, bei denen die moderngesellschaftlichen Verwerfungen für das überkommene Kirchensystem exemplarisch zutage treten. Natürlich nahmen die Amtshandlungen schon immer einen selbstverständlichen Ort in den praktisch-theologischen Gesamtentwürfen ein, aber dass sie als eigenes Theoriestück verhandelt werden, betont die damalige Dringlichkeit der hier angebotenen theoretischen Vergewisserungsleistung.[13]

Der Zeitpunkt kommt nicht von ungefähr. In der „Gründerzeit" verliert sich die Regelmäßigkeit des sonntäglichen Kirchgangs, ohne dass darüber schon die traditionelle Inanspruchnahme der kirchlichen Familienfeiern in Mitleidenschaft gezogen wurde. Die kasuelle Teilhabe an Kirche bleibt so selbstverständlich, wie sich der wöchentliche Gottesdienstbesuch allmählich entselbstverständlichte.[14] Bis 1918 waren keine nennenswerten Kirchenaustritte zu verzeichnen, wohl aber eine

---

10 E. Meuß, Handlungen, 4. Analog argumentiert auch Uhlhorn, der die Kasualien ausnahmslos als „Gemeindehandlungen" rubriziert. Friedrich Uhlhorn, Die Kasualrede: Ihr Wesen, ihre Geschichte und ihre Behandlung nach den Grundsätzen der lutherischen Kirche (Hannover: Carl Meyer, 1896), 7.
11 E. Meuß, Handlungen, 5.
12 Vgl. Fr. Uhlhorn, Kasualrede; Friedrich Niebergall, Die Kasualrede (Göttingen: Vandenhoeck, 1905).
13 Den mit Meuß gesetzten Impuls, die Kasualien systematisch im Rahmen einer Monographie zu entfalten, nimmt eine Generation später bezeichnenderweise ein anderer Breslauer Theologe auf. Hans Georg Haack, dem 1934/35 als Privatdozent für Systematische Theologie von den Nationalsozialisten die Lehrerlaubnis entzogen wurde, weil er den Ideen des religiösen Sozialisten nahestand, wählt als Integral seiner Kasualtheorie weder die Predigt noch die Liturgie (im weiteren Sinne), sondern den zentralen symbolischen Akt innerhalb der Kasualliturgie. Hans Georg Haack, Die Amtshandlungen in der evangelischen Kirche (Gotha: Leopold Klotz, 1935).
14 Dazu Meuß: „Unter den Unzähligen von Gebildeten und Ungebildeten, welche dem öffentlichen Gottesdienst unverwandt den Rücken kehren, ist die Zahl derer verhältnismäßig gering, welche nicht doch den Talar bei den erwähnten Gelegenheiten (den Kasualien; TK) dulden, ja herbeirufen." E. Meuß, Handlungen, 64.

tiefgreifende Entfremdung, die sich zuallererst als eine kulturelle bzw. eine milieuspezifische Distanznahme äußerte. Dessen ungeachtet stieg der „Kasualdruck" auf die pastoralen Akteure spürbar an. Durch die rasante Industrialisierung wuchsen die städtischen Gemeinden; die Großstädte vervielfachten in wenigen Jahren ihre Einwohnerzahlen. Von 1849 bis 1899 vervierfachte sich die Bevölkerung Breslaus, dem Wohnort von Meuß.[15] Und in Rostock wuchs 1895 z. B. die Gemeindegliederzahl in der innerstädtischen Jakobi-Gemeinde auf über 20.000 Menschen an (bei zunächst nur zwei Pfarrstellen). Zugleich sank in den großen Städten der Gottesdienstbesuch mancherorts auf bis zu 1,5% ab![16] Diese soziale Dynamik war eine direkte Folge der mit der Industrialisierung einhergehenden Umwälzungen. Die im europäischen Vergleich beispiellosen innerdeutschen Wanderungsbewegungen[17] führten zu einer Großstadtkultur, die sich als urbane Klassengesellschaft etablierte. In ihr besetzten ein wohlhabendes Bürgertum und die Masse des lohnabhängigen Proletariats hermetisch voneinander abgeschottete Lebenssphären. Die Wohn- und Bildungsverhältnisse, aber auch die kirchlichen Bindungen differierten entsprechend stark. Zudem war die Mobilität hinsichtlich der kulturellen Lebensformen im Kaiserreich nur gering ausgeprägt. Die Kirchen zeigten sich darauf strukturell in keiner Weise vorbereitet, und so reagierten sie auf die in die urbanen Zentren strömenden Arbeiter und Bauern zunächst mit den alten Mitteln, indem sie die Arbeitsmigranten mit ihren Familien einfach in die bestehenden Innenstadtgemeinden eingliederten.[18] Doch die alten bäuerlichen Familienstrukturen mit ihrer religiösen Verwurzelung erwiesen sich im neuen Kontext als durchaus porös. Diese administrative Fehlleistung führte in den aufwachsenden Arbeitervorstädten zu tiefgehenden sozialen Rissen zwischen der bürgerlichen Wohnbevölkerung und dem Proletariat. Auch die zunächst nur zögerlich von der Kirche eingeleiteten Brückenschläge hin zur Arbeiterschaft konnten daran nur wenig ändern.[19]

---

15 Von 110.000 auf 413.000. Vgl. Heinz Rogmann, Die Bevölkerungsentwicklung im preußischen Osten in den letzten hundert Jahren (Breslau: Hochschulschrift, 1937).
16 Vgl. Uta Pohl-Patalong, Ortsgemeinde und übergemeindliche Arbeit im Konflikt: Eine Analyse der Argumentationen und ein alternatives Modell (Göttingen: Vandenhoeck, 2003), 95 unter Bezug auf Bernhard Schäfers, Gesellschaftlicher Wandel in Deutschland: Ein Studienbuch zur Sozialstruktur und Sozialgeschichte der Bundesrepublik (München u. a.: Dt. Taschenbuchverlag, ⁵1990), 237.
17 Im Jahr 1907 lebten laut Reichsstatistik schon knapp die Hälfte der Einwohner (48%) nicht mehr in ihrem Geburtsort. Vgl. Statistisches Jahrbuch für das Deutsche Reich, Zeitschriftenband 1905; http://www.digizeitschriften.de/dms/resolveppn/?PID=PPN514401303_1904|log9.
18 Dazu Uhlhorn lakonisch: „(D)iese Massengemeinden unserer Tage sind eben abnorme Zustände [...]" Fr. Uhlhorn, Kasualrede, 33.
19 Im Hinblick auf die theologische Reflexion der neuen sozialen und politischen Verhältnisse ist hier vor allem Otto Baumgarten (1858–1934) zu nennen. Er zählte zur theologischen Linken und war Mitbegründer des Evangelisch-sozialen Kongresses.

Ende des 19. Jh. treten diese soziokulturellen Antagonismen ins Bewusstsein der wissenschaftlichen Theologie und provozieren gewissermaßen eine erste praktisch-theologische Bilanz zur volkskirchlichen Relevanz der „gottesdienstlichen Handlungen". Das Auseinandertreten von Gottesdienstgemeinde und Kasualchristentum bildet gewissermaßen das religionssoziologische Hintergrundrauschen der Meußschen Kasualtheorie: „Taufen, Trauungen, Begräbnisse rufen in der Regel eine sehr gemischte Menge zusammen. Viele unter denen, welchen der Geistliche bei solcher Gelegenheit gegenübersteht, sieht er sonst niemals."[20]

Wie schon das Gros der Praktischen Theologen vor ihm steckt Meuß das kasuelle Feld eher weit ab. Taufe, Konfirmation, Trauung und Bestattung stellen nur eine „Spezialität innerhalb des weiten Kreises der Kasualien"[21] dar. Hier führt er etliche Beispiele auf, ohne jedoch im einzelnen auf die Kasus „des weiten Kreises" einzugehen: die Erinnerung an einen verstorbenen Landesherren bzw. an „glückliche vaterländische Ereignisse"[22], die Einweihung eines Denkmals oder einer Kirche sowie Ordination, Einführung und Berufsantritt oder die Privatbeichte. Anders als Carl Immanuel Nitzsch, dem er seine Abhandlung widmet und der bei den Kasualien Handlungen der *Initiation* (Taufe, Konfirmation, Ordination), der *Communion* (Abendmahl) und *Benediktion* (Trauung, Begräbnis) unterscheidet[23], identifiziert Meuß die drei unterschiedliche Handlungstypen: *Einführung* (Taufe, Konfirmation), *Fortführung* (Trauung, Ordination, Einführung, Privatbeichte) und *Überführung* (Bestattung, Friedhofseinweihung). Meuß schließt den allgemeinen Teil seiner Abhandlung mit einem eindringlichen Appell an die Pfarrpersonen: „Alles in allem ist zu wünschen, daß die Amtshandlungen nicht dazu dienen, das Volk der Kirche zu entfremden, sondern sie demselben nahezubringen."[24]

2.2 Kasualien als Predigtpraxis in der Gemeinde

Schon bei Meuß deutet sich an, was dann um die Jahrhundertwende für die liberale Theologie maßgeblich wurde. Je mehr die parochialen Strukturen in den großen Städten an Bedeutung verloren, desto mehr rückte die nach wie vor große Kontinuität der Kasualien ins Zentrum der Wahrnehmung. Einerseits zeigte das sich

---

20 E. Meuß, Handlungen, 67.
21 Ebd., 43.
22 Bspw. der „Sedantag" (2. September), der im Kaiserreich als der deutsche Nationalfeiertag schlechthin galt.
23 Vgl. C. I. Nitzsch, Praktische Theologie, Bd. II/2, 404–473.
24 E. Meuß, Handlungen, 75.

etablierende Kasualchristentum die Krise der traditionellen Gottesdienstfrömmigkeit an, andererseits war bei den kasuellen Handlungen eben noch eine durchaus kirchliche Partizipation erkennbar, an die man anknüpfen konnte. Friedrich Niebergall (1866–1932) formuliert in diesem Zusammenhang zeitdiagnostisch, dass die Kasualien, v. a. die sie verdichtenden Kasualpredigten so etwas sind wie „der vorgeschobene Posten der Kirche, vorgeschoben in das zu erobernde Land der Gleichgültigkeit und Gegnerschaft".[25] Die Kasualrede steht hier insofern im Fokus, als sie auf einen verstehenden Glauben setzt, wo im liturgischen Formular von der Kasualgemeinde oft nur „Priesterzauber"[26] wahrgenommen wird. Wenn sich die liturgischen Formen nicht mehr von selbst verstehen, müssen sie zum Reden gebracht werden. Vor allem anderen muss die Predigt deuten, was sich im Ritus vollzieht.[27] Die Predigt stellt zwar immer eine vom liturgischen Kontext abhängige Variable dar[28], aber sie ist darin natürlich frei, bestimmte Inhalte ins Bewusstsein zu heben. Bringt das liturgische Formenspiel die symbolisch-ästhetische Seite zum Ausdruck, bedient die Predigt eher die pädagogisch-kognitiven Ansprüche der Kasualgemeinde. Als eine weitere Predigtfunktion sieht Niebergall die „seelsorgerliche Einwirkung auf die Teilnehmer": Allein in einer empathischen Predigt kann der Kasus auf seine persönlichen Bezüge hin ausgelegt werden.[29] Und schließlich bietet die Kasualpredigt die Möglichkeit, „apologetisch-evangelisatorisch" auf das sonntäglich abstinente Kasualchristentum einzuwirken, um „unaufdringlich das Evangelium an den Mann zu bringen".[30]

Anders als Meuß konzipiert Niebergall seine Kasualtheorie stärker von der empirischen Gemeinde her, in der er das organisierende Zentrum sowie das göttlich autorisierte Subjekt sieht. Die Amtshandlungen sind eine wichtige Sozialgestalt der Kirche, über sie kommen distanzierte Kirchenchristen der Kirche näher. Dabei gaben sich Niebergall und die liberalen Theologen keinen Illusionen darüber

---

25 F. Niebergall, Kasualrede, 24 – hier und im Folgenden zitiert nach der 3. Auflage 1917.
26 Ebd., 19.
27 3.3 Rede und Ritus.
28 Ähnlich auch Uhlhorn, der die Kasualrede in enger Verbindung zur kirchlichen Handlung sieht und ihr insofern eine „dienende Stellung" zuschreibt, die sich in einer erläuternden Begleitung aktualisiert: „Man kommt niemals zu einer guten und wirksamen Kasualrede, wenn man nicht scharf das Ziel ins Auge fasst, auf die bezügliche Handlung vorzubereiten." F. Uhlhorn, Kasualrede, 1.36.
29 An diesem Punkt kann sich Niebergall auf Marheineke berufen, der 1837 als erster die Kasualien komplett in der Seelsorge verortet. Unter der Voraussetzung eines sehr weiten Seelsorgeverständnisses kann „man den Begriff der Seelsorge ganz füglich auf alle anderen Amtshandlungen ausdehnen und die Gesammtthätigkeit des Geistlichen mit diesem Ausdruck bezeichnen". Philipp Marheineke, Entwurf der Practischen Theologie (Berlin: Duncker und Humblot, 1837), 266–299 (266).
30 F. Niebergall, Kasualrede, 23.

hin, die urbanen Dynamiken der Entkirchlichung ggf. noch religiös regulieren zu können. Aber aus theologischen Gründen soll am Gemeindegedanken festgehalten werden, auch wenn die Kasualien eher im kleinen und kleinsten Familienkreis außerhalb der Sonntagsgottesdienste stattfinden. In jedem Fall ist es der Prediger, der von Amts wegen die Ortsgemeinde repräsentiert. „Wir müssen uns damit abfinden", räumt Niebergall ein, „daß die Sitten und die sozialen Verhältnisse ganz anders geworden und viel zu mächtig sind, als daß wir mit Erfolg gegen sie ankämpfen könnten."[31] Aber intentional ist gerade in der Predigt alles daran zu setzen, die Kasualteilnehmer wieder in einen lebendigen Kontakt zur gottesdienstlich zentrierten Gemeinde zu bringen. Schließlich muss jeder mit der Gemeinde in Verbindung bleiben, „wer sich in seinem inneren Leben erhalten und weiterbilden will".[32] Sie allein ist der „Herd des Glaubens der Gemeindeglieder"[33]. Dementsprechend definiert Niebergall: Kasualien

> „sind feierliche, in allen Fällen im Wesentlichen gleichmäßig vollzogene symbolische Akte, die an besonderen Höhepunkten des Einzel- oder Gemeindelebens das Göttliche mit seinem Segen und seiner verpflichtenden Macht an die Menschen heranbringen und das Menschliche hinwiederum mit Fürbitte, Dank und Gelöbnis vor Gottes Antlitz stellen."[34]

Um in seiner Kasualrede die Hörergemeinde anzusprechen, muss der Pastor die empirischen Bedingungen seines Handelns sehr ernst nehmen und sie in seine homiletischen Überlegungen einfließen lassen. Nachhaltige Wirkung erzielen kann nur, wer die spezifischen Lebensumstände der modernen Menschen empirisch erkundet und von dort her seine Kasualrede appliziert:

> „Man muss doch immer die Stimmung der Leute berücksichtigen, auf die man wirken will, aber wie sie wirklich ist, nicht wie sie vermöge unserer dogmatischen und ethischen Voraussetzungen sein müsste. Die Menschen erlauben sich immer wieder anders zu sein, als wir uns in unseren Theorien über sie träumen lassen. Darum heißt es, sie immer wieder studieren in fortwährendem intimen Verkehr."[35]

Während die Dialektische Theologie in den 1950er und 1960er Jahren hinsichtlich der homiletischen Akzentuierung der Kasualtheorie sowie der gemeindlichen Einbindung durchaus mit Niebergall konform ging, schlug sie hinsichtlich der empi-

---

31 Ebd., 11.
32 Ebd., 13.
33 Ebd., 18.
34 Ebd., 17.
35 Ebd., 36.

risch wahrnehmbaren Kasualkontexte und der dogmatischen Prämissen radikal andere Wege ein.

2.3 Kasualien als kirchlicher Verkündigungsauftrag

Mit dem Aufbruch der Dialektischen Theologie, der sich in der Kasualtheorie erst nach 1945 auswirkte, verband sich ein radikaler Neuansatz innerhalb der Praktischen Theologie. Legte doch die theologische Zwischen- und Nachkriegsgeneration heftigen Widerspruch ein gegen die Liberale Theologie ihrer theologischen Lehrer. Man trat in eine z.T. harsche Opposition zu einer Praxistheorie, die an den menschlich-natürlichen Gegebenheiten anknüpfte und die eher den Konsens mit der bürgerlichen Kultur und deren Moral suchte. Das Zerrbild eines Kulturprotestantismus als unkritische Synthese zwischen wilhelminischem Geist und religiösem Volksempfinden wurde zur Kontrastfolie, von der man sich rigoros absetzte. In der Kasualtheorie, die seit Schleiermacher die Relationen von Kasus und Verkündigung, Subjekt und Kirche, Ritus und Rede, Empirie und Dogmatik, Seelsorge und Amt nach Maßgabe religionskultureller Gegebenheiten und theologischer Gewissheiten vermaß, wurden nun weitreichende Umcodierungen vorgenommen. Die empirischen Grundlagen, die Niebergall emphatisch als theorierelevant einforderte, galten fortan als Fremdeinflüsse und Störfunktionen, die die Reinheit einer dogmatisch ausgelegten Praxisreflexion gefährdeten. In einem antiliberalen Affekt trat die gelebte Religion zugunsten normativer Lehrbestände völlig in den Hintergrund. In den Kasus hinein sollte vor allem anderen das Evangelium bezeugt werden, die Wortverkündigung war in der Predigt zentral zu stellen.[36] Homiletisch galten keine anderen Ansprüche an die Kasualrede als der schlechthin entscheidende Anspruch der Predigt selbst. Und so reklamiert man auch liturgisch für Kasualgottesdienste dieselben Begründungszusammenhänge wie für die sonntäglichen Feiern. Die Amtshandlungen

> „sind, auch in ihrer Eigenart, nur ein Sonderfall des Gottesdienstes der Gemeinde in seiner Einheit von Verkündigung, Ordnung und Dienst am Menschen. Eine theologische Emanzipation darf in ihnen nicht stattfinden und sie sind, in ihrem Wesen, keine res sui generis."[37]

---

36 Exemplarisch bringt dies der Bonner Praktische Theologe Günther Dehn (1882–1970), religiöser Sozialist und später Aktivist in der Bekennenden Kirche, zum Ausdruck: „Unsere Aufmerksamkeit richtet sich dabei in erster Linie auf die Casualpredigt, in der das Casuale am stärksten aktualisiert ist." Günther Dehn, Die Amtshandlungen der Kirche (Stuttgart: Kohlhammer, 1950), 13.
37 Manfred Mezger, Die Amtshandlungen der Kirche: Die Begründung der Amtshandlungen, Bd. 1 (München: Chr. Kaiser, 1957), 14; im Folgenden zitiert nach der 2. Auflage 1963.

Zugespitzt: Der Kasus selbst, seine lebensweltliche und kreatürliche Veranlassung, wurde zum Problemfall der kirchlichen Kasualpraxis.

In der Wahrnehmung der empirischen Grundlagen dominierten in den maßgeblichen Entwürfen vorrangig Verfälschungs- und Verfallssemantiken und in der Definition der Kasualien dogmatische Eigentlichkeitszuschreibungen. Die These: Wenn sich der Kasualkontext eines Gewohnheitschristentums über das Proprium legt, kann das Evangelium „mit seiner richtenden und erneuernden Kraft"[38] nicht mehr zur Geltung gebracht werden. Günther Dehn plädiert dementsprechend für ein Gesundschrumpfen im Interesse der reinen Lehre:

> „Wären die Laien besser darüber unterrichtet, was die Amtshandlungen eigentlich für einen Sinn haben, so würden sie vielleicht weniger begehrt werden, aber gerade damit könnte der Sache gedient sein. Die Kirche könnte aus einer ihr aufgezwungenen Säkularisation heraus wieder mehr in ihre eigene Existenz hineinkommen."[39]

Der Pfarrer, der sich an den Erwartungen der Kasualbegehrenden orientiert, „bewegt sich auf gefährlichem Boden, auf dem er leicht ausgleiten kann", denn hier läuft die „Botschaft" permanent Gefahr „verweltlicht oder gar verraten zu werden".[40]

Eine Sonderstellung im (überschaubaren) Konzert dialektisch-theologischer Kasualtheorien nimmt die engagierte Streitschrift von Rudolf Bohren (1920–2010) ein.[41] Kaum ein Text ist in der Sekundärliteratur mehr zitiert worden, kaum einer hatte eine geringere Praxisrelevanz.[42] Bohren knüpft zunächst theologisch nahtlos an die schroffen modernekritischen Antithesen von Dehn und Mezger an. Wie dort werden die sich in den 1950er Jahren abzeichnenden sozialen Veränderungen als volkskirchliche Dekadenzerscheinungen identifiziert; sie bilden die durchgehende Folie für die aus der Zeit gefallenen Postulate apostolischer Ordnungsbemühungen. Im Grundduktus ist Bohrens Programmschrift allerdings kybernetisch ausgerich-

---

38 G. Dehn, Amtshandlungen, 13.
39 Ebd., 11.
40 Ebd., 10.
41 Rudolf Bohren, Unsere Kasualpraxis – eine missionarische Gelegenheit? (München: Chr. Kaiser, 1968), 19; Erstveröffentlichung in TEH 147, München 1960. Im Folgenden zitiert nach der dritten, erweiterten und ergänzten Auflage.
42 Das Echo auf Bohrens Essay war überaus zwiespältig, oft wurde er auch einfach nur missverstanden. Schon rein sprachlich fällt der Text eher in das Genre einer homiletischen Publikumsbeschimpfung als in das Genus einer praktisch-theologischen Reflexion. Entsprechend schillernd ist die Rezeption, wenn z. B. in pastoralen Kommunikationen oft positiv von „missionarischer Gelegenheit" die Rede ist unter Berufung auf diesen Aufsatz, dessen Kernthese exakt das Gegenteil behauptet: nämlich die „missionarische Ungelegenheit" der zeitgenössischen Kasualpraxis.

tet, in ihr gibt die Kasualpraxis nur ein Symptom ab für die attestierte Sklerose der Volks- bzw. Pastorenkirche, wenn auch ein signifikantes. Intendiert ist die Reorganisation der Gemeinde als eine vom Oikos-Gedanken geprägte „Hauskirche". In ihr soll das Priestertum aller Glaubenden eben auch in der Kasualpraxis zum Ausdruck kommen, um die „Pfarrer von den Kasualien und die Kasualien von den Pfarrern zu befreien".[43] So sollen die Kasualien umstandslos an „die Laien" delegiert werden. „Dem Pfarrer aber wächst vornehmlich die Aufgabe zu, die Presbyter zu unterweisen und zu schulen, er avanciert damit vom ‚Amtshändler' zum ‚Dozenten'."[44] Die Forderung Mezgers und Dehns, die Kasualrede kerygmatisch zu optimieren, weist Bohren zurück, da sie ihm nicht weit genug geht. Angesichts einer Praxis, die grundsätzlich dazu angetan ist, den Namen Gottes zu entheiligen, ist es kurzschlüssig, die Predigt einfach nur christusförmig vervollkommnen zu wollen.

Unterhalb der kybernetischen Schwelle führt Bohren jedoch auch zwei Argumente an, die die damalige Kasualpraxis (Ende der 1950er Jahre) theologisch diskreditierten: Zum einen bezichtigt Bohren die gängige Kasualpraxis, lediglich einer säkularen Kreatürlichkeit das Wort zu reden. Hier ist es der christologisch-eschatologische Skopus seines utopischen Projekts, der alle schöpfungstheologischen Aspekte kategorisch aus den Begründungsfiguren kasuellen Handelns ausschließt. Metaphorisch bringt er in diesem Zusammenhang Baal ins Spiel, den „Gott, der das kreatürliche Leben segnet", der „Gott der Fruchtbarkeit", der „Garant von Eheglück und gelungener Erziehung".[45] Die damit unterstellte Affirmation des physischen Lebens unterlaufe das neutestamentliche Kerygma, indem es sie „enteschatologisiert", statt Gottes neue Welt auszurufen.

Und zum anderen sieht er die die Kasualpraxis veranlassenden Kasus primär unter poimenischen Gesichtspunkten – ein Umstand, der in der Sekundärliteratur oft übersehen wird. Eine seelisch angespannte Situation missionarisch auszunutzen, so Bohren, verbiete sich grundsätzlich.[46] Rhetorisch fragt er, „ob schnellere seelische Bereitschaft, lieblich geöffnete Herzenstür, sehr gehobene und empfäng-

---

43 R. Bohren, Kasualpraxis, 36.
44 Ebd., 39.
45 Ebd., 19.
46 Diametral anders urteilt Manfred Seitz: In direkter Anspielung auf Bohren sieht Seitz gerade in den lebenszyklischen Übergängen „eine gottesdienstliche Gelegenheit", trifft doch hier der Kairos auf den Chronos. „Diese, dem Menschen zur Entscheidung gegebenen Zeiten und ihre Bewältigung sind für sein Leben von größter Wichtigkeit und von Gott her gesehen, Berufungen zur Gnade." In der gottesdienstlichen Handlung erscheint Gott „den Menschen als der Anwesende und sich Erbarmende". Manfred Seitz, „Unsere Kasualpraxis – eine gottesdienstliche Gelegenheit!", in Ders., Praxis des Glaubens: Gottesdienst, Seelsorge und Spiritualität (Göttingen: Vandenhoeck, 1978), 42–50 (45 u. 49).

liche Stimmung wirklich Bereitschaft, Offenheit und Stimmung sei für das Evangelium".[47] Die seelische Ansprechbarkeit, die mit einem Kasus einhergeht, ist keine Größe, die umstandslos homiletisch oder missionarisch operationalisiert werden dürfe. Auch und gerade im Blick auf die Seelsorge ist die Gemeinde als ganze zu bevollmächtigen, „damit in Freude und Leid Koinonia geschehe".[48]

In einer pietistisch-lutherischen Lesart proklamiert Eberhard Winkler (Jg. 1933) den engen Konnex von Kasualkultur und Gemeindeaufbau.[49] Die Kasualien bilden – planvoll in die Gemeindearbeit integriert – gewissermaßen das Entrée, die volkskirchlich eingespielte Halbdistanz aufzugeben, um eine verbindliche Partizipation anzubahnen. Deutlich wird hier der ostdeutsche Kontext:

> „Nur eine theologisch gut begründete Verbindung von Kasualpraxis und Gemeindeaufbau entbindet die in den Kasualien und in der Volkskirche liegenden Chancen, und ohne diese Verbindung ist die Kasualpraxis in der nachvolkskirchlichen Situation zum allmählichen Absterben verurteilt."[50]

In der Folgezeit erwies sich eine Kasualtheorie, die die Lebenswelt kategorisch ausblendete, unter Häresieverdacht stellte und die den rituellen Aspekten innerhalb der Liturgie keinerlei Aufmerksamkeit zuteilwerden ließ, in den gesellschaftlichen Umbrüchen der späten 1960er und 1970er Jahre als wenig witterungsbeständig. Dem Konstrukt einer gemeindlichen Gesamtverantwortung für die Verkündigung (*kerygma*), die Vergemeinschaftung (*koinonia*) und die diakonische Seelsorge (*diakonia*) fehlte schlicht die kirchliche Basis, die eine solche Reorganisation hätte autorisieren können. Zudem zeigte sich die landeskirchliche Kasualfrömmigkeit in der Longue durée viel zu eng an die pastorale Amtsperson gekoppelt, als dass hier eine Emanzipation eine realistische Option gewesen wäre. Dass sich in der Folgezeit der Theoriezugriff primär an der kritischen Wahrnehmung einer vorgängigen Praxis orientierte, kann im Nachhinein als ein nahezu folgerichtiger Pendelschlag in die andere Richtung angesehen werden.

---

47 R. Bohren, Kasualpraxis, 19.
48 Ebd., 27.
49 Vgl. Eberhard Winkler, Tore zum Leben: Taufe – Konfirmation – Trauung – Bestattung (Neukirchen-Vluyn: Neukirchner, 1995).
50 Ebd., 34.

2.4 Kasualpraxis als ritueller Ausdruck volkskirchlicher Normalität

An den Fakultäten erodierte die Deutungsmacht der Dialektischen Theologie in den 1970er Jahren merklich, wenn sie auch auf den Kanzeln – vor allem in der DDR – berufsbiographisch bedingt noch länger nachwirkte. Als Reflex auf die gesellschaftspolitische Aufbruchsstimmung büßte die dogmatische Kritik an der volkskirchlichen Normalität merklich an Plausibilität ein. Vor allem der Hiatus zwischen den theologischen Normen und der Pluralisierung religiöser Gewissheiten trat deutlich ins Bewusstsein. Dies führte dazu, dass die kasuelle Praxis der Mehrheitsprotestanten in der Theoriebildung nun gewissermaßen eine andere Systemstelle besetzte. Sie kam nicht mehr als theologisch defizitäre Abnutzungserscheinung in den Blick, sondern sie firmierte fortan als die ubiquitäre Praxis innerhalb der Volkskirche, an der sich die Theorie zu bewähren hatte. Dieser für die Kasualtheorie zentrale Perspektivenwechsel hin zu den Akteuren und ihrer Religion wurde durch die Auswertung der z.T. überraschenden Ergebnisse der 1. EKD Kirchenmitgliedschaftsuntersuchung auch empirisch unterlegt. Am Datenpool ließ sich unmissverständlich ablesen, dass Kirchenmitgliedschaft für einen Großteil der Evangelischen eben

> „*auch* die Gewährleistung einer religiösen Akzentuierung und Gestaltung, Orientierung und Beteiligung des Lebenszyklus [bedeutete], in dem der einzelne mit seinen Bezugsgruppen verbunden ist."[51]

Die Volkskirche erscheint hier als eine Gewährleisterin religiöser Dienstleistungen, die mit großer Selbstverständlichkeit aus gegebenem Anlass abgerufen werden. Die Verbundenheit der Kasualchristen mit ihrer Kirche äußerte sich in einem ganz selbstverständlichen Abrufverhalten, das jedoch nicht durch eine regelmäßige Teilnahme am „Gemeindeleben" abgestützt war. Es legte sich nahe, das Kasualchristentum als eine ganz eigene Form neuzeitlicher Religionspraxis zu begreifen, das eine distanzierte Kopräsenz mit dem kerngemeindlichen Vereinschristentum als soziale Normalität lebt und sich nicht einfach in eine Beteiligungskirche transformieren lässt.

---

51 Helmut Hild (Hg.), Wie stabil ist die Kirche? Bestand und Erneuerung: Ergebnisse einer Meinungsbefragung (Gelnhausen und Berlin: Burckhardthaus-Verlag, 1974), 234; Kursivierung im Original.

Der leitende Religionssoziologe der ersten EKD-Befragung, Joachim Matthes (1930–2009), brachte diesen Zusammenhang in seiner Analyse deutlich zum Ausdruck:

> „Es gibt eine Form volkskirchlichen Teilnahmeverhaltens, die sich vornehmlich auf die Amtshandlungen, aber auch auf solche gottesdienstlichen Veranstaltungen bezieht, die einen besonderen Stellenwert im Lebenszyklus und Jahresrhythmus haben und darin soziokulturell abgestützt sind. Für das Selbstverständnis derer, die dieses Verhalten zeigen, gilt dieses Verhalten als ‚normal'; sie kommen bei den genannten nicht nur ‚mal' sondern ‚überhaupt' zur Kirche."[52]

Diese Form volkskirchlichen Teilnahmeverhaltens erweist sich insofern als relativ stabil, als sie auf der sozialen Logik aufruht, die Deutung einer kasuellen „Ereigniszeit"[53] in eine „Veranstaltungsform höherer Allgemeinheit" einzubeziehen und „in ihr zu Geltung bringen zu können".[54] Matthes machte auf religionssoziologischem Wege klar, dass es aus diesem Grunde kaum zielführend sein kann, die Kasualtheorie von einer Opposition aus Verkündigungsauftrag und kirchlicher Wirklichkeit her entfalten zu wollen. Vielversprechender erschien es dagegen, im kasuellen Vollzug Konvergenzen herauszuarbeiten zwischen dem nahezu ungebrochenen familialen Kasualbegehren vieler Kirchenchristen und christlichen Sinngebungen. Das größte Potenzial für die zu erbringende Konvergenzleistung trauten viele Praktische Theologen v. a. dem *Ritual* zu. Mit der Rezeption der Ritualtheorie rückten nicht nur die Kasualien aus der Homiletik wieder in die Liturgik ein, es wurde auch ein wichtiger interdisziplinärer Brückenschlag zur Religionsphänomenologie geschlagen.

Der Tübinger Praktische Theologe Werner Jetter (1913–2004) war der erste, der den Ritual-Begriff für die evangelische Liturgik zurückgewann.[55] In dem mit „Ritual" umschriebenen Wirkzusammenhang war ein auf den ersten Blick stimmiges Theoriestück gefunden, das die volkskirchliche Realität und den Verkündigungsauftrag der pastoralen Amtshandlung miteinander zu versöhnen versprach. Die beiden Brennpunkte „Symbol und Ritual" bildeten gleichsam die liturgische Bewährungsprobe für die lebensweltliche Plausibilität kirchlicher Deutungsange-

---

52 Joachim Matthes, „Volkskirchliche Amtshandlungen, Lebenszyklus und Lebensgeschichte: Überlegungen zur Struktur volkskirchlichen Teilnahmeverhaltens", in Erneuerung der Kirche: Stabilität als Chance? Konsequenzen aus einer Umfrage, hg. v. Ders. (Gelnhausen und Berlin: Burckhardthaus-Verlag, 1975), 83–112 (110); Hervorhebungen im Original.
53 3.1 Der Kasus.
54 J. Matthes, Amtshandlungen, 110.
55 Vgl. Werner Jetter, Symbol und Ritual: Anthropologische Elemente im Gottesdienst (Göttingen: Vandenhoeck, 1978).

bote.[56] Wie Jetter an anderer Stelle betonte[57], lag die besondere Bedeutung des Rituellen für die Kasualien in der „Bewältigung und Überbrückung von herausragenden Lebenslagen und -einschnitten"[58]. Jetter setzt also bei der Vollzugsgestalt an, die er ritualtheoretisch rekonstruiert, um darüber einen Zugang zu einer christlichen Sinnfigur zu gewinnen.[59] Im Modus symbolischer Kommunikation transzendieren Rituale den engeren Kreis der Familie, indem sie auf die umfassende Gemeinschaft mit Gott verweisen. Im Ritus kommen kultische Formen, lebensgeschichtliche Horizonte und religiöse Erfahrung zur Deckung. Diese Einsicht verleitete Jetter sogar zu der Forderung, die Pfarrpersonen von kerngemeindlichen Aufgaben zu befreien, um in der Kasualarbeit ihre eigentliche Mission zu leben.[60]

Der ehemalige Hamburger Hauptpastor Ferdinand Ahuis (Jg. 1942) nahm Jetters Impulse auf und verband sie mit van Genneps Theorie der Übergangsrituale[61] in einer Kasualtheorie[62]. Er versteht die Kasualien als ein Gesamtgeschehen, in dem sich Aspekte lebensgeschichtlicher Passagen (Religionsethnologie), kirchlicher Amtspraxis (Pastoraltheologie) und liturgischer Praxis (Handlungstheorie) gegenseitig überlappen und wechselseitig erschließen. Zur theologischen Begründung der volkskirchlichen Kasualpraxis rekurriert Ahuis ausführlich auf alttestamentliche Erzählungen (v. a. Familie/Königtum, menschliche Bedürfnisse, Segen, Schöpfung).

Diese Tradition schreibt in gewisser Weise das ausführliche Kasualkapitel im praktisch-theologischen Gesamtentwurf von Isolde Karle (Jg. 1963) fort.[63] Ausgehend von sozialwissenschaftlichen Einsichten zur Religionskultur (v. a. die Kirchenmitgliedschaftsuntersuchungen) verbindet Karle ihre systemtheoretische

---

56 Jetter definiert entsprechend: „Das Ritual bringt [...] etwas mit, das es zu einem fast naturwüchsigen, vorzugsweisen Kommunikationsinstrument religiöser Praxis prädestiniert. In ihm wird die Interpretation der Symbolik in mithandelnder Teilnahme vollzogen. Darum schließt es zugleich auf und zusammen, wirkt es immer integrierend und engagierend." W. Jetter, Symbol, 121.
57 Vgl. Werner Jetter, „Der Kasus und das Ritual: Amtshandlungen in der Volkskirche", Wissenschaft und Praxis in Kirche und Gesellschaft 65 (1976), 208–223.
58 Ebd., 209.
59 Zu dieser Deutung vgl. Jörg Dierken, Amtshandlungen in der Volkskirche: Zum theologischen Umgang mit Kasualfrömmigkeit (Zürich: TVZ, 1991), 31 f.
60 Vgl. W. Jetter, Kasus, 222.
61 Vgl. Arnold van Gennep, Übergangsriten (Frankfurt a. M.: Campus, 1986), 114–141 (Les rites de passage: Étude systématique des rites [Paris: É. Nourry, 1909]).
62 Vgl. Ferdinand Ahuis, Der Kasualgottesdienst: Zwischen Übergangsritus und Amtshandlung (Stuttgart: Calwer, 1985).
63 Vgl. Isolde Karle, Praktische Theologie (Leipzig: Evang. Verlagsanstalt, 2020), 464–581.

Referenztheorie[64] „mit vielfältigen Bezugnahmen auf die Biographie-, Identitäts-, Gender- und Körperlichkeitsdiskurse".[65] Programmatisch ist der Darstellung der vier traditionellen Kasualien ein Abschnitt zu „Biographie und Religion" vorangestellt. Damit rückt das religiöse Subjekt in den Fokus, mithin seine fragile Identitätskonstitution angesichts von „riskanten Veränderungen" („Risikogesellschaft"), „Passagen" („Übergangsriten"), der Suche nach ritueller Vergewisserung („rituelle Handlung als Kern der Kasualien") und des Begehrens nach einem lebensgeschichtlich applizierten Segen („Achtungskommunikation").

2.5 Kasualpraxis im Spiel theologischer Deutungen

Nachdem sich als kasualtheoretischer Konsens der lebenszyklische Ort der Kasualien, ihre volkskirchliche Kontinuität und schließlich ihr Status als eigenlogischer Phänomenbereich herauskristallisiert hatte, zeichnete sich seit den 1990er Jahren eine unverkrampfte Rückbesinnung auf theologische Begründungsfiguren ab. Dabei ging es nicht mehr darum, die faktisch gegebene Kasualpraxis dogmatisch zu disqualifizieren, wie man es von der Dialektischen Theologie her kannte, bzw. volkskirchliche Bestätigungserwartungen theologisch zu überhöhen, vielmehr zielten die Theoriebemühungen darauf ab, die inhomogene Praxis theologisch ins Recht zu setzen. Dabei traten konvergenzorientierte Deutungsmuster zugunsten differenztheologischer Figuren in den Vordergrund. Die Vermittlungsaufgabe sollte also nicht allein über kultur- und sozialwissenschaftliche Figuren bearbeitet werden, sondern die Praxis sollte auf spezifische Grundgehalte evangelischer Theologie hin befragt und über sich aufgeklärt werden. Gemeinsam ist allen diesen Konzepten, ein die einzelnen Kasualien verbindendes Grundmotiv zu identifizieren, das dann in eine theologische Deutungsperspektive einrückt.

Ulrike Wagner-Rau (Jg. 1952) leitet in ihrer breit rezipierten Kieler Habilitationsschrift[66] die Kasualtheorie aus der Frage nach dem Selbst, den Beziehungserfahrungen des Subjekts und nach dessen Identität ab. Ihre pastoralpsychologisch ausgelegte Grundthese: Kasualien bilden einen „intermediären Raum" (Winnicott) zwischen der Zuwendung Gottes und der im Glauben anerkennenden Wahrneh-

---

64 Die systemtheoretische Perspektive kommt in diesem Kapitel jedoch kaum zum Tragen, obwohl es ein durchaus lohnendes Unterfangen wäre, die moderne Kasualkultur mit Luhmann systemisch in einen beobachtungs- und paradoxietheoretischen Rahmen einzuzeichnen.
65 I. Karle, Theologie, XV.
66 Ulrike Wagner-Rau, Segensraum: Kasualpraxis in der modernen Gesellschaft (Stuttgart: Kohlhammer, 2000), im Folgenden zitiert nach der 2. überarbeiteten und erweiterten Auflage 2008.

mung dieser Zuwendung, der sich um bestimmte Passageriten herum konstituiert und den sie „Segensraum" nennt. In ihm verschränkt sich insofern die erzählte Lebenswirklichkeit[67] mit christlichen Deutungsangeboten, als in der kirchlichen Kasualpraxis von Gott her Akzeptanz erfahrbar wird, Kreativität entfaltet und gottesdienstliche Gemeinschaft erlebt wird. Die rituelle Inszenierung des Segens stellt diese ganz besondere Verbindung zwischen einem Segnenden und den Gesegneten her.[68] Der Segensakt wird darüber auch zum verdichteten Ort, der ein Zurückbeziehen erlaubt, wenn die Gottesbeziehung im eigenen Leben reflektiert wird.[69]

In der Kasualie nimmt also ein doppelt-relationales Geschehen Gestalt an, das in vielfältiger Weise Lebensgeschichte an den Schwellen des Lebens thematisiert und im Horizont eines von Gott geschenkten Lebens bearbeitet. Indem Lebensgeschichten gewürdigt werden, ergibt sich die Möglichkeit des Innehaltens und Pausierens. Dies zeigt die Begrenztheit des Menschen an: im Erinnern „an die Angewiesenheit der menschlichen Existenz"[70]. Der Kasus ist „eine einschneidende Veränderung der Lebensverhältnisse, die in mehrfacher Hinsicht für einzelne wie für Familien eine herausfordernde Erschütterung bedeutet"[71]. Der gottesdienstliche Segen ist der rituelle Ausdruck für die umfassende Transformation der im Kasus angezeigten Erschütterung, er ermächtigt in der liturgischen Performanz zu einem autonomen Leben als Gottesgeschöpf.

> „Als Gesegnete werden sie [die Kasualbegehrenden] begrüßt und aufgenommen mit allem, was sie mitbringen aus ihrer Geschichte. Gesegnet öffnet sich ihnen der Spielraum, in dem sie ihre Geschichte neu (er)finden und verwandeln können. Als Gesegnete gehen sie schließlich mit der Verheißung von Zukunft wieder hinaus in den Alltag."[72]

Dass Wagner-Rau mit ihrer Arbeit das Segensthema[73] für das theologische Verständnis der Kasualien reklamiert, erwies sich vor allem in der kirchlichen Praxis als überaus wirkmächtige Deutungsfigur. Sowohl im pastoralen Sprachgebrauch wie auch in der Umgangssprache ist „Segen" fast schon zu einem Synonym für die

---

67 Wagner-Rau zählt die Lebensgeschichte (mit Grözinger und Schweitzer) zu den „wichtigsten Reflexionsperspektiven" der Praktischen Theologie. U. Wagner-Rau, Segensraum, 18.
68 U. Wagner-Rau, Segensraum, 165.
69 Ebd., 165 f.
70 Ebd., 181.
71 Ebd., 182.
72 U. Wagner-Rau, Segensraum, 182.
73 Etwa zeitgleich erschienen sind auch zwei auflagenstarke systematisch-theologische Dissertationen: Magdalene L. Frettlöh, Theologie des Segens. Biblische und dogmatische Wahrnehmungen (Gütersloh: Chr. Kaiser und Gütersloher Vlg., 1998); Dorothea Greiner, Segen und Segnen: Eine systematisch-theologische Grundlegung (Stuttgart: Kohlhammer, 1998).

kasuelle Vollzugswirklichkeit geworden[74], was nicht zuletzt auch darin zum Ausdruck kommt, dass zumindest drei der 2021 neu gegründeten Kasualagenturen in ihren Selbstbezeichnungen Segensemantiken aufnehmen („Segensreich", „Segensbüro", „Servicestelle Segen").[75]

Einen anderen Weg beschreitet der Systematiker Jörg Dierken (Jg. 1959), der die „Amtshandlungen in der Volkskirche" religionstheoretisch aufordnet.[76] Er unterlegt den neuzeitlichen Individualitätsbegriff als „Selbstbewusstsein individueller Freiheit"[77] mit dem Gottesgedanken. Dierkens Ausgangspunkt ist das „erfahrungsgeleitete Bewusstsein, dass die Konstitution von Freiheit und die Ermächtigung zu Selbständigkeit nicht vom Subjekt unmittelbar selbst zu leisten sind."[78] Versteht man Religion als „die eigenbestimmte Explikation des Gehaltes des Abhängigkeitsbewusstseins"[79], dann kann Gott als Grund dieses Abhängigkeitsbewusstseins namhaft gemacht werden. Es kann in ein Freiheitsbewusstsein überführt werden, indem sich das Selbst als von Gott konstituiert und anerkannt versteht. Die Kasualien sind gleichsam der paradigmatische Vollzugsort dieser religiösen Selbstthematisierung.

Die Kasualtheorien von Wilhelm Gräb[80] (1948–2023) und Christian Albrecht[81] (Jg. 1961) stellen den Überschneidungsbereich von individuell gelebter Religion und letztinstanzlichen Sinnfiguren ins Zentrum, mit dem Ziel ihn rechtfertigungstheologisch auf den Begriff zu bringen. Gräb sieht in den Kasualien Gelegenheiten für eine sinn- und identitätskonstruktive Arbeit an Lebensgeschichten"[82], die vor allem,

---

74 Zu diesem Urteil kommt auch Gräb, wenn er davon spricht, dass Segen „jenes Wort religiöser Sprache [ist], das im Zusammenhang von Amtshandlungen den am stärksten umgangssprachlich besetzten Bedeutungswert hat." Ders., Lebensgeschichten, Lebensentwürfe, Sinndeutungen: Eine praktische Theologie gelebter Religion (Gütersloh: Chr. Kaiser und Gütersloher Vlg., 1998), 196.
75 7.2 Vom stationären zum ambulanten Christentum. – Zur Kritik der „benediktionellen Hochkonjunktur" vgl. Christian Grethlein, Grundinformation Kasualien: Kommunikation des Evangeliums an Übergängen des Lebens (Göttingen: Vandenhoeck, 2007), 72 f.
76 J. Dierken, Amtshandlungen.
77 Jörg Dierken, Selbstbewußtsein individueller Freiheit: Religionstheoretische Erkundungen in protestantischer Perspektive (Tübingen: Mohr Siebeck, 2005).
78 J. Dierken, Amtshandlungen, 40.
79 Ebd., 42.
80 Vgl. Wilhelm Gräb, „Rechtfertigung von Lebensgeschichten: Erwägungen zu einer theologischen Theorie der kirchlichen Amtshandlungen", PTh 76 (1987), 21–38; Ders., Lebensgeschichten, insbes. 172–212.
81 Vgl. Christian Albrecht, Kasualtheorie: Geschichte, Bedeutung und Gestaltung kirchlicher Amtshandlungen (Tübingen: Mohr Siebeck, 2006); Ders., „Fest und Feier", in Handbuch Praktische Theologie, hg. v. Wilhelm Gräb und Birgit Weyel (Gütersloh: Gütersloher Vlg., 2007), 275–286.
82 W. Gräb, Lebensgeschichten, 188.

aber nicht nur, an den sozialen Übergängen und Sollbruchstellen der Alltagswelt ansteht. Die religiösen Deutungen, die die Kirche an diesen Nahtstellen anbieten kann, müssen sich allererst in die lebensgeschichtliche Sinnreflexion hineinbuchstabieren lassen.[83] Anknüpfend an die Erfahrung, seine Autonomie nicht unmittelbar autonom konstituieren zu können, ist gerade in der Kasualpredigt dieses Motiv der unmöglichen Selbstkonstitution im Blick auf die Zusage der vorbehaltlosen Annahme (Gräb spricht von „Anerkennung") durch Jesus Christus zu vertiefen. Bedingung der Möglichkeit dieser vertieften Sinnarbeit ist die rechtfertigungstheologisch ausgedeutete Christologie. Die Kasualhandlung, vor allem die Predigt ist der Ort, „an dem die Menschen über sich hinausgeführt werden und sie eine Ahnung des göttlichen Grundes ihrer Lebensgewissheit und -hoffnung gewinnen können."[84]

Für Christian Albrecht sind die Kasualien das kirchlich organisierte „Scharnierstück", das individuelle Religiosität, kirchliches Selbstverständnis und öffentliches Christentum (D. Rössler) aufeinander abbildbar hält. An dieser Gelenkstelle ist es an der Kirche, im jeweiligen Kasus die „lebensgeschichtlich manifeste Abhängigkeitserfahrung" zu rekonstruieren und dabei zu vermitteln die „Anerkennung und Relativierung individuellen Geschicks im Horizont der allgemeinen und unverfügbaren Bedingungen des Lebens."[85] Im Unterschied zu Gräb identifiziert Albrecht Abhängigkeitserfahrungen nicht nur als Momente erlebten Mangels in Krisensituationen, sondern ebenso die Momente erlebter Erfüllung. In jedem Fall aber können „der christlich-protestantische Begriff des allein aus Gnade den Menschen rechtfertigenden, mithin seine Freiheit passiv konstituierenden Gottes und die in lebensweltlicher Reflexion sich einstellende Abhängigkeitserfahrung" sich wechselseitig auslegen.[86]

Christian Grethlein (Jg. 1954) setzt mit seiner Kasualtheorie noch basaler an, indem er die kirchliche Kasualkultur in einen tauftheologischen Begründungszusammenhang einrückt. Durch ihren „grundlegenden Charakter als Ausdruck des Christwerdens liegt sie allen weiteren Kasualien zugrunde".[87] Dabei ist die Taufe nicht nur chronologisch anderen Amtshandlungen vorgeordnet, sondern sie ist auch theologisch-prinzipiell die erste Kasualie „auf dem Taufweg", an der sich alle übrigen als Teil einer umfassenden Taufpraxis ausrichten. Ausgehend von diesem initialen Grunddatum korreliert Grethlein dann in Anlehnung an van Genneps

---

83 Vgl. ebd., 191.
84 Ebd., 202.
85 Chr. Albrecht, Kasualtheorie, 195.
86 Ebd., 199.
87 Chr. Grethlein, Grundinformation, 37.

Klassiker „Les rites de passage"[88] biographische Passagen (sozialwissenschaftliche Perspektive) mit Ernst Langes Formel der „Kommunikation des Evangeliums" (theologische Perspektive). In diesem Sinne definiert Grethlein Kasualien „als Kommunikation des Evangeliums an Übergängen des Lebens".[89] Mit der Übergangsmetapher ist wie bei Wagner-Rau und Gräb der sozialpsychologische Ort benannt, an dem die Kasualien inhaltlich prägnant „auf das Wirken und Geschick Jesu" hin ausgerichtet werden.[90] Der zunehmenden Bedeutung von Organisationen für das Leben in der Familie entspricht Grethlein darin, den traditionellen Grundbestand der Kasualien auszuweiten im Blick auf den Einschulungsgottesdienst und die Krankensalbung.[91] Damit trägt Grethleins Entwurf den religionskulturellen Veränderungen Rechnung, die auch das Passungsverhältnis von Lebensvollzug und kirchlichem Ritual verschieben.

Im Blick auf das Gesamt der vorgeschlagenen theologischen Begründungsfiguren offenbart sich ein korrelatives Grundmuster, das sich vornehmlich an den vier traditionellen Kasualien orientiert (mit Ausnahme von Grethlein). Die systematisch-theologischen Ordnungsgewinne gehen also auf Kosten einer kasuellen Vielfalt, die empirisch längst schon die hier unkritisch vorausgesetzte Vierzahl sprengt. Schon die – im 19. Jh. selbstverständlich den Kasualien zugerechnete – Ordination[92] wird sich nicht ohne Nebenannahmen segens-, rechtfertigungs-, tauftheologisch oder religionstheoretisch einhegen lassen. Die Deutungsfiguren verlieren in der Peripherie noch mehr an Auflösungsschärfe, wenn der in sich heterogene Bereich der Realbenediktionen[93], die Festtags-[94] und Erinnerungskasualien[95] sowie die Riskanten Liturgien[96] mit einbezogen werden. Die Idiolekte der einzelnen Kasusgruppen, ihre je anderen Kontextbedingungen und die Diskontinuität der Ereigniszeit machen schnell die Begrenztheit eines exklusiven theologischen Erschließungsmusters offenkundig. Vermeintliche Akzidenzien erweisen sich im konkreten Einzelfall als substantiell – und umgekehrt. Das Überführen von lebensweltlichen

---

88 A. van Gennep, Übergangsriten (1909). – Zur Kritik an van Genneps Passagen-Theorie vgl. 7.1 Von der Passage zur Confirmation.
89 Chr. Grethlein, Grundinformation, 32.
90 Ebd., 36.
91 „Die historische Rekonstruktion des Konzepts Kasualien sowie lebensgeschichtliche Veränderungen bzw. international ökumenische Einsichten legen nahe, den Einschulungsgottesdienst bzw. die Krankensalbung konzeptionell als Kasualien zu bestimmen" Chr. Grethlein, Grundinformation, 328.
92 4.6 Ordination – Inszenierung eines feinen Unterschieds.
93 4.9 Realbenediktionen – dienliche Dinge Gott anbefehlen.
94 4.5 Heiligabend – das Memento nasci als Kasus.
95 6. Erinnerungskasualien.
96 4.8 Riskante Liturgien – Irritationen gesellschaftlicher Sicherheitsverheißungen.

Konstellationen auf ein sie überschreitendes Allgemeines reduziert zwangsläufig die pluralen Motive für das kasuelle Anerkennungsbegehren. Passepartouts beschneiden immer auch mehr als nur die Ränder. Fraglich ist vor allem, ob das theoretische Konstrukt einer biographischen Passage, eines krisenhaften Wendepunkts bzw. einer damit einhergehenden Abhängigkeitserfahrung, das alle theologischen Deutungsansätze voraussetzen, der kasuellen Wirklichkeit standhält.[97] Zudem muss es die für die Kasualien konstitutiven Deutungsdivergenzen zwischen pastoralen Routinen, liturgischem Skript und volkskirchlichem Dafürhalten unberücksichtigt lassen.

2.6 Kasualien als Religionspraxis

Mit Kristian Fechtners (Jg. 1961) Kasualtheorie[98] beginnt eine Phase von im weitesten Sinne ethnographischen Zugängen zur Kasualkultur. Hier geht es weniger darum, die kirchlichen Amtshandlungen über einen gemeinsamen theologischen Skopus zu erschließen und dabei abstrakte Gemeinsamkeiten freizulegen, sondern eher in der Gegenrichtung über akribisch rekonstruierte Dioramen des Alltagslebens dem Eigensinn der Kasualphänomene auf die Spur zu kommen. Die deutende Kasualethnographie stellt die genaue Beobachtung zentral. Detaillierte Nahaufnahmen der sozialen Wirklichkeit erzeugen eine methodisch kontrollierte Fremdheit, die dann das Basismaterial für die verallgemeinernden Schlüsse abgibt. Die Deskription verbindet verschiedene, zumeist qualitativ ausgelegte Forschungsmethoden miteinander, um die beobachteten Phänomene als *situierte* Praktiken beschreiben zu können. Dieser Zugang macht in der Kasualtheorie insofern den Kasus stark, als hier die religionskulturellen Begleiterscheinungen der die Kasualie motivierenden Begebenheiten aus der Sichtweise der Akteure und im Kontext ihrer Lebenszusammenhänge nachgezeichnet werden. Im Zentrum steht das, „was der Fall ist", was in Erscheinung tritt und sich als signifikant vom gewohnten Zeitkontinuum abhebt. Diese Sichtweise bringt es mit sich, durchaus mehr als nur vier Fälle vorzusehen. Die „dichten Beschreibungen"[99] der spätmodernen Religionspraxis weiten den Blick auch auf das, was jenseits des traditionellen Vierer-Kanons der Fall ist.

---

97 7.1 Von der Passage zur Confirmation.
98 Vgl. Kristian Fechtner, Kirche von Fall zu Fall: Kasualien wahrnehmen und gestalten (Gütersloh: Gütersloher Vlg., 2003); 2. überarbeitete Auflage, 2011. – Im Folgenden zitiert nach der ersten Auflage.
99 Diese Methode wurde in den Diskurs eingeführt von Clifford Geertz, Dichte Beschreibung: Beiträge zum Verstehen kultureller Systeme (Frankfurt a.M.: Suhrkamp, 1983); Original: Clifford Ge-

So liegt Kristian Fechtner daran, „das *religiöse Bedeutungsgewebe der Kasualpraxis* erkennbar werden zu lassen", das sich anhand „ihrer rituellen Arrangements, festzeitlichen Begehungen und populären Symboliken" rekonstruieren lässt.[100] Als Entdeckungszusammenhang definiert der Kasus die Deutungsmarge seiner kirchlichen Darstellung. Der Fall hat es im wahrsten Sinne des Wortes in sich, weil er „immer schon ein *vielfach bestimmter Fall* ist".[101] Die Kasualien werden also über lebensgeschichtliche Erfahrungen sowie symbolische Passagen und weniger in ihrer theologischen Begründung oder geschichtlichen Entwicklung erfasst. Mit dem Akzent auf den „Lebensschwellen" knüpft Fechtner an frühere Thematisierungen ritueller Passagen z. B. bei Ahuis, Wagner-Rau und Grethlein an. Die theologischen Konturen, so die Generalthese, können nicht abseits gegenwartsdiagnostischer Paradigmen erhoben werden. Schließlich sind sie es, die das rituelle Erleben und die symbolische Kommunikation präfigurieren. Fechtner unterscheidet dabei drei Ebenen, auf denen die Kasualpraxis die sozialen Bezüge des Subjekts integriert (Familie, Kirche, Gegenwartskultur). Ihre religiöse Bestimmtheit beziehen die Kasualien (rechtfertigungstheologisch) über die „wertschätzende Anerkennung der Person", (segenstheologisch) über die Performanz des direkten Zuspruchs und (schöpfungstheologisch bzw. heortologisch) über die „Feier des Daseins".[102]

In ähnlicher Weise erschließt auch Lutz Friedrichs (Jg. 1963) das kasuelle Feld. Er unternimmt in den Studien seiner Münsteraner Habilitationsschrift den Versuch, „Kasualien und Literatur der Spätmoderne unter der Perspektive einer Praktischen Theologie der Übergänge zusammenzudenken".[103] Friedrichs versteht Kasualien (mit Dieter Lenzen) als „rituelle Exile" bzw. (mit Victor Turner[104]) als „Seklusionshütten". Wie schon in anderen Entwürfen gibt dabei die Figur der biographischen Passage den hermeneutischen Schlüssel für die lebensgeschichtliche Einbettung der Amtshandlungen ab, während die zeitgenössische Literatur als kultureller Seismograph herangezogen wird für ästhetisch verdichtete „religiöse Suchbewegungen" und Verschiebungen in der „religiösen Kommunikation".[105] Eine dieser Verschiebungen sieht Friedrichs in der die Theologie irritierenden, aber dennoch ernstzunehmenden magischen Lesart der kasuellen Rituale. Hier sind es

---

ertz, Thick description: Toward an interpretive theory of culture, in Ders., The Interpretation of Cultures: Selected Essays (New York: Basic Books Publishers, 1973).
100 K. Fechtner, Kirche, 12; Kursivierung im Original.
101 Ebd., 11; Kursivierung im Original.
102 K. Fechtner, Kirche, 51–54.
103 Lutz Friedrichs, Kasualpraxis in der Spätmoderne: Studien zu einer Praktischen Theologie der Übergänge (Leipzig: Evang. Verlagsanstalt, 2008), 5.
104 7.1 Von der Passage zur Confirmation.
105 L. Friedrichs, Kasualpraxis, 30.

vor allem die Rezipienten – so die These – die im Bann einer starken Performanz stehen. Denn Rituale entfalten immer dann ihre transformierende Wirkung, wenn unter dem expressiven Zusammenspiel von Rede und Ritus eine Machtsphäre zum Ausdruck kommt, die die intentionalen Optionen der Akteure übersteigt: So setzt z. B. „das Segnen mit erhobenen Händen eine Grundspannung zwischen magischer Gestik und religiöser Sprache in Szene", ein überwältigender Ausdruck unverfügbarer Gnade.[106]

Eine gewisse Sonderrolle im Konzert der Kasualtheorien nehmen die kasualtheoretischen Kapitel in der Praktischen Theologie von Wolfgang Steck (Jg. 1940) ein.[107] Steck zeichnet in den beiden Bänden seines insgesamt 1.342-seitigen Gesamtentwurfs die Kasualpraxis ein in eine hochkomplexe christentums- und religionstheoretische Topologie, hinter die empirische Gesichtspunkte eher in den Hintergrund treten. Die bürgerliche Privatreligion der Neuzeit gibt als protestantische Eigentümlichkeit die Perspektive ab für die kasuelle Phänomenologie. Steck sieht in der „Kasualienreligion" eine integrale und „eigenständige Gestalt sozial organisierter, kulturell ausgeformter und kommunikativ entfalteter Religion", bei der sich Brauchtum, konfessionelle Konventionen, Festkultur und individuelle Sinnarbeit überlagern.[108] In den Kasualfeiern transformieren sich die verinnerlichten Gehalte der Privatreligion „in sinnlich wahrnehmbare und erlebnisgesättigte Handlungs- und Erlebnisszenen".[109] In der für Stecks Systematik zentralen Trias „Privates Christentum – Öffentliches Christentum – Urbanes Christentum"[110] werden die Kasualien unter der Rubrik „urbanes Christentum" verhandelt.

Trotz der mitgeführten religionstheoretischen Globalperspektive offenbart die Darstellung vor allem an den Rändern, aber nicht nur dort, Systemzwänge, die die Kasualkultur nach Maßgabe eines überstrapazierten Individualisierungstheorems auf den klassischen Viererkanon, privatreligiöse Signaturen und auf passagere Szenen reduziert. Diese Deutungstrias ist vergleichsweise konventionell und begegnet als Grundmuster in vielfältigen Brechungen seit den 1970er Jahren. Im Blick auf

---

106 Ebd., 68.
107 Vgl. Wolfgang Steck, Praktische Theologie: Horizonte der Religion – Konturen des neuzeitlichen Christentums – Strukturen der religiösen Lebenswelt, Bd. 1 (Stuttgart: Kohlhammer, 2000); Ders., Praktische Theologie: Horizonte der Religion – Konturen des neuzeitlichen Christentums – Strukturen der religiösen Lebenswelt, Bd. 2 (Stuttgart: Kohlhammer, 2011), insbes. 192–461.
108 W. Steck, Theologie, Bd. 2, 192.
109 Ebd., 193.
110 In dieser Dreiteilung lässt sich unschwer der Einfluss Rösslers wiedererkennen, der die Arbeitsfelder der Praktischen Theologie am Raster des individuellen, kirchlichen und öffentlichen Christentums ausrichtet; Dietrich Rössler, Grundriss der Praktischen Theologie (Berlin u. a.: De Gruyter, 1986).

Ordination und Realbenediktionen, riskante Liturgien, Einschulungsgottesdienste und Festtagskasualien bleibt die ansonsten weit ausgreifende und durch das wiederholte Einstellen der einzelnen Kasualien in die Topographie urbaner Religionskultur vielfach redundante Reflexion paradoxerweise unterkomplex. Der Eigensinn der durchaus heterogenen Phänomenkomplexe muss sich ein ums andere Mal der Deutungsmacht einer kategorialen Systematik beugen. So liegen bspw. die „privatreligiösen Signaturen" der Ordinationskasualie[111] und der riskanten Liturgien[112] unterhalb der Nachweisgrenze. Auch die immerhin durch großkirchlich approbierte Agenden präformierten Sinngebungen von Festtagskasualien und Einweihungen öffentlicher Gebäude[113] folgen keineswegs der Logik einer privaten Festkultur.

2.7 Eine vorläufige Bilanz

Die kritische Relecture der kasualtheoretischen Entwürfe lässt neben etlichen losen Enden auch einige Entwicklungslinien hervortreten, die zumindest in jüngster Zeit konsent diskutiert werden. So scheint derzeit unstrittig, Kasualgottesdienste nicht einseitig homiletisch oder liturgisch kurzzuschließen, sondern sie eher als ein liturgisches Kompositum zu verstehen, das von einem je spezifischen Zusammenspiel ritueller und rhetorischer Elemente lebt. Auch hinsichtlich der Akteursperspektive ist man sich einig. In der Literatur changiert zwar der gemeindliche, kirchliche oder familienreligiöse Ort der Kasualhandlung, aber die „professionelle Typik der Kasualien"[114] ist unzweifelhaft (anders dagegen Bohren). Die Pfarrperson gibt sowohl für die Amtskirche wie für die Kasualgemeinde die Schlüsselfigur des kasuellen Settings ab.

Auch die Pluralisierung der Kasualkultur wird zumindest in den neueren Kasualtheorien übereinstimmend konzediert. Doch nur in wenigen Arbeiten (vgl. Fechtner, Grethlein, Friedrichs) wird diese Perspektive auch am Beispiel „neuer

---

111 4.6 Ordination – Inszenierung eines feinen Unterschieds.
112 Vgl. Kristian Fechtner und Thomas Klie (Hg.), Riskante Liturgien: Gottesdienste in der gesellschaftlichen Öffentlichkeit (Stuttgart: Kohlhammer, 2011); Benedikt Kranemann und Brigitte Brenz (Hg.), Trauerfeiern nach Großkatastrophen: Theologische und sozialwissenschaftliche Zugänge (Neukirchen: Neukirchener Verlag, 2016); Gero Waßweiler, Hoffnung predigen in einer Zeit der Krise: Eine Untersuchung aus einer homiletisch-hermeneutischen Perspektive (Stuttgart: Kohlhammer, 2019). Vgl. 4.8 Riskante Liturgien – Irritationen gesellschaftlicher Sicherheitsverheißungen.
113 4.9 Realbenediktionen – dienliche Dinge Gott anbefehlen.
114 I. Karle, Theologie, 484–486.

Kasualien" durchdekliniert. Im Gegenzug wird die breite Palette der im 19. Jh. fraglos rubrizierten Kasualien v. a. nach 1945 auf den klassischen Viererkanon reduziert. Diese Reduktion korrespondiert direkt mit der mehrheitlich unkritisch fortgeschriebenen und individualpsychologisch enggeführten Deutungsfigur der Passageriten. Das hierbei zutage tretende zirkuläre Argumentationsmuster hat zum einen verhindert, den Kasus der Kasualien phänomenologisch in den Blick zu nehmen[115] und zum anderen die eingeräumte Ausdifferenzierung der Kasualkultur auch im Theoriedesign abzubilden.

Zudem fällt auf, dass sich die seit den 1990er Jahren in der Liturgik breit rezipierten theatertheoretischen Impulse in den bislang vorliegenden Kasualtheorien noch kaum niedergeschlagen haben. Diese Leerstelle fällt umso mehr ins Gewicht, als damit das kasualtypische Zusammenspiel zwischen pastoralen Akteuren, kasuellen Protagonisten, volkskirchlicher Kasualgemeinde und den kasuellen Requisiten systematisch abgeblendet wird.[116]

Die vorgeschlagenen theologischen Begründungsfiguren haben den kasualtheoretischen Diskurs nachhaltig geprägt. Die systematischen Ordnungsgewinne korrespondieren jedoch nur bedingt mit der Pluriformität lebensweltlicher Entdeckungszusammenhänge und den Logiken der agendarischen Syntax.

---

[115] 3.1 Der Kasus.
[116] 7.3 Vom Gottesdienstbesucher zum Publikum, 7.4 Kasual-Dinge, 7.5 Spiegelfunktion.

3 Konstitutiva

In diesem Kapitel gelangen die zentralen Konstitutionsbedingungen kirchlicher Kasualien zur Darstellung: der Kasus (als Angelegenheit und resonantes Ereignis, das der Kasualie zugrunde liegt), das Kasualgespräch (als der Ort der Anamnese und der rituellen Aushandlungsprozesse) und das Verhältnis von Rede und Ritus (als signifikante Grundstruktur des Kasualgottesdienstes). Mit dieser Trias wird gleichsam der basale Theorierahmen abgesteckt, der die folgenden Abschnitte bestimmt.

3.1 Der Kasus

3.1.1 Kasus, Kasualie und gemeinsamer Nenner

Nur ein Teil der Angelegenheiten, die von den kasuellen Protagonisten in einer besonderen Lebenskonstellation als resonant erfahren bzw. inszeniert werden, wird auf Verlangen durch die Kirche in Form von Kasualien gottesdienstlich gefeiert. Der Muttertag oder runde Geburtstage, der Auszug der erwachsenen Kinder aus der elterlichen Wohnung, der Weltkindertag oder der Berufsanfang – diese Ereignisse sind in aller Regel keine Anlässe für gottesdienstliche Feiern. Die Verbindung von Kasus und Kasualie ist emergent, sie unterliegt familialen, historischen und religionskulturellen Präferenzen. Und was ein Kirchentum jeweils als „Amtshandlungen" definiert, hat – mit Ausnahme der Taufe – immer auch mit Opportunitäten und geltenden Normen zu tun.[1]

Werner Jetter skizziert 1967 noch ein bemerkenswert breites kasuelles Feld:

> „Üblicherweise rechnet man heute in der praktisch-theologischen Arbeit zu den Amtshandlungen Taufe, Konfirmation, Krankenabendmahl, Gemeindebeichte – besonders dort, wo sie noch Vorbereitungsgottesdienst für die Abendmahlsfeier ist; ferner kirchliche Trauung einschließlich ‚Jubelhochzeit' und kirchliches Begräbnis in seinen verschiedenen Vollzugsweisen von der Aussegnung im Trauerhause bis zur Urnenbeisetzung. Dazu kommen noch zweit ziemlich buntfarbige Gruppen: einmal die Einführungshandlungen, also Ordination und Amtseinführung von Pfarrern, Vikaren, Katecheten, Kantoren, Gemeindehelferinnen und Gemeindeschwestern, Kirchengemeinderäten, Mesnern u. a. m. Sodann sind es die Einweihungsfeiern in neuen und erneuerten Kirchen, Gemeindehäusern, Friedhöfen, oder wenn Orgeln, Glocken, gottesdienstliche Geräte in Gebrauch genommen werden. Die Generation des Wiederaufbaus nach den Kriegszerstörungen hat solche sonst seltenen Feiern in ungewöhnlicher Zahl miterlebt. An sie kann sich da und dort noch ein ganzer Kometenschweif

---

[1] 2. Kasualien – eine kleine Theoriegeschichte.

weiterer öffentlicher kirchlicher Auftritte anhängen, etwa bei Brücken-, Haus- oder Fahnenweihen, bei Kirchen- oder Amtsjubiläen, Gemeinde- und Staatsakten, je nach Wärmegraden der nachkonstatinischen Öffentlichkeitstemperatur ..."[2]

Wie dieses Zitat belegt, können Kasualien durch Veränderungen der gesellschaftlichen Rahmenbedingungen aus der kirchlichen Wahrnehmung herausfallen (z. B. die Einsegnung von Wöchnerinnen[3], die Aufnahme eines Konvertiten[4] oder die Einweihung kirchlicher Friedhöfe[5]) und zugleich liegen neue Kasus an, gottesdienstlich geordnet zu werden (z. B. Einschulung[6], Trennung/Scheidung[7] oder Valentinsgottesdienste[8]). Diese Prozesse bilden sich nicht zuletzt auch in der Fortschreibung der Agenden ab, die die liturgischen Abläufe und Gestaltungsoptionen konfessionell kultivieren und vereinheitlichen. Albrecht hebt mit Recht hervor, dass derzeit der „Vielfalt der individuellen Konstellationen" durch eine „Vielfalt der agendarischen Formulare" entsprochen" wird.[9] Ein weiterer Index für die Dynamik des Kasualisierungsprozesses ist die Anleitungsliteratur.[10] Hier werden periodisch neue

---

2 Werner Jetter: *Amtshandlungen*, in: Theologie. VI x 12 Hauptbegriffe, hg. v. Claus Westermann (Stuttgart, Berlin: Kreuz-Verlag, 1967), 358–362 (358).
3 Georg Rietschel, *Lehrbuch der Liturgik, Bd. 2: Die Kasualien* (Berlin: von Reuther & Reichard, 1909), 131–134; vgl. a. Eduard Meuß, *Die gottesdienstlichen Handlungen von individueller Beziehung in der evangelischen Kirche* (Gotha: Perthes, 1892), 227–229.
4 G. Rietschel, Liturgik, Bd. 2, 204–207.
5 Die Einweihung kirchlicher Friedhöfe, die im 18. und 19. Jh. durch die Verlegung der Gottesäcker an den Stadtrand noch gang und gäbe war, findet heute nur noch sehr selten statt, weil eher kirchliche Friedhöfe entwidmet als neue kirchliche Friedhöfe in Dienst genommen werden.
6 4.2 Einschulung – fröhlicher Wechsel in die Kohorte der Gleichaltrigen.
7 4.4 Trauung – öffentliche Darstellung verantwortlicher Partnerschaft.
8 Vgl. Birgit Jeggle-Merz, „Segnungsfeiern am Valentinstag: Eine Initiative aus dem Bistum Erfurt mit weitreichender Ausstrahlung", in *Segenfeiern in der offenen Kirche: Neue Gottesdienstformen in theologischer Reflexion*, hg. v. Julia Knop und Benedikt Kranemann (Freiburg: Herder, 2020), 149–176.
9 Christian Albrecht, *Kasualtheorie: Geschichte, Bedeutung und Gestaltung kirchlicher Amtshandlungen* (Tübingen: Mohr Siebeck 2006), 237. – Albrecht zählt vier Gruppen neuer Kasus auf, für die bereits kasuelle Formate belegt sind: a) lebenszyklisch motiviert und an Einzelpersonen gerichtet (z. B. Schwangeren-, Neugeborenensegnung, aber auch Scheidung, Arbeitsplatzverlust, neue Partnerschaft im Alter), b) lebenszyklisch motiviert und an Gruppen gerichtet (z. B. Eintritt in den Kindergarten, Einschulung, Volljährigkeit, Taufgedächtnis), c) jahreszyklisch motiviert und an Gruppen gerichtet (z. B. Ferienbeginn,), d) Themengottesdienste (z. B. Friedensgottesdienste). Chr. Albrecht, Kasualtheorie, 117 (FN 235).
10 Ulrich Fischer, Reiner Marquard und Helmuth Mühlmeier (Hg.), *Gelegenheit macht Gottesdienst: Liturgische Hilfen für lebensgeschichtliche Anlässe* (Stuttgart: Calwer, 1996); Dies. (Hg.), *Liturgische Hilfen für lebensgeschichtliche Anlässe: Gelegenheit macht Gottesdienst*, Bd. 2 (Stuttgart: Calwer, 1998).

„lebensgeschichtliche Anlässe" auf die kasuelle Tagesordnung gesetzt[11], die aber ihre Kasualtauglichkeit auf längere Sicht erst noch erweisen müssen.

Dabei geben augenscheinlich die moderngesellschaftliche Differenzierung der Lebenslagen und die Pluralisierung der Lebensstile Tempo und Amplitude relevanter Angelegenheiten vor, für die dann u. U. eine kirchliche Deutungs- und Darstellungsleistung in Anspruch genommen wird. Auch wenn die Zahl der Kasualien keineswegs kanonisch ist, kommen in der amtskirchlichen Wahrnehmung und in den meisten Kasualtheorien lediglich vier Kasualien ausführlich zur Darstellung (die „holy four": Taufe, Konfirmation, Trauung, Bestattung), die dann je nach pastoraltheologischen oder religionshermeneutischen Präferenzen um jeweils sog. „neue" Kasualien ergänzt werden. Hierbei sind die Zuwächse neuer Angelegenheiten kulturrelativ. Klar ist, dass das Spiel aus Nachfragesituation und kirchlichem Gestaltungswillen den Kasualisierungsprozess vorantreibt.

Was die Kasualtheorie als Kasus veranschlagt, leitet sich in der aktuellen Literatur nicht aus einer systematischen Klassifikation vorausliegender Veranlassungen ab. Im Zentrum der traditionellen Kasualtheorie steht weniger die Frage nach einem verbindenden Nexus der verschiedenen Kasus, als vielmehr die nach den Gemeinsamkeiten der unterschiedlichen Kasualien als kirchlich verfasste Deutungsgestalten der Kasus. Was den Kasualien als Kasus vorauffliegt und sie begründet, wird im Rahmen der Darlegung der einzelnen kasuellen Gattungen in der Regel als generalisierter Anlass mitgeführt und dann der jeweiligen Kasualie zugeordnet. So bezieht sich etwa die Bestattungskasualie auf den Kasus eingetretener Tod, und die Taufkasualie auf den Kasus Geburt bzw. auf das elterliche Taufverlangen. Was aber hat ein Todesfall mit einem Taufwunsch zu tun?

Die Gründe für das epistemische Abblenden des Kasus liegen zum einen in der *Heterogenität* des Ensembles liturgischer Handlungen, die unter dem Sammelbegriff „Kasualien" zusammengefasst werden.[12] Failing spitzt völlig zu Recht zu: „Die Rede von ‚den Kasualien' ist der sehr eingeschränkt taugliche Versuch einer Vereindeutigung, die theologisch kategorial Unvereinbares miteinander verein-

---

11 Z. B. Jahrgangsgottesdienste für 50-Jährige, neue Partnerschaft im Alter oder das Feuerwehrjubiläum; vgl. U. Fischer, R. Marquard und H. Mühlheimer (Hg.), Liturgische Hilfen, 77–115.
12 Mezger spricht von einer Aufteilung, die „zuweilen willkürlich anmutet" und die „oftmals nicht nur unterschiedlich, sondern sogar gegensätzlich" ausfällt. Manfred Mezger, *Die Amtshandlungen der Kirche: Bd. 1: Die Begründung des Amtes* (München: Kaiser, 1963), 16. – Ähnlich geht auch Albrecht von einem „wechselvollen Bestand an ganz unterschiedlichen Feiern, Segenshandlungen und kleineren Gottesdienstformen" aus. Chr. Albrecht, Kasualtheorie, 1.

bart."¹³ Die einheitliche Nomenklatur, auf die man sich in der Praktischen Theologie aus pragmatischen Gründen geeinigt hat, verdankt sich weniger der Suche nach einem Strukturmerkmal, das den unterschiedlichen Anlässen gemeinsam ist, als vielmehr einer formalen Abgrenzung der diese Anlässe darstellenden Liturgien von den wochenzyklischen Gottesdienstanlässen. Denn Kasualgottesdienste stehen im Unterschied zu sonntäglichen „Hauptgottesdiensten" nicht in einem österlichen Begründungszusammenhang, sondern sie kommen auf Anfrage bzw. äußere Veranlassung zustande.¹⁴ Beide Kriterien sind überdies auch in sich uneinheitlich: Wie die Anfragesituation immer auch durch religionskulturelle Üblichkeiten mitgeprägt ist (z. B. Konfirmation), so changiert der Anlass zwischen zeitlicher Option (Trauung, Taufe) und Unverfügbarkeit (Trauerfall).

Der heterogene Phänomenbereich der „Amtshandlungen" hat sich gegenüber *praktisch-theologischen Systematisierungsversuchen* immer schon als überaus spröde erwiesen. Unterscheidet Marheineke¹⁵ (1837) zwischen „Segen" (Trauung) und „Weihung" (Taufe und Konfirmation, Abendmahl und Beichte, Einweihung von Kirchen, Friedhöfen und liturgischem Gerät, Bestattung), Nitzsch¹⁶ (1848) zwischen Akten der „Communion" (Abendmahl), „Initiation" (Taufe, Konfirmation, Ordination) und „Benediktion" (Trauung, Bestattung), so ordnet Meuß¹⁷ (1892) das kasuelle Feld nach „Einführung" (Taufe, Konfirmation), „Fortführung" (Trauung, Ordination bzw. Einführung in kirchliche Ämter, Privatbeichte und -kommunion) und „Überführung" (Aussegnung, Begräbnis, Friedhofseinweihungen).¹⁸ Deutlich wird schon bei diesen Klassifizierungen im 19. Jh., dass hier jeweils Ordnungsprinzipien herangezogen werden, die methodisch die einzelnen Kasus von einem pastoraltheologischen Ordnungsrahmen her vermessen und sie dabei ganz unterschiedlichen Logiken zuweisen.

Und schließlich wurden innerhalb dieser Ordnungsversuche Kasus und Kasualie immer als ein *einheitlicher Geschehenszusammenhang* behandelt. Dies hat sicher

---

13 Wolf-Eckart Failing, „Die kleine Lebenswelt und der umfassende Sinn: Weisheit des Alltags und kasuelles Handeln der Kirche", in Ders. und Hans-Günter Heimbrock: *Gelebte Religion wahrnehmen: Lebenswelt – Alltagskultur – Religionspraxis* (Stuttgart: Kohlhammer, 1998), 200–232 (200).
14 Exemplarisch bringt dies Niebergall zum Ausdruck: „Nicht wie die Gottesdienste zu bestimmten Zeiten, sondern wie sie gerade fallen (casus), finden diese Handlungen statt." Friedrich Niebergall, *Praktische Theologie: Lehre von der kirchlichen Gemeindeerziehung auf religionswissenschaftlicher Grundlage, Bd. 2: Die Arbeitszweige* (Tübingen: Mohr Siebeck, 1919), 237.
15 Philipp Marheineke, *Entwurf der Practischen Theologie* (Berlin: Duncker und Humblot, 1837), 285 ff.
16 Carl Immanuel Nitzsch, *Practische Theologie, Bd. 2* (Bonn: Adolf Marcus, 1848), 403 ff.
17 E. Meuß, Handlungen, 63 ff.
18 2.1 Kasualien als liturgischer Akt am Ort des Subjekts.

auch damit zu tun, das im 19. Jh., aber auch noch weit bis ins 20. Jh. hinein, zwischen Kasus und Kasualie eine selbstverständliche Entsprechung bestand. Wie lange Zeit nahezu alle Kleinkinder auch getauft wurden, bildete die kirchliche Bestattung nach dem Ableben die kulturelle Norm. Erst mit den moderngesellschaftlichen Umbrüchen und dem damit kommunizierenden Individualisierungsschub in den späten 1960er Jahren öffnete sich merklich die Schere von Kasus und Kasualie. Die kirchliche Trauung wurde bei der Eheschließung immer mehr zur Option, weltliche Grabredner traten in Konkurrenz zu den Pfarrpersonen (zunächst nur in Ostdeutschland), und bald ließen sich auch nicht mehr komplette Alterskohorten konfirmieren. Die Kasualtheorie reagierte auf diese Entwicklung mit einer Konzentration auf das religiöse Subjekt.[19] So sieht Rössler in seiner einflussreichen Praktischen Theologie den Einzelnen als organisierendes Zentrum des kirchlichen Kasualhandelns.[20] Ihm folgt 25 Jahre später Steck, der die „privatreligiöse Signatur" in den kasuellen „Inszenierungen der Individualität" hervorhebt.[21] Dazwischen lag die Rezeption des ethnologischen Konzepts der Passageriten (van Gennep)[22], das Neidhart 1971 erstmals in den Kasualdiskurs eintrug.[23] Darüber avancierte die individualtheoretische Perspektive zu einem im Grunde bis heute mehrheitsfähigen Deutungskonstrukt. Grethlein bestimmt Kasualien in seinem Lehrbuch „als Kommunikation des Evangeliums an Übergängen im Leben."[24] Fortan galt als der gemeinsame Nenner der verschiedenen Kasus eine individuell zu bewältigende lebensgeschichtliche Passage, die – über die liturgisch-homiletische Vermittlung rituell ausgeformt – ins Bewusstsein gehoben und bearbeitet wird.

Erst in jüngster Zeit befreit sich die Kasualtheorie – noch zögerlich – aus der Dominanz passageritueller Deutungen. So identifiziert Christian Albrecht den Kasus in „persönlichen" oder „kirchlich-gemeindlichen bzw. öffentlichen Lebens-

---

19 Ebenso deutet Failing, der in der neuen Rubrizierung eine Nebenfolge der „Tendenz, Glaube als individuelle Größe zu verstehen und die Subjektivierung des Glaubens in den Mittelpunkt zu stellen" sieht: „Kasualien werden dann in besonders intensiver, ja direkter Weise auf das konkrete Leben an biographisch bedeutsamen Stationen bezogen." W.-E. Failing, Kleine Lebenswelt, 200 f.
20 Für Rössler sind die Kasualien verbunden „durch die Beziehung auf den Einzelnen, der ihren Anlass bildet". Dietrich Rössler, *Grundriß der Praktischen Theologie* (Berlin und New York, 1986), 199.
21 Wolfgang Steck, *Praktische Theologie, Bd. II: Horizonte der Religion – Konturen des neuzeitlichen Christentums – Strukturen der religiösen Lebenswelt* (Stuttgart: Kohlhammer, 2011), 214 ff.
22 7.1 Von der Passage zur Confirmation.
23 Walter Neidhart, „Die Bedeutung der nichttheologischen Faktoren: Thesen zu den Kasualien", *Hessisches Pfarrerblatt* 1 (1971), 4–7.
24 Christian Grethlein, *Grundinformation Kasualien: Kommunikation des Evangeliums an Übergängen des Lebens* (Göttingen: Vandenhoeck, 2007), 52: „Die Kasualien sind in kulturgeschichtlicher Perspektive Rituale bzw. genauer: Schwellenrituale."

umständen"[25]. Kristian Fechtner verlagert den Akzent ganz auf die Spezifik des Einzelfalls: „Der Kasus ist das, was der Fall ist – und zwar jeweils als eine spezifische Begebenheit."[26]

Obwohl der Wechsel in der Nomenklatur von „Amtshandlung" auf „Kasualie" auch ein Indiz für eine praktisch-theologische Akzentverlagerung von der pastoralen Handlungsvollmacht hin zu einer anlassbezogenen Sichtweise ist, kann die Eigenlogik des Falls in den Brechungen der agendarischen Vorgaben erst ganz allmählich einen Plausibilitätszuwachs verbuchen. So ermöglichen sowohl die Bestattungsagende IV[27] wie auch die Trauagende III[28] der Evangelischen Kirche von Kurhessen-Waldeck über eine modular organisierte Struktur die Freiheit der inhaltlichen Ausgestaltung, um dem jeweiligen Kasus gerecht werden zu können. Beide Agenden verstehen sich darum auch eher als Werkbücher im Sinne einer „Bearbeitungsliturgie", die die Einzigartigkeit von Kasus in den Mittelpunkt rückt.

3.1.2 Der Kasus als resonantes Ereignis und Besonderung

Die integrale Zeitstruktur, die eine Kasualie im Kasus vorfindet, aufnimmt und deutet, ist das *Ereignis-Dispositiv*. Darunter soll hier – im Anschluss an Foucault[29] und Deleuze[30] – eine rhizomatische Anordnung von Zeitzeichen verstanden werden, die ein herausgehobenes soziales Geschehnis für jemanden oder eine davon betroffene Gruppe relevant macht.

> „Gewiss ist das Ereignis weder Substanz noch Akzidens, weder Qualität, noch Prozess; das Ereignis gehört nicht zur Ordnung der Körper. Und dennoch ist es keineswegs immateriell, da es immer auf der Ebene der Materialität wirksam ist, *Effekt* ist; es hat seinen Ort und besteht in der Beziehung, der Koexistenz, der Streuung, der Überschneidung, der Anhäufung, der

---

25 Chr. Albrecht, Kasualtheorie, 1; zu Albrechts Kritik am Modell des Übergangsrituals vgl. 159 f.
26 Kristian Fechtner, *Kirche von Fall zu Fall: Kasualpraxis in der Gegenwart – eine Orientierung* (Gütersloh: Gütersloher Vlg., 2003), 11.
27 Agende IV: *Die Bestattung*, hg. v. Landeskirchenamt der Evang. Kirche von Kurhessen-Waldeck (Kassel: Evang. Medienverband, 2006).
28 Agende III: *Die Trauung*, hg. v. Landeskirchenamt der Evang. Kirche von Kurhessen-Waldeck (Kassel: Evang. Medienverband, 2013): „eher ein Werkbuch zur Trauung als eine klassische Agende" (8).
29 Michel Foucault: *Dispositive der Macht: Über Sexualität, Wissen und Wahrheit* (Berlin: Merve, 1978; Neuaufl. 2000), 119 f.
30 Gilles Deleuze, „Was ist ein Dispositiv?", in *Spiel der Wahrheit: Michel Foucaults Denken*, hg. v. François Ewald und Bernhard Waldenfels (Frankfurt a. M.: Suhrkamp, 1992), 153–162.

Selektion materieller Elemente (...); es produziert sich als Effekt einer materiellen Streuung und in ihr."[31]

Die unterbrechende Neuheit eines Ereignisses lässt eben nach der Bedeutung dieser „Koexistenzen" und „Streuungen" fragen, die sein Auftreten begleiten. Denn was sich ereignet, weist immer auch über das reine Vorkommnis hinaus auf die Lebenskontexte, in die es hineinragt. Die „Echtzeit" des Situativen drängt die Betroffenen dazu, dem unmittelbaren Zeiterleben Sinn zuzuschreiben. Dies ist der zeittheoretische Ort der Kasualien: Sie kultivieren das Diskontinuierliche des Kasus, der die Ordnung der Dinge und Beziehungen verändert.[32] Ereignisse sind als Unterbrechungen offen für Innovationen; sie sind „notwendige, richtunggebende Anstöße".[33]

In diesem Sinne definierte bereits Uhlhorn (1896) im Kontext seiner „Kasualrede" den sie initiierenden *casus* als einen „Fall, der eintreten kann, eintritt oder eingetreten ist, also das Ereigniß, das Vorkommniß oder der Vorfall".[34] Obwohl in der Folgezeit der eher liturgisch-pastoraltheologische Begründungszusammenhang „Amtshandlungen" die Nomenklatur innerhalb der Kasualtheorie bestimmte, gab es immer auch wieder Versuche, das Spezifikum der in sich überaus heterogenen Gruppe der Kasualien vom Ereignis her zu bestimmen. So umschrieb Jetter zu Beginn der empirischen Wende der Praktischen Theologie das kasuelle Element der Amtshandlungen folgendermaßen: „Mitten in des Dienstes ewig gleichgestellter Uhr brechen plötzlich oder auch im Rhythmus der Zeiten Lebenslagen ein, die einer Stunde ihre unüberhörbare Prägung geben."[35] Im Unterschied zum Entwurf des Ostberliner Praktischen Theologen Hans-Hinrich Jenssen rückte Jetter jedoch den Symbol- bzw. Ritualbegriff ins Zentrum seiner Überlegungen. Jenssen ging hier einen Schritt weiter und bezeichnete den gesamten Phänomenbereich der Kasualien als „Situationsgottesdienste". Seinen langen Artikel zu den „kirchlichen Handlungen" beginnt er mit dem programmatischen Satz: „Die Handlungen sind Situ-

---

[31] Michael Foucault, *Die Ordnung des Diskurses: Mit einem Essay von Ralf Konersmann* (Frankfurt a. M.: Fischer, [10]2007), 37. [L'ordre du discours, Paris: Gallimard, 1972]; Kursivierung TK. – Foucaults Arbeit am Ereignisbegriff hat seinen theoriegeschichtlichen Ort in der analytischen Präzisierung des Diskursbegriffs.
[32] Zur Zeitdimension der Pastoraltheologie vgl. Michael Schüßler, *Mit Gott neu beginnen: Die Zeitdimension von Theologie und Kirche in ereignisbasierter Gesellschaft* (Stuttgart: Kohlhammer, 2013), v. a. 120–147.
[33] Niklas Luhmann, *Die Gesellschaft der Gesellschaft* (Frankfurt a. M.: Suhrkamp, 1998), 1139.
[34] Friedrich Uhlhorn, *Die Kasualrede: Ihr Wesen, ihre Geschichte und ihre Bedeutung nach den Grundsätzen der lutherischen Kirche* (Hannover: Carl Meyer, 1896), 2.
[35] Werner Jetter, „Amtshandlungen", in *Theologie: VI x 12 Hauptbegriffe*, hg. v. Claus Westermann (Stuttgart und Berlin: Kreuz, 1967) 358–362 (361).

ationsgottesdienste."[36] Ihnen gemeinsam ist der „natürliche, schöpfungsgemäße Hintergrund", der weniger christologisch als trinitarisch zu interpretieren ist. Sie werden verlangt von Menschen, „welche sich in einer besonderen, einmaligen oder doch seltenen Situation ihres Lebens befinden."

Etwa zeitgleich, aber ganz ohne Bezugnahme auf Jenssens noch wenig elaborierten Ansatz schlägt der führende Religionssoziologe der 1. EKD Mitgliedschaftsuntersuchung, Joachim Matthes, in seiner Auswertung des empirischen Materials 1975 vor, die Kasualien[37] von ihrer Zeitdimension her zu plausibilisieren. Er unterscheidet dabei zwischen „Alltagszeit" und „Ereigniszeit". Während die „Alltagszeit" „lebensgestaltende Rhythmen" umfasst, die „in hohem Maße routinisiert sind", leitet sich die „Ereigniszeit" von „Vorgängen der Abmessung uns Strukturierung" ab, die in der biographischen Konstruktion „von singulären und für den einzelnen hochbedeutsamen Lebensereignissen" abgeleitet werden.[38] Er folgert im Blick auf die Wahrnehmung von Kasualien:

> „Die Singularität solcher Erlebnisereignisse enthält zweifellos [...] eine soziale Typik: was als herausragendes Lebensereignis gelten kann, ist sozial präformiert, und bei aller Singularität, die solche Ereignisse in ihren konkreten Formen für die einzelmenschliche Lebenserfahrung haben, sind sie dennoch insofern auf Kommunikabilität angelegt, als ja die Begründung dafür, sie als Bezugsgröße für die Lebenskonstruktion zu nehmen, auf den *Konsens* der Umwelt abgestützt werden will."[39] Die für das Subjekt signifikanten Markierungen der Ereigniszeit sind für Matthes eingelagert in „Leistungen der Kontingenzbewältigung" und erzeugen darum auch hohe Legitimationsbedarfe, die über die unmittelbare Umwelt hinausragen – sie fordern „übergreifende Legitimation", z. B. in Formen einer kasuellen Sakralisierung.

Dieser theoretische Vorstoß von Jenssen und Matthes, die Kasualien über den Ereignischarakter des Kasus zu definieren, fand jedoch damals in der bundesrepublikanischen Kasualtheorie keine Resonanz, sah man hier doch etwa zur gleichen Zeit in der Ritualtheorie das sinnvollere Passepartout für die Gruppe der „kirchlichen Handlungen". Der Preis für diese theoretische Rahmung war allerdings hoch: Das kasuelle Feld reduzierte sich auf die „holy four", denn das strukturalistische Erklä-

---

36 Hans-Hinrich Jenssen, „Die kirchlichen Handlungen", in *Handbuch der Praktischen Theologie: Der Gottesdienst, Die kirchlichen Handlungen, Die Predigt*; Bd. II, hg. v. Heinrich Hammer, Jürgen Henkys, Gottfried Holtz u. a. (Berlin-Ost: Evang. Verlagsanstalt, 1974), 139–195 (144).
37 Matthes fordert als eine wichtige Konsequenz aus der EKD-Umfrage für die Kirche eine „integrale Amtshandlungspraxis" ein.
38 Joachim Matthes, „Volkskirchliche Amtshandlungen, Lebenszyklus und Lebensgeschichte: Überlegungen zur Struktur volkskirchlichen Teilnahmeverhaltens", in Ders. (Hg.), *Erneuerung der Kirche: Stabilität als Chance? Konsequenzen aus einer Umfrage* (Burckhardthaus-Verlag: Gelnhausen und Berlin, 1975), 83–112 (105).
39 Ebd., Kursivierung im Original.

rungsmodell der Übergangsrituale passte schlicht nicht mehr auf die bunte Vielgestalt der übrigen Kasualien, die keineswegs umstandslos als Passagen identifizierbar waren und entsprechende seelsorgliche Zuwendungen erforderlich machten. Eine Theorie erschuf sich ihre Praxis.

Bestimmt man dagegen die Kasualien von ihrem Kasus her und misst dabei den Kasus von seinem Zeitgefüge her am Ereignis, dann erscheint er als ein singuläres Geschehnis, das sich als Teil der persönlichen, familialen oder kulturellen Identität hinsichtlich einer erwarteten Zukunft beschreiben lässt. Ereignisse kommen jeweils zum ersten und zum letzten Mal vor.[40] Etymologisch leitet sich „Ereignis" nicht etwa, wie man meinen könnte, von „eigen"/„Aneignung" ab, sondern von ahd. *ouga* (Auge) ab.[41] Ein Ereignis ist also eine Begebenheit, die wortwörtlich ins Auge fällt, *eräugt* wird (ein „Eräugnis"). Sprachgeschichtlich ist von Ereignissen die Rede, wenn ein herausgehobenes soziales Geschehen visuell in Erscheinung tritt bzw. vom inneren Auge imaginiert wird. Ereignisse sind dynamische Gegenstände einer Beobachtung.

Beobachtet wird dabei zunächst eine elementare Veränderung. Ein Ereignis hebt die Statik eines Zustands oder eines gleichförmigen Zeitlaufs auf, indem es eine sichtbare Neuerung ins Bewusstsein hebt. Ein gleichförmiger Zeitlauf wird abgelöst durch etwas, das für Beobachtende neu, bisweilen auch unerwartet in Erscheinung tritt. Ereignisse markieren die Alteration eines Zustands; sie stellen einen nicht bestandsfähigen Einschnitt dar, der das Kontinuum in eine Differenz von vorher und nachher zerlegt. Im besten Fall macht sich diese Differenz als Zäsur für diejenigen kenntlich, die sie wahrnehmen, inszenieren bzw. konstatieren, wonach das neu in die Zeit Gekommene drängt. Ereignisse können regelmäßig auftreten (z. B. Sonntagsgottesdienste[42]) oder völlig unverhofft (z. B. ein Todesfall). Sie können im Sinne von „Events" planvoll gesetzt werden (z. B. Konfirmationen) oder sich einfach aufgrund der Umstände einstellen (z. B. Einweihungen).

Zwischen den beiden kategorialen Bestimmungen „Ereignis" und „Angelegenheit"[43] gibt es phänomenologisch einen breiten Überlappungsbereich. Die Differenz

---

40 Vgl. N. Luhmann, Gesellschaft, 52.
41 DWDS – Digitales Wörterbuch der deutschen Sprache: Wortauskunftssystem zur deutschen Sprache in Geschichte und Gegenwart, hg. v. d. Berlin-Brandenburgischen Akademie der Wissenschaften, https:///www.dwds.de; vom 28.3.21.
42 In Schleiermachers Festtheorie gelten Gottesdienste als „Unterbrechungen des übrigen Lebens und stehen damit in relativem Gegensatz". Friedrich Daniel Ernst Schleiermacher, *Die praktische Theologie nach den Grundsätzen der evangelischen Kirche im Zusammenhange dargestellt* (Berlin: Reimer, 1850), 70. Die bewusst eingesetzten „Kunstelemente" des darstellenden Handelns treten in die „Pausen" des „wirksamen" Arbeits- und Gesellschaftslebens ein. Ebd., 532.
43 1.1 Angelegenheiten.

liegt in der sozialen Einbettung (der Angelegenheiten) bzw. in der Unverrechenbarkeit (des Ereignisses). Angelegenheiten ergeben sich, Ereignisse treten unvermittelt ein. Ereignisse können zu Angelegenheiten werden, wenn sie als angehend verbucht werden und sich daraus Handlungsimpulse ergeben. Zu Ereignissen muss man sich nicht unbedingt verhalten, Angelegenheiten haben Folgen und Nebenfolgen. Verkürzt lässt sich definieren: Eine Angelegenheit ist ein Ereignis plus Resonanz.

Bei den willentlich und individuell gesetzten Events wird das der Kasualie vorauﬂiegende Ereignis gewissermaßen ex post konstruiert. So verbindet sich mit der Anwahl einer kirchlichen Trauung die narrative (Re-)Konstruktion des Ereignisses, das die Kasualie maßgeblich motiviert hat (erstes Rendezvous, Einzug in die gemeinsame Wohnung, das gemeinsame Kind etc.) und das dann durch die Kasualie bekräftigt, „konﬁrmiert" wird. Ähnlich verhält es sich bei Erwachsenentaufen. Auch hier wird im Taufgespräch das auslösende Ereignis bzw. die Ereignisfolge als Kasualmovens namhaft. Bisweilen kommt dies auch zu Beginn des Taufgottesdienstes explizit zum Ausdruck. So sieht z. B. das Taufbuch der Evangelischen Kirche der Union vor, dass der „Weg" zur Taufe von den erwachsenen Taufbewerbenden „selbst mit freien Worten geschildert werden" kann.[44]

Nimmt man die Eigenaktivität der kasuellen Akteure als Kriterium, dann ist die Spannweite kasueller Ereignisse groß; sie reicht von unverfügbaren Vorkommnissen[45], die die Beteiligten nur reaktiv handeln lassen (z. B. Gottesdienste aus Anlass von Katastrophen[46]), bis hin zu ausgearbeiteten Inszenierungen, bei denen die Initiative entweder von den Betroffenen ausgeht (z. B. Taufe, Trauung) oder von der Kirche (z. B. Ordination) bzw. der Gemeinde (z. B. Konfirmation). Ist es bei der Kindertaufe in aller Regel die Geburt, die das Kasualmovens dominiert, so wird bei der Trauung ein nachträglich vergegenwärtigtes Geschehnis als initial angesehen. Bei der Ordination sind es Momente, in denen sich die *vocatio interna* biografisch verdichtet. Die Konfirmation ist (neben den Erinnerungskasualien) die Kasualie, bei der das veranlassende Ereignis selbst wieder in einer Kasualie besteht (Konfirmation als Tauferinnerung).

---

44 *Taufbuch: Agende für die Evangelische Kirche der Union, Bd. 2*, hg. v. der Kirchenkanzlei der Evang. Kirche der Union (Berlin: Evang. Haupt-Bibelges. u. v. Cansteinsche Bibelanst; Bielefeld: Luther-Verlag, 2000), 58. Eine ähnliche Formulierung findet sich z. B. auch im Gottesdienstbuch der Württembergischen Kirche (*Gottesdienstbuch für die Evangelische Landeskirche in Württemberg, Zweiter Teil, Sakramente und Amtshandlungen, Tlbd.: Die Heilige Taufe*, hg, v. Ev. Oberkirchenrat (Stuttgart: Verlag u. Buchhandlung der Ev. Gesellschaft Stuttgart, 2018), 45.
45 Vgl. Hartmut Rosa, *Unverfügbarkeit* (Wien und Salzburg: Residenz, ⁷2020).
46 4.8 Riskante Liturgien – Irritationen gesellschaftlicher Sicherheitsverheißungen.

In jedem Fall erzeugen kasuelle Ereignisse durch die Normalitätsabweichung eine Form der Grenzerfahrung, die aus einem rituell intensivierten Zeiterleben hervorgeht.[47] Ereignisse konstituieren ein *illud tempus*. Und diese unmittelbare Zeiterfahrung wird in symbolischer Verdichtung im Kasualgottesdienst erinnernd gedeutet.

Ein Ereignis fällt ins Auge und wird als Angelegenheit wahrgenommen, wenn es bei den Akteuren mehr oder weniger starke *Resonanzen*[48] auslöst. Etymologisch bezeichnet Resonanz ein akustisches Phänomen, bei dem ein System angeregt wird, mit einem Impulsgeber mitzuschwingen (latein.: *re-sonare* – widerhallen). Im Unterschied zu physikalischen Resonanzphänomenen, bei denen schwingfähige Systeme auf den eingehenden Klang lediglich mit entsprechenden Eigenschwingungen reagieren, definiert Hartmut Rosa Resonanz als ein soziales Phänomen, bei dem die resonierenden Entitäten „mit eigener Stimme" kommunizieren. Die beiden Systeme berühren sich wechselseitig in der Weise, „dass sie als *aufeinander antwortend*, zugleich aber auch *mit eigener Stimme sprechend*, also als ‚zurück-tönend' begriffen werden können."[49] Der Bezug zum Kasus liegt auf der Hand: Als Ereignis stimuliert er die Wahrnehmung insofern, als ihn Betroffene als unmittelbar angehend erleben. Der Kasus beansprucht Relevanz für die eigene Lebensführung. Dass Betroffene im wahrsten Sinne des Wortes vom Kasus berührt werden, motiviert sie, den Kasus im Modus einer Kasualie lebensdienlich zu transformieren. Dies gilt jedoch nicht nur für unverfügbare, sondern gleichfalls für inszenierte Ereignisse. Denn auch im Fall planvoll arrangierter Kasus hält die institutionelle Religionskultur liturgische Formate vor, die Resonanzerfahrungen zumindest sehr wahrscheinlich machen. Auch im Wissen um die Künstlichkeit der rituellen Komposition stellen sich bei Trauungen, Ordinationen oder Konfirmationen dichte (resonante) Momente ein.

Das Ereignis-Dispositiv korreliert eng mit der Kategorie der *Besonderung*. Was den Kasus heraushebt aus dem in der Regel ausbalancierten Feld von Alltagserfahrungen, ist die Bedeutungszuschreibung durch die Akteure, die ihn als resonant und singulär wahrnehmen und ihn darum als *ihren* Kasus öffentlich zur Darstellung gebracht wissen wollen. Liest man also den Kasus als Sonderung des Allgemei-

---

[47] Tristan Garcia, *Das intensive Leben: Eine moderne Obsession* (Frankfurt a. M.: Suhrkamp, 2020); französ.: *La vie intense: Une obsession moderne* (Paris: Autrement, 2016).

[48] Prominent hat den Resonanz-Begriff der Soziologe Hartmut Rosa in den gesellschaftswissenschaftlichen Diskurs eingespielt. Rosa sieht Resonanz als einen „Modus der Weltbeziehung", eine „spezifische Art und Weise des *In-der-Welt-Seins*, das heißt eine spezifische Art und Weise des In-Beziehung-Tretens zwischen Subjekt und Welt". Hartmut Rosa, *Resonanz: Eine Soziologie der Weltbeziehung* (Berlin: Suhrkamp, 2016), 281–298 (285); Kursivierung im Original.

[49] H. Rosa, Resonanz, 285; Kursivierung im Original

nen in Einzelnes, dann wird in Kasualien primär das Einmalige, die außergewöhnliche Bestimmtheit eines Ereignisses gefeiert, das man für sich als Angelegenheit bestimmt hat. Die Spezifik dieser individuierenden Differenz brachten Duns Scotus und seine Schule mit dem Neologismus *haecceitas* („Diesheit", „Dieseinzigkeit")[50] zum Ausdruck. Er bezeichnet das Besondere eines Einzelphänomens (oder Objekts) im Unterschied zu den allgemeinen Eigenschaften eines ganzen Phänomenbereichs (oder einer Objektklasse). Jenseits der abstrakten Logik des mittelalterlichen Universalienstreits kommt in der haecceitas eine einzigartige Konkretheit zum Ausdruck.[51] Der besondere Akzent, der mit der hacceitas kasualtheoretisch gesetzt ist, lässt sich am ehesten anhand der Taufe verdeutlichen. Viele Taufeltern sehen unter den volkskirchlichen Bedingungen der späten Moderne die Taufe ihres Kindes weniger als den Spezialfall eines Allgemeinen (Taufe als sakramentaler Ausdruck von Kirchenzugehörigkeit, für die der Sonntagsgottesdienst den angemessenen Rahmen bildet), als vielmehr ein individuell Besonderes im Gegenüber zum Allgemeinen. Das Gewicht liegt hierbei auf der Einzigartigkeit, die gefühlt das Allgemeine übersteigt. Dieses eine, „unser" Kind ist eben eine weiter nicht ableitbare Tatsache (Taufe als einmaliger Ausdruck geschöpflichen Seins, was eher in einem individuell gestalten Taufgottesdienst seinen Ort findet). Die Individualisierung äußert sich auch darin, dass dem Subjekt in der zeitsouveränen Deutung von Ereignissen ein höherer Rang zuerkannt wird als einem umfassenden Sinnhorizont, in den das Besondere eingezeichnet werden soll. Wenn ein Kasus eine Kasualie verlangt, dann ist dies für die Betroffenen immer weniger Ausdruck einer fraglosen Kirchlichkeit, sondern primär der Wunsch nach der religiösen Wahrnehmung einer ganz *besonderen* Lebens- und Zeitkonstellation. Pastorale Deutungsmachtansprüche, den Kasus als Verkündigungshandlung oder Eingemeindung kirchlich einzuhegen, verkennen die spezifische Dynamik, die mit dem Kasus, genauer: mit der resonanten Bedeutungszuschreibung an das resonante Ereignis gegeben ist.

Was sich hier am Beispiel der kasuellen Zeitdeutung aufweisen lässt, hat der Kultursoziologe Andreas Reckwitz zum Nukleus einer umfassenden und empirisch gesättigten soziologischen Modernediagnose gemacht. In einer „Gesellschaft der Singularitäten" avancieren Einzigartigkeit, Originalität und Attraktivität zu den Garanten sozialer Anerkennung. Es gilt der Imperativ des Besonderen:

> „In der Spätmoderne findet ein gesellschaftlicher Strukturwandel statt, der darin besteht, dass die soziale Logik des Allgemeinen ihre Vorherrschaft verliert an die *soziale Logik des*

---

50 Abgeleitet von latein. *haec:* „dieses".
51 Jan P. Beckmann (1974): „Haecceitas", in *Historisches Wörterbuch der Philosophie*, hg. v. Joachim Ritter, Karlfried Gründer und Gottfried Gabriel (Basel: Schwabe), DOI: 10.24894/HWPh.1476 vom 5.4.2021.

Besonderen." Dieses Besondere ist nicht einfach als soziale Tatsache vorhanden, „was als nichtaustauschbar und nichtvergleichbar erscheint", ist vielmehr ein gesellschaftliches Konstrukt, das sich darum jedoch kaum weniger wirkmächtig erweist.[52]

Vor diesem Hintergrund soll Kasus hier verstanden werden als ein Ereignis, das von den Protagonisten in einer besonderen Lebenskonstellation als resonante Angelegenheit erfahren bzw. inszeniert wird.

Als zeitlicher Außenabdruck des Sozialen vereinigt der Kasus in sich *anamnetische*, *kairologische* und *futurische* Aspekte. Ein Kasus kann und will 1. als belangvolles Herkommen erinnert werden, 2. wird er als gelegener Zeitpunkt wahrgenommen oder in Szene gesetzt, als ein entscheidendes Zeitfenster, das das Zeitkontinuum für einen qualitativen Sprung öffnet, und 3. bietet die Eigenzeit des Kasus die Aussicht auf eine sinnhafte Antizipation von Möglichkeiten, auf einen Entwurfsbereich menschlicher Hoffnung. Der Kasus ist so gesehen kein eindeutig ausgrenzbares Vorkommnis auf einem linearen Zeitstrahl, sondern er ereignet sich in einer hybriden Melange *unterschiedlicher* Zeitformationen.

So umfasst ein Todesfall immer auch mehr als nur das Factum brutum eines zu einer bestimmten Stunde eingetretenen Todes: Er zeigt das Ende einer kontingenten Lebensgeschichte an, in die viele andere eng oder weniger eng involviert waren und sind. Er verweist auf das Vorhandensein eines Leichnams, zu dem sich Angehörige (nicht zuletzt auch rituell) verhalten müssen. Und er wirft Fragen auf nach dem Modus nachtodlichen Seins, das den Trauernden mehr verspricht als nur eine unvermeidliche Verlustgeschichte.

Auch eine Trauung ragt über den möglicherweise zeitlich genau fixierbaren Wunsch nach einem kirchlichen Segen für das eheliche Miteinander hinaus. Sie ist Ausdruck einer über längere Zeit gewachsenen Vertrautheit und eines christlich orientierten Lebensgefühls. Und sie weist über die Gegenwart hinaus, indem sie die Übernahme einer auf Dauer angelegten Lebensgemeinschaft öffentlich macht. Und dass viele Trauungen ganz bewusst auf numerisch einprägsame Trautermine gelegt werden (22.02.2020, 10.10.2020 oder 21.02.2021) zeugt davon, den Kairos über die Magie der Zahlen bannen zu wollen (und erinnern zu können).

---

[52] Andreas Reckwitz, *Die Gesellschaft der Singularitäten: Zum Strukturwandel der Moderne* (Berlin: Suhrkamp, 2017), 11 (Kursivierung im Original).

3.1.3 Der Kasus im Singular, Dual und Plural

Mit Schleiermachers romantischer Theologie zeichnet sich in unterschiedlichen theoriegeschichtlichen Brechungen eine privilegierte Partnerschaft zwischen Subjekttheorie und Praktischer Theologie ab. Dieser Tradition weiß sich auch Eduard Meuß verpflichtet, der 1892 die erste evangelische Kasualtheorie verfasste und sie programmatisch überschrieb mit „Die gottesdienstlichen Handlungen von individueller Beziehung in der evangelischen Kirche". Meuß hebt die Kasualien vom Gemeindegottesdienst ab, weil die Amtshandlungen nur „bestimmten Individuen [...] zugewendet werden". Kasualien sind durch „Einzelfälle des persönlichen oder des Gemeindelebens veranlasst", sie verfolgen „einen geistlichen Zweck an einem ihr gegenüberstehenden Individuum".[53] Dieser starke, möglicherweise protestantische Fokus auf den kasuellen Einzelpersonen bestimmt als Cantus firmus die Kasualtheorie bis in die unmittelbare Gegenwart. In der von Meuß formulierten Opposition zwischen dem parochialen Kollektivum und dem die Amtshandlung begehrenden Individuum ist unschwer das (durchaus unscharfe) liturgische Differenzkriterium zu erkennen, das den Kasualgottesdienst vom Gemeindegottesdienst abhebt. Tertium non datur.

Im starken Sog der passageritüellen Perspektive in den 1970er Jahren haben sich die subjekttheoretischen Systemimperative noch einmal mehr gegen eine differenzierende Sicht auf die numerischen Logiken immunisiert, die das kasuelle Feld maßgeblich mitbestimmen. So wurden mit dem generalisierenden *Singular* nicht nur die kopräsente Kasualgemeinde (als die jeweils kopräsente Repräsentanz der Parochie) abgeblendet[54], sondern auch der schlichte Umstand, dass bei Konfirmationen eben nicht nur eine einzelne Konfirmandin[55] und bei Schulanfängergottesdiensten[56] grundsätzlich mehr als ein isolierter Erstklässler im Zentrum des liturgischen Interesses stehen. Und dieser Umstand ist keineswegs nur rein quantitativ von Bedeutung: Die kasuelle Adressierung im *Plural* – hier: an die Kohorte der Gleichaltrigen – ist mehr als die Zueignung an eine Summe von Singularitäten, denn die Amplitude bestimmt qualitativ den kirchlichen Anspruch, die Selbstwahrnehmung der Protagonisten und die lokale Wahrnehmung des Kasus. Die homiletische Rhetorik sieht hier darum auch ein „Ihr" und kein „Du" vor.

---

53 E. Meuß, Handlungen, 43 u. 44.
54 7.5 Spiegelfunktion.
55 4.3 Konfirmation – kirchliche Mündigkeit initiieren. – „Das Besondere der Konfirmation liegt darin, dass es sich um eine ‚Gruppenkasualie' handelt [...]." Michael Meyer-Blanck, „Konfirmation", in *Liturgisches Kompendium*, hg. v. Christian Grethlein und Günter Ruddat (Göttingen: Vandenhoeck, 2003), 329–347 (330).
56 4.2 Einschulung – fröhlicher Wechsel in die Kohorte der Gleichaltrigen.

Noch deutlicher kommt die Diskrepanz zwischen der Einzelfalllogik und dem Erfassen von Kohärenzen und Koalitionen bei den sog. Riskanten Liturgien[57] zum Ausdruck. Bei der Trauerfeier aus Anlass des Suizids von Nationaltorhüter Robert Enke (2009), die im Niedersachsenstadion/Hannover stattfand, ging es nicht allein um den tragischen Tod eines einzelnen. Der Kasus setzte vehement auch die Einsamkeit eines Idols in der Masse, die Leistungsnormen des Profisports und die Macht kollektiver Idealisierungen auf die Agenda („You'll never walk allone"). Der Tod stieß eine norddeutsche Großstadt sowie einen kompletten Bundesligaverein in tiefe Trauer.[58] Und an den Folgen der Amokläufe von Erfurt (2002) und Winnenden (2009) nahm immerhin ein ganzes Land Anteil.[59] Ähnliches war auch an der öffentlichen Wahrnehmung der Trauerfeier aus Anlass des Anschlags auf dem Berliner Weihnachtsmarkt (2016) zu beobachten.

Weniger dramatisch, aber auch Realbenediktionen bzw. Einweihungshandlungen richten sich im Blick auf die unmittelbar Betroffenen in aller Regel an mehr als nur einen Adressaten.[60] Und auch hier ist der Plural bedeutungsdifferenzierend, denn er hat direkten Einfluss auf die Adressierung der Rede und die Gestaltung des Ritus. Sei es das Wohlergehen im neuen Heim (Wohnungssegnung), die Indienstnahme eines Großgeräts oder die Einweihung eines öffentlichen Gebäudes – jedes Mal handelt es sich um ein mehr oder weniger großes Kollektiv, dessen jeweilige Sachverhalte gutgesagt werden (Familie, Verein, Gemeinwesen).

Kasualtheoretisch von Bedeutung ist aber auch der *Dual*. So ist die Pointe der Trauung der Zusammenschluss zweier „Singles" zu einem Paar. Die öffentliche Darstellung einer verantwortlichen Partnerschaft ist schließlich das augenfällige Movens für die Traukasualie. Gefeiert wird das öffentliche Bekenntnis zu einem menschlichen Gegenüber; die Eheleute wählen die neue Identität einer „Zweiheit" (die z. B. in der Wahl eines gemeinsamen Namens zum Ausdruck kommt) in enger Relation zu einem intimen Gegenüber. Martin Buber widmet diesem Dual seine Programmschrift „Ich und Du". Seine Kernthese:

---

[57] 4.8 Riskante Liturgien – Irritationen gesellschaftlicher Sicherheitsverheißungen.
[58] Sonja Beckmayer, „'You'll never walk allone': Trauerfeier für Nationaltorhüter Robert Enke" (2009), in *Riskante Liturgien: Gottesdienste in der gesellschaftlichen Öffentlichkeit*, hg. v. Kristian Fechtner und Thomas Klie (Stuttgart: Kohlhammer, 2011), 107–125.
[59] Klaus Eulenberger, „Der Boden unserer Herzen ist aufgebrochen: Trauerfeiern nach den Amokläufen von Erfurt (2002) und Winnenden (2009)", in Riskante Liturgien, hg. v. Kr. Fechtner u. Th. Klie, 33–42.
[60] 4.9 Realbenediktionen – dienliche Dinge Gott anbefehlen.

„Die Welt ist dem Menschen zwiefältig nach seiner zwiefältigen Haltung. Die Haltung des Menschen ist zwiefältig nach der Zwiefalt der Grundworte, die er sprechen kann. Die Grundworte sind nicht Einzelworte, sondern Wortpaare. Das eine Grundwort ist das Wortpaar Ich-Du."[61]

Von diesem Dual lebt nicht zuletzt auch die komplette Trauliturgie: Traufragen/Trauversprechen, Ringwechsel, Ineinanderlegen der Hände, Segen mit Auflegen beider Hände, gemeinsamer Ein- und Auszug.[62]

Auch für Traujubiläen[63] und Trennungsliturgien (wenn sie denn paarweise begangen werden) ist der Dual ein strukturbildendes Kriterium. Gegenstand beider kasueller Begängnisse ist immer die „Zwiefalt" – in langjähriger Eintracht oder in Gestalt des Scheiterns.

Kasus, die einer Kasualie zur deutenden Darstellung aufgegeben sind, betreffen Christenmenschen im Singular, im Dual und im Plural. Neben dem Charakter des jeweiligen Ereignisses und seinem Sitz im Leben spielt auch und gerade die Anzahl der unmittelbar Betroffenen, die im Kasualgottesdienst zentral gestellt sind, eine entscheidende Rolle. Dies betrifft nicht nur die zeremoniale Gestaltung (in Raumordnung, Zuwendungsformen, Gestus), sondern auch die Predigt (in Duktus, Thematik, Zuspruch) sowie den Ritus (in Segenshaltung, Performanz, Gestaltqualität). Ob zwischen Kasus und Kasualie ein Kasualgespräch stattfindet, ist ebenfalls eine von der Vielzahl der Protagonisten abhängige Variable. Bei Einzelkasualien (Taufe[64], Ordination[65], Bestattung[66]) sind Kasualgespräche obligatorisch, ebenso bei

---

61 Martin Buber, Ich und Du (Stuttgart: Reclam, 2008), 3. – In sprachphilosophischer Perspektive beschäftigte sich schon Wilhelm von Humboldt mit der Dual-Form. In seinem Essay „Über den Dualis" wendet er sich gegen eine Vorstellung „der bloßen Zahl zwei", weil der Dual „auf den Begriff der Zweiheit gründet": „Nach dieser Vorstellung ist der Dualis gleichsam ein Collectiv-Singularis der Zahl zwei", er „teilt daher als Mehrheitsform und als Bezeichnung eines geschlossenen Ganzen zugleich die Plural- und die Singular-Natur." Wilhelm von Humboldt, *Über den Dualis* (Berlin: Königl. Akad. D. Wiss., 1827), 178 (Kursivierung im Original).
62 In der kurhessischen *Agende II/3: Die Trauung*, hg. v. Landeskirchenamt der Evang. Kirche von Kurhessen-Waldeck (Kassel, Evang. Medienverband, 2012) heißt es: „Das wesentliche Symbol des Traugottesdienstes ist die Handlung selbst: Zwei Menschen kommen auf ihrem Weg, sie halten inne, hören, beten, geben öffentlich ein Versprechen ab, empfangen und gehen weiter." (27).
63 6. Erinnerungskasualien.
64 Die Ausnahme sind hier mehrere Taufen, die in einem sonntäglichen Gemeindegottesdienst zusammengefasst werden, oder große Tauffeste. In jedem Fall aber sieht der zentrale Ritus die Applikation auf jeweils *einen* Täufling vor; 4.1 Taufe – die fluide Freistellung des christlichen Subjekts.
65 Ausnahmen sind hier die Kirchen, die ihre Nachwuchspastorinnen und -pastoren im Kollektiv eines ganzen Vikarskurses ordinieren, wie z. B. die Braunschweigische Landeskirche; 4.6 Ordination – Inszenierung eines feinen Unterschieds.
66 Ausnahmen sind z. B. die Urnenbeisetzungen von Körperspendern in der Anatomie, die in aller Regel gemeinsam beigesetzt werden.

Paarkasualien (Trauung, Ehe-Jubiläen, Trennungsliturgie), während bei Gruppenkasualien (Konfirmation, Konfirmationsjubiläen, Einschulungen/Schulentlassungen, Realbenediktionen, Festkasualien[67]) in der Regel Vorgespräche unüblich sind.

3.2 Kasualgespräch

3.2.1 Fallweise

Bei einigen Kasualien findet vor dem Gottesdienst ein sog. Kasualgespräch statt. Es wird je nach Kasus und regionalkirchlichen Konventionen sehr unterschiedlich ausgestaltet.[68] Darüber, wie weit die Praxis der Kasualgespräche zurückreicht, lassen sich keine validen Aussagen machen. Haack setzt diese Praxis zumindest schon für die 1930er Jahre als kirchliche Konvention voraus.[69] Es spricht jedoch viel dafür, dass der moderngesellschaftliche Individualisierungsschub der 1960er Jahre auf seiner Rückseite auch den Kasualgesprächen zu einer flächendeckenden Verbreitung verholfen hat.[70] Gegenwärtig dienen Kasualgespräche der *Kontaktnahme, administrativen Belangen,* der kasuellen *Anamnese* sowie der *liturgiedidaktischen Vergewisserung* und der *kompositorischen Aushandlung.*[71] Obligatorisch sind Kasu-

---

67 4.5 Heiligabend – das *Memento nasci* als Kasus.
68 Rössler bezeichnet das Kasualgespräch als „eine Aufgabe besonderer Art": „Es ist einerseits durch einen eindeutigen Anlass bestimmt, andererseits seinem Inhalt nach nicht ohne weiteres festzulegen." Dietrich Rössler, *Grundriß der Praktischen Theologie* (Berlin und New York, 1986), 208. Es ist wohl nicht zuletzt auch dieser inhaltlichen Unbestimmtheit geschuldet, dass das Kasualgespräch „in der kasualtheoretischen Literatur ein vergleichsweise vernachlässigtes Themenfeld darstellt". Christian Albrecht, *Kasualtheorie: Geschichte, Bedeutung und Gestaltung kirchlicher Amtshandlungen* (Tübingen: Mohr Siebeck 2006), 216 f.
69 Hans Georg Haack, *Die Amtshandlungen in der evangelischen Kirche* (Gotha: Klotz, 1935). So fordert der Breslauer Praktische Theologe obligatorische Kasualgespräche zur „gewissenhaften Vertiefung" in den jeweiligen Kasus: „Die Kenntnis dieses besonderen Falles kann von dem Geistlichen einmal durch einen Besuch der betreffenden Gemeindeglieder im Amtszimmer oder durch einen Besuch des Pfarrers in der Wohnung der betreffenden Gemeindeglieder erreicht werden. Man suche in beiden Fällen durch vertiefende Fragen über die Angabe der bloß äußeren Daten herauszukommen." (22).
70 Albrecht, der diese Datierung vornimmt, nennt allerdings keine Belege für seine These. Chr. Albrecht, Kasualtheorie, 128.
71 In dem Sammelband des Heidelberger Forschungsprojekts „Formen und Funktionen des Kasualgesprächs" greifen die Herausgebenden auf die alten Funktionszuschreibungen von Müller zurück: Theophil Müller, *Konfirmation, Hochzeit, Taufe, Bestattung: Sinn und Aufgabe der Kasualgottesdienste* (Stuttgart: Kohlhammer, 1988), 158–163: 1. Prüfung, 2. Bildung, 3. Seelsorge und 4. Gottesdienstvorbereitung. Maximilian Bühler, Miriam Pönnighaus und Florian Volke (Hg.), *Kasual-*

algespräche bei Trauungen, Trauerfeiern und den meisten Taufen. Bei anderen Kasualien entfallen sie oder sie folgen anderen Kommunikationslogiken.

So sind z. B. bei Konfirmationen keine Kasualgespräche üblich[72], jedenfalls keine, die Raum böten für die Reflexion individueller Belange oder kompositorische Aushandlungsprozesse. Bei den sog. „Elternabenden" – wahlweise mit und ohne die zu Konfirmierenden – geht es in aller Regel um organisatorische und zeremonielle Abläufe (Gruppenfoto, gemeinsame Spende vom Konfirmationsgeld, Dresscode etc.). Mancherorts gründet sich bei dieser Gelegenheit auch ein Elternchor, der dann bei der Konfirmation Premiere feiert. Vereinzelt statten die Gemeindepastoren optional auch Hausbesuche bei den Konfirmandeneltern ab. Bei Einschulungsgottesdiensten reduzieren sich die Kontaktnahmen auf organisatorische Absprachen mit den Schulleitungen der Grundschulen im parochialen Einzugsgebiet. Anders fallen Gedenkfeiern der Anatomie aus, wo sich eine vorlaufende Anamnese aus Gründen der Anonymität der Körperspendenden[73] von selbst verbietet. Der Gottesdienst wird in der Regel nicht mit den Angehörigen, sondern mit den nur mittelbar Betroffenen, den Medizinstudierenden und Vertretern der anatomischen Institute, vorbereitet. Als *Kasualien im Plural* konstituieren sich die drei letztgenannten Feiern in einem dynamischen Prozess, bei dem das Pfarramt den rituellen Rahmen absteckt und ihm theologisch Konturen verleiht. Wie auch in anderen kirchlichen Gruppenprozessen, in denen es kirchlich wenig oder gar nicht Sozialisierte mit routinierten Pfarrpersonen zu tun bekommen, sind die Spielräume für eigene zeremonielle Akzente eher eng. Seelsorgliche Belange können in Gruppenkasualien – wenn überhaupt – zeremoniell allenfalls in allgemeiner Form bearbeitet werden. Vor Ordinationen lädt die ordinierende bischöfliche Person die Ordinandinnen und Ordinanden in vielen Kirchenregionen vor dem Gottesdienst zu einem gemeinsamen Gespräch ein, bei dem man sich kennenlernt und liturgische Absprachen trifft. – Für den überaus heterogenen Bereich der Realbenediktio-

---

gespräche im Wandel: Eine kirchliche Praxis im Spannungsfeld von Tradition und gesellschaftlichem Umbruch (Münster: LIT, 2020), 19–26.

72 Es ist darum auch kein Zufall, dass in der ersten Monographie zum Kasualgespräch von Thilo nur von Taufe, Trauung und Bestattung die Rede ist: Hans-Joachim Thilo, *Beratende Seelsorge: Tiefenpsychologische Methodik dargestellt am Kasualgespräch* (Göttingen: Vandenhoeck, 1971). Vgl. 4.3 Konfirmation – kirchliche Mündigkeit initiieren.

73 Vera Christina Pabst, „Danken – Gedenken – Trauern? Die Bedeutung der Kasualie zum Abschluss des Präparierkurses im Medizinstudium", *BThZ* 24 (2007), 80–103; Thomas Klie, „Seinen Körper spenden: Kleine Phänomenologie einer finalen Gabe", in *Performanzen des Todes: Neue Bestattungskultur und kirchliche Wahrnehmung*, hg. v. Thomas Klie (Stuttgart: Kohlhammer, 2008), 223–232; Carsten Mork, „Körperspende: Ökumenische Gedenkgottesdienste in der Universitätskirche in Göttingen", in *Riskante Liturgien: Gottesdienste in der gesellschaftlichen Öffentlichkeit*, hg. v. Kristian Fechtner und Thomas Klie (Stuttgart: Kohlhammer, 2011), 146–154.

nen lassen sich kaum allgemeine Aussagen treffen.[74] Die fünf zentralen Gesprächsfunktionen (s. u.) variieren hier je nach Kasus, pastoralen Stilpräferenzen und den Interessen der Auftraggebenden. Eine Glocken- oder Orgelweihe folgt anderen Logiken als die Segnung einer neuen Privatwohnung. Und bei der Heiligabendkasualie[75] lässt sich außer einer mehr oder weniger intensiven Planungsphase (z. B. für das Krippenspiel) kein Pendant zu einem Kasualgespräch identifizieren. Gleiches gilt auch für die anderen heortologischen Kasualformate (z. B. Totensonntag, Erntedank).

Bei den Kasualien, in deren Vorfeld Kasualgespräche üblich sind, bilden sie zusammen mit dem Gottesdienst und dem nachfolgenden kulinarischen Beisammensein[76] drei voneinander unterschiedene, aber direkt aufeinander bezogene Formen symbolischer Kommunikation.[77] Für die kasuellen Protagonisten beginnt die Kasualie in der Privatheit der eigenen Wohnumgebung (anders jedoch bei Ordinationen), um im öffentlichen Raum einer Kirche (bzw. Friedhofskapelle) fortgesetzt und im vertrauten Kreis von Familie, Freunden und Bekannten (oft in Restaurants) beschlossen zu werden. Dass traditionell auch zu letzterem die Pfarrperson eingeladen wird, zeigt an, wie sehr sie als personale Repräsentantin des Religionssystems mit dem kasuellen Prozess identifiziert wird. Für den Pastor bedeutet dies einen mehrfachen Wechsel der Rollen und Verstehenshorizonte: Kommt ihm bei der anschließenden Einladung eher die passive Rolle eines amtlichen Gastes zu und beim Kasualgespräch die eines professionellen Zuhörers, so übernimmt er im Gottesdienst die Funktion des religiösen Darstellers bzw. Redners.

---

74 Eyselein resümiert, dass empirisch „Einweihungshandlungen ohne entsprechende vorbereitende Gespräche" stattfinden. „Dies bedeutet für die Teilnehmer und auch für die betroffenen Benutzer einer Sache, dass der Vertreter der Kirche erst innerhalb der Handlung unvermittelt auftritt ..." Eyselein hält jedoch ein vorgeschaltetes Gespräch auf Initiative der Pfarrperson für ein wichtiges kasuelles Desiderat. Christian Eyselein, *Segnet Gott, was Menschen schaffen? Kirchliche Einweihungshandlungen im Bereich des öffentlichen Lebens* (Stuttgart: Calwer, 1993), 287–289 (287). Vgl. 4.9 Realbenediktionen – dienliche Dinge Gott anbefehlen.
75 4.5 Heiligabend – das *Memento nasci* als Kasus.
76 Das gemeinsame Essen nimmt je nach Kasus unterschiedliche Formen an: vom großformatigen Hochzeitsdinner über das gemeinsame, eher familiär ausgelegte Essen nach einer Taufe und den Beerdigungskaffee („Leichenschmaus") bis hin zum Empfang durch die Gemeinde im Anschluss an Ordinationen. Fechtner spricht in diesem Zusammenhang von „Co-Inszenierungen": Kristian Fechtner, *Kirche von Fall zu Fall: Kasualpraxis in der Gegenwart – eine Orientierung* (Gütersloh: Gütersloher Vlg., 2003), 135 ff.
77 Albrecht und Steck gehen hier von einer Trias aus Kasualgespräch, Predigt und Ritus aus (Chr. Albrecht, Kasualtheorie, 216 ff. bzw. W. Steck, Praktische Theologie II, 442 f.).

3.2.2 Kontaktnahme

Die Kontaktnahme ist zwar ein eher formaler Teilaspekt des Kasualgesprächs, aber ihre Bedeutung für das Zustandekommen der Kasualie geht weit über das gegenseitige Kennenlernen hinaus. So ist unter volkskirchlichen Bedingungen das Zusammentreffen aus diesem Anlass oftmals eine Wiederbegegnung mit Kirche nach längerer Zeit religiöser Abstinenz und darüber hinaus auch eine mögliche Erstbegegnung mit der parochial zuständigen Pfarrperson.[78] Eine Beziehung wird gesetzt bzw. wieder aufgenommen, „die Kirche" tritt persönlich in Erscheinung, und für die Pfarrperson erweitert sich das gemeindliche Netzwerk. Die anstehende Amtshandlung bekommt individuelle Züge, man lernt sich zu einer gemeinsamen Sache zu verhalten, und eine Sphäre gegenseitigen Verstehens und wechselseitiger Interaktion baut sich auf. All dies sind zentrale Voraussetzungen für die anstehende Anamnese und Prozesse gegenseitiger Wahrnehmung.

Für diesen Erstkontakt erweist sich das Amtszimmer der Pfarrperson nur in Ausnahmefällen als der geeignete Ort.[79] Mögliche Beklemmungen aufseiten der Betroffenen werden durch ein fremdes Ambiente und kirchenamtliche Anmutungen eher auf- als abgebaut. Mit Recht plädiert Winkler hier für einen pastoralen Hausbesuch, der nicht nur für die Besuchten als eine der Nebenfolgen des Heimvorteils die Gesprächsatmosphäre entspannt, sondern den Besuchenden auch die Möglichkeit gibt, den sich im Gespräch konstituierenden Kasus mit milieuspezifischen Wohnaccessoires abzugleichen.

> „Ein dem gegenseitigen Kennenlernen dienendes Gespräch findet am besten in der Wohnung der Verstorbenen oder der Angehörigen statt. Bücher im Regal, Zeitungen auf dem Tisch, Bilder und Sprüche an der Wand sagen oft mehr aus, als was in Frage und Antwort zu erfahren ist."[80]

---

78 Empirisch noch nicht erfasst sind diejenigen Kasualgespräche, denen ein internes pastorales Casting voraufging und dabei die Pfarrperson optional präferiert wurde (aufgrund einer früheren Beziehung oder auf dem regionalen Image einer Pastorin). Vgl. Jan Hermelink, „Das Trauergespräch als soziale Praxis einer ästhetisch-biographischen Service-Organisation: Kirchentheoretischer Kommentar zu den Beispielen und ersten Einblicken von Miriam Pönnighaus", in Kasualgespräche, hg. v. M. Bühler, M. Pönnighaus und Fl. Volke, 225–237 (229).
79 Im Kontext der Seelsorgebewegung in den 1970er Jahren sah man dagegen „das Gespräch im Sprechzimmer des Beraters" (= Pfarrperson) als „beste Voraussetzung zu einem Gespräch". So macht Thilo z. B. auf drei Seiten Anmerkungen zur Ausstattung des „Sprechzimmers": „Der Besucher kann sich ruhig hineingezogen fühlen in die Atmosphäre, die den Berater umgibt." H.-J. Thilo, Seelsorge, 65 u. 68–71.
80 Eberhard Winkler, *Tore zum Leben: Taufe, Konfirmation, Trauung, Bestattung* (Neukirchen-Vluyn: Neukirchener Vlg., 1995), 205.

Für die Pfarrperson, für die Hausbesuche zwar Bestandteil ihrer pastoralen Routine sind, steht bei der Kontaktnahme einiges auf dem Spiel. Ihre Erfahrung sagt ihr, dass eine positive Beziehungsqualität eine gute Voraussetzung bildet für die anstehende Zuwendung in Rede und Ritus, während sich eine geringe Kontaktdichte atmosphärisch eher negativ auswirken wird. Anfängliches bleibt nie ohne Auswirkungen auf das Folgende. Eine hohe Gestaltqualität ist angesichts „gemischter Gefühle" kaum zu erwarten:

> „Kommen da wieder Leute, die im Grunde nicht wissen, warum sie ihr Kind taufen lassen? Wie erreiche ich diese der Kirche nicht eng verbundenen jungen Leute? Gelingt es mir, sie so anzusprechen, dass sie einen positiven Eindruck mitnehmen?"[81]

3.2.3 Administrative Belange

Kasualien ragen in die öffentliche und kirchliche Rechtssphäre hinein. So müssen Taufe, Konfirmation, Trauung und Bestattung nach den Kirchenbuchordnungen im Kirchenbuch dokumentiert werden.[82] Mit der Taufe verbindet sich die Kirchenmitgliedschaft, aus der sich für den Täufling weitreichende Rechte und Pflichten ergeben. Ähnliches gilt auch für die Ordination. Trauungen orientieren sich am staatlichen Eheverständnis, wonach in der Regel der kirchlichen Trauung die standesamtliche vorausgeht. Der Staat erlaubt mittlerweile allerdings auch kirchliche Trauungen ohne vorige standesamtliche Eheschließung, was sich aber nicht auf den bürgerlichen Personenstand auswirkt.[83]

Zusätzlich zu diesen Personenstandsdaten sind im Kasualgespräch auch parochiale Zuständigkeiten zu klären. Ein Kasualgottesdienst, der in einer anderen als der Parochialkirche gefeiert werden soll, bedarf der Zustimmung der Pfarrperson, die das Kanzelrecht besitzt, in Form einer „Abtretung" (Cessio). Führt ihn nicht der zuständige Gemeindepastor durch, bedarf es eines offiziellen „Entlassscheines" (Dimissioriale). Kommt eine Pfarrerin aufgrund der Umstände bzw. der im Kasualgespräch benannten Problemzonen in Gewissensnöte, kann sie unter Umständen eine Amtshandlung, zu der sie formal verpflichtet wäre, unter Angabe von Gründen ablehnen. Dabei ist der Kirchgemeinderat (der Kirchenvorstand, das

---

81 Ebd., 84.
82 Zum Folgenden vgl. Hendrik Munsonius, *Kirche und Recht* (Stuttgart: Kohlhammer, 2019), 132–135. – Vor der Einführung der staatlichen Personenstandsbücher (in Frankreich seit 1804 und im Deutschen Reich einheitlich seit 1876 bzw. 1937), in denen Geburt, Eheschließung und Tod beurkundet wird (§ 60 PStG), besaßen die Kirchenbücher auch eine staatliche Dokumentationsfunktion.
83 4.4 Trauung – öffentliche Darstellung verantwortlicher Partnerschaft.

Presbyterium bzw. der Propst) zu beteiligen, was nach den Leitlinien der VELKD konsultativ geschieht[84], nach der Lebensordnung der EKU jedoch dezisiv. Vor allem die Segnung gleichgeschlechtlicher Paare, die Beisetzung Ausgetretener oder die Taufe eines Kindes, deren Eltern beide konfessionslos sind, führen bisweilen zu solchen Ablehnungen.

Spätestens wenn diese administrativen Fragen angeschnitten werden, spüren die Kasualbegehrenden, dass bei ihrem Gesprächstermin auch mehr und anderes im Spiel ist als Glaube, Hoffnung und Liebe. Das gemeinsame Ausfüllen und Unterschreiben entsprechender Formulare tritt in eine kaum zu überbrückende Spannung zur existenziellen Veranlassung des Kasualgottesdienstes. Eine mögliche religiöse Gestimmtheit wird administrativ zu einem „Vorgang" neutralisiert, bei dem der Besucher als amtlicher Vertreter der Institution Kirche fungiert, die das Kasualgespräch dazu nutzt, ihre „Kundendatei" zu aktualisieren.

3.2.4 Anamnese

Beim Kasualgespräch macht sich die Pfarrperson ein Bild von den individuellen Konstellationen, die sich in dem vorliegenden Kasus verdichten, „mehr jedoch noch über die innere Verfassung derjenigen, die diese Einschätzung artikulieren"[85]. Indem der Besucher die Vorgeschichte in Erinnerung ruft (griech. *anamnesis* – Wiedererinnerung), kristallisiert sich der Kasus Stück für Stück heraus als eine kontingente Schnittmenge aus sich narrativ überlappenden, bisweilen aber auch wenig kohärenten Äußerungen, Episoden und Fakten. Die Anamnese vergegenwärtigt Gewesenes, das in der Angelegenheit aktuell fortwirkt. Aufgerufen wird das Kommen von dem her, was das erinnernde Subjekt glaubt, hinter sich zu haben: opake Konflikte, unabgegoltene Hoffnungen und bleibende Ermutigungen.[86]

In einem fragend-entwickelnden Kasualgespräch streben die befragten Personen an, sprachlich ein kohärentes und stimmiges Selbst herzustellen; sie sind

---

[84] In den nordkirchlichen „Grundlinien für das kirchliche Handeln bei der Taufe, der Trauung und der Beerdigung" heißt es z. B. „Soll eine Taufe [erg. Trauung], versagt werden, berät sich der Pastor mit dem Kirchenvorstand und mit dem Propst; gegen die Entscheidung kann beim Propst Einspruch erhoben werden. Hat der zuständige Pastor die Taufe abgelehnt, darf ein anderer Pastor sie nur übernehmen, wenn der Propst zustimmt." https://www.kirchenrecht-nordkirche.de/document/25178; vom 6.3.2021.
[85] Chr. Albrecht, Kasualtheorie, 218.
[86] Formuliert in Anlehnung an Hans-Joachim Höhn, „Dialektik der Beschleunigung: Theologie als Zeitdiagnose", in *Zu schnell für Gott? Theologische Kontroversen zu Beschleunigung und Resonanz*, hg. v. Tobias Kläden und Michael Schüßler (Freiburg: Herder, 2017), 52–71 (63).

genötigt, sich selbst so zu erzählen, dass ihr Kasus in ihrer Biographie einen sinnvollen Ort abgibt.[87] Sie wählen aus ihrem narrativen Repertoire einzelne Geschichten aus und reihen sie im Adressatenzuschnitt zu einer thematisch gebundenen Erzählkette. Dabei werden Episoden zumeist in umfassende Selbsterzählungen eingebettet. Eine solche Transformation von Lebensereignissen und -erfahrungen in die Wirklichkeitsform einer kohärenten Geschichte ist für viele, die nur selten genötigt sind, ein narratives Selbstbild zu entwerfen, ein überaus anspruchsvoller Darstellungsvorgang. Der Philosoph und Pädagoge Shevek K. Selbert zählt in seiner empirischen Längsschnittstudie zum Wiedererzählen[88] (s. u.) die Paradigmen der Erzählemergenz (inventive Selbstläufigkeit), der Vorgeformtheit (Rückgriff auf konventionalisierte Stereotypen) und der interaktiven Hervorbringung (Lebensgeschichte als Ergebnis gemeinsamer Aktivitäten) zu den wichtigsten Konstitutionsbedingungen von Stegreiferzählungen.[89]

> „[V]on sich selbst und dem eigenen Leben zu ‚erzählen', bedeutet somit grundsätzlich vom eigenen Lebensweg zu berichten, also eine Art Chronik zu leisten, besondere Schlüsselmomente narrativ zu vergegenwärtigen und zugleich aus einer überzeitlichen Perspektive sinnhaft ordnend eine globale Bedeutung zu entwickeln."[90]

Für das sich im Gespräch sukzessive aufbauende narrative Konstrukt sind zum einen die Interviewführung und das unvertraute Gesprächssetting von großer Bedeutung. So lösen eng geführte Befragungen oft Erwartungserwartungen aus, bei denen der Pfarrperson nur die Details erzählt werden, von denen die Kasualnehmer erwarten, dass sie dem Genus eines kirchlichen Interviews entsprechen. In jedem Fall stellt das Kasualgespräch einen sozial-interaktiven Sonderraum dar, dessen Setting für die Pfarrperson so vertraut ist, wie es für die Kasualnehmer unvertraut ist. Indem Diskursregeln und Rollenzuweisungen vorgenommen

---

[87] Vgl. hierzu den instruktiven Aufsatz von Maximilian Bühler, „Doing Family in Bestattungsgesprächen: Beobachtungen zur Gestalt narrativer und ritualdesignerischer Praktiken" in *Kasualien als Familienfeste. Familienkonstitution durch Ritualpraxis*, hg. v. K. Krause, M. Stetter u. B. Weyel (Hg.): (Stuttgart: Kohlhammer, 2022), 85–102. – Analog fokussieren auch die beiden im selben Sammelband publizierten Beiträge von Markus Dumberger („‚Ich finde weiß ist viel schöner!': Eine ethnographische Studie zu Taufgesprächen", ebd., 103–118) und Katharina Krause („Familialität und Taufe: Überlegungen zur Gleichursprünglichkeit zweier Konstellationen"; ebd., 148–169).
[88] Shevek K. Selbert: *Autobiographisches Wiedererzählen: Eine interdisziplinäre Studie im qualitativen Längsschnitt* (Bielefeld: Transcript, 2024).
[89] Ebd. 73 ff.
[90] Ebd. 72.

werden, sind zugleich Asymmetrien mitgesetzt. Sie stellen einerseits die Handlungsfähigkeit sicher und legitimieren die durchaus einseitige Selbstoffenbarung.[91] Die Bedeutungslandschaft, die sich in der kasuellen Anamnese abzeichnet, ist in der Regel das Ergebnis situativer Erinnerungen. Man erzählt von sich und seiner Familie, und darüber bilden die den Kasus veranlassenden Ereignisse sukzessive das Konstrukt einer Vorgeschichte. Im Spiel von Frage und Antwort komplettieren sich Lesarten innerhalb eines prinzipiell offenen Signifikationsfeldes, das – vor allem im Fall von Trauergesprächen – auch durch Fotos und andere Artefakte angereichert wird. Maximilian Bühler beschreibt die Rolle der Pfarrerin in diesem Szenario mit Recht als die einer Mäeutin, die frei das Fragerecht für sich beansprucht, dabei aber auf das Mitspielen der Besuchten wetten muss, um adäquate Erinnerungsstücke zu gewinnen, die sie dann als „Co-Konstrukteurin" in Rede und Ritus lebensdienlich neu arrangiert.[92]

Das Moment des Dialogischen macht den sich im gelingenden Fall öffnenden Deutungsraum zu einem ausgesprochen dynamischen Gebilde. Denn in Kasualgesprächen, bei denen sich die Gesprächspartner gerade erst kennengelernt haben, können weder eine Perspektivenkongruenz, noch ein konstantes Deutungsinteresse und schon gar kein friktionsfreier Verlauf vorausgesetzt werden. Die Kasualbegehrenden können ihre Bereitschaft zur Selbstthematisierung oder die Anerkennung eines christlichen Deutehorizonts jederzeit relativieren.[93] Dies ist vermehrt dann der Fall, wenn das dogmatische Korsett spürbar wird, in das der pastorale Gesprächspartner die individuelle Angelegenheit einschnürt.

In Bezug auf normative Festlegungen, Übergangsformen und Bewältigungsstrategien spielen in den Anamnesen auch religiöse und institutionelle Deutungsmuster eine wichtige Rolle. Die Pfarrperson trägt die Religion als eigene religiöse Grundhaltung (*fides qua*) sowie als Reflexionsgestalt (*fides quae*) in das kasuelle Gesprächssetting ein. Beide Aspekte sind insofern für die deutende Exploration des Kasus funktional, als schließlich eine neue, christliche Lesart das soziale Beziehungsgefüge erhellen soll, die bestimmte Spuren in den Erzählungen der

---

91 Zu den Aushandlungsprozessen im Zusammenhang von Rollen und Setting vgl. M. Dumberger, „Taufgespräche", in Familienfeste, hg. v. K. Krause, M. Stetter und B. Weyel (Hg.): (Stuttgart: Kohlhammer, 2022), 109 ff.
92 Maximilian Bühler, „Empirischer Beitrag zum Bestattungsgespräch: Reden angesichts des Todes: Empirische Einblicke in Form und Funktion gegenwärtiger Bestattungsgespräche", in *Kasualgespräche im Wandel: Eine kirchliche Praxis im Spannungsfeld von Tradition und gesellschaftlichem Umbruch*, hg. v. Maximilian Bühler, Miriam Pönnighaus und Florian Volke (Münster: LIT, 2020), 247–303 (303).
93 Vgl. hierzu Thomas Klie, *Zeichen und Spiel: Semiotische und spieltheoretische Rekonstruktion der Pastoraltheologie* (Gütersloh: Gütersloher Vlg., 2003), 374–397 (380 f.).

Gesprächspartner verknüpft. In den älteren praktisch-theologischen Entwürfen wird eine solche pastorale Differenzierungsleistung als „Orthotomie" beschrieben. Dieser Terminus technicus bezeichnet nach Nitzsch die pastorale Kompetenz, den „Incidenzpunkt zu treffen"[94], an dem *formal* die Lebensumstände des Gesprächspartners transparent für eine kasuelle Deutung werden und zugleich erkennen lassen, welche christlichen Traditionsstücke diesen Fall *inhaltlich* erhellen könnten. Im Interesse einer individuell angemessenen gottesdienstlichen Darstellungsleistung richtet sich dabei die Aufmerksamkeit auf Unerhörtes, Bemerkenswertes und Bezeichnendes, um dies dann von einem biblischen Sinnspruch bzw. den Traditionen des Christentums her neu aufzubauen. Der Gesprächsinhalt kann dadurch auf der Kanzel heilsam wieder- und weitererzählt werden. In dieser Hinsicht lässt sich Morgenthalers systemische Maxime auch kasualtheoretisch wenden: „Handle so, dass du der Geschichte deiner Gemeindeglieder etwas Hoffnungsvolles hinzufügen kannst!"[95]

Den Erzählungen der erinnerten Geschichte durch die kasuellen Protagonisten kommt in der Präparation eine hermeneutische Zentralstellung zu. Denn die vielschichtigen Aussagen der Gesprächspartner wollen aus der Situation heraus, in der sie verlauten, erfasst und zugleich in lebensgeschichtlich-kasueller Perspektive ausgelegt werden. Wenn die Gesprächsbeteiligten ihr je eigenes Verstehen gegenüber den Verstehensmöglichkeiten des anderen ins Spiel bringen, wird das Gespräch zu einem Balanceakt zwischen authentischem Erzählen, fortlaufender biographischer Konstruktion und mitlaufenden biblisch-theologischen Deutungsschleifen. Hierin ist natürlich immer auch die Pfarrperson selbst verstrickt, denn auf der Beziehungsebene gerät das Auredit[96] in Kasualgesprächen zu einer von Übertragungen und Gegenübertragungen abhängigen Variablen.[97] Dies gilt vor

---

[94] Carl Immanuel Nitzsch, *Die eigenthümliche Seelenpflege des evangelischen Hirtenamtes mit Rücksicht auf die innere Mission: Praktische Theologie*, Bd. 3/1 (Bonn: Marcus, 1857), 170.

[95] Christoph Morgenthaler, *Systemische Seelsorge: Impulse der Familien- und Systemtherapie für die kirchliche Praxis* (Stuttgart: Kohlhammer, ²2000), 142; In Morgenthalers Maxime fallen allerdings methodische und hermeneutische Intentionen zusammen.

[96] Engemann bezeichnet mit „Auredit" den in der Verlautbarungssituation vom Hörer faktisch realisierten Inhalt, gleichsam die Simultaninterpretation des Wahrgenommenen. Dieser Neologismus ist eine Analogiebildung zum lateinischen Lehnwort „Manuskript", gebildet aus dem Ablativ von latein. *auris* (das Ohr) und dem Partizip Passiv von latein. *audire* (hören). Wilfried Engemann, *Semiotische Homiletik: Prämissen – Analysen – Konsequenzen* (Tübingen und Basel: Francke, 1993), 91 ff.

[97] Die interpersonalen Gesprächsdynamiken stellt Scharfenberg am Beispiel eines Seelsorgegesprächs dar, bei dem schon vor dem Gespräch bestimmte räumliche Gegebenheiten die Ratsuchende assoziieren lassen: Joachim Scharfenberg, *Seelsorge als Gespräch: Zur Theorie und Praxis der seelsorgerlichen Gesprächsführung* (Göttingen: Vandenhoeck, ³1980), 66 f. Vgl. a. Kossatz, die

allem für das spontan Gesagte. Nicht selten werden aber auch Fakten nachgereicht oder unbedachte Äußerungen aus Furcht vor einer möglicherweise kompromittierenden Veröffentlichung relativiert. Bei besonders sensiblen Kasus oder in Fällen heterogener oder divergenter Narrationen (z. B. in Trauerfällen) greifen einige Geistliche auch auf die Möglichkeit einer Fremdanamnese zurück, bei der Personen aus dem kasuellen Umfeld kontaktiert werden, um das Fragmentarische des Primärkontakts in eine stimmige Lesart zu überführen. Das Ziel ist es, Zusatzinformationen zutage zu fördern. Außenstehenden sind oft Dinge in Erinnerung, die Betroffene selbst nicht wahrnehmen können oder wollen.[98]

Kasualgespräche bilden in der Regel keine symmetrischen Kommunikationen ab; das Gesprächssetting ist eher durch eine strukturelle Asymmetrie bestimmt. Schließlich besucht hier der Vertreter einer öffentlich-rechtlichen Körperschaft Privatpersonen im Vorfeld einer Amtshandlung, bei der im besten Fall eine komplementäre Beziehung zum Ausdruck kommt. Das Gespräch folgt also nicht dem freien Spiel eines spontanen Gedankenaustauschs oder eines thematisch gebundenen Diskurses, sondern es orientiert sich an den Ordnungen einer institutionellen Kommunikation.[99] Diese zeichnen sich aus durch eine spezifische Zielorientierung, eine formale Beschränkung der Gesprächsgegenstände und durch die Rahmenbedingungen des reglementierenden Kontextes. Dieses Setting wirkt sich aus auf die Wortwahl, legt die Rederechtsverteilung fest und es sorgt für die förmliche Interaktion. Die Profession des Besuchers und das spezifische Begehren der Besuchten dominieren die Agenda. Auch eine Pfarrperson, die empathisch und situationssensibel den Wünschen seiner Gesprächspartner nach Besonderung entgegen zu kommen pflegt, wird immer das liturgische Letztentscheidungsrecht für sich beanspruchen (müssen). Das Pfarramt hat und behält die Deutungsmacht.

Ungeachtet des institutionellen Rahmens hat die deutende Rekonstruktion der lebensgeschichtlichen Umstände in bestimmten Fällen auch eine seelsorgliche Dimension. Diese jedoch zur dominierenden Lesart *aller* Kasualien zu machen, wie es im Theorieumfeld der Seelsorgebewegung immer wieder poimenisch vorausge-

---

dieselbe Szene in einen semiotischen und systemtheoretischen Theorierahmen einzeichnet: Lydia Kossatz, *Zeichen im System: Eine ästhetische Poimenik in systemtheoretischer und semiotischer Perspektive* (Berlin und Boston: De Gruyter, 2017), 324 ff.
98 Solche Perspektivenkomplemente lassen sich z. B. bei Traugottesdiensten dramaturgisch einbinden, wenn Freunde oder Bekannte des Brautpaares aus deren Geschichte erzählen.
99 Ausführlich hierzu Florian Volke, „Empirischer Beitrag zum Taufgespräch: Facetten eines Taufgesprächs: Ein mehrperspektivischer Blick auf drei Taufgespräche", in: Kasualgespräche, hg. v. M. Bühler, M. Pönnighaus, F. Volke, 45–83. Volke nimmt hier Bezug auf die Studien zur Konversationsanalyse des britisch-amerikanischen Soziologen John Heritage.

setzt wurde[100], reduziert nicht nur die Palette möglicher Gesprächsstrategien (auf die der Einsichtnahme in eine freizulegende Konfliktkonstellation), es verengt auch die pastorale Rolle (auf die eines therapeutischen Beraters), die Wahrnehmung des Kasus (als Krise, Schwelle oder Übergang) und verschiebt den praktisch-theologischen Akzent auf das Kasualgespräch (nach dem Paradigma einer medizinischen Diagnostik), für das der nachfolgende Gottesdienst lediglich das auslösende Moment darstellt. Zugespitzt: In poimenischer Perspektive wird der Kasualgottesdienst zu einer Nebenfolge der seelsorglichen Zuwendung, als religionskulturelle Konvention bildet er kaum mehr als die rituelle Folie für das Primat der Seelsorge. Diese panpoimenische Usurpation des Kasualhandelns ist im aktuellen Diskurs und in den pastoralen Selbstkonzepten einer eher an der gottesdienstlichen Performanz interessierten Perspektive gewichen.

Dessen ungeachtet kann sich natürlich in jedem Kasualgespräch eine Situation ergeben, die eine seelsorgliche Intervention nahelegt. Dies ist naturgemäß bei einem Todesfall wahrscheinlicher als bei einem Gespräch aus Anlass einer Trauung. Hier ist von der Pfarrperson eine besondere Sensibilität dafür gefordert, welche Gefühlslagen in Predigt oder Gebet veröffentlichungsfähig sind, metaphorisch anklingen können oder einfach in der Diskretheit des Gesprächs aufgehoben bleiben (und ggf. als Hintergrundinformation den Duktus des kasuellen Geschehens intonieren). Wenn sich in diesem Zusammenhang nicht ohnehin eine explizite Seelsorgebeziehung ergibt, die sich in weiteren Gesprächen vor und nach der Kasualie aktualisiert, können auch Rede und Ritus selbst zu einer individuell bedeutsamen Entlastungserfahrung führen. Nicht selten fließen jedoch seelsorgliche, anamnetische und explorative Aspekte ineinander und überlagern sich, so dass es an der Pfarrperson ist, durch gezielte Impulse (Nachfragen, Spiegeln oder Schweigen) den weiteren Verlauf des Kasualgesprächs zu steuern. Die „Kennzeichen und Gesetzmäßigkeiten seelsorglicher Gesprächsführung" sind genuin pastorale Qualifikationen, die auch und gerade angesichts der Multiperspektivität von Kasualgesprächen vorauszusetzen sind, wie Albrecht mit Recht hervorhebt: „Insbesondere gilt das für die Anforderungen an die professionelle Gesprächsführungskompetenz des Pfarrers."[101]

Die kasuelle Anamnese gerät über die erzählte Geschichte leicht in den Sog authentischer Verbesonderung. Denn die Familie, das Paar bzw. die Hinterbliebenen erinnern sprechende Episoden aus ihrem Leben immer auch in dem Wissen

---

[100] Diese Position begegnet programmatisch bei H.-J. Thilo, Seelsorge, 107 ff („Kasualhandlungen als beratende Seelsorge"). Aber auch Steck identifiziert das Kasualgespräch als „eigenständigen Typus des Seelsorgegesprächs". W. Steck, Praktische Theologie, Bd. II, 441 passim.
[101] Chr. Albrecht, Kasualtheorie, 220.

darum, dass diese Erzählungen als gedeutetes Leben in naher Zukunft auf der sakralen Bühne vor anderen und für andere (z. B. Memento mori) zur Darstellung gebracht werden. In Trauergesprächen werden Pfarrpersonen nicht selten mit einer von den Angehörigen oder vom Verstorbenen verfassten Ansprache konfrontiert, die dazu bestimmt ist, kommentarlos im Gottesdienst als Predigt verlesen zu werden. Im anderen Extrem kann dem Besucher mitunter auch sehr deutlich gemacht werden, dass bestimmte Lebensumstände, die ein unvorteilhaftes Bild von der Verstorbenen – und damit indirekt auch vom Familiensystem – hinterlassen könnten, keine Erwähnung finden sollen. Bei Trauungen rücken dagegen oft die Inszenierungs- und Gefühlsqualitäten in den Vordergrund. Der „schönste Tag im Leben" verpflichtet das Paar zu entsprechenden Selbststilisierungen und z. T. heillos übercodierten Romantisierungen.

In jedem Fall zielen Kasualgespräche in erster Linie auf die zu erwartende Neuerzählung des Erzählten durch die Pfarrperson im Gottesdienst. Vor allem in der Predigt, soll sie sich nicht dem Vorwurf aussetzen, nur abstrakt und wenig konkret über den Kasus gehandelt zu haben, kommt es zu rhetorisch gebundenen Wiedererzählungen der Lebensgeschichte. Trotz der hohen Vorhersagewahrscheinlichkeit dieser angereicherten und neu kontextualisierten Wiedererzählungen wohl bekannter Erzählmotive sind dies erfahrungsgemäß die Momente, an denen sich entscheidet, ob die Predigt „ankommt" und das Gepredigte als angehend bzw. relevant wahrgenommen wird. Was Albrecht Koschorke im Rahmen seiner Erzähltheorie als *performative Rückkopplung* bezeichnet, als Ausgreifen des Selbst-Erzählten auf den Erzähler selbst, gilt für das Verhältnis von erzählter Lebensgeschichte (im Kasualgespräch) und deren homiletischer überformter Wiederaufführung (in der Predigt). Das Wieder- bzw. Neuerzählen auf der Kanzel ist dabei „nicht bloß eine reproduktive, den erzählten Inhalten gegenüber nachrangige Tätigkeit (...), kein bloßes Rekapitulieren *after the fact*. (...) Das Bezeichnen *interveniert* in die Welt, die es scheinbar nur widerspiegelt, und lässt sie in einem kreativen Aneignungsprozess in gewisser Weise überhaupt erst entstehen. So bildet nicht nur das Zeichen den zu bezeichnenden Weltsachverhalt nach, sondern auch umgekehrt gestaltet sich das Bezeichnete entsprechend der ordnenden Kraft der verwendeten Zeichen."[102] Was also auf den ersten Blick als – homiletisch kaum elaborierte – narrative Spiegelung einherkommt, erscheint in der Aufführungssituation performativ zumindest so stark gebrochen, dass es, obwohl es inhaltlich allenfalls marginale Veränderungen gegenüber der Ursprungserzählung aufweist, für die Rezipienten eine ganz neue Wirklichkeit setzt. Die eigene Angelegenheit wird im Wiedererzählen neu angeeig-

---

[102] Albrecht Koschorke, *Wahrheit und Erfindung: Grundzüge einer Allgemeinen Erzähltheorie* (Frankfurt/M.: Fischer, 2012), 22; Kursivierung im Original.

net, indem sich die unmittelbar Betroffenen dieser nun „wahren" Narration anverwandeln. Und der ganzen Kasualgemeinde wird die von der Kanzel verlautende (Wieder-)Erzählung zur Beglaubigung präsentiert. Der Kontext bestimmt den Text.

Empirisch lässt sich das Phänomen der performativen Rückkopplung teilweise erhärten durch die jüngste Studie von Shevek K. Selbert.[103] Selberts Forschungsdesign stützt sich auf wiederholte autobiographische Stegreiferzählungen von *ein und derselben* Person, die im Rahmen einer qualitativen Längsschnittanalyse erhoben wurden. Auch wenn sich die überaus detaillierten Ergebnisse nicht direkt auf die Theorie der performativen Rückkopplung übertragen lassen, so erlauben die doch durchaus Rückschlüsse auf die Faktoren, die die selbst erzählte Lebensgeschichte in der (eigenen) Neuerzählung verändern. So bestätigt die Untersuchung zunächst, dass die Hervorbringung einer Lebenserzählung, v. a. a. in der Re-inszenierung, ganz eng korreliert mit den äußeren Bedingungen der eigenen Selbst- und Identitätskonstruktion. Situationseffekte und Zeitpunkteffekte haben als kontextuelle Faktoren des Erzählens den größten Einfluss auf die Hervorbringung und Wahrnehmung des narrativen Konstrukts. Mit dem Verlautbarungskontext „verändert" sich durch den zeitlichen Abstand gewissermaßen die persönliche Vergangenheit.[104] „Der erzählzeitliche Standort steht in einem komplexen zeitlichen Verhältnis zu den geschilderten Ereignissen bzw. der subjektiven Erfahrung der Ereignisse."[105] Was erzählt wird, hängt davon ab, wann und wo, insbesondere aber vor wem es erzählt wird.

Im Kasualgespräch sieht sich die Pfarrperson oft auch in eine Kombattantenrolle gedrängt und vor die Entscheidung gestellt, entweder die aufgenötigte Rolle bei der nuptialen „Authentizitätsperformanz"[106] mitzuspielen oder aber als pastoraler Spielverderber die gesellschaftlich tradierten Vorbehalte gegen „die Kirche"

---

103 Sh. Selbert, Wiedererzählen, 2024.
104 Sh. Selbert, Wiedererzählen, 334; unter Bezug auf Tilmann Habermas: „Die Veränderung von Lebensgeschichten im Laufe des Lebens", in *Erinnern und Vergessen. Psychosoziale Arbeit mit Überlebenden der Shoah und ihren Nachkommen*, hg. v. Zentralwohlfahrtsstelle der Juden in Deutschland, (Leipzig, Hentrich und Hentrich Verlag, 2020), 48–66.
105 Sh. Selbert Wiedererzählen, 336.
106 M. Bühler, M. Pönnighaus u. F. Volke (Kasualgespräche, 10 passim) entlehnen diesen Begriff dem kultursoziologischen Entwurf von Andreas Reckwitz, *Die Gesellschaft der Singularitäten: Zum Strukturwandel der Moderne* (Berlin: Suhrkamp, 2017). Mit dessen Fokus auf den Befindlichkeiten der akademischen Mittelschicht werden aber die für die kirchliche Kasualkultur relevanten Milieus der Traditionsorientierten und Geselligen methodisch abgeblendet und mit ihnen auch die weniger exponierten Motivbündel wie konfessionelle Konvention und familiale Kontinuität. Empirisch legt sich demgegenüber die These nahe, dass die Authentizitätsperformer eher auf die Dienstleistungsofferten der säkularen Konkurrenz zurückgreifen. 5. Konkurrenzkasualien – zwischen ritueller Enteignung und Deutungsmacht.

zu bestätigen. Bei der Taufe wird der (religions-)kulturelle Besonderheitsimperativ durch starre gemeindekirchliche Reglementierungen eingehegt. Die fast flächendeckend praktizierten Taufen im Sonntagsgottesdienst schränken die inszenatorischen Möglichkeiten für die Taufeltern und Paten stark ein. Taufe als liturgische Inkluse scheint empirisch auch die taufhomiletischen Ambitionen der Pfarrpersonen einzuhegen. Die agendarisch vorgehaltene Liturgie stutzt die Taufhandlung auf ein erratisches Intermezzo ohne eigene Ansprache zurück, das sich dann u. U. auch noch mehrere Familien teilen müssen. Das sozialwissenschaftliche Institut der EKD formuliert aus Anlass einer Untersuchung zum evangelischen Taufverhalten diesen Nexus ebenso lakonisch wie zutreffend:

> „Es gibt anscheinend einen stillschweigenden Vertrag zwischen Pastoren und Pastorinnen, die bei der Taufe nichts über den rituellen Vollzug hinaus Bedeutendes vermitteln wollen, und der Klientel, die auch nichts Entsprechendes vermittelt haben will."[107]

3.2.5 Liturgiedidaktische Vergewisserung

Versteht man Didaktik als die Kunstform eines wechselseitigen Erschließungsprozesses, in dem Lernende „zur Sache kommen" und zugleich der Lerngegenstand mit den Lernenden „etwas macht"[108], dann erhält die aneignende Vermittlung des kasuellen Handlungsrahmens eine ganze Fülle liturgiedidaktischer Lernchancen bereit. Beim obligatorischen Abgleich dessen, was (nach der Agende) für die Pfarrperson bzw. die Gemeinde möglich und üblich ist, mit den Vorstellungen und Gestaltungswünschen der kasuellen Protagonisten wird für die Besuchten in aller Regel schnell deutlich, dass die einzelnen Rubriken der liturgischen Formensprache nicht nur „feierlich", „schön" oder „altehrwürdig" sind, sondern immer auch Ausdruck bestimmter Inhalte und dass sich religiöse Deutungsfiguren in zeremonialen Praxen äußern. Liturgische Darstellungshandlungen sind historisch gewachsen und so gesehen – mit Ausnahme der Taufhandlung als sakramentalem Akt – auch grundsätzlich verhandelbar, wenn auch viel dafür spricht, bestimmte religiöse Stilgesten nicht ohne zwingenden Grund aufzugeben oder zu modulieren. Die hoch verdichteten liturgischen Formen haben viel an religiöser Erfahrung in sich auf-

---

[107] Petra-Angela Ahrens und Gerhard Wegner, *Ungebrochene Akzeptanz der Taufe bei verheirateten Eltern – Erhebliche Taufunterlassungen bei Alleinerziehenden – Verbesserungsmöglichkeiten beim Taufvollzug: Analysen zum Taufverhalten der evangelischen Bevölkerung in Deutschland* (Hannover: SI EKD, 2006), 10.
[108] Im Hintergrund steht hier Klafkis Theorie kategorialer Bildung; Wolfgang Klafki, *Das pädagogische Problem des Elementaren und die Theorie der kategorialen Bildung* (Weinheim: Beltz, 1959).

genommen, und die ihnen eigene Gravität beruht auf einer werktreuen Ausführungspraxis. Schon dies will ins Bewusstsein gehoben (und z. B. bei Trauungen auch vor dem „schönsten Tag im Leben" probeweise durchgespielt) werden, bevor eine Kasualie durch individuelle Nettigkeitsgesten und „ganz persönliche Herzenswünsche" ihres religiösen Ernstes verlustig geht. Die zu leistende liturgische Aufklärung verfolgt darum auch nicht nur kognitive, sondern immer auch affektive Lernziele. Der Lerngewinn ist also nicht zwingend Folge einer normativen Richtigstellung, sondern er liegt im freien Zugriff auf die Bereitstellung von Orientierungswissen – und dies auf einem Wissensterrain, das für viele erfahrungsgemäß eher rudimentär ausfällt. Methodisch legt sich also durchaus auch ein induktives Vorgehen nahe. Dies kann eingelöst werden, wenn z. B. situationssensible Pfarrpersonen die Pointen in den biographischen Narrationen simultan in theologische Deutungsofferten und liturgische Gestaltungsoptionen übersetzen – ein liturgieproduktiver Prozess, der analog zum entdeckenden Lernen durch ungeordnete äußere Impulse angeregt und gesteuert wird.

Die Unvertrautheit der Kasualbegehrenden mit den liturgischen Usancen[109] bietet aber auch die Gelegenheit zu einer handlungsorientierenden Einführung in die mit dem Kasus verbundenen Deutungswelten, die nicht selten in Spannung zu landläufigen Vorstellungen stehen. Dass evangelische Trauerfeiern ausschließlich an die Hinterbliebenen adressiert sind, macht es bspw. vielen Pfarrern schwer, umstandslos das von den Angehörigen gewünschte Lieblingslied des Verstorbenen liturgisch zu integrieren. Dass ein Täufling lutherisch nicht *„auf* den Namen N. N." getauft wird, in der Taufe also keine Namensgebung im engeren Sinne stattfindet, sondern *„im* Namen (des Vaters und des Sohnes und des Hl. Geistes)", ist tauftheologisch substanziell. Dass das Traubekenntnis der Brautleute nicht etwa der Pfarrerin gilt, vor der es verlautet, sondern dem Ehepartner bzw. der Ehepartnerin und darum entweder eine Frage-Antwort-Form oder die Form einer Erklärung (bei der man einander in die Augen schaut!) zur Wahl stehen, löst oft Verblüffung aus.[110] Und dass Evangelische nicht einfach eine Wohnung segnen können, sondern der

---

109 Die typisch evangelische Uninformiertheit im Blick auf liturgische Umgangsformen hat v. a. konfessionelle Gründe, die mit der traditionellen Geringschätzung zeremonieller Äußerlichkeiten, der relativ geringen Kirchgangsfrequenz und der religionspädagogischen Abstinenz in liturgicis zusammenhängen. Diese konfessionellen Liturgiedefizite finden sich mutatis mutandis oft auch bei Pfarrpersonen, zumal der liturgischen Bildung in der theologischen Ausbildung kein curricular erkennbarer Ort zugewiesen ist. Vgl. dazu Michael Meyer-Blanck, „Geistliche Bildung: Wie lernen Pfarrerinnen und Pfarrer das öffentliche Gebet?", in Ders., *Agenda: Zur Theorie liturgischen Handelns* (Tübingen: Mohr Siebeck, 2013), 296–306.
110 Die traditionelle Frageform („N. N., willst Du ...?" – „Ja, mit Gottes Hilfe.") ist tief im allgemeinen Bewusstsein verankert. Dazu haben nicht zuletzt auch filmische Darstellungen beigetragen.

Segen immer den Menschen gilt, die sie bewohnen, und darum an der Ausgestaltung des Ritus und an der Formulierung des Segens eine ganze Segenstheologie hängt, ist auch kein Bestandteil kulturellen Allgemeinwissens. Vor allem bei Trauungen (aber auch bei gesonderten Taufgottesdiensten) haben sich in der Fortsetzung des Kasualgesprächs „Ortstermine" im Kirchraum bewährt, die die im Kasualgespräch gewonnenen Einsichten leibräumlich abgleichen (Sitzposition, Stehen, Knien, Laufwege, Blickrichtungen, Gebetshaltungen, Sprechproben etc.).

Die z. T. sehr individuellen Gestaltungswünsche der kasuellen Protagonisten stellen die liturgischen, kirchenrechtlichen und didaktischen Kompetenzen der Pfarrperson auf eine harte Bewährungsprobe. Hier gilt es, Wissensbestände weder zu dogmatisieren, noch sie vorschnell zu relativieren. Biblische Zusammenhänge und theologische Deutungen sollten mit dem Ziel ins Gespräch eingebracht werden, die Gesprächspartner urteilsfähig zu machen und sie darüber zu befähigen, die Gestaltungsmarge selbst angemessen ausloten zu können und im Diskurs mit der pastoralen Expertin zu bewähren. Oft ist dabei rituell sehr viel mehr möglich, als realiter gewährt wird. Nach CA VII müssen Traditionen, Riten oder Zeremonien, die von Menschen eingeführt sind, nicht notwendig einheitlich gehandhabt werden.

3.2.6 Kompositorische Aushandlung

> „Das Kasualgespräch ist zu dem Ereignis geworden, in dem die verschiedenen Erwartungen der Beteiligten im gemeinsamen Dialog aufeinandertreffen und in dem [...] eine gemeinsame Intention der gottesdienstlichen Inszenierung ausgehandelt wird."[111]

Bei einem solchen „Handel" geht es nicht darum, wer sich durchsetzen, wer wen überzeugen konnte oder welche Narrationen letztlich in die liturgisch-homiletische Deutung einfließen. Es geht auf der Beziehungsebene um das sorgsame Austarieren von Anerkennung und Aufmerksamkeit und auf der praktisch-theologischen Ebene um die konkrete Bewährung eines „mutuum colloquium" (AS III,4) und damit um die innere und äußere Beteiligung von mündigen Christenmenschen an einem gemeinsam gefeierten Gottesdienst. Bei der Gestaltung einer religiösen Deutungsleistung, in der ein resonantes Lebensereignis öffentlich zur Darstellung kommt, müssen die unmittelbar Betroffenen befähigt werden, nach Maßgabe evangelischer Freiheit einen aktiven Beitrag leisten zu können – wenn sie es denn wün-

---

111 Lars Charbonnier, „Kasualien als Aushandlungsprozess: Ein Plädoyer für die stärkere Gewichtung einer bisher vernachlässigten Dimension kasuellen Handelns der Kirche", in *On demand: Kasualkultur der Gegenwart*, hg. v. Thomas Klie, Folkert Fendler und Hilmar Gattwinkel (Leipzig: Evang. Verlagsanstalt, 2017), 37–60 (41).

schen.[112] Dies steigert nicht nur die Zufriedenheit, weil sich hier die Kasualbegehrenden mit ihrem Begehren und ihrem individuellen Kasus ernst genommen wissen, sondern die liturgische Partizipation in Form kooperativer Planung bzw. aktiver Teilhabe am Kasualgottesdienst ist obendrein auch theologisch gerechtfertigt.

Die Kooperationsübereinkünfte können sich in ganz verschiedenen Szenarien aktualisieren. Angefangen bei der Kasualästhetik (Anordnung des liturgischen Raumes, Blumenschmuck, Musikwahl, liturgische Kleidung[113]), über Vereinbarungen zur seelsorglichen Verschwiegenheit oder die Wahl bestimmter Bibeltexte bis hin zur aktiven Übernahme liturgischer Funktionen (Lesungen, Fürbitten, Segensvoten). Die Grenzverläufe zwischen dem „nur" Äußerlichen und den „eigentlichen" Inhalten sind in morphenden Liturgien fluide und fallen bei den Partnern des Kasualgesprächs durchaus unterschiedlich aus. Diese Inkongruenzen einerseits sorgsam und taktvoll zu eruieren und dabei gemeinsam Auswahl, Bewertung und Anwendung bestimmter Ausführungsmerkmale abzuwägen und im Interesse einer kohärenten Gesamtinszenierung liturgisch und homiletisch zu ordnen, ist eine anspruchsvolle hermeneutische und theologische Aufgabe. Auch wenn die entsprechenden Agenden diesbezüglich ein bewährtes Grundgerüst bieten, so kann dies die Pfarrperson nicht von ihrer ureigenen Aufgabe entbinden, den Kasus so in einem Kasualgottesdienst zu transformieren, dass er zu einem authentischen Ausdruck göttlichen Segens wird. Dabei ist die Angemessenheit der gottesdienstlichen Gestaltung das formale Regulativ aller kooperativen Impulse. So war für Luther die Kategorie des *aptum*[114] in homiletischer Perspektive von entscheidender Bedeutung.[115] Er forderte, dass sich die Predigt in Form, Tropen und Inhalt grundsätzlich den sie empirisch konstituierenden bzw. den ihr material voraufliegenden Bedingungen anzumessen habe. Angemessen war für ihn eine Kanzelrede immer dann, wenn sie sich am Gegenstand der sprachlichen Äußerung, an der Situation, in der sie verlautet, sowie an der Hörergemeinde, an die sie adressiert ist, orientiert.

---

112 In dem Arbeitsbuch zur kirchlichen Trauung von Helmut Fischer wird die „Überwindung des Gegenübers von trauendem Pfarrer und zu trauendem Paar" bereits 1976 apodiktisch eingefordert: „Der Traugottesdienst sollte nicht von einem landeskirchlich normierten Formular mit vorgegebenen Texten ausgehen, sondern vom Brautpaar im Gespräch mit dem Pfarrer selbst erarbeitet werden." Wo damit ernst gemacht wird, hat dies „tiefgreifende Konsequenzen für das Vorbereitungsgespräch wie für Gestalt und Inhalt des Traugottesdienstes." Helmut Fischer: *Trauung aktuell: Analysen, Erwägungen und Impulse zum kirchlichen Handeln bei der Eheschließung* (München: Claudius, 1976), 136.
113 Vgl. Thomas Klie und Jakob Kühn (Hg.), *FeinStoff: Anmutungen und Logiken religiöser Textilien* (Stuttgart: Kohlhammer, 2020).
114 Latein. *aptus, -a, -um* – passend, tauglich, angemessen, geeignet; mittellatein.: entsprechend, würdig, relativ, wohlgefällig.
115 Hierzu ausführlich Th. Klie, Zeichen, 134 f.

3.3 Rede und Ritus

3.3.1 Komplementäre Verschiedenheit

Die besondere Relation von Ritus und Rede ist das zentrale liturgische Charakteristikum von Kasualien. Wie in jeder evangelischen Gottesfeier wird in Kasualgottesdiensten gepredigt, also die Heilige Schrift appliziert auf einen Kasus, um ihn in diesem Licht zu deuten und ihn so der anwesenden Gemeinde neu zu verstehen zu geben. Und parallel dazu, doch deutlich davon unterschieden, ist das symbolisch organisierende Zentrum jeder Kasualie ein signifikanter Ritus. Dieser Ritus zeigt sich insofern als eine ausdrucksstarke und in mehrfacher Hinsicht wirkmächtige Handlung, als er bei vielen Kasualien im allgemeinen Bewusstsein als die maßgebliche und darum auch namensgebende Ausdrucksform fungiert.

Der Akt des Übergießens mit Wasser steht als Synekdoche für den kompletten Taufgottesdienst. Das Absenken des Sarges bzw. der Urne ist als sinnenfälliger Ritus so plastisch, dass in der Regel die ganze Trauerfeier „Bestattung" genannt wird. Und das wechselseitige Ja-Wort von Braut und Bräutigam, in dem sich das gegenseitige Vertrauen als Versprechen ehelicher Treue und ritueller Ausdruck gemeinsamer Traute verdichtet, gibt der „Trauung" ihren Namen. Dies gilt auch für die Konfirmation, obschon hier der rituelle Nucleus mit Handauflegung (mit Salbung) und der Bitte um den Heiligen Geist als lateinisches Lehnwort in den allgemeinen Sprachgebrauch übergegangen ist (latein. *confirmare*: bestätigen, bekräftigen). Ganz analog auch bei der Ordination, wo die deiktische Handlungsfolge aus Niederknien, Handauflegung, Gebet, Segnung und Sendung (latein. *ordinatio*: Bestellung, Weihe) die Nomenklatur für die Einsetzung einer Pfarrperson in ihr Amt abgibt. Kasualien verdanken ihren Namen dem Ritus, weil er körpernah erlebt wird, traditional verbürgt ist und in archaischer Dichte performiert, was jeweils der Fall ist.[116]

Als Ritus sollen hier die zentral gestellten Ausdruckshandlungen innerhalb der Kasualliturgie verstanden werden, die in der Regel durch knappe Deuteworte kommentiert werden: z. B. der dreimalige Erdwurf bei Bestattungen („Erde zu Erde, Asche zu Asche, Staub zum Staube"), der Taufakt („N. N., ich taufe dich im Namen des Vaters und des Sohnes und des Heiligen Geistes") mit dem dreimaligen Übergießen mit Wasser, der Ringwechsel („Was Gott zusammengefügt hat, das soll der Mensch nicht scheiden.") bzw. die Segnung des Brautpaares (verschiedene agen-

---

[116] Dies gilt mutatis mutandis auch für die Heiligabend-Kasualie (4.5 Heiligabend – das *Memento nasci* als Kasus), wo der rituelle Kern im Krippenspiel besteht, das im allgemeinen Sprachgebrauch weitgehend auch die Nomenklatur für den (Nachmittags-)Gottesdienst bestimmt. Man geht „zum Krippenspiel".

darische Wortlaute) bei der kirchlichen Trauung, die Segnung und Sendung bei der Vokation zur Erteilung von Religionsunterricht mit Niederknien und Handauflegung („Der lebendige Gott begleite Euch ... Christus spricht: Wie mich mein Vater gesandt hat, so sende ich euch")[117] oder das ritualisierte Krippenspiel am Heiligabend (bei dem die Darstellungshandlungen fortlaufend verbal kommentiert werden).

Friedrich Niebergall sieht diese „kultischen Akte" durch insgesamt vier Strukturmerkmale bestimmt[118]: „sie sind allgemein, objektiv, feierlich und symbolisch". Ihre *Allgemeinheit* besteht darin, dass sie sich in Gestus und Deutewort individueller Ausgestaltung enthalten, also für jeden Fall weitgehend identisch ausfallen. Die *Objektivität* ergibt sich aus der Orientierung an biblischen Belegstellen bzw. kirchengeschichtlichen Befunden. Die ihnen eigene *Feierlichkeit* kommt in der Ästhetik der Deuteworte zum Ausdruck, die zumeist durch eine altertümliche Lexik und Rhythmik geprägt sind. Dies diene, so Niebergall, der seelischen Erhebung. Und schließlich eignet ihnen als Zeichenhandlung eine spezifische *Symbolik*. Die rituelle Gebärde weist über sich hinaus und macht die liturgische Wirklichkeit transparent für eine religiöse Perspektive. Der kasuelle Ritus lässt etwas *als* etwas anderes erscheinen, indem er setzt, was er besagt. Wie bei keiner anderen Rubrik kommt an dieser Systemstelle des Kasualgottesdienstes der von Schleiermacher angeführte Unterbrechungscharakter des Kultus zum Ausdruck. Der Ritus ist die zentrale Markierung für das außeralltägliche Interim.

In ihrer spannungsvollen Bezogenheit bilden die beiden unterschiedlichen Sinnfiguren Rede und Ritus die zeremonielle Achse der kasuellen Liturgie, an der sich alle anderen Rubriken ausrichten und die letztlich auch den Ausschlag gibt für die Gestaltqualität des Kasualgottesdienstes. Diese organisierende Achse aus Rede und Ritus kennzeichnet nicht nur die „holy four", sondern auch die sog. „neuen" und vergessenen Kasualien[119] sowie die Konkurrenzkasualien[120]. Es spricht religionskulturell sogar viel dafür, dass nur *die* Gottesdienste die Chance haben, als Kasualien kanonisiert zu werden, die diese Achse nicht nur punktuell, sondern überzeugend und vor allem dauerhaft in der öffentlichen Wahrnehmung besetzen. Dass Schulanfängergottesdienste in den letzten Jahren die kasuelle Schwelle

---

117 *Berufung, Einführung, Verabschiedung: Agende 6 für die UEK, Agende IV, Tlbd. 1 der VELKD*, hg. vom Amt der VELKD (Hannover: Luth. Verlagshaus/Bielefeld: Luther-Verlag, 2012), 132.
118 Friedrich Niebergall, *Die Kasualrede* (Göttingen: Vandenhoeck, ³1917), 15–17 (15). – Niebergall zählt neben Taufe, Konfirmation, Trauung, Bestattung auch Beichte/Abendmahl, Ordination und die Kirchweihe bzw. Einweihung eines Friedhofs zu den Amtshandlungen, die eine Kasualrede einfordern.
119 4. Alte, neue und vergessene Kasualien.
120 5. Konkurrenzkasualien – zwischen ritueller Enteignung und Deutungsmacht.

überschreiten konnten, hat sicher mit dem von vielen Eltern als religiös anrührendes und situativ angemessenes Unverfügbarkeitsmanagement gewerteten Segenskreis der Kinder zu tun, den dann üblicherweise auch die Ansprache thematisch macht und bildungsbiographisch kontextualisiert. Gleiches gilt für das Entzünden von Lebenslichtern bei den Riskanten Liturgien[121] oder den Körperspenderfeiern der Anatomie[122]. Dass z. B. Trennungs-/Scheidungsgottesdienste[123], Valentinsgottesdienste[124] oder Realbenediktionen[125] sowohl in der kirchlichen wie auch in der gesellschaftlichen Wahrnehmung trotz deutlicher Kasualaffinität weitgehend noch ephemere Erscheinungen sind, hängt neben ihrer geringen Fallzahl auch damit zusammen, dass hier der Ritualisierungsprozess noch nicht gänzlich abgeschlossen scheint.[126] Die Achse, die der ganzen Kasualliturgie ihre Bestimmtheit verleiht, ergibt sich nicht einfach „kreativ" oder „spontan". Sie ist eine in biographischen Ausnahmesituationen bewährte „Expressionsgestalt zur Bemeisterung ambivalenter Gefühlslagen"[127]. Sie verdankt sich in aller Regel einer langen Tradition und verlangt danach, kunstvoll herausgearbeitet und gestaltet zu werden, denn auf sie hin ist das ganze gottesdienstliche Geschehen ausgerichtet.

---

[121] Das wohl eindrücklichste Beispiel für die theologische Brisanz eines formal eher schlichten Kerzenritus' vgl. Lutz Friedrichs, *Kasualpraxis in der Spätmoderne: Studien zu einer Praktischen Theologie der Übergänge*, (Leipzig: Evang. Verlagsanstalt, 2008), 221–224: „Die 17. Kerze: Fallbeispiel Erfurt". – Zur Theorie der Riskanten Liturgien vgl. Kristian Fechtner und Thomas Klie (Hg.), *Riskante Liturgien: Gottesdienste in der gesellschaftlichen Öffentlichkeit* (Stuttgart: Kohlhammer, 2011); Benedikt Kranemann und Brigitte Brenz (Hg.), *Trauerfeiern nach Großkatastrophen: Theologische und sozialwissenschaftliche Zugänge* (Neukirchen-Vluyn: Neukirchener Vlg., 2016) sowie Gero Waßweiler, *Hoffnung predigen in einer Zeit der Krise: Eine Untersuchung aus einer homiletisch-hermeneutischen Perspektive* (Stuttgart: Kohlhammer, 2019).
[122] Thomas Klie, „Seinen Körper spenden: Kleine Phänomenologie einer finalen Gabe", in *Performanzen des Todes: Neue Bestattungskultur und kirchliche Wahrnehmung*, hg. v. Thomas Klie (Stuttgart: Kohlhammer, 2008), 223–232.
[123] Vgl. Nicole Kuropka: „Es bröckelt ...: Auseinandersetzung mit der Forderung nach Scheidungsgottesdiensten", *PTh* 84 (1995), 504–516. – Vgl. 4.4.10 Scheiden tut weh: Trennung als Kasus.
[124] Vgl. Stephan Schatzler, *Riten und Rituale der Postmoderne: Am Beispiel des Bistums Erfurt* (Hamburg: disserta Verlag, 2013), 66–68.
[125] Christian Eyselein, *Segnet Gott, was Menschen schaffen? Kirchliche Einweihungshandlungen im Bereich des öffentlichen Lebens* (Stuttgart: Calwer, 1993); vgl. 4.9 Realbenediktionen – dienliche Dinge Gott anbefehlen.
[126] Bei den Trennungsliturgien tritt dieses Manko am deutlichsten in Erscheinung. So ist noch weitgehend offen, welche Stilgeste im Verein mit welchen Deuteworten die religiöse Qualität birgt, die Wegscheide zweier ehedem kirchlich getrauter Partner so prägnant zum Ausdruck zu bringen, dass sie verallgemeinerbar und tradierbar wäre und kirchlich approbiert werden könnte.
[127] Volker Drehsen, „Kleines Lob der Kasualpredigt: Ein Nachwort zur vorliegenden Predigtsammlung" in Ottokar Basse, *Das Evangelium in Zeit in Ewigkeit: Ausgewählte Predigten*, hg. v. Ursula Basse Soltau (Münster: LIT, 2003), 190–210 (194).

Ein Kasualgottesdienst wird immer dann seine wirklichkeitserschließende und -setzende Kraft entbinden können, wenn nach Maßgabe der zeremoniellen Achse der jeweilige Eigensinn des Diskursiven (in der Rede) und des Konstativen (im Ritus) zur Geltung gebracht und nicht etwa ästhetisch oder homiletisierend nivelliert wird. Die persönliche Deutung dessen, was im vorliegenden Kasus der Fall ist, und die tradierte Performanz einer religiösen Ausdruckshandlung aus persönlichem Anlass gehören unterschiedlichen gottesdienstlichen Genera an, die nicht gegenseitig substituierbar sind und darum an Signifikanz verlieren, wenn sich etwa das Nachdenkliche und Reflexive der Kanzelrede auflöst in affirmativen Floskeln (homiletische Selbstritualisierung) oder wenn – im anderen Extrem – die konstative Kraft des Ritus durch fortwährendes Erklären[128] neutralisiert wird („liturgische Homilitis"[129]). Schon die erste Abhandlung zur Kasualrede von Gerhard Uhlhorn hebt 1896 diese dramaturgische Diskrepanz hervor: Besticht der liturgische Akt durch „das *Gebundene*, die feststehenden kirchlich geordneten Formen", steht „die Rede gerade im Gegensatz zu der Liturgie [...] als das *freie* Stück der Kultushandlung, dessen Ausbildung der Eigenart des einzelnen Predigers überlassen bleibt".[130] Das unterscheidend Andere des jeweiligen liturgischen Genus kommt dramaturgisch als ein Kontrastereignis zur Geltung. Das Überspielen der Differenzen mündet in diesem Fall in einem Verspielen von Chancen.[131]

Seine segnenden Hände einem knienden Paar bzw. Konfirmanden aufzulegen, fordert die Präsenz und ruhige Gelassenheit einer priesterlich souveränen und unaufgeregten Pfarrperson, die ihr religiöses Handwerk gelernt hat.[132] Zur Handlungslogik des Segens gehören die intensive Zuwendung, der zentrierte Blick, die Bestimmtheit einer spürbaren Berührung und vor allem anderen: die Zeit, die eine Gutsagung braucht, um Wirkung zu entfalten. – Eine Predigt aus demselben Anlass wird Geschichte und Gegenwart des Kasus adäquat aufnehmen, dabei aber rheto-

---

[128] Nicht ohne Sinn für die Realität spricht Niebergall von pastoralen „Redeautomaten" (F. Niebergall, Kasualrede, 2).

[129] Michael Meyer-Blanck, „Die Dramaturgie von Wort und Sakrament: Homiletisch-liturgische Grenzgänge im ökumenischen Horizont", in: Ders., *Agenda: Zur Theorie liturgischen Handelns* (Tübingen: Mohr Siebeck, 2013) 124–137 (132).

[130] Friedrich Uhlhorn, *Die Kasualrede: Ihr Wesen, ihre Geschichte und ihre Behandlung nach den Grundsätzen der lutherischen Kirche* (Hannover: C. Meyer, 1896), 2; Hervorhebung im Original.

[131] Meyer-Blanck fordert mit diesem gelungenen Wortspiel dazu auf, die Besonderheiten innerhalb der Liturgie herauszuarbeiten, „damit die Elemente des Gottesdienstes das sein dürfen, was sie sind". M. Meyer-Blanck, Dramaturgie, 127. – Bereits Niebergall macht für den Ritus den Gedanken eines inszenatorischen „Gegengewichts" geltend in Opposition zur „Subjektivität der persönlichen Wortverkündigung" in der Kasualrede. F. Niebergall, Kasualrede, 16.

[132] Manfred Josuttis, *Religion als Handwerk: Handlungslogik spiritueller Methoden* (Gütersloh: Gütersloher Vlg., 2002).

risch immer auch „Einbruchstellen unbestimmter Möglichkeiten"[133] öffnen wollen, sperrig Erwartbares verstellen und das Gegebene und Offensichtliche mit den Verheißungen Gottes versprechen.

3.3.2 Rhetorisch-rituelle Zuordnung

Wie nun lassen sich Rede und Ritus unter Berücksichtigung ihrer komplementären Verschiedenheit in der liturgischen Syntax aufeinander beziehen? Vorauszusetzen ist, dass ihr gegenseitiges Verhältnis in den einzelnen Kasualien jeweils historisch gewachsen ist. So wurde z. B. lange darum gerungen, ob die Kasualien Teil des Gemeindegottesdienstes sind, zeitlich an ihn anschließen oder aber als gesonderte private Feiern der im engeren Sinne Betroffenen und deren Familien begangen werden. Die im Barock aufkommenden Haustaufen und -trauungen verlangten eine ganz andere Ansprache als eine Trauung, die „öffentlich in der Kirche geschehe, vor der Gemeinde", wie es z. B. noch die Calenberger Kirchenordnung vorsah.[134] Dementsprechend finden sich in der Geschichte der Kasualtheorie ganz unterschiedliche Zuordnungen der beiden liturgischen Genera.

3.3.2.1 Der Ritus bebildert die Rede
Eine reformatorische Verhältnisbestimmung von Rede und Ritus findet sich im 13. Artikel der Apologie (1531). In diesem Abschnitt geht es theologisch um die von den Reformatoren angezweifelte Siebenzahl der Sakramente bzw. deren rechten Gebrauch. Wie bereits Luther in seiner Schrift „De Captivitate Babylonica" (1520) unterscheidet hier Melanchthon[135] zwischen sakramentalen Riten, die von Gott eingesetzt sind und mit denen sich eine Gnadenverheißung verbindet (Taufe, Abendmahl, Beichte) und anderen kirchlichen Riten, die zwar religiös durchaus nützlich sein können, denen aber keine Verheißung zugrunde liegt (*ritus ab hominibus instituti*[136]) und die darum eben keine „sicheren Zeichen der Gnade" sind. Beide Ausdrucksformen nennt Melanchthon *Ritus* („äußerliche Zeichen und Ceremonien"), weil beide zeremoniell sichtbare Vollzüge darstellen und weil auch die nicht-sakramentalen Riten durchaus liturgische Wirkungen hervorrufen können. Zwar führen sie nicht zum Heil, doch zumindest vermögen sie die religiös Ungebilde-

---

[133] Niklas Luhmann, *Funktion der Religion* (Frankfurt a. M.: Suhrkamp, 1977), 118.
[134] Zit. n. F. Uhlhorn, Kasualrede, 11.
[135] Apologia Confessionis, Art. XIII: *De Numero et Usu Sacramentorum* (dt. Justus Jonas).
[136] Diese Passage nimmt z. T. wörtlich Bezug auf CA VII.

ten zu lehren und zu erinnern.[137] Melanchthon folgert: Rede und Ritus, Wort und äußerliche Zeichen, haben denselben Effekt (*effectus*). Während verbale Äußerungen in die Ohren eingehen, treffen gestische Zeichen auf die Augen, „um die Herzen zu bewegen". Sakramente können also hinsichtlich ihrer gestischen Verfasstheit als *„pictura verbi"* gelten, ein „Kunstbild des Wortes". Bei dieser Analogie berufen sich Melanchthon wie auch Luther auf Augustin, der im Blick auf die Sakramente von einem *verbum visibile*, sichtbaren Wort sprach. Der sakramentale Ritus deutet (*idem significans*) und bewirkt dasselbe wie das Wort.

Folgt man dieser Differenzierung, dann ist für den Bereich der Kasualien zu unterscheiden zwischen der Taufe, bei der sich die Rede-Ritus-Relation göttlicher Stiftung verdankt (Mt 28,19) und der Rede-Ritus-Relation, genauer: dem Verhältnis der zeremoniellen Stilgesten zur Kasualpredigt bei allen anderen Kasualien. Für *alle* kasuellen Riten gilt aufgrund ihrer äußeren Gestalt, dass sie als visuelle Zeichen über die Augen das Herz tangieren und dort Wirkung hervorrufen können. Im besten Fall sind dies Lern- und Erinnerungseffekte.

3.3.2.2 Die Rede dominiert den Ritus

In Teilen des Neuluthertums hatte sich im 19. Jh. der Konsens herausgebildet, in der Predigt das kasuelle Proprium zu identifizieren und die zeremonielle Handlung als theologisch eher untergeordnete Rubrik zu werten. Diese Prioritätensetzung resultierte sowohl aus der traditionellen lutherischen Wertschätzung des „Wortes" wie auch aus dem Gedanken einer antiritualistisch-freien Zuwendung an eine hörende Gemeinde. Wenn z. B. Eduard Meuß, der Verfasser der ersten evangelischen Kasualtheorie[138], die Kasualien als „gottesdienstliche Handlungen von individueller Beziehung" rubriziert, dann kommt dieser Aspekt für ihn am deutlichsten zum Ausdruck in der freien Rede des Geistlichen, der damit die gesamte liturgische Ausrichtung der Kasualie „zur individuellen Aneignung" bringt. Es gehört zu den „Vorzügen der Offenbarungsreligion", dass ihr Gottesdienst ein „so ganz von dem Worte gesättigter und vollzogener, dass er ein Dienst am Worte ist, mag das Wort gelesen, gesungen oder frei verkündigt werden". Und so ist es letztlich auch die Prävalenz des Wortes, die sich durchsetzt in den „sakramentlichen Elemente[n] und durch symbolische Gebräuche, als z. B. Handauflegung."[139]

Noch deutlicher wird diese Hierarchisierung am Beispiel der Bestattung, wo die Kasualrede sogar als der alleinige Träger christlicher Verkündigung angese-

---

[137] Justus Jonas fügt hier in der deutschen Übersetzung hinzu: „als ein gemalet Kreuz".
[138] Eduard Meuß, *Die gottesdienstlichen Handlungen von individueller Beziehung in der evangelischen* Kirche (Gotha: Perthes, 1892).
[139] E. Meuß, Handlungen, 37 f.

hen wird. Demgegenüber erfülle der Ritus der Beisetzung allenfalls eine allgemein menschliche Pietätspflicht, ohne dabei einem genuin christlichen Auftrag zu entsprechen. So reklamiert der mecklenburgische Oberkirchenrat Theodor Kliefoth für die Bestattung: „dieser Akt ist ein reiner Predigtakt, ein Akt der Verkündigung des göttlichen Wortes und will schlechterdings nur predigen und nicht handeln, am allerwenigsten an dem Toten".[140]

Zu einer ähnlichen Zuordnung, wenn auch mit anderen theologischen Begründungen, kommen auch die kasualtheoretischen Entwürfe von Dehn und Mezger, die im dogmatischen Duktus der Dialektischen Theologie verfasst wurden.[141] Hier geraten die Kasualien in den Sog des Verkündigungsparadigmas, das sich für beide Autoren in erster Linie homiletisch realisiert. Die Liturgie wird dagegen zu einer „Dienerin der Verkündigung": „Denn Form ist Sein, Wort ist Werden; Gestalt ist Beharrung, Offenbarung ist Bewegung."[142] So kann die Kirche nur dadurch aus der ihr durch die Häufung zweifelhafter Kasualbegehren „aufgezwungene Säkularisation" wieder „in ihre eigene Existenz kommen", wenn der „Casualprediger" in den „Casus hinein das Evangelium bezeug[t]".[143]

Die homiletische Deutungsmacht über den Ritus kann aber auch der schlichte Ausdruck eines pastoralhygienischen Befreiungsschlags sein. Wer sich in seiner theologischen Rolle in Frage gestellt sieht und sich durch das oftmals diffuse Kasualbegehren auf die Funktion einer „Heilsmaschine", einer „Zeremonienmeisterin" oder eines sakralen „Redeautomaten" reduziert sieht, ergreift möglicherweise in der selbstverantworteten Rede die kathartische Chance einer unwidersprochenen Rollen(er)klärung.[144] Paradoxerweise äußert sich diese „déformation professionnelle" in einer (unbewussten) Entstellung eines professionellen Kernvollzugs.

---

140 Theodor Kliefoth, *Liturgische Abhandlungen. Erster Band* (Schwerin: Stiller 1854), 223.
141 Günther Dehn, *Die Amtshandlungen der Kirche* (Stuttgart: Kohlhammer, 1950); Manfred Mezger, *Die Amtshandlungen der Kirche als Verkündigung, Ordnung und Seelsorge: Die Begründung der Amtshandlungen*, Bd. 1 (München: Kaiser, 1957, [²1963]).
142 M. Mezger, Amtshandlungen, 98 u. 105.
143 G. Dehn, Amtshandlungen, 11 u. 14.
144 Vgl. V. Drehsen, Kleines Lob, 197. Für Drehsen kann dies sogar Formen einer „Publikumsbeschimpfung" annehmen, wenn „der theologische Deutungsanspruch derer, in deren ureigene ‚Regie' die Kasualgottesdienste fallen", Gefahr läuft, durch die „religiöse Minimalpraxis sittenkonformistischer ‚Festtagschristen'" relativiert zu werden. Ebd., 197 u. 196.

3.3.2.3 Der Ritus dominiert die Rede

Im Gefolge der anthropologischen Wende in der Liturgik in den 1970er Jahren, die sich v. a. mit Werner Jetters wirkmächtigem Buch „Symbol und Ritual"[145] verbindet, wurden die Amtshandlungen stärker im Zusammenhang soziologischer und ästhetischer Einsichten erfasst. Durch die damit einhergehende Akzentverschiebung firmierte nun die gesamte Liturgie als darstellendes Handeln. Entsprechend verstand man den (Kasual-)Gottesdienst wahlweise als Ansammlung von „Ritualen" bzw. summarisch als ein „Gesamtritual". Jetter stellte in diesem Zusammenhang die rhetorische Frage: „Ist die Predigt im protestantischen Gottesdienst nur eine Alternative zum Ritual und nicht auch selber ein solches?"[146] Es war dann die wenig beachtete Kasualtheorie des Hamburger Hauptpastors Ferdinand Ahuis[147], der Jetters Impulse weiterführte und für die Kasualien van Genneps Theorie der Übergangsrituale[148] rezipierte. Betrachtet man die Kasualien als „Übergänge im menschlichen Lebensbogen", dann ist mit diesem Theoriezugriff implizit ein rituelles Vorzeichen gesetzt vor die Summe der einzelnen Rubriken (Segen, Predigt, Gebete). Die Kasualpredigt ist Teil des kasuellen Gesamtrituals, das zentrale Grundsituationen in der Familie symbolisch transformiert und somit ins Bewusstsein hebt. Doch erst vor dem rituellen Darstellungshorizont kommt ihr Bedeutung zu. Das Verhältnis der rituellen zu den homiletischen Funktiven innerhalb des liturgischen Rahmens ist das von Allgemeinheit und Besonderheit. Entspricht das Gesamtritual Kasualgottesdienst den objektiven Bedürfnissen familial gebundener Lebensprozesse, so deklinieren Rede und Ritus die Kasualie in einer Relation aus individuellem Kasus und biographischer Konstante: Schafft das Übergangsritual

> „den jeweiligen Rahmen, der die individuelle Familiengeschichte in den allgemeinen Rahmen vergleichbarer Familiensituationen hineinstellt, so macht die Kasualpredigt das Besondere des jeweiligen Kasualgottesdienstes aus."[149]

---

145 Werner Jetter, *Symbol und Ritual: Anthropologische Elemente im Gottesdienst* (Göttingen: Vandenhoeck, 1978).
146 W. Jetter, Symbol (²1986), 135.
147 Ferdinand Ahuis, *Der Kasualgottesdienst: Zwischen Übergangsritus und Amtshandlung* (Stuttgart: Calwer, 1985).
148 Arnold van Gennep, Übergangsriten (Frankfurt a. M.: Campus, 1986), 114–141 (*Les rites de passage: Étude systématique des rites* [Paris: É. Nourry, 1909]).
149 F. Ahuis, Kasualgottesdienst, 175. – Ganz ähnlich argumentiert auch Josuttis: „Das Ritual tröstet und beruhigt als solches, durch den Vollzug. [...] Das Ritual macht das Kerygma aber nicht nur überflüssig, es integriert es auch in sich selbst, es macht die Verheißung zu einem Teil der Handlung." Manfred Josuttis, *Praxis des Evangeliums zwischen Politik und Religion: Grundprobleme der Praktischen Theologie* (München: Kaiser, 1974), 196.

3.3.2.4 Wechselseitige Erschließung von Ritus und Rede

In jüngster Zeit plausibilisiert sich unter dem Einfluss der gestiegenen Aufmerksamkeit für die liturgische Gestaltung eine neue Zuordnung von rhetorischen und zeremoniellen Passagen im Gottesdienst. Der Ertrag der anthropologischen Sicht, den Gottesdienst als einen rituell ausgelegten Gesamtvollzug zu sehen („Der christliche Gottesdienst ist Ritus."[150]), wird modifiziert aufgenommen und in eine semiotische Perspektive gerückt. Danach fällt weder der Predigt nur die Funktion einer Weitergabe personalisierter Kommunikation zu, noch dem Ritus nur die einer informationsschwachen und regressiven Darstellung. Wie das gottesdienstliche Reden sich in Formen ritualisierten Handelns durch Worte performiert, so entbindet der Ritus immer auch eine rhetorische Wirksamkeit – nicht zuletzt vor dem Hintergrund, dass bei Kasualien der liturgische Gestus einhergeht mit (formelhaften) Deuteworten („Der christliche Gottesdienst ist andererseits ebenso deutlich Rede."[151]). Oder mit Schleiermacher ausgedrückt: Die Kasualrede ist eine darstellende *Mitteilung*, und der kasuelle Ritus eine mitteilende *Darstellung*[152] – und beides nur unter den Bedingungen zeremonieller Zuwendung. Die deiktische Lesart der Sprechhandlung und die rhetorische Lesart der Zeigehandlung generieren im kasuellen Wahrnehmungskontext korrespondierende Deutungen, die – im gelingenden Fall – von der Gemeinde als religiös konsonant erlebt werden. Sie erschließen sich wechselseitig trotz unterschiedlicher Ordnung der Signifikanten. Oder anders: Im Ritus wird nichts anderes gesagt als in der Rede, es kommt nur *anders* zum Ausdruck. Zwischen beiden besteht ein wechselseitiges Intensivierungsverhältnis.

3.3.3 Ritenzuwächse in spätmoderner Kasualpraxis

Obwohl die Verhältnisbestimmungen aufgrund der jeweiligen theologiegeschichtlichen Hintergründe unterschiedlich ausfallen, sind sie doch weitgehend von identischen Formzuschreibungen geprägt. Kommen in der Predigt die Freiheit (der Pfarrperson), die Individualität (des Kasus), der Kairos (des Zuspruchs) und die Variabilität (des rhetorischen Artefakts) zum Ausdruck, wird der Ritus mit der Gebundenheit (der Pfarrperson), der Objektivität (des Vollzugssinns), der Ver-

---

[150] Michael Meyer-Blanck, „Ritus und Rede: Eine Verhältnisbestimmung auf dem Hintergrund ökumenischer Theologie", in *Gottesdienst und Predigt – evangelisch und katholisch*, hg. v. Alexander Deeg, Erich Garhammer, Benedikt Kranemann und Michael Meyer-Blanck (Neukirchen-Vluyn: Neukirchener Vlg., 2014), 11–39 (11).
[151] Ebd., 12.
[152] Friedrich D. E. Schleiermacher, *Die praktische Theologie nach den Grundsätzen der evangelischen Kirche im Zusammenhange dargestellt*, hg. v. Jacob Frerichs (Berlin: Reimer, 1850), 75 passim.

bindlichkeit (der Tradition) und der Konstanz (der Form) konnotiert. Diese im 19. und bis zum Ende des 20. Jh. stimmigen Dichotomien blenden jedoch – unkritisch fortgeschrieben – die aktuellen religiösen Dynamiken im Bereich der Kasualkultur aus. In der späten Moderne behauptet sich ein spezifisches, eher tentativ und ästhetisch, v. a. aber undogmatisch ausgelegtes Interesse an religiösen Sinnfiguren. Konturen verschleifen, Geltungsbereiche fransen aus, fluide Übergänge zeichnen sich ab und neue Riten wachsen den alten Kasualien zu. Die Frage nach den Kulturformen einer (hybriden) Religion ist immer auch eine Frage nach deren Ästhetik und Performanz.[153] Mit Hans-Joachim Höhn lässt sich von einer sublimen Religionsproduktivität[154] sprechen, die sich nicht nur in bestimmten Szenen und Milieus artikuliert, sondern auch und gerade im volkskirchlichen Umfeld von Kasualien. Rede und Ritus sind historisch gewachsene Komposita, deren Wachstumsprozess nicht einfach als abgeschlossen betrachtet werden kann. Das Rituelle als das „Sich-Gleichbleibende" zu verstehen, während die Kasualpredigt „den objektiven Bedeutungsgehalt des Ritus auf die betreffenden Individuen hin in Bewegung bringt", wie es Wilhelm Gräb 1987 postuliert[155], hat nur noch bedingt Anhalt an der Wirklichkeit. Nicht nur hat sich das kasuelle Feld erweitert[156], auch in den Liturgieverläufen der etablierten Kasualien selbst haben sich in jüngster Zeit Stilgesten angelagert, die im vordergründig eher ritualkritischen Protestantismus nicht ohne weiteres erwartbar waren. Wenn auch im Einzelfall nicht immer genau zu klären ist, welchen Traditionen sich diese Aufweitung im einzelnen verdankt, so ist sie doch empirisch breit belegt. Angefangen mit dem Brautvatergeleit, dem Überreichen einer Hochzeitskerze, den verschiedenen rituellen Optionen, die Trauringe zum Altar zu

---

[153] *Performanz beschreibt die darstellerische Durchführung, das also, was die Ritualtheorie und die Sozialanthropologie nach der Gestaltqualität ritueller Dynamik fragen lässt. Performanz impliziert Aspekte der Herstellung und der Darstellung, des Produzierens und des Präsentiertwerdens. – Vgl.* Dieter Mersch, *Ereignis und Aura: Untersuchungen zu einer Ästhetik des Performativen* (Frankfurt a. M.: Suhrkamp, 2002).
[154] Hans-Joachim Höhn, *GegenMythen: Religionsproduktive Tendenzen der* Gegenwart (Freiburg: Herder, 1994; ³1996). Vgl. a. Jamal Malik und Jürgen Manemann (Hg.), *Religionsproduktivität in Europa: Markierungen im religiösen Feld* (Münster: Aschendorf, 2009); Peter A. Berger, Klaus Hock und Thomas Klie (Hg.), *Religionshybride: Religion in posttraditionalen Kontexten* (Wiesbaden: Springer, 2013). In kasualliturgischer Perspektive vgl. Lutz Friedrichs, „,Sie spielen mit'… Liturgischer Kommentar zu ‚Reden angesichts des Todes: Empirische Einblicke in Form und Funktion gegenwärtiger Bestattungsgespräche", in Kasualgespräche, hg. v. M. Bühler, M. Pönnighaus und Fl. Volke, 335–351.
[155] Wilhelm Gräb, „Rechtfertigung von Lebensgeschichten: Erwägungen zu einer theologischen Theorie der kirchlichen Amtshandlungen", *PTh* 76 (1987), 21–38 (34 f.).
[156] 1.7 Mehr als die holy four, mehr als der Einzelne bzw. 4.10 Das kasuelle Feld.

bringen[157], über das Steigenlassen von Luftballons bei der Beisetzung verstorbener Kinder, den Chorauftritt der Konfirmandeneltern bis hin zum Schmücken des Taufbeckens durch die anwesenden Kinder, der bunten Palette von Möglichkeiten das Taufwasser einzufüllen[158] oder zur Elevation des Säuglings bei Kindertaufen. Am auffälligsten sind aber die Veränderungen in der Kasualmusik[159], wo zunehmend Songs aus der Popkultur gewünscht werden, die rituell entweder als ästhetisches Ornament[160] oder biographische Reminiszenz[161] fungieren. Die symbolische Kommunikation umfasst heute auch die Option auf vordergründig säkulare musikalische Zeichensysteme, denen von Teilen der Kasualgemeinde eine durchaus hohe Bedeutung zugeschrieben wird.

Will man die faktische Expansion ritueller Stilgesten auch taktisch bei der Komposition individualisierter Kasualliturgien berücksichtigen und damit die Individualisierung der Kasualkultur nicht nur amtskirchlich als Verfallsmuster betrachten, sondern als liturgisch anspruchsvolle Integrationsaufgabe, dann ist zumindest praktisch-theologisch nichts dagegen einzuwenden. In einem Kirchentum, das „die Freiheit in äußerlichen Ceremonien" sogar als Konfessionsmerkmal formuliert hat[162], kann das Verhältnis von Rede und Ritus durchaus in großer evangelischer Freiheit dem jeweiligen Kasus angepasst werden. Das rituelle Spiel, das heute eben immer auch mehr ist als lediglich eine agendarische Repetition religiöser Konventionen, wie es ein traditionelles Ritualverständnis insinuiert, können die Protagonisten wie alle zeremoniellen Elemente im Kasualgespräch aushandeln.[163] In der Praxis steht dem allerdings oft eine verbreitete Ritenobservanz der

---

157 Mitunter bringen die eigenen Kinder auf einem Ringkissen oder sogar Schoßhunde die Ringe am Halsband zum Altar.
158 Vielfach übernehmen Paten oder Verwandte das Eingießen des Taufwassers. Besonderer Beliebtheit erfreut sich auch der Usus, kleine Fläschchen mit Wasser während des Gottesdienstes in den Händen zu halten und durch die Körpertemperatur zu erwärmen. Zur Taufe gießen dann alle nacheinander ihr Wasser in das Taufbecken und wünschen dem Täufling Glück und Segen für seine Zukunft.
159 Vgl. Stephan Reinke, *Musik im Kasualgottesdienst: Funktion und Bedeutung am Beispiel von Trauung und Bestattung* (Göttingen: Vandenhoeck, 2009); Cäcilie Blume, *Populäre Musik bei Bestattungen: Eine empirische Studie zur Bestattung als Übergangsritual* (Stuttgart: Kohlhammer, 2014).
160 Dass der Text des *Ave Maria* (in der Vertonung von Franz Schubert) keinerlei nuptiale Bezüge aufweist, mindert nicht seine hochgradig vorhersagbare Darbietung bei kirchlichen Trauungen.
161 Der ostinate Wunsch der Hinterbliebenen, das Lieblingslied des/der Verstorbenen bei der Trauerfeier einzuspielen, steht in einem harten Kontrast zur funeralen Ausrichtung an den Trauernden.
162 CA XXVI: „Haec libertas in ritibus humanis non fuit ignota patribus."
163 Vgl. Lars Charbonnier, „Kasualien als Aushandlungsprozess: Ein Plädoyer für die stärkere Gewichtung einer bisher vernachlässigten Dimension kasuellen Handelns der Kirche", in: *On*

Pfarrpersonen gegenüber, die sich aus einem gesetzlichen Umgang mit der Agende, einem religionskulturellen Unbehagen am Ritus, der von ihnen die nach wie vor ungeliebte Rolle eines „Zeremonienmeisters" zu spielen verlangt, und einer überkommenen Fixierung auf die Kasualrede speist.[164] Gefordert ist weniger die Besserwisserin, sondern vielmehr die Differenzkompetenzen[165] von Auskennern, der nicht nur zu unterscheiden weiß zwischen zivilreligiösem Kitsch, liturgischem Tand und gottoffenen Deutungsfiguren, sondern auch begründet hierüber Auskunft geben kann. Dabei stellen morphende Liturgien nicht unbedingt das zentrale Problem dar. Die einschnappenden Reflexe amtskirchlicher Ordnungshüterinnen verkennen sowohl die durchaus kontingente Genese der Kasualagenden wie auch die Evolutionsdynamiken einer religionsvolatilen Mitwelt. Wertete man die rituellen Adiaphora als Freiheitsverheißungen, ließe sich im Blick auf die Gestaltqualität evangelischer Deutungskultur sowohl im Gegenüber zur weltlichen Konkurrenz wie auch im Blick auf Nahbarkeit und Flexibilität im Kasualkontakt zu den volkskirchlichen Rändern viel verlorenes Terrain wiedergutmachen.[166]

3.3.4 Die Kasualpredigt

3.3.4.1 „Frucht des Protestantismus"

„Die Kasualrede ist eine Frucht des Protestantismus."[167] Mit dieser programmatischen Feststellung beginnt der hannöversche Pastor Friedrich Uhlhorn sein historisches Kapitel in der ersten homiletischen Monographie zur Kasualpredigt. Er betont damit die evangelische Provenienz dieser besonderen Redegattung, die sich in dem Interesse an einem verstehenden Glauben (Hörerorientierung) äußert, aber auch darin, dass Kasualien theologisch in den Resonanzraum einer christlichen Gemeinde gehören (Gemeindeorientierung). Die Pfarrperson ist der Sprecher der Kasualbegehrenden, die Hermeneutin des Kasus und der Anwalt der biblisch-christ-

---

demand: Kasualkultur der Gegenwart, hg. v. Thomas Klie, Folkert Fendler und Hilmar Gattwinkel (Leipzig: Evang. Verlagsanstalt, 2017), 37–60.
164 Schon 1974 attestierte Josuttis weitsichtig: „Die kirchliche Kasualpraxis ist für die produzierenden Theologen fragwürdiger als für das konsumierende Kirchenvolk." M. Josuttis, Praxis, 187.
165 Diese Kategorie geht auf den Marburger Religionspädagogen Bernhard Dressler zurück, In der religiöse Bildung das Unterscheidungsvermögen als zentrale theologische Kompetenz versteht. Vgl. ausführlich hierzu Dietrich Korsch, Thomas Klie und Ulrike Wagner-Rau (Hg.), *DifferenzKompetenz: Religiöse Bildung in der Zeit* (Leipzig: Evang. Verlagsanstalt, 2012).
166 5. Konkurrenzkasualien – zwischen ritueller Enteignung und Deutungsmacht.
167 F. Uhlhorn, Kasualrede, 15.

lichen Sinnsicht, aber bei alledem handelt sie im gemeindlichen Auftrag.[168] Mit Recht hält Christian Albrecht darum eine Kasualpredigt, die sprachlich, hermeneutisch und theologisch „dem individuellen Fall nicht gerecht wird", schlicht für „ruinös". „(D)enn in der Kasualpredigt steht für ihre Hörer nichts Geringeres auf dem Spiel als die Frage, ob ‚die Kirche' mich *ernst* nimmt."[169] Das Ernstnehmen ist insofern für die kasuellen Protagonisten auf verschiedenen Ebenen ein überaus neuralgisches Kriterium, als es doch zu den weitreichenden reformatorischen Umcodierungen gehörte, in gottesdienstlichen Handlungen dem objektiven Ritus den persönlichen Zuspruch an die Seite gestellt zu haben, um damit die religiöse Kommunikation qualitativ neu zu akzentuieren wie quantitativ zu erweitern. Seit dem 16. Jh. galt in evangelischen Kirchentümern: Ritus *und* Rede. Theologisch adressiert eine Predigt im Unterschied zum Ritus die Verheißung im Modus diskursiver Bezugnahme an prinzipiell verständige Gottesdienstteilnehmer, die in protestantischer Perspektive grundsätzlich als freie Priesterinnen und Priester (1Petr 2,9) anzusprechen sind. Und als solche nehmen sie sich ihres Glaubens in eigener Verantwortung an. *Promissio* und *fides*, Verheißung und Glauben sind korrelativ aufeinander bezogen. Als Zu-Spruch und Mit-Teilung zielt das gepredigte Wort auf einen rezeptiven, aber immer auch antwortenden Glauben. Und im Falle von Kasualien sind es schließlich genau diese freien Priesterinnen und Priester, die *diesen* Gottesdienst mit *ihrem* Begehren und *ihrer* Geschichte ausgelöst haben und gerade in der Ansprache *ihren* Fall gut verstanden und professionell gedeutet wissen wollen. Diese praktisch-theologische Grundaufstellung homiletisch zu unterlaufen, ist in der Tat „ruinös", käme doch darin die Kirche ihrer amtlichen Bringschuld nicht nach.

Natürlich gab es schon vor der Reformation religiöse Reden aus Anlass von Kasualien. In der Alten Kirche kannte man Leichenreden, die aber noch ganz in der

---

[168] Diese gemeindliche Einbindung wird in jüngster Zeit vor allem in den Metropolen in ihrer religionssoziologischen Fragilität sichtbar. In Nürnberg, Berlin und Hamburg wurden sog. Kasualagenturen gegründet, die das Kasualbegehren von gemeindlich wenig bis nicht integrierten Citybewohnern delegiert bzw. übergemeindlich in eine Kasualie überführt. Vgl. hierzu: Elke Wewetzer und Jörg Hammerbacher, „Brauchen wir eine kirchliche ‚Kasualagentur'? Überlegungen einer Arbeitsgruppe des Großstadtdekanats Nürnberg in der Evangelisch-Lutherischen Kirche in Bayern" in *Provozierte Kasualpraxis: Rituale in Bewegung*, hg. v. Ulrike Wagner-Rau und Emilia Handke (Stuttgart: Kohlhammer, 2019), 111–118 sowie in demselben Band auch Ursula Roth, „Service-Hotline, PR-Büro, Pastoralagentur, Kompetenzzentrum: Ein kritischer Kommentar zur Idee einer Kasualagentur", 119–130. – Ausführlich dazu 7.2.3 „Assimilieren" und „hineinverstehen": Kasualagenturen.

[169] Christian Albrecht, „‚Karlchen', die Hirschrede und die Grasrede: Was darf man von einer Kasualpredigt erwarten?", in: *On demand: Kasualkultur der Gegenwart*, hg. v. Thomas Klie, Folkert Fendler und Hilmar Gattwinkel (Leipzig: Evang. Verlagsanstalt, 2017), 61–85 (80 f.); Kursivierung im Original.

antiken Rhetoriktradition verhaftet waren. Und im Mittelalter sind vereinzelt auch Taufvermahnungen und Traupredigten belegt. Doch zum Durchbruch kam die Kasualrede erst im 16. Jh., wenn auch hier die Rede des Pfarrherrn eine von Stand und Höhe der Stolgebühren[170] abhängige Variable war. Eine eigenständige Theoriebildung in Form einer Kasualhomiletik zeichnet sich dann erst Anfang des 19. Jh. ab (in Schleiermachers Praktischer Theologie[171], Claus Harms' Pastoraltheologie[172] bzw. in Palmers Homiletiklehrbuch[173]). Und die beiden ersten Monographien zum Thema wurden sogar erst an der Wende vom 19. zum 20. Jh. publiziert: Friedrich Uhlhorn (1896) und Friedrich Niebergall (1905).[174] Bemerkenswert ist, dass diese beiden Arbeiten auch bis dato die letzten sind, die sich in systematischer Breite der Kasualhomiletik annehmen. In der evangelischen Praktischen Theologie ist hier eine gut 100-jährige Theorielücke zu verzeichnen. Dies hat in erster Linie mit der theologiegeschichtlichen Tektonik im 20. Jh. zu tun. Im Kontext der Dialektischen Theologie, die die liberale Tradition radikal beendete, fristeten die Kasualien ein Schattendasein, da man in ihnen eher eine religionshaltige Gefährdung des vorgeordneten Verkündigungsauftrags sah als einen selbstverständlichen Teil pastoraler Praxis. Günther Dehn (1950) und Manfred Mezger (1957) behandelten darum die Kasualpredigt jeweils nur im Kontext ihrer kerygmatischen Kasualtheorie. In den 1970er Jahren wurden die Kasualien dann in eine nahezu die ganze Praktische Theologie dominierende poimenische Perspektive eingerückt. Der Akzent verlagerte sich dadurch deutlich weg von der Predigt hin auf das Kasualgespräch.[175] Eine Theoriegeneration später, als die Kasualien über das Interesse an der „gelebten Religion"[176] wieder ins Blickfeld gerieten, wurde dann auch die Kasualpredigt nach langer Abstinenz wieder zum Gegenstand des Diskurses. Dies geschah allerdings

---

170 Wunderbare Beispiele für das frühe 19. Jh. finden sich bei Claus Harms, *Pastoraltheologie: In Reden an Theologiestudierende, Bd. 2: Der Priester* (Kiel: Universitätsbuchhandlung, 1831), 364–380.
171 F. D. E. Schleiermacher (Praktische Theologie, 321 ff.) handelt hier von den „kleineren Reden im geistlichen Amte", die entweder im Zusammenhang mit der „Austeilung der Sakramente" stehen oder sich auf die „specielle Seelsorge" beziehen.
172 Claus Harms, *Pastoraltheologie: In Reden an Theologiestudierende*, Bd. 1: *Der Prediger* (Kiel: Universitätsbuchhandlung, 1830), 118–140 sowie in *Bd. 2: Der Priester* (Kiel: Universitätsbuchhandlung, 1831), 182–363.
173 Christian Palmer, *Evangelische Homiletik* (Stuttgart: Steinkopf, ²1845, 349–368 (¹1842).
174 Vgl. hierzu ausführlich Jakob Kühn, „Kleine Geschichte der Kasualrede", in: On demand, hg. v. Th. Klie, u. a., 87–108.
175 Exemplarisch greifbar ist diese Umcodierung bei Hans-Joachim Thilo, *Beratende Seelsorge: Tiefenpsychologische Methodik dargestellt am Kasualgespräch* (Göttingen: Vandenhoeck, 1971).
176 Zum Ausdruck kam diese neue Sicht auf die aktuelle Kasualkultur v. a. in den beiden sehr unterschiedlichen Monographien von Wilhelm Gräb, *Lebensgeschichten – Lebensentwürfe – Sinndeutungen: Eine Praktische Theologie gelebter Religion* (Gütersloh: Gütersloher Vlg., 1998) und Ul-

v. a. durch Arbeiten, die einerseits methodisch einen empirischen Theoriezugriff zugrunde legten und sich zum anderen inhaltlich – auch dies ist bezeichnend – auf jeweils nur eine Kasualie konzentrierten.[177] Die Kasualhomiletik differenzierte sich aus, eine integrierende Perspektive zeichnet sich bislang noch nicht ab.[178]

3.3.4.2 Kasus bedingt Auslegung

Die Kasualpredigt findet in den gegebenen Angelegenheiten ihren Sachbezug, und in diesem Sachbezug findet die christliche Sinnsicht ihre Konkretion. Im Modus rhetorischer Deutung will ein resonantes Lebensereignis für eine teilöffentliche Gemeinde lesbar gemacht werden. Indem die Pfarrperson den Kasus in ihrer Predigt zentral stellt, kommt sie rhetorisch zur Sache. Auch für alle Anwesenden ist von vornherein klar, worauf sich die Kanzelrede aller Voraussicht nach beziehen wird. Erwartungen und Erwartungserwartungen fallen bei Kasualien in eins. Die in der Kasualrede dem Kasus zuzuordnende Bedeutung ist für die Kasualgemeinde der prominente Ort des Verstehens (und Einstimmens), mitunter auch der einer kognitiven Neubewertung des Kasus.

Der Predigt obliegt in erster Linie die Aufgabe einer erinnernden *Rekonstruktion*: In den Kasualien, bei denen Kasualgespräche stattfinden,[179] sind es zunächst die verschiedenen lebensweltlichen Narrationen, die nach- und neu erzählt werden (z. B. die obligatorische Vita der Verstorbenen bzw. die Love-Story des Brautpaares). Sie werden rhetorisch verdichtet in die Perspektive einer durch den Predigtvers aufgerufenen Gotteserfahrung eingerückt und dadurch aufnehmend transzendiert.[180] Das Zustandekommen einer Kasualie zeigt an, dass die Protagonis-

---

rike Wagner-Rau, *Segensraum: Kasualpraxis in der modernen Gesellschaft* (Stuttgart: Kohlhammer, 2000 [²2008]).
177 Peter Kohl, *Die Taufpredigt als Intervention: Eine Untersuchung zum homiletischen Ertrag des Interventionsmodells* (Würzburg: Echter, 1996); Markus Beile, *Herausforderungen und Perspektiven der Konfirmationspredigt: Empirische Einsichten und theologische Klärungen* (Stuttgart: Kohlhammer, 2016); Detlev Prößdorf, *Die gottesdienstliche Trauansprache: Inhalte und Entwicklung in Theorie und Praxis* (Göttingen: Vandenhoeck, 1999); Ursula Roth, *Die Beerdigungsansprache: Argumente gegen den Tod im Kontext der modernen Gesellschaft* (Gütersloh: Gütersloher Vlg., 2002); Christoph Stebler, *Die drei Dimensionen der Bestattungspredigt: Theologie, Biographie und Trauergemeinde* (Zürich: TVZ, 2006).
178 Eine Ausnahme stellt hier die im Druck befindliche Dissertation von Jakob Kühn dar, in der die Kasualrede erzähl- und zeittheoretisch rekonstruiert wird, vgl. Jakob Kühn: *Die Kasualrede. Homiletische Konfigurationen im erzähl- und zeittheoretischen Kontext* (erscheint 2025).
179 3.2 Das Kasualgespräch.
180 Friedrich Uhlhorn bringt dies in der Sprache des 19. Jh. zum Ausdruck: In der Kasualrede gilt es, „die mehr oder weniger verworrenen Gefühle zur Klarheit über sich selbst zu bringen und

ten ihre Geschichte(n) nicht einfach nur gedoppelt wissen wollen, sondern der Deutungsinstanz Kirche zutrauen, die eigene Geschichte als eine andere wiedergeben zu können. „Indem das Individuum sich selbst im Spiegel eines anderen begegnet, erlebt es sich selbst als einen anderen."[181]

Des Weiteren werden der Kasus und die kommunizierten bzw. wahrnehmbaren Geschehensumstände vergegenwärtigt und auf der Kanzel neu zusammengesetzt. Dieses Reframing[182] ist in der Regel theologisch motiviert; es verschiebt die Pointen, indem es das Leben einzeichnet in einen übergreifenden Sinnzusammenhang. Dieser neue Rahmen eröffnet für die Predigthörer gelingendenfalls neue Zugänge zum Gewesenen. Und es bietet sich die Möglichkeit, homiletisch auf den den Kasualgottesdienst prägenden Ritus Bezug zu nehmen, um den Diskurs an die symbolische Inszenierung zurückzubinden. Schon Niebergall sieht eine wichtige Funktion der Kasualrede darin, die mit dem Ritus gesetzte Symbolik kognitiv zu erschließen. Die Gemeinde soll auch hören und verstehen können, was sie zu sehen bekommt. In Form einer Ritenkatechese soll die Predigt den Anwesenden die Ausdruckshandlung so nahebringen, „dass sie sie erleben lernen als eine Tat der Gemeinde an ihnen, statt sie als Priesterzauber zu erleiden."[183] Auch wenn Engemann in dieser homiletischen Abzweckung die Gefahr sieht, die rituelle Logik durch Erklären zu „zerreden", so sollte der Kasualgemeinde doch klar sein, was die Pfarrperson zur Darstellung bringt, wenn sie sich rituell mitteilt.[184] Jenseits einer platten Allegorese liegt bei dieser Option wohl der Effekt auch darin, den existenziellen Ernst der sinnlich verdichteten Figur für die kasuellen Hauptpersonen deutlich werden zu lassen. Eine in dieser Weise angelegte Lehrpredigt lässt die Gemeinde den individuellen Kasus in der Allgemeinheit eines tradierten religiösen Gestus verorten. Als offenes Kunstwerk wird die Rede dabei immer auch eine je nach Kasus neu auszutarierende Balance zwischen (biblischer) Tradition, (kirchlichem) Auftrag und (situativer) Rekonstruktion halten. In diesem Zusammenhang

---

heilige Entschlüsse zu wecken und zu befestigen, die Seelen zu Gott zu führen und das Bewusstsein der christlichen Gemeinschaft zu stärken." F. Uhlhorn, Kasualrede, 34.
181 Wolfgang Steck, *Praktische Theologie: Horizonte der Religion – Konturen des neuzeitlichen Christentums – Strukturen der religiösen Lebenswelt*, Bd. II (Stuttgart: Kohlhammer, 2011), 443.
182 Vgl. Nils Greve, „Reframing", in *Techniken der Psychotherapie: Ein methodenübergreifendes Kompendium*, hg. v. Wolfgang Senf, Michael Broda und Bettina Wilms (Stuttgart: Thieme, 2013), 101–103.
183 F. Niebergall, Kasualrede, 19.
184 Wilfried Engemann, *Einführung in die Homiletik* (Tübingen: Narr Francke Attempto, ³2020), 408.

den kasuellen Ritus als gestaltete Erfahrung mit Bedeutung zu belehnen, bewährt sich gewissermaßen im „Amt der Erinnerung"[185].

3.3.4.3 Hörerorientierung

Eine Kasualpredigt adressiert ihre Deutungen an einen identifizierbaren Personenkreis. Anders als im Sonntagsgottesdienst ist bei einer Kasualie hinreichend klar, was den Gottesdienstbesuch veranlasst hat und welcher Personenkreis aller Voraussicht an der Kasualie teilnimmt. Jeder Kasus schafft Beziehungen, die sich nicht zuletzt auch darin äußern, dass man einem Kasualgottesdienst beiwohnt. Die persönliche Einladung (bei Taufe und Konfirmation: Paten und Verwandte, bei der Trauung: Verwandte und Freunde, bei der Bestattung: Verwandte und Bekannte) macht diese Beziehungen offensichtlich und legitimiert die Teilnahme. Die Predigt wird also immer eine Gemeinde voraussetzen können, die in irgendeiner Weise in das Predigtthema involviert ist.[186] Das Involvement aktualisiert sich heute jedoch weitgehend unabhängig von konfessionellen Bindungen. Im landeskirchlichen Durchschnitt bildet sich bei Kasualien ein Corpus permixtum aus Kirchenchristen, Distanzierten und Konfessionslosen, bisweilen auch Mitgliedern anderer Religionen.[187] Die homiletische Herausforderung besteht also darin, den kirchlichen Binnendiskurs zu meiden und die Logik der Kasualie sowie deren biblisch-christlichen Deutungshorizont ggf. auch Menschen nahezubringen, die nicht alle diesen Deutungshorizont für sich gelten lassen, ihm bisweilen auch überaus kritisch bis ablehnend gegenüberstehen. Der Gestus des kontrafaktischen Behauptens zeigt sich in diesem Kontext ebenso als eine Geste hermeneutischer Hilflosigkeit wie der Versuch, die Kasualie in existenziellen „Grunderfahrungen" aufgehen zu lassen und sie darüber theologisch zu neutralisieren. Ungeachtet von Kasus und Skopus haben Kasualpredigten angesichts religionskultureller Ausdifferenzierungsprozesse einen im Sinne von 1Petr 3,15 *apologetischen* Oberton.[188] Allen Hörern sollten zumindest die „Vernunftgründe der Hoffnung" zu verstehen gegeben werden, auch wenn diese nicht von allen geteilt werden. Es sollte glaubhaft deutlich gemacht

---

185 Albrecht Grözinger, „Das Amt der Erinnerung: Überlegungen zum zukünftigen Profil des Berufs der Pfarrerinnen und Pfarrer", in Ders. (Hg.): *Die Kirche – ist sie noch zu retten? Anstiftungen für das Christentum in postmoderner Gesellschaft* (Gütersloh: Gütersloher Vlg., 1998), 134–141. – Vgl. 8. Kasualien als Erinnerungskunst.
186 7.5 Spiegelfunktion.
187 Vgl. hierzu Lutz Friedrichs, „Konfessionslosigkeit als homiletische Herausforderung", *PTh* 9 (2011), 426–437.
188 „Seid stets bereit, jedem Rede und Antwort (*apologían*) zu stehen, der nach der Vernünftigkeit (*lógos*) der Hoffnung fragt, die euch erfüllt." (Einheitsübersetzung).

werden – hier lässt Dalferths grundlegende Differenzierung auch eine kasualhomiletische Lesart zu –, dass die christliche Wirklichkeitssicht immer beides beinhaltet:

> „Einspruch gegen den vermeintlichen Realismus eines Weltverständnisses, das seinen Gottesverlust als Wirklichkeitsgewinn zu verbuchen sucht, und Anleitung zur Nüchternheit im Umgang mit den Wirklichkeiten der Welt und ihren staunen- und grauenerregenden Möglichkeiten."[189]

Dass hiermit die christliche Deutung des Kasus den einen zu weit und den anderen nicht weit genug geht, ist eine der zentralen Möglichkeitsbedingungen spätmoderner Kasualrede.[190] Im Umgang mit Erwartungsdiskrepanzen zeigt sich, welchen Radius die Predigenden ihrem homiletischem Spielbein zumessen.

Als eine weitere Grundvoraussetzung ist der rapide religiöse Sprachverlust in Rechnung zu stellen. Was im Sonntagsgottesdienst dem Milieu der Hochverbundenen vertraut ist, kommt in Kasualpredigten vielfach nur als religiöses Rauschen an. Die Sprache Kanaans (Jes 19,18) verbietet sich darum ebenso wie gängige Floskeln aus dem kirchengemeindlichen Jargon. Engemann spricht in diesem Zusammenhang von einem „Abdriften ins theologische System"[191], dem rhetorisch durch eine erfahrungsbezogene, insbesondere: erzählende Sprache, eine dialogische Grundhaltung und eine übersetzende Sprache begegnet werden kann.[192] Dies spricht nicht grundsätzlich dagegen, z. B. bei Lesungen auch auf die Schönheit der lutherischen Bibelsprache zu setzen. Aber die spröde Eleganz der (älteren) Lutherübersetzungen bedient heute eher ästhetische als kognitive Ansprüche.[193]

Der seit Ernst Lange obligatorische Situationsbezug *jeder* Kanzelrede stellt für die Kasualrede ein eher geringes Problem dar, da in jeder Kasualie die Situation mitgesetzt ist. Der Kasus, den es christlich zu rekonstruieren gilt, ist grundsätzlich eingelagert in vorgängige Kommunikationen. Das bedeutet zunächst, dass alle Anwesenden längst wissen, was der Fall ist. Und dies weiß auch die Pfarrperson. Sie kann gewissermaßen die Konkretheit der Umstände bei ihren Hörern voraussetzen und auf der Kanzel dialogisch das explorative Kasualgespräch fortsetzen (oder homiletisch beenden). Der Predigtvers bestimmt dabei die Tonart und die Amplitude des Dialogs. Im besten Fall ist sein „Sitz im Leben" sowie seine ihm von

---

[189] Ingolf U. Dalferth, *Gedeutete Gegenwart: Zur Wahrnehmung Gottes in den Erfahrungen der Zeit* (Tübingen: Mohr Siebeck, 1997), V–VI.
[190] Vgl. ebd., VI.
[191] Wilfried Engemann, *Einführung in die Homiletik* (Tübingen: Narr Francke Attempto, ³2020), 50 f.
[192] Ebd., 320 f.
[193] Hannelore Jahr, Christoph Kähler und Jürgen-Peter Lesch (Hg.), *Die Revision der Lutherbibel 2017: Hintergründe, Kontroversen, Entscheidungen* (Stuttgart: Dt. Bibelgesellschaft, 2018).

den Betroffenen zugemessene Reichweite bereits im Kasualgespräch erhoben und besprochen worden. So oder so konstituiert sich der Kasus im Überschneidungsfeld verschiedener Narrationen, die bei den Predigenden einen komplexen Deutungsvorgang stimulieren, in dem Information und Projektion, Gesagtes und Verschwiegenes einen direkten Einfluss haben auf Inhalt und Duktus der Predigt.

Welchem kasualhermeneutischen Paradigma sich die Rede (und der Ritus) verpflichtet sehen, ist von der Wahrnehmung des Kasus und den jeweiligen praktisch-theologischen Präferenzen abhängig. Hier begegnet in Theorie und Praxis eine breite Palette möglicher Rubrizierungen: das alte Deutungsmuster der sog. „Übergangsrituale"[194], das diakonische Paradigma[195], das Argumentationsparadigma[196], das Interventionsmodell[197], die festtheoretische Perspektive[198] und das religionstheoretische Paradigma[199].

3.3.4.4 Textwahlen

Die Textwahl ist ein konstitutiver Bestandteil des kasuellen Deutungsprozesses. Wenn nicht die Protagonisten ein biblisches Votum vorschlagen, das ihnen der Kasus nahelegt (z. B. der Konfirmationsspruch des Verstorbenen, der Trauspruch der Eltern oder ein Wahlspruch aus der Familiengeschichte)[200], ergibt sich die Auswahl des biblischen Bezugstextes aus der Reflexion der Pfarrperson über das Spezifikum des Falles. Während oder nach dem Kasualgespräch „blättert" sie gewissermaßen in ihrer berufsbiographisch gewachsenen Enzyklopädie stimmiger Sinnsprüche. Zumeist werden in Kasualien nur einzelne Verse oder kurze biblische

---

[194] Diese Perspektive hat mittlerweile stark an Plausibilität verloren, auch wenn es nach wie vor ostinat bedient wird. So z. B. in Erich Garhammer, Heinz-Günther Schöttler und Gerhard Ulrich (Hg.), *Zwischen Schwellenangst und Schwellenzauber: Kasualpredigt als Schwellenkunde* (München: Don Bosco, 2002) oder in U. Wagner-Rau, Segensraum, 2000 (überarb. ²2008).
[195] Diese Deutung begegnet v. a. in ostdeutschen Veröffentlichungen, so z. B. bei Hans-Hinrich Jenssen, „Die kirchlichen Handlungen", *Handbuch der Praktischen Theologie: Bd. II*, hg. v. Heinrich Ammer et al. (Berlin: Evangelische Verlagsanstalt, 1974), 139–195.
[196] Exemplarisch greifbar in der Habilitationsschrift von Ursula Roth, die als Kernthese formuliert, dass Beerdigungsansprachen gegen den Tod argumentieren. Sie trösten, indem „sie argumentativ eine bestimmte Deutung des Todes vermitteln". (U. Roth, Beerdigungsansprache, 390).
[197] Prominent vertreten von dem katholischen Pastoraltheologen Peter Kohl (Taufpredigt, 1996).
[198] Vgl. Christian Albrecht, „Fest und Feier", *Handbuch Praktische Theologie*, hg. v. Wilhelm Gräb und Birgit Weyel (Gütersloh: Gütersloher Vlg., 2007), 275–286 bzw. Ders., Kasualtheorie, 165.
[199] Dieses Erklärungsmodell favorisieren z. B. W. Gräb, Lebensgeschichten, 1998 und W. Steck, Praktische Theologie, Bd. II, 192–461.
[200] Selbst Günther Dehn zieht in Betracht, dass man die Textwahl „den von der Handlung Beteiligten überlässt", doch: „sie werden oft genug einen unpassenden wählen – wenn man auch vorgetragene Wünsche ernsthaft beachten sollte." G. Dehn, Amtshandlungen, 16.

Sequenzen zugrunde gelegt. Der Text ist also in seiner aphoristischen Kürze und in der angedachten Applikation bereits funktionalisiert, bevor er in der konkreten Predigtmeditation den Kasus konturiert. Die kasuell induzierte Lesart rückt den Textbezug der Predigt – anders als bei einer Sonntagspredigt – in einen hermeneutischen Zirkel. Der Text „sagt", was ihm zu sagen vorab zugedacht wurde. In der Regel wird er darin zum erratischen Träger einer ganzen Predigt – eine Textinsel in einem weiten Lebenshorizont. Soll dieser theologisch grenzwertige Textgebrauch nicht in einen den Kasus lediglich affirmierenden Textverbrauch kippen – und so letztlich einen Rekurs auf die Heilige Schrift überflüssig machen –, ist er in der Vorbereitung zünftig auszulegen. Und in der Predigt sollte dann auch deutlich gemacht werden, dass der Text auch jenseits des Kasus sein Recht behält.[201]

Homiletisch sind diese beiden praktisch-theologischen Prophylaxen insofern von Bedeutung, als sich die kasuelle Spruchkultur immer wieder verengt auf nur wenige biblische Sinnsprüche, was immer wieder zu Klischierungen und Übercodierungen führt. Auch wenn darüber keine statistischen Erhebungen bekannt sind[202], steht zu vermuten, dass für das Gros der Kindertaufen Ps 91, 11 („Denn er hat seinen Engeln befohlen") und für die Mehrheit der Trauungen 1Kor 13,13 („Glaube, Hoffnung, Liebe") ausgewählt wird. Diese Standardisierung, die über die Echokammern des Netzes[203] noch weiter forciert wird, steht in einem diametralen Widerspruch zur protestantischen Individualitätskultur. Dem sollte unbedingt durch eine weitende und deutungsoffene Zusammenstellung begegnet werden, um die Auswahl eines akzeptablen Spruchs für die Betroffenen zu einer echten Aufgabe zu machen. Die biblische Literatur erlaubt durchaus mehr Diversität in der persönlichen Zueignung.

Unabhängig davon führt der exponierte Wahrnehmungskontext dazu, dass das biblische Motto „seitens der Hörerinnen und Hörer mit Erwartungen verbunden, mit starken Emotionen aufgeladen und mit spezifischen Bedeutungen ausgestat-

---

[201] Vgl. hierzu Bohrens theologische Kritik an Lange, in der er ihm ein konsumistisches Textverständnis vorwirft: „Wenn die Situation die Predigt herausfordert und (...) im Interesse der Verständigung ‚verbraucht' wird, wird die Beziehung Situation – Text resp. Predigt verstanden als Bedarf – Verbrauch. Die Predigt wird dann zu einem Artikel der Konsumgesellschaft ..." Rudolf Bohren, *Predigtlehre* (München: Kaiser, ⁴1980), 452.
[202] Aufschlüsse darüber wird die Habilitationsschrift von Sonja Beckmayer geben, die z.Zt. in Mainz entsteht: Habilitation zu „Kasualsprüche. Sentenzenfrömmigkeit im beginnenden 21. Jahrhundert" (Arbeitstitel).
[203] Exemplarisch aus der Fülle der Sammlungen: www.netmoms.de, www.taufspruch.de, www.familie.de.

tet [wird], die diese Texte möglicherweise so noch nie hatten."[204] Durch die starke affektive Kopplung, die der Text durch die kasuelle Kontextualisierung erfährt, wird er zu einem erinnerungsfähigen Bestandteil der Kasualie. Im gelingenden Fall bleibt das resonante Lebensereignis als Lesart des ihm zugeordneten Sinnspruchs im Gedächtnis. Bei Taufe, Konfirmation und Trauung wird der Text auch noch dadurch auratisiert, dass er auf einer entsprechenden Schmuckurkunde vermerkt ist. Der Predigttext wird damit Teil einer beglaubigenden Erklärung, auf der ein institutioneller Aussteller Zeitpunkt und Ort des Kasus amtlich fixiert hat.

---

[204] Wilfried Engemann, *Einführung in die Homiletik* (Tübingen: Narr Francke Attempto, ³2020), 106 f.

4 Alte, neue und vergessene Kasualien

In diesem vierten Kapitel werden einzelne Kasualien systematisch dargestellt. Jedes der Teilkapitel setzt ein mit einer exemplarischen Szene, die im Modus des *close reading*[1] einen authentischen Praxisvollzug abbildet. Der Fokus liegt hier gewissermaßen auf dem textimmanenten Eigensinn einer gegebenen Handlung, ihrer Dynamik und der mit ihr gesetzten Logik. Diese exakten Fallbeschreibungen erlauben dann Schlüsse auf die Charakteristika analoger Kasus derselben Gattung. In einem jeweils zweiten, notabene sehr viel ausführlicheren Abschnitt wird die einzelne Kasualgattung, gleichsam im Modus des *distant reading*, kontextualisiert: historisch, theologisch und phänomenologisch.

Schon die Anzahl der neun ausgewählten Kasualien zeigt an, dass hier das kasuelle Feld sehr viel weiter abgesteckt wird als gemeinhin üblich. Zusätzlich zu den „alten" vier Kasualien (Taufe, Konfirmation, Trauung, Bestattung) werden hier auch exemplarisch „neue" Kasualien diskutiert (Einschulungsgottesdienst, Riskante Liturgien, Heiligabend). Den Reigen beschließen die Ordination und die Weihehandlungen bzw. Realbenediktionen als „vergessene" Kasualien.[2] Diese neun Kasualien decken jedoch mitnichten das komplette, tendenziell offene Feld der Kasualkultur ab.[3] Dazu ist in der späten Moderne religiös zu viel in Bewegung. Vor allem in den sog. Kasualagenturen, aber nicht nur dort, wird mit neuen kasuellen Zuschnitten experimentiert. Dabei verdichtet sich natürlich nicht jeder Kasus agendarisch zu einer kirchlichen Kasualie, und nicht jede Kasualie, die durchaus der Logik anderer „Angelegenheiten" entspräche, wird kirchlich identifiziert. Und dazu es gibt auch Kasualien, die sich überlebt haben.[4]

Im Anschluss an die neun Teilkapitel soll anhand einer Grafik der Versuch unternommen werden, das kasuelle Feld der Gegenwart zu skizzieren.

---

[1] 1.11 Close reading / distant reading.
[2] Diese beiden Kasualien werden hier insofern als „vergessene" bezeichnet, als sie – wie etliche andere auch – noch im 19. Jh. selbstverständlich dem vielgestaltigen Kanon der Kasualien zugerechnet wurden. Im 20. Jh. reduzierte sich der Kanon der „Amtshandlungen" auf die vier häufigsten („holy four"), alle anderen wurden in den Kasualtheorien zwar beiläufig erwähnt, aber nicht in die Theoriebildung einbezogen. Diese Reduktion soll hier offengelegt und kasualtheoretisch gewissermaßen wieder rückgängig gemacht werden.
[3] In den Teilkapiteln wird immer wieder auch noch auf andere (mögliche) Kasus verwiesen, die hier nur Erwähnung finden, nicht jedoch detailliert dargestellt werden.
[4] Dazu zählen z. B. der Geburtstag des Landesherrn, die Einsegnung von Wöchnerinnen oder die Aufnahme eines Konvertiten.

4.1 Taufe – die fluide Freistellung des christlichen Subjekts

4.1.1 Tauferinnerung als Osterprozession

„Seit 2013 wird der Ostermontagsgottesdienst in St. Severin auf Sylt als ein Tauferinnerungsfest gefeiert.[5] Die Täuflinge aus dem letzten Jahr werden hierzu schriftlich eingeladen. Für viele Familien gehört dieser Gottesdienst als ein fester Bestandteil zum Osterfest.

Dieser Tauferinnerungsgottesdienst entstand aus einer Verlegenheit heraus. Da 2013 eine Innensanierung von St. Severin nicht wie geplant rechtzeitig zum Osterfest abgeschlossen werden konnte, schien es so, als müsste der in der Gemeinde beliebte Gottesdienst ausfallen. Denn die Kirche war eine Baustelle ohne ausreichende Sitzgelegenheiten. Altar und Kanzel waren eingehaust und die Orgel nicht bespielbar. Als erste Notlösung erschien es sinnvoll, den Gottesdienst ausfallen zu lassen. Zum Glück setzte sich die theologisch begründete Idee durch: So wie die Jünger sich in einer verzweifelten Situation auf den Weg nach Emmaus begeben, so sollte auch hier ein ‚ambulanter Gottesdienst' gefeiert werden. Diese Idee stieß in ihrer Umsetzung auf eine so große Resonanz, dass er mittlerweile auch ohne Baustelle wiederholt wird.

Der ‚ambulante Gottesdienst' begann mit einer zeitlich gerafften agendarischen Feier, sodass auch Gottesdienstteilnehmer, die keinen Sitzplatz bekommen hatten, ihn mühelos ‚überstehen' konnten. Und so fiel auch die Predigt kurz, kindgerecht und witzig aus. Daran schloss sich der Tauferinnerungsweg in der Kirche an: Alle wurden eingeladen, sich am Taufstein mit einem Wasserkreuz segnen zu lassen, anschließend ein Kreuz mit einer Blume zu schmücken und es dadurch gemeinsam in ein Hoffnungssymbol zu verwandeln. Am Altar sollte dann an der Osterkerze ein Licht entzündet werden.

Gerade durch die leere Kirche und die rohe Baustellenatmosphäre entfalteten sich die schlichten, aber zentralen Symbole Wasser, Kreuz mit Blumen und Licht besonders eindrücklich. Auf den Segen folgte die Einladung, die Osterfreude nach draußen zu tragen und allen Menschen die frohe Botschaft der Auferstehung zu überbringen. Dieses scheinbar große Vorhaben sollte sich in einer Prozession vollziehen. Die ganze Gemeinde zog also aus der Kirche aus und sang dabei das Lied: ‚*Erstanden ist der heilig Christ*' (EG 105). Vorweg gingen Pastor und Pastorin mit Osterbroten hinunter an das Wattenmeer. Immer wenn die 17 Strophen des Osterliedes gesungen wurden, wurde solange innegehalten, bis ein früher Jogger

---

5 Diesen Bericht verdanke ich Pastorin Susanne Zingel aus Keitum/Sylt. Der hier geschilderte Osterweg fand am Ostermontag 2018 statt.

oder ein Hundehalter auf dem Morgenspaziergang die Ostergruppe traf. Erst dann wurde weitergesungen. Dies verband sich mit der Einladung mitzukommen.

Die Initiatoren waren selbst überrascht, wie viele Menschen sich der Prozession wie selbstverständlich anschlossen, um dann an einer besonders schönen Stelle am Watt mit der Gemeinde das Osterbrot zu teilen. Es waren keine bedeutungsvollen Worte nötig, um dies Brotbrechen mit dem Osterevangelium in Verbindung zu bringen. Die Theologen mögen an das Wunder der Brotvermehrung unter Tausenden gedacht haben, die Teilnehmer waren einfach nur da und waren glücklich. Es war die Faszination des Evangeliums, das dafür sorgte, dass viel mehr Menschen als sonst im Pastorat ankamen, wo ein Osterbrunch für alle vorbereitet war und die Kinder im Pastoratsgarten Ostereier suchen konnten."

Wie bei kaum einer anderen Kasualie münden bei der Taufe öffentliche Volksfrömmigkeit, kirchliche Dogmatik, gemeindliche Usancen und individuelle Gestimmtheit in einer religionskulturellen Melange, die es schwer macht, die einzelnen Gelingens- und Konstitutionsbedingungen isoliert voneinander zu betrachten.

Zunächst: Die Taufe dem Osterfest zuzuordnen, hat eine lange Tradition, in die sich auch die hier geschilderte Tauferinnerung einreiht. So überliefert die dem römischen Presbyter Hippolyt zugeschriebene *Traditio apostolica*[6] ein eindrückliches Taufritual in der Osternacht. Der räumlich imaginierte Machtwechsel zwischen dem Herrschaftsbereich der Finsternis und dem Dominium Christi, den die Taufe zum Ausdruck bringt, wird an Ostern als kirchenjahreszeitlicher Schwelle zwischen dem alten Sein des Sünders und dem neuen Leben in Christus rituell nachvollzogen. Nach Röm 6,4 f. erhält der Getaufte Anteil an der Auferstehung des Gekreuzigten und wird Teil der weltweiten Christenheit. Ostern (mit Kreuzestod und neuem Leben) und Epiphanias (mit der Erinnerung an die Geburt Christi und die Wallfahrt der drei Weisen nach Bethlehem) sind seit alters her beliebte Tauftage. Die hier geschilderte Tauferinnerungsprozession stellt sich bewusst in diese Tradition: Der gemeinsame Wasserritus in der Kirche als vergewissernde Erinnerung an die eigene Taufe setzt die Gemeinschaft der Getauften ebenso in Szene wie das hiermit allen in die Hand eingezeichnete Kreuz. Die über alle äußeren Unterschiede hinweg tragenden Gemeinsamkeiten in der Gemeinschaft der Getauften

---

6 Ausführlich hierzu Michael Meyer-Blanck, *Liturgie und Liturgik: Der Evangelische Gottesdienst aus Quellentexten erklärt* (Gütersloh: Kaiser 2001), 88–107. – Zu den komplizierten Einleitungsfragen der Traditio apostolica vgl. Christoph Markschies, „Wer schrieb die sogenannte *Traditio apostolica*?", in *Tauffragen und Bekenntnis: Studien zur sogenannten „Traditio Apostolica", zu den „Interrogationes de fide" und zum „Römischen Glaubensbekenntnis"*, hg. v. Wolfram Kinzig, Christoph Markschies und Markus Vincent (Berlin und New York: De Gryuter 1999), 174.

werden in diesem Ritus zentral gestellt. So auch der kollektive, an biblische Urtexte erinnernde Exodus aus der Kirchenbaustelle. Die evangelisch weithin ungewohnte Form der Prozession[7] veröffentlicht den Gottesdienst und trägt das ihn bestimmende Osterthema *extra muros*. Die klingende Ostererzählung von EG 105[8] deutet das Geschehen biblisch-theologisch und lädt ein, in ihren Resonanzraum einzutreten und mitzugehen. Die singenden Prozessionsteilnehmer publizieren ihre österliche Tauferinnerung im Modus einer aktivierenden Offerte.

Das Brotessen am Zielort erinnert an das Passah-Mahl, das die Juden mit ihrer zentralen Befreiungserfahrung und die christliche Kirche mit dem Abendmahl in Verbindung bringen. Im Gegensatz zu den Mazzen („ungesäuertes Brot"), die Juden traditionell an Passah zu sich nehmen und die aus Wasser und Getreide ohne Triebmittel gebacken werden, ist der christliche Usus eines besonderen Ostergebäcks symbolischer Ausdruck des Fastenbrechens nach der langen Passionszeit. Als Zeichen für das Sonnen-Licht der Auferstehung ist seine Form in der Regel rund – Safran und Eigelb geben ihm eine goldgelbe Farbe. Der Kreuzschnitt auf der Oberseite des Brotes erinnert an das Ende der Passion.

Die hier in Szene gesetzte Tauferinnerung[9] lebt von der intensiven leiblichen Erfahrung: Wasser-Signatio, Segen, Prozession, Gesang, Essen. Dies ist, neben den vielfältigen biblischen Bezugnahmen, insofern eine religiös sinnvolle Darstellungsform, als die weitaus meisten Christenmenschen sich nicht an ihre eigene im Säuglingsalter vollzogene Taufe erinnern können. Sie müssen vielmehr von anderen und durch anderes erinnert werden. Dem dienen die heute weitgehend konventionalisierten Erinnerungsmedien (Taufkerze, Fotos, Urkunde), die Erzählungen der Eltern und Paten, das Miterleben anderer Taufen[10] und: speziell adressierte Tauferinnerungsgottesdienste wie dieser hier. Obwohl sich in jüngster Zeit eine deutliche Verschiebung des Tauftermins weg von der Säuglingstaufe bald nach der Geburt hin zur Taufe im Zusammenhang mit der Konfirmation bzw. im Erwachsenenalter abzeichnet (Taufaufschub), sind immer noch die weitaus meisten Christenmenschen auf eine Erinnerung an ein Ereignis angewiesen, das in ihrer individuellen Erinnerung keinen Platz hat. Tauferinnerung muss darum gesondert gesetzt und liturgisch verantwortet werden – sie wird also kirchlich initiiert und reagiert

---

[7] Evangelisch ist – neben kollektiven Einzügen vom Gemeindehaus *in* die Kirche etwa bei Festgottesdiensten (z. B. Konfirmation bzw. Konfirmationsgedächtnis) – nur die Prozession auf dem Friedhof („Leichenzug") von der Friedhofskapelle zum Grab bei der Beisetzung üblich.
[8] Text und Melodie dieses biblischen Erzählliedes gehen auf die Böhmischen Brüder zurück; beide reichen aber in Vorlagen auf das 13. bzw. 14. Jh. zurück.
[9] 6. Erinnerungskasualien.
[10] Dies ist die bei allen Kasualien begegnende und in ihrer Wirklogik noch wenig untersuchte *Spiegelfunktion* kasueller Darstellung. – 7.5 Spiegelfunktion.

weniger auf manifeste Bedürfnisse. Dabei müssen sich die Getauften auf das kommunikative Gedächtnis von Familie und Paten, sowie auf die mnemischen Interessen der Gemeinde verlassen.[11]

Hierfür gibt es im Veranstaltungs- und Festkalender einer Kirchengemeinde heute eine Fülle von Anlässen: die Konfirmation als kasuell verfasste Tauferinnerung, die Propria des Kirchenjahres, wie der 1. S. n. Epiphanias (Mt 3: Johannes-Taufe; Röm 12: Charismen), die Gottesdienste zwischen der Osternacht und Quasimodogeniti (z. B. Kol 2: auferweckt durch den Glauben), Christi Himmelfahrt (Apg 1: Abschiedsrede, Geisttaufe), Pfingsten (Apg 2: Ausgießung des Heiligen Geistes), Trinitatis (Joh 3: Nikodemus), 6. S. n. Trinitatis (Röm 6: mit Christus auferstanden; Mt 28: Taufbefehl), Ewigkeitssonntag (Offb 21: lebendiges Wasser). Auch andere Kasualien wie Trauung (Kirchenmitgliedschaft) und Bestattung (Valet-Segen) können die eigene Taufe ins Gedächtnis rufen. Familiengottesdienste (Gemeinschaft der Getauften), poimenische Settings (Vergewisserung der unverbrüchlichen Verbindung zu Gott) oder Wiedereintritte (Erinnerung an die fortwährende Taufgnade) können ebenfalls in diese Perspektive eingerückt werden.

4.1.2 Ur-Kasualie Taufe

Schon die erste evangelische Kasualtheorie identifiziert das kasuelle Gründungsgeschehen in der Taufe. Für Eduard Meuß[12] ist die Taufe jedoch weniger aufgrund ihres sakramentalen Charakters allen anderen Kasualien vorgeordnet – eine solche dogmatische Bestimmung ließe sie eher künstlich als erratischen Block im gottesdienstlichen Beziehungsgefüge erscheinen. Meuß richtet stattdessen seinen Blick empirisch auf „das gesamte Kultusleben" und sieht dann die Bedeutung der Taufe gerade in der individuellen Zueignung des der Kirche geschenkten Gnadenbundes. Für diesen Typus liturgischer Handlungen gibt sie das funktionale Urbild ab. Bei der Taufe wendet sich die christliche Gemeinde „mitteilend und segnend an einzelne Personen": „Die Taufe ist nicht bloß erstes Beispiel für diese Kategorie der Feier. Sie ist auch der reale Ausgangspunkt dafür."[13]

Auch für Christian Grethlein kommt der Taufe im kasuellen Feld eine Primärfunktion zu, ist sie doch „durch ihren grundlegenden Charakter" ein „Ausdruck

---

[11] Vgl. Leonie Grüning, „Taufgedächtnis", *Erinnerungskasualien*, hg. v. Kristian Fechtner u. Thomas Klie (Gütersloh: Gütersloher Vlg., 2019), 22–30.
[12] Eduard Meuß, *Die gottesdienstlichen Handlungen von individueller Beziehung in der evangelischen Kirche* (Gotha: Perthes, 1892), 31 f.
[13] Ebd., 30.

des Christwerdens" und liegt damit „allen weiteren Kasualien zu Grunde".[14] Bis auf Fechtner[15] folgen alle gängigen Kasualtheorien dieser Darstellungslogik.

Religionsgeschichtlich lässt sich die Taufe bis in die neutestamentliche Zeit zurückverfolgen. Der Phänomenbereich kathartischer Reinigungen verdichtete sich, v. a. vermittelt durch die Johannes-Taufe, rituell schon früh im christlichen Taufakt. Bereits die erste in der Bibel geschilderte Missionspredigt mündet in der unmissverständlichen Aufforderung zur Taufe (Apg 2,38), einem Motiv, das sich durch die ganze Apostelgeschichte zieht und sich dabei weitgehend deckt mit den frühesten Aussagen in den Paulusbriefen. Historisch bestehen demnach auch kaum Zweifel an der allgemeinen Verbreitung des baptismalen Differenzmerkmals der Kirchenzugehörigkeit. Über alle Dissense des frühen Christentums hinweg war die Taufe weithin unstrittig. „Der Taufbefehl (Mt 28,18–20) ist darum zu Recht dem auferstandenen Jesus in den Mund gelegt."[16] Getauft wurden in der Frühzeit neben erwachsenen Einzelpersonen oft „das ganze Haus" (griech.: *oikos*)[17], also nach antik-römischem Recht alle, die einem Hausvater unterstanden (Ehefrau, Kinder, Sklaven). Hieraus jedoch ein frühes Indiz für die Kindertaufe abzuleiten, ist insofern abwegig, als unmündige Kinder damals keine rechtsfähigen Glieder der Familie waren. Man taufte in fließendem Wasser durch Untertauchen (Didache 7,1), ein Gestus, den Paulus als eine Folge aus Töten und Beleben in das Christusmysterium einzeichnet (Röm 6,4). Mit der Taufe ist das zukünftige Leben aus dem Tod mitgesetzt; die Wassertaufe wird unter dem Deutungswort des Täufers zu einer leibhaftigen und individuellen „Vergegenwärtigung Gottes in der Form einer Zusage"[18].

---

14 Christian Grethlein, *Grundinformation Kasualien: Kommunikation des Evangeliums an den Übergängen des Lebens* (Göttingen: Vandenhoeck, 2007), 37. – Der Akzent liegt bei Grethlein jedoch weniger auf der Kirche-Subjekt-Relation als auf der besonderen Kommunikationsumgebung von sozialpsychologisch verfassten „Übergängen im Leben". Insofern in der Taufe der initiale Übergang zum Christentum rituell zur Darstellung gebracht wird, gibt sie heute in mehrfacher Hinsicht (theologisch, empirisch, organisations- und wissenssoziologisch) eine zentrale Systemstelle ab.
15 Kristian Fechtner (*Kirche von Fall zu Fall: Kasualpraxis in der Gegenwart – eine Orientierung* (Gütersloh: Gütersloher Vlg., 2003) betont mit Recht, dass die Reihung der Kasualien immer auch eine bestimmte Deutung impliziert. Während sich die Sequenz Taufe – Konfirmation – Trauung – Bestattung an der volkskirchlichen Normalbiografie orientiert, gilt heute, dass die Kasualien „stärker von Fall zu Fall" angewählt und von den Kirchenchristen keineswegs mehr als eine obligatorische Chronologie wahrgenommen werden (58). Mit der Bestattung zu beginnen, deutet den Tod als Teil des Lebens und als widerständigen Gegenhalt – eine späte Hommage an Henning Luther (60 f.).
16 Dietrich Korsch, *Dogmatik im Grundriß: Eine Einführung in die christliche Deutung menschlichen Lebens mit Gott* (Tübingen: Mohr Siebeck, 2000), 246.
17 Vgl. u. a. 1Kor 1,16 (Stephanus), Apg 16,15 (Lydia), ähnlich auch Apg 11,14.
18 D. Korsch, Dogmatik, 248.

In aller Regel setzt die Taufe ein Taufbegehren voraus. Dieses Begehren kann z. B. die Folge einer fulminanten Predigt sein (Apg 2,41), kann aus der persönlichen Bibellese hervorgehen (Apg 8,28 ff.) oder auch in letzter Konsequenz auf eine änigmatische Vision folgen (Apg 10). Doch immer kommt in der Taufe ein asymmetrisches Verhältnis zum Ausdruck: Der Täufer handelt aktiv, und der Täufling lässt es passiv an sich geschehen. Die Taufe war und ist ein voraussetzungsloses Empfängnis. Vielfach, aber keineswegs immer, wird die Taufe im Neuen Testament mit der Sündenvergebung in Verbindung gebracht (Apg 2,38; 22,16; 1Kor 6,11; Eph 5,26). Bisweilen, aber keineswegs oft, werden Taufe und Geistempfang miteinander verknüpft (Apg 8,14–17: erst Taufe, dann Geistempfang; Apg 10,44–48: erst Geistempfang, dann Taufe). Die agendarischen Rubriken Beichte und Epiklese sind durch diese Befunde zwar nicht diskreditiert, aber biblisch nicht zwingend. Unerlässlich sind jedoch der Christusbezug und damit die Konsequenz eines Lebens, das den Glanz des Gottessohnes angemessen spiegelt. Dieses Ethos verbindet die Getauften untereinander; diese Einheit beruht auf einer prinzipiellen Gleichheit in Christus (Eph 3,26–28).

In der Alten Kirche wurde die Tauftheologie von der Vorstellung eines Machtwechsels dominiert, die liturgisch und rituell die eher schlichte biblische Wasserhandlung überlagerte. Exorzismus und durch Untertauchen[19], Fasten und Salbung[20], Katechumenat und Confessio[21], Beichte und Erstkommunion[22], Hephata-Ritus[23] und

---

19 Auch in den beiden *Taufbüchlein* von Martin Luther (1523/26) finden sich noch ganz selbstverständlich exorzistische Formeln, die der eigentlichen Taufe vorangehen. Vor dem Übergang in die Wirksphäre Gottes muss der Machtbereich des Teufels rituell bestritten werden. Sah Luther noch 1523 eine dreimalige Exsufflatio (Anhauchen) mit Beschwörung des Bösen vor der Kirche vor, blieb davon 1526 nur die Beschwörung des Bösen (ohne Exsufflatio): „Fahre aus du unreiner Geist und gib Raum dem heiligen Geist" bzw. „Ich beschwöre dich, du unreiner Geist, bei dem Namen des Vaters und des Sohnes und des Heiligen Geistes, dass du ausfahrest und weichest von diesem Diener Jesu Christi." Dazu wird jeweils an Stirn und Brust das Kreuzzeichen geschlagen. WA 12,42–46 bzw. WA 19, 537–541.
20 Vgl. Traditio apostolica, Kap. 21. – Bieritz vertritt (mit Reinhard Messner) die These, dass die Salbung um das Jahr 200 zuerst im syrisch-palästinischen Raum in den Taufritus aufgenommen wurde. Die Salbung von Täuflingen vollzieht nach, was Christus bei seiner Taufe durch Johannes erfuhr: die Salbung zum messianischen König. Täuflinge bekommen also über diesen Ritus Anteil an der messianischen Würde Christi. Die Salbung steht liturgisch in einem engen Zusammenhang mit der Geistepiklese. Karl-Heinrich Bieritz, *Liturgik* (Berlin und New York: De Gruyter, 2004), 577 f.
21 Vgl. z. B. Röm 10,9.
22 Vgl. Traditio apostolica 21.
23 Der Hephata- (oder Effata-)Ritus bezieht sich auf Mk 7,32–37, wo Jesus mit diesem Wortlaut einen Taubstummen heilte, indem er ihm die Finger in die Ohren legte und mit Speichel dessen Zunge berührte. Dieser Ritus galt seit der *Traditio apostolica* als Öffnung der Sinne für das Wort Gottes.

Kreuzeszeichen – in diesen kirchlichen Stilgesten zeigen sich die Tendenzen zur Hierarchisierung und Sakramentalisierung der Taufe. Mit der Reichskirche unter Konstantin steigt die Zahl der Taufen rapide, die Machtverhältnisse haben sich verschoben. Und so wird auch bald die Augustinische Erbsündenlehre zur bestimmenden Lesart der Taufe. Man lässt sich taufen, um sich von der erdrückenden Macht der Erbsünde zu befreien. Kirchenväter wie Gregor von Nazianz (gest. 390, immerhin der Sohn eines Bischofs) und Augustin (gest. 430) wurden trotz christlicher Eltern erst als Erwachsene getauft.

Aber je mehr es sich durchsetzte, im Wasser der Taufe die Reinigung von der Sündhaftigkeit des Menschen zu sehen, wurde auch die Taufe von Kindern theologisch plausibel. Bereits ab dem 6. Jh. gehen die Quellen nur noch von Säuglingstaufen aus. Dadurch wird das in der frühen Christenheit obligatorische vorbereitende Katechumenat natürlich obsolet. Im Gegenzug gewinnt das Patenamt an Bedeutung. Für Tertullian galten Paten als *sponsores* (Bürgen), die vor dem Bischof Zeugnis für die Eignung des Taufanwärters ablegten.[24] In der Liturgie kam ihnen daher zu, stellvertretend für die Neugeborenen die Abrenuntiatio und die Confessio zu sprechen. Die Kindertaufen fanden nun kaum noch im Rahmen der Ostervigil statt, man taufte, wenn die Kinder geboren wurden; bald auch nicht mehr am achten Tag nach der Geburt[25], sondern gleich am Tag nach der Geburt. Der jeweilige Tagesheilige bestimmte die Namenswahl. Die geburtsnahen Taufen der Säuglinge konnte nun nicht mehr der am Zentralort residierende Bischof übernehmen, sie wurden den Presbytern in den jeweiligen Dorfgemeinden übertragen. Dagegen blieben postbaptismale Handauflegung und Salbung (Confirmatio) als symbolische Akte der Geistübertragung ein Vorrecht des Bischofs. Auf Augustin geht es auch zurück, die Taufe als ein bleibendes Eigentumsverhältnis Gottes am Menschen zu deuten. Er spricht von einem *character dominicus*, später dann von einem *character indelebilis*, der dem Getauften mit der Taufe „aufgeprägt" wird.

Hatte sich das Katechumenat durch die Kindertaufe erübrigt, so entstand unter Karl dem Großen ein neuer Zusammenhang zwischen Taufe und kirchlicher Unterweisung. Die Eroberungen, v. a. die Sachsen- und Slawenfeldzüge, brachten eine große Zahl von Menschen unter ein christliches Regime. Die Zwangsmissionierten sollten durch langfristige Erziehungsprogramme nachhaltig christianisiert und integriert werden. Zunächst wurden für die Paten Katechismen verfasst, die ihnen die ethisch-dogmatischen Grundzüge des Christentums nahebrachten. In diesem

---

24 Vgl. Christian Albrecht, *Kasualtheorie: Geschichte, Bedeutung und Gestaltung kirchlicher Amtshandlungen* (Tübingen: Mohr Siebeck, 2006), 52.
25 Analog zur Beschneidung; vgl. Lk 2,21.

Sinne sollten dann Paten und Eltern auch die Täuflinge erziehen. Auf dem Pariser Konzil von 829 wurde die Hauskatechese als verpflichtend eingeführt.

In der Reformation blieben die Grundzüge der mittelalterlichen Taufpraxis weitgehend erhalten. Allerdings sahen die Reformen Luthers vor, die Taufe auf Deutsch zu halten, Dopplungen zu vermeiden bzw. die Tauforddnung zu konzentrieren (Streichung der Kommunion) und die Vielzahl der Exorzismen zu kürzen. In der zweiten Fassung des Taufbüchleins von 1526 fielen zusätzliche Zeichenhandlungen weg, die jedoch in heutige Agenden z. T. wieder eingeführt worden sind, wie z. B. die Überreichung des Taufkleids (Westerhemd) oder der Taufkerze.[26] Luther legte Wert darauf, dass es nicht auf „euserliche stücke" ankomme, wie z. B. das „saltz ynn den mund geben ... / mit öle auff der brust vnd schuldern salben ... / westerhembd [Taufkleid] anzihen / vnd brennend kertzen ynn die hend geben", sondern allein darauf, „das du ym rechten glauben da stehest / Gottes wort hörest / vnd ernstlich mit betest"[27]. In allen lutherischen Kirchen bildete das damalige Formular den agendarischen Grundtypus bis weit ins 19. Jh. hinein.[28]

Im Unterschied zur Alten Kirche versteht Luther die Taufe von der *Rechtfertigung* her: Der Täufling soll seine Taufe als den Beginn seines Lebens mit Christus begreifen, was dann aber „täglich" – analog zur Buße – tröstend vergegenwärtigt werden kann. Das „gnadenreiche Wasser des Lebens" bedeutet,

---

26 Der Vorreiter war hier die Taufagende der EKU: Evangelische Kirche der Union (Hg.), *Taufbuch* (Berlin: Evang. Haupt-Bibelges. und von Cansteinsche Bibelanst.; Bielefeld: Luther-Verl., 2000). Vgl. a. die neue Württembergische Taufagende: Evang. Oberkirchenrat (Hg.), *Gottesdienstbuch für die Evangelische Landeskirche in Württemberg*, Zweiter Teil: Sakramente und Amtshandlungen, Teilband: Die Heilige Taufe (Stuttgart: Verlag u. Buchhandlung der Ev. Gesellschaft, 2018) und den Erprobungsentwurf der EKU und VELKD von 2018: Kirchenamt der EKD (Hg.), *Die Taufe: Entwurf zur Erprobung: Taufbuch für die Union Evangelischer Kirchen in der EKD*, Agende III, Teilband 1 der VELKD für evangelisch-lutherische Kirchen und Gemeinden (als Manuskript gedruckt, Hannover o. J. [2018]). Im VELKD-Entwurf (Stand: 10/2020) wird versucht, das gottesdienstliche Formular an die sich verändernde Taufpraxis anzupassen (Taufaufschub, Taufen von Kindern, deren Eltern kaum oder gar nicht kirchlich sozialisiert sind, Taufe außerhalb des Kirchraums, Tauffeste als neue Form der Feier, die Rolle von „Taufzeugen", Erwachsenentaufen). Zum aktuellen Thema der großen urbanen Tauffeste vgl. Franziska Beetschen, *Alternative Taufe: Möglichkeiten und Grenzen aktueller Taufpraxis* (Heidelberg: epubli, 2019), 31 ff.
27 WA 19, 538; vgl. Karl-Heinrich Bieritz, *Liturgik* (Berlin und New York: De Gruyter, 2004), 587 f.
28 Vgl. Paul Graff, *Geschichte der Auflösung der alten gottesdienstlichen Formen in der evangelischen Kirche Deutschlands bis zum Eintritt der Aufklärung und des Rationalismus* (Göttingen: Vandenhoeck, 1921), 286.

„dass der alte Adam in uns durch *tägliche* Reue und Buße soll ersäuft werden und sterben mit allen Sünden und bösen Lüsten; und wiederum *täglich* herauskommen und auferstehen ein neuer Mensch, der in Gerechtigkeit und Reinheit vor Gott ewiglich lebe."[29]

Luther hebt also auf den *Prozesscharakter* der Taufe ab: Der Taufvorgang nimmt zwar seinen Anfang im sakramentalen Ritus, aber zum Abschluss kommt die Taufe mit dem Tod. Denn erst hier ist der „alte Adam in uns" letztgültig „ersäuft".

Theologisch verschoben sich dann in der Folgezeit – bedingt durch die jeweiligen kulturellen Lesarten – die Akzente.[30] Grundsätzlich beibehalten wurde aus der katholischen Tradition das *sakramentale Verständnis* der Taufe und gegen Widerstände behauptet (v. a. gegen die Wiedertäufer). In lutherischer Lesart war die Taufe Ausdruck rechtfertigender Gnade und galt folgerichtig als „Gottes Tat" (E. Schlink). Mit dem Pietismus wurde dann der Zusammenhang von *Glauben und Taufe* neu gewichtet, indem nun der erwachsene Glaube als die Möglichkeitsbedingung einer Taufe gesehen wurde. Dies führte zu einer Relativierung der Kindertaufe („Vorweihe"), entscheidend war vielmehr die „Wiedergeburt" in der eigenaktiven Mündigentaufe. Es setzte die bis heute anhaltende kulturelle Wertschätzung der Konfirmation ein. Und schließlich gewann die Bitte um den *Segen* aus Anlass der Taufe immer mehr an Bedeutung, eine Entwicklung, die ebenfalls heute noch anhält.[31] Die familialen Umstände rückten in den Blickpunkt, Gebete wurden kasualisiert und unzeitgemäße Rubriken aus den Agenden gestrichen (v. a. im Rationalismus). Die Ankunft des Kindes im Schoß der Familie war Grund und Anlass des Segens; die Taufe entwickelte sich mehr und mehr zur christlichen Familienfeier, was sich konsequenterweise in den im 18. Jh. aufkommenden bürgerlichen Haustaufen äußerte.[32]

Neben diesen innerprotestantischen Fortschreibungen des Taufverständnisses sind aber auch noch andere, weit in die katholische Zeit zurückreichende Entwicklungen bis in die Gegenwart zu spüren. Hierauf hat Christian Grethlein in seinem Lehrbuch hingewiesen.[33] Grethlein spricht in ritueller Perspektive von *drei Reduktionen des Taufritus* in der (westlichen) Taufliturgie. 1. War die Taufe in der Alten

---

[29] Kleiner Katechismus, WA 30, 1, 309 f. (1529); Hervorhebungen TK.
[30] Zum Folgenden vgl. Dietrich Rössler, *Grundriss der Praktischen Theologie* (Berlin und New York: De Gruyter 1986), 216 f.
[31] Im ursprünglich niederdeutschen Kirchenlied von Johannes Freder (1565) heißt es in der vierten Strophe: „*Ich bitt, laß dir befohlen sein, ach lieber Herr, dies Kindelein, behüte es vor allem Leid und alle in der Christenheit."* (EG 203).
[32] Philipp Marheineke definiert 1837 ganz lapidar: „Die ordentliche Taufe ist die in der Kirche und im Hause." Philipp Marheineke, *Entwurf der Practischen Theologie* (Berlin: Duncker und Humblot, 1837), 291.
[33] Vgl. Chr. Grethlein, Grundinformation, 110–113.

Kirche ein überaus komplexer Ritus, der eine Trennung (in Form einer vorlaufenden Katechese bzw. durch Exorzismen), einen Übergang (in Form der postbaptismalen Salbung als Ausdruck der Geistverleihung) und eine Integration (in Gestalt der Taufkommunion bzw. Gemeindeeucharistie) in Szene setzte, verliert die Taufe „in einem etwa eintausend Jahre umfassenden Prozess" wesentliche Dimensionen ihrer liturgischen Syntax. Heute verteilt sich dieses rituelle Gesamtkunstwerk auf drei Stationen: Die Katechese hat sich mit dem nachklappenden *Konfirmandenunterricht* von der Taufe gelöst.[34] Sie ist nicht mehr eingebunden in ein vorbereitendes didaktisches Szenario. Die Konfirmation gilt als Abendmahlsadmissio. 2. Ebenso hat sich in der volkskirchlichen Wahrnehmung die *Konfirmation* von der Taufe gelöst, Geistbegabung durch Salbung bzw. Handauflegung und Wasserritus treten auseinander. Dies erleichtert indirekt die Lesart der Konfirmation als Adoleszenzkasualie (im Unterschied zur „Tauferinnerung"). Auch religionsästhetisch tritt diese Trennung in Erscheinung: Die liturgische Farbe für die Taufe ist weiß (als Christusfarbe) und die der Konfirmation ist rot (als Feuerflammensymbol des Hl. Geistes). 3. Und schließlich verliert die Taufe durch die Abtrennung der Erstkommunion (traditionell bei der Konfirmation, aber volkskirchlich oft schon durch das sog. „Kinderabendmahl" eingeholt) eine ekklesiologisch wichtige Klammer. Eher eine Verlegenheitslösung als eine liturgisch stimmige Dramaturgie ist der gegenwärtig zumeist in den Eingangsteil des Sonntagsgottesdienstes eingefügte Taufakt. Die „Verweltlichung der Taufe" und die „Verkirchlichung des Abendmahls"[35] sind zwei Seiten ein und derselben Medaille.

Auch wenn diese drei baptismalen Reduktionen die altkirchliche Syntax des Taufritus modifiziert haben und sich darüber andere Semantiken in den Vordergrund schieben, ist diesem kulturkritischen Monitum doch entgegenzuhalten, dass sich ein halbes Jahrtausend nach der Reformation evangelisch eigensinnige Inszenierungsmuster etabliert haben, die – unter strikter Wahrung des Wasserritus als sakramentalem Kern der Taufe – im vielstimmigen Protestantismus zwangsläufig plural ausfallen. Vielerorts ist allerdings ein Ungenügen an der angesichts der Bedeutung der Taufe durchaus schlichten Form und an ihrer Desintegration spürbar, das sich vielerorts in noch unbestimmten Suchbewegungen artikuliert.[36] Als Teil dieser Suchbewegungen sind die liturgischen Reaktionen auf die zuneh-

---

34 Die zunehmende Zahl von Taufen kurz vor der Konfirmation zieht diese Reduktion jedoch teilweise wieder ein.
35 Die Formulierung geht auf den Bonner Praktischen *und* Systematischen Theologen Paul Schempp zurück; zit. in Chr. Grethlein, Grundinformation, 113.
36 Agendarischer Ausdruck dieser Suchbewegungen ist das in vielerlei Hinsicht bemerkenswerte Taufbuch der Evangelischen Kirche der Union.

mende Zahl der Konfirmandentaufen zu verstehen, bei denen de facto der vorlaufende Konfirmandenunterricht die Funktion einer Taufkatechese bekommt.[37] In diesen Fällen ist dann auch die Erstkommunion im engen Taufkontext angesiedelt. Eher pastoralästhetisch motiviert ist das vorsichtige Herantasten an die rituellen Usancen der Alten Kirche (Signatio crucis, Salbung, Hephata-Ritus, Westerhemd, Taufkerze). Wenn auch in diesen liturgischen Reenactments oft nicht die Prägnanz der alten ekklesiologischen Grundentscheidungen zum Ausdruck kommt, so tritt doch in der späten Moderne deutlich das Bestreben hervor, den sakramentalen Kern durch prae- wie postbaptismale Sinnzeichen liturgisch zu kommentieren.

Bei aller Vielgestalt der baptismalen Praxis in der Gegenwart ist empirisch hinlänglich deutlich, dass die theologischen bzw. religiösen Akzente, die sich im Gefolge der Reformation herausbildeten, noch heute das „volkskirchliche Allgemeinbewusstsein"[38] bestimmen. Die unzeitgemäße Debatte zur Kindertaufe, die 1943 durch Karl Barth angestoßen wurde, blieb nach dem 2. Weltkrieg eine eher akademische Episode ohne direkten Widerhall bei den Kirchenchristen.[39] Die Säuglingstaufe war in den 1960er Jahren noch ein fester Bestandteil der bundesrepublikanischen Religionskultur. Dessen ungeachtet zeichnet sich heute durchaus ein typisch neuzeitliches Auseinanderfallen von Taufverständnis und Taufpraxis ab, in dem sich die theoriegeschichtlichen Konventionen spiegeln: der *Taufaufschub* (vom Geburtstermin ins Kleinkindalter bis hin zum Konfirmationsalter), die Wahrnehmung der Taufe als *Familienfeier* (im Kontrast zu einer pastoralen Praxistheologie, die hier primär eine Eingliederung in die lokale Parochie sieht)[40], ein *aktivisches Taufverständnis* (Taufe als entscheidungsabhängiges menschliches Handeln) sowie eine sublim *magische Lesart* des Taufvollzugs, die sich am Wasserritus und an der Segenshandlung festmacht (die dinglich-performativen Aspekte überlagern das – stellvertretende – Taufbekenntnis, die theologisch zentrale Korrelation von Glauben und Verheißung wird rituell eingezogen).

---

37 Vgl. das zwar in den Details leicht überzogene, aber im Duktus durchaus realistische Eingangsbeispiel zum Verhältnis von Taufe und Konfirmation in Fechtners Kasualtheorie; Kr. Fechtner, Kirche, 100 f.
38 Chr. Albrecht, Kasualtheorie, 57.
39 Vgl. Karl Barth, Die kirchliche Lehre von der Taufe, Theologische Studien 14 (Zollikon-Zürich: Evang. Verl., 1943); ausführlicher in Ders., „Das christliche Leben" (Fragment), in *Die kirchliche Dogmatik* Bd. IV/4, (Zürich: EVZ, 1967).
40 Vgl. hierzu den instruktiven Sammelband *Kasualien als Familienfeste: Familienkonstitution durch Ritualpraxis*, hg. v. Katharina Krause, Manuel Stetter u. Birgit Weyel (Stuttgart: Kohlhammer, 2022).

4.1.3 Soziologische Befunde

Die Taufe hat heute einen „vergleichsweise unbestrittenen Status"[41]. Die übergroße Mehrheit der Kirchenverbundenen unter den Evangelischen zeigt seit Jahrzehnten eine konstant hohe Taufbereitschaft. Weit über 90 % der Befragten, die sich der Kirche stark verbunden wissen, wollen ihre Kinder taufen lassen. Allerdings – dies belegen die Zahlen der 5. Kirchenmitgliedschaftsuntersuchung (KMU V)[42] – ist die Bereitschaft zur Taufe bei den Jüngeren und bei den weniger kirchlich Gebundenen deutlich geringer ausgeprägt. Zwar gehört zum Evangelisch-Sein die Taufe mit großer Selbstverständlichkeit dazu (85 %), aber je mehr das Evangelische sich kulturell entkonventionalisiert, desto mehr wird auch die Taufe im familiären Nahbereich fraglich. Die schleichenden Verwerfungen innerhalb der ansonsten unhinterfragten Tauffrömmigkeit sind unverkennbar. Die sechste KMU bestätigt diesen Befund und präzisiert:

> „Der Anteil der Getauften an der Gesamtbevölkerung geht von Generation zu Generation deutlich zurück. Der Prozentsatz der Nicht-Getauften beträgt in der Generation ab dem 70. Lebensjahr 2 % (bezogen auf die Gesamtbevölkerung), unter den heute 45 – 69-Jährigen 19 %, unter den heute 14 – 44-Jährigen 27 %. Das liegt nicht nur an einer Zunahme der schon immer Konfessionslosen und nicht-christlicher Zuwanderung aus dem Ausland, sondern auch an einer nachlassenden Taufbereitschaft unter den Kirchenmitgliedern. [...] Obwohl die Taufquote hoch liegt und nur langsam sinkt, ist ein deutlicher Schwund der Taufbereitschaft von Kirchenmitgliedern festzustellen, der voraussichtlich auch Folgen für die zukünftige Taufquote hat."[43]

In diesem Zusammenhang ist vor allem die sukzessive Verschiebung des Tauftermins in ein höheres Lebensalter der Täuflinge festzustellen. Mit dem Taufaufschub verliert das initiale Sakrament mehr und mehr den Kontakt zur Geburt. Man lässt seine Kinder zwar immer noch überwiegend im ersten Lebensjahr taufen, aber eben kaum noch unmittelbar nach der Geburt. Exemplarisch kann diese Entwicklung anhand der kirchlichen Statistiken abgelesen werden: So wurden in der bayerischen Landeskirche 2018 ca. 21.000 Menschen getauft. Darunter waren gut 15.000, die bis zum 1. Lebensjahr getauft wurden. Dem standen etwa 5.000 gegenüber, die

---

[41] Kr. Fechtner, Kirche, 83.
[42] Vgl. Heinrich Bedford-Strohm und Volker Jung (Hg.), *Vernetzte Vielfalt: Kirche angesichts von Individualisierung und Säkularisierung. Die fünfte EKD-Erhebung über Kirchenmitgliedschaft* (Gütersloh: Gütersloher Vlg., 2015), 193 f.
[43] Evangelischen Kirche in Deutschland (Hg.): *Wie hältst du's mit der Kirche? Zur Bedeutung der Kirche in der Gesellschaft. Erste Ergebnisse der 6. Kirchenmitgliedschaftsuntersuchung* (Leipzig: Evang. Verlagsanstalt 2023), 61.

vom 2.–14. Lebensjahr getauft wurden.[44] Das heißt, fast ein Viertel der evangelisch-bayerischen Taufen fanden nicht mehr im ersten Lebensjahr statt; in der EKBO waren es 2015 sogar weniger als die Hälfte. Leider sagen die kirchlichen Statistiken nichts darüber aus, wie sich die Taufen numerisch auf das Kindesalter verteilen. Zu vermuten ist, dass es hier eine Häufung der Taufen im Alter von zwei bis vier Jahren gibt, in den folgenden Lebensjahren eher weniger Taufen anfallen, sie dann aber in der Konfirmandenzeit, vor allem kurz vor der Konfirmation, wieder ansteigen. Der Kontakt zu anderen Sozialisationsinstanzen forciert hier offensichtlich das Taufbegehren: die frühreligiöse Erziehung im kirchlichen Kindergarten, der Religionsunterricht an den Schulen und der Gruppensog innerhalb der Konfirmandenkohorten. Und nicht zuletzt wird die Motivation durch punktuelle Großevents erhöht.[45] Religiös indifferente Eltern reagieren offenbar vermehrt auf externe Stimuli. Das Zuwarten in vielen Familien, statistisch fällt hier besonders die Taufenthaltung bei Alleinerziehenden und unverheirateten Paaren ins Gewicht[46], wird häufig mit der Unmündigkeit des Kindes begründet. Das Kind soll „später selbst entscheiden" (wie es in seltener Übereinstimmung bereits Pietismus und Aufklärung forderten).

Und schließlich ließen sich fast 1.000 evangelische Bayern als Erwachsene taufen.[47] In den östlichen Landeskirchen ist die Verschiebung „nach hinten" noch viel deutlicher. Hier lassen sich viele Menschen taufen, die erst im Erwachsenenalter zum Glauben gefunden haben.[48] In Ostdeutschland ist der Anteil der Erwach-

---

[44] Laut EKD-Statistik wurden 2017 in Deutschland 176.000 Menschen evangelisch getauft. Davon waren 159.000 Kindertaufen und rund 17.000 Erwachsenentaufen (nach Vollendung des 14. Lebensjahres). Die EKD führt leider keine Taufen im Alter von 214 Jahren auf; https://www.ekd.de/statistik-taufe-konfirmation-17383.htm; Abruf 27.9.2019. In der EKBO z. B. machte 2013–15 diese Kohorte (2–14 Jahre) etwa 50 % aller Taufen aus; https://www.ekbo.de/fileadmin/ekbo/mandant/ekbo.de/1._WIR/04._Landessynode/08._2016_Herbst_Vorlagen/DS30_Statistischer_Bericht_2015_Anlage_1.pdf; vom 17.9.2020.
[45] Am Pfingstsamstag 2019 fand die vermutlich größte Massentaufe in der Geschichte der evangelischen Kirche in Deutschland statt: 500 Täuflinge wurden am Elbstrand in Rissen getauft. In heiterer Festival-Atmosphäre versammelten sich rund 5.000 Gottesdienstbesucher: Eltern, Verwandte und kirchliche Akteure. Die Taufen wurden von 92 Pastorinnen und Pastoren aus 65 Hamburger Kirchengemeinden vollzogen. Bereits 2011 wurden ebenfalls am Pfingstsamstag am Falkensteiner Ufer 243 Menschen in der Elbe getauft.
[46] Die Taufe ist selbst heute noch mit dem Ideal einer ‚vollständigen' und ‚intakten' Familie verknüpft.
[47] Als Erwachsenentaufen zählen hier, wie in den meisten evangelischen Landeskirchen auch, Taufen ab dem 15. Lebensjahr.
[48] Vgl. http://www.ekd.de/statistik/gottesdienst.html; Abruf 13.3.2016.

senentaufen mit etwa 20 % gut doppelt so hoch wie im weitgehend noch volkskirchlich geprägten Westdeutschland.[49]

Nimmt man diese empirischen Befunde zusammen, dann legt sich die These nahe, dass die Taufe heute bei evangelischen Christenmenschen als ein eher lebensgeschichtlicher Benediktionskasus firmiert. Ungeachtet ihrer theologischen Sinngebung und ihrer kirchlichen Verankerung wird sie von den meisten als ein „Segensfest in familiärem Rahmen" gesehen.[50] Man wünscht sich, dass die Kirche den Täufling unter Gottes Schutz stellt und damit implizit das Familiensystem stärkt.[51] Diese Semantik legitimiert dann auch das festliche Beisammensein im Kreis der Verwandten und Freunde, das den Taufgottesdienst familienreligiös vervollständigt.

In diesem Zusammenhang ist auch ein kritischer Blick auf die inzwischen üblich gewordene Taufe im Sonntagsgottesdienst vonnöten. Diese besondere Form der kirchlichen Zwangskollektivierung ist nicht nur theologisch unterbestimmt[52], sie erweist sich überdies unter den Bedingungen spätmoderner Kirchlichkeit geradezu als Prokrustesbett der aktuellen Taufpraxis. Nicht nur, dass viele Familien eine individuelle Zuwendung der Kirche bevorzugen (im Gegensatz zu einer rein administrativ-pragmatischen Konzentration aller Taufbegehren auf bestimmte „Taufsonntage") und es durchaus als Zumutung empfinden, bei auswärtigen Taufen Dimissoriale und Patenscheine selbst besorgen zu müssen (statt beides auf dem kurzen Dienstweg kirchlich organisieren zu lassen), werden ihnen in aller Regel auch – theologisch grundlos – eigene, individuell gestaltete Taufgottesdienste verweigert, obwohl genau dies für Trauungen und Bestattung völlig selbstverständlich ist. Haustaufen sind gar nahezu ausgestorben.[53] Kulturell vergessen ist die evangelische Praxis, dass bis ins 19. Jh. hinein Taufen und Trauungen im Amtszimmer

---

[49] 2003 betrug der Anteil der Erwachsenentaufen im Westen 8,9 %, im Osten lag er bei 18,9 %; vgl. Rat der EKD (Hg.), *Die Taufe: Eine Orientierungshilfe zu Verständnis und Praxis der Taufe in der evangelischen Kirche* (Gütersloh: Gütersloher Vlg., 2008), 15.

[50] Matthias Kreplin, „Veränderungen bei der Kasualie Taufe und angezeigte kirchliche Reaktionen", *Taufpraxis: Ein interdisziplinäres Projekt*, hg. v. Franziska Beetschen, Christian Grethlein und Fritz Lienhard (Leipzig: Evang. Verlagsanstalt, 2017), 17–37 (22).

[51] Liturgischer Ausdruck dieses familienreligiösen Taufverständnisses ist die in der lutherischen Taufagende (fakultativ) vorgesehene „Segnung der Familie oder der Mutter"; Kirchenleitung der VELKD (Hg.), *Agende für die evangelisch-lutherischen Kirchen und Gemeinden, Bd. III, Teil 1: Die Taufe* (Hannover: Lutherisches Vlg., ⁴2012).

[52] Christian Albrecht (Kasualtheorie, 61) hebt unter Berufung auf Luther hervor, dass die Taufe keineswegs „in erster Linie auf die Eingliederung in den Leib Christi (und erst recht nicht auf die Eingliederung in die lokale Parochie) zielt, sondern auf die Befreiung von Sünde".

[53] Einen eindrücklichen Bericht über eine Haustaufe Ende der 1970er Jahre liefert Helga Frisch, *Tagebuch einer Pastorin* (Frankfurt a.M.: Fischer TB, 1982), 123 ff.

des Pfarrers vollzogen wurden. Vor allem ärmere Familien und Brautpaare bevorzugten diese Praxis, weil für sie dafür noch die geringsten Stolgebühren[54] anfielen.

Auch dramaturgisch vermag die Taufe im Sonntagsgottesdienst nicht zu überzeugen. Auf nicht wenige treue Gottesdienstbesucher wirkt eine sichtlich kirchlich desintegrierte und in den ersten Bankreihen platzierte Tauffamilie wie ein liturgischer Fremdkörper; auch die mitunter kreatürlichen Lebensäußerungen von Säuglingen, die durch die fremde Umgebung und die viel zu laute Musik provoziert werden, sind nicht unbedingt ein Born seelischer Erhebung. Interessant ist die Anmerkung von Wilhelm Otto, einem Praktischen Theologen aus dem 19. Jh.. Er schreibt in seiner Praktischen Theologie:

> „Was (...) die Kindertaufe betrifft, so erheben sich gegen deren unbedingte Vollziehung in der Kirche nicht zu übersehende Bedenken sowohl aus den Störungen, die dabei unvermeidlich sind, als auch aus der Beschaffenheit der Jahreszeit, der Kälte der Kirchen und deren Entfernung von dem Wohnorte der Eltern. Auch ist nicht zu erwarten, daß die Taufe bei ihrem häufigen Vorkommen als öffentliche Handlung die gehörige Teilnahme der ganzen Gemeinde finden werde, vielmehr zu besorgen, daß sie deswegen an ihrem Eindrucke verliert, zumal wenn in großen Gemeinden eine Anzahl von vielen Kindern zugleich getauft wird und die Handlung dadurch leicht nicht allein ein fabrikmäßiges Ansehen bekommt, sondern auch den Gottesdienst ungebührlich verlängert."[55]

Will man der schleichenden Tauferosion kirchlicherseits entgegentreten, sollte die evangelische Kirche den Dienstleistungscharakter ihrer Kasualpraxis und die protestantische Individualitätskultur durchaus ernster nehmen als bislang üblich, z. B. indem sie den Familien die Wahl lassen zwischen einer Taufe im Sonntagsgottesdienst und einem gesonderten Taufgottesdienst.[56]

---

54 „Stolgebühr" nennt man die Vergütung einer Kasualie, also für einen Gottesdienst, bei dem der Pfarrer seine Stola umlegt. Der hierfür zu entrichtende Betrag war regional unterschiedlich. Vor der Einführung der Kirchensteuer waren diese kirchlichen Einnahmen durchaus von Bedeutung. In den evangelischen Kirchen wurden diese Gebühren 1875 durch ein Festgehalt abgelöst.
55 Wilhelm Otto, *Evangelische Praktische Theologie, Bd. 1, Die erbauenden Tätigkeiten* (Gotha: Perthes, 1869), 541 f.
56 Vgl. hierzu Thomas Klie und Jakob Kühn (Hg.), *Bestattung als Dienstleistung: Ökonomie des Abschieds* (Stuttgart: Kohlhammer, 2019).

4.1.4 Rechtsfolgen

Die Taufe hat für die Täuflinge weitreichende kirchenrechtliche Konsequenzen.[57] Getaufte sind Mitglieder der Kirche und werden somit kirchensteuerpflichtig. Wer getauft ist und in bestimmter Höhe Lohn- oder Einkommenssteuer entrichtet, ist auch verpflichtet, zur Finanzierung der kirchlichen Aufgaben beizutragen. In den verfassten Kirchen ist das Taufsakrament eng mit einer Mehrung der Kirchenfinanzen und einer Minderung des eigenen Einkommens verbunden, was für viele Grund genug ist für eine Taufenthaltung. Dazu kommt, dass in den meisten Landeskirchen die Taufe auch zentrale Zulassungsbedingung für andere „Amtshandlungen" darstellt: Nur wer getauft ist, kann konfirmiert werden, mindestens ein Ehepartner muss bei einer kirchlichen Trauung evangelisch getauft sein, und in der Regel werden auch nur Getaufte kirchlich bestattet (wobei hier aus „seelsorglichen Gründen" Ausnahmen möglich sind).[58] Getaufte können ein Patenamt übernehmen und normalerweise setzt die Anstellung bei einem kirchlichen Arbeitgeber das Getauftsein voraus. Andererseits kann eine Taufe, selbst bei einem Kirchenaustritt, nicht ungeschehen gemacht werden, auch Ausgetretene fallen durch ihre Taufe nicht in jeder Hinsicht aus ihrer Beziehung zur Kirche heraus. Die theologische Figur des *character indelebilis* spielt hier in das Kirchenrecht hinein. Dies gilt u. a. für den Wiedereintritt, bei dem ja prinzipiell nicht wieder getauft wird, aber auch für die Zulassung zum Abendmahl. Kirchenrechtlich begründet die Taufe also ein Personenmerkmal, aus dem Rechte und Pflichten abgeleitet werden. Sie wird also – ganz im Gegensatz zu ihrer theologischen Bedeutung – nicht als Gabe oder als Prozess gesehen. Die kirchenrechtliche Perspektive auf die Taufe beleuchtet insofern auch „Konfliktfelder, in denen sich die Organisation der Kirche derzeit über ihren Auftrag, ihre Strukturen und ihre Mitgliedschaftsregeln klarzuwerden versucht"[59].

---

[57] In der „Lebensordnung" der Evangelischen Kirche in Hessen und Nassau (EKHN) heißt es z. B. unter II. Die Heilige Taufe: „Nach dem Zeugnis der Heiligen Schrift ist die Taufe die durch Christus gegebene grundlegende persönliche Zusage der Gnade Gottes. Sie begründet die Zugehörigkeit zur Gemeinde als dem Leib Jesu Christi." Ähnlich formuliert es auch die „Taufordnung" der Evangelischen Kirche in Württemberg: „Durch die Taufe wird der Getaufte Glied der Kirche." Und das „Kirchengesetz über die Verwaltung des Sakraments der Taufe" der Evangelischen Landeskirche Braunschweigs nennt unter den „Rechtsfolgen der Taufe": „Durch die Taufe wird der Täufling (...) Mitglied einer Kirchengemeinde und Landeskirche."
[58] Vgl. hierzu Hendrik Munsonius, *Kirche und Recht* (Stuttgart: Kohlhammer, 2019), 132–135.
[59] Jan Hermelink, „Das Recht der Taufe und das Selbstverständnis der kirchlichen Organisation", *Taufpraxis: Ein interdisziplinäres Projekt*, hg. v. Franziska Beetschen, Christian Grethlein und Fritz Lienhard (Leipzig: Evang. Verlagsanstalt, 2017), 161–182 (164). – Hermelink betont mit Recht, dass heute der Zugang zur Kirche durch die Taufe viel leichter geworden ist. Dies betrifft v. a. die Re-

4.1.5 Von der Differenzkasualie zur Kindersegnung

Der gemeindeöffentliche Wechsel vom sündhaften Leben *ohne* Gott zu einem gemeinschaftlichen Leben *mit* Gott hatte in der Alten Kirche empfindliche Konsequenzen für die Wahrnehmung sozialer Praxis in der damaligen Öffentlichkeit. Dass dann auch dieses Konversionsgeschehen durch eine entsprechend dramatische Feier in der Osternacht[60] liturgisch gestaltet wurde, beruhte insofern auf einer starken Logik, als die Taufe dann mindestens ebenso dramatische Auswirkungen auf das christliche Leben *coram publico* bzw. *coram familia* hatte.[61] Es ist die spätmoderne Erosion christlicher Deutungsmachtansprüche, die die kulturelle Üblichkeit der Taufe wieder fraglich und mit dem Taufaufschub – vor allem in Ostdeutschland – auf sublime Weise auch wieder konfliktiv werden lässt. Tendenziell konfliktträchtig sind hier alle Ebenen sozialer Praxis: die familiale Separation, die gegenkulturelle Freistellung, die Entkopplung von Geburtszeitpunkt und Tauftermin sowie die starke Kopplung der Erwachsenentaufe mit einem aufgeklärten Willensakt. In den ostdeutschen Landeskirchen scheint die Taufe (wieder) den Status einer grundsätzlichen Neuorientierung des Lebens zu erlangen. Täuflinge treten im ostdeutschen Biotop aus dem Kreis familial verbürgter Tradition heraus, denn hier gilt die Nicht-Taufe als kulturelle Konvention. Als solche ist diese dort heute praktisch selbstevident. Die Nicht-Taufe ist empirisch gerade nicht entscheidungsabhängig, weil sie eine unbefragte soziale Norm darstellt.[62] Sie ist der konventionalisierte Ausdruck von Nicht-Religion, sie bedarf keiner rituellen Konkurrenz. Das bedeutet im Gegenzug: Wer sich oder sein Kind taufen lässt, verhält sich in Ostdeutschland in hohem Maße unkonventionell.

In biographischer Perspektive verbindet sich allerdings die Taufe heute mehrheitlich mit der Vorstellung eines initialen Aktes. Als anfängliches Handeln ist die Taufe nach wie vor eine starke sprach- und kulturprägende Symbolhandlung. Die

---

gelungen zum Taufalter (nicht nur Säuglingstaufen werden anerkannt), zum Patenamt (es kann u. U. auch ohne Paten kirchlich getauft werden) und zum Wiedereintritt in die Kirche (*character indelebilis*).

60 Die ausführlichen Schilderungen in der *Traditio apostolica* (v. a. Kap 21) vermitteln eine unmittelbare Anschauung dieser riskanten Taufliturgien.

61 In der *Traditio apostolica* finden sich deutliche Hinweise auf die damaligen baptismalen Risiken: „Wird ein Katechumene des Namens des Herrn wegen verhaftet, dann soll er nicht seines Zeugnisses wegen zweifeln. Wird ihm nämlich Gewalt angetan und wird er getötet, so wird er gerechtfertigt werden, auch wenn seine Sünden noch nicht nachgelassen sind. Denn er hat die Taufe in seinem Blut empfangen." (Kap. 19).

62 Sie ist darum auch die einzige Kasualie, die keine nennenswerte Konkurrenzkasualie herausgebildet hat (5. Konkurrenzkasualien – zwischen ritueller Enteignung und Deutungsmacht). Die sog. Begrüßungsfeiern stellen statistisch gegenüber den Taufen eine zu vernachlässigende Größe dar.

kulturelle Adaption spiegelt sich nicht zuletzt in vielen idiomatischen Wendungen (z. B. Äquatortaufe, Schiffstaufe, Feuertaufe; korrespondierend damit auch die alltagssprachlichen Komposita von „Pate" bzw. „Patenschaft"). Je mehr nun aber die Taufe diesen Anfang nicht mehr – gleichsam nach hinten – als Veränderung einer konventionalisierten Sinnordnung in Szene setzt, sondern – primär nach vorn – als Gutsagung dessen, was begonnen hat und was sich nun segensreich fortsetzen soll, desto mehr nimmt die Kasualie Konturen einer einfachen Benediktion an.

Der 2018 verstorbene Querdenker Manfred Josuttis hat mit einem Gespür für religionskulturelle Verwerfungen auf diese schleichende Erosion in der kirchlichen Taufpraxis aufmerksam gemacht. Er moniert, dass der hegemonial praktizierte und moderngesellschaftlich akzeptable Segensgestus das biblische Verständnis von Taufe religiös einigermaßen unterlaufe.

> „Der Schritt aus dem alten ins neue Leben, die Wende, die eine neue Identität verleiht, vollzieht sich konzentriert in einem sakralen Akt von sakramentaler Qualität. […] Die Realität, um die es hier geht, lässt sich auf kognitive Einsichten und emotionale bzw. existenzielle Erfahrungen nicht beschränken. Der Christus, der die Transformation in der Taufe bewirkt, ist eine transmentale, transindividuelle, transpersonale Größe. Durch die Taufe werden Menschen in seinen Leib integriert und gewinnen Anteil an der Fülle der Gottheit. Taufe ist ein transitorischer Akt, der aus der Todeswelt des vergehenden Äons in die Lebenssphäre des Christus führt."[63]

Richtet man mit Josuttis den Blick auf die neutestamentlichen Basistexte, dann ist Taufe der sakramentale Ausdruck eines Herrschaftswechsels, ein heilswirkender, weil machtvoller Transitus, in dem sich eine vorab glaubhaft gemachte Konversion des Glaubens ausdrückt.[64] Demgegenüber begegnet heute, so fährt Josuttis polemisch fort, weithin der Abusus eines „Familienfest(es) mit pastoraler Anwesenheit"[65]; in ihm wird die Kindertaufe längst schon als Kindersegnung verstanden und folgerichtig auch so vollzogen. Diese schleichende Umformung stelle demnach – zugespitzt – eine Enteignung des Sakraments durch seine Kulturalisierung dar. Dadurch wird das theologisch hoch signifikante Sakrament umcodiert in eine religiös eher schwach signifikante Segenshandlung. Geht es im Sakrament um Leben

---

63 Manfred Josuttis, *„Unsere Volkskirche" und die Gemeinde der Heiligen: Erinnerungen an die Zukunft der Kirche* (Gütersloh: Gütersloher Vlg., 1997), 108 u. 109.
64 „Im religiösen Bereich treten sie [Konversionen] in Form von Konfessions- und Religionswechsel auf, als Bekehrung zu einem religiösen Leben, aber auch als Abkehr von allen religiösen Haltungen." Manfred Josuttis, *Segenskräfte: Potentiale einer energetischen Seelsorge* (Gütersloh: Gütersloher Vlg., 2000), 66.
65 M. Josuttis, Volkskirche, 109.

und Tod, alten Tod und neues Leben[66], begabt ein Segen mit heilvoller Kraft. Mit Luckmann ließe sich sagen, dass hier die ganz große Transzendenz in eine mittlere Transzendenz umgemünzt wird.[67] Denn ein Segensakt entbehrt sowohl des Transitorischen wie auch des Moments der Gefährdung.[68] Die Taufe dagegen ist – zumal im Falle von Erwachsenen – Ausdruck einer Konversion.[69] Wissenssoziologisch äußert sich der von Josuttis angezeigte religionskulturelle Gestaltwandel als paradoxe Einheit aus individueller Anpassung (an eine spätmoderne Erlebnisrationalität) und benediktionaler Rechtfertigung (einer Lebensgeschichte). Josuttis zitiert in diesem Zusammenhang Ernst Käsemann, der als Quintessenz seiner „Exegetischen Versuche und Besinnungen" zur urchristlichen Taufliturgie im Kolosserbrief formuliert: „In der Taufe wechselt der Christ den Herrschaftsbereich. Er gehört fortan nicht mehr dem Kosmos, sondern dem Kosmokrator."[70] Mit diesem exegetischen Destillat ist natürlich noch keine spätmoderne Taufliturgie präfiguriert, aber es kann – so die hier vertretene These – durchaus als regulative Idee dienen, um eine religionskulturell schmiegsame und glaubensbiografisch angemessene Formensprache zu entwickeln. Eine Formensprache, die sich der liturgischen Verniedlichung des Taufakts verstellt und dabei zugleich die Taufbegehrenden in ihrem kulturellen Kontext rituell ernst nimmt.

4.1.6 Spiegelperspektive: die Taufe der Anderen

Eine Taufe ist nie nur ein Geschehen am Täufling. Da gibt es Eltern, Patinnen und Paten, Geschwister, Freunde und Verwandte, die den sakramentalen Vollzug mehr

---

66 In den Verba testamenti kommt dieser Bezug deutlich zum Ausdruck: „Der Herr Jesus, in der Nacht, da er verraten ward, nahm er das Brot, dankte und brach's und sprach: Das ist mein Leib, der für euch gegeben wird …". Aber auch im paulinischen Taufverständnis spielt der Bezug zu Tod und Auferstehung eine zentrale Rolle (Röm 6).
67 Thomas Luckmann, *Die unsichtbare Religion* (Frankfurt a. M.: Suhrkamp, 1991), 164–183.
68 Im biblischen Kontext nimmt die Perikope Gen 32, in der Jakob im (Todes-)Kampf um den Segen ringt, segenstheologisch eine Ausnahmestellung ein. Agendarisch hat sich zumindest *dieser* Segensaspekt bislang nicht niedergeschlagen.
69 Zum religionswissenschaftlichen und -soziologischen Phänomen der Konversion vgl. Hubert Knoblauch, Volkhard Krech und Monika Wohlrab-Sahr (Hg.), *Religiöse Konversion: Systematische und fallorientierte Studien in soziologischer Perspektive* (Konstanz: Univ.-Verl. Konstanz, 1996); Sarah-Franziska Tran-Huu, *Faszination alternative Spiritualität: Zum Konversionsprozess in die neu-religiöse Gruppierung „Terra Sagrada: Narrative Identität – Bedürfnisbefriedigung – Körperlichkeit* (Bielefeld: Transkript, 2021), 109–139.
70 Ernst Käsemann, „Eine urchristliche Taufliturgie", Ders., *Exegetische Versuche und Besinnungen 1* (Göttingen: Vandenhoeck, 1960), 46 (zu Kol 1,15 20).

oder weniger intensiv mitverfolgen. Wird im Sonntagsgottesdienst getauft, dann ist darüber hinaus auch immer die Ortsgemeinde präsent. Der weitaus größte Teil der Zuschauenden[71] wird erfahrungsgemäß als kleines Kind getauft worden sein, also keine eigenen Erinnerungen an diesen Kasus haben. Für sie ist also jede Taufe, an der sie aktiv teilnehmen, gleichsam eine Taufe im Rückspiegel, in dem sie ihre religiöse Biografie im Blick auf die eigene, mitunter lange zurückliegende Taufe, imaginieren können. Jede angeschaute Taufe birgt in sich Aspekte einer sublimen Tauferinnerung. Wahrnehmung und Deutung – oder semiotisch: Rezeption und Semiose – fallen hier performativ ineinander. Und dies ist natürlich auch bei Nichtgetauften so. Konfessionslose Kinder fragen im Zusammenhang von Taufen in Schulgottesdiensten ihre Eltern, ob sie bzw. warum sie nicht getauft worden sind, nicht-kirchliche Eltern werden über die Taufpartizipation im gelingenden Fall neugierig und ziehen ggf. die Taufe ihrer Kinder in Erwägung.[72] Auch und gerade in Ostdeutschland sehen es konfessionslose Eltern keineswegs als Problem an, ihrem Kind die Taufe zu ermöglichen, um ihnen einen Horizont zu erschließen, der ihnen aufgrund ihrer DDR-Erziehung kaum zugänglich war.[73] Hier bewirkt nicht zuletzt auch das geänderte religionskulturelle Umfeld (Religionsunterricht, Schulgottesdienste, religiöse Jugendfeiern[74]) eine Annäherung an die Kirche. Das Miterleben einer Taufe senkt die Schwelle und schafft ein Reizfeld für unerwartete Einsichten. Sorgfältig gestaltete Tauffeiern – und hierzu ist angesichts heterogener werdenden Kasualgemeinden immer auch die ebenso reflektierte wie taktvolle Ansprache an Distanzierte und Ungetaufte zu zählen – wirken attraktiv.

Im Zusammenhang von Erwachsenentaufen äußert sich die kasuelle Spiegelfunktion in einer doppelten Spiegelung: Adoleszente bzw. Erwachsene erleben, wie ihre Taufe gemeindeöffentlich zur Darstellung gelangt und sie wissen sich dabei

---

71 7.3 Vom Gottesdienstbesucher zum Publikum.
72 Vgl. Regina Sommer, *Kindertaufe: Elternverständnis und theologische Deutung* (Stuttgart: Kohlhammer, 2009). In dieser Habilitationsschrift werden 15 im Bereich der EKKW mit Eltern geführte Interviews im Nachgang zu Kindertaufen unter Rückgriff auf Oevermanns objektive Hermeneutik interpretiert und eine „kontextuelle Tauftheologie" formuliert.
73 In einem Artikel der FAZ (Katrin Hummel; 27.4.2014) werden diese Eltern etwas despektierlich als „Rosinenpicker" bezeichnet, was jedoch allenfalls aus administrativer Sicht gerechtfertigt scheint. Eine solche Perspektive lässt völlig außen vor, dass die religionshybriden Zugänge zur eigenen Kirchlichkeit eine konsequente Folge der gesellschaftlichen Pluralisierung sind, die man mit kirchenrechtlichen Reglementierungen kaum einhegen kann. Hier sind vielmehr theologisch elementarisierte Kasualgespräche gefragt bzw. eine behutsame Vermittlung der elterlichen Motivlagen mit einem situationsangemessenen Kasualhandeln.
74 Ausführlich hierzu Emilia Handke, *Religiöse Jugendfeiern „zwischen Kirche und anderer Welt": Eine historische, systematische und empirische Studie über kirchlich (mit)verantwortete Alternativen zur Jugendweihe* (Leipzig: Evang. Verlagsanstalt, 2016).

beobachtet. Die Taufe inszeniert – gewissermaßen auf offener Bühne – die Bestätigung ihrer persönlichen Entscheidung. Das religiös Private wird hierbei öffentlich gemacht. Erwachsenentaufen sind eben phänomenologisch weniger Bestandteil einer christlichen *Erinnerungskultur*, in die sie sich fraglos eintragen, als vielmehr ein Teilaspekt moderngesellschaftlicher *Erlebniskultur*. In ihnen spielen Täuflinge potenziell ihre Selbstwahrnehmungen über die soziale Bande; sie projizieren hier das, was sich an ihnen vollzieht, auf die anwesende Gemeinde. Denn der subjektiv wahrgenommene Kasus führt immer auch eine Wahrnehmung „zweiter Ordnung" mit sich: ‚Wie werde ich gesehen in dieser meiner exponierten Stellung vor dem Altar?'. Erwachsentaufen sind darum nicht selten schambesetzt.[75] Schließlich ist mit dem kirchlichen Kasus immer auch ein öffentliches Sichtbarmachen familiärer Verhältnisse gegenüber allen anderen Anwesenden, dem Verwandten- und Freundeskreis, mitgesetzt. Dies gilt vice versa natürlich auch für die (neue) Selbstsicht: ‚Ich sehe meine Taufe als eine Inszenierung, in der ich vor meinen Angehörigen eine Rolle einnehme, die mich für sie möglicherweise verändert.'[76] Wird möglicherweise die Taufe die religiöse Indifferenz innerhalb der Familie und die wechselseitige Akzeptanz irritieren?

Es ist der Altmeister der Praktischen Theologie Dietrich Rössler, der die kasuelle Spiegelperspektive am Ende seines Taufkapitels im „Grundriss der Praktischen Theologie" ins Bewusstsein hebt:

> „Die Tauffeier macht mit dem Beginn des Lebens das Leben selbst zum Thema. Das gilt nicht nur für das Leben des Täuflings. Vor allem die Eltern und der Kreis derer, die an der Feier unmittelbar teilnehmen, werden durch die Taufe auf Perspektiven oder Dimensionen auch des eigenen Lebens aufmerksam gemacht, die im Alltag des Lebens gerade nicht das Thema bilden oder im Vordergrund des Interesses stehen. (...) Die Taufe macht eben diese Perspektive, in der das Gegebensein des Lebens und Gegebenwerden des Lebens im Vordergrund stehen, zum Thema der ganzen Feier. Zur lebensgeschichtlichen Bedeutung dieser Tauffeier gehört es, dass sie für jeden, der daran teilnimmt, diese Perspektive als eine gerade am Anfang des Lebens notwendige und sachgemäße Weise, das Bild des Lebens zu entwerfen, anschaulich macht."[77]

---

[75] Dies ist ein religionspsychologischer Aspekt, auf den Kristian Fechtner aufmerksam gemacht hat: *Diskretes Christentum: Religion und Scham* (Gütersloh: Gütersloher Vlg., 2015).
[76] Den Aspekt der Trennung macht u. a. Kristian Fechtner stark: „Die Kernhandlung der Taufe separiert den Täufling [...]." Diese Separation „durchbricht die rituell-symbolische Logik der familiären Beziehungen". Die neue Gemeinschaft wird „nur in und durch einen *Trennungsakt* hindurch möglich." Kr. Fechtner, Kirche, 92 (Hervorhebung im Original).
[77] D. Rössler, Grundriss, 219.

Dabei werden auch und gerade die Paten immer mehr zu personalen Erinnerungsträgern. Sie sind v. a. bei Kindertaufen auf den initialen Taufakt hin befragbar. Mit ihnen zusammen lassen sich die Fotos und Filme betrachten, die bei der Taufe und der anschließenden Familienfeier aufgenommen wurden. Sie pflegen in der Regel lange währenden freundschaftlich-verwandtschaftlichen Kontakt zu ihren Patenkindern, und sie sind selbstverständliche Gäste und Donatoren bei der Konfirmation.

4.2 Einschulung – Fröhlicher Wechsel in die Kohorte der Gleichaltrigen

4.2.1 Kontraste

Die im Jahr 1900 geborene Berta berichtet über ihren ersten Schultag kurz nach Ostern in Breslau:[78]

> „Im April 1906 wurde ich in die 56. Volksschule von Breslau eingeschult. Mutter begleitete mich an diesem Tage zur Schule. Ich war einfach, aber sauber gekleidet. Über dem Kleid trug ich eine Schürze. (...) Natürlich bekam ich eine Schultüte, wenn auch keine riesengroße. Konfekt war drin, ganz einfaches. (...) Ich hatte auch eine Schultasche, mit der ich mein Lesebuch, mein Schreibheft, das Religionsbuch und die Schreibsachen transportierte. Eine Feier gab es wegen meiner Einschulung nicht. Auch habe ich mich auf die Schule nicht besonders gefreut, weil ich Angst gehabt hatte. Damals, in meiner Zeit, hatten fast alle Kinder vor der Schule Angst. Es war ja noch üblich, dass die Lehrer oft mit dem Rohrstock schlugen. [...]"

Gut hundert Jahre später findet die Einschulung einen deutlich anderen Ausdruck:

> „Eine Presbyterin sagt beim Einschulungsgottesdienst in der Kirche: ‚Fast wie Weihnachten!' Und in der Tat scheint sich hier ein zweites Weihnachten anzubahnen. Auch Einschulungsgottesdienste sind mitunter unruhig, bisweilen übersteigt die Zahl der Teilnehmerinnen und Teilnehmer die Kapazitäten kleiner Dorfkirchen. Sodann bereitet die Inhomogenität der Versammelten Probleme: Evangelische, Katholiken und Konfessionslose kommen zusammen. Verschärft wird die Problematik nun durch die Anwesenheit von Angehörigen anderer Religionen, so dass vor Ort zunehmend multireligiöse Formen einer gemeinsamen Feierpraxis ausgelotet werden (müssen), die damit einhergehenden religionstheologischen Grundsatzfragen jedoch einer Klärung bedürfen."[79]

---

[78] Ilona Katharina Schneider, *Einschulungserlebnisse im 20. Jahrhundert: Studie im Rahmen pädagogischer Biographieforschung* (Weinheim: Beltz, 1996), 40.
[79] Marcell Saß, „Wie Kinder Einschulungsfeiern erleben: Kasualtheoretische und religionspädagogische Anschlüsse", *PTh* 9 (2011): 382–395 (382). – Ausführlich hierzu Ders., *Schulanfang und Got-*

Diese beiden Szenen zeigen an, wie stark sich die Wahrnehmung und der heortologische Ort der Einschulung verschoben haben: Strenge Schlichtheit in der Kaiserzeit und überreizte Vielgestalt in der „breiten Gegenwart"[80] der späten Moderne, Angst vor der absoluten Macht des Lehrkörpers damals und quirlige Aufgeregtheit angesichts einer rituell aufgeladenen Dramaturgie heute. Der Einschulungsgottesdienst hat in der familienreligiösen Szenenfolge des ersten Schultages heute längst die kasuelle Schwelle übersprungen.[81] Auch in Ostdeutschland, wo die Einschulung immer schon einen hohen biografischen Stellenwert besaß, wird es mehr und mehr üblich, aus Anlass dieses Datums auch auf die kirchliche Religionspraxis zurückzugreifen.[82]

Der Schulbeginn stellt den Tagesablauf der Kinder sehr viel stärker als im Kindergarten unter ein striktes Zeitregime. Herrschte in der Kindertagesstätte eine Art „Gleitzeit", gelten nun Stundenplan und Anwesenheitspflicht. Konnte man sich dort noch Spielzeug und Bücher selbst aussuchen und das eigene Spiel frei gestalten, gilt nun ein Lehrplan, dem die Lehrkräfte zu seinem Recht verhelfen. War man im Kindergarten mit etwa 12–15 anderen Kindern und zwei Erzieherinnen zusammen[83], sind es in der Schule bis zu 25 Kinder, die von einer Lehrperson betreut werden. Die Selbst- und Welterfahrung der Kinder verändert sich: Es wird unruhiger, man kann

---

tesdienst (Leipzig: Evang. Verlagsanstalt, 2010); Brigitte Rackow-Mönkemeier, „Einschulung", *Gelegenheit macht Gottesdienst: Liturgische Hilfen für lebensgeschichtliche Anlässe*, Bd. 2, hg. v. Ulrich Fischer, Reiner Marquard und Helmuth Mühlmeier (Stuttgart: Calwer, 1998), 37–50.

80 Hans Ulrich Gumbrecht, *Unsere breite Gegenwart* (Frankfurt: Suhrkamp, 2010). – Gumbrecht skizziert die Gegenwart als intensive Kopräsenz von Simultaneitäten, die sich ratlos eingeschlossen weiß zwischen einer kaum kalkulierbaren Zukunft und einer „Überschwemmung ... mit Vergangenheiten" (67).

81 So urteilen auch Eberhard Winkler (*Tore zum Leben: Taufe – Konfirmation – Trauung – Bestattung*, [Neukirchen-Vluyn: Neukirchener Vlg., 1995], 45–47), Christian Grethlein (*Grundinformation Kasualien: Kommunikation des Evangeliums an Übergängen des Lebens* [Göttingen: Vandenhoeck, 2007], 328 ff.), Kristian Fechtner (*Kirche von Fall zu Fall: Kasualpraxis in der Gegenwart – eine Orientierung* [Gütersloh: Gütersloher Vlg. ²2011], 153 ff.), Christian Albrecht (Kasualtheorie, [Tübingen: Mohr Siebeck, 2006], 117.120) und Lutz Friedrichs (*Kasualpraxis in der Spätmoderne: Studien zu einer Praktischen Theologie der Übergänge* [Leipzig: Evang. Verlagsanstalt, 2008], 187 ff.) – Steck spricht davon, dass sich das „in das Bildungssystem eingepasste Passageritual" der Einschulung „mittlerweile vielerorts fest etabliert" hat (Wolfgang Steck, *Praktische Theologie*, Bd. 2 [Stuttgart: Kohlhammer, 2011], 435). Grethlein weist in zeitgeschichtlicher Perspektive darauf hin, dass sich diese neue Passung erst im Anschluss an die „traditions- und ritualkritische Grundstimmung" der 1960er/1970er-Jahre einstellen konnte (Chr. Grethlein, Grundinformation, 329).

82 Zur besonderen Bedeutung der Einschulung in Ostdeutschland vgl. Michael Domsgen, *Familie und Religion* (Leipzig: Evang. Verlagsanstalt, 2004).

83 Der Betreuungsschlüssel variiert von Bundesland zu Bundesland; er liegt derzeit zwischen 1 : 6,4 (Baden-Württemberg) und 1 : 12,1 (Mecklenburg-Vorpommern); Stand: 2023.

sich weniger bewegen, sitzt mehr, und man verbringt fast die ganze Zeit an Tischen. Die institutionelle Trennung von Primarbereich und Elementarbereich zeigt sich nicht zuletzt auch in der durch die unterschiedliche Ordnung des Lernraums vorgegebenen Verhaltensüblichkeiten.

Wenn aus „Kindergartenkindern" mit diesem Tag „Schulkinder" werden, dann bezeichnet dieser Einschnitt nicht nur im kindlichen Erleben, sondern auch für das eingespielte Sozialgefüge der zumeist jungen Familien eine gravierende Veränderung ihrer familialen Üblichkeiten. Das schulische Regelsystem, das Heranwachsende nicht nur elementar *qualifiziert* und sozial *integriert*, sondern darüber eben immer auch *selektiert*, wird nun mehr als eine Dekade maßgeblich das Leben in der Familie mitbestimmen. Die Schule, die Lehrpersonen, das Zeitregime und die schulische Peergroup avancieren zu wichtigen Sozialisationsinstanzen. Die Ferientermine diktieren nun den häuslichen Kalender, die familiären Erinnerungen werden auf Schuljahre umgestellt:

> „Im schulischen Lebenslauf manifestiert sich lineare Zeit, die in der Stufenfolge der (Schul-) Jahre jeweils zielgerichtet (auf den Abschluss einer Klasse und schließlich der Schulzeit) voranschreitet."[84]

Freundschaften werden geschlossen (und beendet), die erste große Liebe erscheint (und verschwindet) auf der schulischen Bildfläche und der unvermeidliche Abgleich kognitiver Kräfte setzt ein. Zeugnisse und Benotungen stimulieren (und beeinträchtigen) fortan das Lernen und setzen darüber ganz neue Rangfolgen. All das ahnen nicht nur die Kinder. Auch und gerade in der Wahrnehmung der Eltern ist dieser Tag überlagert von einer weitgehend konventionalisierten Sicht auf Schule, die schon jetzt „gefühlt" beginnt, Lebenschancen zuzuweisen. Der Einschulung geht nicht selten ein monatelanges Ringen um die Wahl der „richtigen" Grundschule voraus. Es wird gesteuert von Ängsten im Blick auf den Zugang zu beruflichen Positionen, sozialem Prestige und materiellem Erfolg. Im zeremoniellen Licht des ersten Schultages wirft die Allokationsfunktion der Schule ihre langen Schatten voraus.

---

84 Kristian Fechtner, „Gottesdienst zur Einschulung: Liturgische Erkundungen und kasualtheologische Erwägungen", *Gottesdienste zur Einschulung und andere begleitende Gottesdienste im Kontext „Schule"*, hg. v. Birgit Müller (Frankfurt: Zentrum Verkündigung der EKHN, 2007), 161–179 (165).

4.2.2 Kleine Geschichte der Zuckertüte

Der Schulanfang war immer schon ein kollektiver Kasus, der rituell eingepasst war in eine familiale, öffentliche und kirchliche Feierkultur.[85] Im 20. Jh. hat sich durchgesetzt, dass eine komplette Alterskohorte eingeschult und das gemeinschaftliche formale Lernen staatlich organisiert wird. Diese Form des Schuleintritts beruht auf einer Logik der Gleichheit. Die Unterschiede der familialen Erziehung sollen administrativ korrigiert werden.[86]

Martin Luther wurde noch, wie es damals Tradition war, am Gregoriustag (12. März) eingeschult. Er war zu diesem Zeitpunkt noch nicht einmal fünf Jahre alt, als ihn sein Vater in die Lateinschule in Mansfeld gab, damit er „die Schrift lerne". Der Gregoriustag geht als altes Kinder- und Schulfest auf Papst Gregor IV. zurück, der 830 eine erste Kinderprozession aus Anlass der Umbettung der Gebeine von Papst Gregor I. anordnete. Jener hatte sich zu Lebzeiten mit der Gründung von Klosterschulen um die Förderung von Kindern und Jugendlichen verdient gemacht.[87] Der Gregoriustag markierte im Mittelalter vielerorts auch den feierlichen Schluss der Winterschule. Im Anschluss an die Prüfungen gab es dann Gebäck und Zuckerwerk und schließlich auch Spiel und Tanz.

In der Folgezeit hat sich von dieser Tradition in einigen Regionen die Verbindung von Prozession und Einschulung erhalten: Man zog von der Schule zur Kirche und holte dabei die neuen Schüler aus ihren Elternhäusern ab. Besonders in Oberfranken und in Thüringen war das ‚Gregori-Singen' von Heischebräuchen begleitet. Während der Prozession wurden Naturalien und Geld eingesammelt, die Teil der Lehrerbesoldung waren, aber auch zur Ausrichtung eines gemeinsamen Essens eingesetzt wurden.[88] Oft gesellte sich auch ein (verkleideter und eigens inthronisierter Kinderbischof) dazu.

---

85 Zum Folgenden vgl. v. a. den instruktiven Aufsatz von Martina Kumlehn, „Einschulung: Den ‚Ernst des Lebens' beginnen – im Spannungsfeld von institutioneller Inszenierung und privater Erzählgemeinschaft", in *Valentin, Halloween & Co: Zivilreligiöse Feste in der Gemeindepraxis*, hg. v. Thomas Klie (Leipzig: Evang. Verlagsanstalt, 2006), 127–149.
86 Heike Deckert-Peaceman und Gerold Scholz, *Vom Kind zum Schüler: Diskurs-Praxis-Formationen zum Schulanfang und ihre Bedeutung für die Theorie der Grundschule* (Opladen: Budrich, 2016), 35.
87 Manfred Schober, „Brauchtum um den Schuleintritt", in *Kultur und Lebensweise*, hg. v. Gesellschaft für Heimatgeschichte im Kulturbund der DDR, Zentraler Fachausschuss Kulturgeschichte/Volkskunde, Bd. 2 (Berlin: 1981), 64–77; Gerhard Handschuh, „Mit den langen Zuckertüten, schön und bunt gezackt", *Schönere Heimat. Erbe und Auftrag* 3/1991) 142–152; Hans-Günther Löwe, „Schulbeginn", *Geschenkt!: Zur Kulturgeschichte des Schenkens*, hg. v. Bettina Keß (Heide i.H.: Boyens, 2001), 136–139.
88 Vgl. M. Kumlehn, Einschulung, 129 f.

> „Gregoriusumzüge hielten sich bis in die Mitte des 19. Jh. Nach ihrer Abschaffung wurden die neuen Schüler mit einer Aufnahmefeier in den Schulen begrüßt, deren äußere Gestalt seitdem sehr konstant ist: eine Ansprache des Direktors wird von Liedern, Gedichten oder Vorführungen älterer Schüler gerahmt, bevor die Kinder mit den Lehrern in die Klassen gehen."[89]

Der Brauch, die Einschulung durch das elterliche Geschenk der Schultüten zu versüßen, ist wohl in Thüringen und Sachsen entstanden. Erste Belege finden sich 1817 in Jena bzw. 1820 in Dresden.[90] Überreicht wurden die Tüten nicht nur von den Eltern, bisweilen war es auch Usus, dass die Lehrer ihre Erstklässler beschenkten. Mitte des 19. Jh. tauchten dann im Kontext des städtischen Bürgertums auch schon die ersten Portraitfotos auf, die die stolzen Schulanfänger mit ihren Schultüten zeigten. Der Eintritt in die schulische Bildung konnte sich nun standesgemäß sehen lassen. Mitunter wurden die Schultüten auch zum Ausdruck patriotischen Bewusstseins, wenn man sie mit Kaiserbildern verzierte. Parallel zum Schuljahreswechsel an Ostern wurden früher aber auch oft kleine Osterhäschen oder Osterkörbchen verschenkt. Erst in den Jahren nach dem ersten Weltkrieg setzte sich die Schultüte (oder Zuckertüte) allgemein durch.[91] Vielfach befanden sich in ihnen nicht nur Naschwerk, sondern auch allerlei nützliche Dinge oder Schulsachen. Dass sie bisweilen auch von Lehrern als „unpädagogisch" abgelehnt wurden, hinderte ihre Ausbreitung nicht.

„Nach dem Christfest kam der Ruprecht müd' ins Zwergenland. / Eine große Wunderzwiebel trug er in der Hand. / ‚Pflanzt sie, pflegt sie', sprach der Alte. ‚Wenn ich lieg im Traum, / dann wächst lustig unser neuer Zuckertütenbaum!'" – Mit diesen Versen beginnt die Bildergeschichte „Der Zuckertütenbaum" (1928).[92] Der vor allem in Ostdeutschland verbreitete Brauch, einen Baum mit den Schultüten zu schmücken, findet hier seine Ursprungslegende. Knecht Ruprecht, seit dem 16./17. Jh. ein Begleiter des Nikolaus, der seine Rute als „pädagogisches" Mittel der elterlichen Erziehung einsetzte und darüber die Kinder zu Frömmigkeit mahnte, erscheint hier in einer Doppelfunktion: als Strafender und Spender.[93]

Heute haben sich die Märkte für Schulanfangsfotografien, Glückwunschkarten, Ausstattung und Schultüten in allen Milieus fest etabliert – der Schuleintritt ist zum Kinderkonsumfest geworden („pathway consumption"[94]). Im Vergleich zur Praxis

---

89 Ebd., 130.
90 Hans-Günter Löwe, „Das Aufkommen der Schultüten in Hamburg", *Beiträge zur Deutschen Volks- und Altertumskunde*, Bd. 23, hg. v. Jürgen Bracker (Hamburg, 1984), 87–94 (88).
91 Für die Stadt Hamburg kann Löwe (ebd., 90) diesen Befund durch zahlreiche Belege nachweisen.
92 Albert Sixtus und Richard Heinrich, *Der Zuckertütenbaum: Ein Bilderbuch* (Leipzig: Hegel & Schade, 1928).
93 G. Handschuh, Zuckertüten, 143.
94 H. Deckert-Peaceman und G. Scholz, Kind, 113 ff.

der 1950er und 1960er Jahre haben sich das erwartbare Ausstattungsniveau kindlicher Lebenswelten und die entsprechenden elterlichen Investitionen vervielfacht.

4.2.3 Die Einschulung zwischen Passageritus, Kasualie und Familienfest

Wenn das traditionelle Theoriestück des Passageritus[95] überhaupt noch etwas zur Erhellung des kasuellen Feldes in der späten Moderne beitragen kann, dann wohl hier am Beispiel der Einschulungskasualie. Gleiches ließe sich auch für die – weitaus selteneren – Abitur-Gottesdienste sagen, weil sich auch hier ein bildungsbiografisch und gesellschaftlich relevanter Übergang performiert.[96] Es ist durchaus bezeichnend, dass sich das ostinat in den gängigen Kasualtheorien bemühte theoretische Passepartout als Deutungsfolie gerade bei einer der sog. „neuen" Kasualien nahelegt, die ihren Eigensinn gerade *nicht* aus einer religiösen Logik ableiten kann. Der Einschulungsgottesdienst fungiert eher als das liturgische Supplement einer wirkmächtigen zivilgesellschaftlichen Passage.[97] Wie bei kaum einem anderen Kasus eröffnet hier die rituelle Trias aus *Trennungsriten* (rites de separation), *Übergangs- bzw. Schwellenriten* (rites de marge) und den den rituellen Zyklus abschließenden *Angliederungsriten* (rites d'agrégation) ein durchaus stimmiges Erklärungsmodell.

Die reiche Ritenfolge bei der Einschulung lässt hier – wie bei der Konfirmation, der Trauung und der Bestattung – von einer *„gestreckten Kasualie"* sprechen. Damit ist gemeint, dass sich der Kasus auf verschiedene Inszenierungsorte verteilt, die dann auch von unterschiedlichen Akteuren bzw. Personengruppen bespielt werden. Deren Zusammenspiel bestimmt die Atmosphäre des Tages, zumal die Stationen auch im Schnittfeld eines privaten und institutionellen Aktionsrahmens verortet sind. Religiöse Inszenierung, schulamtliche Formalgesten und private Co-Inszenierungen strecken den Übergang in den zunächst durchaus noch sehr bunten und spielerischen „Ernst des Lebens". „Der Statuswechsel wird sukzessive vollzogen."[98] Schule und Kirche sowie das festlich ausgelegte Zusammenspiel von Eltern, Paten, Freunden und Verwandten, Schulleitung, Klassenkameraden und Lehrpersonen setzen ein schulamtlich veranlasstes, kirchlich begleitetes und fami-

---

95 Arnold van Gennep (1873–1957) verfasste zu Beginn des 20. Jh. die überaus einflussreiche Studie *Les rites de passage* (Paris: Nourry, 1909), in der er die Ethnographie Frankreichs anhand der Theorie des Übergangsrituals („Passageritus") rekonstruierte.
96 Jochen Arnold, Friedhelm Kraft, Silke Leonhard und Peter Noß-Kolbe (Hg.), *Gottesdienste und religiöse Feiern in der Schule* (Hannover: Luth. Verlagshaus, 2015).
97 Vgl. hierzu 7. Kasualtheoretische Umcodierungen.
98 M. Saß, Einschulungsfeiern, 390.

lienreligiös ausgestaltetes Gesamtkunstwerk in Szene. Wie nur wenige biografische Ereignisse davor und danach wird dieser Tag später als wichtiger Bestandteil der eigenen Lebensgeschichte erinnert. Trotz der Ballung kompensatorischer Stilgesten (Geschenke, Lieblingsessen, Glückwünsche usw.) stellt die Einschulung familiengeschichtlich einen tiefgreifenden Einschnitt dar. Sie markiert den Übergang aus dem Spielraum der häuslichen Welt bzw. des Kindergartens in die Lern- und Leistungswelt der Schule. Ab jetzt geht es im Leben um das Ausbalancieren von Gebrauchs- und Tauschwert dessen, was bald schon planvoll an Kompetenzen ausgebildet wird. In der spätmodernen Wissens- und Erlebnisgesellschaft ist Bildung längst zur „gesellschaftlichen Leitwährung" geworden.[99]

In der für die ritologische Deutung des Kasus wichtigen *Trennungsphase* gilt es für die Kinder (und Eltern), sich vom Kindergarten bzw. anderen Betreuungsinstanzen zu lösen. Die seinerzeit schmerzvoll angeeignete Lebenswelt der Kindertageseinrichtung[100] muss man nun wieder hinter sich lassen.[101] Viele Spielkameraden gehen auf andere Schulen, und die Jüngeren verbleiben noch im Kindergarten. Vor allem in Ostdeutschland ist es üblich, noch im Kindergarten die Einschulung durch das Zuckertütenfest vorzubereiten.[102] In Trennungs- und Entlasszeremonien aus der Kindergartenwelt wird Schule „gespielt". Im Blick auf die Erziehungs- und Bildungspraktiken wird man allerdings heute kaum noch einschneidende Unterschiede feststellen können zwischen dem letzten „vorschulischen" Jahr im Kindergarten und dem ersten Schuljahr. Zu sehr ähneln sich die in der Regel spielerisch ausgelegten Lernwege:[103] Wie mittlerweile zumindest am Ende der Kindergarten gelernt wird, so wird anfangs in der Schule gespielt. Der Schulbeginn wird von den Kindern mit Ungeduld erwartet, denn lange schon ist davon die Rede. Die Verheißung ist, endlich ein „Schulkind" zu sein und zu den „Großen" zu gehören.

In der *Übergangs- bzw. Schwellenphase*, die sich bei der Einschulung an diesem einen bedeutsamen ersten Schultag verdichtet, begleiten die Erziehungsberechtig-

---

[99] K. Fechtner, Gottesdienst, 164.
[100] Schon ihre Benennung weist auf die Imagination kindlicher Erlebniswelten: „Zwergennest", „Villa Kunterbunt", „Benjamin Blümchen" usw.
[101] Vgl. hierzu den aufschlussreichen Kasualgottesdienstentwurf von Wolfgang Jöst, „Abschied vom Kindergarten", *Gelegenheit macht Gottesdienst: Liturgische Hilfen für lebensgeschichtliche Anlässe*, hg. v. Ulrich Fischer, Reiner Marquard und Helmuth Mühlmeier (Stuttgart: Calwer, 1996), 49–61.
[102] Beim Zuckertütenfest werden kleine Zuckertüten in Form von Früchten am so genannten „Zuckertütenbaum" aufgehängt, die den Kindern analog zum vertrauten Adventskalender den Zeitpunkt der Einschulung anzeigen. Damit soll die Vorfreude auf die „richtige" Schultüte am Tag der Einschulung gefördert werden. Oft stellt dieses Fest, das durch entsprechende Erzählungen narrativ gerahmt ist, eines der letzten gemeinsamen Aktivitäten der Kindergartenkinder dar.
[103] H. Deckert-Peaceman und G. Scholz, Kind, 105 f.

ten ihre Kinder zur Grundschule. Natürlich ist der Schulweg längst schon erkundet, denn die Transition fällt vor allem den Eltern schwer, die gewohnt sind, die Kinder im ständigen Blickfeld zu haben. Die Eltern müssen sich darauf einstellen, es nun mit Vertretern einer Bildungseinrichtung zu tun zu haben, die ihre Sprösslinge bewerten. Erziehungskonkurrenzen zeichnen sich ab. Diffuse Ängste, überspannte Erwartungen und trübe Erinnerungen an die eigene Schulzeit treten spätestens mit dem ersten Elternabend bzw. mit dem grundschulischen „Schnuppertag" ins Bewusstsein. Wie ihre Kinder sind die Eltern im Schulanfangsspektakel Zuschauer und Akteure zugleich. Zusammen mit ihrem Schulkind verfolgen sie die theatrale Begrüßung durch die älteren Schulkinder. Wie grundsätzlich bei Kasualien, so ist auch hier das Fotografieren Teil der Gesamtdramaturgie. Familiale Erinnerungen sind heute primär visuell codiert.[104]

4.2.4 Spiegelperspektive

Die Erziehungsverantwortlichen ahnen dabei, dass sich mit dem sich lange schon ankündigenden Festvorbereitungen, in die die Kinder oft auch aktiv mit einbezogen werden, und dem zusätzlich emotional befeuerten Statuswechsel natürlich auch für sie selbst kritische Veränderungen ergeben. Wie in einem Brennglas intensiviert sich in der dichten Festfolge der Blick auf (vergangene) Lebenszeit und die Vorausschau auf eine gefühlte biografische Beschleunigung: Welche neuen Freundschaftskonstellationen werden sich ergeben? Was werden die „Lieblings-" und „Hassfächer" unseres Schulkindes? Wird unser Kind negativ auffallen? Wird es gut mitkommen? Wer kümmert sich um die Hausaufgaben? – Marcell Saß stellt in diesem Zusammenhang treffend fest:

> „Im Gegensatz zur verbreiteten Annahme vager Angstvorstellungen in vielen Praxishilfen erzählen Kinder demgegenüber von Aufregung, Umstellungsproblemen u. Ä., vor allem von Freude und Begeisterung. Gottes Segen als Angstkompensation zu inszenieren ist eine Erwachsenen-, keine Kinderperspektive."[105]

Diese These lässt sich unschwer auf das Gesamt des familialen Schulanfangsszenarios übertragen: Der Schuleintritt ist primär ein Problem der Erwachsenen. „Viele Kinder (…) gehen freudig erregt mit ihrer neuen Lehrerin in die Klasse. Und es ist

---

[104] Vgl. Jan Peter Grevel und Gerald Kretzschmar, „Die Kasualfotographie: Praktisch-theologische Erkundungen eines konfliktreichen Phänomens", *PTh* 93 (2004), 280–298.
[105] M. Saß, Einschulungsfeiern, 384.

nicht sicher, ob die weinenden Kinder deshalb weinen, weil sie das Neue fürchten oder deshalb, weil ihre Eltern dies erwarten. (...) Offenbar ist der Schulanfang für Erwachsene ein Problem, das sie aber nicht als ihr Problem erkennen."[106] Das prägende kulturelle Muster produziert Erwartungserwartungen.[107]

4.2.5 Einschulungsgottesdienst

Innerhalb der Schwellenphase besetzt der Einschulungsgottesdienst eine wichtige Systemstelle. Er kommentiert und transzendiert das Geschehen über die – gelingendenfalls – stimmige Gestaltung der familialen Transition. Nimmt man die liturgischen Gestaltungselemente in den Blick, dann zählen Einschulungsgottesdienste zum spätmodernen Genre der Familiengottesdienste, die sich seit den 1970er Jahren vielerorts fest etabliert haben. Heortologisch sind Einschulungsgottesdienste zusammen mit Heiligabend- bzw. Erntedankgottesdiensten zu betrachten.[108]

Hier wie dort gilt: Je mehr das liturgische Interim in die Gesamtdramaturgie integriert ist, desto besser kann es seine kasuelle Kraft entfalten.[109] Die Verlagerung auf einen anderen Wochentag und die Zusammenfassung von Erstklässlern verschiedener Schulen im gemeindlichen Einzugsgebiet entspricht zwar der Logik pastoraler Zeitersparnis, doch ein liturgischer Hiatus enteignet sich selbst seiner Deutungsmacht, die dem Gottesdienst in seinem direkten Bezug auf den Kasus zukommt.[110] Denn in diesem schulbezogenen Gottesdienst können kindgemäß und elterngerecht Ängste verbalisiert und in Gebet und Gestus religiös transformiert

---

106 H. Deckert-Peaceman und G. Scholz, Kind, 107 f.
107 Gegen Böhme (Michael Böhme, „Einschulung: Anmerkungen zu einem Statusübergang aus der Sicht der Seelsorge", *Entwickeltes Leben: Neue Herausforderungen für die Seelsorge*, hg. v. Michael Böhme, Friedrich Wilhelm Lindemann, Bettina Naumann und Wolfgang Ratzmann [Leipzig: Evang. Verlagsanstalt, 2002], 263–281 [281]), der liturgisch mahnt, nicht „zwei unterschiedliche Publikums" vorauszusetzen, ist festzuhalten, dass genau das Vorhandensein von mehr als nur einem „Publikum" kasualtypisch ist. – 7.5 Spiegelfunktion.
108 Vgl. K. Fechtner, Gottesdienst, 170.
109 Viele Stadtgemeinden reagieren auf die zeitliche Ballung der Einschulungsveranstaltungen mit einer kollektiven Großveranstaltung, die sie aus organisatorischen Gründen in einem mehr oder weniger großen Abstand zum eigentlichen Einschulungstermin begehen. Die kirchliche Pragmatik stört damit allerdings ganz empfindlich den religionspsychologischen Kairos. Rituelle Passungsverhältnisse sind nicht beliebig dehnbar.
110 So argumentiert z. B. Michael Böhme in poimenischer Perspektive: „Es sollte auch nicht mehr alles, was anlässlich der Einschulung inszeniert wird, an einem Tag stattfinden. Vielleicht könnte ein Einschulungsgottesdienst seinen Platz auch an einem anderen Wochentag finden." M. Böhme, Einschulung, 281.

werden. Es wird ins Bewusstsein gehoben, dass trotz aller Bemühungen die Eltern den guten Verlauf der Schulzeit eben nicht garantieren können.[111] Die Fülle der Ratgeberliteratur auf dem Markt unterstreicht den gewachsenen Orientierungsbedarf und die entsprechenden elterlichen Unsicherheiten. Vorstellungen einer idealen, entwicklungsoffenen Kindheit sind zunehmend einem an Frühförderung und Schulerfolg orientierten Steuerungsmodell gewichen. Dessen ungeachtet erscheint die Schule für die Einzuschulenden durchaus noch als ein neuer Erlebnisraum, der die gegenwärtige Spiel- und Freizeitwelt verlängert. Kinder wollen dahin wie zu einem Abenteuer aufbrechen.

In der Schwellenphase besetzen die vielgestaltigen Artefakte der materialen Kultur die Funktion der *Übergangsobjekte*.[112] Schulutensilien, Bücher und Hefte müssen erworben werden, Schulranzen und Turnbeutel (mit der angemessenen Ästhetik) werden den Wünschen der Kinder entsprechend (zumeist) von den Großeltern gekauft, das Kinderzimmer wird mit Schreibtisch und Regal ausstaffiert, die Schultüte wird ausgewählt. Zum Fest selbst finden sich dann – analog zu Heiligabend – Berge von Präsenten der geladenen Gäste.

Die *Eingliederungsphase* (erster Teil: schulisch) setzt ein mit dem Exodus der neuen Schülerkohorte aus der Aula (oder Pausenhalle) der Grundschule, wo sie von der Schulleitung begrüßt wurden, und nun unter Anleitung der Klassenlehrer und -lehrerinnen in den Klassenraum geführt werden. Der schulische Teil der Eingliederung ist primär räumlich situiert, wenn die erste symbolische Schulstunde an Ort und Stelle durchgeführt wird. Erste Verhaltensregeln werden kommuniziert, die Sitzordnung wird besprochen, ein Stundenplan verteilt und der Ablauf der kommenden Tage bekannt gegeben. Neue Sprachspiele deuten sich an, die die entsprechenden Lehrer- und Schülerrollen im Raum Schule zuweisen. Das obligatorische Klassenfoto auf dem Schulhof schließt den schulischen Part ab.

Nach der Schule folgt der zweite, familiale Teil der Eingliederung: Die gespannt wartenden Eltern und Verwandten nehmen nach dieser ersten Schulstunde ihr Kind *als* Schulkind wieder in Empfang und begleiten es zurück auf dem Schulweg nach Hause (oder in ein Restaurant), wo der familiale Part der Eingliederung inszeniert wird. Im Kreis der geladenen Gäste rückt der neu gewonnene Status durch entsprechende verbale (Gratulationen) und gestische Zuwendungen (Umarmungen) ins Bewusstsein. Unter Gesprächen, Spielen, Essen und Spaziergang klingt der aufregende Tag aus.

---

111 Vgl. M. Kumlehn, Einschulung, 137.
112 Vgl. Donald W. Winnicott, *Vom Spiel zur Kreativität* (Stuttgart: Klett-Cotta, [11]2006, [[1]1973]); aus der Fülle der Sekundärliteratur: Anne Michael, *Das Winnicott'sche Übergangsobjekt als entwicklungspsychologischer Marker eines „zweiten Individuationsprozesses"* (Leipzig: Univ. Diss. 1999).

> „Die Einschulung wird zunehmend zum großen Familienfest mit entsprechendem Gabentisch, der andere Geschenkepraktiken (Geburtstag, Weihnachten) übertrifft. Die Feierlichkeiten wirken auf der einen Seite formalisiert, gesittet, sehr an bestimmten Konventionen orientiert, auf der anderen Seite wird jedoch eine kommerzielle Kinderkultur zelebriert."[113]

Mit Recht betont Steck, dass am Beispiel der Einschulungsfeier „nicht nur die für die Moderne charakteristische Säkularisierung der Kasualkultur" in Erscheinung tritt, „sondern auch der gegenläufige Prozess der *Verkirchlichung* der in die Institutionen des öffentlichen Lebens eingebetteten Übergangsriten".[114] Bemerkenswert ist hierbei, dass sich nach der Entkopplung von Konfirmationszeitpunkt und Schulentlassung in den 1960er Jahren (mit der Einführung des 9. Pflichtschuljahres, z. B. in Niedersachsen 1962) mit dem Schulanfänger-Gottesdienst eine neue ökumenische Firmungskasualie etabliert hat.[115] Die Kirche heiligt die staatlichen Bildungsbemühungen.

Im transitorischen Ritus der Einschulung wird das Kindergartenkind in einem Akt gemeinschaftlicher Initiation zum Schulkind. Das primäre soziale Bezugssystem der Familie wird institutionell erweitert durch das Sozialsystem Schule. Als *kooperative Kasualie*[116] hat sich die Einschulung als eine in das Bildungssystem eingepasste Passage mittlerweile fest etabliert. Das Subjekt vergewissert sich in der Szenenfolge der gestreckten Kasualie seines neuen Status im komplementären Spannungsfeld institutioneller und biografischer Kontexte. Die individuelle Freistellung performiert sich als „Fortschrittsmoment" (Steck) über die kollektive Einpassung in die Kohorte der Gleichaltrigen aus der Wohnregion. Identität wird neu gesetzt.[117]

Beides, Freistellung und Einpassung, sind erinnerungsrelevante Ereignisfolgen, die einen bedeutsamen Einschnitt in der Familiengeschichte markieren. Im liturgischen Interim des Einschulungsgottesdienstes kommt beides symbolisch zur Darstellung. Er kulminiert empirisch in der (zumeist) individuellen Segnung der

---

113 H. Deckert-Peaceman und G. Scholz, Kind, 110.
114 W. Steck, Praktische Theologie, Bd. 2, 436 (Kursivierung im Original).
115 Vgl. Wolf-Eckart Failing und Hans-Günter Heimbrock, *Gelebte Religion wahrnehmen: Lebenswelt – Alltagskultur – Religionspraxis* (Stuttgart: Kohlhammer, 1998), 209.
116 Zu den kooperativen Kasualien sind auch die sog. „Riskanten Liturgien" zu zählen; vgl. Kristian Fechtner und Thomas Klie (Hg.), *Riskante Liturgien: Gottesdienste in der gesellschaftlichen Öffentlichkeit* (Stuttgart: Kohlhammer, 2011); Benedikt Kranemann und Brigitte Brenz (Hg.), *Trauerfeiern nach Großkatastrophen: Theologische und sozialwissenschaftliche Zugänge*, EKGP 3 (Neukirchen-Vluyn: Neukirchener Vlg., 2016).
117 Nimmt man diesen familienreligiösen Nexus ernst, dann sollte dem auch im rituellen Vollzug entsprochen werden. Dagegen warnt Böhme vor „besonders ausstaffierten, feierlichen Ritualen, wie z. B. Handauflegungen", mit denen sich „die Institution Kirche, vergleichbar mit der Institution Schule, selbst in Szene setzt." M. Böhme, Einschulung, 281.

Schulkinder durch Handauflegen.[118] Als Kasus ist der Einschulungsgottesdienst ein stark von den administrativen Rhythmen des Schulsystems bestimmter Vollzug. Die Teilnahme am Kasualgottesdienst ist freiwillig bzw. über die jeweils dominierenden Usancen konventionalisiert, der diesen Gottesdienst veranlassende Kasus hat demgegenüber Pflichtcharakter. Von der Logik des Kasus her gibt die klassisch lutherische Dialektik von Gesetz und Evangelium hier eine durchaus funktionale homiletische Struktur ab.

4.3 Konfirmation – kirchliche Mündigkeit initiieren

4.3.1 Konfliktfall Konfirmation

Traditionell wird in dem südniedersächsischen Dorf die Konfirmation am Sonntag Jubilate gefeiert.[119] Diese volkskirchliche Kasualie stößt im ganzen Dorf auf eine hohe Resonanz, sie wird mit großer Selbstverständlichkeit begangen. Zum Konfirmandenunterricht meldet sich immer noch ein fast kompletter Jahrgang an. Diesmal sind es sieben Konfirmandinnen und Konfirmanden. Zum Konflikt kam es, als der Vater einer der Konfirmandinnen, der eher dem kirchlich interessierten Kasualchristentum zuzurechnen ist, die Pastorin lange vor der Anmeldung der Konfirmanden darum bittet, im Blick auf die z. T. von weit her anreisenden Angehörigen den Konfirmationstermin vom Sonntagvormittag auf den Samstagnachmittag vorzuziehen. In den Familien könnte man dann ganz entspannt – ohne Zeitdruck und ohne zusätzliche Urlaubstage – am Samstagabend feiern. Und die Geschwisterkinder müssten schließlich am Montagmorgen auch wieder zur Schule. Da der Vater als Vorsitzender des Schulelternrats im Ort gut integriert ist, nimmt er Kontakt zu anderen Konfirmationsfamilien auf und stößt mit seinem Anliegen auf viel Verständnis. Aber die Eltern sind unsicher, ob man „die Kirche" für die gewünschte Vorverlegung gewinnen könne. In ersten informellen Gesprächen reagiert die Gemeindepastorin ablehnend. Sie insistiert darauf, dass der Konfirmationstermin immer schon in der „österlichen Freudenzeit" liege und vom Kirchenvorstand für den Sonntag Jubilate festgelegt worden sei. Dabei solle es dann auch bleiben, man könne nicht einfach einen mehrheitlich gefassten Kirchenvorstands-

---

118 Grethlein merkt mit Recht kritisch an, dass diese Praxis das biblische Segensverständnis unangemessen verkürzt. In rechtfertigungstheologischer Perspektive ist die Segnung der Eltern und Lehrpersonen mindestens ebenso sinnvoll (Chr. Grethlein, Grundinformation, 347).
119 Die Informationen über den hier geschilderten Konflikt verdanke ich meinem Schulfreund Klaus Haendel (Einbeck/Nds.).

beschluss außer Kraft setzen, nur weil er einigen Familien im Dorf nicht zupasskomme.

Der Vater ahnt, mit seinem Anliegen nicht wirklich ernst genommen und auf formalem Wege abgewimmelt zu werden. Weitere schriftliche Kontaktversuche schlagen fehl, Nachrichten auf dem pastoralen Anrufbeantworter bleiben unbeantwortet. Die Pastorin will augenscheinlich das Problem aussitzen und vollendete Tatsachen schaffen. Monate verstreichen, ohne dass etwas geschieht. In einem weiteren Brief relativiert der Vater nun sein Anliegen: Er wolle ja auch gar nicht die Festlegung auf das Jubilate-Wochenende in Frage stellen, sondern die Feier nur um einen Tag nach vorn verlagern. Viele Familien im Dorf wünschten sich eine familienfreundliche Regelung für die Konfirmation. Man könne ja vielleicht einen Mehrheitsbeschluss der Eltern herbeiführen. Schließlich seien doch die Konfirmanden und deren Familien die Hauptpersonen. An denen müsse man sich auch orientieren. Der Bittsteller drängt auf eine zeitnahe Entscheidung der Kirche, damit man noch frühzeitig eine Gaststätte anmieten könne für das Konfirmationsessen. Der Vater versteht nicht ganz, warum man z. B. die traditionelle Beichte nicht auch auf den Freitagabend vorverlegen könne.

Die Pastorin kann auch diesem Vorschlag nichts abgewinnen. In einem Brief verweist sie u. a. auf die Kirchengemeindeordnung, wonach der Kirchenvorstand im Einvernehmen mit dem Pfarramt die Gottesdiensttermine festlegt. Die Konfirmation sei ein zentraler Gottesdienst, der die ganze Gemeinde angehe und nicht nur die Konfirmanden und deren Familien. Zudem sei am Samstag vor der Konfirmation um 18:00 Uhr schon der obligatorische Beichtgottesdienst mit Abendmahl angesetzt.[120] Auf eine weitere schriftliche Eingabe des Konfirmandenvaters beraumt die Pastorin widerwillig ein Gespräch zwischen den Elternvertretern und dem Kirchenvorstand an, das aber den Interessenkonflikt nur verhärtet, nicht klärt. Die Mitglieder des Kirchenvorstands verweisen darauf, dass der Samstag für sie ein arbeitsfreier Tag sei. Da sie traditionell mit den Konfirmandinnen und Konfirmanden in die Kirche einzögen, müssten sie in diesem Falle ihren Samstag opfern. Man beharrt also auf dem Sonntag, was der Pastorin entgegenkommt.

Der Vater wendet sich daraufhin an die Superintendentin des Kirchenkreises und bittet um ein Mediationsgespräch, das dann auch bald stattfindet. Die Super-

---

[120] In der Konfirmationsagende heißt es: „Nach der Tradition der Kirche, Horen am Vortag von Festtagen zu begehen, kann eine Vesper (mit Beichte und/oder mit Heiligem Abendmahl) dem Konfirmationstag vorausgehen." *Konfirmation: Agende für evangelisch-lutherische Kirchen und Gemeinden und die Evangelische Kirche der Union*, Bd. 3, hg. v. der Kirchenleitung der VELKD und im Auftrag des Rates der Kirchenkanzlei der EKU (Hannover: Lutherisches Verlagshaus, Berlin: Ev. Haupt-Bibelges., Bielefeld: Luther-Verlag, 2001), 137.

intendentin zeigt sich verständnisvoll und flexibel. In diesem Gespräch wird zwischen dem Kirchenvorstand, der Pastorin, dem Familienvater und der Superintendentin ein Kompromiss vereinbart: Aufgrund des nahenden Konfirmationstermins solle in Anbetracht der Beschlusslage, der schon von vielen Familien gebuchten Restaurants und des in der Verwandtschaft bzw. der dörflichen Öffentlichkeit schon angekündigten Termins bei *diesem* Konfirmandenjahrgang keine Änderung mehr erfolgen. Doch für die kommenden Jahre solle der Konfirmationstermin frühzeitig zwischen den Familien und der Gemeinde abgestimmt werden.

Worum ging es in diesem Konflikt, und was stand hier kirchlich auf dem Spiel? Vordergründig zeichnete sich bei diesem Kasus ein kasualtypischer *Deutungsmachtkonflikt*[121] ab. Die beiden Protagonisten verkörpern als Antipoden die beiden Brennpunkte der populären Konfirmationskasualie: die Privatheit familialer Festgestaltung und die institutionelle Ordnungsmacht kirchlicher Tradition.[122] Die Organisation einer Familienfeier und die Ausrichtung eines Kirchenfestes folgen durchaus unterschiedlichen Logiken. Die liturgischen Parameter von Kirchenjahr und sonntäglicher Religionspraxis stoßen hier auf die ganz anders gearteten Belange, eine repräsentative Familienfeier zu organisieren, die eben von einer funktionalen Vollständigkeit lebt. Die Größe der Schnittfläche zwischen beiden Logiken ist längst entscheidungsabhängig und entsprechend fluide. Die Abhängigkeit kirchengemeindlicher Entscheidungsalgorithmen von religiösen und kirchenrechtlichen Steuergrößen erscheint heute immer weniger Menschen plausibel. Und was auf einem Dorf „schon immer so" war, muss Menschen, die einem anderen Zeitregime unterliegen bzw. ihr Leben an säkularen Wertehierarchien ausrichten, keineswegs einleuchten. Die Flexibilisierung der modernen Lebensverhältnisse führt dazu, dass sich verwandtschaftliche Beziehungsnetze kaum noch regional einhegen lassen. Die Wege werden länger, und die Zeitbudgets aller Einzuladenden sind ihrerseits von engen Taktungen und entsprechenden Priorisierungen bestimmt. Alle auf einen Termin zu vereinen, verlangt von den Einladenden eine frühzeitige Planung. Schließlich schmälern verspätet anreisende bzw. vorzeitig abreisende Gäste die Festfreude. Und nicht zuletzt wollen Übernachtungen organisiert bzw. gebucht werden. Auf einer anderen Ebene spiegelt sich in dem Konflikt das sich in der späten Moderne verändernde Verhältnis von pastoraler *Amtshandlung* und

---

121 Vgl. Thomas Klie, Martina Kumlehn, Ralph Kunz und Thomas Schlag (Hg.), *Machtvergessenheit: Deutungsmachtkonflikte in praktisch-theologischer Perspektive* (Berlin und Boston: De Gruyter, 2021).
122 Dieser Konflikt ist kein religionskulturelles Spezifikum der späten Moderne. Schon 1935 konstatiert der Breslauer Systematiker Hans Georg Haack: „Bei der Konfirmation ist die nachfolgende Familienfeier vielfach zur Hauptsache geworden." Hans Georg Haack, *Die Amtshandlungen der evangelischen Kirche* (Gotha: Leopold Klotz Verlag, 1935), 16.

religiösem Servicewunsch. Vielen Pfarrpersonen macht es zunehmend Beschwer, dass sich evangelische Christenmenschen in ihrem Kasualbegehren weniger als Gemeindeglieder, sondern eher als Kunden verstehen, die „die Kirche" primär als religiöse Dienstleisterin sehen. Man gibt sich mit einer passiven Rolle, in der man genügsam und devot an der Amtshandlung partizipiert, nicht mehr zufrieden. Sieht die Pfarrperson demgegenüber ihr Kasualhandeln in erster Linie durch das ihr verliehene Amt der öffentlichen Wortverkündigung legitimiert (CA 5), dann wird sie die administrative und kirchenrechtliche Zuständigkeit für die Konfirmation grundsätzlich für sich reklamieren. Das Amt kanalisiert und organisiert das Kasualbegehren – nicht umgekehrt. Sieht sich allerdings das mündige (weil längst konfirmierte) Gemeindeglied selbst in der Rolle des religiösen Akteurs, der seine Interessen berechtigt wähnt und sie darum auch gewahrt wissen will, dann zeichnet sich hier eine kontroverse, wenn auch asymmetrische Kommunikation ab. Begehren trifft auf Gewähren. Das im Grunde ökonomische Verhaltensmuster der autonomen Anwahl bestimmter religiöser Dienstleistungen entspricht nicht einem pastoralen Selbstverständnis, das sich institutionell in der Vorhand weiß. „Nicht mehr die Verfälschung des göttlichen Wortes, sondern die Enttäuschung menschlicher Ansprüche ist jetzt das Problem."[123] Bei der Konfirmationskasualie gibt es kein *Kasualgespräch*, jedenfalls keines, das Raum böte für individuelles Ansinnen und persönliche Geschichten, die dann Einfluss auf Rede und Ritus bzw. Ort und Zeit[124] bekämen. Bei den sog. „Elternabenden" – wahlweise mit oder ohne die zu Konfirmierenden – geht es in aller Regel um organisatorische Abläufe, das Gruppenfoto, mögliche Spenden vom Konfirmationsgeld und den Dresscode. Mancherorts gründet sich bei dieser Gelegenheit auch ein Elternchor, der dann bei der Konfirmation Premiere feiert. Die Konfirmation als *Gruppenkasualie*[125] konstituiert sich in einem dynamischen Prozess, bei dem das Pfarramt den rituellen Rahmen absteckt und ihm theologisch Konturen verleiht. Wie auch in anderen kirchlichen Gruppenprozessen, in denen es Neulinge mit erfahrenen Hauptamtlichen zu tun bekommen, sind die Spielräume für grundlegende Änderungen des Reglements

---

123 Manfred Josuttis: „Die Toten", in *Heiligung des Lebens: Zur Wirkungslogik religiöser Erfahrung*, hg. v. Manfred Josuttis (Gütersloh: Gütersloher Vlg., 2004), 253–268 (256).

124 Bei Trauungen bestimmt das Brautpaar den Tag der kirchlichen Handlung (nach Maßgabe der Verfügbarkeit von Pfarrperson und Kirche), bei Taufen gilt dies weitgehend auch. Allerdings verlegen viele Gemeinden die Taufen in den sonntäglichen Gemeindegottesdienst und legen dafür monatlich sog. „Taufsonntage" fest. Bei Bestattungen bestimmt in der Regel die Friedhofsverwaltung in Absprache mit Pfarrer und Bestattungsunternehmen den Beisetzungstermin.

125 3.1.3 Der Kasus im Singular, Dual und Plural; vgl. hierzu auch die empirische Dissertation von Anne Polster: *Jugendliche und ihre Konfirmation: Theologische Diskurse – empirische Befunde – konzeptionelle Erwägungen*, (Stuttgart: Kohlhammer, 2020), 235 f.

eher eng. Die Dynamik beim kasuellen Elternabend ist von einem deutlichen Kompetenz- und Hierarchiegefälle geprägt. Kommt dem Kasualgespräch bei Taufe, Trauung und Bestattung eine hermeneutische Schlüsselfunktion zu, in dem – im gelingenden Fall: gemeinsam und auf Augenhöhe – das rituelle Gesamtkunstwerk Kasualgottesdienst auf der Basis lebensweltlicher Narrationen und den darauf bezogenen biblisch-theologischen Deutungsressourcen Gestalt annimmt, kommt genau diese kasualtypische Interaktion bei der *Kollektivkasualie* Konfirmation kaum zur Geltung. Im Zentrum steht hier eine Kohorte (in Westdeutschland) bzw. eine Kleingruppe (in Ostdeutschland); das Kollektiv nivelliert dementsprechend die Partikularinteressen, individuelle Narrationen und Gestaltungsinteressen. Und schließlich stoßen in diesem Konflikt unterschiedliche Deutungen des *Wochenrhythmus'* aufeinander. Gilt der Sonntag im allgemeinen Verständnis als letzter Tag des „Wochenendes"[126] und Montag als der Beginn der neuen (Arbeits-)Woche, sieht die christliche Kirche im Sonntag den ersten Tag der Woche (Mt 28,1; Apg 20,7). Der Sonntag steht im Zeichen der Auferstehung[127] und wird darum auch schon früh in der Alten Kirche als „Herrentag"[128] bezeichnet. In der christlichen Zeitrechnung wird die überkommene jüdische Wochenzählung zugleich übernommen und durchbrochen (vgl. Joh 20,26)[129]: Während der Sabbat am Samstagabend endet, bildet in christlicher Deutung dann der mit dem Sonnenuntergang folgende Herrentag[130] den eigentlichen Sabbat, also den Beginn der neuen Zeitrechnung. Demgegenüber zählt die kulturell etablierte Rede vom „Wochenende" den Sonntag als siebenten Tag der Woche. Da am Freitagnachmittag in den meisten Branchen für viele Arbeitnehmer die Wochenarbeitszeit endet und erst am Montag fortgesetzt wird, ist die Zeit dazwischen „Sabbat", Zeit der Arbeitsruhe. Der Kirchenvorstand als die dritte Konfliktpartei macht genau diesen Umstand geltend, indem er – im Grunde wie der Konfirmandenvater – mit der Privatheit argumentiert: Samstag als arbeitsfreier Tag solle für die Ehrenamtlichen frei bleiben, frei auch von gemeindlichen Verpflichtungen. Für die, die ein Familienfest feiern wollen, ist dagegen der

---

126 Diese Nomenklatur entspricht mittlerweile auch dem internationalen Standard, der in der Norm ISO 8601 festgeschrieben ist.
127 Sprachlich kommt diese Kopplung z. B. im Russischen zum Ausdruck: Sonntag = *voskresen'e* = Auferstehung.
128 Diese Etymologie ist in den romanischen Sprachen noch gut greifbar: frz. *dimanche*, ital. *domenica*, span. *domingo* – jeweils abgeleitet von latein. *dominus*: Herr.
129 Vgl. Karl-Heinrich Bieritz, *Das Kirchenjahr: Feste, Gedenk- und Feiertage in Geschichte und Gegenwart* (München: Beck, ⁹2014), 75.
130 In der Feier der Tagzeitengebete ist der liturgische Tagesbeginn mit der Vesper auf 18 Uhr festgelegt, so man nicht die aufwändige altkirchlich-klösterliche Terminierung nach dem Sonnenuntergang übernimmt, die dann jahreszeitlich variiert.

Samstag (oder der Freitagabend) ein idealer Termin, weil der Tag darauf arbeitsfrei ist, man also ausschlafen und ggf. die Heimreise antreten kann. Für die Ehrenamtlichen im Kirchenvorstand hätte deren gottesdienstliche Präsenz an einem Samstag nicht den Charakter einer privaten Feier, sondern den Pflichtcharakter von nicht frei disponibler Zeit. – In unserem Beispiel werden gleich beide kirchliche Zählungen in Anschlag gebracht: die Konfirmation[131] als Sonntagsgottesdienst und der gesonderte Beichtgottesdienst am Vorabend bzw. zum liturgischen Beginn des Sonntags (18:00 Uhr) am Sonnabend. Die hier konfligierenden Deutungen des Wochenrhythmus' schließen sich grundsätzlich aus, was das Aushandeln eines Kompromisses einerseits schwer, aber im Interesse der Kasualgruppe unbedingt erforderlich macht.

4.3.2 Geschichte der Konfirmation

Die Zuordnung der Konfirmation zu den Kasualien kann sich zwar empirisch auf die gesellschaftliche Wahrnehmung dieser am „stärksten nach innen *und* außen wirkenden ‚Obligationen' der Kirche"[132] berufen, stellt aber praktisch-theologisch eher eine Verlegenheitslösung dar. Denn im Unterschied zu anderen Kasualien ist der ihr zugrunde gelegte Kasus durch ein hohes Maß an Unbestimmtheit gekennzeichnet.[133] Die Antwort auf die Frage, was denn bei der Konfirmation genau der Fall ist, der sich heute im Bereich der evangelischen Landeskirchen in einem weitgehend konsistenten liturgischen Akt verdichtet, fällt vor allem aufgrund der Relation zum sakramentalen (Taufe) und katechetischen (Konfirmandenunterricht) Vorlauf der Konfirmationskasualie durchaus mehrstimmig aus. Hier tritt die kirchlich konsente Klarheit des Wie in Kontrast zur Unklarheit des Was und

---

[131] Im 17./18. Jh. wurde es in den evangelischen Gemeinden üblich, die Konfirmation mit dem ersten Abendmahlsgang am Sonntag Palmarum zu verbinden; vgl. K.-H. Bieritz, Kirchenjahr, 235.

[132] Peter C. Bloth, „Konfirmation", in *Handbuch der Praktischen Theologie*, hg. v. Peter Bloth, Karl-Fritz Daiber, Jürg Kleemann et al., Bd. 3: Praxisfeld: Gemeinden (Gütersloh: Gütersloher Vlg., 1983), 169–182 (169); Hervorhebung im Original.

[133] In seiner Züricher Dissertation spricht Markus Beile von einer „Vielzahl von Sinnzuschreibungen der Konfirmation" und führt explizit auf: „Segen für die Lebensreise", „Abschluss der unterrichtlichen Zeit", „Gelöbnis", „Abendmahlszulassung", „Bezugnahme zur Taufe", „Schwellenritual", „Ausdruck von Mündigkeit und Selbständigkeit" und schließlich „Einstimmen in das gemeinsame Bekenntnis". Markus Beile, Herausforderungen und Perspektiven der Konfirmationspredigt: Empirische Einsichten und theologische Klärungen (Stuttgart: Kohlhammer, 2016), 31–36. – Zur Mehrdeutigkeit der Konfirmation vgl. a. A. Polster, Konfirmation, 27–29, 291–295.

Warum. Wie bei der Heiligabendkasualie[134] zeigt sich auch hier die starke Performanz einigermaßen unirritiert von der Indifferenz und Ambiguität der Inhalte. Der Kasus der Konfirmation ist deutungsabhängig: Dogmatisch ist sie dem Taufsakrament zugeordnet, religionspädagogisch der kirchlichen Bildungsarbeit, rechtlich der Bestimmung über die uneingeschränkte Religionsmündigkeit[135], kybernetisch der Gemeindebildung, dramaturgisch der obligatorischen Sequenz aus kirchlicher Unterweisung und liturgischer Darstellung sowie gegenwartskulturell dem Mündigkeitsnarrativ. Die Konfirmation ist „wohltuend mehrdeutig und damit anschlussfähig für verschiedene religiöse und nicht religiöse Verständnisse."[136] Dies bildet sich in der jüngsten Kirchenmitgliedschaftsuntersuchung auch statistisch ab:

> „Etwa 92 % der ursprünglich evangelischen Befragten sind konfirmiert. Es zeigt sich eine stabile Situation bzgl. der Teilnahme an der Konfirmation bei den heutigen evangelischen Jugendlichen."[137]

Das nahezu fraglose Vorkommen dieser protestantischen Kernkasualie im familiären, zivilreligiösen und gemeindekirchlichen Festkalender steht in einer starken Spannung zur Offenheit ihrer praktisch-theologischen Semantik. Diese Offenheit hat vor allem kirchen- und theologiegeschichtliche Gründe. So bildet sich die Praxis der Konfirmation, einsetzend in der Reformationszeit, erst über einen längeren Zeitraum aus. Sie steht in einem unmittelbaren Zusammenhang mit der Kindertaufe (die ein vorlaufendes Taufkatechumenat obsolet machte) und der neuen Abendmahlspraxis. Dazu kamen die durch die Reformation forcierten Bildungsbemühungen, die in Luthers Katechismen von 1529 prominent sichtbar wurden, aber ideengeschichtlich bereits vorbereitet waren durch die Böhmischen Brüder und das humanistische Ideal der Erziehung zur christlichen Lebenshaltung

---

134 4.5 Heiligabend – das *Memento nasci* als Kasus.
135 In §5 des Religiösen Kindererziehungsgesetzes (RelKErzG) heißt es: „Nach der Vollendung des vierzehnten Lebensjahrs steht dem Kinde die Entscheidung darüber zu, zu welchem religiösen Bekenntnis es sich halten will." – Ab dem vollendeten 14. Lebensjahr gilt man nach §19 des Strafgesetzbuches (StGB) als strafmündig: „Schuldunfähig ist, wer bei Begehung der Tat noch nicht vierzehn Jahre alt ist."
136 So spitzt es Michael Meyer-Blanck zu in „Liturgie inszenieren – Konfirmation feiern: Thesen zur Liturgiedidaktik im KU und zur Liturgietheologie der Konfirmation", in *Konfirmandenunterricht: Didaktik und Inszenierung*, hg. v. Bernhard Dressler, Thomas Klie und Carsten Mork (Hannover: Lutherhaus 2001), 261–281 (272). Ähnlich auch Kristian Fechtner, *Kirche von Fall zu Fall: Kasualien wahrnehmen und gestalten* (Gütersloh: Gütersloher Vlg., ²2011), 108.
137 Evangelische Kirche in Deutschland (Hg.): *Wie hältst du's mit der Kirche? Zur Bedeutung der Kirche in der Gesellschaft. Erste Ergebnisse der 6. Kirchenmitgliedschaftsuntersuchung* (Leipzig: Evang. Verlagsanstalt 2023), 60.

eines Erasmus von Rotterdam.[138] Das unterscheidend Evangelische in der Abendmahls- und Beichtpraxis sollte eben nicht nur gesungen[139] und gelebt[140], sondern vor allem anderen auch gewusst werden. *Vor* der Erstkommunion und *nach* einer diesbezüglichen Katechisation war ein konfessorisches „Privatexamen" vor dem Beichtvater abzulegen. Dies sollte den rechten Taufglauben feststellen, und die Handauflegung (im Sinne einer Absolution) verband dann das „Abendmahlsverhör" mit der Tauferinnerung. Der lutherische Nukleus der Konfirmation ist also durchaus sakramental orientiert; obschon ihr selbst nicht der Status eines Sakraments zukommt, ist sie aufs Engste bezogen auf die drei evangelischen Sakramente: Taufe (in Form erinnernder Vergewisserung), Abendmahl (in Form vorbereitender Lehre) und Beichte (in Form ritueller Absolution durch Handauflegung). Schon in seiner *Formula missae* von 1523 zog es Luther in Erwägung, die Prüfung nur einmal im Leben („semel in tota vita") stattfinden zu lassen.[141] Damit war die einmalige Abendmahlsreifeprüfung gedanklich antizipiert, ohne dass Luther sie bereits in einer liturgischen oder gar didaktischen Gestalt konkretisierte.[142] Zum evangelischen Abendmahl waren fortan nur die über dessen neue Bedeutung Aufgeklärten zugelassen. Ritualgeschichtlich steht die Konfirmation natürlich in der Tradition des katholischen Firmsakraments, bei dem die Taufe der Firmlinge unter Handauflegung, Salbung und der Bitte um den Heiligen Geist bekräftigt wird. Nachdem sich im evangelischen Bereich die individuelle Belehrung zu einer allgemeinen „Kinderlehre" ausgeweitet hatte, griff man zur rituellen Ausgestaltung des Endes der Lehrzeit auf Elemente der Firmung zurück. Dieser Rekurs ist mit dafür verantwortlich, dass die Konfirmationshandlung selbst immer auch sakramentale Lesarten erfahren hat. Die enge Verbindung von katechetischem und quasi-sakramentalem Vollzug ist in Martin Bucers „Ziegenhainer Zucht- und Ältes-

---

138 Vgl. Wilhelm Maurer, „Geschichte der Firmung und Konfirmation bis zum Ausgang der lutherischen Orthodoxie", in *Confirmatio: Forschungen zur Geschichte und Praxis der Konfirmation*, hg. v. Kurt Frör (München: Evang. Presseverband, 1959), 9–38 (18–23).
139 Vgl. Peter Bubmann, *Davon ich singen und sagen will: Die Evangelischen und ihre Lieder* (Leipzig: Evang. Verlagsanstalt, 2012); Gerhard Rödding, *Ein neues Lied wir heben an: Martin Luthers Lieder und ihre Bedeutung für die Kirchenmusik* (Neukirchen-Vluyn: Neukirchener Vlg., 2015).
140 Vgl. Athina Lexutt, *Die Reformation: Ein Ereignis macht Epoche* (Köln, Weimar und Wien: Böhlau, 2009); Irene Dingel und Ute Lotz-Heumann (Hg.), *Entfaltung und zeitgenössische Wirkung der Reformation im europäischen Kontext* (Gütersloh: Gütersloher Vlg., 2015).
141 WA 12, 215, 18 ff.: *Formula Missae et Communionis* [1523]. – Einige solle man jedoch einmal jährlich dieser Prüfung unterziehen, während andere gar nicht geprüft werden müssten.
142 Vgl. hierzu ausführlich Bjarne Hareide, *Die Konfirmation in der Reformationszeit: Eine Untersuchung der lutherischen Konfirmation in Deutschland 1520–1585* (Göttingen: Vandenhoeck, 1971); Michael Meyer-Blanck, *Wort und Antwort: Geschichte und Gestaltung der Konfirmation am Beispiel der ev.-luth. Landeskirche Hannovers* (Berlin und New York: De Gruyter, 1992).

tenordnung" (1538) bzw. in der „Kasseler Kirchenordnung" (1539) agendarisch noch greifbar. In seinen Bildungsimpulsen von Erasmus herkommend, schuf Bucer, von Luther inspiriert, eine Synthese, die fünf Elemente miteinander verband und die darüber evangelisch stilbildend wirkte: die Wiederholung des Taufbekenntnisses nach einem kirchlichen Elementarunterricht, die fürbittende Segenshandlung (analog zur Taufe), die Handauflegung (als Mitteilung des Heiligen Geistes), die Abendmahlszulassung und schließlich die Eingliederung unter die Kirchenzucht der Abendmahlsgemeinde.[143] Nimmt man Bucers hessische Kirchenordnungen als Geburtsstunde der evangelischen Konfirmationspraxis, dann ist sie gewissermaßen jünger als die Reformation. Aufs Ganze gesehen ist sie ein „Spätling kirchlicher Amtshandlungspraxis"[144], denn die weitere Verbreitung der Konfirmation erfolgte regional durchaus unterschiedlich. Sie gleicht einem weitmaschigen Flickenteppich, der sich zunächst vor allem auf Nord- und Ostdeutschland beschränkt.[145] Auch noch im Zeitalter der *Orthodoxie* bildete die gemeindeöffentliche Konfirmation eher die Ausnahme als die Regel. Der 30-jährige Krieg führte schließlich dazu, dass sich die Konfirmation nicht nur nicht weiterverbreitete, sondern vielerorts auch wieder abgeschafft wurde.[146] Es ist Philipp Jacob Spener zu verdanken, dass die Konfirmationspraxis dann wieder an Attraktivität gewann, auch in den Kirchengebieten, in denen sie bislang nicht Fuß fassen konnte. Sein Grundimpuls war es, den katechetischen Unterricht auf die persönliche Herzensfrömmigkeit auszurichten. Das hierdurch geweckte religiöse Bewusstsein der Konfirmanden kam prominent im liturgischen Gelübde zum Ausdruck. Spener nannte dies den den Taufbund bestätigenden ‚Verspruch'. Die katechetische Vermittlung der *fides quae* (Glaubenslehre) in Reformation und Orthodoxie mutierte im Pietismus zu einer liturgischen Darstellung der *fides qua* (Glaubenspraxis). Im feierlichen Konfirmationsgottesdienst fand dann die pietistische Frömmigkeit den ihr gemäßen kirchlichen Ritus. Erst jetzt wurde auch das Konfirmationsalter dauerhaft auf das 14. Lebensjahr festgelegt, was dann auch nach der Einführung der allgemeinen Schulpflicht und der Reform der Volksschule im 19. Jh. mit dem Volksschulabschluss zusammenfiel. Erst in der Mitte des 20. Jh. löste sich dieser Konnex mit der Einführung des 9. Pflichtschuljahres (z. B. in Niedersachsen 1962) auf. Lange Zeit konnte die Wendung „aus

---

143 Vgl. W. Maurer, Geschichte, 29 f.
144 K. Fechtner, Kirche, 123.
145 Rietschel bietet in seiner Liturgik eine erhellende Chronologie der Einführung der Konfirmation in den einzelnen Kirchengebieten (in Auswahl): Kalenberg-Göttingen (1542), Pommern (1563), Lauenburg (1585), Lippe-Detmold (1684), Württemberg (1722), Frankfurt a. M. (1813), Lübeck (1817), Preußen (1821), Hamburg (1832). Georg Rietschel, *Die Kasualien, Bd. 2, Lehrbuch der Liturgik* (Berlin: Verlag von Reuther & Reichard, 1909), 164.
146 Vgl. G. Rietschel, Liturgik, Bd. 2, 161.

der Schule kommen" synonym zu „konfirmiert" verwendet werden. Die Reformation hatte diesbezüglich noch kein bestimmtes Konfirmationsalter fixiert, sie orientierte sich vielmehr am mittelalterlichen Entwicklungsmodell, das für religiöse Bildungsprozesse das individuell unterschiedliche Erreichen der *anni discretionis* voraussetzte. Die gewissenhafte Selbstprüfung, die am Ende des 17. Jh. immer mehr die Katechismusprüfung überlagerte, erforderte ältere, möglichst sittlich gereifte Jugendliche. Insofern weist das pietistische Projekt eines autonomen, seiner religiösen Überzeugung gewissen und bekennenden Subjekts einen großen Überschneidungsbereich auf mit dem Autonomie- („Mündigkeit") und Kirchenideal („societas aequalis") der Aufklärung.

Im *Rationalismus* der Aufklärungszeit wird die Konfirmation dann vollends zu einer weihevollen Mündigkeitserklärung. Indem man die kirchenrechtlich relevante Abendmahlszulassung zeremoniell als Übergang in die bürgerliche Selbstbestimmung auslegte, wurden die im kirchlichen Unterricht erworbenen theologischen Kompetenzen gleichsam säkularisiert, d. h. als lebenszyklischer Verantwortungsgewinn in Anspruch genommen. Aus der Konfirmation wird nun konsequent ein „Jugendfest": das „Fest der menschlichen Natur" oder die „Jünglingsweihe".[147] Im 19. Jh. gerät dann die *gemeindliche* Dimension der Konfirmation stärker in den Blick. Man sieht in ihr nun einen kirchenrechtlichen Akt am Ort der Gemeinde, in dem sich jene sichtbar verwirklicht. 1832 hatte dann auch als letzte die Hamburgische Kirche die Konfirmation offiziell eingeführt. Das „volle aktive Gemeindebürgerrecht" (Johann Wilhelm Höfling)[148] macht die Konfirmierten zu „gleichberechtigten, mittätigen Gemeindegliedern" (Johann Christian von Hofmann)[149]. Neu-lutherische Reformvorschläge, die das in einer doppelten Konfirmationshandlung (1. Segnung als Abschluss der Unterweisung, Sakramentsgemeinschaft, 2. Handauflegung als „Laienordination" als Eintritt in die Kerngemeinde) zum Ausdruck bringen wollten, konnten sich jedoch nicht durchsetzen. Zeitgeschichtlich gebrochen findet sich allerdings der Gedanke einer gestuften Konfirmation wieder im Konzept des „konfirmierenden Handelns", das die ostdeutschen Landeskirchen in Opposition zur „sozialistischen Erziehung" und deren

---

[147] Ausführlich hierzu Bo Hallberg, *Die Jugendweihe: Zur deutschen Jugendweihetradition* (Göttingen: Vandenhoeck, ²1979), 57 [Lund 1977].
[148] Johann Wilhelm Höfling, *Das Sakrament der Taufe nebst anderen damit zusammenhängenden Akten der Initiation*, Bd. 2 (Erlangen: Palmsche Verlagsbuchhandlung, 1848), 430 passim.
[149] Johann Christian von Hofmann, „Die rechte Verwaltung der Konfirmation, eine Grundvoraussetzung rechter Kirchenverfassung", *Zeitschrift für Protestantismus und Kirche (ZPK)* 18 (1849), 1–18.

symbolischem Ausdruck der Jugendweihe[150] entwickelten. Konfirmation wird hier verstanden als ein prozessuales, „ganzheitliches" Geschehen, das im Rahmen eines Gesamtkatechumenats die Jugendlichen sukzessive in das Gemeindeleben zu integrieren sucht, um ihnen das Christsein in einer sozialistischen Gesellschaftsordnung zu eröffnen.[151] Doch weder das theologisch überformte Stufenmodell noch der gemeindepädagogisch motivierte Versuch eines Konfirmandenunterrichts, der mit 9/10-jährigen beginnt[152] (nach der niedersächsischen Kleinstadt, in der dieses Modell entwickelt wurde, auch „Hoyaer Modell"[153] genannt), vermochte die religionskulturell längst als monolithischer Ritus tradierte Kasualie zu irritieren. Stärker haben sich jedoch die inhaltlichen Verschiebungen ausgewirkt, die im Zusammenhang mit der empirischen Wende Mitte der 1960er Jahre den Kasus von seinen pädagogischen und sozialisatorischen Kontextbedingungen her verstanden wissen wollten.[154] Hier wurden die theologischen (Abendmahlsadmissio, Tauferinnerung), kybernetischen (Laienordination) und aszetischen (Bekenntnis, Mündigkeit) Lesarten des Kasus deutlich relativiert zugunsten „nichttheologischer Faktoren"[155], wie etwa der Gruppendynamik (erlebbar v. a. auf Konfirmandenfreizeiten bzw. -rüstzeiten), problemorientierter Themenzuschnitte, Gemeindepraktika und lebensgeschichtlicher Unterrichtsbezüge. Das sakramentenkatechetisch bestimmte Setting des Konfirmanden*unterrichts* weitete sich darüber zu einer gemeindepädagogisch ausgelegten Konfirmanden*arbeit*.

---

150 Albrecht Döhnert, *Jugendweihe zwischen Familie, Politik und Religion: Studien zum Fortbestand der Jugendweihe nach 1989 und die Konfirmationspraxis der Kirchen* (Leipzig: Evang. Verlagsanstalt, 2000), 151 ff.
151 Das gestufte Modell wurde etwa zeitgleich auch in Westdeutschland diskutiert. Vgl. Christof Bäumler und Henning Luther (Hg.), *Konfirmandenunterricht und Konfirmation: Texte zu einer Praxistheorie im 20. Jahrhundert* (München: Kaiser, 1982), 156 f.
152 Vgl. Michael Meyer-Blanck und Lena Kuhl (Hg.), *Konfirmandenunterricht mit 9/10jährigen: Planung und praktische Gestaltung* (Göttingen: Vandenhoeck, 1994).
153 Michael Meyer-Blanck (Hg.), *Zwischenbilanz Hoyaer Modell: Erfahrungen – Impulse – Perspektiven* (Hannover: Lutherhaus, 1993).
154 Kritisch hierzu Bernhard Dressler, „Schule und Gemeinde: Religionsdidaktische Optionen. Eine topographische Lageskizze zum Unterschied zwischen Religionsunterricht und Konfirmandenunterricht", in *Konfirmandenunterricht*, hg. v. Ders., Thomas Klie und Carsten Mork (Hannover: Lutherhaus, 2001), 133–151.
155 Walter Neidhart, „Die Bedeutung der nichttheologischen Faktoren für die Konfirmation", *PTh* 55 (1966), 435–446.

4.3.3 Der praktisch-theologische Ort

Bei kaum einer anderen Kasualie gehen die öffentliche Wahrnehmung und die theologischen Sinngebungen so stark auseinander wie bei der Konfirmation. Gefragt nach dem, was „unbedingt zum Evangelisch-Sein" dazu gehört, antworteten die Befragten bei den Kirchenmitgliedschaftsuntersuchungen (KMU) ostinat zu über 80 %, „dass man konfirmiert ist".[156] Die Konfirmation ist offenbar bei den Kirchenchristen – und nicht nur bei ihnen[157] – im Bewusstsein fest mit dem verbunden, was als „evangelisch" identifizierbar ist. Sie gilt als ein „feierlicher Abschluss der Kindheit" und als „Beginn eines neuen Lebensabschnittes" (etwa 70 %), sie ist eine „gute alte Tradition" (50 %) und natürlich eine „Familienfeier" (40 %).[158] Die Konfirmation ist der „Inbegriff evangelischer Kirchlichkeit"[159] und insofern auch die „Kasualie der Kirchlichkeit"[160]. Diese hohe volkskirchliche Wertschätzung der Konfirmation kommt auch darin zum Ausdruck, dass sie schon früh als Jubiläumsanlass begangen wurde. Seit Ende des 1. Weltkrieges werden vermehrt Goldene Konfirmationen[161] gefeiert, später dann auch Silberne Konfirmationen. Auch wenn die Konfirmation – wie alle traditionellen Kasualien – quantitativ auf dem Rückzug ist[162], ist sie als sozial wirksamer Vorstellungszusammenhang qualitativ nach wie vor tief in der volkskirchlich-protestantischen Festkultur verwurzelt.

---

156 KMU I/1972 (nicht erfragt); KMU II/1982: 80 %; KMU III/1992: 84 % (West), 78 % (Ost); KMU IV/2002: 87 % (West), 83 % (Ost); KMU V/2012 (nicht erfragt).

157 Bei der KMU III/1992 antworteten *Konfessionslose*, die nach der Bedeutung der Konfirmation gefragt wurden: „Sie ist ein feierlicher Abschluss der Kindheit und Beginn eines neuen Lebensabschnitts": 26 % (West) bzw. 60 % (Ost); „Sie ist vor allem eine Familienfeier": 63 % (West) bzw. 57 % (Ost); „Sie ist gute alte Tradition": 35 % (West) bzw. 46 % (Ost).

158 Prozentzahlen aus KMU IV/2002; die Werte aus West- und Ostdeutschland unterschieden sich hier nur graduell.

159 K. Fechtner, Kirche, 102.

160 Michael Meyer-Blanck, „Konfirmation", *Liturgisches Kompendium*, hg. v. Christian Grethlein und Günter Ruddat (Göttingen: Vandenhoeck, 2003), 329–347 (330).

161 Vgl. Kathrin Fenner, *Confirmatio et memoria per narrationem: Die Feier der Goldenen Konfirmation – Erinnerungskasualie oder Klassentreffen in kirchlichem Ambiente?* (Berlin: LIT, 2015). – 6. Erinnerungskasualien.

162 Zwischen 2004 und 2018 sank die Zahl der Konfirmationen um etwa 40 % von 273.347 auf 165.992. Vgl. https://de.statista.com/statistik/daten/studie/158425/umfrage/konfirmationen-in-deutschland-seit-2002/; vom 25.08.2020. Vgl. hierzu auch Wolfgang Ilg und Friedrich Schweitzer, „Empirische Bestandsaufnahme aus den Studien zur Konfirmandenarbeit", in *Handbuch Konfi-Arbeit*, hg. v. Thomas Ebinger, Thomas Böhme, Matthias Hempel, Herbert Kolb und Achim Plagentz (Gütersloh: Gütersloher Vlg., ²2018), 67–78.

> „Die vielfältigen Kontraste und Konvergenzen zwischen bürgerlicher Familienkultur und Jugendkultur, zwischen Gemeindechristentum und Jugendreligion, zwischen kirchlicher Organisation und frommer Individualität bündeln sich im Konfirmationsgottesdienst".[163]

Als polyphones Gesamtkunstwerk zieht die Konfirmation in der späten Moderne eine Vielzahl von Begründungen auf sich. Viele Lesarten schwingen gleichzeitig mit, ohne dabei andere Bedeutungen religionskulturell zu marginalisieren.[164] Im Kanon der anderen Kasualien hat die Konfirmation in doppelter Hinsicht einen Sonderstatus. Theologisch kommt ihr zum einen kein Eigensinn zu, da sie allein durch die Taufe legitimiert ist. Nur wer als Kind getauft ist, kann auch konfirmiert werden. Erwachsene, d. h. religionsmündige Täuflinge, müssen nicht konfirmiert werden. Bei ihnen können hinreichende Wissensbestände und ein reflexives Verhältnis zur eigenen Konfession vorausgesetzt werden. Gleichwohl gibt es natürlich eine Fülle von Gründen, die die Konfirmation Erwachsener im Einzelfall zu einem sinnvollen Ritus machen können.[165] Zum anderen steht Konfirmation für einen doppelten Vollzug: ein normalerweise zweijähriger Lehrgang, der dann in einer ihn beschließenden rituellen Darstellung die erworbenen Kompetenzen öffentlich beglaubigt. Die liturgische Gestalt des Konfirmationsgottesdienstes und die didaktische Gestalt ihres unterrichtlichen Vorspiels bilden einen, in der gemeindlichen Realität allerdings nur selten integrierten, Gesamtvollzug. Im gelingenden Fall erschließt sich beides gegenseitig. Das weite Bedeutungsspektrum der Konfirmation kommt liturgisch u. a. a. durch ihre Mehrstufigkeit zum Ausdruck. Sie bildet den vorläufigen Endpunkt einer ganzen Folge von Gottesdiensten, in denen das konfirmierende Handeln der Kirche in Erscheinung tritt. Diese Stufung ist das Produkt einer längeren historischen Entwicklung. Beginnend mit dem fakultativen Gottesdienst zu Beginn der Konfirmandenzeit, über die häufiger werdenden Konfirmandentaufen bis hin zum obligatorischen „Vorstellungsgottesdienst" (mancherorts noch „Konfirmandenprüfung") erstreckt sich die Konfirmation über mehrere Stationen. Zählt man die verschiedenen Gottesdienste im Laufe der Konfirmandenzeit, an denen Jugendliche gestaltend beteiligt sind, sowie die Konfirmationsjubiläen (nach 25, 50, 60 und mehr Jahren) noch dazu, dann legt sich der Schluss nahe, dass in der Konfirmationspraxis in besonderer Weise das protestantische Leben zur Darstellung kommt.

---

163 Wolfgang Steck, *Praktische Theologie, Bd. 1: Horizonte der Religion – Konturen des neuzeitlichen Christentums – Strukturen der religiösen Lebenswelt*, (Stuttgart: Kohlhammer, 2000), 367.
164 Ein analoger Wirkzusammenhang kann auch die „Heiligabend-Religion" erklären: eine größtmögliche Amplitude in den öffentlichen Sinnzuschreibungen bei gleichzeitig hoher Attraktivität.
165 Die neu bearbeitete lutherische Konfirmationsagende bietet hier sogar einen eigenen liturgischen Verlauf an. Konfirmation: Agende, 165 ff.

Nimmt man die Bedeutung, die dem Kasus in der Regel im parochialen Festkalender und in der gesellschaftlichen Öffentlichkeit[166] zugeschrieben wird, als Gradmesser, dann erscheint die Konfirmation durchaus als ein eigenlogischer Ritus, den nicht zuletzt auch die exponierte kirchliche Gestaltung sakramental auflädt.[167] So war gerade die starke Verwurzelung der Konfirmationspraxis in der protestantischen Mehrheitsbevölkerung in Ostdeutschland einer der Hauptgründe für die DDR-Machthaber, genau diesen Kasus durch eine staatlich forcierte Konkurrenzkasualie[168] zu neutralisieren.[169] Ungeachtet der starken gesellschaftlichen Markierung changiert der praktisch-theologische Ort der Konfirmation. Je nach Sichtweise gilt sie als der feierliche Abschluss des kirchlichen Unterrichts (vor allem im reformierten Bereich), als eine pastorale Amtshandlung und Abendmahlsapprobation (vor allem in traditionell lutherischen Gemeinden), als eine Bildungs- und Sozialisationskasualie (in kulturprotestantisch geprägten Gemeinden) bzw. als ein Passageritus (in sozialdiakonisch orientierten Milieus), als eine gottesdienstliche Darstellung des Taufgedenkens (in reformatorischer Tradition) oder als ein liturgisch gedehntes Bekenntnis (in der Tradition der bekennenden Kirche).[170] Diese Ambiguität in den Zuschreibungen lässt sich nicht ohne Weiteres auflösen – dafür sind diesem Kasus in seiner Geschichte zu viele unterschiedliche Bedeutungen zugewachsen. Walter Neidhart unterscheidet allein sechs verschiedene Motivstränge.[171]

---

166 Je kleiner das Gemeinwesen und je höher darin der Anteil der Evangelischen, desto stärker ist die Konfirmation Teil öffentlicher Kommunikation. Dies zeigt sich u. a. in vorgedruckten Glückwunschkarten in Schreibwarengeschäften, Foto-Berichten in der Lokalzeitung, Artikeln im Gemeindebrief, Menü-Vorschlägen in den Gaststätten, Konfirmationskleidung in den Schaufenstern, Gruppenfotos in den Foto-Geschäften und Dank-Annoncen der Konfirmierten. Mancherorts werden auch Kirchenfahnen an den Kirchtürmen gehisst.
167 Der mecklenburgische Neulutheraner Theodor Kliefoth beklagt schon 1856, dass der Konfirmation seit Ende des 17. Jh. „von allen Seiten eine so große Theilnahme zugewendet [wurde], daß namentlich die Taufe gegen sie auf höchst bedenkliche Weise in den Schatten trat." – Theodor Kliefoth, *Die Confirmation* (Schwerin: Sandmeyer, 1856), 3 f.
168 5. Konkurrenzkasualien – zwischen ritueller Enteignung und Deutungsmacht.
169 Ausführlich hierzu Roland Degen, „„Machst Du dein Ding mit oder ohne Pfarrer?': Konfirmation, Jugendweihe, kirchliche Jugendfeier und Rituale ähnlicher Art", in *Konfirmandenunterricht*, hg. v. Bernhard Dressler, Thomas Klie und Carsten Mork (Hannover: Lutherhaus, 2001), 152–174; A. Döhnert, Jugendweihe, 13–153.
170 Diese unterschiedlichen Akzentuierungen finden sich auch bereits Mitte des 19. Jh. Theodor Kliefoth unterscheidet 1856 zwischen „gnesiolutherischer" (= katechetischer), „sakramentaler" und „kirchenregimentlicher" Konfirmation. – Th. Kliefoth, Confirmation, 10 ff., 65 ff., 86 ff.
171 Vgl. Walter Neidhart, Art. „Konfirmation II. Praktisch-theologisch", *TRE* Bd. XIX (1990), 445–451 (450 f.); vgl. auch K. Fechtner, Kirche, 124.

4.3.3.1 Das baptismale Motiv

Die volkskirchliche Situation ist immer noch weitgehend von der Praxis der Kindertaufe bestimmt. In Westdeutschland gilt sie in protestantischen Milieus weitgehend selbstverständlich. Dass das die Konfirmation begründende Bezugssakrament für die meisten Konfirmanden biografisch weit zurück liegt, erschwert die theologisch gebotene Darstellung des Taufbezugs in Unterricht und Gottesdienst nicht unwesentlich.[172] Die Taufe kann nicht individuell erinnert werden, sie liegt vor als ein *narrativ* (Erzählungen der Eltern) bzw. *ikonisch* (durch Fotos und Filme) vermitteltes Datum. In relativem Kontrast dazu steht die baptismale Bezogenheit der Konfirmation (latein.: *confirmare* – bestärken, bestätigen, befestigen). In der Kindertaufe, die sich seit dem 5. Jh. mehr und mehr durchsetzte, sind es die Eltern und Paten, die stellvertretend für das Kleinkind die Taufentscheidung treffen und ihren Glauben im Credo bekennen. Diese Praxis betont in besonderer Weise die (Tauf-)Gnade, die sich eben nicht etwaigen Vorleistungen verdankt (*gratis iustificentur propter Christum per fidem*; CA IV).

Der gegenwärtig wahrnehmbare Taufaufschub[173], der für mehr und mehr Jugendliche in einer Taufe kurz vor der Konfirmation Gestalt annimmt, rückt diese beiden kirchlichen Akte allerdings in ein paradoxes Missverhältnis: Man lässt sich taufen, um konfirmiert zu werden. Dies folgt aus dem Wunsch vieler Eltern, frühkindlich nicht selbst für die Religion ihres Kindes einstehen zu wollen (bzw. zu können), sondern diese Entscheidung dem Kind selbst zu überlassen, das sich dafür im Konfirmandenunterricht zunächst ein eigenes Bild von der Kirche machen soll. In der Endphase des Unterrichts entsteht somit für die noch ungetauften Konfirmandinnen und Konfirmanden gewissermaßen ein ritueller Sogeffekt. Man will konfirmiert werden und dieser Wunsch nötigt zur Taufe. Steht die Kindertaufe dafür, in die Kirche de facto „hineingeboren" zu werden, legt die Konfirmandentaufe nahe, in sie „hineingebildet" zu werden. Beides ist evangelisch gut zu begründen, wenn auch die Konfirmandentaufe die Frage nach Sinn und Vollzugsgestalt der Konfirmation deutlich zuspitzt. In gewisser Weise nähert sich ein solches Taufverhalten – natürlich unter ganz anderen kulturellen Vorzeichen – wieder der Praxis der Alten Kirche an, bei der Katechumenat und Taufe anders gereiht und eng aufeinander bezogen waren. Wollte man auf diese kirchengeschichtliche Koinzidenz liturgisch reagieren, wäre in der Konfirmationshandlung die postbaptismale Salbung (als Ausdruck der Geistverleihung) und die Integration in die mündige Gemeinde (in Gestalt der Taufkommunion bzw. der Gemeindeeucharistie) zentral zu stellen.

---

172 Vgl. hier auch die Zusammenfassung bei A. Polster, Konfirmation, 29–32.
173 4.1 Taufe – die fluide Freistellung des christlichen Subjekts.

4.3.3.2 Das katechetische Motiv

Der Konfirmationsgottesdienst bildet den liturgischen Abschluss des Konfirmandenunterrichts, indem die zu Konfirmierenden über die Bedeutung von Taufe und Abendmahl sowie die beide Sakramente darbietende Kirche unterrichtet wurden. Diese Unterweisung ist notwendig, um das eigene Christsein lernend in die Lehrtraditionen der Kirche einzuzeichnen. Was im kirchlichen Unterricht im Medium der Gruppe erarbeitet wurde, tritt dann in Gestalt des „Vorstellungsgottesdienstes" (vielerorts auch noch in Form einer „Lehrbefragung" bzw. „Konfirmandenprüfung" vor der Gemeinde bzw. dem Presbyterium) gemeindeöffentlich in Erscheinung. Vorstellungsgottesdienst und Konfirmation stehen liturgisch zueinander im Verhältnis von Präparation und Festakt bzw. in der Diktion von Carl Immanuel Nitzsch: im Verhältnis von gefeierter Lehre und gelehrter Feier.[174] Dass der kirchliche Unterricht theologisch nur Sinn macht, wenn die Sakramentendidaktik sein integrales Zentrum bildet, ist mit dem – seinerzeit durchaus funktionalen – lebensweltlichen „Perspektivenwechsel" etwas in den Hintergrund gerückt. Soll die Bezogenheit des Konfirmandenunterrichts auf seine festliche Coda, die Konfirmation, didaktisch zum Ausdruck kommen, dann muss das gesamte Unterrichtsszenario als ein religiöser Lernprozess gestaltet werden. Die Konfirmationsagende setzt jedenfalls auf eine bewusste Tauferinnerung und eine reflektierte Abendmahlsteilnahme.

4.3.3.3 Das parochiale Motiv

Mündiges Christsein artikuliert sich für das Gemeindechristentum in Formen kirchlicher Sozialisation. Versteht man die Konfirmation als Laienordination am Lernort Gemeinde, dann kann dies nur durch einen vorlaufenden Prozess der Eingliederung in die religiösen Lebensäußerungen der parochial Partizipierenden angebahnt werden.[175] Das konfirmierende Handeln lässt sich dann weniger auf ein wie auch immer gestaltetes Unterrichtsszenario abbilden, sondern es beschreibt ein sukzessives Vertrautwerden mit der kirchlichen Christentumspraxis im Modus einer didaktisch entgrenzten „Konfirmandenarbeit"[176]. Sie ist ein selbstverständli-

---

[174] Carl Immanuel Nitzsch, *Praktische Theologie, Bd. 2* (Bonn: Marcus, 1848), 1. Vgl. Harald Schroeter, *„Denn die Lehre feiert auch, und die Feier lehret": Prospekt einer liturgischen Didaktik* (Waltrop: Spenner, 2000).

[175] „Die Konfirmation zählt zu den intensivsten Berührungen von Jugendlichen mit Kirche." A. Polster, Konfirmation, 13. Zu den empirischen Befunden ebd., 242 f.

[176] Programmatisch ist dieser Ansatz greifbar in: Comenius-Institut (Hg.), *Handbuch für die Konfirmandenarbeit* (Gütersloh: Gütersloher Vlg., 1984). In diesem umfangreichen Sammelband findet sich bezeichnenderweise kein Unterkapitel zur Konfirmation bzw. zum Konfirmationsgottesdienst. Vgl. hierzu Chr. Bäumler und H. Luther (Hg.), Konfirmandenunterricht.

cher Teil des kirchengemeindlichen Lebens und folgt auf die Angebote der Kinderarbeit (Kindergottesdienst, Jungschar; in Ostdeutschland: Christenlehre), und sie mündet – gelingendenfalls – in die kirchliche Jugendarbeit.

4.3.3.4 Das eucharistische Motiv

Dieser Begründungszusammenhang, der durch die Praxis des Kinderabendmahls zunehmend in den Hintergrund rückt, kann sich zumindest auf die lutherische Tradition berufen.[177] Den als Kinder Getauften sollte in der Reformationszeit die Bedeutung der neuen evangelischen Abendmahlspraxis zu lernen gegeben werden, und im Anschluss daran waren ihre katechetischen Lerngewinne in einem Privatexamen unter Beweis zu stellen. Die Erstkommunion wurde damals aus guten Gründen an die Bedingung einer vorbereitenden Unterweisung geknüpft. Allerdings wird man nach einem halben Jahrtausend evangelischer Abendmahlspraxis diesen Nukleus lutherischen Konfirmationshandelns in einer spätchristlichen Religionslandschaft kaum mehr ungebrochen tradieren können. Der religiöse Lernprozess erstreckt sich im Konfirmandenunterricht über einen längeren Zeitraum, in dem das obligatorische Thema Abendmahl an unterschiedlichen Orten des Curriculums platziert werden kann. Didaktisch ist es dann in jedem Fall angezeigt, dass sich eine solche Lernsequenz nicht in einem Reden-über erschöpft, sondern sie sich auch in einer altersgemäßen Abendmahlsfeier konkretisiert. Dies spricht keineswegs gegen das feierliche Abendmahl mit Eltern, Paten und Gemeinde im Rahmen des Konfirmationsgottesdienstes, kommt doch darin die Gemeinschaft Gottes mit den Glaubenden und die Verbundenheit der Gemeinde untereinander zum Ausdruck. Dass sich darüber das „Mündig"-Werden der Konfirmierten in doppelter Hinsicht performiert, hängt aber nur bedingt an der Praxis der Erstkommunion.

Eine weitere Relativierung der ehedem strikt an das Bestehen der Konfirmandenprüfung gebundenen Abendmahlsadmissio ergibt sich aus tauftheologischen Überlegungen heraus. Wie die Taufgnade vorbehaltlos zugesprochen wird und grundsätzlich frei ist von Kautelen jeder Art, wie etwa Bildung, Behinderung oder Milieu, so können analog auch nicht das Quantum dogmatischer Wissensbestände oder gar ein vollständiges Verstehen zum Ausschlusskriterium gemacht werden für die Teilnahme am Abendmahl, dem zweiten sakramentalen Brennpunkt der Konfirmation. Schließlich ist es die Taufe, die den Zugang zum Abendmahl eröffnet, nicht jedoch deren – theologisch ohnehin obsolete – „Bekräftigung". Wenn im Mahl dessen Geber real präsent geglaubt wird, indem er sich den Kommunikanten selbst zu erschließen gibt, dann ist dieses *mysterium fidei* Ausdruck einer freien

---

[177] Zu den empirischen Befunden vgl. A. Polster, Konfirmation, 164 ff.

Gabe. Gleichwohl wird man religionspädagogisch immer auch einräumen, dass (nicht nur) junge Menschen prinzipiell im Modus gelehrter wie gelebter Religion in ein tieferes Verstehen des Sakraments hineinwachsen können. Statt den Konfirmandenunterricht auf eine kirchenrechtlich bewehrte Approbation zulaufen zu lassen, können zeitgemäße Formen eines religiösen Prozesslernens den reformatorischen Akzent auf einer wissensbasierten Religionspraxis wahren, ohne ihn an das formale Konstrukt einer punktuellen „Ergebnissicherung" zu binden.[178] Im Kontext kirchlicher Unterweisung beginnt die Aneignung eucharistischer Praxistheorien am Lernort Gemeinde im Idealfall im Kindergottesdienst, setzt sich fort über das liturgische Lernen[179] im Konfirmandenunterricht und die exemplarische Teilnahme an Abendmahlsgottesdiensten.[180] Lernen gestaltet sich hier als ein subjektiv ausgelegter Vorgang mit einer inneren Logik und Dynamik. Im Erkennen und Wiedererkennen ritueller Muster und Deutungen, die in analogen Situationen das Lernen ermöglicht haben, kann das Subjekt immer wieder die erkannten Muster überprüfen und neue Sinnbezüge herstellen. Wie jedes Lernen konstituiert sich auch ein eucharistischer Lehr-Lernprozess als eine Einheit aus intentionalen und zufälligen Veränderungen.

4.3.3.5 Das konfessorische Motiv

Mit der Konfirmation sprechen die Katechumenen ein „persönliches Bekenntnis zur eigenen Taufe und Gliedschaft in der Kirche, verbunden mit dem Einstimmen in das Bekenntnis der Kirche"[181]. Agendarisch ist vorgesehen, dass das apostolische Glaubensbekenntnis, das in der Erwachsenentaufe der Taufe vorausgeht und aufs Engste mit der Taufe verbunden ist[182], unter den Bedingungen einer immer noch mehrheitlich gegebenen Kindertaufe nun von den Konfirmanden vor der Gottesdienstgemeinde gesprochen wird. Dies soll zunächst anhand von eigens „im Unter-

---

[178] Immer noch maßgebend sind hier die didaktischen Überlegungen von Lothar Klingberg, *Einführung in die Allgemeine Didaktik: Vorlesungen* (Berlin: Volk und Wissen, 1972), 133 ff. Vgl. Werner Jank und Hilbert Meyer, *Didaktische Modelle* (Berlin: Cornelsen, [13]2019).
[179] Vgl. Thomas Klie und Bärbel Husmann, *Gestalteter Glaube: Liturgisches Lernen in Schule und Gemeinde* (Göttingen: Vandenhoeck, 2005).
[180] Entsprechend sieht die Agende die Konfirmation als einen „gestreckten Vorgang mit mehreren Stationen", der „durch besondere Gottesdienste geprägt wird, die die unterschiedlichen Stationen auf dem Weg der Konfirmanden anzeigen" (Konfirmation: Agende, 14): den „Gottesdienst zu Beginn der Konfirmandenzeit", „Taufe in der Konfirmandenzeit", „Abendmahl während der Konfirmandenzeit", „Beichte in der Konfirmandenzeit" sowie den „Vorstellungsgottesdienst".
[181] Konfirmation: Agende, 14. – Zu den empirischen Befunden vgl. A. Polster, Konfirmation, 151 ff.
[182] Vgl. Anne Käfer, *Glauben bekennen, Glauben verstehen: Eine systematisch-theologische Studie zum Apostolikum* (Zürich: TVZ, 2014), 1 ff.

richt erarbeiteten Glaubensaussagen" erfolgen. Dem folgt dann das Apostolicum. Neben der Abendmahlsteilnahme zeigt das freimütige Sprechen des Credos im wahrsten Sinne des Wortes die neu gewonnene Mündigkeit der zu Konfirmierenden an. Ideengeschichtlich wurzelt das konfessorische Motiv im reformatorischen Impuls, die Konfirmation anamnetisch an die Taufe zurückzubinden. Das initiale Taufbekenntnis wird unter den Bedingungen konfirmierenden Handelns gewissermaßen re-inszeniert. So verlangte Bucer, dass die Katechumenen das gewünschte Ergebnis der Katechese in einem öffentlichen Bekenntnis unter Beweis stellen. Im Pietismus verlagerte sich jedoch die Bedeutung in Richtung einer erwecklichen Bezeugung der erfolgten Hinwendung zu Christus. Die Konfirmandinnen und Konfirmanden erneuerten gewissermaßen ihren Anteil an dem bei der Taufe geschlossenen Bund. Aber auch der Rationalismus beharrte auf dem Bekenntnisakt der Heranwachsenden, legitimierte ihn doch die Verleihung kirchlicher und bürgerlicher Rechte im Übergang in die bürgerliche Lebenswelt der Erwachsenen. Die Lesart der Konfirmation als persönliche Entscheidung für die vita christiana erfolgte also bereits im 18. Jh., wenn auch mit unterschiedlichen Begründungen.

In einer religiös pluralen Gesellschaft wird dagegen mit dem Konfirmationsbekenntnis eine deutliche Differenz markiert: zu anderen Sinndeutungen, zur Konkurrenzkasualie Jugendweihe und zur religiösen Indifferenz von Gleichaltrigen, die weder an der Jugendweihe noch an der Konfirmation teilnehmen. In diesem Sinne plädiert Meyer-Blanck: „Für die Konfirmation als Kasualie der Kirchlichkeit sind Frage und Bekenntnis bzw. Erklärung der Jugendlichen unverzichtbar."[183] In der Konfirmationsagende kommt der Bekenntnisaspekt in einem vierstufigen Syntagma zum Ausdruck: Auf die Tauferinnerung folgen Glaubensaussagen der Konfirmanden und das gemeinsam mit der Gemeinde gesprochene Apostolische Bekenntnis. Daran schließen sich drei fakultative Varianten eines persönlichen Bekenntnisses zur eigenen Taufe und zur Kirche an – mit absteigender persönlicher Verbindlichkeit: als *Frage* an die ganze Gruppe der Konfirmanden (Antwort: ‚Ja, mit Gottes Hilfe'), als *Erklärung* anhand von unterrichtlich generierten Formulierungen (schließen mit: ‚Wir bitten Gott um seine Hilfe') und als *Zuspruch* (Antwort: ‚Amen').

---

[183] M. Meyer-Blanck, Liturgie inszenieren, 270: „Niemand tritt einem Verein bei, der ihm sagt, dass er eigentlich den Vereinszweck in seiner ganzen Tragweite gar nicht verstehen und vertreten könne, und auch gar nicht müsse; er trete ja letztlich gar nicht in einen Fußballverein ein, sondern nur in eine Gemeinschaft, die ihm als einem der Sozialisationsbegleitung bedürftigen Individuum eine Heimat bieten wolle, aber für Fußball könne und brauche er keine Verantwortung zu übernehmen, das machten die Experten." (270 f.).

So sehr mit dieser Rubrizierung das Bemühen, die Jugendlichen als religiöse Subjekte liturgisch ins Recht zu setzen, sie dabei aber religiös möglichst nicht zu überfordern, einzuleuchten vermag, werden hieran aber auch die inszenatorischen Verlegenheiten des Entscheidungsakts deutlich. Während die Frage an die Konfirmandengruppe den gerade erst in zweifacher Weise *bekannten* Glauben relativiert, setzen die Erklärung[184] und der Zuspruch[185] den Taufkonnex voraus, ohne diese Verbindung diskursiv zu plausibilisieren oder rituell einzuholen. Fechtner macht darüber hinaus auch sozialisatorische Gründe geltend für seine These, dass „der Kasus Konfirmation" durch „die *Kategorie der Entscheidung* in gewisser Weise überlastet ist".[186] Er nennt in diesem Zusammenhang mit Recht die altersbedingt noch weitgehend fluide Religion der Jugendlichen und den Konformitätsdruck, der sich sublim durch die Kohorte der Peers, die familiären Erwartungen und die religionskulturellen Üblichkeiten aufbaut. Die offensichtliche Spannung zwischen theologischem Begründungszusammenhang und dem moderngesellschaftlichen Verhalten zur kirchlich organisierten Religion, die sich durch die gesamte Kasuallandschaft prägt, zeigt sich auch hier in aller Deutlichkeit.

4.3.3.6 Das lebenszyklische Motiv

Durch die Einführung des 9. Pflichtschuljahres in den 1960er Jahren wurde die lange Zeit bestehende Verquickung von Schulabschluss und Abschluss der kirchlichen Bildung gelöst. Für viele ältere Menschen schwingt heute noch mit, dass man früher nach der Konfirmation in die Lehre ging, wenn von einem lebensgeschichtlichen Übergang in die Jugendzeit gesprochen wird. Bis in die 1960er Jahre hinein korrelierte die Konfirmation in Deutschland also durchaus mit einer lebenszyklisch bedeutsamen Passage, die in den reformierten Schweizer Landeskirchen, wo im Alter von 15 oder 16 Jahren konfirmiert wird und die Konfirmation dadurch mit dem Abschluss der obligatorischen Schulzeit zusammenfällt, nach wie vor plausibel gemacht werden kann.

Dies gilt jedoch nicht in gleicher Weise für die Konfirmation von 14-Jährigen. Mit den moderngesellschaftlichen Ausdifferenzierungen verschleifen alle lebenszyklischen Übergänge, und mit ihnen franst auch die Jugendzeit aus. Schon die Ety-

---

[184] „Wir haben gemeinsam das Glaubensbekenntnis gesprochen und damit Ja zu unserer Taufe gesagt." Konfirmation: Agende, 158.
[185] „Ihr habt den Gauben der Kirche bekannt und damit Ja zu eurer Taufe gesagt. Der gnädige Gott helfe euch, dabei zu bleiben. Er stärke euren Glauben." Konfirmation: Agende, 159.
[186] K. Fechtner, Kirche, 106 (Kursivierung im Original).

mologie von „Adoleszenz" (latein. *adolescere*, „aufwachsen", „heranreifen")[187] signalisiert, dass man es hier weniger mit einer klar abgrenzbaren „Phase" zu tun hat, als vielmehr mit einem ganzen Bündel eigenlogischer Entwicklungsverläufe, die am Ende aus Kindern eigenverantwortliche Erwachsene werden lassen.[188] Die oft flirrenden Dynamiken markieren eine Zwischenposition, die sich mehr und mehr aufspreizt: Die körperliche Reifung verlagert sich weiter nach vorn, und zugleich verlängert sich die (finanzielle und lebensräumliche) Abhängigkeit von den Eltern.

Die französische Kinderärztin und Psychoanalytikerin Françoise Dolto veranschaulicht die Adoleszenz anhand einer Hummer-Analogie[189]:

> „Wenn ein Hummer den Panzer wechselt, verliert er zunächst seinen alten Panzer und ist dann so lange, bis ihm ein neuer gewachsen ist, ganz und gar schutzlos. Während dieser Zeit schwebt er in großer Gefahr."[190]

Adoleszente haben den schützenden Kindheitskokon und mit ihm die vertrauten Möglichkeiten abgeworfen, ohne schon durch den möglichen neuen Verhaltens- und Habitus-„Panzer" von Erwachsenen gewappnet zu sein. „Die Adoleszenz ist das Drama des Hummers"[191] – eine Zeit gesteigerter Verletzlichkeit und zugleich eine Zeit intensivster Freuden. Während in der Kindheit die Elternfamilie das soziale Leben zentriert, konkurriert in der Adoleszenz die Peer-Group mit der Geborgenheit der familialen Bindungen. Die Clique bietet eine Leidens- und Freudengemeinschaft von „verwandten Seelen", in der Versuche, Rückschläge und Kursänderungen gemeinsam durchgespielt und mitgeteilt werden. Der vehemente Wunsch nach Ungebundenheit und Freiheit – beides oft mehr erhofft als ausgelebt – trifft ebenso auf das elterliche Schutzgebaren wie die übersteigerten Impulse zu riskantem Verhalten. Diese Spannung korrespondiert im Rahmen der Konfirmandenzeit mit dem sublimen Zwang zum Gottesdienstbesuch bzw. den in aller Regel positiv erlebten Frei-Zeiten[192] (ostdeutsch: Rüstzeiten, „Rüsten").

---

187 Etymologisch aus latein. *ad*, „an, hin zu" und latein. *alescere* „heran-, aufwachsen", zu latein. *alere* „nähren, ernähren, großziehen".
188 Bereits 1992 hat Meyer-Blanck die Formel vom „Übergang in den Übergang" geprägt. M. Meyer-Blanck, Wort und Antwort, 9.
189 Vgl. Françoise Dolto und Catherine Dolto-Tolitch, *Von den Schwierigkeiten, erwachsen zu werden* (Stuttgart: Klett-Cotta, ⁴1992); französ.: *Paroles pur adolescents ou le complexe du homard* (Paris: Hatier, 1989). Das Manuskript von Françoise Dolto hat ein Jahr nach ihrem Tod ihre Tochter Catherine herausgegeben.
190 F. Dolto und C. Dolto-Tolitch, Schwierigkeiten, 15.
191 Ebd., 16.
192 Ausführlich hierzu Marcell Saß, *Frei-Zeiten mit Konfirmandinnen und Konfirmanden: Praktisch-theologische Perspektiven* (Leipzig: Evang. Verlagsanstalt, 2005).

Die meisten Jugendlichen machen in der Adoleszenz erste Erfahrungen mit ihrer Sexualität, wobei Freundschaften wegen der gemeinsam geteilten Entwicklungsgeschehnisse von mindestens ebenso hoher emotionaler Qualität sind. Eigene Stärken und Schwächen werden nun auch bewusst wahrgenommen und reflektiert. Spannung und Entladung, Reiz und Eskapismus, „Sturm und Drang", Rausch und Ernüchterung, Sprunghaftigkeit und Phlegma, Regression und Exzess, Tradition und Neuorientierung – dies sind die Pole, zwischen denen adoleszentes Erleben pendelt. Dabei übt das soziale Umfeld einen großen Einfluss auf den je individuellen Entwicklungsverlauf aus. Die Gruppe der Peers bietet den Adoleszenten das notwendige Forum für Selbstdarstellung, Erprobung und Widerständigkeit – ein Umstand, der oft genug den Konfirmandenunterricht pädagogisch in die Leere laufen lässt.[193] Dieses Autonomielaboratorium, das durch die Diskrepanz zwischen Ich-Ideal und real erlebtem Entwicklungsstand bestimmt ist, strapaziert die familialen Bindungen, ohne sie jedoch in Gänze kappen zu können. Zu den altersspezifischen Entwicklungsaufgaben gehört es, Selbständigkeit und Eigenkontrolle zu erlangen. Beides wird weniger reflexiv als sozial-emotional ausgehandelt.

Wenn es der Kirche gelingt, unter diesen Voraussetzungen den Heranwachsenden in der Konfirmandenzeit räumliche und soziale Anregungsareale sowie religiöse Anschlusskommunikationen zu bieten, die im engen didaktischen Kontakt zu den zentralen Entwicklungsaufgaben stehen und dabei sowohl gesetzliche Reglementierungen wie auch libertär-anbiedernde Umgangsformen vermeiden, dann wird die Konfirmation zu einem stimmigen Abschluss, in dem sich die kirchliche Bildungsbemühung rituell verdichtet: nicht als Passage, sondern als Ausweis eines beendeten Lehr-Lern-Prozesses mit der Option auf mündige Teilhabe an kirchlicher Religion.[194] Das lebenszyklische Motiv ist weniger durch die Konfirmation legitimiert als durch den ihr voraufgehenden Unterricht.

Nichtsdestoweniger bedeutet die Konfirmation immer noch eine wichtige Wegmarke in der öffentlichen Wahrnehmung von Jugend.[195] Sie wird seitens der Kirche flankiert durch die kirchenrechtliche Option, als Konfirmierter die Taufpatenschaft übernehmen zu können, im Blick auf den Religionsunterricht als „reli-

---

[193] Zur Empirie vgl. Thomas Böhme-Lischewski und Hans-Martin Lübking, *Engagement und Ratlosigkeit: Konfirmandenunterricht heute: Ergebnisse einer empirischen Untersuchung* (Bielefeld: Luther-Verlag, 1995).
[194] Ganz ähnlich resümiert auch A. Polster, Konfirmation, 318 ff.
[195] Polster deutet das individuelle Erleben der Konfirmation durch die Konfirmandinnen und Konfirmanden sozialpsychologisch als Empowerment. „Eine Deutung der Konfirmation als Empowerment belässt ihr ihre Bedeutungsoffenheit und Anschlussfähigkeit und bietet gleichzeitig einen Rahmen, der für die Ausgestaltung von Konfi-Zeit und Konfirmation Orientierung gibt." A. Polster, Konfirmation, 306.

gionsmündig" zu gelten und das aktive Wahlrecht bei Kirchenwahlen ausüben zu können. Dass in den lutherischen Landeskirchen das Konfirmationsalter auf 14 Jahre festgelegt ist, macht die Konfirmation im Unterschied zu allen anderen Kasualien zu einem lebenszeitlich gebundenen Kasus, der aber soziologisch weder als biografische „Passage" noch als „Altersstufenfest"[196] angemessen zu bestimmen ist. 14-Jährige überschreiten mit ihrer Konfirmation weder eine Schwelle, noch lassen sich biografisch signifikante Veränderungen (im Blick auf Entwicklung, Habitus oder Status) benennen, die das Interpretament „Passage" rechtfertigen könnten. Das aktive Wahlrecht bei Kirchenwahlen[197] oder das Recht, Pate zu werden, sind außerhalb des Milieus der kirchlich hoch Verbundenen schlichtweg nicht präsent.[198] In der Jugendphase geschieht viel, aber es „passiert" nichts. Weder ist man erwachsen, noch ereignet sich schulisch Entscheidendes. Man wohnt nach wie vor bei den Eltern, hat dort dieselben Rechte und Pflichten, genießt weiterhin dieselben kleinen Freiheiten und ist immer noch mit denselben Peers zusammen. Die erste große Liebe bleibt in Sichtweite.

Dessen ungeachtet wird die Konfirmation (und mit ihr Firmung und Jugendweihe) *als* Altersstufenfest begangen. Es ist schlicht die Performanz des festlichen Begängnisses, die hier das kulturelle Konstrukt trägt.[199] Diese Deutungsroutine lebt von dem familiensoziologisch durchaus wirkmächtigen *Narrativ* eines Übergangs „in die Jugendzeit"[200], obwohl es eine einheitliche und allgemein anerkannte Periodisierung des Jugendalters nicht gibt.[201] Und so macht die lebenszyklische Lesart

---

[196] Konfirmation: Agende, 138.
[197] Die weitaus meisten Landeskirchen sehen für 14-jährige das aktive Wahlrecht bei Kirchenwahlen vor, erkennen dann aber das passive Wahlrecht zumeist nur Volljährigen bzw. 16-jährigen zu. In Anhalt und in der Rheinischen Kirche können auch Konfirmierte gewählt werden (Stand: 11.09.2020).
[198] In der Hannoverschen Landeskirche haben 2018 nur knapp 15 % der 14-Jährigen an den Kirchenwahlen teilgenommen. Vgl. https://www.landeskirche-hannovers.de/evlka-de/presse-und-medien/pressemitteilungen/landeskirche/2018/2018_03_12; vom 20.08.20.
[199] Diese Vorstellung wird auch in den Lokalzeitungen bedient, die regelmäßig im Frühjahr die Konfirmation (die Firmung bzw. die Jugendweihe) mit dem Deutungsklischee eines „Übergangs vom Kindes- ins Erwachsenenalter" belegen.
[200] Konfirmation: Agende, 138. – In der englischsprachigen Literatur findet sich oft die Abgrenzung aufgrund eines sprachlichen Kriteriums, wonach alle Personen, deren englische Altersbezeichnung mit „-teen" endet, in dieser Kohorte subsummiert werden (thirteen – nineteen). Die WHO setzt dagegen die Adoleszenz zwischen 10 und 20 Jahren an.
[201] Exemplarisch aus der Fülle der Literatur: Heinz Kipp, Annette Richter und Elke Rosenstock-Heinz (Hg.), *Adoleszenz in schwierigen Zeiten: Wie Jugendliche Geborgenheit und Orientierung finden* (Gießen: Psychosozialverlag, 2017); August Flammer und Françoise D. Alsaker, *Entwicklungspsychologie der Adoleszenz: Die Erschließung innerer und äußerer Welten im Jugendalter* (Bern: Huber, 2001); Susanne Hauser und Franz Schambeck (Hg.), *Übergangsraum Adoleszenz: Entwick-*

der Konfirmation im sozialpsychologischen Niemandsland eines adoleszenten Als-ob, in einem Verlauf emphatischer Unbestimmtheit, kontrafaktisch eine relativ starke symbolische Ordnung glaubhaft.[202] Diese Konzession an die gesellschaftlichen Projektionen[203] – systemtheoretisch wäre hier von *Erwartungserwartungen*[204] zu sprechen, die das für alle beteiligten Akteure (inklusive der Jugendlichen selbst!) sensible Sozialsystem adoleszenter Entwicklungsoptionen zu stabilisieren und formal einzuhegen verheißt – ist theologisch insofern nicht von Belang, als hier ja „nur" eine kontingente religiöse Erinnerungshandlung zur Darstellung kommt, die sich allein aus kulturgeschichtlichen Gründen an das 14. Lebensjahr angelagert hat.

Kasualtheoretisch zählen die Konfirmation und das Konfirmationsgedächtnis – wie die Einschulung – zu den *Gruppenkasualien* (Kasus im Plural). Eine Alterskohorte macht im gemeinsamen Unterricht religiöse Bildungserfahrungen, und sie wird ebenfalls gemeinsam im Konfirmationsgottesdienst gesegnet.[205] Das Subjekt, dessen Religionsmündigkeit hier initiiert wird, findet sich im heterogenen Zwangsverbund mit anderen Konfirmanden vor. Nicht selten überlagern darum gruppendynamische Aushandlungs- und Segregationsphänomene die Konfirmationspraxis. Die Konfirmationskasualie kommt *on demand*[206] zustande (Eltern melden ihre Kinder zum KU an), aber die Legitimation und der administrative Vorhalt, die sich in der speziellen Anmeldesituation äußern, liegen dieser Bestellstruktur voraus. Die familiale Anwahl und der gemeindliche Vorhalt stehen in einem kooperativ-interdependenten Wechselverhältnis.

---

lung, Dynamik und Behandlungstechnik Jugendlicher und junger Erwachsener (Frankfurt a. M.: Brandes & Apsel, 2010).
202 Der gleichsam phänomenologische Kompromiss Fechtners, der einerseits den Hiatus zwischen der undeutlichen Jugendphase und der „institutionellen Stärke" des kirchlichen Altersstufenfestes einräumt, aber (mit Wolfgang Steck) die Hauptfunktion der Konfirmation eben darin sieht, dass sie „im Zusammenspiel aller Beteiligten" rituelle „Zeichen im unübersichtlichen Gelände der Jugendzeit" setzt, nämlich den „Übergang zwischen Kindheit, Jugendalter und Erwachsenendasein" feiert und „öffentlich zur Darstellung" bringt, vermag nicht recht einzuleuchten. K. Fechtner, Kirche, 104. – Kritisch zur Deutung der Konfirmation als Passageritual äußert sich auch A. Polster, Konfirmation, 40–42, 284–286.
203 So auch die Beiträge im aktuellen *Handbuch Konfi-Arbeit*, hg. v. Th. Ebinger et al., v. a. 40–47, 56–63.
204 Vgl. Hubert Höllmüller, *Entscheidungsprozesse und Erwartungserwartungen: Zur Genese von Entscheidungsprozessen auf Grundlage der Theorie selbstorganisierender Systeme* (Saarbrücken: VDM-Verlag, 2008); Hans-Jürgen Hohm, *Soziale Systeme, Kommunikation, Mensch: Eine Einführung in soziologische Systemtheorie* (Weinheim: Juventa, 2006), 136 f.
205 Während in weitgehend volkskirchlich geprägten Dörfern oft noch eine komplette Alterskohorte konfirmiert wird, steht die Konfirmationspraxis in Ostdeutschland im Windschatten der majoritären Jugendweihe, die hier in der Regel über die Schulen lanciert und angebahnt wird.
206 Vgl. Thomas Klie, Folkert Fendler und Hilmar Gattwinkel (Hg.), *On demand: Kasualkultur der Gegenwart* (Leipzig: Evang. Verlagsanstalt 2017).

4.3.4 Inszenierungsmuster

Setzt man ein Verständnis von Konfirmation als einen einheitlichen, gestreckten Vorgang aus Katechumenat und zentralem Konfirmationsakt voraus, dann legt es sich praktisch-theologisch nahe, beide Vollzüge in ihrer wechselseitigen Bezogenheit *gemeinsam* zu betrachten. Diese Perspektive liegt sowohl in der Logik einer gemeindeoffenen Theorie religiöser Bildung als auch im Gefälle eines kulturoffenen Liturgieverständnisses.[207]

Systematisiert man das konfirmierende Handeln der Gemeinden, dann zeichnen sich hier unterschiedliche, in sich aber kohärente Inszenierungsmuster ab.[208] Idealtypisch lassen sich die Gestaltungsofferten auf vier Grundformen zurückführen: das *kybernetisch-integrative*, das *lebenszyklisch-segnende*, das *katechetisch-kirchenrechtliche* und das *sakramentlich-zeremonielle*. In der gemeindlichen Praxis überlagern sich diese Muster allerdings in vielfältigen Brechungen.

4.3.4.1 Das kybernetisch-integrative Inszenierungsmuster

Das kybernetisch-integrative Inszenierungsmuster konkretisiert sich unterrichtlich im engen Kontakt zur gemeindlichen Wirklichkeit und liturgisch in einer ganzen Reihe verschiedener Gottesdienste *unter besonderer Berücksichtigung* von Konfirmanden, *für, mit* sowie *von* Konfirmanden.[209] In ihnen werden die katechetischen Inhalte feiernd vergegenwärtigt. Geschichtlich lässt sich dieses Grundmuster bis ins 19. Jh. zurückverfolgen. In den aktuellen Formen geht es hier vor allem darum, die Bedeutung der Konfirmation für das Bestehen und die Fortentwicklung des sie unmittelbar umgebenden Kirchensystems herauszustellen. Die Unterrichtsmethoden imaginieren auf verschiedene Weise ein „Probewohnen" im Raum der Kirche. Gelungene (Erst-)Begegnungen mit dem kirchlichen Leben in der Gemeinde sollen ermöglicht werden, indem man die Katechumenen vertraut macht mit den vielfältigen Lebensäußerungen des christlichen Glaubens. Der Unterricht übernimmt in diesem integrativen Konzept die Funktion eines pädagogisch formatierten und liturgisch gerahmten Spielraums: einerseits modellhaftes Abbild der real existie-

---

[207] Die Darstellung folgt hier weitgehend meinem Artikel „Konfirmation", *Handbuch Praktische Theologie*, hg. v. Wilhelm Gräb und Birgit Weyel (Gütersloh: Gütersloher Vlg., 2007), 591–601.
[208] Diese Merkmalscluster können rekonstruiert werden aus der Fülle der Anleitungsliteratur und den diversen Modellen zum Konfirmandenunterricht, die jeweils immer auch auf eine bestimmte liturgische Kontur implizieren, als auch aus den Konfirmationsagenden bzw. aus den diversen Handreichungen, die ihrerseits bestimmte Darstellungs- und Vermittlungsoptionen voraussetzen.
[209] Vgl. M. Meyer-Blanck, Liturgie lernen, 267 (mit Bezug auf H. Siegel).

renden Koinonia, andererseits Erprobungsraum für ein angestrebtes Parochie-Ideal.

Ziel ist es, über Konfirmandenpraktika, vielfältige Gruppenerfahrungen und handlungsorientierte Methoden ein möglichst großes Überlappungsfeld von gelebter und gelehrter Religion[210] darzustellen. Freizeiten/Rüstzeiten werden zu „Kirche auf Zeit", Konfirmandenelternarbeit wird zu Erwachsenenbildung und Konfirmanden*unterricht* wird zu Konfirmanden*arbeit* – eine programmatische Entscheidung der 1980er Jahre.[211] Liturgisch äußert sich diese Struktur in der Wahrnehmung möglichst vieler gottesdienstlicher Anlässe, z. B. Gottesdienst zum Beginn der Konfirmandenzeit, Vorstellungsgottesdienst, Taufgottesdienste für die noch ungetauften Konfirmanden, spezielle Jugendgottesdienste. In ihnen soll der Gemeinde Anteil gegeben werden am Katechumenat; die Konfirmanden und deren Eltern „werden in ihrer besonderen Lebenssituation wahrgenommen und der Fürbitte der ganzen Gemeinde anempfohlen".[212] Das Moment der Gemeindepartizipation findet die unter DDR-Bedingungen geprägte Formel vom „konfirmierenden Handeln" ihren kybernetischen Sitz im Leben.

4.3.4.2 Das lebenszyklisch-segnende Inszenierungsmuster

Das lebenszyklisch-segnende Modell sieht in der Konfirmation vor allem eine „Unterwegs-Kasualie"[213]; es zeichnet dementsprechend den Konfirmandenunterricht ein in die „identitätsstiftende" Begleitung von Heranwachsenden. Die Konfirmandenarbeit erscheint hier weniger kybernetisch als vielmehr biografisch formatiert. Im Zuge einer auf „Beziehungsarbeit" und begleitende Seelsorge zugeschnittenen Erziehungslehre bzw. einer darauf zugeschnittenen gottesdienstlichen Kommunikation geht es vor allem um die Ausbildung und Darstellung persönlicher Identität. Die kybernetischen, pädagogischen und liturgischen Kontexte kommen in erster Linie als Sozialisationsinstanzen in den Blick, deren Eigenrechte zugunsten einer Stärkung der Jugendlichen hinter die von ihnen zu leistenden puberalen Ablöseaufgaben zurücktreten. Der partnerschaftlich-symmetrisch angelegte Unterricht mündet in einen Gottesdienst, bei dem Elemente des Segens und der Fürbitte

---

[210] Vgl. hierzu exemplarisch Albrecht Grözinger und Georg Pfleiderer (Hg.), *„Gelebte Religion" als Programmbegriff systematischer und praktischer Theologie* (Zürich: TVZ, 2002).
[211] Vgl. das Konzept vom Comenius-Institut (Hg.), *Handbuch für die Arbeit mit Konfirmandinnen und Konfirmanden* (Gütersloh: Gütersloher Vlg., 1998), 9 ff.
[212] Konfirmation: Agende, 18.
[213] K. Fechtner, Kirche, 109.

im Vordergrund stehen (das konfessorische und das eucharistische Motiv bleiben hier eher unterbestimmt).[214]

Die Konfirmation als „feierlich inszenierter Jugendgottesdienst"[215] bringt dann homiletisch und liturgisch zum Ausdruck, was im Vorfeld den Konfirmandenunterricht begründete: die symbolisch verdichtete Imagination einer sozialisatorischen Passage in die Lebens- und Erfahrungswelt der Erwachsenen. Sie macht das Heraustreten aus der häuslichen Sphäre öffentlich und stützt es rituell durch eine zentral gestellte Segenshandlung ab. Die Alterskohorte präsentiert sich selbstbewusst mit eigenen Texten und Songs der kirchlichen Öffentlichkeit. Der feierliche Ein- bzw. Auszug symbolisiert den zu absolvierenden „Lebensweg", für den das Sakrament des Altars die nötige „Wegzehrung" bietet. Der Konfirmationsspruch hat als „Wegbegleiter" eine vornehmlich sozialisatorische Funktion. Für das angestrebte erfahrungsnahe Lernen werden in erster Linie offene Szenarien angestrebt (ganztägige „Konfi-Tage", Freizeiten/Rüstzeiten, der Jugendarbeit entlehnte Partizipationsformen). Vermehrt rücken hier auch geschlechtsspezifische Markierungen in den Wahrnehmungshorizont.[216] Bei den didaktischen und liturgischen Formen gilt der Freiheitsvorbehalt des Subjekts; theologische Inhalte werden konsequent auf ihre Bedeutung für die Lebensgeschichte und die Familienbiografie hin ausgelegt. Seine klassische Ausprägung findet dieses Inszenierungsmuster zweifelsohne im Rationalismus, seitdem zieht sich dieser Begründungszusammenhang (vermehrt in den 1970er Jahren) in unterschiedlichen Akzentuierungen durch die konzeptionellen Diskurse.

4.3.4.3 Das katechetisch-kirchenrechtliche Inszenierungsmuster

Dieses Modell weist formal die größte Nähe zur reformatorischen Grundform der Abendmahlsunterweisung auf: die Katechisation reguliert – nach erfolgter Taufe – die Zulassung zum Sakrament des Altars. Die Verknüpfung dieses Lehr- bzw. Prüfungsprozesses mit einer öffentlichen Bekräftigung der Tauf-*promissio* bei der Konfirmation dominiert im protestantischen Bewusstsein nach wie vor das Kon-

---

214 Ähnlich auch Albrecht: Die „Elemente der Segnung, der Fürbitte und der Tauferinnerung, aber auch Konfirmationsspruch und Konfirmationspredigt" spielen hier eine wichtige Rolle, „daneben aber auch Äußerungen der Konfirmanden über Glauben, Kirche und Gemeinde (eigene Credo-Formeln, eigene Fürbitten)." Chr. Albrecht, Kasualien, 72.
215 W. Steck, Praktische Theologie, Bd. 1, 368.
216 Sabine Ahrens und Annebelle Pithan (Hg.), *KU, weil ich ein Mädchen bin: Ideen, Konzeptionen, Modelle für mädchengerechten KU* (Gütersloh: Gütersloher Vlg., ²2000); Thorsten Knauth, Frie Bräsen, Eckehard Langbein und Joachim Schroeder (Hg.), *KU, weil ich ein Junge bin: Ideen, Konzeptionen, Modelle für jungengerechten KU* (Gütersloh: Gütersloher Vlg., 2002).

firmationsverständnis. Dass dabei ursprünglich die heute als unabdingbar angesehene Segnung keine Rolle spielte, tut der Popularität der Konfirmation keinen Abbruch.

Pädagogisch nimmt dieses Inszenierungsmuster Gestalt an in den fünf Hauptstücken des Katechismus. Sie bilden nicht nur den Kanon, sondern sie legen auch bis in die Mitte des 20. Jh. hinein den Lernweg fest. Die Responsstruktur („*Was ist das?*") akzentuiert den normativen Gehalt des vorab fixierten „Unterrichtsgesprächs". Die theologisch stilisierten Lehrfragen verobjektivieren die kirchliche Lehre, die Selbsttätigkeit der Katechumenen reduziert sich auf ein erwartbar „richtiges" Antworten. Die Beherrschung dieses Lernstoffs gibt kirchenrechtlich die Bedingung ab für Religionsmündigkeit und Patenschaft. Beides kommt liturgisch im persönlichen Bekenntnis und in der Erstkommunion zur Darstellung.

Religionspädagogisch und liturgisch ist der sich hierin zeigende Zuschnitt der Unterrichtsinhalte mitsamt der Verrechtlichung der Konfirmationshandlung immer wieder unter Legitimationsdruck geraten. Die normative Kraft dieses Inszenierungsmusters zeigt sich darin, dass es für das Gros der Reformen entweder die Funktion einer negativen Kontrastfolie oder aber die eines fortzuentwickelnden Basismoduls innehat. Auf der Grundlage dieses traditionellen Modells konnten überhaupt erst die in den aktuellen Modellen zum Ausdruck kommenden Umcodierungen als didaktische bzw. liturgische Innovationen realisiert werden. So ist es bezeichnend, dass sich die in letzter Zeit gehäuft publizierten Unterrichtswerke zum Konfirmandenunterricht, trotz des Bemühens um Aktualität und erfahrungsnahe Didaktisierungen einerseits und konzeptioneller Differenzen andererseits, an Luthers religionspädagogischer Elementarisierung orientieren. Selbst in den mittlerweile üblich gewordenen „Vorstellungsgottesdiensten" wirkt der katechetisch grundierte Eigensinn der Konfirmation noch nach. Der Konfirmationsgottesdienst selbst wird als Abschluss der Konfirmandenzeit gefeiert.

4.3.4.4 Das sakramental-zeremonielle Inszenierungsmuster

Die vierte Struktur verdankt sich der Renaissance des Feier- und Festgedankens.[217] Diese Wende innerhalb der kirchlichen Religionspraxis durchbricht die Tendenz zur umfassenden Pädagogisierung konfirmierenden Handelns. Damit verschiebt sich der Akzent auf die Wahrnehmung symbolischer Kommunikation, die die religiöse Bildung sowie die liturgischen Vollzüge steuert. Die Offenheit für nonverbale Ausdrucksformen zeigt sich in der zeremoniellen Auffächerung traditioneller liturgischer Stücke, vor allem in den neueren Taufformularen (Wiedergewinnung

---

217 Vgl. hierzu W. Steck, Praktische Theologie, Bd. 1, 369.

des altkirchlichen „Taufweg"-Gedankens; Optionsvielfalt im Gebrauch fakultativer Zeichenhandlungen).[218] In den Taufgottesdiensten während der Konfirmandenzeit wird der Taufbezug der Konfirmation ästhetisch, vor allem aber auch handlungsorientiert ins Bewusstsein gehoben. Bedingt durch das Zurücktreten der *Admissio*-Funktion wird hier verstärkt die Möglichkeit genutzt, Abendmahlsfeiern auch schon vor der Konfirmation gemeinsam zu gestalten und didaktisch mit Bedeutung zu belehnen. Damit werden implizit „Spiritualität" und liturgische Symbolisierungen thematisch. Die Ästhetisierung der liturgischen Kultur korreliert eng mit einer Religionsdidaktik, die im religiösen Formenspiel ihren genuinen Gegenstandsbereich sieht. Symboldidaktik, Zeichendidaktik und Phänomenologische Religionspädagogik[219] setzen auf die Performanz religiöser Phänomene und schlagen damit eine Brücke zum Gottesdienst. Der Konfirmandenunterricht erscheint in diesem Inszenierungsmuster als von seinem liturgischen Fluchtpunkt her restrukturiert. Gemeinde kommt als ein Erfahrungsraum in den Blick, in dem sich lebensgeschichtliche und theologische Deutungsgestalten verschränken. In den parochialen Lebensformen äußert sich exemplarisch die „Inszenierung des Evangeliums"[220]. Wirkungsgeschichtlich findet sich die Betonung des Fest-Gedankens bereits im Konfirmationsverständnis von Pietismus und Aufklärung, während sich hier phänomenologisch deutlich die Religionsproduktivität der späten Moderne auswirkt.

4.3.5 Spiegelperspektive: Konfirmation als Elternkasus

Im Blick auf die lebensweltliche Einbettung der Konfirmation ist die Rolle der Eltern und Großeltern bislang noch kaum in den Blick geraten. Wie bei der Einschulung ist die liturgische Feier der „Auftakt der von langer Hand vorbereiteten

---

218 Vgl. Evangelische Kirche der Union (Hg.), *Taufbuch* (Berlin: Evang. Haupt-Bibelges. und von Cansteinsche Bibelanst.; Bielefeld: Luther-Verl., 2000), sowie die neue Württembergische Taufagende: Kirchenbuch für die Evangelische Landeskirche in Württemberg. Zweiter Teil: Sakramente und Amtshandlungen, Teilband: Die Heilige Taufe und der Erprobungsentwurf von 2018: Kirchenamt der EKD (Hg.): *Die Taufe: Entwurf zur Erprobung*, Taufbuch für die Union Evangelischer Kirchen in der EKD; Agende III, Teilband 1 der VELKD für evangelisch-lutherische Kirchen und Gemeinden, als Manuskript gedruckt, Hannover o. J. (2018).
219 Vgl. Thomas Klie und Silke Leonhard (Hg.), *Schauplatz Religion: Grundzüge einer Performativen Religionspädagogik* (Leipzig: Evang. Verlagsanstalt, ²2006); Silke Leonhard, *Leiblich lernen und lehren: Ein religionsdidaktischer Diskurs* (Stuttgart: Kohlhammer, 2006); Thomas Klie und Silke Leonhard (Hg.), *Performative Religionsdidaktik: Religionsästhetik – Lernorte – Unterrichtspraxis* (Stuttgart: Kohlhammer, 2008).
220 Michael Meyer-Blanck, *Inszenierung des Evangeliums: Ein kurzer Gang durch den Sonntagsgottesdienst nach der Erneuerten Agende* (Göttingen: Vandenhoeck, 1997).

Feier im Familien-, Verwandtschafts- und Freundeskreis"[221]. Familial wird realisiert, dass nun offenbar die Kindheit vorüber ist, wie es die symbolische Kommunikation im Gottesdienst (Festkleidung, Zuspruch, Abendmahl) und die konventionellen Deutungen („vom Kind zum Erwachsenen") nahelegen. Das festliche Interim lässt die intergenerationellen Beziehungen in einem anderen Licht sehen. Denn wie für die Konfirmandinnen und Konfirmanden die Erinnerung (an die Taufe) liturgisch inszeniert wird, so ist der inszenatorische Subtext der rituellen Freistellung der Jugendlichen die elterliche Erinnerung an 14 Jahre gemeinsame Lebenszeit. Und die Erziehungsberechtigten ahnen, dass die folgenden 14 Jahre ihre elterliche Rolle für die Heranwachsenden fundamental verändern werden. Intuitiv spüren sie, dass die Konfirmation ihrer Söhne und Töchter auch und gerade für sie ein unmissverständlicher Indikator für das eigene Älterwerden ist. Dem entspricht die Beobachtung, „dass häufig der Konfirmationsgottesdienst auf die Eltern einen nachhaltigeren Eindruck hinterlässt als auf die Jugendlichen"[222]. Die Mütter sind bei der Konfirmation ihres ersten Kindes etwa 45 Jahre alt (beim ersten Kind), entsprechend die Väter durchschnittlich 49 Jahre. Bei weiteren Kindern ist auch das Lebensalter höher. Die „Mitte des Lebens" scheint erreicht; ihren 50. Geburtstag erleben viele Menschen in einer Mischung aus seelischer Bestürzung und Lebensbilanz. Das bisher Erreichte (familiär, beruflich) wird abgewogen, die eigene Leistungs- und Genussfähigkeit reflektiert, Trennungs- und Verlusterfahrungen neu bewertet. Lebensziele kommen auf den Prüfstand. Neben dem Stolz auf das eigene Kind tritt nun all dies, befeuert durch die rituelle Verdichtung, intensiv ins Bewusstsein. So gesehen ist die Konfirmation für die Eltern ein Akt, der sie „unbedingt angeht" – ein biografischer Ernstfall.

In der Erziehung steht ein neuer, allerdings eher unbestimmter Lebensabschnitt an. Man ahnt, dass fortan die elterliche Rolle sukzessive zurücktreten wird, auch wenn sie wohl noch lange in Anspruch genommen wird. Man imaginiert feierlich eine Transition, die lebensweltlich so noch gar nicht stattgefunden hat, die aber mit der Konfirmation ihre gar nicht mehr so langen Schatten vorauswirft. Agendarisch findet die für die religionskulturelle Wahrnehmung der Konfirmation mitentscheidende Rolle der Eltern allerdings noch kaum Berücksichtigung. Anders als bei den zu Konfirmierenden ließe sich im Blick auf die Eltern-Kohorte durchaus über eine biografisch brisante Schwelle nachdenken.

---

221 W. Steck, Praktische Theologie, Bd. 1, 368. – Ausführlich hierzu auch die detaillierten empirischen Befunde bei A. Polster, Konfirmation, 169–190, 274–283. „Für das Erleben der Konfirmation in der Perspektive der Konfirmand*innen zeigt sich, dass der Konfirmation aufgrund ihrer Bedeutung als Fest die Qualität eines Ereignisses zukommt." (275).
222 K. Fechtner, Kirche, 118.

4.4 Trauung – öffentliche Darstellung verantwortlicher Partnerschaft

4.4.1 „Ich freute mich kindisch dazu, Braut zu werden"

Henriette Herz (1764–1847) begründete als frühromantische Schriftstellerin einen der bekanntesten literarischen Salons in Berlin. In ihm verkehrten neben Politikern, Wissenschaftlern und bildenden Künstlern u. a. auch die Brüder Alexander und Wilhelm von Humboldt, Friedrich Schleiermacher und Friedrich Schlegel.

In ihren Lebenserinnerungen beschreibt Henriette Herz, wie sie 1779 verlobt wurde:

> „Ich war 15 Jahre und sollte bei der Tante nähen lernen. Wie sehr erstaunte ich mich, als diese mir im Vertrauen sagte, ich sollte Braut werden. Mit wem?, fragte ich sie, und sie nannte mir den Mann; er war angehender praktischer Arzt, ich hatte ihn einige Male bei meinem Vater und auch an seinem Fenster gesehen. Er wohnte in unserer Nähe, und ich musste an seinem Haus vorübergehen, wenn ich mir Bücher aus der Leihbibliothek holte (…) Ich freute mich kindisch dazu, Braut zu werden. (…) Mit Ungeduld erwartete ich den Tag der Verlobung, den mir die Tante im Vertrauen genannt und mir dabei gesagt hatte, dass mein Vater mich fragen würde, ob ich zufrieden mit seiner Wahl für mich sei. (…) Nach dem Essen sagte mir meine Mutter, dass ich am Abend mit dem Doktor H. verlobt würde und hielt mir eine lange Rede. (…) Die Gesellschaft versammelte sich, ich war in einem anderen Zimmer, denn es war damals nicht Sitte, dass die Braut in dem Zimmer, in welchem die Eltern und die Notarien waren, sich aufhielt und erst, nachdem sie förmlich um ihre Einwilligung gefragt worden und der Ehekontrakt unterschrieben ist, kann sie zur Gesellschaft. In banger Erwartung saß ich geputzt da, glühend vor Angst."[223]

Was die gebildete junge Frau hier berichtet, war in den bürgerlichen Familien trotz der sich allmählich durchsetzenden romantischen Liebe als Heiratsmotiv noch lange Zeit üblich.[224] Die Herkunftsfamilie hatte die Kontrolle über das Geschehen. Die gegenseitige Liebeserklärung von zwei jungen Menschen bildete vielfach einen

---

223 „Erinnerungen der Henriette Herz von 1779", in *Die deutsche Familie: Versuch einer Sozialgeschichte*, hg. v. Ingeborg Weber-Kellermann (Frankfurt: Suhrkamp, ⁶1976), 97.
224 Zum Folgenden vgl. u. a. Rosemarie Nave-Herz, *Die Hochzeit: Ihre heutige Sinnzuschreibung seitens der Eheschließenden: eine empirisch-soziologische Studie* (Würzburg: Ergon, 1997), 13 ff.; Dies., *Familie heute: Wandel der Familienstrukturen und Folgen für die Erziehung* (Darmstadt: WBG, ⁶2015); Eberhard Straub, *Das zerbrechliche Glück: Liebe und Ehe im Wandel der Zeit* (Berlin: wjs-Verlag, 2005); Christian Scheller, *Die glückliche Ehe: Partnerschaftsratgeber im historischen Vergleich* (Marburg: Tectum-Verlag, 2010); Paul B. Hill und Johannes Kopp (Hg.), *Familiensoziologie: Grundlagen und theoretische Perspektiven* (Wiesbaden: Springer VS, ⁵2013), 9–49; Norbert Schneider, „Familie in Westeuropa", *Handbuch Familiensoziologie*, hg. v. Paul B. Hill und Johannes Kopp (Wiesba-

Störfaktor, wenn gesellschaftliches Prestige und vor allem Vermögen mit im Spiel waren. Die Verlobung war im 19. Jh. ein verbindliches Eheversprechen, um das der Bräutigam die Brauteltern zu ersuchen hatte und dem die Braut nach dem elterlichen Placet nachträglich zustimmte. Erst allmählich setzte es sich durch, dass die Braut als erste und *autonom* auf einen Heiratsantrag reagierte, dem dann nur noch nachträglich die Brauteltern zustimmten. Die Ehe war lange Zeit weniger die Verbindung von zwei frei entscheidenden Partnern, als eine Wechselbeziehung zweier Familien bzw. Sippen. Man heiratete nicht so sehr aus Zuneigung, eher aus der ökonomischen Raison einer Standesgemeinschaft. Ein unzeitgemäßes und liturgisch strittiges Relikt dieser Tradition findet sich heute in dem bei vielen Paaren beliebten *Brautvatergeleit*: Der Brautvater geleitet seine Tochter in die Kirche und führt sie als „Familienoberhaupt" symbolisch ihrem Gatten und damit der neuen Familie zu.[225]

Das Ideal eines von gegenseitiger, lebenslanger Liebe geprägten ehelichen Zusammenlebens in der häuslichen Selbstbezogenheit bildete sich in den städtischen, wohlhabenden Bürgerfamilien noch vor der Industrialisierung aus. Es versah – im Grunde bis heute – die vornehmlich *emotional* geprägte Intimität des familialen Binnenraums mit einem normativen Exklusivitätsanspruch.[226] Nicht mehr der Besitz und die Arbeitskraft, sondern die „romantische Liebe" wurde zum anerkannten Heiratsgrund. Der Einfluss des Familienverbands trat immer mehr in den Hintergrund. Das Modell der bürgerlichen Kleinfamilie, das sich im 19. Jh. allmählich herausbildete, hat auch heute noch – trotz eines deutlich veränderten kulturellen Umfelds – eine hohe Attraktivität. Es hat sich quantitativ und normativ durchgesetzt, gleichwohl unterliegt es als kulturelles Muster dem gesellschaftlichen Wandel. Moderne Motivlagen beruhen eher auf einer individuellen Melange aus emotionalen, traditionalen und vor allem: durchaus auch pragmatischen Heiratsgründen.

---

den: Springer VS, 2015), 21–53; Rüdiger Peuckert, *Familienformen im sozialen Wandel* (Wiesbaden: Springer VS, ^{9}2019).
225 Zu dieser „invented tradition" in pastoralpsychologischer Perspektive vgl. Annemarie Pultke, „'Mein Vater soll mich in die Kirche führen': Pastoralpsychologische Erwägungen zum Wunsch des Brautvatergeleits zur kirchlichen Trauung", *Transformationen: Pastoralpsychologische Werkstattberichte* H. 10 (2008), 4–58. Hierzu auch: Ilona Nord, *Fest des Glaubens oder Folklore? Praktisch-theologische Erkundungen zur kirchlichen Trauung* (Stuttgart: Kohlhammer, 2017), 222 f. sowie Konrad Merzyn, *Die Rezeption der kirchlichen Trauung: Eine empirisch-theologische Untersuchung* (Leipzig: Evang. Verlagsanstalt, 2010), 36 f., 325 ff.
226 Vgl. Rosemarie Nave-Herz, *Ehe- und Familiensoziologie: Eine Einführung in Geschichte, theoretische Ansätze und empirische Befunde* (Weinheim: Juventa, 2004), 48 ff.

4.4.2 Szenen der Ehe: eine historische Skizze

Lange Zeit galt die Verlobung als Abschluss eines mehr oder weniger langen Partnerfindungsprozesses, den die beiden Herkunftsfamilien untereinander verhandelten. Man einigte sich über die Mitgift sowie über Besitz- und Erbschaftsangelegenheiten. Der Konsens der Verlobten beglaubigte dann die Verlobung. Nach alter Rechtsauffassung galt dies als die eigentliche Eheschließung. Starb ein Verlobungspartner, war man Witwe bzw. Witwer.[227] Ein besonderer Verlobungsring als äußeres Zeichen dieser Verbindung ist seit dem 11. Jh. belegt, seit dem 14. Jh. vollzog man einen gemeinsamen Ringtausch (Sachsenspiegel).[228] Bei der darauf folgenden Hochzeit ging es um den Ehevollzug: das Führen eines gemeinsamen Haushalts und das „Einander-Beiwohnen".

Die Liebesheirat, die dann seit der Romantik an kultureller Plausibilität gewann, wurde durch das Individualitätsideal der Aufklärung befördert. Zugleich wollte man damit im städtischen Bürgertum dem Adel nacheifern, sich dabei aber moralisch von ihm absetzen (v. a. im Blick auf das dort übliche Konkubinat).[229] Klar ist, dass sich alle kulturellen Veränderungen, die das familiale Zusammenleben betreffen, über einen langen Zeitraum erstreckten. Lange noch war die romantische Liebe kaum mehr als ein Ideal, dem die ökonomischen Interessen der Großfamilie entgegenstanden. Lew Tolstojs Roman „Anna Karenina" (1877) oder Thomas Manns großer Gesellschaftsroman „Die Buddenbrooks" (1901), der die Selbstwahrnehmung des hanseatischen Großbürgertums in den Jahren 1835 bis 1877 spiegelt, bilden diese Verwerfungen in der literarischen Fiktion ab. Aber auch heute bleibt die romantische Liebe „hinterrücks" den sozialen Gesetzen der Gesellschaft verbunden.[230] Selbst in der späten Moderne heiratet man in aller Regel milieukonform.

In der Gründerzeit zeigte sich die neue soziale Realität der Ehe auch in räumlicher Hinsicht: Man zog in neue Häuser vor die Stadt und trennte damit den Wohnort vom Arbeitsort. Die neuen Häuser hatten einzelne Zimmer und damit auch Flure, die bis dato weitgehend unbekannt waren. Es entstanden sozial differenzierte Räume: das Esszimmer, der „Herrensalon", der „Damensalon", das Kinderzimmer usw.[231] Damit korrelierte auch die Ausprägung bestimmter Mutter- und Vaterrollen,

---

[227] Vgl. Ursula Kubach-Reutter, „Rituale zur Offenkundigmachung der Ehe", in *Die Braut – geliebt, verkauft, getauscht, geraubt: Zur Rolle der Frau im Kulturvergleich*, hg. v. Gisela Völger und Karin von Welck (Köln: Rautenstrauch-Joest-Museum, 1985), 294–298 (294).
[228] Vgl. R. Nave-Herz, Hochzeit, 10.
[229] Vgl. R. Nave-Herz, Familiensoziologie, 49.
[230] Vgl. Ulrich Beck und Elisabeth Beck-Gernsheim, *Das ganz normale Chaos der Liebe* (Frankfurt: Suhrkamp, 1990), 108 f.
[231] R. Nave-Herz, Familiensoziologie, 50.

die weitgehend deckungsgleich waren mit einer Orientierung nach innen (Ehefrau) und außen (Ehemann).

Für all dies war der Dreh- und Angelpunkt die eheliche Partnerschaft mit gegenseitiger emotionaler Unterstützung – im ausgehenden 19. Jh. zeichnet sich dies als neue eigensinnige Zuschreibung ab. Der französische Soziologe Emil Durkheim nannte dieses Sinnsystem 1921 „Gattenfamilie" (*la famille conjugale*).[232] Ziel dieser emotional gebunden Gattenfamilie war die Geburt und die Erziehung des Nachwuchses. Damit verbanden sich die Vorstellungen vom individuellen Glück in lebenslanger ehelicher Liebe und exklusiver Intimität. Erst in den 1970er Jahren büßte dieses Familiensystem, zumindest in den Industriestaaten, seine Monopolstellung ein. Es verbreiteten sich nicht-eheliche Lebensgemeinschaften – zunächst noch ohne Kinder. Es stieg das durchschnittliche Heiratsalter und gleichzeitig nahm die Geburtenzahl ab.

4.4.3 Die kirchliche Trauung

Die Heirat war bis zum Beginn der Neuzeit eine rein privatrechtliche, konsensuelle Vertragsschließung zwischen zwei Familien (*consensus facit nuptias*[233]). Als freie kirchliche Sitte war es üblich, aus diesem Anlass eine sog. „Brautmesse" zu feiern. Man besuchte einfach nach der Hochzeitsnacht die Heilige Messe, die jedoch noch keine ehegründende Funktion besaß. Karl der Große stellte diese Tradition dann unter die Aufsicht der Bischöfe, das IV. Laterankonzil führte 1215 das Aufgebot ein.[234] Um 1200 wurde es immer mehr üblich, dass der Priester direkt für die Eheschließung in Anspruch genommen wurde. Der Kirchenmann ersetzte den nach germanischem Recht eingesetzten *muntwalt* (Anwalt). Diese öffentliche Proklamation erfolgte jedoch immer *vor* der Kirchentür. Dies ist wahrscheinlich einer der Gründe für den in den Trauagenden rituell vorgesehenen Empfang des Brautpaars durch den Pastor bzw. die Pastorin an der Kirchentür. Parallel dazu breitete sich, vor allem durch Hugo von St. Victor, ein sakramentales Verständnis der Ehe aus.

---

232 Durkheim sah in der Kontraktion des Familiensystems auf die Kernfamilie eine Reaktion auf die Industrialisierung, die weitere Verwandtschaft sah er als einen erweiterten, sekundären Bereich (Emile Durkheim, „La Famille conjugale", *Revue Philosophique* [1921]).
233 Diese Regel entstammt dem klassischen römischen Recht und wurde bereits im 3. Jh. von Domitius Ulpianus (gest. um 225 n. Chr.) formuliert. Das *Corpus Iuris Civilis* (D 50.17.30) überlieferte sie und wurde dann im mittelalterlich-kirchlichen Eherecht wirksam.
234 Vgl. hierzu Dietrich Rössler, *Grundriss der Praktischen Theologie* (Berlin: De Gruyter, 1986), 224. – Kanon 51 legte fest, dass die Heiratsabsicht durch einen Priester öffentlich bekundet werden sollte.

Das II. Konzil von Lyon bestätigte dann 1274 auch die im Mittelalter sich herausbildende Siebenzahl der Sakramente.[235] Mit der Sakramentalisierung der Ehe erhielt sie in doppelter Hinsicht eine ganz neue Wertigkeit: Sie wurde nun zum irdischen Abbild der Verbindung von Christus zu seiner „Braut", der Kirche (Eph 5, 25–32), und damit war sie grundsätzlich unauflösbar.

Luther legte dann Anfang des 16. Jh. mit seiner fundamentalen Kritik an der katholischen Sakramentenlehre in „De Captivitate babylonica" (1520) den Grundstein für ein evangelisches Ehe-Verständnis. In seinem „Traubüchlein" von 1529 ordnete er die Trauung konsequenterweise den weltlichen Dingen zu:

> „So manches Land, so manche Sitte, sagt das gemeine Sprichwort. Demnach, weil die Hochzeit und Ehestand *ein weltlich Geschäft* ist, gebührt uns Geistlichen oder Kirchendienern nichts darin zu ordnen oder regieren, sondern lassen einer jeglichen Stadt und Land hierin ihren Brauch und Gewohnheit, wie sie gehen. Etliche führen die Braut zweimal zur Kirche – beide des Abends und des Morgens, etliche nur einmal; etliche verkündigen und bieten sie auf der Kanzel auf, zwei oder drei Wochen zuvor. Solches alles und dergleichen lasse ich die Herren und den Rat schaffen und machen, wie sie wollen; *es geht mich nichts an.* – Aber so man *von uns begehrt*, vor der Kirche oder in der Kirche sie zu segnen, über sie zu beten oder sie auch zu trauen, sind wir schuldig dasselbige zu tun."[236]

Luther schreibt also ausdrücklich die Zweiteilung von weltlichem und kirchlichem Akt fest: Konsenserklärung und Ringwechsel *vor* der Kirche, Lesung, Vermahnung, Gebet und Segensgeste *in* der Kirche. In protestantischer Perspektive übersteigt der religiöse Ritus als solcher nicht die weltliche Rechtssphäre, obschon er *coram Deo* vollzogen wird.

Den in dieser Weise konsensuell eingegangenen Ehe-„Stand" zählt Luther zu den Ordnungen, die das Zusammenleben der Menschen im „Reich zur Linken" (Zwei-Reiche-Lehre) als gute Gabe Gottes (Gen 1, 31) regeln. Doch auch in diesem Regiment regiert Gott, wenn auch auf andere Weise als im Reich Christi. Der Ehe kommt dabei eine zwischenmenschliche Ordnungsfunktion zu: Indem sie vor Hurerei und „Wollüsterey" schützt, gleicht sie einem „Spital der Siechen (...), auf daß sie nicht in schwerere Sünde fallen."[237] Im Blick auf die zeremoniale Gestaltung übernimmt Luther die mittelalterliche Zweiteilung: *Vor* der Kirche kann der Pfarrherr das Paar trauen, *in* der Kirche spendet er ihnen dann nach Lesung von Gen 2

---

235 Taufe, Firmung, Eucharistie, Beichte, Diakonen-, Priester- und Bischofsweihe, Ehe, Krankensalbung.
236 Martin Luther, *Ein Traubüchlein für den einfältigen Pfarrherrn* (1529), WA 30/3, 74 f. (Hervorhebungen TK).
237 Martin Luther, *Sermon vom ehelichen Stand* (1519), WA 2, 168, 3 f.

und Ansprache den Segen. Der Anlass für den Segensakt in der Kirche ist der freie Wille des Brautpaars („so man von uns begehrt"[238]).

Dieser gestufte Handlungsvollzug hatte bis ins 17. Jh. in den evangelischen Gebieten Gültigkeit. Der Hallenser Kirchenrechtler Justus Henning Boehmer (1674–1749) fasste dann beide Handlungen zu *einem* gültigen Rechtsakt zusammen. Das Allgemeine preußische Landrecht von 1794[239] sanktionierte schließlich die Freiwilligkeit der Einwilligung[240] und bestimmte, dass eine vollgültige Ehe erst durch die priesterliche Trauung vollzogen wurde[241]. Diese Regelung hatte vor allem pragmatische Gründe: Man legte einfach die Konsenserklärung des Paares und das Zusammensprechen durch eine Rechtsperson in einem öffentlichen Gottesdienst zusammen. Zugleich wuchs diesem kirchlichen Akt, der den bürgerlichen Rechtsakt in sich aufnahm, die Bezeichnung „Trauung" zu – eine Sprachregelung, die bis in die Gegenwart Gültigkeit hat.[242]

Erst unter Bismarck änderte sich die Rechtslage. 1874 wurde die obligatorische *Zivilehe* in Preußen und dann 1876 im ganzen deutschen Reich eingeführt. Diese antikatholische Regelung im Kontext des Kirchenkampfes wurde bald von den evangelischen Kirchen akzeptiert, denn sie institutionalisierte die alte lutherische Auffassung, wonach der kirchliche Segen nur den bereits Verheirateten zu spenden ist.

Zeremonial offen blieb – agendarisch im Grunde bis heute – der religiöse Status der *Traufragen*. Denn die Traufragen gehören *de iure* in den Bereich des weltlichen Rechtsaktes (öffentliche Erklärung des Consensus vor einer Rechtsperson), der nach evangelischer Lesart der kirchlichen Trauung vorauszugehen hat. Bei der kirchlichen Trauung können sie also liturgisch kein Eigenrecht beanspruchen:

> ‚N. N., willst du N. N., die Gott dir anvertraut, als deine Frau lieben und achten und mit ihr die Ehe mit ihr nach Gottes Gebot und Verheißung führen – in guten und in bösen Tagen –, bis daß der Tod euch scheidet, so antworte: Ja, [mit Gottes Hilfe.]'[243]

In der öffentlichen Wahrnehmung gehören aber nun gerade die Traufragen (mit Ringwechsel, Ineinanderlegen der Hände und dem darüber gesprochenen Votum)

---

[238] Aufgrund dieser Formulierung Luthers spricht man in der Praktischen Theologie von „Kasualbegehren".

[239] Vgl. *Allgemeines Landrecht für die preußischen Staaten: Von 1794* (Berlin: Decker, ²1794), 2 Teile u. Register in 3 Bden, Mit e. Einführung v. Hans Hattenhauer u. einer Bibliografie v. Günther Bernert (Neuwied, Kriftel und Berlin: Luchterhand, erw. Auflage, ³1996).

[240] § 38: „Ohne die freye Einwilligung beyder Theile ist keine Ehe verbindlich."

[241] § 136: „Eine vollgültige Ehe wird durch die priesterliche Trauung vollzogen."

[242] Vgl. Rolf Schäfer, „Zur kirchlichen Trauung", *ZThK* 70/4 (1973), 474–488 (478).

[243] Form A nach der lutherischen Agende III, *Die Amtshandlungen*, Teil 2, *Die Trauung* (Hannover: Lutherisches Verlagshaus, 1988, ⁴2012), 31.

zum rituellen Kernbestand einer kirchlichen Trauung.[244] Das „Ja-Wort" von Braut und Bräutigam am Altar ist geradezu sprichwörtlich und es verbindet sich untrennbar mit dem öffentlichen Festakt in der Kirche. Liturgierechtlich versteht man die Traufragen heute jedoch weniger als eine Dopplung oder gar als den eigentlichen Rechtsakt, sondern eher als eine wiederholende Bekräftigung *modo religioso:* Denn es gibt für die evangelische Kirche „keine höhere oder gültigere Form der Ehe als die bürgerlich geschlossene."[245] Den Unterschied machen lediglich die jeweiligen Instanzen, vor denen man einander verspricht: auf dem Standesamt *coram mundo*, in der Kirche *coram Deo*. Theologisch würde also der kirchlichen Trauung überhaupt nichts fehlen, wenn die Traufragen (und antworten) unterblieben – religionskulturell wäre damit allerdings die kirchliche Trauung weitgehend um ihren nach wie vor hohen Symbolwert gebracht. Das wechselseitige „Ja-Wort" verbindet sich im allgemeinen Bewusstsein immer noch mit der Ortsangabe „vor dem Traualtar". Und so behielt man agendarisch die Traufragen als historisch gewachsenen kirchlich-rechtlichen Kompromiss bei.[246]

Die kulturellen Verwerfungen in den 1970er Jahren führten auch zu tiefgreifenden Umbrüchen im Blick auf Ehe und Familie. Die wichtigsten äußeren Merkmale dieser Veränderungen waren kleiner werdende Familien (infolge sinkender Geburtenzahlen), abnehmende Zahlen bei den Eheschließungen, Ansteigen des Heiratsalters, Zunahme von Ehescheidungen sowie die Zunahme nichtehelicher Lebensgemeinschaften und alternativer Lebensformen. – Rechtlich äußerten sich diese Verwerfungen in zahlreichen Gesetzesänderungen: 1973 wurde der Kuppelei-Paragraph[247] abgeschafft (§ 180 StGB), 1994 dann auch der § 175 StGB (Verbot homosexueller Handlungen). Der Tatbestand des Ehebruchs wurde 1969 aus dem Strafgesetzbuch gestrichen und hat seit 1977 auch keine zivilrechtlichen Konsequenzen mehr. – Es wurden dann auch besondere Rechtsformen eingeführt, wie

---

244 Philipp Marheineke differenziert hier zwischen „Händegeben", „Copulation" (das Zusammensprechen) und Ringwechsel: „Ferner ist nothwendig das Händegeben und daß die Copulation geschehe auf den Namen des Vaters, Sohnes und heiligen Geistes. Das Wechseln der Ringe, obgleich sinnreich und zulässig, ist kein wesentliches Stück der Trauung." Philipp Marheineke, *Entwurf der Practischen Theologie* (Berlin: Duncker und Humblot, 1837), 286.
245 R. Schäfer, Trauung, 487.
246 Vgl. zum Verhältnis von standesamtlicher und kirchlicher Trauung I. Nord, Fest, 25 ff. sowie K. Merzyn, Rezeption, 22 f., 249 ff.
247 In § 180 StGB hieß es bis 1973: „Wer gewohnheitsmäßig oder aus Eigennutz durch seine Vermittlung oder durch Gewährung oder Verschaffung von Gelegenheit der Unzucht Vorschub leistet, wird wegen Kuppelei mit Gefängnis nicht unter einem Monat bestraft; [...] (2) Als Kuppelei gilt insbesondere die Unterhaltung eines Bordells oder eines bordellartigen Betriebs."

die Lebenspartnerschaft als Eheersatz für gleichgeschlechtliche Partner (2001) und das gemeinsame Sorgerecht für Eltern nichtehelicher Kinder.

Bis 2009 hatte die Trennung und die Abfolge von standesamtlicher und kirchlicher Trauung Rechtskraft: Wer eine kirchliche Trauung wollte, musste vorher standesamtlich heiraten. Einem Geistlichen, der ein unverheiratetes Paar kirchlich traute, drohte daher ein Bußgeld. Die Änderung des Personenstandsgesetzes, die die große Koalition 2009 verabschiedete, hat diese Bestimmung zurückgenommen und machte damit auch *grundsätzlich* rein kirchliche Eheschließungen rechtlich möglich. Das staatliche Verbot für kirchliche Trauungen ohne vorausgehende standesamtliche Trauung war damit juristisch aufgehoben. Man kann heute also kirchlich heiraten, ohne zuvor standesamtlich geheiratet zu haben.[248] Rein rechtlich betrachtet lebt jedoch ein Paar, das sich in Deutschland ohne standesamtliche Eheschließung nur kirchlich trauen lässt, in einer nicht ehelichen Gemeinschaft (d. h. kein Erbrecht, keine steuerrechtlichen Vorteile).

Während die evangelische Kirche kirchenrechtlich – bis auf weiteres – darauf beharrt, keine kirchlichen „Voraustrauungen" zuzulassen[249] und von der Möglichkeit aus der Perspektive ihres Eheverständnisses keinen Gebrauch zu machen, hat die römisch-katholische Kirche die neue Gesetzgebung ausdrücklich begrüßt. Man sah darin eine längst überfällige Beseitigung eines Eingriffs in die Religionsfreiheit aus der Zeit des Bismarckschen Kulturkampfes. Die Deutsche Bischofskonferenz hat noch im Jahr der Gesetzesänderung eine Ordnung für kirchliche Trauungen bei fehlender Ziviletheschließung in Kraft gesetzt, nach der ausnahmsweise eine rein kirchliche Trauung vorgenommen werden kann, wenn eine standesamtliche Eheschließung für die Brautleute unzumutbar ist und das *Nihil obstat* des Ortsordinarius eingeholt wurde.

Veränderungen ergaben sich für die kirchliche Trauung auch auf einer anderen Ebene. Die in Deutschland seit 2001 mögliche eingetragene Lebenspartnerschaft (umgangssprachlich auch „Homo-Ehe" genannt) galt rein rechtlich als ein eheähnliches Konzept; ein Adoptionsrecht hatten gleichgeschlechtliche Paare damit z. B. nicht. Seit 1. Oktober 2017 ist die Ehe für homosexuelle Paare („Ehe für alle") geltendes Recht. Sie bedeutet die komplette Öffnung der Ehe für schwule und lesbische Paare. § 1353 des Bürgerlichen Gesetzbuches (BGB) lautet nun: „Die Ehe

---

[248] In § 14 (2) des Personenstandsgesetzes (PstG) heißt es bezüglich der standesamtlichen Trauung: „Die Eheschließung soll in einer der Bedeutung der Ehe entsprechenden würdigen Form, die dem Standesbeamten eine ordnungsgemäße Vornahme seiner Amtshandlung ermöglicht, vorgenommen werden."
[249] Vgl. die gutachtliche Äußerung „Soll es künftig kirchlich geschlossene Ehen geben, die nicht zugleich Ehen im bürgerlich-rechtlichen Sinne sind?", *EKD-Texte* 101 (2009).

wird von zwei Personen verschiedenen oder gleichen Geschlechts auf Lebenszeit geschlossen." Die Rechte von Kirchen und Religionsgemeinschaften bleiben davon unberührt, heißt es weiter. Viele Landeskirchen stellte diese gesetzliche Regelung vor nicht unerhebliche Schwierigkeiten. Während die EKD keine Einwände gegen die Ehe für alle erhob und in den meisten der 20 evangelischen Landeskirchen für homosexuelle Paare bald auch öffentliche Trau- oder Segnungsfeiern möglich wurden[250], äußert die katholische Amtskirche (noch) starke Vorbehalte. Für die Bischofskonferenz gilt die Ehe nach wie vor als die sakramentale Lebens- und Liebesgemeinschaft von Frau und Mann. Katholische Laienorganisationen fordern jedoch vehement Leitlinien für die Segnung von homosexuellen Paaren.

4.4.4 Familiensoziologische Befunde und kasualtheologische Optionen

Wenn die gegenwärtig beobachtbaren Wandlungstendenzen im Bereich der Familie im allgemeinen Bewusstsein als Verfallsgeschichte wahrgenommen werden, dann resultiert das vor allem daraus, dass in der Regel die aktuelle Entwicklung (seit den 1970er/1980er Jahren) mit der zeitgeschichtlichen Epoche der 1950er/1960er Jahre verglichen wird. Zwar reduzierte sich die Zahl der Eheschließungen in Deutschland seit 1950 auf fast die Hälfte (von 750.000 im Jahr 1950 auf 385.000 im Jahr 2014), doch die Heiratshäufigkeit der Geburtsjahrgänge 1920 bis 1950 lag mit fast 90 % außerordentlich hoch. Zu keiner Zeit waren in Deutschland *mehr* Menschen miteinander verheiratet als in den 1960er und 1970er Jahren (Soziologen sprechen vom „Golden Age of Marriage"). Im Langzeitvergleich ist dabei zu berücksichtigen, dass die Zahl der Nichtverheirateten im Mittelalter und in der Neuzeit bis ins 17./18. Jh. hinein durch Heiratsverbote und soziale Armut in den unteren Schichten sehr viel höher war als heute.[251]

Man muss zudem im Blick behalten, dass auch angesichts eines forcierten kulturellen Wandels derzeit immer noch mehr als 80 % aller Erwachsenen bis zum 50. Lebensjahr mindestens einmal im Leben die Ehe eingehen. Denn Geschiedene

---

250 Die landeskirchlichen Regelungen sind im vielsprachigen Protestantismus allerdings sehr unterschiedlich. Derzeit (Stand: Dezember 2018) ist in der Evangelischen Landeskirche in Württemberg die Segnung gleichgeschlechtlicher Paare im Rahmen eines öffentlichen Gottesdienstes nach geltendem kirchlichen Recht nicht möglich. Dagegen hat die sächsische Kirche eine „liturgische Handreichung" zur Segnung gleichgeschlechtlicher Paare erarbeitet. In ihr wird aber auch betont, dass die Segnung nicht als Trauung verstanden werden kann. Neben anderen stellen z. B. die Rheinische Kirche (EKiR) und die Berlin-brandenburgische Kirche (EKBO) die Trauung gleichgeschlechtlicher Paare der Trauung heterosexueller Paare liturgisch und rechtlich gleich.
251 Vgl. R. Nave-Herz, Hochzeit, 18.

heiraten oft wieder bzw. leben unverheiratet mit ihrem Partner zusammen. Man spricht in diesem Zusammenhang auch von einer „seriellen Monogamie". Die Verheißung der romantischen Liebe, anzudauern „bis daß der Tod uns scheidet", erweist sich als immer schwerer lebbar. Denn die „Schaffung einer eigenen Welt jenseits der Vorgaben von Familie, Verwandtschaft und Sippe fordert beiden Beteiligten enorme Eigenleistungen ab"[252]. Ein gemeinsamer Weltentwurf muss kreiert werden – und dies unter den erschwerten Bedingungen einer weitgehend enttraditionalisierten Gesellschaft.

> „Trennungslinien, die im Akt der Partnerwahl bereits überwunden schienen, zeigen in späteren Stadien der Ehe ihre weiterwirkende Kraft und müssen nun ganz aus eigener Kraft aufgenommen, ausgehandelt und ausbalanciert werden."[253]

Trotzdem: „Im langfristigen historischen Vergleich kann nicht von einer ausgeprägten Abkehr von der Ehe gesprochen werden."[254] Auch die gegenwärtig beklagte „Geburtenkrise" ist statistisch auf ein verändertes generatives Verhalten in den 1960er bzw. 1970er Jahren bezogen, während seit den 1980er Jahren die Geburtenquote relativ stabil geblieben ist, wenn auch auf niedrigem Niveau. – Dies ist das individuell kaum zu überbrückende Spannungsfeld, in dem ein verantwortliches Kasualhandeln Gestalt annehmen muss: die nach wie vor hohe Wertschätzung ehelichen Zusammenlebens *und* die Anfälligkeiten der zu Beginn immerhin auf Lebenszeit geschlossenen Ehen für „Menschliches, Allzumenschliches"[255]. Erstaunlich ist, dass die mittlerweile allen bekannten Scheidungszahlen nichts an der hohen Wichtigkeitsrangfolge geändert haben.[256] Auf der Basis der scheinbar kontrafaktischen statistischen Befunde ließe sich sogar behaupten, dass die Scheidungshäufigkeit und die Wertschätzung der Ehe *direkt* korrelieren. Röm 7,18–25 erweist sich vor diesem Hintergrund als eine durchaus stimmige Textgrundlage für eine Traupredigt; auch als Lesung wird er seine Wirkung nicht verfehlen.

Signifikant verändert hat sich der biografische Aufschub der Erstheirat. So lag das durchschnittliche Heiratsalter lediger Frauen in Deutschland 2016 bei

---

[252] U. Beck und E. Beck-Gernsheim, Liebe, 110 f.
[253] Ebd., 113 f.
[254] Norbert F. Schneider und Heiko Rüger, „Wert der Ehe", *Zeitschrift für Soziologie* 36/2 (2007), 131–152 (132).
[255] Vgl. Friedrich Nietzsche, *Menschliches, Allzumenschliches: Ein Buch für freie Geister* (Chemnitz: E. Schmeitzner, 1878).
[256] Die eigene Familie und Kinder stehen sowohl bei Westdeutschen als auch bei Ostdeutschen in der Wichtigkeitsrangfolge an erster Stelle. Während Familie für 63 % der Westdeutschen einen wichtigen Glücksfaktor ausmachte, waren es in Ostdeutschland 74 %. *Datenreport 2021: Ein Sozialbericht für die Bundesrepublik Deutschland,* hg. v. d. Bundeszentrale für politische Bildung (Bonn, 2021), 420.

immerhin 31,5 Jahren. In dem relativ kurzen Zeitraum von 1991 bis 2016 hat sich das durchschnittliche Heiratsalter lediger Frauen in Deutschland um über 5 Jahre erhöht. Bei den Männern liegen die Zahlen sogar noch höher: Bei der Erstheirat ist man 34 Jahre alt, und im selben Zeitraum ist das Heiratsalter um 5,5 Jahre gestiegen (von 28,5 auf 34). Bei einer Lebenserwartung[257] von rund 79 Jahren (Männer) bzw. 84 Jahren (Frauen) stehen Brautpaare bei ihrer (ersten) Hochzeit – nicht nur metaphorisch – in der „Mitte des Lebens". Diese Paare haben eben nicht nur „das Wunder der Liebe" erlebt, in ihrer Lebensgeschichte hat sich noch sehr viel mehr zugetragen. Dies gilt umso mehr für Paare, die zum zweiten Mal heiraten.[258] Eine Predigt, die hier primär auf die Ambivalenzen einer Liebesbeziehung abhebt[259], wirkt in diesem Zusammenhang merkwürdig redundant. Auch liturgisch wird zu überlegen sein, inwieweit sich aufgrund der durchlebten Beziehungsgeschichte(n) – je nach Kasus – zeitgenössisch angemessene Elemente einer Beichte funktional erweisen. Der Gewinn individueller Freiheit, der sich mit dem kulturellen Wandel eingestellt hat, verhält sich selten moralisch neutral.

Die Deutung der gemeinsamen Lebensgeschichte kann sich nicht zuletzt auch in der Wahl des *Trauspruchs* symbolisch verdichten. Das Kasualgespräch ist der Ort dafür, diesen Zusammenhang zu klären.[260] Oft fühlen sich die Paare überfordert, wenn sie sich ohne pastorale Unterstützung einen „passenden" Trauspruch auswählen sollen. Die „Kulturmaschine" Internet bietet hier allerdings etliche Florilegien biblisch kommoder Klischees. Es ist Teil der pastoralen Deutungsarbeit, hier den Paaren eine breitere Auswahl biblischer Lebensmotti anzubieten, in denen sie ihre fragile Gemeinsamkeit und ihre Orientierung an einer gottoffenen Zukunft gedeutet sehen.

Angestiegen sind in den zurückliegenden Jahrzehnten nicht nur das Erstheiratsalter, sondern auch die vom Normalitätsmuster eines lebenslangen emotionalen Kooperations- und Solidaritätsverhältnisses abweichenden Formen des Zusammenlebens: nicht-eheliche Lebensgemeinschaften (mit Kindern und ohne Kinder), Ein-Elternfamilien[261], gleichgeschlechtliche Paare und Wiederverheira-

---

257 Bei Geburtsjahrgang 2018; Vgl. https://de.statista.com/statistik/daten; vom 13.10.2018.
258 Vgl. hierzu I. Nord, Fest, 182: In der Predigt wie im ganzen Traugottesdienst „ist ein Balanceakt gefordert, der einerseits das früher Erlebte *da sein* lässt und andererseits ihm aber nicht so viel Raum gibt, dass die neue Beziehung nicht als diejenige empfunden werden kann, die an diesem Tag gefeiert werden will und soll."
259 Ausführlich hierzu vgl. Detlev Prößdorf, *Die gottesdienstliche Trauansprache: Inhalte und Entwicklung in Theorie und Praxis* (Göttingen: Vandenhoeck, 1999).
260 3.2 Das Kasualgespräch.
261 Die Zahl der nicht-ehelichen Lebensgemeinschaften stieg in der Dekade von 2001 bis 2011 um 27 %, die der Alleinerziehenden um 14 %. Vgl. „Kap. 2: Familie, Lebensform und Kinder", *Auszug aus*

tungen. Aber: Anders als in Ostdeutschland wachsen im Westen in nicht-ehelichen Lebensgemeinschaften kaum Kinder auf (West: 6 %; Ost: 19 %).[262] Die Zwei-Elternfamilie mit formaler Eheschließung ist weiterhin die dominante familiale Lebensform, aber man lebt heute vor der Hochzeit länger nicht-ehelich zusammen und heiratet entsprechend später – und dann oft mit dem Ziel, Kinder zu bekommen bzw. die bereits vorhandenen Kinder in eine rechtlich verbindliche Beziehung aufzunehmen. Die Ehe vermittelt offenbar vor allem für viele Frauen eine Sicherheit, die ihre Bereitschaft, eine Familie zu gründen, steigert. Die nicht-ehelichen Lebensgemeinschaften haben zwar numerisch deutlich aufgeholt, aber eben *nicht als Äquivalent* zur ehelichen Familie, sondern als ein tentatives Vorspiel vor der – von vielen beargwöhnten – rechtlichen Verbindlichkeit. Statistisch bilden die größte Gruppe alleinlebender „Singles" nicht die urbanen bindungsunwilligen Akademiker, sondern Frauen jenseits des 65. Lebensjahres.

2014 wurde mehr als jede dritte Ehe im Laufe von 25 Jahren geschieden, wenn auch Ehescheidungen seit 2008 kontinuierlich sinken.[263] Ehen dauern in Deutschland durchschnittlich 15 Jahre (Paare, die ohne Trauschein zusammenleben, werden hier natürlich nicht statistisch erfasst). Trotz der wachsenden Anzahl alternativer Lebensformen lebten 2006 in Westdeutschland gut drei Viertel der minderjährigen Kinder (77 % gegenüber 1996: 84 %) bei ihren verheirateten Eltern, in Ostdeutschland waren es zur gleichen Zeit nur noch gut die Hälfte (58 % gegenüber 1996: 72 %). Dieser auf den ersten Blick überraschende Befund erklärt sich aus dem Umstand, dass die Scheidungsquote bei kinderlosen Paaren deutlich höher liegt als bei kinderreichen Familien (in der Familienphase). Dazu kommt, dass relativ viele Ehen erst in der nachelterlichen Phase geschieden werden, wenn die Kinder bereits volljährig sind.[264] Trotzdem:

> „Noch nie in unserer Geschichte gab es so viele Ehepaare, die ihre Goldene Hochzeit gemeinsam feiern können wie heute. Ferner haben auch noch nie so viele Urgroßeltern bzw. vor allem Urgroßmütter ihre Urenkel erlebt."[265]

Dieser Umstand rückt die Kategorie der „Erinnerung"[266] bei der Trau-Kasualie in ein ganz neues Licht. Auch die Feier von Ehejubiläen im Kontext von Erinnerungs-

---

dem Datenreport 2013: Ein Sozialbericht für die Bundesrepublik Deutschland, 44.
262 Vgl. R. Nave-Herz, Familiensoziologie, 18.
263 Vgl. Statistisches Bundesamt (Hg.), *Statistisches Jahrbuch 2016*, 55.
264 Hier und im Folgendem vgl. R. Nave-Herz, Familie, 24 f.
265 Ebd., 27.
266 6. Erinnerungskasualien; 8. Kasualien als Erinnerungskunst.

kasualien[267] muss vor dem Hintergrund der soziologischen Befunde kasualtheoretisch neu bewertet werden.

Fasst man die empirischen Befunde zusammen, dann gilt die Kernfamilie nach wie vor als ein *kulturelles Ideal*, auch wenn sie längst nicht von allen realisiert wird. Die kulturelle Kraft des Ideals wirkt selbst bei denen, die aus verschiedenen Gründen empirisch dieses Ideal *nicht* realisieren. Die Praxis der kirchlichen Trauung ist also eingelagert in ein soziologisches Paradox:

> „Die Liebe wird flüchtig in dem Maße, in dem sie, mit Hoffnungen aufgeladen, zum Kultplatz der um Selbstentfaltung kreisenden Gesellschaft wird. Und sie wird mit Hoffnung aufgeladen in dem Maße, in dem sie flüchtig und sozial vorbildlos wird."[268]

Es spricht viel für die These, dass die Instabilität heutiger Ehen eng mit den unrealistisch hohen subjektiven Bedeutungszuschreibungen korreliert. Das Enttäuschungsrisiko steigt mit der Höhe der Erwartungen. Verglichen mit den 1960er Jahren hat die Ehe zwar heute einen deutlich geringeren „Nutzwert", doch es scheint, als füllten Paare dieses pragmatische Vakuum mit einem Übermaß emotionaler Übertragungen. Wenn dann zugleich alternative Ehe- und Familienformen heute weitgehend entdiskriminiert sind und man sie selbst auf dem Lande akzeptiert, dann stellt sich die Frage: Warum heiraten Paare heute, und warum heiraten sie kirchlich?

4.4.5 Warum aber heiraten Menschen heute? Und warum heiraten sie kirchlich?

Soziologische Untersuchungen belegen, dass die Heiratswahrscheinlichkeit und das Heiratsalter von sehr vielen Faktoren abhängen und nicht auf nur eine Ursache zu reduzieren sind.[269] Natürlich bildet die Basis das, was Paare mit dem emotionalen Passepartout „Liebe" bezeichnen. Nähe und Sympathie allein geben aber im Beziehungsalltag nicht den Ausschlag; die Liebesheirat ist eingelagert in ein ganzes Bündel anderer Handlungsmotive. So spielen für Paare heute – nach Abgleich der beiderseits geteilten Wertvorstellungen[270] (zu denen auch die normativen Religions-

---

267 Vgl. Kristian Fechtner und Thomas Klie (Hg.), *Erinnerungskasualien* (Gütersloh: Gütersloher Vlg., 2019).
268 U. Beck und E. Beck-Gernsheim, Chaos, 9.
269 Im Folgenden nach Norbert F. Schneider und Heiko Rüger, „Wert der Ehe", *Zeitschrift für Soziologie* 36/2 (2007), 131–152; v. a. 133–137.
270 Statistische Ergebnisse zeigen, dass die Volksweisheit („gleich und gleich gesellt sich gern") durchaus Anhalt an der Wirklichkeit hat. Zumindest, wenn man den Bildungsstand, den Altersunterschied zwischen beiden Partnern oder die Staatsangehörigkeit betrachtet. Die große Mehr-

vorstellungen zählen) – Fragen nach dem „Gebrauchswert" der Ehe eine wichtige Rolle: Bietet die Ehe ausreichend Sicherheit für die (vorhandenen oder geplanten) Kinder? Wie lassen sich Berufstätigkeit, Wohnort und Elternzeiten miteinander vereinbaren? Diese durchaus nüchternen Abwägungen werden wichtiger, seit die Ehe in der späten Moderne nur noch eine Option neben anderen ist. „Eine Heirat erfolgt nur dann, wenn der subjektiv erwartete Nutzen dieser Handlung höher eingeschätzt wird als der anderer Alternativen."[271] Aus der gesellschaftlichen Norm ist das Paar-Kalkül geworden. Die je individuelle Verbindung aus Sympathie und Pragmatik macht heute das Konzept Ehe attraktiv. Es spricht soziologisch viel für die These, dass der Wandel von einer gefühlt *un*aufkündbaren Institution hin zu einer (notfalls) aufkündbaren Assoziation die Ehe für viele wieder interessant macht. Die „Exit-Option" (Schneider/Rüger) und die gesetzliche Erleichterung der Scheidung tragen nicht zur Schwächung bei, sondern beides erhöht paradoxerweise ihre Attraktivität.[272]

Wie sehr man sich bei dieser Synthese an den Kindern bzw. am Kinderwunsch orientiert, ist strittig. Untersuchungen ergeben, dass viele Paare, die z. T. schon lange unverheiratet zusammengelebt haben, sich dann entscheiden zu heiraten, wenn sie Kinder bekommen wollen oder gerade ein Kind bekommen haben.[273] Die Ehe bietet – so die Begründung – immer noch die institutionelle Sicherheit: für die Mutter ökonomisch, für den Vater im Blick auf seine Vaterrechte und für das Kind hinsichtlich einer langfristigen Erziehungskontinuität. Die Hochzeit ist heute nicht mehr die Voraussetzung, sondern eher die wahrscheinliche Folge einer Familiengründung, so die These. In vielen Fällen heiratet man heute weniger, um gemeinsam Kinder zu bekommen, sondern *weil* man (gemeinsame) Kinder hat bzw. will.

Gegen diese These sprechen allerdings die steigende Zahl der Paare, die ohne Kinderwunsch heiraten, und die steigende Zahl lediger Eltern (vor allem in Ostdeutschland). Eltern wollen nicht mehr unbedingt heiraten – Verheiratete wollen nicht unbedingt Kinder. Elternschaft und Ehe entkoppeln sich. Dies besagt natürlich nichts darüber, ob die befragten Paare ggf. ungewollt kinderlos sind bzw. sich bei Paaren, die zunächst ohne Kinderwunsch geheiratet haben, dann nach der Heirat Kinder einstellen. Auch hier sind die Dinge im Fluss.

---

heit trifft die Partnerwahl auf der Basis des gleichen Bildungsniveaus. So hatten 2011 bei fast zwei Dritteln (61 %) der 21 Millionen Paare in Deutschland die Lebensgefährten einen gleichen oder ähnlichen Bildungsabschluss. Vgl. „Kap. 2: Familie, Lebensform und Kinder", Auszug aus dem *Datenreport 2013: Ein Sozialbericht für die Bundesrepublik Deutschland*, 44 f.
271 N.F. Schneider und H. Rüger, Wert, 135.
272 Ebd.
273 R. Nave-Herz, Hochzeit, 1997, 13 ff.; Dies., Familie, [6]2015; Dies., Familiensoziologie, 2004, 48 ff.

Und schließlich heiratet man heute, weil man seine Beziehung symbolisch bekräftigen will. Soziologen sprechen hier von einer „erlebnisorientierten Heirat".[274] Religiöse und performative Motive gehen dabei eine spannungsvolle – und für nicht wenige Pfarrpersonen „anstrengende" – Verbindung ein. „Erlebnishungrige Paare planen rauschende Feste und heiraten primär, um einen geeigneten Anlass für diese Feierlichkeiten zu erhalten."[275] Nave-Herz deutet dieses Begehren als den Wunsch nach einem inszenierten *„rite de confirmation"*[276]. Das Wissen um die Brüchigkeit von Beziehung, die Paare, die schon länger zusammenleben, ja bereits unmittelbar erfahren, lässt in diesen Paaren den Wunsch nach einer symbolischen Fixierung entstehen. Und diese Option verbindet sich dann in dem Wunsch der Übernahme einer verantworteten Elternschaft und einer Neubestätigung von Partnerschaft in einer opulenten Festivität.[277]

Hier bekommt für nicht wenige Paare die kirchliche Trauung eine wichtige Funktion.[278] Natürlich heiraten Paare kirchlich, weil sie ein mehr oder weniger inniges Verhältnis zur Kirche haben. Aber auch hier summieren sich die Motive, was es nicht immer ganz einfach macht, im Trauungsgespräch die Gründe im einzelnen zu rekonstruieren. Für viele Paare geht es im Blick auf ihre religiöse Orientierung auch darum, Traditionen für sich verbindlich fortzuschreiben. Hier gilt die kirchliche Trauung im Gegenüber zur standesamtlichen als „die eigentliche" Eheschließung. Die Traditionsorientierung erstreckt sich aber auch auf familiale Üblichkeiten oder auf entsprechende Wünsche des Partners. Man verhält sich konform. Und schließlich geht es nicht Wenigen um die festliche Selbstinszenierung als Paar. Die

---

274 Zum Phänomen der nuptialen Eventisierung vgl. Andrea D. Bührmann und Ulrike Thiele-Manjali, „Hochzeiten und Heiraten als ‚rite de confirmation': Performative Herstellung geschlechtlicher Eindeutigkeiten in Zeiten des Wandels", GENDER, 2/2014, 9–23 (insbes. 14–17).
275 Ebd., 136. – In dieser Untersuchung von 2005 gaben immerhin fast zwei Drittel der 754 anhand von Telefoninterviews Befragten an, sie hätten wegen der schönen Feier kirchlich geheiratet (140). Merzyn spricht im Zusammenhang mit der kirchlichen Trauung von der „öffentlichen Inszenierung einer wechselseitigen Selbstfestlegung, die das feierliche Versprechen der Ehepartner im Modus inszenierter Authentizität zur Darstellung bringt" K. Merzyn, Rezeption, 349 f.
276 R. Nave-Herz, Hochzeit, 97 passim.
277 Bührmann und Thiele-Manjali (Hochzeiten, 20) deuten die empirischen Befunde als eine „re-traditionalisierende Aufführung als hegemoniales Paar" bzw. als „Versicherung dafür" (*confirmation*), „dass Menschen in der Ehe entgegen den traditionellen Geschlechterrollenstereotypen handeln können, ohne die Ehe und die damit verbundenen emotionalen Sicherheiten aufs Spiel zu setzen." A.D. Bührmann u. U. Thiele-Manjali, Hochzeiten, 20.
278 Nave-Herz (ebd., 69–97) macht vor allem bedürfnisorientierte Gründe für die kirchliche Trauung aus: 1. religiöses Bedürfnis, 2. Bedürfnis nach Erhalt und Weitergabe von Traditionen, 3. nach Konformismus im privaten Bereich und 4. nach Demonstration und Selbstdarstellung.

„Traumhochzeit in Weiß" lässt die Brautleute einmal im Leben „Star" sein.[279] Die hieraus der Pfarrperson erwachsende Rollenzuschreibung des „Zeremonienmeisters" widerspricht natürlich einem pastoralen Selbstbild, das sich heute eher aus poimenischen und homiletischen Funktionen speist.[280] Viel weniger konfliktreich fällt allerdings das Setting im Kasualgespräch aus, wenn sich der Pastor auf seine liturgischen Gestaltungskompetenzen besinnt. Trauagenden bieten immer Spielräume für inszenatorische Adiaphora. Vielfach werden aber von den Pfarrpersonen weniger spezifisch *theologische* Vorbehalte gegen bestimmte Inszenierungswünsche bzw. „invented traditions"[281] (z. B. Brautvatergeleit, Reis streuen, Bekleidungscodes oder popkulturelle Musikwünsche) geäußert, als vielmehr *geschmackliche* Einwände geltend gemacht. Hier gilt es zu differenzieren und vor allem: Solenne Ablehnungsgründe sollten immer auch plausibel kommuniziert werden. Die rituell retardierende Ästhetik protestantischer Trauungen, denen Thomas Mann in seiner Erzählung „Wälsungenblut" keinerlei „Schönheitswert"[282] zuschreibt, muss offensichtlich von den Paaren zeremoniell nachgerüstet werden.

Trotz starken Rückgangs[283] ist die kirchliche Trauung keinesfalls ein Auslaufmodell, auch wenn sich die Gründe für sie – dem Geist der Zeit entsprechend – vervielfältigt haben und sich dabei auch gegenseitig überlappen. Statistisch erhebt die jüngste Kirchenmitgliedschaftsuntersuchung:

> „40 % der Gesamtbevölkerung haben kirchlich geheiratet oder beabsichtigen, im Fall einer Eheschließung vor den Traualtar zu treten. Gegenwärtig gibt es in dieser Frage unter den Befragten keine großen Unterschiede zwischen den Generationen. Der Rückgang des Anteils kirchlicher Trauungen an der Gesamtzahl aller Trauungen in den letzten Jahrzehnten war

---

279 Als eines der Leitbilder fungieren für viele die filmischen Traum-Hochzeiten; vgl. Charles Martig, „Kino als ritualisierte Hoch-Zeit", in *Hochzeit: Rituale der Intimität*, hg. v. Benedikt Kranemann und Joachim Hake (Stuttgart: Kohlhammer, 2006), 125–137.
280 Prößdorf (Trauansprache, 55) bezeichnet aus diesem Grund die kirchliche Trauung als „das größte Problemkind der Kasualtheorie".
281 Vgl. Eric Hobsbawm und Terence Ranger, *The Invention of Tradition* (Cambridge: Cambridge University Press, 1992).
282 Thomas Mann, *Wälsungenblut* (Frankfurt a. M.: Fischer, 1984; 1905 verfasst/Erstabdruck 1921), 25. Der Auor lässt in seiner Erzählung, die im Parvenümilieu der wilhelminischen Ära spielt, den reichen jüdischen Unternehmer Aarenhold über die geplante Hochzeit seiner Tochter mit ihrem evangelischen Partner urteilen: „Übrigens stand auch Herr Aarenhold dieser Trauung kühl gegenüber, da von Beckerath Protestant war. Eine protestantische Trauung sei ohne Schönheitswert. Ein anderes, wenn von Beckerath dem katholischen Bekenntnis angehört hätte."
283 Der Breslauer Praktische Theologe Hans-Georg Haack weiß 1935 davon zu berichten, dass er „mehrfach 6 Trauungen ... hintereinander gehabt" hatte, im ganzen Jahr 1934 seien es für ihn insgesamt 195 kirchliche Trauungen gewesen. Hans-Georg Haack, *Die Amtshandlungen in der evangelischen Kirche* (Gotha: Klotz, 1935), 22, Anm. 1.

demnach kein Generationeneffekt, sondern ein sogenannter „Fahrstuhleffekt", d. h., alle Generationen haben sich gleichzeitig von einem früher höheren Niveau auf etwa 40 % bewegt."[284]

Für die gesellschaftliche Akzeptanz einer kirchlichen Trauung wird von entscheidender Bedeutung sein, wie es der Kirche gelingt, im Modus schmiegsamer Liturgien (rituelle Offenheit) und kenntlicher Lebensdeutung (homiletischer Relevanzbezug) eine zeitgenössisch akzeptable (Formen-)Sprache zu entwickeln, die den Kasus weder dogmatisch domestiziert („Verkündigung") noch ihn segensmonistisch reduziert. Die öffentliche Darstellung einer verbindlichen Paarbeziehung im Resonanzraum der Kirche ist auch und gerade auf die religionssensible Reflexion der biografischen Veranlassung angewiesen. Es geht liturgisch um das Erschaffen und Ermöglichen von situativ, theologisch und familiär angemessenen Ritualisierungen.

Als exemplarisch kann die Antwort einer Frau angesehen werden, die sich in einem Interview äußert:[285]

> „Ja, warum haben wir uns kirchlich trauen lassen? Also, ich bin jetzt kein Kirchgänger, aber (…) irgendwo steht für mich – doch so'n bisschen Glauben im Hintergrund doch fest (lacht etwas). Dass ich mich wahrscheinlich nicht so wohl gefühlt hätte, wenn ich's nur standesamtlich gemacht hätte. (…) Wir möchten auch gerne, wenn wir'n Kind jetzt haben, dass wir es dann auch taufen lassen können, haben wir gesagt, dann – kann man auch kirchlich heiraten, wenn man dann sein Kind taufen lassen möchte."

4.4.6 Vom Passage-Ritus zum Vergewisserungs-Ritus[286]

In der religionswissenschaftlichen und ethnologischen Literatur galt die Hochzeit lange Zeit geradezu als *der* Prototyp eines *Passageritus*'.[287] Bis in die 1970er Jahre hinein bedeutete die Heirat, dass man sich aus der Herkunftsfamilie löste, nun einen gemeinsamen Familiennamen führte und einen neuen gemeinsamen Hausstand gründete, man als Paar also ökonomisch selbständig war. Man ging eine

---

284 Evangelischen Kirche in Deutschland (Hg.), *Wie hältst du's mit der Kirche? Zur Bedeutung der Kirche in der Gesellschaft. Erste Ergebnisse der 6. Kirchenmitgliedschaftsuntersuchung* (Leipzig: Evang. Verlagsanstalt 2023), 62.
285 R. Nave-Herz, Hochzeit, 77.
286 Vgl. hierzu Michael Nüchtern, „Vom Schwellen- zum Vergewisserungsritual: Eine Standortbestimmung zum Traugottesdienst aus Anlass des neuen Trauagendenentwurfs der UEK", *PTh* 94 (2005), 160–174.
287 Exemplarisch greifbar ist diese Deutung in Arnold van Gennep, Übergangsriten (Frankfurt a.M.: Campus, 1986), 114–141 (*Les rites de passage: Étude systématique des rites* [Paris: É. Nourry, 1909]). – Vgl. hierzu programmatisch 7.1 Von der Passage zur Confirmation.

exklusive sexuelle Bindung ein, die auf die Zeugung von Nachwuchs zielte. – „Dies alles gilt für die heutigen Eheschließungen nicht mehr"[288], so die lapidare These der Familiensoziologin Rosemarie Nave-Herz, die sie als eines der wichtigsten Ergebnisse ihrer empirischen Studie formuliert.

Vor dem Hintergrund eines optionalen Eheverständnisses in einer pluralen Gesellschaft kann das Eingehen einer Ehe bzw. die kirchliche Hochzeit kaum mehr sinnvoll als eine biografische Passage gedeutet werden. Mit einer Eheschließung bzw. einer kirchlichen Trauung „passiert" schlicht nichts Neues. Man hat in aller Regel vorher zusammen gelebt, und man macht es nachher auch. Es stellen sich hier mit Recht „Fragen an die Leistungsfähigkeit der Ritualtheorie" – nicht nur hier bei der kirchlichen Trauung, sondern für den gesamten Phänomenbereich der Kasualien.[289] Aus den Herkunftsfamilien hat man sich längst herausgelöst, auch die finanziellen Dinge sind lange untereinander abgestimmt. Unter diesen Bedingungen ist die Ehe heute vielmehr die Möglichkeitsbedingung für eine bunte Vielfalt unterschiedlicher Sinngebungen.

Man kann heute heiraten, weil man sich bestimmten (kirchlichen) Traditionen verpflichtet fühlt *oder* weil man seine langjährige Beziehung festigen (oder retten) will *oder* weil man Kindern eine sichere Zukunft bieten will *oder* weil man sich in einem rauschenden Fest selbst in Szene setzen will *oder* nicht zuletzt, weil man die Ehe schlicht für einen selbstverständlichen Ausdruck von dem hält, was man „Liebe" nennt. Wie bei der Konfirmationskasualie ist es gleichsam die „wohltuende Mehrdeutigkeit" (Meyer-Blanck) der Hochzeit, die Paare heute noch (kirchlich) heiraten lässt. Die spätmodern gewachsene Deutungsoffenheit für divergierende individuelle Motive, die als legitimatorisches Surplus überdies nicht nur historische, sondern auch religiöse Traditionen impliziert, ist der Grund für die nach wie vor starke Wertschätzung der Ehe. An dieser immer noch kulturell stark wirksamen Bedeutung ändert die gestiegene Zahl der Alternativen grundsätzlich nichts. Sie entwickelt als Vorstellungshorizont nach wie vor normative Kraft, auch und gerade dann, wenn sie *nicht* angewählt wird. Ihr Symbolwert übersteigt bei weitem das Maß ihrer realen Inanspruchnahme.

Die Familiensoziologin Rosemarie Nave-Herz war darum auch eine der ersten, die die klassische Deutung eines Passageritus bei der Ehe in Frage stellte. Sie sieht auf Grund ihrer empirischen Befragung von 66 Paaren in der Eheschließung eher einen *rite sans passage*. Sie spricht darum auch im Blick auf Trauungen von einem *rite de confirmation*, einem Bekräftigungsritus, der etwas bereits Bestehendes kon-

---

[288] R. Nave-Herz, Hochzeit, 42.
[289] I. Nord, Fest, 37.

statiert.²⁹⁰ Diese „Konfirmierung" kommt allererst in der wechselseitigen Bezeichnung der Eheleute zum Ausdruck: Aus „mein Partner" bzw. „meine Partnerin" wird „mein Mann" bzw. „meine Frau". Diese unspektakuläre Umcodierung signalisiert eben keine biografische Passage, zumal die *dramatis personae* ja dieselben bleiben, ebenso ihr (zumeist) gemeinsamer Wohnort sowie ihre Paarintimität und ihre Elternschaft (so Kinder vorhanden sind), sondern die Umbenennung bestärkt reflexiv den bereits vorhandenen Status quo.

Die Paare wollen mit der Hochzeit (standesamtlich, und kirchlich noch einmal mehr) ihre Partnerschaft bekräftigen, vor allem im Blick auf eine verantwortete Elternschaft.²⁹¹ Allenfalls hinsichtlich des sich mit der Hochzeit verbindenden Kinder*wunsches* könnte man von einem Schwellenritus sprechen. Die Eheschließung initiiert und konstatiert öffentlich die Option auf die Elternrolle, sie legitimiert und performiert in ästhetisch hoher Potenz die Bereitschaft zur Elternschaft. Dafür bietet heute nach wie vor den „feierlichsten, außeralltäglichsten, wirkungsvollsten und öffentlichsten Rahmen" die kirchliche Hochzeit.²⁹²

Aber es gibt natürlich auch andere Gründe, die lange schon bestehende Beziehung durch eine Heirat zu affirmieren: Entweder man will der brüchig werdenden Partnerschaft einen neuen Sinn geben, sie gewissermaßen rituell „retten", oder man heiratet als Ausdruck einer progressiven Institutionalisierung der Beziehung („verliebt, verlobt, verheiratet"). So oder so bietet die kirchliche Trauung für beide Beziehungsmuster eine funktionale rituelle Intensivierung. Sie „beschwört" gleichsam die fortdauernde Paarbeziehung angesichts brüchiger Biografieverläufe, sie soll im Modus eines exponierten Ritus Beziehungssicherheit kontinuieren. Die Paare setzen inszenatorisch einen neuen Anfang in Erinnerung daran, dass viele Paarbeziehungen oder nichteheliche Lebensgemeinschaften eben kaum einen ritualisierbaren Anfang markieren können. Während sich ihre „wechselseitige Selbstfestlegung"²⁹³ eher in einem schleichenden Prozess vollzieht, der begleitet ist von einem ambivalenten Austarieren von Nähe und Distanz²⁹⁴, wünscht man sich mit

---

290 Vgl. Pierre Bourdieu, *Was heißt sprechen? Zur Ökonomie des sprachlichen Tausches* (Wien: Braumüller, ²2005), 111 ff. (franz.: *Ce que parler veut dire: L'économie des échanges linguistiques* [Paris: Librairie Arthème Fayard, 1982]).
291 Vgl. R. Nave-Herz, Hochzeit, 44; ähnlich auch M. Nüchtern, Vergewisserungsritual. – Anders Konrad Merzyn, „Ritual und Inszenierung", *PTh* 9 (2011), 396–412. Ausführlich in K. Merzyn, Rezeption.
292 R. Nave-Herz, Hochzeit, 48.
293 K. Merzyn, Rezeption, 31.
294 Zur Ambivalenzproblematik vgl. Simone Fopp, *Trauung – Spannungsfelder und Segensräume: Empirisch-theologischer Entwurf eines Rituals im Übergang* (Stuttgart: Kohlhammer, 2007).

dem kirchlichen Akt eine rituelle Disambiguierung des gemeinsam konfirmierten Biografieverlaufs.[295]

Kasualtheoretisch ist die kirchliche Trauung eine Kasualie im *Dual*. So ist die strukturelle Pointe der Trauung der Zusammenschluss zweier „Singles" zu einem Paar. Die öffentliche Darstellung einer verantwortlichen Partnerschaft ist schließlich das augenfällige Movens für die Traukasualie. Die Eheleute wählen die neue Identität einer „Zweiheit" in enger Relation zu einem intimen Gegenüber. Der Dual bestimmt nicht zuletzt auch die rituelle Dramaturgie: Traufragen/Trauversprechen, Ringwechsel, Ineinanderlegen der Hände, Segen mit Auflegen beider Hände, gemeinsamer Ein- und Auszug. Der Dual ist auch für Traujubiläen[296] und Trennungsliturgien (wenn sie denn paarweise begangen werden) ein zentrales strukturbildendes Kriterium. Gegenstand beider kasueller Begängnisse ist immer die „Zwiefalt" – in langjähriger Eintracht oder in Gestalt des Scheiterns.

4.4.7 Erinnerungen

Die kirchliche Trauung „konfirmiert" die öffentliche Übernahme einer exklusiven Gemeinsamkeit, was in diesem Fall bedeutet: Sie festigt die Übernahme gegenseitiger Verbindlichkeit, stellt sie öffentlichkeitswirksam auf Dauer und setzt zudem einen erinnerungsfähigen Anfang. Während die Traupredigt mit der obligatorischen Rekapitulation der Love-Story des Paares gleichsam die Vor-Geschichte der Kasualgemeinde in Erinnerung ruft, setzt die Trauung selbst mit dem selbstgewählten Hochzeitstag ein zentrales Datum der nun vorzeigbaren Familiengeschichte, das von einem familialen Kollektiv erinnert werden kann. Die Rede vom „schönsten Tag des Lebens" lässt auch eine konstruktivistische Lesart zu: Das Dandum partnerschaftlicher Liebesbezeugungen wird mnemisch transformiert in ein öffentliches Datum. Dem kontingenten Biografieverlauf wird ein Rahmen gesetzt, auf den fortan periodisch Bezug genommen werden kann. Neben der silbernen und gol-

---

295 Auch Konrad Merzyns ausführliche Interviewanalysen liefern eine Fülle empirischer Argumente für die Bekräftigungsthese, allerdings ist die numerische Basis hierfür mit nur zehn befragten evangelischen Paaren recht schmal. In den Eigentheorien der Paare zur kirchlichen Trauung rangieren 1. die Bestätigung der individuellen Partnerwahl, 2. die Festigung der Beziehungsgeschichte und 3. die Bestätigung der gesellschaftlichen Konventionen ganz oben in den Zuschreibungen (*Rezeption*, 189–215). Die hier für einen *zugleich* realisierten „Statuswechsel" aufgeführten Belege (Änderung in der Bezeichnung der Partner vor und nach der Trauung, größere Verbindlichkeit, Schwellenort) sind keineswegs zwingend und lassen sich problemlos auch als empirische Lesarten der Bekräftigungsthese deuten.
296 6. Erinnerungskasualien.

denen Hochzeit begeht man z. B. auch eine „Rosenhochzeit" (nach 10 Jahren) oder eine „Petersilienhochzeit" nach 12,5 Jahren. Ausgangspunkt all dieser volkstümlichen Hochzeitstage ist immer die Erinnerung an das Initialdatum der (kirchlichen) Trauung.

Oft ist der gewählte Trautag (wie auch der Ort, der als Kirchengebäude in der Regel lebensgeschichtlich besetzt ist[297]) symbolisch aufgeladen.[298] Während die Liebesgeschichte (das erste Date, der erste Kuss etc.) ein intimer Bestandteil der Paarbeziehung ist, der als homiletisches „Must" in der Predigt veröffentlicht wird, ist der Beginn der Ehe ein formalisierter Teil der Familiengeschichte. In jedem Fall werden der Ort und das Datum – oft unabhängig von aktuellen parochialen Zugehörigkeiten – selbst ausgesucht. Zugespitzt: Ort und Zeit werden gesetzt, um sich besser erinnern zu können. Das rituelle Gedächtnis sperrt sich gerade bei diesem Kasus gegen eine institutionengebundene Logik[299], es wird vielmehr autonom fixiert. Man wählt ganz gezielt die für einen selbst zentralen Erinnerungsanker.

Diese Vorfestlegung auf der familialen Zeitachse hat unmittelbare Konsequenzen für die Inszenierung der kirchlichen Hochzeit. Betrachtet man vor diesem Hintergrund das *Brautvatergeleit*, bekommt es eine wichtige Funktion im Rahmen des mnemischen Hintergrundrauschens, das die Kasualie in toto grundiert. Da die weitaus meisten Paare bereits eine relativ lange Zeitspanne zusammengelebt haben, nicht selten auch bereits gemeinsame Kinder haben, erhält das rituell abgesicherte Geleit die Bedeutung einer biografischen Zeitreise. In Szene gesetzt wird gleichsam die (familiale) Vorgeschichte der (partnerschaftlichen) Vorgeschichte. Denn es ist ja nur in den seltensten Fällen der direkte Übergang von der Herkunftsfamilie in die mit der Hochzeit gegründete neue Familie, der hier reinszeniert wird. Schließlich liegen zwischen dem Verlassen des Elternhauses und der Hochzeit etliche Jahre mit zumeist unterschiedlichen Paar- und Wohnkonstellationen. Zudem ist zeremoniell beim Brautvatergeleit durchaus unklar, wer hier wen beglei-

---

[297] Ilona Nord: „Wer als Pfarrerin oder Pfarrer an einer Hochzeitskirche arbeitet, weiß: Der Ort der Trauung, neudeutsch: die *Location*, ist für viele Brautpaare von erheblicher Bedeutung." (Fest, 127, Hervorhebung im Original).

[298] Für diese These spricht, dass sich vor allem numerisch einprägsame standesamtliche Trautermine besonderer Beliebtheit erfreuen: 15.05.2015 (Freitag), 29.02.2016 (Schaltjahrestag; nur alle vier Jahre Hochzeitstag), 15.08.2015 (in englischer Schreibweise verkürzt: „08/15") oder 16.06.2016.

[299] Bei kirchlichen Trauungen spielen gemeindliche Terminlagen oder der Kalender der Pfarrperson *für die Paare* nur eine untergeordnete Rolle, während sie für die kirchlichen Akteure eher oben in der Entscheidungshierarchie angesiedelt sind. Beides ist darum ein Born von Missverständnissen und Verstimmungen. Während die Paare mit ihren vielen individuellen Vorfestlegungen wenig Verständnis zeigen für die institutionelle Starre „der Kirche", fühlen sich nicht wenige Pfarrpersonen in die Rolle von zeremoniellen Erfüllungsgehilfen gedrängt. Hierzu ausführlich I. Nord, Fest, 209 ff.

tet: der Vater die Tochter, um sie an den Partner zu übergeben und darüber symbolisch eine für den Vater nicht selten kränkende Trennungserfahrung zu sublimieren, oder die Tochter ihren Vater, um darüber latente Männerrivalitäten rituell zu domestizieren. Es spräche insofern pastoralpsychologisch auch überhaupt nichts gegen ein paralleles Bräutigamgeleit durch dessen Mutter. Hier böten sich durchaus kreative und liturgisch wie homiletisch anschlussfähige Szenarien an. Diese Wahrnehmungsdivergenzen sind in jedem Fall ein guter Teil des Stoffes, aus dem die Traupredigt zu komponieren wäre.

Zeichnet man die Trauzeremonie in den Erinnerungskontext ein, dann erhält auch das obligatorische Fotografieren einen deutlich anderen Stellenwert, als ihm von den Pfarrpersonen oft zugemessen wird. Die Fotos sichern die Familiengeschichte gewissermaßen urkundlich ab. In einer zunehmend visuell kommunizierenden Gesellschaft hat das Bild längst eine wichtige Belegfunktion: Was man sieht, hat stattgefunden – ganz offensichtlich. Die Kasualfotografie rangiert darum auch für die Paare weit oben in der Agenda. Hier vertraut man gerade nicht auf die schnellen Smartphone-Funktionen der Hochzeitsgäste, sondern auf die Perfektion professioneller Fotografen. Und so entstehen bei den verschiedenen Stationen der Hochzeit oft mehrere Hundert Fotos, die allesamt die Faktizität und die Gefühlsqualitäten des Zusammenschlusses dokumentieren.[300]

Eine kirchliche Trauung besetzt unter den Bedingungen einer spätmodernen Beziehungskultur liturgisch ein anfängliches Interim. Es ist eben je länger je weniger eine initiale Kasualie oder gar eine biografische Schwelle. Die Trauung markiert eine frühe Zwischenstation, die zu gestalten ist z. T. lange, nachdem man sich entschlossen hat, zusammenzuleben, Kinder zu zeugen bzw. Elternschaft nicht auszuschließen. Bei der Trauung von älteren Paaren, von Geschiedenen (oder Verwitweten) gewinnt das Moment des biografischen Interims noch stärker an Bedeutung. Eine Traupredigt, die auf den Eigensinn des Lebens scharfstellt, wird darum leitmotivisch das Moment vergewissernder Erinnerung stark machen müssen. Das Paar vergewissert sich in Rede und Ritus kontingenter beglückender, z. T. auch irritierender Episoden, die sich im Nachhinein als glückliche Fügung dargestellt haben. – Die Wolke agendarischer Lesungen ist also von Fall zu Fall auf der hermeneutischen Basis des Traugesprächs neu zu arrangieren.[301]

---

[300] Zum medialen Kontext der Trauung vgl. auch Ilona Nord (Fest, 119 ff.), die die These vertritt, dass Digitalisierung festlicher Kommunikationskulturen weitreichende Konsequenzen für das Selbstverständnis der Hochzeitspaare habe. Ähnlich auch K. Merzyn, Rezeption, 219 ff.
[301] Es spricht viel dafür, diese Aspekte nicht nur in *einem* Kasualgespräch zu diskutieren. Zudem können vorab agendarische Texte und liturgische Formulierungsoptionen verschickt werden. Sinnvoll ist immer auch ein Ortstermin in der Kirche.

4.4.8 Deutende Festfolge und gestreckte Kasualie

Die Besonderheit der Trauung ist, dass sich die Pluralität der Sinngebungen auch heortologisch in einer lockeren Folge symbolischer Begängnisse abbildet. Diese werden je nach regionaler Tradition unterschiedlich vollzogen:
- die *individuellen* Aspekte in den „Junggesellen-/Junggesellinnenabschieden" getragen vor allem vom engeren Kreis der Peers bzw. der Freundesclique (vor allem in den Städten werden mehr und mehr auch nach amerikanischem Muster Bachelor-Partys gefeiert),
- die *familialen* Seiten beim Polterabend *vor* bzw. bei der Hochzeitsfeier *nach* der Trauung,
- die *konventionelle* Sinngebung kommt prominent zur Darstellung bei der standesamtlichen Trauung.

Die kirchliche Trauung – so sie denn gewünscht wird – trifft also auf ein ganzes Bündel eigenlogischer Symbolisierungen, die sich aber, anders als bei anderen Kasualien, auch in stark ritualisierten Feiersequenzen aktualisieren. Sie ist ein Element in einem ganzen „Veranstaltungsensemble"[302]. Die Trauung ist *die* gestreckte Kasualie par excellence, genauer: Sie ist die Kasualie, die sich über eine ganze Fest*folge* erstreckt. Wenn viele Brautpaare die kirchliche Trauung als die „eigentliche Trauung" betrachten, dann wird eine kontextsensible Liturgie immer auch in Rechnung stellen müssen, dass dieser Kontext bereits durch andere, rituell durchaus ausdrucksstarke „Komplementärliturgien" bestimmt ist. Man reiht sich als Liturg ein in eine ganze Sequenz von Ko-Inszenierungen, die ihrerseits ebenfalls starke Deutungen darstellen. Vor allem die standesamtliche Trauung rangiert in dieser Sequenz als „eine Art Auftaktveranstaltung" für den dramaturgischen Höhepunkt der kirchlichen Trauung.[303]

---

[302] I. Nord, Fest, 139–144; Konrad Merzyn spricht im Zusammenhang mit der kirchlichen Trauung von einer „performativen Inszenierung" (Rezeption, 202 ff.).
[303] K. Merzyn, Rezeption, 264; ähnlich auch I. Nord, Fest, 130 ff. – Birgit Weyel ist zuzustimmen, wenn sie postuliert: „Anstatt den Gottesdienst aus dem Gesamtzusammenhang der familiären Feier zu isolieren, sollte dieser pointiert als eine Komponente der Festgestaltung wahrgenommen und in Relation gesetzt werden." Birgit Weyel, „'Weil es halt einfach so ein Familiending is': Kasualien als Herstellungsleistung", in *Kasualien als Familienfeste. Familienkonstitution durch Ritualpraxis*, hg. v. Katharina Krause, Manuel Stetter u. Birgit Weyel, (Stuttgart: Kohlhammer, 2022), 216–239 (217).

4.4.9 Verähnlichungen

Bei wohl keiner Kasualie werden mehr Fotos gemacht als bei einer Trauung. Dies hat sicher nicht nur mit der spezifischen Brautpaar-Ästhetik zu tun, auch Konfirmandinnen und Konfirmanden sind durchweg schön anzusehen. Dass viele Märchen gerade in der Hochzeit der Protagonisten münden, hat diesen Ritus immer schon zu einem kollektiven Idealbild verklärt, von dem man sich durch die Kasualfotografie ein bescheidenes Abbild erhofft. Die sich bei einer Trauzeremonie verdichtende Zweisamkeit und die sie symbolisierenden sinnlichen Gestaltungselemente laden geradezu ein, über das Gesehen-Gehörte die eigene Paarbeziehung zu imaginieren. Dieser Effekt wird nicht zuletzt auch dadurch verstärkt, dass Verwandte, Freunde und Bekannte immer auch paarweise eingeladen und beim anschließenden Festessen auch entsprechend platziert werden. Die kirchliche Freistellung des Brautpaares in Rede und Ritus verstrickt die anwesenden Paare unmittelbar in ihre Geschichte und Geschichten. Wie war das damals bei uns? Wie wollen wir heiraten? Was hat sich verändert bzw. was soll sich ändern? Fehlentscheidungen oder verpasste Gelegenheiten werden erinnert, Alteritätserfahrungen und Glücksmomente aufgerufen. Die in der Predigt enthüllte Love-Story provoziert dabei unmittelbar eigene Erfahrungen oder Gegenerfahrungen. Das kulturell tradierte Paarideal erscheint in diesen Projektionen in ästhetischer Brechung. Bei Trauungen gibt es keine distanzierten Zuschauer, die Vergegenwärtigung der eigenen Beziehungsrealität im Medium der anderen scheint unvermeidlich. Die Trauung der einen ist immer auch die Projektionsfläche für das Traute der anderen.

Um diese Spiegelphänomene reflexiv zu halten, bieten sich auf rhetorischem Wege für die Predigt gute Möglichkeiten. Neben einer direkten Ansprache („Liebe anwesende Paare ...") und gezielt verallgemeinernden Passagen ließe sich auch die Geschichte des Brautpaares so erzählen, dass sie zu Identifikationen einlädt und diese darüber bearbeitbar hält. In der Liturgie können anwesende Paare in das Gebet mit eingeschlossen werden, und die vielerorts obligatorischen Segenswünsche der Verwandten und Angehörigen entfalten eine andere Wirkung, wenn sie von Paaren (statt allein) vorgetragen werden.

Aber Familien sind nicht nur der Hort sozialisatorischer Identität mit hohem Sehnsuchtpotential, sie sind u. U. auch „Orte destruktiver Vulnerabilität". In der Predigt und in der Liturgie (Gebete) sollte darum ggf. auch ausbalanciert werden, wie sich Sehnsucht und erlittene Verletzungen zu einander verhalten. „Nicht immer ist die Familie der Ankerpunkt, den sich die Einzelnen ersehnen. Manchmal sind sie auch gegen ihre Familien zu bestärken und segnend zu begleiten."[304]

Scheiden tut weh: Trennung als Kasus
Die kirchliche Trauung hat nicht nur Erinnerungsformate hervorgebracht, die kirchlich und vor allem privat begangen werden (v. a. Silberne und Goldene Hochzeit)[305] – das Besondere an der Trauung ist, dass sich hier auch eine Trennungskasualie angelagert hat.[306] Eine zugeordnete Trennungskasualie gibt es sonst nur noch bei Einweihungshandlungen (als Entwidmung) und Ordinationen bzw. Einführungshandlungen (als Verabschiedung bzw. Entlassung). Wie viele dieser „Scheidungsrituale"[307] derzeit in kirchlicher Verantwortung durchgeführt werden, ist noch nicht erforscht – belegt ist allenfalls, *dass* es sie gibt, sie jedoch nur sehr vereinzelt durchgeführt werden.

In Deutschland hat es bis in die 1980er Jahre gedauert, bis überhaupt die Möglichkeit kirchlicher Scheidungsrituale praktisch-theologisch denkbar wurde. Dies hatte ganz offensichtlich statistische Gründe, denn 1981 erreichte die Scheidungsquote mit rund 180.000 Trennungen einen vorläufigen Höhepunkt.[308]

Die erste in der kirchlichen Öffentlichkeit aufmerksam zur Kenntnis genommene Veröffentlichung war das schmale Bändchen der Schriftstellerin Svende Merian.[309] Sie hatte evangelische und katholische Pfarrpersonen gebeten, ihr

---

304 Michael Domsgen, „Warum soll man sich das überhaupt antun?: Kasualien als Familienfeste", in *Familienfeste*, hg. v. K. Krause, M. Stetter u. B. Weyel, 28–41 (41).
305 Vgl. hierzu Stefanie Wöhrle, „Ehejubiläen", in *Erinnerungskasualien*, hg. v. Kristian Fechtner und Thomas Klie (Gütersloh: Gütersloher Vlg., 2019), 24–52.
306 In der kirchlichen Praxis ist der *Valentinsgottesdienst* einerseits eine Erinnerungskasualie (insofern er sich an verheiratete Paare richtet, die sich ihrer bleibenden Liebe vergewissern wollen), anderseits eine Präparationskasualie (für nicht bzw. noch nicht verheiratete Liebespaare).
307 Vgl. hierzu die detailreiche Bachelorarbeit von Detlef Wannhoff, *Plädoyer für Scheidungsrituale: Bio-psycho-soziale Belastungen durch Ehescheidungen bei Menschen, die verbindlich in religiös determinierten Gruppen leben* (Berlin: Epubli, 2017).
308 Nach den Angaben des Statistischen Bundesamtes hat sich die Scheidungsquote von 1960 bis 1980 fast verdreifacht, ihren höchsten Stand hatten die Scheidungen 2005: etwa fünfmal so viel wie 1960, fast doppelt so viel wie 1980. Vgl. https://www.destatis.de; vom 30.11.2018.
309 Vgl. Svende Merian (Hg.), *Scheidungspredigten: Bestellt von Svende Merian* (Darmstadt und Neuwied: Luchterhand, 1986). Ein Folgeband mit Predigten neun Jahre später (Svende Merian [Hg.], *Scheiden tut weh: Predigten und Ansprachen* [Gütersloh: Gütersloher Verlagshaus, 1995]) war schon mit einem Geleitwort von Manfred Josuttis versehen – das Thema war in der Praktischen Theologie angekommen. Bereits 1981 schildert Thomas Frowein ein – allerdings fiktives – Scheidungsritual in der psychologischen Zeitschrift „Warum!". „Glücklich geschieden", *Warum! Eine psychologische Zeitschrift* März (1981), 10–15.

(fiktive) Scheidungspredigten zur Verfügung zu stellen. Damit trat die Möglichkeit kirchlicher Trennungsliturgien zwar ins pastorale Bewusstsein, aber konkrete Liturgieentwürfe ließen noch auf sich warten. Als eine der ersten Kirchen veröffentlichte die rheinische Kirche eine schmale Handreichung.[310] Die Diskussion war diesbezüglich durch z. T. heftige Kontroversen gekennzeichnet, sah man doch Scheidungsgottesdienste im Resonanzbereich kirchlicher Trauung als eine implizite Aufhebung des Segens.[311]

Die jüngste Monografie von Andrea Marco Bianca listet bereits weltweit 140 Modelle und etwa 160 „praktizierte Scheidungsrituale" auf.[312] Die Geschichte der Trennungskasualie verlief regional bzw. je nach Kirchentum sehr unterschiedlich. Das erste offizielle liturgische Formular eines Scheidungsrituals wurde von der Reformierten Kirche des Kantons St. Gallen im Jahr 2000 veröffentlicht. Anderthalb Jahrzehnte nach diesem mutigen Schritt zeichnet sich eine weitere Entwicklung ab: der Rückgang genuin kirchlicher Trennungsliturgien und – analog zur religiösen Pluralisierung – die Zunahme religionsaffiner bzw. a-religiöser Scheidungsrituale.[313]

Demgegenüber zeichnet sich ein kirchliches Scheidungsritual „als neue Kasualie" durch „eine möglichst hohe Authentizität in der Wahrnehmung aller Beteiligten, Adäquatheit in der seelsorglichen Vorbereitung und Effektivität in der rituellen Begehung" aus.[314] In ihm wird gewissermaßen die Ehe zu Grabe getragen. Dies markiert für die Kirche, die das Ehepaar ehedem gesegnet hat, einen neuralgischen Punkt. Geht es doch theologisch um eine „Aussegnung" oder seelsorglich um eine

---

310 Vgl. Mieke Korenhof (Hg.), *Gehen: Scheidungs- und Trennungsliturgien* (Düsseldorf: Presseverband der Ev. Kirche im Rheinland, 1996). Vgl. a. Barbara Alt-Saynisch und Gerson Raabe, *Das Ende als Anfang: Rituale für Paare, die sich trennen* (Gütersloh: Gütersloher Vlg., 2002); Gerhard Engelsberger, *Scheidung auf evangelisch: Warum auch Christen sich trennen dürfen* (Zürich: Kreuz-Verlag, 1997); Regina Bollinger (Hg.), *Die Umarmung lösen: Grundlagen und Arbeitsmaterialien zur Scheidung in Seelsorge und Gottesdienst* (Gütersloh: Gütersloher Vlg., 1997); Armin Beuscher, Elisabeth Mackscheidt und Hartmut Miethe (Hg.), *Gewagtes Glück: Reflexionen – Gedichte – Liturgien – Impulse zu Trennung und Scheidung* (Nidderau: Neues Buch, 1998).
311 Eine ausführliche Problemgeschichte bietet Andrea Burgk-Lempart, *Wenn Wege sich trennen: Ehescheidung als theologische und kirchliche Herausforderung* (Stuttgart: Kohlhammer, 2010). Die Theologin weist mit Recht als Fazit ihrer ausführlichen Analysen von Trennungspredigten darauf hin, dass in der Kirche ein offensichtlicher Mangel an lebensbegleitenden Gottesdiensten besteht, die die Gebrochenheit menschlicher Existenz in den Blick nehmen.
312 Andrea Marco Bianca, *Scheidungsrituale: Globale Bestandsaufnahme und Perspektiven für eine glaubwürdige Praxis in Kirche und Gesellschaft* (Zürich: TVZ, 2015).
313 Vgl. A. M. Bianca, Scheidungsrituale, 5 f.
314 Ebd., 7. – Vgl. hierzu auch die von Mieke Korenhof zusammengestellten Liturgieverläufe (M. Korenhof, Trennungsliturgien).

Integration einer unerwartet negativen Entwicklung in die Biografie der nun Getrennten. Dabei werden zwangsläufig analog zu einer Passionsandacht Schuld, Trauer und Scheitern thematisch gemacht bzw. Vergebung, Heilung und Neubeginn.[315] Kristian Fechtner wendet in diesem Zusammenhang kritisch ein, dass es mit kirchlichen Trennungsgottesdiensten „zum ersten Mal im Kasualzyklus zu einer liturgischen Konstellation von Kasualie und *Gegen-Kasualie*" komme.[316] Diese Sicht ist jedoch nicht zwingend. Begeht man die kirchlich begleitete Trennung unter dem Vorzeichen von Buße und offener Schuld, dann kommen zwar unweigerlich Bezüge zur kirchlichen Trauung zur Darstellung, aber nicht unbedingt als deren negative Entsprechung. Wie in der Kommendatio bei der Bestattung auch an die Taufe des Verstorbenen erinnert wird, ohne sie als Antithese des Todes in Stellung zu bringen, so wird man in einer Trennungsliturgie an die Trauung erinnern, ohne Ritus und Rede über eine Aufhebungsmetaphorik theologisch zu verengen. Hier hängt viel ab von einer kontextsensiblen Gestaltung, die angesichts des Scheiterns nicht den Trausegen zurücknimmt, sondern den bleibenden und beide Partner nach wie vor verbindenden Gottesglauben performiert.

> „Aus der Hand Gottes hast Du ihn/sie empfangen. In Gottes Hand gibst Du den Menschen zurück, der Dir lieb war. Gott, auf den wir vertrauen, ist nicht ein Gott der Kümmernis, sondern der Lebenden, denn in ihm leben sie alle."[317]

Wie auch schon bei der kirchlichen Trauung wird bei einem Scheidungsritual *das* rituell konstituiert, was in der Regel bereits lange der Fall ist: das Zusammenleben (vor der kirchlichen Hochzeit) bzw. das Getrennt-Leben (vor der Scheidung). Man erklärt sich gegenseitig das Scheitern in Form einer kirchlich gebundenen „Deklaration"[318]. Die Partner sollen nach und mit dieser Erklärung entbunden werden. Das Unvermögen, das Eheversprechen zu halten, wird anerkannt und das gemeinsame Scheitern Gottes Hand anvertraut. Auch aus diesem Anlass kann durchaus

---

315 Vgl. hierzu den sensiblen Gottesdienstentwurf von Heidrun Dörken, „Trennung", in *Gelegenheit macht Gottesdienst: Liturgische Hilfen für lebensgeschichtliche Anlässe*, Bd. 1, hg. v. Ulrich Fischer, Reiner Marquard und Helmuth Mühlmeier (Stuttgart: Calwer, 1996), 125–136.
316 Kristian Fechtner, *Kirche von Fall zu Fall: Kasualpraxis in der Gegenwart – eine Orientierung* (Gütersloh: Gütersloher Vlg., 2003), 151.
317 Formulierung in Anlehnung an den Text der Kommendatio aus der UEK Bestattungsagende; *Agende für die Union Evangelischer Kirchen in der EKD*, Bd. 5, *Bestattung*, hg. v. von der Kirchenkanzlei der UEK (Bielefeld und Witten: Luther-Verlag, 2004), 155.
318 Bemerkenswert nüchtern und pragmatisch sieht Philipp Marheineke 1837 die Ehescheidung: „Die evangelische Kirche giebt und lässt die Scheidung zu, aber nur aus dem Grunde, daß sie Declaration dessen sey, was ist oder vielmehr nicht ist, nämlich daß diese Ehe keine wahrhaftige sey." Ph. Marheineke, Entwurf, 287 f.

gesegnet werden. Aber anders als bei der Initialkasualie wird hier nicht ein Paar oder gar ein Anlass gesegnet, sondern zwei einzelne Menschen, die sich entzweit haben. Dazu kommt, dass hier der Segen – je nach Kasus und im Unterschied zur Trauung – keine Zentralstellung beanspruchen muss. Angemessen scheint jedoch eine *signatio crucis*, denn sie rückt die Trennung in den Resonanzraum des Kreuzes und zeichnet das Leben in die Gnade Gottes ein.

4.5 Heiligabend – das *Memento nasci* als Kasus

4.5.1 Christvesper mit Musical

Heiligabend in einer kleinen mittelalterlichen Dorfkirche am Rande eines großen Plattenbaugebiets in Ostdeutschland.[319] Es ist 15:30 Uhr. Auch zur zweiten Christvesper mit Krippenspiel ist die Kirche bis auf den letzten Platz besetzt. Um 17 Uhr folgt ein dritter Gottesdienst, eine „musikalische Christvesper mit Chor" – eher für ein erwachsenes Publikum gedacht. Darum wird bei der abschließenden Christvesper die Predigt zentral gestellt, während die ersten beiden Vespern liturgisch um das weihnachtliche Spiel der Konfirmanden und Jugendlichen herum arrangiert sind. Auch und gerade im spätchristlichen Ostdeutschland besetzt der Kirchgang nach wie vor eine integrale Systemstelle in der familialen Weihnachtsdramaturgie. Wie viele der Besucher hier dem eher randständigen Kasualchristentum zuzuordnen sind bzw. wer aus der „Gemeinde" konfessionslos ist, lässt sich allenfalls erahnen. Im sozialen Kontext der jahresendlichen Religionsobligatorik sind die Übergänge mehr als fließend. Im Gegensatz zur Ansprache sieht die Inszenierung des mit modernen Musical-Elementen durchsetzten Krippenspiels jedenfalls keine evangelisierenden Adressierungen vor. Das Krippenspiel hätte so auch in Hannover, Stuttgart oder Dortmund aufgeführt werden können.

Nach dem Orgelvorspiel (EG 45) begrüßt ein Pastor im Talar die Gemeinde. Er steht unten vor der erhöhten Bühne, die fast den ganzen Altarraum einnimmt. Eine Traverse mit Scheinwerfern und Lautsprechern rahmt den Blick auf den Hochaltar.

> „Schön ist es, die Glocken zu hören! Wie die Hirten damals habt ihr euch heute auch aufgemacht. […] Die Kinder und Jugendlichen erzählen uns in einer selbstgeschriebenen Form die Weihnachtsgeschichte neu. Sie ist kein Märchen, denn es treten Engel auf, und das heißt: Das hat etwas zu bedeuten […] Und nun lasst uns mit Gott reden und beten […]"

---

[319] Die hier beschriebene Christvesper fand am 24.12.2019 im Stadtteil einer ostdeutschen Großstadt statt.

Es folgt ein kurzes, frei formuliertes Eingangsgebet. Die Gemeinde stimmt darauf mit der Orgel in den Weihnachtsklassiker „Stille Nacht" ein (EG 46).

Das Spiel beginnt: Hirtengespräch am Lagerfeuer mit Stoffschaf. Musikalisch eingeleitet wird die Szene durch die „Morgenstimmung" aus der Peer Gynt-Suite von Grieg (durchsetzt von blökenden Schafen und zirpenden Grillen). Im harten Kontrast folgt ein jugendlicher Herodes in seinem Palast (adaptiert: Mt 2,1–9a); sein Monolog ist mit Bachs d-moll-Toccata unterlegt. Ein Chor aus Erwachsenen und Jugendlichen kommentiert beide Szenen mit einem Playback-Reggae: „Maria und Josef hat Gott sich auserwählt, die sind nicht reich und nobel, sie haben nicht viel Geld [...] Gott selber sein Vater, und Jesus heißt das Kind."[320] Es folgen eine Markt- (adaptiert: Lk 2,1–5) und eine weitere Hirtenszene. Der Chor antwortet: „Wenn Gott in ein Leben kommt, dann bleibt's nicht wie vorher, er stellt eigne Pläne auf den Kopf"[321]. Maria und Joseph gehen auf Zimmersuche, derweil verkündet der Weihnachtsengel von der Kanzel die „große Freude, die allem Volke widerfahren wird" (Lk 2,10). Der Engel (solo) und die Gemeinde (tutti mit Orgel) intonieren EG 54 („Hört der Engel helle Lieder"). Mit der Anbetung der Hirten und der lukanischen Verkündigungsanmerkung (Lk 2,17) schließt das Krippenspiel.

Dieser Vers dient dem jungen Prediger, einem Gemeindepädagogen, der das Krippenspiel mit den Jugendlichen erarbeitet hat, als Stichwort für seine in diesem traditionellen Kontext eher ungewohnt direktiv-erweckliche Ansprache:

> „Was wir hier gesehen haben, wollen wir weitersagen! [...] Aber wie schaffen wir es, die Botschaft 'rüber zu bringen? [...] Diese Geschichte ist alles andere als süß. Diese Botschaft ist für Menschen, die allein sind, die ein Problem haben, die sich einen Status aufgebaut haben und alles dafür tun, dass alles so bleibt. [...] Gott sagt: Genau dahinein will ich kommen! [...] Dir ist ein König geboren und den brauchst du! Denn wenn du denkst, du fällst hinten über, dann ist das eine Lüge: Gott steht hinter dir und fängt dich auf! Gott ist immer nur ein Gebet weit entfernt! Du brauchst diesen König Jesus in deinem Leben!"

Das impulsive Staccato der eindringlich vorgetragenen Glaubensofferten mündet in ein freies Gebet: „Vater im Himmel, danke für diese gute Botschaft von Weihnachten [...]." Der Prediger endet mit einer Aufforderung zum Applaus für die „Schauspieler", die er hinter dem Vorhang herausbittet. Laut und anhaltend beklatscht die Gemeinde die Laiendarsteller.

---

[320] Lied „Maria und Josef" aus dem Weihnachtsmusical „Stern über Bethlehem" (2012); Text und Musik: Markus Hottiger.
[321] Lied: „Wenn Gott in ein Leben kommt" aus der CD „Maria und Josef. Der durchkreuzte Plan"; Text und Musik: Monika Graf.

Danach übernimmt wieder der Pastor und dankt seinerseits dem Gemeindepädagogen und der Chorleiterin. Die Kollekte wird angesagt und zu „Ihr Kinderlein kommet" (EG 43) eingesammelt. Vor dem Vaterunser, dem Segen und dem „O du fröhliche" (EG 44) kommen ein paar wenige Abkündigungen. Die Gemeinde wird am Ausgang vom Pastor persönlich mit Handschlag verabschiedet.

Wie diese Szene eindrücklich belegt, erfreut sich das Krippenspiel in der nachmittäglichen Christvesper an Heiligabend ungebrochener Beliebtheit. Kein Gottesdienst kann hinsichtlich Frequenz, religionskultureller Attraktivität und familienreligiöser Evidenz mit diesem Kasus konkurrieren. Was evangelisch für kaum einen anderen gottesdienstlichen Anlass mehr gilt, performiert sich hier: „Man" geht an Heiligabend zur Kirche. Gut acht Millionen Menschen besuchten am 24.12.2017 einen der evangelischen Gottesdienste; das sind immerhin knapp 38 % der Mitglieder[322] – vorausgesetzt, alle Gottesdienstbesucher sind auch Kirchenmitglieder.[323] Das heißt jedoch im Umkehrschluss, dass etwa zwei Drittel der deutschen Protestanten selbst (oder gerade?) am Heiligabend ihre traditionelle sakrale Enthaltsamkeit leben. Die übervollen Gottesdienste täuschen über die globalen Relationen hinweg.

Im Zentrum des Spektakels im Vorabendgottesdienst steht das Spiel um die bedroht-intakte Kleinfamilie. Auch wenn die „gute Mär" (EG 24) der Evangelienharmonie aus Lk und Mt durchaus andere Skopoi nahelegt, folgt die Wahrnehmung der weitaus meisten Christenmenschen Lesarten, die hier den Ursprungsmythos für „das Fest der Liebe" bzw. „das Fest der Familie" wähnen. In der Mehrzahl der Krippenspiele wird darum auch die Verkündigungsszene (Lk 1,26 ff. bzw. Mt 1,18 ff.) theologisch verschämt ausgespart. Die Logik des Spiels – in keinem anderen evangelischen Gottesdienst wird gespielt! – rückt überdeutlich den Nukleus aus Vater-Mutter-Kind in den Fokus.

---

[322] Vgl. Die Äußerungen des kirchlichen Lebens 2017: https://www.ekd.de/Gottesdienst-Zahlen-Daten-EKD-17289.htm; vom 2.1.2020.

[323] Wie viele Kirchenbesucher am Heiligabend Mitglieder, Ausgetretene oder schon seit Generationen Konfessionslose sind, ist massenstatistisch kaum erfasst. Nach einer von der „Bild am Sonntag" 2018 in Auftrag gegebenen Emnid-Umfrage unter 507 Personen zum Gottesdienstbesuch an Heiligabend gaben immerhin 11 % an, dass sie konfessionslos sind. Eine INSA-Umfrage für die „Bild"-Zeitung von 2017 kommt auf 8 %; Vgl. https://www.pro-medienmagazin.de/gesellschaft/kirche/2017/12/20/weihnachtsgottesdienst-auch-kirchenmitglieder-bleiben-zu-hause/; vom 2.1.2020. – Es spricht viel dafür, dass diese Prozentzahl in Ostdeutschland bei weitem höher liegt. Vgl. https://www.katholisch.de/artikel/20090-umfrage-gut-jeder-dritte-will-weihnachten-in-die-kirche; vom 2.1.2020.

Die Kasualgemeinde an Heiligabend verbleibt durch die Zentralstellung des Krippenspiels mehr als in anderen Kasualgottesdiensten in einer Publikumsrolle[324]. Dass das Sehen das Hören dominiert, ist hier gleichsam Programm. Es ist gerade die szenisch oft sehr aufwändig präparierte Schau, die den Ton angibt und die aktive Partizipation limitiert. Wenn dann auch noch ein Chor das Spiel kommentiert und nicht die gerade an Weihnachten überaus bild- und narrationsstarken Gemeindegesänge, dann verstärkt dies noch den medialen Eigensinn der liturgischen Inszenierung. Folgerichtig wird hier das Gottesdienstpublikum denn auch zum Klatschen aufgefordert.

4.5.2 Wenn das Kirchenjahr Kasualien hervorbringt

Auch das Kirchenjahr zeigt sich in der protestantischen Religionspraxis kasualienaffin. Die Rubrizierung jahreszyklischer Kasus *als* Kasualien erscheint in der gemeindlichen Praxis jedoch (noch) nicht plausibel. Bei der Taufe (Osternacht, Osterzeit) und deutlicher noch bei der Konfirmation (Osterzeit, Pfingsten) hat sich jeweils ortsüblich eine kirchenjahreszeitliche Verankerung eingespielt, ohne dass diese Kopplung schon eigens in einen kasualtheoretischen Horizont eingezeichnet wurde. Für die hier vorgeschlagene Wahrnehmung bestimmter, vordergründig kirchenjahreszeitlich formatierter Feste *als* Kasualien – allen voran Heiligabend, schwächer ausgeprägt beim Totensonntag, beim Erntedankfest bzw. Valentinstag[325] – spricht vor allem das für Kasualien typische volkskirchliche Teilnahmeverhalten und die Integration des festtäglichen Kirchengangs in das familiale Selbstverständnis bzw. dessen Gestaltwerdungen.

---

[324] 7.3 Vom Gottesdienstbesucher zum Publikum.
[325] Der *Valentinstag* erfreut sich in jüngster Zeit einer erhöhten liturgischen Aufmerksamkeit, die von der katholischen Religionspraxis ausgehend auch in (einigen) evangelischen Gemeinden kultiviert wird. Er firmiert hier wahlweise als „Fest der Liebenden", in Österreich auch „Vielliebchentag". Initiale Impulse hat das Bistum Erfurt gesetzt, wo die Valentinsgottesdienste in der für die katholische Kirche doppelten Diaspora-Situation (konfessionslose Mehrheitsbevölkerung, protestantische Hegemonie in der religionskulturellen Orientierung) Bestandteil einer volksmissionarischen Gesamtstrategie sind. Insgesamt wird man derzeit allerdings noch sagen müssen, dass der Valentinstag die kasuelle Schwelle in den großen Kirchengebieten noch nicht überschritten hat. – Auch bei den Trauungen lässt sich eine zeitliche Kopplung erkennen. Die weitaus meisten Paare heiraten im Juli (etwa um den Faktor 6 häufiger als im Januar). Hierbei wird es sich jedoch weniger um eine kirchenjahreszeitliche Koinzidenz handeln, als vielmehr eine wetterbedingte Festlegung. Vgl. https://de.statista.com/statistik/daten/studie/269662/umfrage/anzahl-der-eheschliessungen-in-deutschland-nach-monaten/; vom 5.1.2020.

Die Gottesdienste an hohen Feiertagen zu den Kasualgottesdiensten zu rechnen, hat in der Praktischen Theologie bereits eine lange Tradition, auch wenn diese Deutung in den aktuellen Kasualtheorien signifikant in den Hintergrund tritt. Bereits die Auswertung der 1. Kirchenmitgliedschaftsuntersuchung von 1972 legt diese Sichtweise nahe:

> „Die Kommunikationsbedingungen sind jeweils völlig andere, ob die Kirche Thematik und Struktur ihrer Gottesdienste aus ihrer religiösen Tradition heraus selbst bestimmt *oder* ob sie auf Anlässe reagiert, die inhaltlich und strukturell von der ‚religion civile' immer schon weitgehend präformiert sind. Das trifft auf die kirchlichen Feste wie für die Amtshandlungen gleichermaßen zu."[326]

So ist „das Fest" für viele ein Integral biografischer Erinnerung; Kindheit, Elternschaft und Großelternschaft, aber auch die weihnachtliche Single-Verlegenheit bzw. das neu austarierte Patchwork der Trennungs- und Scheidungsfamilien spiegeln sich an Weihnachten und gehen zusammen mit dem Heiligabend ins familiale Gedächtnis ein.[327] In der weihnachtlichen Dramaturgie konstituiert sich die „Festfamilie"[328] über Üblichkeiten: stabile Rollen- und Handlungszuweisungen (Kind, Eltern, Großeltern), die entsprechenden Geschenkoptionen (Tausch, Gabe, immaterielle Substitution) und das traditionelle Festessen[329]. Mit dem obligatorischen Kirchbesuch wird der private Kasus einer festlich verdichteten Darstellung primärer Familienbeziehungen rituell bebildert (Krippenspiel) und gemeindeöffentlich im Modus der tradierten Texte des Christentums ausgelegt (Predigt). Diese kasulienaffine bzw. familienreligiöse Amalgamierung von Weihnachten spiegelt sich auch in der empirischen Ritualforschung.[330]

---

[326] Helmut Hild (Hg.), *Wie stabil ist die Kirche? Bestand und Erneuerung: Ergebnisse einer Meinungsbefragung* (Berlin: Burckhardthaus-Verlag, 1974), 233 f.

[327] So auch Petra Zimmermann, *Das Wunder jener Nacht: Religiöse Interpretation autobiographischer Weihnachtserzählungen* (Stuttgart u. a.: Kohlhammer, 1992), 201 ff.

[328] Mit „Festfamilie" ist hier die zeit-räumlich kopräsente Gruppe aus verwandtschaftlich bzw. freundschaftlich eng verbundenen Angehörigen gemeint. – Vgl. Katharina Krause, Manuel Stetter und Birgit Weyel (Hg.): *Kasualien als Familienfeste. Familienkonstitution durch Ritualpraxis* (Stuttgart: Kohlhammer, 2022).

[329] Nach einer Statista-Umfrage vom Oktober 2019 unter gut 1.000 Befragten ist das beliebteste Weihnachtsessen Kartoffelsalat und Würstchen (35 %), gefolgt von Ente (25 %), Gans (22 % und Raclette (19 %). Vgl. https://de.statista.com/infografik/20216/beliebtestes-weihnachtsessen-in-deutschland/; vom 5.1.2020.

[330] Hier vor allem in dem instruktiven Sammelband von Maurice Baumann und Roland Hauri (Hg.), *Weihnachten – Familienritual zwischen Tradition und Kreativität* (Stuttgart: Kohlhammer, 2008).

Die kasuelle und die kirchenjahreszeitliche Wahrnehmung fließen im Christfest ineinander. Es ist gerade das Oszillieren zwischen der heortologischen Sinngebung bzw. der familienreligiösen Wahrnehmung *de tempore*, das die exponierte Stellung des Weihnachtsfestes religionskulturell plausibilisiert. Es ist eben nicht *ein* Fest, es ist *das* Fest.[331] Nach diesem Datum ordnet sich immerhin auch die moderne Zeitrechnung: Man datiert „v. Chr." bzw. „n. Chr.", und man meint damit den imaginären Geburtstag Christi als das allererste Woher.[332] Weihnachten ist ein Familienfest im doppelten Sinn: das Fest der heiligen Familie (Mt 2 bzw. Lk 2), das jährlich als hoch konventionalisiertes Familienfest reinszeniert wird.

Betrachtet man Heiligabend *als* Kasualie, dann korrespondieren wie bei der Konfirmation und den Erinnerungskasualien die theologische Legitimation und der organisatorische Vorhalt durch die Kirchengemeinde[333] sowie die individuelle Anwahl des weihnachtlichen Gottesdienstbesuchs. Weihnachten funktioniert gewissermaßen familiär-kooperativ. Wenn sich an Heiligabend eine beträchtliche Zahl Christenmenschen und Konfessionsloser anschickt, eines der gottesdienstlichen Heiligabendformate zu besuchen, dann treffen familiale Erwartungen auf gemeindliche Erwartungserwartungen. Denn in vielen Stadtgemeinden werden drei, vier oder mehr Gottesdienste für je unterschiedliche „Zielgruppen" angeboten. Das atmosphärische Zusammenspiel beider Dispositionen kommt in der Alltagssprache in der fsttheoretisch singulären Wendung „es weihnachtet" zum Ausdruck.[334]

Natürlich ist Weihnachten, und mit ihm Heiligabend als sein spätmodernes Integral, primär ein Fest im Jahreskreis der Kirche. Aber seine geschichtlich gewachsene Sonderstellung im Jahreslauf, die *quantitativ* in der überproportional hohen Teilnahmefrequenz und *qualitativ* als familialer Inbegriff christlicher Religionskultur Gestalt annimmt, legen zugleich auch das Deutungsmuster 'Kasualie' nahe.[335] Bei diesem Kasus steht nicht ein Einzelner (Taufe, Bestattung), eine Kohorte

---

331 Umgangssprachlich wünscht man sich „Frohes Fest!" bzw. „Schönes Fest!" – diese Synekdoche ist im Advent gleichsam kontextuell selbstevident.
332 Dies ist ein unscheinbares, aber ungemein wirkmächtiges Indiz dafür, dass Weihnachten Ostern in der allgemeinen Wahrnehmung kulturell längst überflügelt hat. Hermann Timm weist darauf hin, dass die Zeitrechnung eben „nicht *post Christum mortuum et resurrectum* datiert". – Hermann Timm, *Sprachenfrühling: Perspektiven evangelisch-protestantischer Religionskultur* (Stuttgart: Radius, 1996), 51 (Kursivierung im Original).
333 Analog auch bei gemeindlich periodisierten Taufsonntagen (z. B. jeden 1. Sonntag im Monat).
334 Die deutsche Sprache kennt keine entsprechende Parallelbildung für Ostern oder Pfingsten vor („es ostert" oder „es pfingstet" sind nicht belegt). Vgl. dazu Matthias Morgenroth, *Weihnachts-Christentum: Moderner Religiosität auf der Spur* (Gütersloh: Gütersloher Vlg., ³2003), 11.
335 Diese These begegnet implizit auch bereits bei M. Morgenroth, *Weihnachts-Christentum*, 11 f.: Weihnachten ist „zusammen mit Taufe, Trauung, Konfirmation und Bestattung einer der wenigen Schnittpunkte, an denen sich individualisierte Religiosität und offizielles Christentum treffen".

(Konfirmation) oder ein Paar (Trauung) im Zentrum, sondern die Familie als ganze (Kasualie im Plural). Die konsequent familienreligiöse[336] Wahrnehmung des Heiligabendgottesdienstes macht die These einer *Familienkasualie* plausibel. Denn wie bei keiner anderen Kasualie überlappen sich gerade hier familiale Sinngebungen und kirchliche Inszenierung. Und wie bei anderen Kasualien zeigt sich auch in der Weihnachtsreligion, dass Kirche von einer Mehrheit eben von „Fall zu Fall"[337] bzw. „bei Gelegenheit"[338] wahrgenommen wird, kasuell eben. Der Gottesdienstbesuch ist fester Bestandteil des weihnachtlichen Familienfestes, und die Gestaltung der Heiligabendgottesdienste nimmt genau darauf Rücksicht. So wird der Vesper-Zeitpunkt (18:00 Uhr) für die Familien mit (kleinen) Kindern aus pragmatischen Gründen nach vorn verlegt[339], in aller Regel finden die Krippenspiele schon ab 14:00/15:00 Uhr statt (Inszenierungsmuster: Kindergottesdienst).[340] Um 18:00 Uhr feiert man die klassische Christvesper für Familien mit älteren Kindern und für Paare (Inszenierungsmuster: Familiengottesdienst), und schließlich der späte Gottesdienst zur Christnacht für anspruchsvolle Minderheiten (Inszenierungsmuster: Kirchenkonzert bzw. Predigtgottesdienst). Das Gottesdienst-Portfolio an Heiligabend ist in größeren Gemeinden also direkt abbildbar auf familiale Sozialstrukturen.

Der für Kasualien typische Mix aus gottesdienstlicher Darstellung, individueller Sinngebung und häuslicher Co-Inszenierung äußert sich an Heiligabend nicht nur in der familienspezifischen Syntax der Festelemente, sondern auch in der Ästhetik der (religiösen) Artefakte. Die Familie erkennt in der Kirche den Weihnachtsbaum aus ihrem Weihnachtszimmer, vor dem sich – in aller Regel wie zuhause – eine Krippe befindet, und Kirche wie Heim erstrahlen gleichermaßen im Kerzenlicht. In bildungsbürgerlichen Milieus werden zudem auch dieselben Geschichten verlesen (Lk 2) und dieselben Weihnachtslieder gesungen („Stille Nacht", „Es ist ein

---

[336] Mit „Familienreligion" kommt zum Ausdruck, dass sich Familien immer schon eigensinnig zur kirchlichen Tradition verhalten und sich ihr anverwandeln; hierzu immer noch maßgeblich Ulrich Schwabs Münchner Habilitationsschrift: *Familienreligiosität: Religiöse Traditionen im Prozess der Generationen* (Stuttgart: Kohlhammer, 1995).

[337] Kristian Fechtner, *Kirche von Fall zu Fall: Kasualpraxis in der Gegenwart – eine Orientierung* (Gütersloh: Gütersloher Vlg., 2003).

[338] Michael Nüchtern, *Kirche bei Gelegenheit: Kasualien – Akademiearbeit – Erwachsenenbildung* (Stuttgart: Kohlhammer, 1991).

[339] In der Logik der Stundengebete wäre hier eher von einer „Christ-Non" als von einer „Christ-Vesper" zu sprechen.

[340] Dass gerade dieser Tag im Zeichen des theatralen Spiels steht, ist ein weiteres Indiz für die Deutung des Heiligabends als Familienkasualie: „Weihnachten ist das Theaterfest der Kirche", folgert Matthias Morgenroth (Weihnachtschristentum, 152). Vgl. auch die Eingangsszene dieses Kapitels.

Ros entsprungen")[341]. Die weihnachtliche Leitkultur ist immer noch eine Liedkultur. Auch wenn kaum noch mehr als die jeweils ersten Strophen gewusst werden – das Christfest will besungen werden. Im Advent und an Weihnachten regiert der hymnologische Imperativ. Wenn überhaupt noch in den Familien gemeinsam gesungen wird, dann an Heiligabend: „Nun singet und seid froh" (EG 35).

Was kaum einem anderen christlichen Fest mehr gelingt – hier begegnet es mit einem mit größtmöglicher Intensität: Die kirchliche Religion besetzt passgenau die Schnittstelle von öffentlicher und privater Religion.[342] Der Altarraum bildet sich gewissermaßen in der „Privatkathedrale" (M. Morgenroth) des heimischen Wohnzimmers ab: das Allerheiligste der bürgerlichen Welt, milieuübergreifend und dekorativ aufgeladen. Tische und Ablagen erscheinen vorzugsweise in rot-grün-goldener Farbgebung, Lichterbögen sorgen für milden Glanz, Tannengestecke für den würzigen Duft und Balkon, Garten und Fenster vertreiben mit Lichterketten und Blinkelementen die Finsternis. Die Wiedergeburt der Sonne[343] wird mit dem immergrünen Baum[344] auf dem herausgeputzten Hausaltar inszeniert: auf dem Lande in der „guten Stube", in der Stadt in dem ästhetisch transformierten „Weihnachtszimmer". Zur Bescherung wird der Zutritt erst nach dem Schellen des Glöckchens gewährt; vorher ist das weihnachtliche Arcanum für die kleine Familiengemeinde tabu.

Bei der Christvesper öffnet sich dann der intime Raum; man verlässt das häusliche Ambiente, um im Gotteshaus einzukehren. Die in den meisten Familien praktizierte Präsenzpflicht spiegelt sich auch im Gottesdienstbesuch: Man besucht in der Regel mit der ganzen Familie einen der Heiligabendgottesdienste.

> „Die fiktive Geburtsstunde Jesu wurde zum Stichdatum des jährlichen Festtagskirchgangs, die Christvesper zum Höhepunkt der häuslichen Familienfeier, die Heilige Familie zum Symbol der bürgerlichen Familiengemeinschaft"[345] – so resümiert es treffend Wolfgang Steck.

---

341 Vgl. die Statistik der beliebtesten Weihnachtslieder in Deutschland: https://de.statista.com/infografik/20266/die-beliebtesten-weihnachtslieder/; vom 4.1.2020.
342 Zur „dreifachen Gestalt" des neuzeitlichen Christentums vgl. Dietrich Rössler, *Grundriß der Praktischen Theologie* (Berlin: de Gruyter, 1986).
343 Zur Datierung von Weihnachten vgl. Karl-Heinrich Bieritz, *Von Zeit zu Zeit: Überlegungen zur christlichen Zeitrechnung und zum Wechsel der Jahre* (Hannover: VELKD, 2007).
344 Im beliebten Weihnachtslied „O Tannenbaum" kommt diese Lesart deutlich zum Ausdruck: „Du grünst nicht nur zur Sommerzeit, nein auch im Winter, wenn es schneit" (Str. 1) bzw. „[...] dein Kleid will mich was lehren: Die Hoffnung und Beständigkeit gibt Trost und Kraft zu jeder Zeit" (Str. 3).
345 Wolfgang Steck, *Praktische Theologie, Bd. 1: Horizonte der Religion – Konturen des neuzeitlichen Christentums – Strukturen der religiösen Lebenswelt* (Stuttgart: Kohlhammer, 2000), 263.

Als kulturelle Institution ragt „das Fest" aber weit über den privaten und kirchlichen Bereich hinaus. Es ist zugleich Ausdruck eines öffentlichen Christentums und ein Element des gesellschaftlichen Lebens. Sog. „Weihnachtsmärkte"[346] dominieren im Dezember das Stadtgeschehen, die Kaufhäuser sind bereits im November „weihnachtlich" dekoriert, die Musikauswahl der Radiosender richtet sich ebenso am Fest aus wie das TV- und Kino-Programm. In Mitteleuropa kann man sich der weihnachtlichen Wirksphäre nur schwer entziehen. Selbst wer „über die Festtage" die Flucht nach Ägypten, Mallorca oder auf die Malediven antritt, wird dort mit hoher Wahrscheinlichkeit in der Hotel-Lobby einen Weihnachtsbaum vorfinden. Was viele Zeitgenossen das Fest fliehen lässt, ist das sich in der Heimat spätestens im Advent allmählich verdichtende religionskulturelle Apriori, bei dem sich ein unbestimmt-kollektives Festivitätsgefühl über die Jahresend-Sentimentalität legt.[347]

Diese hybride Entgrenzung des Christfestes stößt in den verfassten Kirchen seit Längerem auf theologische Kritik. So hat die EKD 2004 die Initiative „Alles hat seine Zeit. Advent ist im Dezember" gestartet, um die längst verlorene Deutungsmacht über den eigensinnigen Rhythmus des beginnenden Kirchenjahres gesellschaftlich zurückzugewinnen. „Zeit", „Abwarten und Tee trinken", „Zeit zur Vorfreude!" sind die Überschriften der entsprechenden Plakate und Broschüren.[348] Immer noch leben nicht wenige Weihnachtspredigten von der entsprechenden Konsum- und Kulturkritik. Wilhelm Gräb moniert hier jedoch mit Recht:

> „Das Deutungspotential zur Interpretation des Sinnes, den das Weihnachtsfest für die Menschen gewinnen kann, kann die Kirche nicht unter Absehung von den Deutungsleistungen zum Zuge bringen, die von den Menschen am Leitfaden der Konsumkultur, der Heiligung der Familie, der Mythisierung von Kindheit selbsttätig erbracht und von sekundären religiösen Institutionen des Kulturbetriebs verwaltet werden."[349]

In der späten Moderne lässt sich aus der „abstrakten Negation der Synkretismen der Alltagsreligion"[350] eben kaum noch homiletisches Kapital schlagen. Die weihnachtlichen Synkretismen sind nicht nur der Anlass für die „Verkündigung",

---

346 Setzt man die Nomenklatur des Kirchenjahres voraus, handelt es sich hier genau genommen um Adventsmärkte; sinnigerweise sind nahezu alle „Weihnachtsmärkte" in der (kirchlichen) Weihnachtszeit bereits geschlossen.
347 Zur kulturellen Wahrnehmung des Jahreswechsels vgl. Kristian Fechtner, *Schwellenzeit: Erkundungen zur kulturellen und gottesdienstlichen Praxis des Jahreswechsels* (Gütersloh: Gütersloher Vlg., 2001).
348 https://www.ekd.de/advent-ist-im-dezember-51974.htm; vom 4.1.2020.
349 Wilhelm Gräb, *Lebensgeschichten, Lebensentwürfe, Sinndeutungen: Eine praktische Theologie gelebter Religion* (Gütersloh: Gütersloher Vlg., 1998), 95.
350 Ebd.

sondern sie führen mitten hinein in die textlichen Befunde: antike Historiographie, heidenchristlicher Erzählkontext, Kyrios-Christologie (Lukas) – Immanuel-Christologie, Davidssohn-Narrativ, Reflexionszitate, judenchristliches Milieu (Matthäus).

4.5.3 Die Geburt der Weihnachtskasualie aus dem Geist des 19. Jh.

Die Liaison der „großen Erzählung" von der Kindwerdung des dreieinigen Gottes, die in christlicher Tradition an Weihnachten festlich begangen wird, mit dem, was die jeweilige Kultur an ergänzenden Lesarten und Feierformen präsent hält, begleitet das Fest von Beginn an. Religionsgeschichtlich steht kaum in Frage, dass die frühe Christenheit, die aufgrund ihres Osterglaubens begann, den ersten Heiligabend, also die irdische Geburt des Auferstandenen zu imaginieren, wie selbstverständlich auf kulturelles Spielmaterial zurückgriff. Das bürgerliche Weihnachten, das die gegenwärtige Alltagskultur kennt und feiert, ist demgegenüber allenfalls 200 Jahre alt. Es spricht viel für die These, dass Weihnachten, insbesondere natürlich Heiligabend, ein Fest der bürgerlichen Moderne ist, die sich in einer ganz bestimmten religionsästhetischen Bricolage aus biblischen Narrativen, häuslichen Ästhetiken, familiärer Vollversammlung, ritualisierten Begehungsformen und jahreszyklischer Tradition mit ihrem eigenen Ursprungsmythos umgibt.[351] Das typisch deutsche Weihnachten hat in seiner aktuellen Festgestalt gerade *keine* lange Geschichte, es ist nicht einfach nur „Überbleibsel aus Zeiten intakten kirchenjahreszeitlichen Lebens".[352] Ablauf und Sinngebung des „heilig" genannten 24. Dezembers halten vielmehr die bürgerliche Welt zusammen, weil sie an diesem einen Tag und über dessen religionshybride Grundierung zu sich selbst kommt.

In den Entstehungszusammenhang des bürgerlichen Weihnachtsfestes im 19. Jh. gehören auch die anachronistischen Bilder von Luther „im Kreise seiner Familie" unter dem Weihnachtsbaum.[353] Es zeigt sich hier eine kasualtheoretisch

---

[351] Dies ist die These der Volkskundlerin Ingeborg Weber-Kellermann, *Das Weihnachtsfest: Eine Kultur- und Sozialgeschichte der Weihnachtszeit* (Luzern: Bucher, 1978), die M. Morgenroth (*Weihnachts-Christentum*, 13) aufgreift und religionstheoretisch fortschreibt; ähnlich auch W. Steck, Praktische Theologie, Bd. 1, 264 u. 525.
[352] Matthias Morgenroth, *Heiligabend-Religion: Von unserer Sehnsucht nach Weihnachten* (München: Kösel, 2003), 9.
[353] U. a. die bekannte Radierung von Carl August Schwerdgeburth (Luther im Kreise seiner Familie; dieses Werk von 1856 initiierte die Legende, Luther sei der Erfinder des Weihnachtsbaumes) oder das Gemälde von Bernhard Plockhorst (Martin Luther im Kreise seiner Familie am Weihnachtsabend). Nachweislich gab es geschmückte Weihnachtsbäume in vornehmlich protestantischen Bevölkerungsschichten erst ab 1800.

signifikante Parallelentwicklung zwischen den beiden starken Gründungsmythen der bürgerlichen Kleinfamilie: die romantische Liebe als Ehemotiv[354] und die symbolische Verdichtung der bürgerlichen Privatsphäre an Heiligabend.[355]

Erst wenn man von Weihnachtsbaum, Weihnachtsessen, Krippe, heilige Familie, Engel, Kekse, Geschenke, Adventskranz, Kerzen, die privatistischen Mythen vom „Familien-Fest", vom „Fest der Liebe" und vom „Fest des Friedens" absieht, lassen sich die religionsgeschichtlichen Wurzeln weiter zurückverfolgen.[356] Die Anfänge des Weihnachtsfestes liegen allerdings weitgehend im Dunkeln. Bereits am Ende des 19. Jh. vertrat Hermann Usener[357] die Ansicht („religionswissenschaftliche These"), dass Weihnachten ein altes römisches Sonnenfest *(Sol invictus)* zum Zeitpunkt der Wintersonnenwende ersetzt habe. Die Quellenlage ist allerdings nicht eindeutig, und so wird heute mehrheitlich bezweifelt, dass es ein solches reicheinheitliches Fest überhaupt gegeben hat. Vor allem scheint die populäre Annahme, dass das Sonnenfest am 25. Dezember allein schon deshalb das Weihnachtsmotiv auf sich gezogen habe, weil jenes aus heidnischer Tradition stamme. Möglicherweise – so Hans Förster – ist Weihnachten in Palästina entstanden[358], wo man in der Geburtskirche (geweiht vor 335 n. Chr.) verständlicherweise auch den „authentischen" Geburtstag feiern wollte. Bei der Bestimmung der Geburt Christi hat man sich zwar auf die Sonnenwende bezogen (unter allegorischem Bezug auf Mal 3,20), sei dann aber – eventuell beeinflusst durch die ägyptische Tradition der Basilidianer[359] – bewusst auf den astrologisch bedeutsamen 6. Januar ausgewi-

---

354 4.4 Trauung – öffentliche Darstellung verantwortlicher Partnerschaft.
355 Auch die kulturell immer noch vorausgesetzte „Normalität" der Erdbestattung ist in ihren Erscheinungsformen eine Selbstinszenierung des Bürgertums im 19. Jh.
356 Der in Weihnachtspredigten beliebte Modus beim Weihnachtsfest zwischen den „heidnischen" Randerscheinungen und einem christlichen Kern bei der Festgestaltung zu unterscheiden, wird dem kasuellen Charakter des Festes kaum gerecht. Es ist ja gerade die familienreligiöse Aura, die zu weiten Teilen die Resonanz dieses Festes ausmacht. Vgl. dazu Manfred Josuttis, „Weihnachten – das Fest und die Predigt", in *In der Schar derer, die da feiern: Feste als Gegenstand praktisch-theologischer Reflexion*, hg. v. Peter Cornehl, Martin Dutzmann und Andreas Strauch (Göttingen: Vandenhoeck, 1993), 88–97 (88 f.). Auch Matthias Morgenroth moniert die *„notorische Skepsis der Theologen bezüglich des Weihnachtsfestes"* (*Weihnachts-Christentum*, 14; Kursivierung im Original).
357 Hermann Usener, *Das Weihnachtsfest* (Bonn: Cohen, 1889).
358 Diese These wird vertreten von Hans Förster, *Die Anfänge von Weihnachten und Epiphanias: Eine Anfrage an die Entstehungshypothesen* (Tübingen: Mohr Siebeck, 2007).
359 Am Nil feierte man in der Nacht vom 5. auf den 6. Januar die Geburt des Sonnengottes *Aion* aus der Jungfrau *Kore*. So ging man zur Feier dieses Geburtstages an den Nil, um Wasser zu schöpfen – Sonnen-Kult und Nil-Kult verbanden sich hier. Die christlich-gnostische Sekte der Basilidianer knüpfte an diesen Brauch an und verlegte auf eben diesen Tag (den 6.1.) die Taufe Jesu im Jordan, die sie als die eigentliche Geburt Christi ansahen. Vgl. hierzu K.-H. Bieritz, Zeit, 59 f. Vgl. a. Oscar

chen. An diesem Tag wird in den Orthodoxen Kirchen nach wie vor Weihnachten gefeiert. Pilger haben dann das Fest aus Palästina exportiert und im römischen Reich verbreitet. Die finale Terminierung auf den 25. Dezember ist dann wohl erst in Rom erfolgt, und zwar unter dem Einfluss der mit Christus mittlerweile verbundenen Sonnensymbolik. Hier wird die „solare Frömmigkeit der Spätantike" (Martin Wallraff) den Ausschlag gegeben haben. Klar ist, dass die anti-arianische Programmatik, die die Religionspolitik Kaiser Konstantins prägte, der dann im 4. Jh. politisch gewollten Ausbreitung eines Christgeburtsfestes durchaus förderlich war. Es spricht viel dafür, dass sich hierbei durchaus parallele Entwicklungen abgezeichnet haben, gewissermaßen als unterschiedliche mentalitätsgeschichtliche Ausprägungen ein und desselben Zeitgeistes, der das Geburtsfest weniger als historisches Datum sichern wollte, sondern hierin die entscheidende Offenbarung sah: die machtvolle Epiphanie des Gottessohnes als Selbstentäußerung Gottes.

Das Christfest gab also erst Jahrhunderte *nach* dem Osterfest[360] für die Christenheit einen sinnvollen Festanlass ab. Es war nicht zufällig die Zeit, die durch die Auseinandersetzungen um die Gottheit Christi bestimmt waren. War Jesus wesenseins (*homoousios*) mit dem Vater? War Jesus ein erstes Geschöpf Gottes? Oder wurde er als Mensch gezeugt und erst bei seiner Taufe von seinem Gottvater adoptiert? Wurde Jesus schon als Gottmensch jungfräulich empfangen und geboren? – Das waren die alles entscheidenden Fragen des 4. Jh.s, die auf dem Konzil von Nicäa (325 n. Chr.) zur Entscheidung anstanden. Und wie so viele genuin theologische Fragen wurden auch sie damals machtpolitisch und kulturkompatibel entschieden.

Die spätmodernen Weihnachtsinszenierungen stellen demgegenüber auf ganz andere Facetten des Christfestes scharf: auf die heilige Familie, den geregelten Warenaustausch (den man euphemistisch als „schenken" bezeichnet), auf die romantisch verbrämte Naturfrömmigkeit (mit Krippen-Idylle, Nadelholz-Kranz und Tannenbaum) und all die numinosen Jahresend-Figuren (Engel, Weihnachtsmänner, Nikoläuse, Knecht Ruprecht und nicht zuletzt das „Christkind", das die Geschenke bringt[361]).

Cullmann, *Die Entstehung des Weihnachtsfestes und die Herkunft des Weihnachtsbaumes* (Stuttgart: Quell, 1990).

360 „In den ersten drei Jahrhunderten kennt die Christenheit außer dem Osterfest keine weiteren Jahresfeste." – Karl-Heinrich Bieritz, „Das Kirchenjahr", Handbuch der Liturgik, hg. v. Hans-Christoph Schmidt-Lauber, Michael Meyer-Blanck und Karl-Heinrich Bieritz (Göttingen: Vandenhoeck, ³2003), 355–390 (378).

361 Die Volkskundlerin Erika Kohler stellte in einer Untersuchung fest, dass Luther seit 1531 in seiner Familie im Namen des „Heiligen Christ" bescherte. Mit seiner ablehnenden Haltung zur Heiligenverehrung hatte er St. Nikolaus als Gabenbringer verdrängt. – Erika Kohler, *Martin Luther und der Festbrauch* (Köln: Böhlau, 1959).

„All das ist eingetaucht in eine kollektive Atmosphäre, die möglichst frei von Konflikten gehalten wird. Stimmungen der Harmonie prägen das Familienleben, aber auch das Fernsehprogramm und die politische Landschaft. Auch Menschen, die im Lauf des Jahres so etwas nicht unternehmen, versuchen, wieder einmal zu singen. Die Wucht der Emotionen, die im Festverlauf aufbrechen, ist manchmal so groß, dass einige ihre Fassung verlieren."[362]

Zugespitzt formuliert: Kulturgeschichtlich wurde das Christfest als synkretistisches Kulturfest erfunden und bis heute wird die „fröhliche und gnadenbringende Weihnachtszeit" (EG 44) auch so begangen. Und nur auf der Folie eines christlichen Synkretismus hat es wohl die Jahrhunderte überlebt. Hätte es im Laufe seiner Geschichte keinen Kultur-Kontakt gehabt, hätte es vermutlich kaum diese Popularität gewonnen und damit das Schicksal des ästhetisch unscheinbaren Pfingstfestes geteilt.

4.5.4 Alle Jahre wieder

An Weihnachten verdichten sich symbolisch die gefühlte Familie und die familiäre Atmosphäre im Bild der Krippe von Bethlehem. Die häuslich-kirchliche Liturgie des 24. Dezember heiligt die bürgerliche Familie; lebenszyklische Hausfrömmigkeit und jahreszyklische Weihnachtsinszenierung fallen in eins. Die familienweise versammelten Gottesdienstbesucher fühlen sich in der Kirche nicht nur wie zuhause, sie *sind* auch in vielerlei Hinsicht in der Kirche zuhause.[363] Dem kommt das homiletisch-liturgische Proprium entgegen:

> „Das Gotteskind erscheint als strahlendes Zentrum des Universums. Es ist von seinen Eltern umgeben, deren Gestalten sich mit denen der Haustiere, Esel und Ochs, vermischen [...]. Das kleine Kind wird vergöttert, von allen angebetet, und die Großen dieser Erde überhäufen es mit Geschenken [...]."[364]

Die Familie, die sich vor dem Weihnachtsbaum versammelt, spiegelt sich in dem der lukanisch-matthäischen Evangelienharmonie entlehnten Bild von der Krippe. Das häusliche Artefakt selbst ist in aller Regel ein altes Familienerbstück, das alle Jahre wieder in gleicher Weise und an gleicher Stelle aufgebaut wird. Und so transzendiert die traditionelle Aufstellung der heiligen Familie die verpflichtende weihnachtliche Familienaufstellung. Beschworen wird die soziale Einheit in der Primärfamilie, die allenfalls im Falle eigener Kinder Dispens von der Anwesenheitspflicht

---

362 M. Josuttis, Weihnachten, 90 f.
363 Vgl. W. Steck, Praktische Theologie, Bd. 1, 378.
364 M. Josuttis, Weihnachten, 92.

einräumt. Man kommt eben „zum Fest" zusammen und pflegt unter hohem Sozialdruck die eigene Familientradition.[365] Sie tut dies in aller Regel im „besinnlichen" Gegenüber zur Weihnachtskrippe: im Krippenspiel der Christvesper als religionshybriden Rührstück und unterm Weihnachtsbaum als erstarrte Szene in Holz. Das stark stilisierte Bild der heiligen Familie hat sich tief in unsere bürgerliche Moderne eingegraben.[366] Je fragiler und fluider die Familienstrukturen werden, desto intensiver muss die Tradition beschworen werden: die eigene Familiengeschichte, die sich in den immer gleichen Heiligabendinszenierung verdichtet, und der in der Krippeninstallation ko-präsente Archetyp. Da man aber zumindest ahnt, dass das mystifizierte Idealbild[367] keine direkte Entsprechung in der real existierenden Festfamilie hat, hat an Weihnachten alles Konjunktur, was zwischen Realität und Fiktion, zwischen Irdischem und Himmlischem zu vermitteln verspricht: fallende Sterne, geflügelte Wesenheiten, fliegende Rentiere und gelandete Weihnachtsmänner. Die unüberwindliche Distanz zwischen mythischer Projektion und der Welt hienieden wird am Ende des Jahres als durchaus überbrückbar in Szene gesetzt.[368]

Der familiale Konnex aktualisiert sich im gegenseitigen „Wertschätzen". Diese Schätzung ist zwar mitnichten die allererste im Lande, aber sie vermittelt allen Beteiligten, welchem geldwerten Gut die jeweilige Beziehung entspricht. Beschenkte fühlen sich in der Schuld des Schenkenden und sind darum bemüht, dies durch eine Gegengabe auszugleichen: Geschenkidee gegen Geschenkidee, Wertschätzung gegen Wertschätzung. Gabe und Gegengabe verpflichten die Festfamilie auf eine Tauschbeziehung, sie wirken gewissermaßen sozial integrierend. Die Anerkennung durch seine Lieben und Nächsten wird im Schenken erst richtig quantifizierbar. Immer noch liegt im „gratis" der kindlichen Gottesgabe (Lk 2,11 passim) eine der zentralen lebensweltlichen Irritationen.

Denn das familiäre Gesellschaftsspiel des Schenkens trägt durchaus Züge eines interaktiven Ernstspiels, nötigt es doch die Festfamilie zu einem riskanten Spiel mit Erwartungen und Erwartungserwartungen.[369] Das Geschenkspiel ist ein Spiel

---

[365] Zur Tradition gehören in erster Linie die Liturgie des Heiligabends, der Raumschmuck, die Schmuckaccessoires am Weihnachtsbaum, das gemeinsame Essen und die Erinnerungen an die vergangenen Weihnachtsfeste.
[366] 4.4 Trauung – öffentliche Darstellung verantwortlicher Partnerschaft.
[367] Ausgeblendet wird in der allgemeinen Wahrnehmung natürlich, dass weder die lukanische Version (Volkszählung, Migration, Stall) noch die matthäische Version der Weihnachtsgeschichte (Herodes, drei Magier, Ägypten) alles andere als eine ideale Familienszenerie erzählen.
[368] Dies ist eine der Kernthesen von M. Morgenroth, Weihnachts-Christentum (^{3}2003) bzw. ders., Heiligabendreligion (2003).
[369] Immer noch grundlegend für den Funktionszusammenhang des Schenkens: Marcel Mauss, *Die Gabe: Form und Funktion des Austauschs in archaischen Gesellschaften* (Frankfurt/M.: Suhr-

der gegenseitigen Anforderungen, gegenseitiger Machtausübung und gegenseitiger Bedrängnis, aus der die starke Performanz des atmosphärisch aufgeladenen Ritus kein Entrinnen zulässt. Der rituelle Gabentausch führt auf seiner Schattenseite den Kampf um Anerkennung mit sich. Denn es wird ja nur im Ausnahmefall wirklich etwas *geschenkt*.

Weihnachtsgeschenke sind theologisch eine Re-Inszenierung der Präsente der biblischen Magier (nach Matth 2,11: Gold, Weihrauch und Myrrhe) und lebensweltlich der Geschenktradition zum Geburtstag entlehnt. Indem man sich am Heiligabend innerfamiliär gegenseitig „beschenkt", tradiert man diesen Geschenkanlass implizit mit: „Weil an Weihnachten alle, die menschliches Antlitz tragen, Geburtstag haben, ist die Geburtstagsfeier eine Art Weihnachten für den Einzelnen."[370] An Weihnachten feiert die Familie das spontane Zur-Welt-Kommen eines Menschenlebens, das dann im Gegenzug die Kinder zum Epizentrum des Weihnachtsfestes macht. Um ihretwillen wird ein geheimnisvoller Gabenbringer inszeniert (Weihnachtsmann, Christkind). Die Spannung vor der „Bescherung" bzw. die Entladung während der Bescherung wird in jeder Familie in besonderer Weise zelebriert. Die Erwachsenen erscheinen durch diesen Kinderblick „märchenhaft verzaubert"[371]. Wie man sich bei der Bescherung wechselweise an das eigene kindliche Erleben zurückversetzt, so wird auch die besondere Atmosphäre des Heiligabendgottesdienstes zum Erinnerungsanlass. Hier wie dort erscheint das Kindsein als seliger Fluchtpunkt einer kunstvoll inszenierten Vergegenwärtigung: *„Ihr Kinderlein kommet, o kommet doch all, zur Krippe her kommet, Bethlehems Stall"* (EG 43,1).

Dieser Kinderblick auf die Welt hat eine lange Geschichte. Mit der Geburt eines messianischen Säuglings sollte nach Vergil die neue Weltzeit einsetzen. Nur wenige Jahre vor Christi Geburt verfasste er seine zehn Hirtenlieder, darunter die berühmte „vierte Ekloge" über die Geburt eines neuen Aion, der prophetisch als messianisches Kind zur Welt kommt.[372] Auch Jesaja erwartet das Friedensreich in der Geburt eines göttlichen Kindes, Immanuel (Jes 7,14). In der Performanz von Heiligabend

---

kamp, 1968; französ. erstmalig 1923/24). – Ins Zentrum seiner Untersuchung rückt Mauss die Frage, warum man Gaben erwidern muss. Für ihn mischen sich in der Gabe Person und Sachgegenstand, man gibt beim Geben einen Teil von sich und macht im Nehmen der Gabe eine Fremderfahrung des Anderen.

370 H. Timm, Sprachenfrühling, 52.
371 M. Morgenroth, Weihnachts-Christentum, 175.
372 „Das Viele, das Ganze ist nur dies Eine, hervorgebracht von dem Sohn, der allen Wesen der Same des Seins; doch du bist die keimende Kraft; in diesem und aus ihm wird alles erzeugt, was der göttlichen Keimkraft entströmt, und in diesen Samen kehrt alles Gezeugte und aus ihm Erzeugte zurück." – Michael v. Albrecht, *Vergil: Eine Einführung. Bucolica, Georgica, Aeneis* (Heidelberg: Winter, 2006).

überlappen sich die Erinnerungshorizonte: die festlich gesetzte Regression in die *eigene* Kindheit und das Kind-Narrativ des religionskulturellen Gedächtnisses, das mit der Weihnachtskasualie in Liedern, Texten und Predigten aufgerufen wird. Manfred Josuttis weist in diesem Zusammenhang darauf hin, dass die erinnerte Seligkeit eigenen kindlichen Empfindens die Folie ist, auf der die Verehrung des rettenden Kindes an biografischer Prägnanz gewinnt. In der theologisch motivierten Erinnerung wird die Regression über sich aufgeklärt, (im gelingen Fall) ent-sentimentalisiert und in einen unbedingten biblischen Ernst eingezeichnet: „Die Geburt Gottes in Säuglingsgestalt stiftet die Annahme der Sterblichkeit, die Ermächtigung der Ohnmacht, die Heimholung der Verlorenheit."[373] Wie die Bestattung unweigerlich das *Memento mori* mit sich führt, bespielt Weihnachten ein elementares *Memento nasci*.

4.6 Ordination – Inszenierung eines feinen Unterschieds

4.6.1 Neugierig auf das fremde Geschehen

„Wann erlebt man schon mal eine Ordination? Als Pfarrperson meistens nur die eigene, als Gemeinde vielleicht zweimal, als Landessuperintendent bzw. Regionalbischof allerdings habe ich vielleicht 30 junge Theologinnen und Theologen ordiniert. Meist traf ich mich mit den zu Ordinierenden eine Stunde vor Gottesdienstbeginn im neuen Pfarrhaus. Zuweilen brachte ich etwas Obst oder auch einmal Kuchen mit, um die häufig sehr steife Haltung aufzulockern. Oft waren schon die Eltern, Verwandte und Freunde der Vikare angereist und standen etwas verlegen im Gemeinderaum herum. Besonders die Eltern zeigten sich sehr stolz auf ihr Kind, das nun nach so langer Zeit der Ausbildung mit diesem Tag doch jemand ganz Besonderes werden würde. Endlich geschafft! Und zugleich der mühsam unterdrückte Zweifel: Ob sie bzw. er das hier wohl alles schaffen wird? Besonders junge Frauen, die allein in das große Pfarrhaus mit dem riesigen Garten drum herum einzogen, wurden geradezu von einer Wolke des Mitleids umgeben. Freunde versprachen Arbeitseinsätze. Eltern drohten mit häufigem Besuch zumindest in den ersten Jahren.

Kurz vor dem Läuten warfen sich dann die Pastorinnen und Pastoren der Propstei die Talare über, banden sich gekonnt schnell das Beffchen um und bildeten instinktiv einen Schutzwall um die Neue bzw. den Neuen. Die ersten Kirchen-

---

[373] M. Josuttis, Weihnachten, 95. – Josuttis fährt fort: „Weihnachten ist ein grandioses Fest, und die Predigt an diesem Tag kann nicht großartig genug sein."

ältesten kamen hinzu, versteckten im Flur ihre Blumen und kleinen Geschenke, andere gaben in der Küche ihren selbstgebackenen Kuchen für die geplante Kaffeetafel nach dem Gottesdienst ab. Schließlich verstummten die Gespräche, und ein Rüstgebet folgte. Unter Glockengeläut zogen wir dann vom Pfarrhaus zur Kirche. Die Kirchenältesten voraus, es folgten die Pastorinnen und Pastoren des Konvents im Talar, und zum Schluss führte ich den Ordinanden bzw. die Ordinandin in ‚seine' bzw. ‚ihre' Kirche.

Die Orgel erklingt, oft auch ein Posaunenchor. Die Gemeinde erhebt sich und blickt neugierig auf das fremde Geschehen. Meist folgt ein Moment feierlicher, gefüllter Stille.

Der Propst (bzw. Regionalpastor) oder auch der Amtsvorgänger leitet den Gottesdienst bis zur Predigt. Meist wird diese dann vom Ordinanden gehalten. Während der Ordination selbst steht der Kirchengemeinderat gemeinsam mit den vom Ordinanden ausgewählten zwei ordinierten Assistenten im Halbkreis vor dem Altar. Bewusst heißt es dann immer: „*Wir* ordinieren Dich". Laien und Ordinierte legen gemeinsam die Hände auf und sprechen ein biblisches Votum oder auch einen besonderen Wunsch aus. Dem Ordinanden wird der Beistand der Kirche zugesagt und die Gemeinde zu würdigem Umgang mit ihrer Pastorin und zur Fürbitte für sie und ihren Dienst ermahnt. Schließlich werden die junge Pfarrperson und ihr zukünftiger Dienst gesegnet. Von dieser Stelle an übernimmt der neue Pastor bzw. die neue Pastorin die Leitung des Gottesdienstes.

Die Vikarinnen und Vikare wünschen sich häufig ihre Väter als Assistenten, zuweilen auch eine Pfarrperson, die sie besonders prägte. Manchmal war es ihr Vikarsvater[374]. Mag sein, dass hier der Wunsch nach einer heimlichen Sukzession mitklang. Mag sein, dass für sie durch diese Personen das Evangelium am meisten hindurchgetönt hatte. Ihr Vorbild sollte unausgesprochen zu einer Richtungsangabe werden."[375]

---

[374] Die Nomenklatur für die Pfarrperson, die das Vikariat für die auszubildenden jungen Theologen anleitet, changiert je nach Landeskirche: „Anleiter/in" (Nordkirche), „Vikariatsleiter/in" (Hannover), „Ausbildungsleiter/in" (Kurhessen-Waldeck), „Mentor/in" (Bayern, Sachsen, Mitteldeutschland, Rheinland), „Lehrpfarrer/in" (Hessen-Nassau), „Ausbildungspfarrer/in" (Württemberg).

[375] Diesen Bericht verdanke ich Landessuperintendent i. R. Dr. Matthias Kleiminger, 1998–2012 Landessuperintendent des Kirchenkreises Rostock.

4.6.2 Alle Merkmale einer Kasualie

Definiert man eine Kasualie als herausgehobene, familial imprägnierte Angelegenheit, die auf besonderes Ansinnen in einer begrenzten Öffentlichkeit durch eine Pfarrperson gottesdienstlich zur Darstellung gebracht wird[376], dann erfüllt die Ordination (wie auch die Einführungshandlung und Verabschiedungen) alle Kriterien einer Kasualie.[377]

Sie ist „die Kasualie des kirchlichen Amtes".[378] Die kasualtheoretische Rubrizierung war für die ältere Praktische Theologie so fraglos[379], wie es für die jüngere Kasualtheorie fraglich zu sein scheint[380]. Der Kasus besteht in der kirchenamtlichen Initiation pfarrlicher Berufsanfänger durch die christliche Gemeinde, die diese Amtshandlung stellvertretend an eine kirchenleitende Person delegiert. Auf Vorschlag der Kirchenleitung soll die Befugnis zur öffentlichen Wortverkündigung und

---

376 3.1 Der Kasus.
377 Im Vorwort zur Agende heißt es: Diese Gottesdienste „verbinden [...] das Persönliche mit dem Gemeinschaftlichen, den Einzelfall mit der Gesamtkirche, die innerkirchliche Ordnung und eine je nach Anlass bisweilen weitreichende Öffentlichkeit." *Berufung, Einführung, Verabschiedung: Agende 6 für die UEK, Agende IV, Tlbd. 1 der VELKD* (Hannover: Luth. Verlagshaus/Bielefeld: Luther-Verlag, 2012), 9. – Die im Blick auf die klassischen Kasualien übliche Rede von den „Kasualbegehrenden" muss allerdings für die Ordination relativiert werden, da das Motiv der individuellen Anwahl eines Kasualgottesdienstes nur sehr indirekt in Anschlag gebracht werden kann.
378 So formuliert es Michael Meyer-Blanck, „Was macht die Ordination zur Ordination? Das Spezifikum der Ordinationsliturgie", in *Ordinationsverständnis und Ordinationsliturgien: Ökumenische Einblicke*, hg. v. Irene Mildenberger und Wolfgang Ratzmann (Leipzig: Evang. Verlagsanstalt, 2007), 27–40 (30).
379 Die Ordination erscheint als Kasualie u. a. bei Carl Immanuel Nitzsch, *Practische Theologie*, Bd. 2 (Bonn: Adolf Marcus, 1848), 452 ff.; Friedrich Niebergall, *Die Kasualrede* (Göttingen: Vandenhoeck, ³1917), 17 passim; Hans Georg Haack, *Die Amtshandlungen der evangelischen Kirche* (Leopold Klotz: Gotha, 1935), 13 passim und Georg Rietschel, *Lehrbuch der Liturgik, 2. Bd.* (Berlin: Reuther & Reichard, 1909), 405 ff.
380 In den Kasualtheorien von Christian Grethlein (*Grundinformation Kasualien: Kommunikation des Evangeliums an Übergängen des Lebens* [Göttingen: Vandenhoeck, 2007]), Kristian Fechtner (*Kirche von Fall zu Fall: Kasualpraxis in der Gegenwart – eine Orientierung* [Gütersloh: Gütersloher Vlg., ²2011]), Ulrike Wagner-Rau (*Segensraum: Kasualpraxis in der modernen Gesellschaft* [Stuttgart: Kohlhammer, 2. vollst. überarb. Aufl., 2008]), Lutz Friedrichs (*Kasualpraxis in der Spätmoderne: Studien zu einer Praktischen Theologie der Übergänge* [Leipzig: Evang. Verlagsanstalt, 2008]) und Christian Albrecht (*Kasualtheorie: Geschichte, Bedeutung und Gestaltung kirchlicher Amtshandlungen* [Tübingen: Mohr Siebeck, 2006]) finden sich keine thematischen Kapitel zur Ordination. Eine Ausnahme stellt der Entwurf von Winkler dar, der die Ordination zwar zu den Kasualien zählt, sie aber nicht eigens thematisiert, weil sie „nur auf eine Berufsgruppe beschränkt ist". Eberhard Winkler, *Tore zum Leben: Taufe, Konfirmation, Trauung, Bestattung* (Neukirchen-Vluyn: Neukirchener Vlg., 1995), 39 f. (40).

Sakramentsverwaltung einem geeigneten Kandidaten bzw. einer geeigneten Kandidatin in einem liturgischen Akt überantwortet werden. Anders als bei einer Taufe im Sonntagsgottesdienst ist die Gottesdienstgemeinde bei diesem Kasus theologisch unbedingt erforderlich, denn schließlich ist sie es, die hier voziert (*vocatio externa*).[381] Die Gemeinde, bei der Ordination kirchenrechtlich das „actuose Subjekt" (Nitzsch), erbittet im Gottesdienst mit ihrem Bittgesang den Beistand des Heiligen Geistes[382], betet nach der Handauflegung das Vaterunser und feiert gemeinsam das Abendmahl. Der Ordinationsritus selbst, das Knien der zu Ordinierenden, der feierliche Einzug, die ungewohnte Vielzahl von Talartragenden macht die Ordination für eine Gemeinde zu einem relativ seltenen Kasus, der aber „in sich selbst stimmig zu sein hat, um im praktischen Vollzug liturgiegewohnte Menschen und Gäste (aus dem öffentlichen Leben des Wohnortes) zu überzeugen."[383] Bei kaum einer anderen Kasualie wird deutlicher, dass hier die Kirche von Amts wegen handelt und sich in einem zentralen Selbstvollzug zur Darstellung bringt.

Die Ordination ist eine „Amtshandlung" im doppelten Sinne: Einer jungen Pfarrperson werden gemeindeöffentlich mit ihrem neuen Amt verbundene Befugnisse und Pflichten übertragen. Und diese Übertragung nimmt ein ranghoher Geistlicher der jeweiligen Landeskirche vor, an den qua Amt die Gemeinde diesen religiösen Rechtsakt delegiert. In beiderlei Hinsicht wird so zum Ausdruck gebracht, dass das ordinierte Amt ein von der Kirche verliehenes Amt darstellt. Ob dies inszenatorisch für die Ortsgemeinde und die geladenen Gäste immer auch so deutlich zum Ausdruck kommt, kann bezweifelt werden – zu spektakulär ist die Präsenz der bischöflichen Person, die der Gemeinde oft kaum persönlich bekannt ist, und ihre rituelle Performanz bei der Ordination (auch wenn sie sich in aller Regel äußerlich nur durch das Tragen des Amtskreuzes als solche kenntlich macht).

Die Ordination beginnt mit einem festlichen Einzug; auch diese Üblichkeit verbindet sie religionsästhetisch mit anderen Kasualien. Anders als bei der Trauung, bei der oft nur das von der Pfarrperson begleitete Brautpaar einzieht (wenn die Braut nicht von ihrem Vater geleitet wird[384]), aber analog zur Konfirmation ziehen die unmittelbar Beteiligten zusammen mit anderen Funktionsträgern in die Kirche ein. Die lutherische Agende schlägt hierfür eine bestimmte Reihenfolge vor: zunächst die Kirchenvorsteher (und andere Gemeindeglieder), es folgen dann die

---

[381] Luther hat die Ermächtigung der Gemeinde 1523 in einer Schrift durch die programmatische Überschrift zum Ausdruck gebracht. „Dass die christliche Versammlung oder Gemeine Recht und Macht habe, alle Lehre zu beurteilen und Lehrer zu berufen, ein- und abzusetzen", WA 50, 632, 36–633, 9.
[382] Agendarisch geschieht dies im lutherischen Bereich mit EG 124 (oder EG 125 bzw. EG 126).
[383] M. Meyer-Blanck, Ordination, 27.
[384] Zum Brautvatergeleit, vgl. 4.4.7 Erinnerungen.

anwesenden Pfarrpersonen des Konvents, die Assistenten und am Schluss gehen Ordinand und Ordinator. Man folgt hier dem Mariawalder Messbuch, das angelehnt an Mt 10,38 bei solchen Anlässen den Grundsatz *dignus sequitur* vorsieht.[385] In seiner amtskirchlichen Imposanz lässt sich der Einzug nicht nur sehen, er macht auch von sich hören: durch das Geläut beim Gang vom Gemeinde-/Pfarrhaus zur Kirche und durch Orgelspiel (Posaunenchor, Chor) beim Durchqueren der Kirche. Als gestischer Respons erhebt sich die anwesende Gemeinde für Dauer des Einzugs.

Inszenatorisch ist die Handauflegung der zentrale rituelle Akt bei der Ordination; er gleicht darin der Konfirmation, wo den knienden Jugendlichen die Hände aufgelegt werden, der Trauung, bei der dem knienden Paar der Segen zugesprochen wird und der Taufe, bei der der Täufling jedoch nicht kniet, sondern gehalten wird (Säuglingstaufe) bzw. vor dem Täufer gesenkten Hauptes steht (Erwachsenentaufe). Anders als bei Taufe, Konfirmation und Trauung legen jedoch bei der Ordination gleich mehrere Personen die Hand auf: der Ordinator, dem zwei ordinierte Pfarrpersonen assistieren, und optional weitere getaufte Christen (in der Regel gute Freunde und Wegbegleiter der Ordinanden). Ein weiterer Unterschied zu den genannten Kasualien ist die Sendungsformel, die den zu Ordinierenden nach dem Segen zugesprochen wird.[386] Mit der Handauflegung ist rituell alles vollbracht, der junge Amtsträger kann nun mit seiner Antrittspredigt den Gottesdienst fortsetzen und zeigen, was er gelernt hat. Die Agende sieht nach der Predigt das Abendmahl vor. Die Berufenen haben durch ihren Respons auf die Ordinationsfragen („Ja, ich bin bereit" bzw. abschließend: „Ja, dazu helfe mir Gott durch Jesus Christus in der Kraft des Heiligen Geistes.") ihren Dienstauftrag *(ministerium)* als dauerhafte Verpflichtung anerkannt, das Evangelium in Amts- und Lebensführung zum Ausdruck kommen zu lassen.

Kasualtypisch ist auch die Kopplung dieses Gottesdienstes ad personam mit einem gestaffelten außer-liturgischen Begängnis, bei dem jeweils das gemeinsame Essen im Zentrum steht: zunächst der „Empfang" durch die „Gemeinde"[387] im Gemeindesaal und danach das Beisammensein im Familien- und Freundeskreis,

---

385 In der neuen Agende findet sich eine alternative Begründung für die Reihenfolge beim Einzug: Die „Inhaber und Inhaberinnen kirchlicher Aufsichtsdienste [sind] diejenigen [...], die auf die Gemeinde zu achten haben und [müssen] daher am Ende gehen. Für die Umkehrung der Reihenfolge beim Auszug sind meist praktische Gründe ausschlaggebend." UEK/VELKD: Berufung, Einführung, Verabschiedung, 19.
386 „Christus spricht: Nicht ihr habt mich erwählt, sondern ich habe euch erwählt und bestimmt, dass ihr hingeht und Frucht bringt und eure Frucht bleibt. Geh hin im + Frieden." UEK/VELKD: Berufung, Einführung, Verabschiedung, 51.
387 In der Regel findet sich hier die sog. Kerngemeinde mit den Kirchenvorstehern (Presbyter, Kirchenälteste) ein.

wahlweise im unlängst bezogenen Pfarrhaus oder im Restaurant. Die „Gemeinde" bringt ihre Verbundensein mit den frisch Ordinierten durch ihre Gaben (Präsente, Blumen, Selbstgebackenes) und kurze Grußworte zum Ausdruck. Man erwidert damit implizit das kirchenamtliche Geschenk eines personalen Neuanfangs mit den eigenen Gaben. Die Gemeindevertreter geben dem Neuling etwas von sich, und der Neuling macht im Entgegennehmen eine für ihn und sein neues Amt maßgebliche Fremderfahrung des anderen.[388] Er sieht sich nun verpflichtet, seinen Gebern fortan mit seinem Verkündigungs- und Seelsorgehandeln zu entsprechen. Ein geregelter Gabentausch hat immer auch einen gegenseitig verpflichtenden Charakter. *Do ut des.*

4.6.3 Geschichte der evangelischen Ordination

Will man die Entwicklung des evangelischen Ordinationsverständnisses nachzeichnen, dann geht dies immer auch einher mit grundsätzlichen dogmatischen, kirchenrechtlichen und liturgischen Fragen. Luthers Bruch mit dem sakramentalen Verständnis der Priesterweihe kommt in seinen programmatischen Schriften schon verhältnismäßig früh zum Ausdruck, auch wenn zu diesem Zeitpunkt die kybernetische Reichweite seiner radikalen Abkehr vom Bestehenden für ein sich neu bildendes Kirchentum noch längst nicht im Blick war:

> „Siehe, alle die, wo sie sind, das sind rechte Pfaffen und halten wahrhaftig rechte Messe, erlangen auch damit, was sie wollen. Denn der Glaube muss alles tun. Er ist allein das rechte priesterliche Amt und lässt auch niemand anders sein. Darum sind alle Christen, Mann, Pfaffen, alle Weiber, Pfäffin, es sei jung oder alt, Herr oder Knecht, Frau oder Magd, Gelehrter oder Laie. Hier ist kein Unterschied, es sei denn der Glaube ungleich."[389]

Das evangelische Priestertum ruht in der göttlichen Stiftung des allgemeinen Priestertums aller Glaubenden, alle Getauften sind *sacerdotes* im theologischen Vollsinn des Wortes (1 Petr 2,9). Aber den öffentlichen Dienst eines *minister verbi divini* sollen nur diejenigen ausüben können, die von der Kirche als Gemeinschaft aller, die

---

[388] Vgl. Marcel Mauss, *Die Gabe: Form und Funktion des Austauschs in archaischen Gesellschaften* (Frankfurt a. M.: Suhrkamp, 1968); französ. erstmalig 1923/24.

[389] Ein Sermon von dem Neuen Testament, das ist von der heiligen Messe [1520], WA 6, 353–378 (370). – Karl Marx hat diese folgenreiche theologische Umcodierung treffend parodiert: Luther „hat die Pfaffen in Laien verwandelt, weil er die Laien in Pfaffen verwandelt hat." Karl Marx, „Zur Kritik der Hegelschen Rechtsphilosophie: Einleitung", in Ders., *Die Frühschriften*, hg. v. Siegfried Landshut (Stuttgart: Kröner, 1968), 217.

durch die Taufe Priester sind, berufen und beauftragt werden.[390] Die einen verfügen über die *facultas docendi*, die anderen über die *venia legendi*.[391] Das Priestertum aller Getauften bildet für Luther einen christlichen Lebens- und Aktionsraum ganz eigener Art, der sich komplementär zum Dienstauftrag der *rite* Berufenen verhält. Es realisiert sich in der Freiheit selbstverständlicher Nächstenliebe. Während der Ordinierte öffentlich und institutionell handelt, agieren die allgemeinen Priester in der Privatheit alltäglicher Lebensumstände. Bieritz pointiert: Der einzelne Christ verzichtet „auf die eigene Ausübung des Predigtamtes [...] bei Berufung (*vocatio*) eines anderen in dieses Amt."[392] Das *ministerium*, das Predigtamt vereint in sich Institution und Funktion: „Es erfüllt sich als *Institution* in seiner *Funktion*"[393].

Luthers Lösungsweg für die Ordination war, wie so oft, ein Mittelweg zwischen dem römischen Amtsverständnis eines hierarchisch vermittelten *character indelebilis* und den pneumatischen Selbstermächtigungspraktiken der Schwärmer. Bei ihm ist das Amt funktional von der Wortverkündigung und der Sakramentsverwaltung her definiert. Und es kann nur in einem geordneten Verfahren zugeeignet werden: *rite vocatus*. (Lutherisch ist CA 7 von CA 14 her zu lesen.) Unklar war allerdings lange Zeit die Instanz, die die Vokation auszusprechen befugt war und sie organisiert, denn diese musste einerseits die kirchliche Allgemeinheit repräsentieren und zugleich durch göttliche Ordnung legitimiert sein. Dafür kamen zunächst nur die kirchliche (Bischöfe) und die staatliche Obrigkeit in Frage (Adlige, Grundbesitzer, Magistrate, Pfarrpfründenstifter). Luther räumt zwar der Gemeinde eine prominente Funktion im Berufungsprozess ein, aber in *De instituendis ministris ecclesiae* von 1523 erwägt er durchaus auch die Option, das Ordinationsrecht beim Bischof zu belassen, so sich denn ein solcher fände, der die evangelische Predigt zuließe. Das grundsätzliche Recht der Gemeinde, ihre Pfarrherrn[394] zu berufen,

---

390 Hierzu das prägnante Diktum Luthers aus der Adelsschrift von 1520: „Denn was aus der Taufe gekrochen ist, das mag sich rühmen, dass es schon Priester, Bischof oder Papst geweiht sei, obwohl nicht einem jeglichen ziemet, solch Amt zu üben. Denn weil wir alle gleiche Priester sind, muss sich niemand selber hervortun und sich unterwinden, ohne unser Bewilligen und Erwählen das zu tun, dessen wir alle gleiche Gewalt haben." WA 6, 407f.
391 Die pointierte Formulierung geht zurück auf Oswald Bayer, „Amt und Ordination", in *Ordinationsverständnis und Ordinationsliturgien: Ökumenische Einblicke*, hg. v. Irene Mildenberger und Wolfgang Ratzmann (Leipzig: Evang. Verlagsanstalt, 2007), 9–25 (14).
392 Karl-Heinrich Bieritz, *Liturgik* (Berlin: De Gruyter, 2004), 177.
393 K.-H. Bieritz, Liturgik, 178.
394 In der reformierten Kirche des Kantons Zürich wurden 1918 die ersten Frauen zu Pfarrerinnen ordiniert. In der unierten Kirche ordinierte Präses Kurt Schaf 1943 die ersten beiden Pfarrerinnen Ilse Härter und Hannelotte Reiffen. 1991 – zwei Jahre, bevor die lettische lutherische Kirche die Frauenordination 1993 wieder abschaffte – hat Schaumburg-Lippe als letzte deutsche Landeskirche die Frauenordination eingeführt. Ein Jahr später wurde Maria Jepsen die weltweit

stand also von Beginn an in einer Spannung zum Vollzug der Ordination durch real existierende Autoritäten. Als eine eher pragmatische Lösung ist darum die Praxis der Wittenberger Fakultät zu bezeichnen, die von 1535 an evangelische Geistliche im Rahmen zentraler Veranstaltungen ordinierte.[395] Bis 1560 verzeichnet das dortige Ordinandenbuch immerhin 1.650 Ordinationen.[396] Man entkoppelte hier also schon früh die Ordinationshandlung von der Installation in und durch eine konkrete Ortsgemeinde, obwohl Luther die Ordination durchaus auch als Einführung verstand. Luther selbst ordinierte 1525 Georg Rörer in das Amt des Archidiakons an der Wittenberger Pfarrkirche – nach Quellenlage war dies die erste lutherische Ordination.

Als nach 1530 immer deutlicher wurde, dass ein eigenes, von der römischen Kirche verschiedenes evangelisches Kirchentum Gestalt annehmen würde, wurde der Ruf nach verbindlichen Regelungen immer lauter. Es blieb dann Bugenhagen vorbehalten, 1535 in der pommerschen Kirchenordnung genau diese Rechtssicherheit herzustellen. Wer in einem Examen seine theologische Tauglichkeit unter Beweis gestellt hatte, wurde anschließend dem Bischof präsentiert (in Pommern führten damals die Hauptpfarrer in größeren Städten den Bischofstitel), und der ermächtigte ihn dann und entsandte ihn in eine Gemeinde. Dieser Akt, seitdem auch offiziell als „Ordination" bezeichnet, sollte nur einmalig vollzogen werden, d. h. sich bei einem Wechsel in eine andere Gemeinde nicht wiederholen. Die Introduktion fungiert dann den liturgischen Stellenwert einer Ordinationsanamnese. Dieses Prozedere wurde vom Kurfürsten anerkannt und von Luther dann in eine liturgisch signifikante Form gegossen. Sie bildete gleichsam die gottesdienstliche Konfirmation bzw. Approbation der zuvor erfolgten Vokation.

Was aber waren in der Reformationszeit die Kriterien für eine rite vollzogene Ordination? Philipp Melanchthon macht 1551 vier Grundelemente namhaft: 1. *ipsa personae nominatio seu electio* (die Bekundung der inneren Berufung), 2. *doctrinae inspectio* (ein Examen, in dem die Wissensbestände überprüft werden), 3. *testifica-*

---

erste lutherische Bischöfin. Vgl. hierzu u. a.: Wilfried Härle, *Von Christus beauftragt: Ein biblisches Plädoyer für Ordination und Priesterweihe von Frauen* (Leipzig: Evang. Verlagsanstalt, 2017); Dagmar Herbrecht (Hg.), *Der Streit um die Frauenordination in der Bekennenden Kirche: Quellentexte zu ihrer Geschichte im Zweiten Weltkrieg* (Neukirchen-Vluyn: Neukirchener, 1997); Christine Globig, *Frauenordination im Kontext lutherischer Ekklesiologie: Ein Beitrag zum ökumenischen Gespräch* (Göttingen: Vandenhoeck, 1994).
395 Luther spricht schon vor 1535 von „Ordination"; vgl. Rietschel, Liturgik, 419.
396 Vgl. Dietrich Rössler, *Grundriß der Praktischen Theologie* (Berlin und New York: De Gruyter, 1986), 301 f. Darunter waren 772 Absolventen mit Universitätsabschluss und 878 Lehrer, Kantoren und Handwerker ohne akademische Bildung. Vgl. a. K.-H. Bieritz, Liturgik, 180 f.

tio apud ecclesiam, quae fit publico ritu (die geordnete gemeindeöffentliche Bekundung) und 4. *precatio* (das Gebet bzw. die Bitte um den Heiligen Geist).[397]

Der Ritus der Handauflegung anlässlich der *testificatio* war anfangs durchaus nicht unumstritten. War er für die einen trotz biblischer (2 Tim 1,6), gar jesuanischer Vorbilder (Mk 10,16) ein Adiaphoron, das überdies noch katholisch-sakramentale Missdeutungen nahelegte[398], sahen andere in ihm das zentrale Motiv des durch bischöfliche Personen vermittelten Ordinationshandelns Christi.

Strittig war – und ist im Grunde bis heute – auch der Ort des liturgischen Aktes. Bevorzugte Bugenhagen seinerzeit noch *die* Gemeinde als Austragungsort des Ordinationsgottesdienstes, in die der Ordinand dann auch entsandt wurde, vollzog man verstärkt im 19. Jh. (in einigen Landeskirchen noch heute) in bestimmten Kirchenregionen die Ordination mehrerer Ordinanden des gleichen Jahrgangs an den „kirchenregimentlichen Zentralsitzen"[399], wobei dann allerdings die Einführung nach einem Pfarrstellenwechsel direkt in den Ortsgemeinden stattfand. Inszenatorisch liegen zwischen diesen beiden Optionen Welten. Die Zentralordination legt eine eher episkopal-kirchenregimentliche Lesart nahe, die das Gegebensein eines pastoralen Amtes gemeindeunabhängig imaginiert, also eher ständisch ausgerichtet ist. Die bischöfliche Person ordiniert nicht nur, sondern sie predigt in der Regel auch. Außer den Familienangehörigen und Freunden ist die Ortsgemeinde kaum präsent. Dagegen bringt die dezentrale Einzelordination zum Ausdruck, dass hier Ordination und erste Introduktion örtlich zusammenfallen und die Ordinierten im zweiten Teil des Gottesdienstes das neue Amt auch in der zugewiesenen Gemeinde ausüben dürfen. Die gottesdienstlich präsente Gemeinde ist in diesem Fall natürlich sehr viel stärker in das Geschehen involviert.

Und schließlich gibt es keine Einigkeit über den theologischen Stellenwert des Ordinationsgottesdienstes. Trägt der Ritus einerseits die Merkmale einer *approbatio*, also einer Bestätigung der Berufung am Ort der anwesenden Gemeinde,

---

397 Zitiert nach G. Rietschel, Liturgik: Bd. 2, 418. Melanchthons primäres Interesse lag auf dem Examen, für das er erstmals in der Mecklenburger Kirchenordnung von 1552 eine Examensordnung entwarf.
398 Der Handauflegung wird bei der römischen Priesterweihe eine exhibitive, den Geist bzw. die Amtsgnade unmittelbar zueignende Kraft zugeschrieben; vgl. G. Rietschel, Liturgik, 426. In der Kasseler Kirchenordnung von 1539 findet sich eine von Bucer beeinflusste, durchaus auch exhibitiv zu verstehende Ordinationsformel: „Nimm hin [...] den Heiligen Geist, der dich lehre, führe und stärke [...]" Vgl. Paul Graff, *Geschichte der Auflösung der alten gottesdienstlichen Formen in der evangelischen Kirche Deutschlands, Bd. 1* (Göttingen: Vandenhoeck, 1937), 386 f.
399 G. Rietschel, Liturgik, 431. – Die Zentralordination findet aktuell z. B. in Braunschweig, in Berlin-Brandenburg-Schles. Oberlausitz (EKBO), Kurhessen-Waldeck und im Kirchenkreis Pommern der Nordkirche statt.

hat er andernorts den Charakter einer *publicatio approbationis*. Hiernach stellt er lediglich eine gemeindeöffentliche Bekundigung des schon vorab vollzogenen Rechtsakts dar.[400] Diese Ambivalenz zeigt sich noch heute in der kirchenrechtlichen Trennung von der urkundlich beglaubigten „Begründung eines lebenslangen Dienst- und Treueverhältnisses" und der gottesdienstlichen Ordinationshandlung.[401] So gab es in der württembergischen Kirche beispielsweise bis 1855 keine Ordination in Form eines liturgischen Aktes, sondern nur eine kirchenleitende Eignungsbestätigung und die jeweils bei einem Pfarrstellenwechsel zu wiederholende Einführung in die Gemeinde.[402]

4.6.4 … und legte ihnen die Hände auf

Ungeachtet theologischer Ambivalenzen ist die Handauflegung für die kirchliche Öffentlichkeit keineswegs ein Adiaphoron, sondern eine liturgische Zeichenfolge, in der die kirchliche Berufung rituell zu sich selbst kommt und für alle Anwesenden als Handlungskern ansehnlich wird. Es ist bezeichnend, dass sich die Archaik religiösen Kniens in der evangelischen Liturgie nur noch in wenigen Kasualien erhalten hat. Neben der Ordination ist dies die Segensbitte bei der Trauung und der Konfirmation (bisweilen auch als „Laienordination" bezeichnet). Dieser ausdrucksstarke Gestus erschöpft sich formal nicht allein in seiner sprachlichen Performanz, denn es ist nicht nur der reine *Sprech*akt, der hier eine neue Wirklichkeit setzt.[403] Die wortsprachliche Segens- und Sendungsformel ist vielmehr ein historisch gewachsenes und liturgisch austariertes Zusammenspiel aus Wort und leibräumlichem Ausdruck. Sie besteht in einer gestreckten Handlung aus Niederknien, unter Handauflegung: Vaterunser, Ordinationsgebet, Segnung und Sendung, signatio crucis, Segensworte der Assistenten und abschließender Segen des Ordinators. Erst danach erhebt sich der Ordinand wieder. Er ist nun ordiniert und „etwas Anderes

---

400 In der Ordinationsagende heißt es im Vorwort: Der „Überschneidungsbereich von kirchlichem Rechtsakt und Gottesdienst" kommt „insbesondere durch die Verlesung der Urkunde im Eingangsteil zum Ausdruck. Der Gottesdienst macht den vorausgegangenen kirchlichen Rechtsakt öffentlich und stellt ihn liturgisch dar." UEK/VELKD: Berufung, Einführung, Verabschiedung, 14.
401 Grethlein weist darauf hin, dass die Rechte aus der Ordination zwar vom Ordinierten zurückgegeben bzw. von der Landeskirche auch entzogen werden können, aus diesem Anlass aber kein neuerlicher liturgischer Darstellungsakt stattfindet. Christian Grethlein, *Praktische Theologie* (Berlin und Boston: de Gruyter, ²2016), 483.
402 Vgl. G. Rietschel, Liturgik, 425, Anm. 5.
403 Vgl. John Langshaw Austin, *Zur Theorie der Sprechakte* (Stuttgart: Reclam, 1972); *How to do things with words* (Oxford: Clarendon Press, 1962).

als ein nicht Ordinierter"[404]. Mithin ist ein ebenso feiner wie entscheidender Unterschied gesetzt. So gesehen ist die verkürzend als „Handauflegung" bezeichnete Ordinationshandlung ein *konstativer Ritus*[405] par excellence. Er bestätigt öffentlich eine neue soziale Ordnung und setzt die für den Protestantismus so wichtige Differenz zwischen allgemeinem Priestertum und funktionalem Amt. Nach Bourdieu ist ein konstativer Ritus ein kontingenter „Akt sozialer Magie", ein „symbolischer Willkürakt".[406] Er verändert die Selbstwahrnehmung und die Fremdwahrnehmung der rituell partizipierenden Akteure. Über diesen elementaren Ausdruck taktiler Nähe wird eine neue, religiöse Sicht auf die Wirklichkeit gesetzt. Bourdieu spricht im Zusammenhang mit solchen Akten der Instituierung vom „Mysterium des Ministeriums": Der Wortführer wird Teil der Gruppe, für die er fortan spricht. Er wird ausgestattet mit der Vollmacht und dem Recht, als Repräsentant die Institution darzustellen, „die ihn erstellt." Mit der Handauflegung und den Deuteworten nimmt das Geheimnis eines „Transsubstantiationsprozesses" Gestalt an, bei der sich eine Person in etwas verwandelt und als Einzelner nun mit „der Kirche" identifiziert wird. „In dieser zirkulären Beziehung wurzelt die charismatische Illusion, die bewirkt, dass am Ende der Wortführer als *causa sui* erscheint: in den Augen der anderen wie in den eigenen."[407] So ist in der Fremdperspektive aus dem ausgebildeten Theologen eine beauftragte Pfarrperson geworden. Und in der Selbstsicht kann dieser liturgische Gestus zu einer Vergewisserung führen: „Wer sich berufen weiß, braucht sich der eigenen Unwürdigkeit nicht zu schämen. Gegenüber jeder denkbaren Zukunftsentwicklung kann er auf die Verheißung Gottes vertrauen."[408]

4.6.5 Ordination als Familienfeier

Wenn für das Gros der Kasualien gilt, dass ihr neuzeitlicher Sitz im Leben die Familie[409] ist, dann ist dieses Kontinuum auch im sozialen Resonanzraum der Ordi-

---

404 M. Meyer-Blanck (Ordination, 35) spricht hier mit Recht von einer *religiösen* Performanz.
405 Pierre Bourdieu, *Was heißt sprechen?: Zur Ökonomie des sprachlichen Tausches* (Wien: Braumüller, ²2005), 111 ff. (franz.: Paris ¹1982). – Vgl. 3.3 Rede und Ritus; 7.1 Von der Passage zur Confirmation.
406 P. Bourdieu, Sprechen, 113.
407 Pierre Bourdieu, *Sozialer Raum und „Klassen": Leçon sur la leçon: Zwei Vorlesungen* (Frankfurt a.M.: Suhrkamp, ²1991; Paris: Éditions de Minuit), 37 f.
408 Manfred Josuttis, *Der Pfarrer ist anders: Aspekte einer zeitgenössischen Pastoraltheologie* (München: Chr. Kaiser, 1982), 28.
409 Vgl. Kr. Fechtner, Kirche, 36 ff.; Chr. Grethlein, Grundinformation, 74 ff. – Vgl. Katharina Krause, Manuel Stetter und Birgit Weyel (Hg.): *Kasualien als Familienfeste: Familienkonstitution durch Ritualpraxis* (Stuttgart: Kohlhammer, 2022).

nation auszumachen. Sie steht allerdings im Unterschied etwa zu Trauung, Taufe und Konfirmation nicht im Zentrum der gottesdienstlichen Darstellung[410], auch wenn der Gemeinde zu Beginn des Gottesdienstes immerhin die konkrete Person des Ordinanden in seiner Bildungsgeschichte vorgestellt wird. Ganz anders stellt sich die Ordination jedoch aus der Sicht der Angehörigen selbst dar, ist sie doch für die Familie der feierliche Abschluss einer gestuften theologischen Berufsausbildung, in die sie finanziell, emotional und logistisch in nicht geringem Umfang investiert hat.[411]

Ist das zünftige „Pfarramtsstudium" für die meisten Studierenden noch von vielfältigen Such- und Identitätsprozessen begleitet, wird mit dem Übergang in das Vikariat die Lebensbedeutung gelebter Religion zum integralen Bestandteil der Ausbildung und darüber die eigene Berufsrolle[412] in den verschiedenen religiösen Kommunikationsprozessen immer deutlicher. Dies tritt für Eltern und Lebenspartner sichtbar in Erscheinung durch den Erwerb und das Tragen des Talars, der das pastorale Amt religionsästhetisch antizipiert.[413] Die Ordination markiert in der Perspektive der Familienangehörigen die eigentliche „Verbeamtung", denn an dem nüchternen kirchenrechtlichen Akt, der der feierlichen Ordination vorausgeht, partizipieren sie in der Regel nicht. Die Ordination ist für die Angehörigen möglicherweise weniger mit dem Recht zur öffentlichen Wortverkündigung verbunden, als mit der Übernahme einer das weitere berufliche und private Leben bestimmenden Profession, die mit einer auskömmlichen Alimentation und einem privilegierten Habitat verbunden ist. Die Berufung mündet mit der Ordination in einen Beruf. Der Statusgewinn erfüllt die Familie mit Genugtuung, was ihre Teilnahme an Ordinationsgottesdienst und anschließendem Empfang obligatorisch macht. Denn für die Ordinationskasualie ist mitkonstitutiv, dass sie auf familiären Beziehungen aufruht, die sie sozial und symbolisch verifizieren.[414] In diesem kirchlichen Kasus wird die private Existenz veröffentlicht und zugleich transzendiert. Der Akt sprengt in mehrfacher Hinsicht die familialen Bande, indem der Ordinand

---

[410] Dies gestaltete sich je nach Kirchenregion in der Vergangenheit durchaus anders. 1935 beklagt Haack bspw. die komplette Substitution der Gemeinde durch die Familie: „Und auch bei der Ordination sind es nur die Familienangehörigen, die die feierliche Handlung mit begehen". H. G. Haack, Amtshandlungen, 16.
[411] Vgl. hierzu Christian Grethlein, *Pfarrer – ein theologischer Beruf!* (Frankfurt a.M.: Hansisches Druck- und Verlagshaus, 2009).
[412] Vgl. hierzu Michael Klessmann, *Das Pfarramt: Einführung in Grundfragen der Pastoraltheologie*, (Neukirchen: Neukirchner Vlg., 2012), 206 ff.
[413] Vgl. Thomas Klie und Jakob Kühn (Hg.), *FeinStoff: Anmutungen und Logiken religiöser Textilien* (Stuttgart: Kohlhammer, 2020).
[414] Vgl. Kr. Fechtner, Kirche, 37.

nun in eine qualitativ anders geartete Beziehung zu einer neuen Familie tritt: in die Gemeinschaft der Kinder Gottes eines Gemeinwesens, der er nun funktional und von Amts wegen als ganze Person zugeordnet ist. Die gesamte Lebensführung gerät nun in engen Kontakt zum Milieu kirchlich Hochverbundener, das die junge Pfarrperson mitsamt seiner Familie modo religioso adoptiert.

Und zugleich – dies wird u. a. durch den kollektiven Einzug der Pfarrpersonen der betreffenden Kirchenregion deutlich – findet der Ordinand nun Aufnahme in den Kreis der „Kolleginnen und Kollegen", dem geistlichen „Ministerium" der Kirchenregion als der Gemeinschaft der Ordinierten.

4.7 Bestattung – letzte Deutungen

4.7.1 „Für mich soll's rote Rosen regnen"

„Eine Freundin von Margret ist verstorben. Beate war 20 Jahre älter als Margret. Die beiden standen sich sehr nah. Beate hatte Margret, damals noch eine unerfahrene junge Frau, mit einem Wissen und einem Selbstbewusstsein ausgestattet, das sie in Gesellschaft aufblühen ließ. Sie hat sie in die Welt der Kunst und der Musik eingeführt. Das alles hatten Margrets Eltern nicht vermocht. Margret bezeichnet Beate als ihre mütterliche Freundin.

Nun muss sich Margret von Beate verabschieden. Etwa 50 Besucher versammeln sich in den Bänken der kleinen, schlichten Friedhofskapelle. Die meisten suchen sich hintere Plätze. Es sind weniger Trauergäste, als die Angehörigen sich gewünscht hätten; es sind mehr, als dass Peinlichkeit aufkommt. Viele wirken wie Statisten. Ob sie wirklich Anteil nehmen? Singen können sie jedenfalls nicht.

Der Pfarrer kannte Beate nicht. Er hat der Familie lange zugehört. Es war für ihn schwer, die richtigen Worte zu finden. Trotz seiner starken fränkischen Sprachfärbung rühren uns seine warmherzigen und freundlichen Worte. Der Abgesandte der Firma, der Redner des Service-Clubs – sie versuchen es redlich. Kennen, erkennen sie Beate überhaupt? Wird irgendwer Beate vermissen? Wird Beates Leben nachwirken? Wie schnell werden die Erinnerungen an sie verblassen? Viele Fragen, die Margret zutiefst beunruhigen.

Auf dem kleinen Dorffriedhof setzen wir ihre Urne ins Familiengrab ein. Das hätte Beate so nicht gewollt. Beate träumte immer davon, auf dem Anwesen des Mannes, dessen Kraft und Muse sie war, beigesetzt zu werden. Was ihr zu Lebzeiten verwehrt war, ganz bei ihm zu sein, sollte wenigstens nach dem Tode gelingen. Die Familie kann ihr diesen letzten Wunsch nicht erfüllen, weil es das Bestattungsgesetz nicht zulässt.

Für Beate sollte es immer rote Rosen regnen. Ein tröstlicher Moment für Margret, als die Sängerin Hildegard Knefs Lied anstimmt und es rote Rosen von der Empore auf die Urne regnet. Die Besonderheit der Trauung ist, dass sich die Pluralität der Sinngebungen auch ein Denkmal gesetzt hat."[415]

In dieser bemerkenswerten funeralen Episode verdichtet sich wie in einem Brennglas die gegenwärtige Bestattungskultur, in der die Trauerfeier oft nur noch die rituelle Facette abgibt für das, was sich derzeit rund um das Ableben an neuen Umgangsformen einspielt.

Zu Trauerfeiern erscheint ein kontingentes Kollektiv. Wie bei den meisten Kasualien gilt die pastoral übliche Anrede „Liebe Gemeinde" kaum noch einer kirchlich homogenen Gruppe. Aber auch jenseits konfessioneller Zugehörigkeiten verwischen oft die Grenzen zwischen Verwandten, Freundeskreis und Bekannten, wenn es z. B. keine Familie (mehr) gibt oder sie sich entzweit hat. Es kommen Arbeitskollegen, Nachbarn, Pflegerinnen (nach einem Heimaufenthalt) oder Vereinskameraden. Pfarrpersonen haben hier kaum die Chance, ihre Kanzelrede konkret an alle Teilgruppen zu adressieren. Die Predigt trifft in der Regel auf ein Gefühlsmix – die Trauer hat, vor allem bei der Beisetzung eines alten Menschen, viele Facetten.[416] Dazu kommt, dass am Trauergespräch in der Regel nur wenige der engsten Verwandten teilnehmen, die dann die Vita und die Umstände des Ablebens aus ihrer Sicht schildern. Nicht selten wird peinlich verschwiegen, was den Kasus trüben bzw. dem Ansehen der Familie schaden könnte. Wer bzw. wie viele sich dann aber bei der Trauerfeier einfinden, ist kaum prognostizierbar. Und: Wer kann schon alle kennen, die vom Tod einer älteren Dame betroffen sind und die sich „verpflichtet" fühlen, den letzten Weg mit der Toten gemeinsam zu gehen? Allenfalls bei „Solitarbestattungen" ist klar, dass niemand kommt.[417] Rede und Ritus anlässlich einer Trauerfeier bilden im Verein den konventionalisierten Ort einer exponier-

---

415 Ich danke Peggy Morenz und Michael Angern / Ahrensbök für diesen authentischen Bericht.
416 In der Bestattungsagende der UEK heißt es: „Die Hinterbliebenen und die ihnen Nahestehenden sind erfüllt von Trennungsschmerz. Erinnerungen an die Verstorbene oder den Verstorbenen dominieren ihre Gedanken und Gefühle. Das Erschrecken angesichts eines besonders tragischen Endes nimmt sie gefangen. Fernerstehende empfinden ein gewisses Mitleid mit den Trauernden, entweder weil sie sich ihnen freundschaftlich verbunden fühlen oder weil sie sich in sie einfühlen können. Eine dritte Gruppe, die primär aus Gründen der Konvention zur Trauerfeier erschienen ist, wird von der Begegnung mit dem Tod und der Situation der Trauer nicht unberührt bleiben." *Bestattung: Agende für die Union Evangelischer Kirchen in der EKD*, Bd. 5 (Bielefeld: Luther-Verlag, 2004), 31.
417 Dieter Becker, „Solitarbestattung: Evangelische Bestattungen ohne Angehörige als theologische Herausforderung", *PTh* 9 (2013), 335–370.

ten Lebensdeutung. Die mit den Deutungen einhergehenden Geltungsansprüche sind hier insofern riskant, als sie in ihrer teilöffentlichen Performanz vorerst *letzte* Deutungen sind. Signifikante Ereignisse und Wesenszüge von Verstorbenen sollen akzeptabel und tröstend zur Darstellung gebracht werden. Dies geschieht in der Hoffnung, dass die Kontingenzen und fragmentarischen Narrationen eines Lebensverlaufes *in* und *als* Kommunikation bewältigt werden können.

Bei Trauerfeiern wird heute mehrheitlich kaum noch selbst gesungen – man lässt eher singen. Selbst bei kirchlichen Beisetzungen einigt man sich vor allem im städtischen Kontext auf das Abspielen von Popsongs („seine bzw. ihre Lieblingslieder") bzw. auf einen Mix aus Konserve und Choral. Hier nun wurde ein deutscher Evergreen[418] von Hildegard Knef gewünscht: *„Für mich soll's rote Rosen regnen"*, den „die Schmerzensmutter und das Stehaufmädchen der Nation"[419] 1968 als 42-Jährige einspielte. In lakonisch-ironischer Diktion schaut die Sängerin auf ihre erste Lebenshälfte zurück: *„Mir sollten sämtliche Wunder begegnen, die Welt sollte sich umgestalten und ihre Sorgen für sich behalten."* Wie die meisten der von den Angehörigen angewählten funeralen Popsongs bietet sich auch dieses Chancon an, homiletisch ausgelegt und kritisch-konstruktiv auf den Kasus bezogen zu werden. Ob allerdings diese Option hier genutzt wurde, lässt die Schilderung offen. Nicht offen blieb jedoch das theatrale Reenactment, das die Angehörigen arrangierten und damit der Trauerfeier motivisch ihren ästhetischen Stempel aufdrückten. Indem sie es rote Rosenblätter von der Empore auf die Urne „regnen" ließen, setzten sie das Lebensmotto der Verstorbenen postum unvergesslich in Szene.

Zunehmend finden neue symbolische Formen Eingang in die Bestattungskultur. Waren es bei den Bestattungen der AIDS-Toten auf den Grabstätten des Friedhofs Hamburg-Ohlsdorf von Memento e.V.[420] Mitte der 1990er Jahre Sekt und bunte Luftballons am offenen Grab, die das triste Beerdigungsschwarz lebensfroh umspielen sollten, sind es heute allerlei kreative Sarg- und Grabbeigaben. Sie spiegeln dinglich die charakteristischen Lebensvollzüge der Toten. Auch werden bisweilen bei den Trauerfeiern selbst Accessoires an der Urne bzw. in der Kapelle drapiert, mit denen diese umgegangen sind und die nun für sie stehen. Mitglieder eines Fußballvereins erscheinen im Trikot, Schützenbrüder oder Feuerwehrkameraden in Uniform.

---

418 Der Knef-Titel wurde vielfältig gecovert: u. a. von Extrabreit (1993), Nina Hagen (2006), Daniel Küblböck (2009), Heike Makatsch (2009), Heinz Rudolf Kunze (2016), Unheilig (2017) und Conchita Wurst (2018).
419 So kommentiert DER SPIEGEL am 23.12.1985 Hildegard Knef zu ihrem 60. Geburtstag.
420 Der gemeinnützige Verein Memento e.V. hat es sich seit seiner Gründung 1995 zur Aufgabe gemacht, für Menschen, die von HIV/AIDS betroffen sind, gemeinsame Grabstätten anzubieten. Vgl. http://memento-hamburg.de/pages/wer-wir-sind-und-was-wir-tun.php; Zugriff 8.12.19.

Die traditionelle Liturgie gibt immer noch das funerale Grundmuster ab; der Bestattungsritus ist eher konservativ. Bekannte Texte und Gesänge zeichnen das Ableben in einen religiösen Deutehorizont ein, die Ansprache vergegenwärtigt das Leben der Verstorbenen und im Gebet wird es Gott anbefohlen. Die religionskulturelle Prägekraft des Zeremoniells zeigt sich auch und gerade bei sog. „weltlichen Bestattungen", die sich gestalterisch eng an die protestantische Liturgie mit zentral gestellter Predigt anlehnen. Bezeichnenderweise sind die Berufsbezeichnungen im alternativen Segment „Trauer*redner*" bzw. „Freier *Redner*". Die christlich üblichen Lesungen korrelieren im säkularen Segment mit Zitaten aus Philosophie und Belletristik, und die Rede selbst unterscheidet sich in Stil und Duktus kaum von einer Predigt[421], Gebete entfallen oder werden durch entsprechende Geleitworte substituiert.[422] So ist ein zentrales Ergebnis der empirischen Untersuchung zur Beerdigungsansprache von Ursula Roth, dass die Differenzen in den Ansprachen in den Hintergrund treten und eher quer zu den Konfessionsgrenzen verlaufen. Die Unterschiede „*innerhalb* der evangelischen Beerdigungspredigten" sind „wesentlich auffälliger als die Differenz etwa zwischen evangelischen Ansprachen und nichtkirchlichen Trauerreden."[423]

In dem geschilderten Kasus hatte die Verstorbene von einer Beisetzung im privaten Umfeld geträumt, ein Wunsch, der in Deutschland aufgrund der Friedhofspflicht nur durch kreative Umgehung gesetzlicher Regelungen umsetzbar ist.[424] Diese Präferenz liegt im Trend. Nach einer Forsa-Umfrage zu den Bestattungswünschen der Deutschen vom 17.10.2019, die von der Aeternitas e.V. in Auftrag gegeben wurde, entscheidet sich immerhin ein Viertel der Befragten für eine Bestattungsvariante, die nach den geltenden Gesetzen – bis auf wenige Ausnahmen in den Län-

---

421 Vgl. hierzu Ingo Reuter, „Totenrede oder Predigt? Zur Plausibilität christlicher Verkündigung angesichts des Todes auf dem Markt der Abschiedsangebote", in *Performanzen des Todes: Neue Bestattungskultur und kirchliche Wahrnehmung*, hg. v. Thomas Klie (Stuttgart: Kohlhammer, 2008), 159–175; Elina Bernitt, „Können weltliche Trauerfeiern Trost spenden?", in *Bestattung als Dienstleistung: Ökonomie des Abschieds*, hg. v. Thomas Klie und Jakob Kühn (Stuttgart: Kohlhammer, 2019), 109–121.
422 Auf Wunsch der Angehörigen und bei entsprechender Vorbildung des Redners bzw. der Rednerin wird auch bei weltlichen Feiern ein Vaterunser und ein Segen gesprochen; vgl. Dirk Battermann, „Die weltliche Trauerrede als Dienst für die Hinterbliebenen: Ein Praxisbericht", in *Dienstleistung*, hg. v. Th. Klie und J. Kühn, 77–86.
423 Ursula Roth, *Die Beerdigungsansprache: Argumente gegen den Tod im Kontext der modernen Gesellschaft* (Gütersloh: Gütersloher Vlg., 2002), 140.
424 Diese Optionen sind empirisch erhoben in: Thorsten Benkel, Thomas Klie und Matthias Meitzler, *Der Glanz des Lebens: Aschediamant und Erinnerungskörper* (Göttingen: Vandenhoeck, 2019) sowie in Thorsten Benkel, Matthias Meitzler und Dirk Preuß, *Autonomie der Trauer: Zur Ambivalenz des sozialen Wandels* (Baden-Baden: Nomos, 2019).

dergesetzen – illegal ist. Die Verstreuung ihrer Asche in der freien Natur wünschen sich 14 Prozent, die Aufbewahrung bzw. Beisetzung ihrer Asche zu Hause bzw. im heimischen Garten 9 Prozent.[425] Die Ausdifferenzierung der Bestattungskultur äußert sich nicht nur im Blick auf Religion und Riten, sondern auch und gerade am Beispiel des Friedhofs.

Trotz der sich ausdifferenzierenden Bestattungswünsche zeigt sich die kirchliche Bestattung statistisch relativ konservativ: Die empirischen Daten der jüngsten Kirchenmitgliedschaftsuntersuchung (KMU VI) belegen, dass der

> „Wunsch nach einer kirchlichen Bestattung (…) bei den Kirchenmitgliedern in der Generation der heute mindestens 70 Jahre alten Befragten recht hoch [ist]" (Evangelische: 79 %, Katholische: 82 %). Bei den Befragten, die sich gegenwärtig in der Lebensmitte befinden, ist er deutlich niedriger (Evangelische: 65 %, Katholische: 63 %), um bei den jüngeren Befragten wieder zuzunehmen (Evangelische: 75 %, Katholische: 68 %). Bei Konfessionslosen ist der Wunsch nach einer kirchlichen Bestattung über alle Generationen hinweg stabil gering bei etwa 5 %.[426]

4.7.2 Das Memento mori: der Tod im Spiegel

In keiner anderen Kasualie kommt die Spiegelfunktion implizit und explizit deutlicher zum Ausdruck als bei der Bestattung. „Herr, lehre uns bedenken, dass wir sterben müssen, auf dass wir klug werden" (Ps 90,12). Schon der obligatorische „Beerdigungspsalm" (Psalm 90) setzt voraus, dass das unvermittelte Innewerden der Vanitas religiöse Lerneffekte zeitigt. Bewusst erlebte (oft auch: erlittene) Bestattungen lassen neben dem Trost des Auferstandenen eben immer auch Lebenskompetenzen anklingen, die in der konkret aufgerufenen Trauerarbeit nicht aufgehen, sondern einen schmerzlich an die *conditio humana* erinnern.[427] In der Performanz des Ritus ist die Endlichkeit des eigenen Lebens unausweichlich präsent. In der Kasualie dringt der Tod des Angehörigen tief in die eigene Selbstwahrnehmung ein: der aufgebahrte Sarg bzw. die zentral postierte Urne, die Erinnerung an das gemein-

---

425 19 Prozent der Befragten wollen dagegen die Baumbestattung in einem Bestattungswald, 6 Prozent eine Seebestattung. Vgl. https://www.aeternitas.de/inhalt/marktforschung/meldungen/2019_aeternitas_umfrage_wuensche; vom 12.12.2019.
426 Evangelischen Kirche in Deutschland (Hg.): *Wie hältst du's mit der Kirche? Zur Bedeutung der Kirche in der Gesellschaft. Erste Ergebnisse der 6. Kirchenmitgliedschaftsuntersuchung* (Leipzig: Evang. Verlagsanstalt, 2023), 62.
427 Ein überaus medienwirksames, weil eindrückliches Memento mori brachte der Apple-Gründer Steve Jobs 2005 im Wissen um seinen nahen Tod vor den Absolventen der Stanford University in Kalifornien zum Ausdruck: „*Death is very likely the single best invention of Life.*" https://www.forbes.com/sites/moiraforbes/2011/10/05; vom 12.12.2019.

sam gelebte Leben in der Ansprache, das Großbild der Verstorbenen (Blickrichtung: Trauergemeinde!), die Gesänge bzw. die Erinnerungsmusik – all das macht die Vergegenwärtigung des Verstorbenen unmittelbar zu einem Vexierbild der eigenen Sterblichkeit. Die Sinnvergewisserung innerhalb der Trauerfeier zielt eben

> „nicht nur auf die durch den jeweils konkreten Todesfall erforderliche Neukonstruktion der Lebenswelt der Trauernden ab. Vielmehr kann der konkrete Todesfall durch spiegelbildliche Identifikation auch unter den entfernten Teilnehmern und Teilnehmerinnen einer Beerdigung Reflexionen darüber auslösen, dass die Strukturen der je eigenen Lebenswelt durch den potenziellen Tod oder den Tod einer nahen Bezugsperson in ihrer Stabilität bedroht und die der eigenen Lebenswelt zugrundeliegenden Deutungsmuster nur begrenzt gültig sind."[428]

Die Trauergemeinde sieht sich im Spiegel der aktuell Aufgebahrten; sie macht sich ein Bild von sich selbst in den wortsprachlichen und rituellen Zeichen des kasuell Dargestellten. Am intensivsten wird dies beim Gang zum Grab und beim Absenken von Sarg bzw. Urne erfahren, wo das *Moriendum esse* auch peripatetisch[429] ins Bewusstsein tritt. Der mahnende Aspekt der Trauerfeier wird aber immer auch explizit, z. B. in situationssensiblen Gebeten und in einer biblisch ausgerichteten Predigt zum Ausdruck kommen. Die Konfrontation mit den sterblichen Überresten stellt Lebenssinn und Sicherheiten fundamental in Frage. Die Trauergemeinde realisiert im Rahmen des funeralen Erinnerungshandelns: *Mea res agitur*.

4.7.3 Kleine Geschichte der christlichen Bestattung

Wie an den neutestamentlichen Berichten der Beisetzung Jesu abzulesen ist (Mk 15,42–16,2 par.), übernahmen die frühen Christen aus ihrem kulturellen Umfeld die Begräbnissitten des Judentums.[430] Im Alten Testament ist ausführlich von Jakobs Bestattung die Rede:

> „Da warf sich Joseph über seines Vaters Angesicht und weinte über ihm und küsste ihn. Und Joseph befahl seinen Dienern, den Ärzten, dass sie seinen Vater zum Begräbnis salbten. Und die Ärzte salbten Israel, bis 40 Tage um waren; denn so lange währen die Tage der Salbung.

---

428 U. Roth, Beerdigungsansprache, 385.
429 Griech. *peripatein* – umherwandeln; *peripatos* – Wandelhalle.
430 Zum Folgenden Thomas Klie, „Beschleunigte Kolonisierung: Neuinszenierung im Reich des Todes", in *Lebensvergewisserungen: Erkundungsgänge zur gegenwärtigen Bestattungs- und Trauerkultur in Kirche und Gesellschaft*, Kirchliches Jahrbuch der EKD, Lieferung 2/2007, hg. v. Karl-Heinz Fix und Ursula Roth (Gütersloh: Gütersloher Vlg., 2014), 61–90 (61 f.); Ulrich Volp, *Tod und Ritual in den christlichen Gemeinden der Antike* (Leiden u. a.: Brill, 2002).

Und die Ägypter beweinten ihn 70 Tage. [...] Da zog Joseph hinauf, seinen Vater zu begraben. Und es zogen mit ihm alle Großen des Pharao, die Ältesten seines Hauses und alle Ältesten des Landes Ägypten, dazu das ganze Haus Josephs und seine Brüder und die vom Hause seines Vaters." (Gen 50,1–3.7 f.)

In der Bibel ist konsent, dass eine Person nach ihrem Ableben nicht einfach zu einer Sache wird, derer man sich formlos entledigt (z. B. 2Sam 3,31; 2Chr 16,14; Mt 25,40b; Mt 27, 57 ff. par; Joh 11,17). Bestimmte Riten, wie z. B. die Salbung des Leichnams, die Behandlung mit aromatischen Kräutern, und Gebete sind zu vollziehen. Doch ausführliche Liturgien werden hier kaum aufgeführt; die rituellen Handlungen nach Jakobs Ableben bilden in der Heiligen Schrift eine Ausnahme. Es wird an dieser Perikope allerdings deutlich, dass Bestattungsriten schon immer kulturellen Einflüssen ausgesetzt waren – in diesem Fall altägyptischen Trauervollzügen.[431] Und so waren auch die Bestattungen in der Alten Kirche eingebunden in ein Ethos, in dem religiöse und kulturelle Codes eng miteinander korrelierten. Wie die christliche Gemeinde mit ihren Toten umging, geschah zwar grundsätzlich im thematischen Horizont der Auferstehungshoffnung, aber es äußerte sich rituell in kulturrelativen Formen. Die Kremierung, die bei den gehobenen römischen Familien üblich war, übernahmen die Christen jedoch nicht, schließlich bekannte man sich zur „Auferstehung des Fleisches" (1Kor 15).

Neben der leiblichen Auferstehung war bei den frühchristlichen Trauerfeiern immer auch die Vorstellung vom Leib Christi aus den noch Lebenden und den schon Toten vorausgesetzt. Verstorbene hatten noch Anteil an der Gemeinschaft der Heiligen, und darum war deren Beisetzung eine Angelegenheit der ganzen Gemeinde, die hier schon früh die Rolle der Familie übernahm. Diese für die Antike ungewöhnliche funerale Praxis einer liebevollen Totenfürsorge machte die Christen im römischen Reich zu einer bemerkenswerten religionskulturellen Ausnahme. Man schloss den Toten die Augen, reinigte sie, kleidete sie in weiße Gewänder und begrub sie im Anschluss an einen feierlichen Fackelzug unter Gebet und Psalmengesang.[432] Das Grab nannte man bewusst nicht *sepulchrum* (latein., Grabstätte), sondern *coemeterium* (latein., Ruhestätte), und man begrub die Toten in Richtung Osten, um darüber der Auferstehungshoffnung auch einen sinnenhaften Ausdruck zu geben. Bei den die Grablegung rahmenden Gebeten entwickelte sich aber schon bald aus dem *orare cum mortuis* ein *orare pro mortuis*.[433] So empfahl Tertullian

---

[431] Die in Ägypten lebenden Christen übernahmen z. B. die landesübliche Sitte der Einbalsamierung. – Georg Rietschel, *Die Kasualien*, Bd. 2, *Lehrbuch der Liturgik* (Berlin: Reuther & Reichard, 1909), 308.
[432] Vgl. G. Rietschel, Liturgik, Bd. 2, 307 ff.
[433] Vgl. Theodosius Harnack, *Praktische Theologie*, Bd. 2 (Erlangen: Deichert, 1878), 538.

nachdrücklich die Fürbitte für die Toten. Die eucharistischen Feiern am Grab der Folgezeit lagen dann durchaus im Gefälle dieser Praxis. Hieraus erwuchs dann die Seelenmesse (*Missa pro defunctis*), in der Leib und Blut Christi geopfert wurden.[434] Für das Zwischenstadium des Purgatoriums, eine Vorstellung, die sich in etwa zeitgleich herausbildete, wurde die Option auf eine postume Einflussnahme auf das Geschick der Toten ausdrücklich mitgedacht.[435]

Der reformatorische Einspruch gegen solcherlei meritorische Missverständnisse war im Kontext des Ablassstreites im 16. Jh. eine theologisch plausible Umcodierung des funeralen Handelns (vgl. die Thesen 13–29 aus Luthers 95 Thesen). Die „Seel'" sollte eben nicht „in den Himmel springen" können, sobald das „Geld im Kasten" klingt.[436] Die Reformatoren adressierten die Trauerfeier ausschließlich an die Hinterbliebenen, was vor allem in der Herausbildung des spezifisch evangelischen Genres der Leichenpredigt zum Ausdruck kam. In seiner dogmatischen Ausschließlichkeit hat jedoch Luthers Verdikt des damaligen Ablasshandels bis heute verhindert, auch jenseits von Predigt und Seelsorge[437] ein erkennbares Umgehen mit den sterblichen Überresten auszubilden. Evangelische Pfarrpersonen verlieren – gleichsam als religionskulturelle Nebenfolge ihrer homiletischen und poimenischen Vorfestlegungen – den Leichnam im wahrsten Sinne des Wortes aus dem Blick. Der tote Körper galt schlicht als „entseeltes Gebein" (Claus Harms). „Hinterrücks erscheint die kirchliche Trauerfeier als ein Geschehen, das von den Toten im buchstäblichen Sinne absehen kann."[438]

---

434 Vgl. G. Rietschel, Liturgik, Bd. 2, 314.
435 Grethlein weist in diesem Zusammenhang mit Recht darauf hin, dass die Quellenlage für die altkirchliche Bestattungspraxis überaus spärlich ist. Man könne hieraus schließen, dass die Beisetzung in den ersten Jahrhunderten analog zur römischen Antike und dem Judentum in erster Linie eine Familienangelegenheit war. Erst nach und nach trat dann in die Rolle der Familie die Gemeinde ein. Christian Grethlein, *Grundinformation Kasualien: Kommunikation des Evangeliums an Übergängen des Lebens* (Göttingen: Vandenhoeck, 2007), 276.
436 Ablassprediger Johann Tetzel wird die Parole zugeschrieben: *„Sobald der Gülden im Becken klingt im huy die Seel im Himmel springt";* zitiert u. a. in Bernhard Geue, *Macht und Ohnmacht im Alltag* (Norderstedt: Aurus, 2011), 121. Vgl. auch die Thesen 27 und 28 aus Luthers 95 Thesen, die direkt auf dieses Diktum Bezug nehmen.
437 Albrecht formuliert einen evangelischen Konsens, wenn er die „seelsorgerliche Aufgabe gegenüber den Trauernden" als die „eigentliche Aufgabe der Bestattungskasualie" sieht. Christian Albrecht, *Kasualtheorie: Geschichte, Bedeutung und Gestaltung kirchlicher Amtshandlungen* (Tübingen: Mohr Siebeck, 2006), 112.
438 Kristian Fechtner, *Kirche von Fall zu Fall: Kasualpraxis in der Gegenwart – eine Orientierung* (Gütersloh: Gütersloher Vlg., 2003), 71. – Vgl. hierzu auch die exponierte Deutung von Hans-Martin Gutmann, *Mit den Toten leben: Eine evangelische Perspektive* (Hamburg: Pawlas & Petersen, ²2011).

An dem gewissermaßen ökumenischen Konsens, dass die christliche Gemeinde ihre Toten unter Gesang und Gebet zu Grabe trug, änderte sich jedoch bis in das 18. Jh. hinein grundsätzlich wenig.[439] Man läutete die Totenglocke („Scheideglocke") und begleitete den Leichnam in einem öffentlichen Leichenzug vom Trauerhaus zum Friedhof.[440] Erst mit der Aufklärung wurde – zunächst im städtischen Bürgertum – die alleinige kirchliche Verantwortung für die Bestattung in Frage gestellt. Immer weniger war die Kirche als das „actuose Subjekt" (Nitzsch) auf den immer mehr kommunalen Friedhöfen gefragt, im Gegenzug beanspruchten die Angehörigen dieses Recht in erster Linie für sich. Die Hinterbliebenen waren nun die Begrabenden, die Kirche wurde hinzugezogen – wenn es die Familie für opportun hielt. Die Entscheidung, ob eine öffentliche Trauerfeier oder eine private Beisetzung stattfand, trafen nun die Angehörigen. Im 18. Jh. traten dann auch vermehrt stille Beerdigungen auf, bei der die Beisetzung nachts ohne Beteiligung von Pfarrpersonen stattfand.[441] Die Individualisierung der Bestattungskultur setzte also keineswegs erst in der späten Moderne ein. Achelis weiß 1891 in seiner ‚Praktischen Theologie' von einer „etwa 70jährige(n) Dame" zu berichten, „die unzähligen Beerdigungen beigewohnt, aber noch nie auch nur gehört hatte, dass bei einer Beerdigung die Mitwirkung des Pfarrers erbeten sei."[442] Diese Vakanz war nicht nur Ausdruck einer beginnenden Säkularisierung, sondern es hatte schlicht auch finanzielle Gründe, die die Angehörigen von einer pastoralen Begleitung absehen ließen. Für jeden der funeralen Dienste wurden nämlich entsprechende Gebühren erhoben (Geläut, Geleit, Rede etc.). Dementsprechend differenzierte man nach „Bauern-, Viertel-, halbe, ganze und Kantorleiche"[443] bzw. im Blick auf die hierfür vorgesehene standesgemäße Dienstleistung: nach „Segensleiche", „Abdankung", „Standrede" und „Leichenpredigt".[444]

---

[439] Albrecht verweist mit Recht auf den Umstand, dass Luther im Unterschied zu Trauung und Taufe für die Bestattung keine Musterordnung hinterließ. So blieben die regionalen Besonderheiten auch nachreformatorisch erhalten. Chr. Albrecht, Kasualtheorie, 106.

[440] Wie in den meisten Kirchenordnungen des 16. Jh. vorgesehen, wurden diese Leichenzüge von den Schulkindern mit ihrem Lehrer angeführt; vgl. G. Rietschel, Liturgik, Bd. 2, 320.

[441] Vgl. hierzu Grethlein, Grundinformation, 285.

[442] Ernst Christian Achelis, *Praktische Theologie*, Bd. 1 (Leipzig: Hinrichs, ³1911), 521. Analog findet sich bei Graff mit Hinweis auf eine Quelle von 1719 „die völlige Beseitigung der öffentlichen Bestattungen in Dresden"; Paul Graff, *Geschichte der Auflösung der alten gottesdienstlichen Formen in der evangelischen Kirche Deutschlands bis zum Eintritt der Aufklärung und des Rationalismus* (Göttingen: Vandenhoeck, 1921), 369.

[443] P. Graff, Geschichte, 369.

[444] Chr. Albrecht, Kasualtheorie, 107.

4.7.4 Moderngesellschaftliche Pluralisierung der Bestattungskultur

Als 1878 das erste deutsche Krematorium im thüringischen Gotha seiner Bestimmung übergeben wurde, war dies der Terminus a quo für die Pluralisierung der Beisetzungsformen.[445] Traditionell entzieht die Sepulkralkultur im Modus verbaler und ritueller Kommunikation den Blicken, was die Trauer der Hinterbliebenen irritieren könnte. Es zeigt sich nur das, was das Ableben für das Weiterleben der Angehörigen erträglich macht: Ein Sarg wird in ein Erdgrab abgesenkt und symbolisch von der Trauergemeinde zu Grabe getragen. Der dreimalige Erdwurf mit der magisch anmutenden und an den matthäischen Taufbefehl (Mt 28,19) erinnernden Formel „Erde zu Erde, Asche zu Asche, Staub zu Staub" (vgl. Gen 3,19 bzw. 18,27)[446] markiert diesen Übergang in das Nicht-Einsehbare und darum auch Unverfügbare. Die Kremierung[447] setzte jedoch eine kulturelle Dynamik in Gang, die die Wahrnehmung des toten Körpers nachhaltig und wohl auch unumkehrbar veränderte.[448] Die beschleunigte Metamorphose des Körpers in der Brennkammer schuf für das Hantieren mit den sterblichen Überresten eine völlig neue Basis. Der allmähliche Verfall der Leiche, der sich bei einer Erdbestattung „natürlich" vollzieht und dabei den Blicken wie der Verfügbarkeit dauerhaft entzogen bleibt, geschieht bei der Kremierung unter menschlicher Kontrolle und mit kalkulierbarem Ergebnis. Es entsteht bei 1.200 Grad Celsius in etwa 90 Minuten ein amorphes Aschesubstrat, mit dem dann erneut hantiert werden kann. So kann man z. B. die Asche teilen[449], sie in Schmuckstücke einbringen, sie verstreuen (an Land, im Meer bzw. Fluss oder vom Fesselballon aus) oder in der Schweiz zu einem Diamanten pressen lassen.[450] Auch

---

[445] Die folgenden Abschnitte entsprechen weitgehend Passagen aus Thomas Klie, „Bestattungskultur", in *Tod*, hg. v. Ulrich Volp (Tübingen: Mohr Siebeck, 2018), 201–253 (209 u. 217 f.).

[446] Das Motiv, einen liegenden Leichnam symbolisch mit Erde zu bedecken, begegnet schon in der Antigone des Sophokles.

[447] Vgl. Norbert Fischer, *Zwischen Trauer und Technik: Feuerbestattung, Krematorium, Flamarium. Eine Kulturgeschichte* (Berlin: Nora, 2002); Ders., „Die Technisierung des Todes: Feuerbestattung – Krematorium – Ascheibeisetzung", in *Raum für Tote: Die Geschichte der Friedhöfe von der Gräberstrasse der Römerzeit bis zur anonymen Bestattung*, hg. v. Arbeitsgemeinschaft Friedhof und Denkmal (Braunschweig: Haymarket Media, 2003), 145–162.

[448] Im Alten Testament galt die Verbrennung der Leichen noch als Schändung des Toten (Am 2,1) bzw. als Verschärfung der Todesstrafe (Jos 7,25). Karl der Große verbot 782 die Leichenverbrennung „secundum ritum paganorum" bei Todesstrafe (Capitulare, Cap. 7).

[449] Diese nach wie vor in Deutschland illegale Praxis ist für viele Bestatter ein selbstverständlicher Teil ihrer Dienstleistungspalette. Je nach Kundenwunsch werden kleine sog. „Erinnerungsurnen" oder Glasschmuck mit Aschepartikeln für die häusliche Aufbewahrung angeboten.

[450] Vgl. Th. Benkel, Th. Klie und M. Meitzler, Glanz, 2019.

die Form der Urnen kann frei gewählt werden[451], und verschiedene Bestattungsformate wie etwa Seebestattung, Streuwiese, Baumbestattung, Urnengemeinschaftsanlage oder Kolumbarium werden durch die Kremierung möglich.[452]

Galt die rituelle Ungebundenheit – immer schon ein Signum protestantischen Selbstverständnisses – ehedem als Ausdruck evangelischer Freiheit und gottoffene Entfaltungsoption, so wird derzeit die kirchliche Religionspraxis von ihren reformatorischen Freisetzungslogiken eingeholt.[453] Pfarrpersonen müssen mehr und mehr auf weltanschauliche und ästhetische Divergenzen reagieren, und müssen das ihnen Eigene unter permanentem Zugzwang behaupten.[454] Die stabilisierende Verbindlichkeit von Trauersitten verliert sich, sie können nur noch als evangelische Angebote formuliert werden, zu denen sich Angehörige dann wahlweise verhalten. Dieses Wahlverhalten hat direkte Auswirkungen auf die (religiöse) Diktion von Ritus und Rede. Es zeigen sich auffällige Strukturanalogien zwischen dem Funktionswandel kirchlicher Religion in der modernen Gesellschaft und der Erosion konventioneller Sepulkralformen. Gesellschaftliche Pluralisierung und pluralisierte Sepulkralkultur gehen Hand in Hand.

> „Wie die ‚private' Trauer so ist auch die Religion in strukturell paralleler Weise ‚privatisiert', d. h. ihre Bedeutung und persönliche Wirkungsweise erschöpft sich nicht in der Funktionsweise ihrer öffentlich sichtbaren Institutionen."[455]

---

451 Als der Chef der italienischen Firma Bialetti, Renato Bialetti, 2016 starb, ließ er sich stilecht und marketingkonform in der charakteristischen Espresso-Kanne („Moka") beisetzen.
452 An anderer Stelle habe ich diese sepulkrale Formenvielfalt anhand dreier Codes systematisiert: ökologischer Code (v. a. Natur-, Wald-, Baumbestattung), ästhetischer Code (v. a. Plastination, Diamantpressung, popkulturelle Formen) und anonymisierender Code (v. a. Streuwiese, Seebestattung); Thomas Klie, „Bestattungskultur: Umgangsformen angesichts des Todes", in *Praktische Theologie des Alterns*, hg. v. Thomas Klie, Martina Kumlehn und Ralph Kunz (Berlin und New York: de Gruyter, 2009), 409–428 (413–422).
453 Die folgenden Passagen folgen weitgehend meinem Aufsatz „Bestattungskultur", in *Tod*, hg. v. Ulrich Volp (Tübingen: Mohr Siebeck, 2018), 201–253, 221. 234–246.
454 In Kasualgesprächen sind Pfarrpersonen v. a. mit popkulturellen Musikwünschen der Angehörigen und besonderen Familienritualen konfrontiert. Vgl. hierzu Cäcilie Blume, *Populäre Musik bei Bestattungen: Eine empirische Studie zur Bestattung als Übergangsritual* (Stuttgart: Kohlhammer, 2014) und Stephan A. Reinke, *Musik im Kasualgottesdienst: Funktion und Bedeutung am Beispiel von Trauung und Bestattung* (Göttingen: Vandenhoeck, 2010).
455 Volker Drehsen, „Tod – Trauer – Trost: Christlich-religiöse Kultur des memento mori zwischen Verdrängung und Vergewisserung", in Ders., *Wie religionsfähig ist die Volkskirche?: Sozialisationstheoretische Erkundungen neuzeitlicher Christentumspraxis* (Gütersloh: Gütersloher Vlg., 1994), 199–219 (208).

Dies führt zwangsläufig zu Komplexionseffekten und Hybrid- bzw. Klischeebildungen, nicht selten auch zu Irritationen und schroffen Zumutungen.[456]

4.7.5 Stationen und Begängnis

Kulturelle Normen sehen vor, dass im Verhalten gegenüber Verstorbenen rituelle Deutungen hervorgebracht werden. Diese Deutungen sind primär, aber nicht ausschließlich, verbal codiert. Leichen werden gewaschen und eingekleidet, sie werden angeschaut (bei der gesetzlich vorgeschriebenen Leichenschau) und dem Standesamt gemeldet, aufgebahrt und eingesargt, sie werden an besondere Orte verbracht, an denen sie behandelt, besungen, besprochen und beschwiegen werden.[457] Schließlich werden sie beigesetzt – in Deutschland herrscht Bestattungspflicht. Jeder Leichnam muss einer ordnungsgemäßen Bestattung zugeführt werden. Diese gesetzlich geordnete Pflicht ist Teil der gewohnheitsrechtlich geregelten Totenfürsorgepflicht. Ritueller Bestandteil der Totenfürsorge ist die Trauerfeier, die in Deutschland (anders z. B. in der reformierten Schweiz) der Bestattung vorausgeht. Sie ist der konventionalisierte Ort einer exponierten Lebensdeutung.

Die Zentralstellung der Trauerfeier kann jedoch nicht darüber hinwegtäuschen, dass der Kasus Bestattung gleich mehrere Anlässe bietet, die Endlichkeit des Lebens in eine christliche Perspektive einzurücken. Die Andacht am Sterbebett, die Aussegnung, die Andacht anlässlich der Abholung aus dem Sterbehaus, die Beisetzung und die Totenmemoria weisen die Bestattung liturgisch als eine optional „gestreckte Kasualie" aus.[458] Diese ritualisierten Lebensdeutungen werden heute vor dem Hintergrund eines immer geringeren direkten Todeskontakts erbracht. Denn der unmittelbare Umgang mit dem toten Körper ist moderngesellschaftlich weitgehend der privaten Sphäre entzogen und an professionelle Instanzen delegiert. Im Krankenhaus bzw. im Pflegeheim werden die Toten vom Personal hergerichtet, Bestatter holen sie ab, kleiden sie ein und legen sie in einen Sarg. Bei Erdbestattungen ist der Sarg aus „Pietätsgründen" in aller Regel verschlossen, und bei Feuerbestattungen bekommen Angehörige die Kremierungsasche kaum je zu

---

456 Vgl. Th. Benkel, M. Meitzler und D. Preuß, Autonomie, 2019.
457 Vgl. hierzu die instruktive Zusammenstellung von Ulrike Wagner-Rau (Hg.), *Zeit mit Toten: Eine Orientierungshilfe der Liturgischen Konferenz* (Gütersloh: Gütersloher Vlg., 2015).
458 Albert Gerhards und Benedikt Kranemann (Hg.), *Christliche Begräbnisliturgie und säkulare Gesellschaft* (Leipzig: Benno-Verlag, 2002); Christian Binder, „Dass er über Lebende und Tote Herr sei: Gottes Handeln an den Lebenden und an den Toten in den liturgischen Texten der Bestattungsagenden", in *Praktische Theologie der Bestattung*, hg. v. Th. Klie, M. Kumlehn, R. Kunz und Th. Schlag (Berlin und Boston: De Gruyter, 2015), 87–103.

sehen. Auch Pfarrerinnen und Pfarrer berühren die Toten, deren Aussegnung und Beisetzung sie homiletisch und rituell verantworten, in aller Regel nicht.[459]

In der Bestattung kultivieren die christlichen Kirchen seit jeher ihren Umgang mit der Unumkehrbarkeit von Lebenswegen, indem sie die Osterbotschaft homiletisch und liturgisch öffentlich zur Darstellung bringen. Im Verein mit der Taufe ist die Bestattung die im Bewusstsein des volkskirchlichen Christentums nach wie vor präsenteste Kasualie. Dies gilt auch vor dem Hintergrund eines schleichenden Rückgangs der Bestattungszahlen.[460] Ein weiteres signifikantes Merkmal religiöser Pluralisierung ist auch der relativ hohe Anteil von Evangelischen, die sich *nicht* von einem evangelischen Geistlichen bestatten lassen bzw. deren Angehörige dies nicht wünschen.[461] Es liegt nahe, hierbei an Konfessionslose bzw. Ausgetretene zu denken, die ihre evangelischen Eltern bzw. Großeltern auch nicht mehr kirchlich bestatten lassen. Die kirchliche Trauerfeier ist hierzulande selbst für konfessionell gebundene Christenmenschen nicht mehr selbstverständlich. Doch selbst, wenn sie aus verschiedenen Gründen nicht in Betracht gezogen wird, gibt sie trotzdem noch die rituelle Benchmark für ihre weltlichen Konkurrenzen ab.[462] Und sie ist – binnenkirchlich betrachtet – nach wie vor die Kasualie mit dem stärksten Öffentlichkeitscharakter.

> „Die Bestattung ist heute eine der zentralen Schnittstellen kirchlicher Praxis, an der sich Religion artikuliert und an der sich Kirchlichkeit weit über das Gemeindechristentum hinaus manifestiert."[463]

Es ist davon auszugehen, dass nach den Feiertagsgottesdiensten die meisten Menschen über Beerdigungen einen gottesdienstlichen Kirchenkontakt haben. Die Mitgliedschaftsentwicklung bringt es mit sich, dass sich die „Kasualgemeinde" in unterschiedlichen Brechungen aus kirchlich hoch Verbundenen, Kasualchristen und eben auch Konfessionslosen zusammensetzt. Verlässliche Statistiken zum Teil-

---

459 Vgl. hierzu Christian Brouwer, „Abschied von Dir: Die persönliche Anrede von Verstorbenen in protestantischen Trauer- und Begräbnisritualen", in *Praktische Theologie der Bestattung*, hg. v. Th. Klie et al., 229–250.
460 In der evangelischen Nordkirche ging die sog. „Bestattungsquote", also das Verhältnis von evangelischen Bestattungen zu Verstorbenen insgesamt, von nahezu 50 % (2002) auf etwa 30 % (2017) zurück. Daten aus: Mitgliedschaftsentwicklung und Kasualien Nordkirche 2000–2017.pdf (Amt für Öffentlichkeitsdienst der Nordkirche, Hamburg).
461 In der Nordkirche sind 2003 noch etwa 80 % der verstorbenen Evangelischen evangelisch bestattet worden, 2017 waren es nur noch gut 61 %. Daten aus: Mitgliedschaftsentwicklung und Kasualien Nordkirche 2000–2017.pdf (Amt für Öffentlichkeitsdienst der Nordkirche, Hamburg).
462 5. Konkurrenzkasualien – zwischen ritueller Enteignung und Deutungsmacht.
463 K. Fechtner, Kirche, 62.

nahmeverhalten bzw. die religionskulturellen Bindungen bei kirchlichen Bestattungen gibt es jedoch nicht.

Im Unterschied zu anderen Kasualien kann sich das Bestattungshandeln auf mehrere Orte verteilen, die z. T. nicht öffentlich zugänglich sind (Sterbezimmer, Aufbahrungsraum im Altenheim bzw. Krankenhaus, Krematorium) bzw. rituell nicht in gleicher Weise beansprucht werden. Mit den Schauplätzen wechseln auch die Personen und Berufsgruppen, die dort präsent sind bzw. die die Wegstrecken zwischen den einzelnen Stationen wahrnehmen. Wo Pfarrpersonen angefragt sind, setzen sie religiöse Zeichen, mit denen sie an der Grenze der Artikulierbarkeit begrenztes Leben als geschenktes rechtfertigen. Die Kirche zeigt an diesen Stationen in rituell verdichteten Formen, wie und warum sie das Zeitliche segnet. Und in der den Kasus rahmenden Seelsorge spendet sie Trauernden Trost, denn das für die pastorale Gestaltung der Kasualie obligatorische Trauergespräch ist vielfach Anlass für eine aufsuchende Trauerbegleitung. Wenn hier den durch das Sterben ausgelösten Verstörungen und Lebenshemmnissen Raum gegeben wird, dann bietet das Gespräch die Möglichkeit, die desintegrierenden Folgen des Todes zu bearbeiten und angesichts traumatischer Verlusterfahrungen die eigene Lebensgeschichte zu rekonstruieren.[464]

Oft setzt die Trauerbegleitung schon ein mit einer Andacht am Sterbebett, bei der Gebet bzw. Psalmlesung, Vaterunser und Valetsegen die prägenden Elemente sind. Fakultativ sind hier auch ein Abendmahl mit den Angehörigen oder eine Salbung der Leiche möglich. Nach einer angemessenen Frist holt ein Bestattungsunternehmen die Leiche ab. Ist eine Kremierung vorgesehen, wird der Sarg in ein Krematorium überführt. Der Trauergottesdienst kann in diesem Fall vor oder nach der Kremierung stattfinden. In Regionen, in denen es noch üblich ist, den Sarg im Trauerhaus aufzubahren und von dort dann zur Friedhofskapelle bzw. zur Kirche zu überführen, wird oft auch hier eine kurze Andacht gefeiert. In lutherischen Kirchen folgt auf die Trauerfeier in der Friedhofskapelle bzw. Kirche normalerweise die Beisetzung am Grab.

Durch die für diesen Kasus typischen Ortsveränderungen erhält die kirchliche Bestattung die Form eines feierlichen Begängnisses. Die amtskirchlich angeleitete Trauergemeinde veräußerlicht das Verlassen-Werden durch einen früher verstorbenen Nächsten in Form eines zielgerichteten, gemeinsam begangenen Weges. Dazu lässt man den zu Lebzeiten gemeinsam bewohnten Raum hinter sich und betritt auf Zeit einen anderen, in erster Linie liturgisch abgesicherten Raum (die Kapelle bzw. die Kirche, den Friedhof). Durch die in der kollektiven Sarg- bzw.

---

[464] Exemplarisch aus der Fülle der Publikationen: Kerstin Lammer, *Trauer verstehen: Formen, Erklärungen, Hilfen* (Berlin: Springer, [4]2014).

Urnenfolge gezeigte Anteilnahme wird der Tod dieses Einen zu einem (teil-)öffentlichen Ereignis; der Umzug ist somit ein wichtiger Aspekt der kulturell und religiös reglementierten Ersetzung eines Lebensverhältnisses durch ein Totenverhältnis. Am Zielort wird dem ehemals Lebenden ein für geraume Zeit[465] definierter Platz zugewiesen – der Lebens-Weg endet an einer Toten-Stätte. Der Weg bis zur „Versenkung" vollzieht sich nach einer bestimmten Ordnung. Man begleitet die Urne bzw. den Sarg, indem man ihnen folgt. Diese „Nachfolge" repräsentiert nicht nur die familiale bzw. soziale Identität der Trauergemeinde in klar definierten Rollen, sondern sie ist zugleich auch der sinnenfällige Ausdruck einer lebensgeschichtlichen Notwendigkeit. Nach und nach, früher oder später wird jedes Glied aus der Trauergemeinde dem Verstorbenen auf seinem letzten Weg folgen. Leichenzüge äußern diese kontingente Zeitspanne in Raumgestalt.

Der kulturelle Kontext dieses kasuellen Begängnisses ist durch hochgradige Verunsicherungen bestimmt. In der Bestattung verdichtet sich die Erfahrung der Unzulänglichkeit schlechthin aller sozialen Sicherungssysteme. Bei der kirchlichen Trauerfeier werden diese biografischen Unsicherheitslagen in einen religiös-christlichen Deutehorizont gerückt und *ad personam* symbolisiert. Damit tritt sie öffentlich in Opposition zum allgemeinen Prinzip funktionaler Austauschbarkeit. Denn das Beerdigungshandeln der Kirche zielt auf eine Integration des gelebten Lebens und der desintegrierenden Folgen des Todes in das Gesamt humaner Lebensumstände: Gelebtes Leben soll *sub specie Christi* mahnend und tröstend vergegenwärtigt werden.

Eine so verstandene „Rechtfertigung von Lebensgeschichten" (Gräb), bei der der jeweilige Todesfall eingezeichnet wird in die biblisch bezeugte Heilsgeschichte, trifft allerdings empirisch auf familien- bzw. zivilreligiöse Sinngebungen, die nur bedingt kompatibel sind mit kirchlichen Semantiken. Dies bezieht sich weniger auf die poimenischen und agendarischen Aspekte der Bestattung als auf die Kanzelrede. Anders als es seinerzeit die von der Dialektischen Theologie beeinflusste Kasualhomiletik[466] postulierte, bildet heute die Vita der Verstorbenen innerhalb der Trauerrede in aller Regel das rhetorische Integral, das die Auswahl und Auslegung des Schriftwortes sowie die Deutung der Lebensgeschichte determiniert.

---

[465] In aller Regel werden auf deutschen Friedhöfen Erdgräber nach einer Liegezeit von 20 bis 30 Jahren bei Erwachsenen und von 10 bis 20 Jahren bei Kindern bzw. bei Urnengräbern von 10 bis 20 Jahren die Gräber eingeebnet. Der Zeitraum wird vom örtlichen Friedhofsträger, den Kommunen oder Kirchen, festgelegt.
[466] Exemplarisch: Götz Harbsmeier, *Was wir an den Gräbern sagen* (Gießen: Wilh. Schmitz, 1947); Günther Dehn, *Die Amtshandlungen der Kirche* (Stuttgart: Kohlhammer, 1950); Manfred Mezger, *Die Amtshandlungen der Kirche: Die Begründung der Amtshandlungen*, Bd. 1 (München: Chr. Kaiser, 1957).

Dabei treten die christliche „Botschaft und das Humanum" nicht selten in ein „missliches Konkurrenzverhältnis", da „der Textbezug der Predigt in dieser Situation nicht selbstverständlich" ist und „die direkte Zuwendung zur Gemeinde" zu beeinträchtigen scheint.[467]

Von diesem strukturellen Widerspruch ist der praktisch-theologische Diskurs seit der Zeit der Liberalen Theologie bestimmt. Schon Friedrich Niebergall sah zu Beginn des 20. Jh. die „Kasualrede" durch einen spürbaren Funktionsverlust bedroht. Er beklagte seinerzeit die nur noch dekorative Bedeutung pastoralen Handelns, das für die meisten oft nur so viel Sinn mache wie der „Palmkübel" in der Leichenhalle.[468] Zwei Generationen später kann Walter Neidhart der ornamentalen Wahrnehmung der Trauerpredigt durchaus auch positive Aspekte abgewinnen. Selbst wenn die Kanzelrede als „Bestandteil der rituellen Rezitation verstanden wird", sie sich durch die „Rezitation von heiligen Texten" in Klischees ergeht und sie „dann keine andere Funktion als das Orgelspiel und die Blumen am Sarg" hat, signalisiere sie in der rituellen Kommunikation immerhin noch, „dass der Mensch nicht wie ein Hund verlocht wird".[469] Im Rahmen seiner unzeitgemäßen Betrachtungen legt Neidhart sogar als einer der ersten Praktischen Theologen *das* pastoraltheologische Pejorativum schlechthin, den „Zeremonienmeister", produktiv-funktional aus. So ist für ihn die Pfarrperson im rituellen Kontext der Bestattung „nolens volens Funktionär des Brauchtums", er amtiert als Meister der Zeremonie:

> „Dieser Begriff hat nichts Abschätziges. Wenn wir einmal eingesehen haben, daß jeder Mensch auf die Hilfe der Gesellschaft und ihrer Riten angewiesen ist, sträuben wir uns nicht dagegen, daß das Zeremoniell einen Leiter haben muß, der seinen Ablauf mit Befehlsworten, Gesten und Symbolen lenkt und es mit der Rezitation von traditionellen oder originalen, aber situationsgerechten Texten bereichert."[470]

---

[467] So fasst es die Einleitung zur UEK-Agende (2004, 28) zusammen. Zugleich wird dort aber mit Recht hervorgehoben, dass mit dem Textbezug der Trauerrede „das Angebot einer offenen Bildwelt" unterbreitet wird, das durch das „Moment der Indirektheit" vom sepulkralen Situationsdruck entlastet (28 f.).

[468] Friedrich Niebergall, *Die Kasualrede* (Göttingen: Vandenhoeck, 1905), 30.

[469] Walter Neidhart, „Die Rolle des Pfarrers bei der Beerdigung", in *Wort und Gemeinde: Probleme und Aufgaben der Praktischen Theologie*, FS Thurneysen, hg. v. Rudolf Bohren (Zürich: EVZ-Verlag, 1968), 226–235 (232).

[470] W. Neidhart, Rolle, 231. – Neidhart greift diese Rollenzuschreibung 16 Jahre vor Josuttis auf, dem sie in der Regel zugeschrieben wird, weil er sie pastoraltheologisch systematisiert hat: Manfred Josuttis, *Der Pfarrer ist anders: Aspekte einer zeitgenössischen Pastoraltheologie* (München: Chr. Kaiser, 1982), 227 passim.

Erst wenn der Pfarrer diese Rolle reflektiert annimmt und als „wirklicher Zeremonien*meister* agiert", kann er seine Zuwendung zu den Leidtragenden kultivieren, indem er sich im Blick auf die rituelle Ausgestaltung der Beisetzung „nach dem richte(t), was für seine Partner zumutbar ist".[471]

Sieht man die Bestattung heute weniger als eine spezifische Form der Verkündigung und unter den Bedingungen einer heterogenen Kasualgemeinde eher als ein religionsästhetisch stimmiges, weil kontextsensibles Deutungs- und Darstellungshandeln, dann gewinnen nicht nur die situationshermeneutischen, sondern auch die rituellen und theologischen Kompetenzen der Pfarrpersonen an Bedeutung. Es ist gerade die Indifferenz religionspluraler Lagen, die die Inszenierung der Kasualie als differentes Unikat *und* offenes funerales Kunstwerk nahelegt. Beides erfordert eine solide Meisterschaft im Feld des Zeremoniellen. Das Verhältnis von Rede und Ritus muss heute kasualtheoretisch offensichtlich neu vermessen werden.

4.7.6 Rede und Ritus

In der Praktischen Theologie hat es sich durchgesetzt, das Verhältnis von homiletischen und liturgischen Passagen im Gottesdienst mit dem Kürzel „Rede und Ritus" zu belegen.[472] Zwar variiert die terminologische Abgrenzung zwischen „Ritual" und „Ritus" auch und gerade vor dem Hintergrund der neueren Ritualforschung stark, aber klar ist, dass es sich bei Ritualen bzw. Riten in erster Linie um Handlungsüblichkeiten repetitiven Charakters handelt.[473] Der Ritualbegriff ist in der Praktischen Theologie, vor allem in der Liturgik, seit den 1970er Jahren breit rezipiert worden. Dabei wurde seine ethnologische Herkunft immer auch implizit mitgeführt. Für die Liturgik bietet sich darum der semiotisch offenere Begriff des „Ritus" insofern an, als er schon immer im Zusammenhang mit dem Gottesdienst Verwendung fand und hier vor allem die ihm eigene Kompositionslogik ins Zentrum rückt. Konsens ist heute dagegen, dass die Vollzüge eines Kasualgottesdienstes, die stark von der monologischen Auslegung geprägt sind („Rede"), nur in einem relativen Gegensatz zum Rituellen stehen. „Rede" und „Ritus" lassen sich nicht einfach aufteilen auf bestimmte liturgische Rubriken, sie markieren vielmehr unterschiedliche Dimen-

---

[471] W. Neidhart, Rolle, 233. – Vgl. zu den das Kasualgespräch bestimmenden Aushandlungsprozessen Th. Klie und J. Kühn (Hg.), Dienstleistung.
[472] Zuletzt Alexander Deeg, Erich Garhammer, Benedikt Kranemann und Michael Meyer-Blanck (Hg.), *Gottesdienst und Predigt – evangelisch und katholisch* (Neukirchen: Neukirchener Vlg., 2014). – Vgl. 3.3 Rede und Ritus.
[473] Ausführlich hierzu: Thomas Klie, „Vom Ritual zum Ritus: Ritologische Schneisen im liturgischen Dickicht", *Berliner Theologische Zeitschrift (BThZ)* 26/1 (2009), 96–107.

sionen, die sich gerade bei den Kasualien stark überlappen und in einem gegenseitigen Erschließungsverhältnis zueinanderstehen.[474] Auch eine Kasualpredigt hat natürlich einen rituellen Charakter, und ein liturgischer Gestus kann sehr wohl auch als prägnanter Deutungsakt verstanden werden. Eine bewusst gesetzte Zeit des Schweigens nach dem Entzünden einer Kerze ist allemal beredter als sinnfrei gehäufte Auferstehungsfloskeln kurz vor Ende der Predigt.

Trotz der neuen Wertschätzung des Rituellen in der Kasualpraxis[475] bildet die Trauerpredigt in der öffentlichen wie in der pastoralen Wahrnehmung nach wie vor den funeralen Zentralakt. Werden Tote begraben, dann ist zunächst einmal davon die Rede.[476] Biografie und biblisches Wort werden miteinander „versprochen" (Ernst Lange). Was genau, wie und mit welchem Ziel aus diesem Anlass miteinander zu versprechen ist, stellt sich homiletisch als eine vom jeweiligen Kasus abhängige Variable dar. Die Reformation verschob mit der theologischen Umcodierung des Bußsakraments mittelbar auch das Verständnis des christlichen Begräbnisses und damit die Ausrichtung und Ausgestaltung des liturgischen Formulars. Gelten die Exequien der römischen Kirche dem Toten selbst, so zielt eine evangelische Trauerfeier ausschließlich auf den der noch Lebenden. Der Akzent verschob sich damit klar in Richtung der an die Angehörigen gerichteten Trostrede; die eher am toten Körper orientierte rituelle Überformung trat im Protestantismus deutlich zurück. Inzens und Aspersion entfielen; aus der Totenmesse wurde ein Gottesdienst für die und mit den Hinterbliebenen. In den Schmalkaldischen Artikeln von 1537 heißt es, dass „Christus das Sakrament allein für die Lebendigen gestiftet" hat (AS II, 2). In Apologie XXIV ist zwar die Fürbitte für die Verstorbenen („oratio pro mortuis") nicht untersagt („non prohibemus"), wohl aber die Verabreichung des „ex opere operato" verstandenen Herrenmahls „pro mortuis", die „in der Schrift gar keinen Grund hat". Mit dieser deutlichen Umcodierung rückte die Predigt bzw. die „kurze Vermahnung", wie sie in vielen Kirchenordnungen bezeichnet wird, in eine Schlüsselstellung – die rituelle Kommunikation wurde mehr und mehr in den Hintergrund gedrängt. Im Verlauf der Kirchengeschichte konnte sich die Ver-

---

474 Die in vielerlei Hinsicht vorbildliche Bestattungsagende der UEK (2004) fällt diesbezüglich hinter die in der Liturgik erzielten Differenzierungsgewinne zurück, wenn sie von einem „wortgeprägten Teil und einem handlungsgeprägten Teil" spricht (23).

475 Exemplarisch: Nicole Rinder und Florian Rauch, *Das letzte Fest: Neue Wege und heilsame Rituale in der Zeit der Trauer* (Gütersloh: Gütersloher Vlg., 2016); Julia Schäfer, *Tod und Trauerrituale in der modernen Gesellschaft: Perspektiven einer alternativen Trauer- und Bestattungskultur* (Stuttgart: ibidem, 2011); Birgit Heller und Franz Winter (Hg.), *Tod und Ritual: Interkulturelle Perspektiven zwischen Tradition und Moderne* (Münster: LIT, 2007).

476 Vgl. U. Roth, Beerdigungsansprache, 2002; Christoph Stebler, *Die drei Dimensionen der Bestattungspredigt: Theologie, Biographie und Trauergemeinde* (Zürich: TVZ, 2006).

mahnung in unterschiedlicher Weise artikulieren: von der „Leichenpredigt" mit anschließendem Lebenslauf, über die „Standrede" am Grab, die „Abdankung" bzw. „Parentation" (Sargrede) bis hin zur schlichten „Segensleiche", die nur ein Kollektengebet und das Vaterunser vorsah.

Die Praktische Theologie, allen voran Friedrich Schleiermacher, führte den Bestattungskasus dann konsequent unter der Rubrik „Begräbnishomiletik". Einer seiner Schüler, Alfred Krauss, bringt 1890 auf den Punkt, was bis in die 1970er Jahre hinein undiskutiert als praktisch-theologischer Konsens vorausgesetzt wurde: „Strenge festzuhalten ist der Satz, dass *für die Leiche selbst nur der symbolische Theil der Feierlichkeit bestimmt ist, dagegen der homiletische nur für die Leidtragenden.*"[477] Dramaturgisch sah man im christlichen Bestattungshandeln einen zweiteiligen Akt: Zum einen wird die eingesargte Leiche zu Grabe getragen, und zum anderen galt es, einer dieses Tun begleitenden Gemeinde Trost und Segen zuzusprechen. Den ersten Akt wertete man in der altlutherischen Theologie keineswegs als einen im engeren Sinne religiösen Akt. Zwar erfülle die christliche Gemeinde eine allgemein menschliche „Pietätspflicht", indem sie den Leichnam von den Lebenden trennt und auf dem Gottesacker beisetzt, aber dies ist kein genuin christlicher Auftrag. Christlich wird es erst im zweiten, dem gottesdienstlichen Akt, der als ein reiner Predigtakt verstanden wird, als ein Akt der Verkündigung. Die Beisetzung selbst soll zwar pietätvoll geschehen, aber die Bestattung wird erst christlich durch die Predigt. Weitere rituelle Handlungen sind nicht der Rede wert, schon gar nicht handeln sie am Verstorbenen. Allein der Predigt wurde in dieser Diktion kerygmatische Qualität zugeschrieben.

Die Rezeption ästhetischer und phänomenologischer Modelle in den 1990er Jahren führte dann dazu, das für den Gottesdienst konstitutive Verhältnis von Rede und Ritus neu auszutarieren und dramaturgische Einseitigkeiten zurückzufahren.[478] So wurde neu ins Bewusstsein gehoben, dass die Beerdigungsansprache ganz elementar in einem rituellen bzw. liturgischen Kontext steht und ihr von dorther auch Bedeutung zuwächst. Die Kasualrede ist eben nicht nur semantisch signifikant, sie ist auch Teil einer in sich geschlossenen Handlungssyntax. Der rezeptive Abgleich zwischen sprachlichen und visuellen „Texten" (Raum, Arrangement), zwischen verschiedenen Formen des Verlautens (Lesung, Gesang/Instrumentalstück, Gebet) und zwischen Rede und Begehungsformen ist mitkonstitutiv für die Wahrnehmung einer Trauerrede. Schließlich gelang es dann mit der Rezeption der Ritualtheorien, die reformatorische Ausrichtung auf die Leidtragenden nicht

---

[477] Alfred Kraus, *Lehrbuch der Praktischen Theologie*, Bd. 1 (Freiburg: Mohr, 1890), 192; Hervorhebung im Original).
[478] Programmatisch bei Michael Meyer-Blanck, *Gottesdienstlehre* (Tübingen: Mohr Siebeck, 2011).

gegen den symbolisch-rituellen Teil der Trauerfeier auszuspielen. Wenn der Trost des Evangeliums für die Trauergemeinde darin besteht, den Menschen im Leben wie im Sterben als „des Herrn" (Röm 14, 8) zu betrachten, dann muss dies natürlich auch in den leib-räumlichen Vollzügen zum Ausdruck kommen können.

Dessen ungeachtet wirkt die starke Fokussierung auf die Beerdigungsansprache kulturell in vielerlei Brechungen bis heute nach. Dass die Trauerfeier den Hinterbliebenen, nicht dem Toten dient, erscheint auch heute dem evangelischen Milieu hoch plausibel. Gesellschaftlich wirksam ist anscheinend nicht nur die viel beklagte Verdrängung des Todes, sondern auch und gerade eine Verdrängung der Toten. Evangelische Religionskultur stellt sich nicht auf Tote ein, sie stellt sie eher weg. Der tote Körper bildet für das pastorale Amtshandeln allenfalls einen die Predigt initiierenden Umstand. Dass die schlichte Urnenbeisetzung gerade in den ehedem geschlossenen protestantischen Gebieten Nord- und Ostdeutschlands die Erdbestattung fast schon abgelöst hat, hat auch theologiegeschichtliche Hintergründe.

Rezeptionsgeschichtlich ist ebenfalls von Bedeutung, dass die „weltliche" Bestattung, die sich mehr und mehr in der gesellschaftlichen Öffentlichkeit etabliert, Maß nimmt an der evangelischen Zentralstellung der Rede.[479] Auch in der kirchlichen Konkurrenzkasualie werden Verstorbene in Form einer längeren Rede rhetorisch vergegenwärtigt; die Sepulkralrhetorik spielt auch hier ganz selbstverständlich eine dominante Rolle. Die Strukturanalogie tritt derart offen zutage, dass sich die These nahelegt, phänomenologisch in der weltlichen Bestattung keine eigenständige Alternative zu sehen, sondern sie als eine säkulare Variante zu deuten:

> „Diese bewegt sich und bewährt sich – noch im bewussten Verzicht auf positive christliche Glaubensaussagen – letztlich innerhalb des Plausibilitätshorizontes, der durch die kirchliche Bestattung im Horizont des christlichen Glaubens konstituiert wird."[480]

In der Außenwahrnehmung gestaltet sich das Verhältnis von Original und Kopie allerdings als einander ausschließende Alternativen. Die Bestattungskultur ordnet sich gegenwärtig über klare soziale In- und Exklusionen. Mit der Grunddifferenz „kirchlich" versus „weltlich" korrespondieren auch die Akteure bzw. die Professionen, die dafür in Anspruch genommen werden: Der religionsbeamtete Pfarrer, der den Kasus christlich signifiziert und in seiner Predigt als Deutungsressource sich

---

479   5. Konkurrenzkasualien – zwischen ritueller Enteignung und Deutungsmacht.
480   Kr. Fechtner, Kirche, 63. – Vgl. hierzu auch Jan Hermelink, „Die weltliche Bestattung und ihre kirchliche Konkurrenz: Überlegungen zur Kasualpraxis in Ostdeutschland", *JLH* 39 (2000), 65–86.

eines biblischen Textes und der Theologie bedient, steht dem sog. „freien Redner" gegenüber, der in Status und Habitus zumindest formal eine religionsneutrale Trauerrede verheißt.

4.7.7 Trösten und Erinnern

Die den Tod bannenden Riten verteilen sich auf vier Stationen funeralen Handelns: die Aussegnung im Sterbehaus/Trauerhaus/Krankenhaus, den Gottesdienst in der Friedhofskapelle bzw. Kirche, die Beisetzung (in der Regel auf einem Friedhof) und die Toten-Memoria[481]. Betrachtet man diese vier Stationen in semiotischer Perspektive, dann wird der Tote den Anwesenden hier in je anderer Weise zum Zeichen. Liturgisch bedeutet dies eine jeweils andere Gewichtung von Ritus und Rede.

Die *Aussegnung*[482] ist stark durch die leibliche Präsenz des toten Körpers dominiert. Der tote Körper ist hier ein überaus starkes Zeichen des gerade eben noch lebenden Körpers. Noch ist alles da, was den lebenden Körper signifiziert. Der Tote scheint zu schlafen. Hier greift noch keine Erinnerung, es regiert vielmehr die Erstarrung – auf beiden Seiten. Die Aussegnung ist nicht der Ort der Rede; wer erstarrt ist, vermag keiner Reflexion zu folgen. Die Aussegnung ist, unabhängig davon, ob sie im Sterbehaus oder im Pflegeheim erfolgt, der Kairos des Ritus. Die Hände des Toten werden ineinander gelegt, ein Stehkreuz kann aufgestellt werden, Kerzen werden entzündet, ein Blumenstrauß kann aufgestellt werden, eine (symbolische) Salbung kann erfolgen, geprägte Gebete (Vaterunser) und Psalmen (z. B. Ps 23) verlauten, und der Tote wird mit dem Valet-Segen gesegnet (zum Toten gewandt):

> „Es segne dich der gütige Gott, der Vater, der dich nach seinem Bild geschaffen hat. Es segne dich Gott, der Sohn, der dich durch sein Leiden und Sterben erlöst hat. Es segne dich Gott, der Heilige Geist, der dich zum Leben gerufen und geheiligt hat. Gott der Vater und der Sohn und der Heilige Geist geleite dich durch das Dunkel des Todes. Er sei dir gnädig im Gericht und gebe dir Frieden und das ewige Leben. Amen."[483]

---

[481] Vgl. Thomas Klie, „Toten-Memoria", in *Erinnerungskasualien*, hg. v. Thomas Klie und Kristian Fechtner (Gütersloh: Gütersloher Vlg., 2019), 53–65.

[482] Die Bestattungsagende der UEK (2004) listet hier gleich vier Andachtsoptionen auf: Andacht am Sterbebett, Andacht zur Begleitung Trauernder nach Eintritt des Todes, Abschiedsandacht im Sterbezimmer und die Andacht anlässlich der Abholung aus dem Sterbehaus.

[483] Agende für Evangelisch-lutherische Kirchen und Gemeinden III/5: *Die Bestattung* (Hannover: Lutherhaus, 1996), 35. – Manuel Stetter hebt mit Recht hervor, dass sich die Verortung der Toten „im Herzen" „über Praktiken (vollzieht), die den Körper, sinnliche Wahrnehmungen, Dinge, räumliche Anordnungen, die Sprache und Dritte involvieren." Manuel Stetter, „Das Jenseits der Familie:

An der zweiten Station, dem *Gottesdienst* in der Friedhofskapelle bzw. der Kirche, tritt zum toten Körper eine mehr oder weniger große Gemeinde hinzu. Hier will und soll gehört und bedacht werden, denn der tote Körper – ganz gleich ob eingesargt oder in Form der Asche-Urne – ist hier ein Zeichen *gemeinsam* gelebten Lebens. Dieses gelebte Leben wird unter Gebet, Gesang, Schriftlesung und Predigt als an der Herrlichkeit Gottes teilhaftiges Leben vergegenwärtigt. In evangelischer Tradition geschieht dies tröstend im Zuspruch und mahnend im Memento mori. Der funerale Gottesdienst ist der Ort der Rede, des Lesens, der Zuwendung und des Vernehmens; die rituelle Kommunikation tritt dahinter zurück.

Nach dem Gottesdienst nimmt in der Friedhofskapelle die letzte und markanteste Wegstrecke ihren Anfang. Kränze und Blumen werden abgeräumt, Sarg oder Urne hinausgetragen. Wenn vorher keine Tränen geflossen sind, dann geschieht dies jetzt, denn alle Anwesenden ahnen, dass hier der tote Körper endgültig aus ihrer Gemeinschaft entfernt wird. Auch dieser Akt ist religionspsychologisch von großer Bedeutung, denn die Ortsveränderung stellt ein wesentliches Erlebnismoment beim Abschiednehmen dar. Mit der Beisetzung geht wieder eine Umcodierung des Körpers einher: Er wird zum Zeichen der Vanitas.

Sieht man vom feierlichen Einzug bei außerordentlichen Gottesdiensten ab, die allesamt im Innern der Kirche stattfinden[484], dann ist der gemeinsame *Weg von der Friedhofskapelle zum Grab* die einzige im evangelischen Bereich noch praktizierte Form einer teilöffentlichen Prozession. Sie mündet in eine Handlung, die das Ende des gegenwärtigen leiblichen Daseins hart und unmissverständlich anzeigt. Der Weg zwischen Friedhofskapelle und Grab verbindet zwei liturgische Sequenzen, von denen die erste – zugespitzt formuliert – den Ewigkeitsbezug des Zeitlichen und die zweite den Zeitlichkeitsbezug des Ewigen ins Bewusstsein hebt. Die gemeinsame Klammer klingt leitmotivisch an im agendarischen Geleitwort (nach Ps 121,8): „*Der Herr behüte deinen Ausgang und Eingang von nun an bis in Ewigkeit.*" Der Verstorbene wird in der Erscheinungsform eines toten Körpers also nicht in ein folgenloses Nichts entlassen, sondern mit dem Einsenken in die Hand Gottes befohlen (Ps 31,6). Auf dem Weg zwischen Kapelle und Grab konstituiert sich die Trauergemeinde als wanderndes Gottesvolk (Hebr 13,14). Die Prozession kann liturgisch eingeleitet werden durch das „In paradisum" aus dem Requiem:

Wie man bleibt, obwohl man geht", in *Kasualien als Familienfeste. Familienkonstitution durch Ritualpraxis*, hg. v. Katharina Krause, Manuel Stetter u. Birgit Weyel (Stuttgart: Kohlhammer, 2022), 199–215 (211).

484 Im Bereich der Kasualien sind Introiten vor allem bei Trauung, Konfirmation und Ordination üblich.

„Zum Paradies mögen Engel dich geleiten, die heiligen Märtyrer dich begrüßen und dich führen in die heilige Stadt Jerusalem. – Die Chöre der Engel mögen dich empfangen, und durch Christus, der für dich gestorben, soll ewiges Leben dich erfreuen."[485]

Während der Prozession zum Grab werden mitunter auch Choräle gesungen. Ein Kreuzträger mit Vortragekreuz bildet in einigen Kirchenregionen den Anfang – am Grab stellt er es dann am Kopfende auf. Die Prozession wird über diese rituellen Zeichen leiblicher und räumlicher Ausdruck dessen, was bereits zuvor in Wort und Gesang dargestellt wurde. Die gemeinsame Teilhabe und Teilgabe an der Auferstehungshoffnung kommt zum Ausdruck. In einigen Dörfern kann schon die Abholung aus dem Trauerhaus in eine Prozession münden.

Durch den leiblichen Vollzug löst das gemeinsame Gehen die den Sterbefall begleitenden Artikulationshemmnisse auf; es gibt dem Abschiednehmen Anhalt und Richtung. Die Prozession hat für die unmittelbar in Mitleidenschaft Gezogenen, ritualtheoretisch betrachtet, eine entlastende Darstellungsfunktion. Sie trägt mit dazu bei, den erlittenen Abbruch als einen erinnerungswürdigen Abschnitt der Lebensgeschichte annehmen und darstellen zu können. Am Grab selbst ruht das Geschehen. Hier ist nur Raum für das Allernötigste: der dreimalige Erdwurf (als symbolische Bestattung), das Vaterunser und der (aaronitische) Segen. Mit der finalen Lokalisierung und dem Absenken des Sarges bzw. der Urne geht der Verstorbene in die Erinnerung der Hinterbliebenen über.

In der vierten und letzten Phase steht das liturgisch gestaltete *Totengedenken* im Vordergrund, es dient der Bewältigung der Trauer.[486] Der Tote beansprucht nun nach seiner Beisetzung keine leibliche Präsenz mehr, sondern einen angemessenen Ort im individuellen Gedächtnis. Der Leichnam ist zwar bestattet und damit als Körper final fixiert worden, aber sein Gewesen-Sein für die Angehörigen ist damit längst noch nicht fixiert. Das invariante Zeichen der Grabstelle korrespondiert mit den im Trauerjahr noch sehr fluiden Erinnerungsbildern. Was hierbei der Tote denen bedeutet, die an ihn denken, misst sich an sehr individuellen Trauerprozessen an.[487] Die Bilder verändern sich, verschwimmen, bauen sich neu auf und ver-

---

485 VELKD-Agende, Bestattung, 54. – Dietrich Rössler sieht in der Prozession zum Grab eine „Veröffentlichung des Todesfalls", die der „Teilnahme einen sichtbaren Ausdruck" verleiht und „die Gemeinsamkeit der Betroffenen zur Anschauung bringt." Dietrich Rössler, *Grundriß der Praktischen Theologie* (Berlin: De Gruyter, 1986), 229.
486 Dass die Toten-Memoria in der Evangelischen Kirche keinen einschlägigen Kasus vorsieht, hängt mit der Problematisierung der Fürbitte für die Toten in der Reformationszeit zusammen, die sich motivisch bis in den Ablassstreit hinein verfolgen lässt. Vgl. hierzu Chr. Grethlein, Grundinformation, 312 f.
487 Ausführlich hierzu: K. Lammer, Trauer.

schmelzen. Es bildet sich die postmortale Patina – ein eminent wichtiger Prozess, weil sich hier das finale Bild des Verstorbenen in der Erinnerung festigt. Genau hier hat die kirchliche Erinnerungsarbeit ihren religionspsychologischen Sitz im Leben.

Schon die Abkündigungen am Sonntag nach der Beisetzung inklusive der fakultativen Einbindung in die Fürbitten für die in der vergangenen Woche Beigesetzten sind in diesem Zusammenhang ein wichtiges liturgisch gebundenes Erinnerungszeichen. Die Gemeinden kombinieren die verbale Verlautbarung vielfach auch mit verschiedenen Formen des nonverbalen Gedenkens: Entzünden von Kerzen an der Osterkerze bei Namensnennung, Stille, Geläut.

Neben dem traditionellen Totensonntag[488] steht vielerorts auch der Volkstrauertag im Zeichen der Toten-Memoria. Im Gottesdienst oder am örtlichen Ehrenmal, das sich in aller Regel in räumlicher Nähe zur Kirche befindet, werden die Namen der Gefallenen verlesen. Eine hohe kulturelle Verbindlichkeit hat auch der familiale Besuch der Gräber am Totensonntag, den auch Konfessionslose mit großer Selbstverständlichkeit praktizieren. Man legt Kränze und Blumen nieder und verweilt eine Zeit am Grab.

Zu denken ist hierbei an das im evangelischen Bereich noch ungewöhnliche Sechswochengedenken (katholisch: „Sechswochenamt")[489] und an eine Andacht zum Jahresgedenken. Erinnern gestaltet sich hier prozesshaft als soziale Konstruktion, die sich im Medium der Gotteskommunikation aufbaut: Im Psalmwort, in der applizierten Ansprache, im Lied und in der Fürbitte. Mindestens ebenso wichtig ist aber auch der materiale Aspekt kirchlich zu gestaltender Erinnerungskultur, denn Kirchengebäude und Grabmale (so sie denn nicht der traditionsvergessenen Praxis limitierter Ruhezeiten zum Opfer fallen) stellen materiell fixierte und stabilisierende Artefakte dar, an denen sich Erinnerung immer wieder neu kristallisieren kann. Sie koppeln das kommunikative Gedächtnis mit den entkörperten und zeitlich entfristeten Inhalten des kulturellen Gedächtnisses. „Mit der Übernahme dieser Inhalte, die in einer freien Identifikation mit ihnen geschieht, gewinnt das Individuum neben personaler und sozialer seine kulturelle Identität."[490] In dem Maße, in dem entsprechende Liturgien mit manifesten Raumzeichen in Verbin-

---

488 Vgl. Petra Zimmermann, „Den Totensonntag erleben: Zur liturgischen Gestaltung und seelsorgerlichen Bedeutung eines Gottesdienstes", *PrTh*, 37/3 (2014), 209–214.
489 In der UEK-Agende, Bestattung, heißt es, dass das Sechswochengedenken eng mit den Erfahrungen aus Trauerprozessen korreliert: Nach sechs Wochen wird in der Regel der „erlittene Verlust besonders bewusst und das Gefühl der Einsamkeit verstärkt [sich] spürbar, auch wenn eine Normalisierung des Alltags schon wieder begonnen hat." (167).
490 Aleida Assmann, *Der lange Schatten der Vergangenheit: Erinnerungskultur und Geschichtspolitik* (München: C.H.Beck, 2006), 34.

dung gebracht werden, kann das biografisch Vergängliche einer Bestattung in kulturell Haltbares transformiert werden.

4.8 Riskante Liturgien – Irritationen gesellschaftlicher Sicherheitsverheißungen

4.8.1 Ein tragischer Badeunfall – eine riskante Andacht

An einem Tag in den Sommerferien verschwand beim Baden im Dorfsee während einer Kinderfreizeit im örtlichen Schullandheim ein Kind. Feuerwehr, Polizei, Bewohnerinnen und Bewohner des kleinen Ortes suchten nach ihm bis weit in die Nacht. Am nächsten Morgen konnte das Kind nur noch tot aus dem See geborgen werden. Es war beim Baden ertrunken. Seit dem frühen Morgen war ein Notfallseelsorger vor Ort. Er betreute die Familie, die Betreuer, die Kinder aus der Gruppe und die Einsatzkräfte.

Erst am späten Vormittag erfuhr der Ortspastor aus dem Radio von den Ereignissen. Als Dienstanfänger und selbst Vater eines Kleinkindes wäre er dieser Situation lieber aus dem Weg gegangen. Braucht es in einer solchen Situation überhaupt einen Pastor? Trotzdem bot er der zuständigen Polizeistelle seine Unterstützung an. Die Kirche, das ehemalige Pfarrhaus – alles stand offen. Doch das Hilfsangebot wurde zunächst nicht in Anspruch genommen.

Es verging ein weiterer Tag. Die Ereignisse ließen dem Pfarrer keine Ruhe; er rief den ehrenamtlichen Bürgermeister an. Da dieser sich gerade anschickte, den Leiter des Schullandheims aufzusuchen, schloss sich ihm der Geistliche an.

Trauer und Stille lagen über dem Dorf. Gerüchte machten die Runde: von „Aufsichtspflicht verletzt …" bis „selbst schuld …". Die Stimmung in der Ortschaft war angespannt. Und nun mischt sich auch noch der Pastor ein! Offen reden wollte jedoch keiner. – Auf dem Weg zurück ins Pfarrhaus sprach eine Nachbarin den Pastor an. Sie hatte von dem toten Kind auf Twitter und Facebook gelesen. Wieder am Schreibtisch las auch der Geistliche den Aufruf der Angehörigen zu einer Gedenkveranstaltung, die in der nächsten Woche am See stattfinden sollte. Etwa 100 Menschen hatten bereits nach kurzer Zeit im Netz reagiert. Die Angehörigen wollten aus ihrem weit entfernten Heimatort mit einem Bus anreisen, der von einem Radiosender zur Verfügung gestellt wurde.

Nach einem Gespräch mit dem Notfallseelsorger war klar, die Situation ist heikel und unübersichtlich. Denn Trauer macht wütend, ängstlich und hilflos. Schuldzuweisungen standen im Raum. Was also plante die Familie? Wie sollte die Gedenkfeier aussehen? Lässt sich das Dorf integrieren? Gibt es so etwas wie ein öffentliches Interesse? Wer zeichnet in diesem Fall verantwortlich? – Es folgten viele Telefonate mit dem Bürgermeister, der Polizei, einem Pfarrkollegen und schließlich stand der Entschluss, dass der Ortspastor mit den ihm völlig fremden Eltern über Facebook Kontakt aufnehmen solle.

> „Liebe Frau X, ich bin der zuständige Pastor hier in Th. Es tut mir sehr leid, was Ihnen und Ihrer Familie passiert ist. Wenn ein Kind stirbt, ist das sehr schlimm. Ich habe gelesen, dass Sie eine kleine Trauerfeier am See planen. Wenn Sie möchten, bin ich gern bereit, mit Ihnen oder für Sie etwas vorzubereiten, einen kurzen Ablauf für das Gedenken zu überlegen. Wenn Sie möchten, helfe ich Ihnen gern. Viele Grüße, S. G., Pastor."

Schon wenige Minuten später nahmen die Eltern das Angebot an. Nach einem kurzen Chat war klar, dass die Eltern keinen Plan für die Veranstaltung hatten und sie auch nicht mit so einem großen öffentlichen Interesse gerechnet hatten. In einem kurzen Telefonat versuchte der Pastor die Wünsche, Ideen oder Vorstellungen der Eltern zu erfragen. Es wurden aber keine geäußert.

In den nächsten Tagen bereitete das Pfarramt mit dem Bürgermeister die Veranstaltung vor: Ein Gedenkort wurde eingerichtet, Kerzen bereitgestellt, Parkplätze abgesperrt, Mikrofon und Lautsprecher organisiert. Die meiste Zeit nahm jedoch die inhaltliche Vorbereitung der Gedenkveranstaltung in Anspruch. Was war hier zu sagen und zu tun? Soll in einer nicht-kirchlichen Andacht gebetet werden? Soll der Pfarrer einen Talar tragen – oder gerade nicht?

Am Tag des Gedenkens bat der Pfarrer den Notfallseelsorger und einen Pfarrkollegen ihn zu begleiten. Sie sollten für Seelsorgegespräche zur Verfügung stehen und ihm den Rücken stärken. Gemeinsam warteten die drei Geistlichen etwas abseits auf die Familie, während sich schon die Einwohner am See versammelten. Nach einem kurzen Kennenlernen gingen dann die Pastoren zusammen mit den Angehörigen zum See. Zuletzt kamen die Kameraden der örtlichen freiwilligen Feuerwehr dazu, die den toten Jungen geborgen hatten. Sie trugen ihre Uniformen. Die Stimmung war ruhig, wenn auch angespannt. Medienvertreter waren trotz anders lautender Ankündigung nicht auszumachen.

Die Gedenkfeier selbst war liturgisch auf das unbedingt Notwendige reduziert. Nach einer Begrüßung hielt der Pastor Rückblick auf die vergangenen Tage und benannte dabei die unterschiedlichen Gefühle. Das anschließende Gebet trug den Charakter eines Klagepsalms, der durch ein biblisches Hoffnungswort (Röm 8, 38 f.) abgeschlossen wurde. Es folgte ein kurzer Gedenkmoment. Sehr fremd wirkten in diesem Kontext die Handys, die während der gesamten Andacht auf den Liturgen gerichtet waren. (Die hier entstandenen Bilder wurden in den folgenden Tagen dann auch mehrfach auf Facebook veröffentlicht.) Nach einer Verabschiedung und einem Segenswort standen Kerzen zum Anzünden bereit.

Nach und nach gingen dann die Menschen aus dem Ort nach Hause. Vereinzelt gab es noch Gesprächswünsche. Die Familie ließ Luftballons steigen und begab sich dann auch zurück zum Reisebus. Ein kurzer Besuch beim Leiter des Schullandheims, der in Absprache mit dem Notfallseelsorger nicht an der Gedenkveranstaltung teilgenommen hatte, schloss diese Liturgie ab.[491]

Was war hier der Fall? – Anders als bei einer kirchlichen Trauerfeier mündete die hier rekonstruierte Gedenkfeier nicht in eine Beisetzung bzw. Kremierung. Es ging hier vor allem darum, das Entsetzen eines Gemeinwesens zur Sprache zu bringen und darüber Trauernde zu trösten. Ein ganzes Dorf teilte den Schmerz mit den Angehörigen. Es spricht viel dafür, dass die besondere Bedeutung dieser Gedenkfeier primär darin bestand, dass sie überhaupt zustande kam. Und dies wurde möglich, weil ein ausgebildeter Meister der Zeremonie[492] die Initiative ergriff und damit die Verantwortung übernahm. Kirche kann sich in einem solchen Fall nicht *nicht* verhalten. Dies war insofern riskant, als in einem mehrheitlich konfessionslosen Kontext keineswegs vorausgesetzt werden kann, dass „die Kirche" hierbei eine Rolle spielen kann und dann auch noch die entscheidenden Worte spricht.

Riskant war auch der Kommunikationskontext. Die noch ungeklärten Umstände des Unfalltodes erzeugten hier eine diffuse Gemengelage aus Gerüchten, Mutmaßungen und Unterstellungen. Auf dieser Ebene erfüllte die Gedenkfeier die Aufgabe, klar zu sagen, was der Fall *ist* und ebenso klar auch zu sagen, was nicht bzw. noch nicht gewusst werden *kann*. Und beides – das Sagbare und das Unsägliche – wurde im Klagegebet vor Gott gebracht. Die sprichwörtliche Nüchternheit protestantischer Trauerrede kam hier zum Zuge. Durch die Kraft des Wortes wurde offenbar ein befriedeter Raum geschaffen, der die frei flottierenden Zuschreibungen rituell einhegte.

Ein kaum zu kalkulierendes Risiko bestand zudem darin, vorab die Rolle der medialen Öffentlichkeit einzuschätzen. Wer würde sich in den Echokammern des

---

[491] Diesen Bericht hat dankenswerterweise Pastor Sebastian Gunkel aus Rostock / Mecklenburg zur Verfügung gestellt. Die öffentliche Gedenkfeier fand im August 2018 statt.

[492] Es ist in jüngster Zeit vor allem Manfred Josuttis zu verdanken, dass er diesen in der Vergangenheit oft abschätzig gebrauchten Terminus wieder pastoraltheologisch zur Geltung gebracht hat (vgl. u. a. Ders., *Die Einführung in das Leben: Pastoraltheologie zwischen Phänomenologie und Spiritualität* (Gütersloh: Gütersloher Vlg., 1996), 18 ff.). – Lange vor ihm hat allerdings bereits 1968 Walter Neidhardt diese pastorale Gestaltungsfunktion im Kontext von Beerdigungen ins Recht gesetzt: Der Pfarrer ist „zunächst ‚nolens volens' Funktionär des Brauchtums, und zwar amtiert er als ‚Zeremonienmeister'. Dieser Begriff enthält nichts Abschätziges. Wenn wir einmal eingesehen haben, dass jeder Mensch auf die Hilfe der Gesellschaft und ihrer Riten angewiesen ist, sträuben wir uns nicht dagegen, dass das Zeremoniell einen Leiter haben muss, der seinen Ablauf mit Befehlsworten, Gesten und Symbolen lenkt und es mit der Rezitation von traditionellen oder originalen, aber situationsgerechten Texten bereichert." Ders., „Die Rolle des Pfarrers beim Begräbnis", in *Wort und Gemeinde: Probleme und Aufgaben der Praktischen Theologie*, FS Thurneysen, hg. v. Rudolf Bohren (Zürich: EVZ-Verlag, 1968), 226–235 (231).

Netzes angesprochen fühlen und zum Unfallort anreisen? Wie groß würde hier die Amplitude öffentlicher Wahrnehmung werden? Mit welchen spontanen Reaktionen war zu rechnen (shitstorm)? Welchen Einfluss hat es auf das eigene liturgische Handeln, wenn es zeitnah und unkontrollierbar in den sozialen Netzwerken kursiert und im wahrsten Sinne des Wortes zu einem Medienereignis wird – erwartbar eklektisch, subjektiv und affektgeladen?

Zudem war zum Zeitpunkt der Gedenkfeier am traumatischen Ort keineswegs schon klar, in welchem Verhältnis der hier gestaltete Ritus zur eigentlichen Trauerfeier bzw. der Beisetzung stehen würde. Jede Antizipation, jede Dopplung galt es zu vermeiden, aber damit ist der poimenische bzw. mnemische Status der Andacht keineswegs schon definiert. Auch in dieser Beziehung war die Gedenkandacht eine liturgische Gratwanderung.

Und schließlich war vorab die Rolle der Kooperationspartner zu klären. Mit wem lässt sich sinnvoll das Risiko eines Nichtgelingens teilen? Welche rituelle Koalition ist wünschbar, welche vor Ort umsetzbar? Hier wurde die liturgische Rolle mit zwei weiteren Seelsorgern geteilt, Ritus und optionale Trauerbegleitung standen also in engem Kontakt. Ein wichtiges Zeichen war hier sicher auch die Beteiligung des Bürgermeisters als dem politischen Repräsentanten des Ortes. Gestützt wurde die geteilte Verantwortung durch die Präsenz der Feuerwehr, die ihre Helferrolle für das Gemeinwesen durch das Tragen der Uniformen zum Ausdruck brachte.

4.8.2 Riskante Liturgien[493] – mit landesweiter Resonanz

Kasualien – wie die hier geschilderte – werden in der evangelischen Liturgik seit einiger Zeit als *riskante Liturgien* geführt.[494] Damit sind in erster Linie Gottesdienste gemeint, die aus Anlass katastrophischer Ernstfälle begangen werden. Die Amokläufe von Erfurt (2002) und Winnenden (2009), die Reihe der verheerenden Tsu-

---

[493] Die folgende Darstellung nimmt in Form und Inhalt Bezug auf die gemeinsam mit Kristian Fechtner verfasste Grundlegung in dem Sammelband *Riskante Liturgien: Gottesdienste in der gesellschaftlichen Öffentlichkeit* (Stuttgart: Kohlhammer, 2011), 7–19: Riskante Liturgien. Zum Charakter und zur Bedeutung von Gottesdiensten in der gesellschaftlichen Öffentlichkeit. Selbstzitate sind im Einzelnen nicht als solche gekennzeichnet.

[494] Vgl. Kristian Fechtner und Thomas Klie (Hg.), *Riskante Liturgien: Gottesdienste in der gesellschaftlichen Öffentlichkeit* (Stuttgart: Kohlhammer, 2011). Vgl. a. Benedikt Kranemann und Brigitte Brenz (Hg.), *Trauerfeiern nach Großkatastrophen: Theologische und sozialwissenschaftliche Zugänge* (Neukirchen-Vluyn: Neukirchener Verlag, 2016); Gero Waßweiler, *Hoffnung predigen in einer Zeit der Krise: Eine Untersuchung aus einer homiletisch-hermeneutischen Perspektive* (Stuttgart: Kohlhammer, 2019).

namis (2004), das tragische Ende der Duisburger Loveparade (2010), der Absturz der Germanwings Maschine (2015), die Anschläge auf die Weihnachtsmärkte am Berliner Breitscheidplatz (2016) und den in Magdeburg (2024), die Messerattacke in Mannheim (2024) – nach all diesen traumatisierenden Ereignissen wurden große Gedenkfeiern gestaltet, die zugleich auch bundesweit in den Medien übertragen wurden. Bei solchen Kasus verharrt die Gesellschaft in kollektiver Trauer, und wie selbstverständlich drängt das öffentliche Entsetzen in aufwändig gestaltete Trauergottesdienste. Offensichtlich sieht sich hier das Gemeinwesen mit Ereignissen konfrontiert, die die ubiquitären Sicherheitsverheißungen nachhaltig irritieren.[495] Die kirchlichen Feiern bringen diese Irritation zum Ausdruck, indem sie die Anwesenden – und damit stellvertretend auch die hieran medial anteilnehmende Öffentlichkeit – auf die Opfer ausrichten und die Schuldfrage sistieren. Während parallel dazu an der Aufklärung der katastrophischen Umstände gearbeitet wird und in den Medien Sachverständige die Ursachen und Nebenfolgen diskutieren, bringt der Gottesdienst zur Darstellung, was hier der Fall war.

Dabei obliegt die Aufgabe, ein solches Geschehen in religiöser Form zu begehen, hierzulande (immer noch) den beiden großen Kirchen. Andere Religionsgemeinschaften erhalten in der Regel kein Mandat.[496] Die Kirchenvertreter handeln dabei in öffentlicher Verantwortung, nicht im staatlichen Auftrag. Das heißt, Kirche agiert hier nicht in ihrem eigenen (kirchen-)gemeindlichen Rahmen, sondern im öffentlichen Raum. In diese offene Rezeptionssituation hinein entwirft sie ihre gottesdienstlichen Deutungsleistungen. Solche Gottesdienste haben darum immer auch einen repräsentativen Charakter, denn nicht zufällig fungieren hier ausnahmslos leitende Geistliche als Liturgen. Zum anderen ist es ein Spezifikum solcher Gedenkkasualien, dass staatliche Repräsentanten nicht nur anwesend, sondern auch maßgeblich beteiligt sind.[497] Die kirchlich gestaltete Liturgie hat ihren Sitz im Leben in

---

[495] Die Deutungsmuster von Katastrophen erschließt Sandra Maria Pfister, *Jenseits der Sicherheit: Deutungsmuster der Katastrophe und ihre Institutionalisierung im Katastrophenschutz* (Bielefeld: Transcript, 2020).

[496] Vgl. hierzu die Handreichung des Hildesheimer Zentrums für Qualitätsentwicklung im Gottesdienst: *Öffentliche Trauerfeiern für Menschen unterschiedlicher Religionszugehörigkeit*, hg. v. Christian Binder, Folkert Fendler, Stephan Goldschmidt und Wolfgang Reinbold (Hildesheim: EKD-Zentrum für Qualitätsentwicklung im Gottesdienst, 2016). Ebenso das Themenheft der Arbeitsstelle Gottesdienst 19 (2005), H 1: *Öffentliche Klage und Trauer*.

[497] Bei der Trauerfeier in Erfurt (2002) sprachen u. a. der damalige Bundespräsident Johannes Rau und der thüringische Ministerpräsident Bernhard Vogel. In Winnenden (2009) hielt Bundespräsident Horst Köhler eine Ansprache, und nach dem Trauergottesdienst trafen sich Köhler, Bundeskanzlerin Angela Merkel und Ministerpräsident Günther Oettinger mit Angehörigen der Opfer. Zu den Gästen des staatlichen Traueraktes im Kölner Dom aus Anlass des Germanwings-Absturzes (2015) gehörten auch Ex-Bundespräsident Gauck und Ex-Kanzlerin Merkel.

der Zivilgesellschaft, sie ist auf gesellschaftliche Relevanz hin angelegt und ausgelegt. All dies macht diese Gottesdienste zu einem eminent riskanten Unterfangen. Sie sind riskant, weil zum Zeitpunkt der Feier, oft unmittelbar nach dem Kasus, längst nicht alle Einflussfaktoren (Ursachen, Umstände, Schuldige) bekannt sind und die gottesdienstliche Deutung – so vorläufig sie auch jeweils bleiben muss – mit einem gehörigen Wagnis verbunden ist. Riskante Liturgien können darum auch scheitern. Dies ist vor allem dann der Fall, wenn sie nicht auf breite Akzeptanz stoßen oder ihren Kasus aufgrund des Aktualitätsdrucks verfehlen. Denn ihre Gestaltqualität misst sich auch und gerade daran, wie sehr sie die allgemeine Ungewissheit in eine akzeptable Gestalt überführen können.

Im Blick auf ihr Zustandekommen, ihre Form und ihren rituellen Duktus sind diese Gedenkfeiern zu den Kasualien zu zählen. Sie beziehen sich auf einen konkreten Anlass, und sie reagieren auf ein manifestes Begehren, diesen Kasus im Modus religiöser Ausdruckshandlungen öffentlich zu begehen. Sie sind wie alle Kasualien liturgisch und homiletisch dem Anlass geschuldet. Der Kasus dominiert ihr jeweiliges Proprium, das von den zeremoniell Verantwortlichen situationsgerecht komponiert und in Szene gesetzt wird. Wie alle Kasualgottesdienste sind auch riskante Liturgien eigensinnige Unikate. Nicht nur Gebete und Gesänge, sondern auch Lesungen und Predigttexte sind optional. Gleiches gilt für den Inszenierungsrahmen[498], den Gottesdienstort[499], die zeremonielle Klangfarbe[500] und die Kooperationsofferten an nicht-kirchliche Akteure.

4.8.3 Riskante Liturgien – mit regionaler Resonanz

Neben den großen öffentlichen Trauerfeiern mit landesweiter Resonanz, die sich auf Ereignisse im kollektiven Gedächtnis einer ganzen Nation beziehen, gibt es aber auch zivilreligiöse Trauerfeiern von regionaler Bedeutung. Rein numerisch sind sogar deutlich mehr örtlich bedeutsame Gedenkanlässe belegt als große Zeremonien von landesweiter Resonanz. Wie das Eingangsbeispiel zeigt, sind solche Kasualgottesdienste ebenfalls durch unvorhersehbare und schockierende Ereig-

---

[498] Die Trauerfeier aus Anlass des Erfurter Amoklaufes am 3. Mai 2002 war mit ca.100.000 Teilnehmern eine der größten Trauerfeiern in der Geschichte der Bundesrepublik Deutschland.
[499] Z. B. Open air (Erfurt), Kirchenraum mit Übertragung in ein Sportstadion (Winnenden) oder die repräsentative Kathedrale (Germanwings Absturz: Kölner Dom).
[500] Erklang z. B. bei der Trauerfeier für den Nationaltorhüter Robert Enke im Niedersachsenstadion (2009) eher Musik aus der Popkultur, sorgte im gleichen Jahr bei der Trauerfeier in Winnenden die Gächinger Kantorei und das Stuttgarter Bach-Collegium unter der Leitung von Helmuth Rilling für die musikalische Gestaltung.

nisse veranlasst. Sie weisen eine analoge Grundstruktur auf und fallen insofern unter dieselbe Kategorie. Ein tragischer Unfall[501], der Brand einer Kirche[502], der Suizid eines Schülers[503] oder einer Lehrperson[504] – all dies sind Anlässe, bei denen solche Gedenkveranstaltungen stattfinden. Sie reagieren auf die Betroffenheit der Menschen im unmittelbaren Wohnumfeld bzw. in der Region, und sie stoßen dabei vor Ort in der Regel auf große Aufmerksamkeit. Und so ist natürlich auch hier eine theologische Deutung dessen gefordert, was der Fall war. Die Kirche ist bei diesen Ernstfällen einer breiten und in doppeltem Sinne „betroffenen" Öffentlichkeit eine allgemein verständliche Interpretation des katastrophischen Kasus schuldig. Sie kleidet diese Interpretation in die Formen, die sie auch traditionell kultiviert: in Rede und Ritus. Und sie bringt diese Deutungen zur Darstellung in konfessioneller Pluralität, im kooperativen Konzert anderer, zumeist nicht-kirchlicher Deutungen und in größtmöglicher Öffentlichkeit.

4.8.4 Entsicherungen

Der moderne Sozialstaat suggeriert seinen Bürgern ein hohes Maß an innerer und äußerer Sicherheit. Es gilt das allgemeine Versprechen, in gesicherten Verhältnissen zu leben. Dies reicht vom militärischen Schutz über funktionsfähige Infrastruktur bis hin zu tragfähigen internationalen Aushandlungsprozessen. Sicherheit hat sich in modernen Gesellschaften zu einem zentralen Wertebegriff entwickelt. Doch dieses Versprechen ist in hohem Maße ambivalent und trügerisch. Denn das gelebte Systemvertrauen überblendet die Kontingenzen des Lebens. In Unglücksfällen und bei Katastrophen treten diese dann jedoch umso brutaler zutage. Man fällt im wahrsten Sinne des Wortes aus allen Wolken, wenn plötzlich deutlich wird, dass das Gemeinwesen ein Sicherheitskontinuum vorgibt, das es aus eigener Kraft

---

501 Im Mai 2018 kollidierte der Personenzug einer bayerischen Regiobahn vor der Einfahrt in den Bahnhof Aichach / Bayern frontal mit der Lok eines stehenden Güterzugs. Zwei Menschen starben, 14 wurden verletzt. Zu der zentralen Trauerfeier in der Stadtpfarrkirche Aichach haben evangelische und katholische Kirche gemeinsam eingeladen.
502 Im Juli 2013 ist in Hannover-Garbsen die St. Willehadikirche durch Brandstiftung komplett zerstört worden. 600 Menschen nahmen am Gedenkgottesdienst in der benachbarten katholischen St. Raphael-Kirche teil.
503 Nach dem gewaltsamen Tod einer Sechsjährigen haben in Torgelow / Vorpommern die Stadt und die evangelische Kirchengemeinde im Januar 2019 zu einer öffentlichen Trauerstunde eingeladen, an der mehr als 300 Menschen teilnahmen.
504 Ein beliebter Realschullehrer einer Schule in Gronau / Westf. wird im April 2018 bei einer Amokfahrt getötet. Im benachbarten Ahaus fand an der Marienkirche eine Gedenkveranstaltung statt.

kaum garantieren kann. Die ostinate Rede von „Sicherheitslücken" kaschiert diese strukturellen Gefährdungslagen. Und nicht zuletzt macht auch die globalisierte Welt Sicherheitsprobleme vielschichtiger und dynamischer. Bei den genannten Katastrophenfällen stößt das Gemeinwesen ganz unmittelbar und hart an die Grenzen gesicherten Lebens. Die optionale Verwundbarkeit tritt ins allgemeine Bewusstsein und schlägt sich als Schock nieder.[505]

Diese plötzliche Entsicherung erzeugt empirisch einen starken Sog, über die öffentliche Inszenierung von Betroffenheit das soziale Band zu beschwören, das die Gesellschaft maßgeblich zusammenhält. Im Konzert aus diffusen Gefühlsregungen und einschnappenden Reflexen, die von den Medien oft schon wenige Stunden nach der Katastrophe lanciert werden, bekommt der von prominenten Akteuren aus Staat und Kirche geleitete Kasualgottesdienst die Funktion, die entsetzte Öffentlichkeit liturgisch an die sie tragenden Gewissheiten rückzubinden. Die kollektive Erinnerung an die zivilgesellschaftliche Solidarität mit den Opfern wird heilsam verschränkt mit der Vergegenwärtigung christlicher Hoffnung aus dem Evangelium. Die Gemeinschaft wird befriedet, paradoxerweise auch über die Entmythologisierung der Vorstellungen umfassender Sicherheit. Zugespitzt: Riskante Liturgien konstatieren ein öffentlichkeitswirksames Memento mori im Zusammenspiel aus Kirche und Staat.

4.9 Realbenediktionen – dienliche Dinge Gott anbefehlen

4.9.1 I am sailing stormy waters to be near you, to be free[506]

Eine Seglergemeinschaft, die seit den 1960er Jahren an einer sauerländischen Talsperre ihre Steganlage betreibt, möchte ihren neuen Bootssteg einweihen.[507] Viele Mitglieder sind Dauercamper, einige verbringen hier mehr Zeit am Wasser als

---

505 Riskante Liturgien sind immer auch aufs engste verbunden mit poimenischen Zuwendungsformen (vgl. hierzu Maike Schult, *Ein Hauch von Ordnung: Traumaarbeit als Aufgabe der Seelsorge* (Leipzig: Evangelische Verlagsanstalt, 2019). So nahm z. B. nach dem Bekanntwerden des Germanwings Absturzes die Notfallseelsorge sofort ihre Arbeit auf. Die Mitarbeiter begleiteten auch die Angehörigen der Opfer an die Absturzstelle, waren bei der Überführung der Särge dabei und halfen bei der Organisation der Gedenkfeier im Kölner Dom.
506 1972 komponiert von den Sutherland Brothers, wurde der Song *Sailing* ein Welthit durch die Aufnahme von Rod Stewart 1975.
507 Diesen Bericht hat dankenswerterweise Pastor Gerd Kerl aus Dortmund (ehemals Leiter des westf. Gottesdienstinstituts in Villigst) zur Verfügung gestellt. Die Einweihung fand im Juni 2010 am Sorpesee statt.

zuhause. Die Steganlage wird in Eigenregie geführt. Es gibt sog. „Stegwarte", die für die Wartung des Stegs und die Anpassung an die bei Talsperren witterungsbedingten Wasserstände zuständig sind. Einmal im Jahr gibt es eine Mitgliederversammlung und ein Stegfest. Bei den insgesamt 20 Booten sind alle Typen vertreten. Weil nun der alte Holzsteg starke Verschleißerscheinungen zeigte, musste ein neuer Metallsteg gebaut werden. Alle Vereinsmitglieder haben mit angefasst oder Geld dafür gespendet.

Dann war es endlich soweit, und der neue Steg sollte feierlich seiner Bestimmung übergeben werden. Der (katholische) Vereinsvorsitzende wandte sich an den „Vereinspastor", einen evangelischen Pastor, der ebenfalls sein Boot am Steg hat. Vermutlich wäre niemand auf die Idee gekommen, einen externen Geistlichen zu bitten. Im mehrheitlich katholischen Sauerland zählen kirchliche Sachsegnungen zur religiösen Normalität. Der Geistliche erklärt sich aus Gründen der Vereinsräson dazu bereit, lässt den Vorsitzenden aber seine grundsätzlich (evangelisch-)theologischen Bedenken wissen. Es sei für ihn allenfalls eine Andacht zu Beginn des Stegfestes vorstellbar, bei dem dann die Benutzer des Stegs gesegnet würden. Auf dieses Procedere konnte man sich unkompliziert verständigen.

Bierwagen und Festzelt sind aufgebaut, Kaffee und Bier werden ausgeschenkt. Als die Andacht anfängt, wird es absolut still. Die Eigner gehen ruhig und gesammelt zu ihren Booten. Der „Vereinspastor" spricht ein Segensgebet:

> „Guter Gott, wir danken dir, dass du uns Orte der Erholung und Entspannung gibst. Hilf uns die Zeit, die uns gegeben ist, recht zu gebrauchen. Schenke uns allen, die hierherkommen, Freude und Gemeinschaft. Wir danken dir für die neue Steganlage. Möge das Segeln, das hier seinen Ausgangspunkt nimmt, uns Erholung und Freude bringen. Halte Verletzungen von uns fern und bewahre uns vor Schaden. Lass uns an diesem Ort Gemeinschaft und Freundschaften finden. Darum bitten wir dich durch Jesus Christus unseren Herrn. Amen."

Es folgt eine kurze Kasualansprache:

> „Gott hat den Menschen nicht nur für die Arbeit erschaffen. Arbeit und Ruhe sollen sich abwechseln. So wie im ersten Schöpfungsbericht Abend und Morgen, Tag und Nacht aufeinander folgen, und der siebte Tag der Tag der Ruhe ist, so soll auch der Sport Körper und Geist entspannen und uns stärken. An diesem Ort geschieht das seit vielen Jahren. [...] Auf jedem Boot geht es um Team und Mannschaftsgeist und um Rücksichtnahme und Fairness. Darum geht es auch in unserer Gemeinschaft und auch an diesem Steg. Wenn wir das versuchen hier zu leben, dann tun wir das, was der Apostel Paulus im Brief an die Gemeinde in Galatien schreibt: Einer trage des andern Last, so werdet ihr das Gesetz Christi erfüllen."

Daraufhin „tauft" der Vereinsvorsitzende das Stegtor mit Wasser und Sekt mit den Worten: „Möge dieser Steg ein sicherer Hafen und ein Ort der Begegnung sein: Allzeit Mast und Schotbruch!" Wasser und Sekt werden symbolisch über das Tor gegossen. Für alle Anwesenden gibt es als kleines Erinnerungszeichen einen Segelboot-Sticker mit den Vereinsinsignien und dem Datum der Einweihung.

Diese nicht ganz alltägliche Episode ist durchaus praktisch-theologischer Rede wert. Da ist zunächst die Selbstverständlichkeit, mit der hier vorausgesetzt wird, dass ein religiöser Ritus mit einem säkularen Vereinsleben kompatibel ist. Dass der Weihewunsch einem katholischen Milieu entspringt, macht womöglich das Ansinnen verständlich, obwohl natürlich auch hier Wassersport und Religionspraxis eher nur geringe Schnittflächen aufweisen. Gleichwohl sind Realbenediktionen und Weihen in der katholischen Volksfrömmigkeit ungleich vertrauter als im durchweg spiritualisierten Protestantismus. Das Segnen von Rosen- und Adventskränzen, von Salz und Wasser, Kerzen und Palmenzweigen, der Früchtesegen sowie die Speisenweihe, Blasiussegen gegen Halsbeschwerden und die Segnung von Schulen, Fahrzeugen und Gewändern werden in der römischen Kirche recht unbefangen praktiziert.[508] Da man auch bei einem evangelischen („Vereins-")Pastor ein elaboriertes Segensverständnis voraussetzen kann, war der Weihewunsch im Prinzip kein Problem. Auch der für Katholiken wenig einleuchtende evangelisch-personale Purismus in Sachen Segen konnte in diesem Fall durch den hybrid-sakramentalen Ritus der Wasser- und Sekttaufe kompensiert werden.[509] Dies umso mehr, als auch der evangelische Pastor zwar theologisch „recte" (CA VII) den Segen ausschließlich für die menschlichen Akteure (und eben nicht für den Sachgegenstand Bootssteg) erbittet, er aber durch sein materiales „Give-away" der Segler-Gemeinde eine quasi-sakramentale Gabe spendet („für dich gegeben").

4.9.2 Abgeschattete Schöpfungsdinge

Was in diesem Kapitel unter dem Sammelbegriff Realbenediktion zusammengefasst ist, beschreibt in der kirchlichen Praxis[510] ein ganzes Bündel unterschiedli-

---

[508] Dingliche Sakramentalien geben nach katholischem Verständnis Anteil an den Gnadenwirkungen, die die Kirche bei ihrer Weihe für diese erfleht hat. Die Wirkmacht der Weihe beruht auf dem Weihegebet des Priesters und auf dem Glauben des Spenders bzw. Empfängers. Vgl. Liturgische Institute Salzburg, Trier, Zürich (Hg.), *Benediktionale: Studienausgabe für die katholischen Bistümer des deutschen Sprachgebietes* (Benziger: Einsiedeln und Zürich / Herder: Freiburg und Wien, 1978), 11–22.

[509] Konnotiert das Besprengen mit Wasser das christliche Taufsakrament, so ist das Begießen mit Sekt bei Schifftaufen üblich.

[510] Grethlein merkt mit Recht an, dass dieses kasuelle Format „in den evangelischen Kirchen Deutschlands weithin verloren gegangen" ist. Als Grund dafür macht er die strukturelle „Isolation liturgischer Praxis vom Alltag" geltend. Christian Grethlein, „Die Kasualien: Empirische Aspekte",

cher Anlässe, bei denen eine *Realie*, ein Sachgegenstand und Schöpfungsding, zum Anlass einer *Benediktion* wird. Zumeist besteht der Anlass darin, dass diese Realie eingeweiht, initialisiert wird. Dabei gilt die Segenshandlung dem Gegenstand nur insofern, als er für die, die ihn handhaben, mit ihm unmittelbar umgehen oder (bei Gebäuden) in ihnen wohnen bzw. arbeiten, liturgisch in eine dienliche Funktion einrückt. Der gemeinschaftsdienliche Zweck heiligt gewissermaßen die religiösen Mittel.

Realbenediktionen legitimieren sich aus dem Schöpfungsglauben heraus – ein theologischer Akzent, der grundsätzlich für alle Kasualien zu veranschlagen ist, der aber in den Agenden und in der pastoralen Praxis in vielerlei Hinsicht unterbestimmt mitgeführt wird. Die Segnung von Dingen der Schöpfung geschieht biblisch v. a. im Einklang mit dem Alten Testament, wo Dinge, die Menschen gehören, durchaus auch Gegenstände des Segens werden können.[511] In ihr kommt die dankende Ingebrauchnahme einer kreatürlichen Gabe als „Notdurft und Nahrung dieses Leibes und Lebens" zum Ausdruck, wie Luther im Kleinen Katechismus den ersten Artikel des Glaubensbekenntnisses kommentiert.[512] Luther setzt hier wie selbstverständlich voraus, dass auch Gegenstände der materiellen Mitwelt, die sich dem Kulturschaffen des leibhaften Menschen mit dem Ziel verdanken, sich ihrer je nach Bedarf zu bedienen („Kleider und Schuh", „Haus und Hof"), ebenfalls Gottes Schöpfung zuzurechnen sind. Korsch pointiert:

> „Weder gibt es für uns eine reine Natur, die nicht schon durch einen wie auch immer verschwiegenen Gegensatz zur Kultur bestimmt wäre; noch eine bloße Kultur, die nicht schon ihre natürliche Basis – in bestimmter Bearbeitung – in sich trüge."[513]

Insofern kann eine Benediktion dem Gegenstand keinen anderen Status verleihen als den, der ihm bereits qua Schöpfung zukommt. Denn nach Gen 1,31 gilt alles, was aus Gottes Schöpfermacht hervorgegangen ist, längst schon als „sehr gut". 1Tim 4,4f., die zentrale biblische Systemstelle für die evangelische Lesart der Realbenediktionen, bezieht sich direkt auf diese Qualifizierung: Alles, was Menschen dankend entgegennehmen und dem Willen des Gebers entsprechend in Gebrauch nehmen, ist schöpfungsgemäß und wird erinnernd wie segnend in seiner Gutheit anerkannt. Mit seinem Dank – dies ist der religiöse Urgestus und das theologi-

---

in *Handbuch der Liturgik*, hg. v. Hans-Christoph Schmidt-Lauber, Michael Meyer-Blanck und Karl-Heinrich Bieritz (Göttingen: Vandenhoeck, ³2003), 463–470 (469).
511 Vgl. z. B. Gen 27,27; Ex 23,25; Dt 26,15; 28,4f.; Hi 1,10; Ps 65,11.
512 WA 30/I, 292, 16–18.
513 Dietrich Korsch, *Dogmatik im Grundriß: Eine Einführung in die christliche Deutung menschlichen Lebens mit Gott* (Tübingen: Mohr Siebeck, 2000), 78.

sche Zentralmotiv jeder Realbenediktion – unterstellt der Mensch die Sache, die es liturgisch zu initiieren gilt, wieder neu dem göttlichen Schöpfungswerk. Indem die Sachsegnung den Schöpfungskontext performiert, ruft sie ihn in Erinnerung; sie bringt also kasuell nichts anderes zur Darstellung, als das, was die christliche Gemeinde sonntags im ersten Artikel des Glaubens bekennt.[514]

Die schöpfungstheologische Sicht auf das natürlich-kulturelle Leben ist als liturgischer Akt allerdings unvereinbar mit der Vorstellung einer absoluten „Weihe", bei der, etwa in katholischer Lesart, eine Sache dem säkularen Bereich *dauerhaft entzogen* und in die Sphäre endzeitlichen Heils überführt wird. Philipp Marheineke definiert hier protestantisch-nüchtern:

> „Die Einweihung von Kirchen, Kirchhöfen, Orgeln usw. und überhaupt von unpersönlichen Dingen kann nur um der Personen willen geschehen, welche sich derselben zu ihren frommen Zwecken bedienen. Sie werden dadurch abgesondert vom gemeinen Gebrauch und in das Licht der Religion gestellt. [...] (E)s inhärirt ihnen überhaupt an und für sich selbst durch die Weihung keine besondere Heiligkeit oder Wirksamkeit".[515]

Evangelisch leitet sich eine Benediktion ausschließlich von der lebensdienlichen *Funktion* her ab, für die Menschen die Realie in einem bestimmten und begrenzten Gebrauchszusammenhang nutzen. Endet die Ingebrauchnahme, dann erlischt gewissermaßen auch die heilschaffende Kraftsphäre, die dem Sachbezug zugesprochen wurde.[516] Der Dank für das täglich' Brot beim Tischgebet hat *nach* dem Essen gewissermaßen keinen Gegenstand mehr, darum wird er auch traditionell im Gebet vor der nächsten Mahlzeit erneuert.[517] Bei einer Realbenediktion handelt es sich also grundsätzlich um eine Praxis aus dem Bereich der *Dedikationen*, liturgische Widmungen zum frommen Gebrauch für die Dauer des Gebrauchs.[518] Will man diese Widmung präziser fassen, dann ließe sie sich am ehesten als *commendatio* definieren. Das Anbefehlen ist deutlich zurückhaltender als die Widmung[519], denn

---

514 8. Kasualien als Erinnerungskunst.
515 Philipp Marheineke, *Entwurf der Practischen Theologie* (Berlin: Duncker und Humblot, 1837), 296.
516 Vgl. VELKD (Hg.), *Abschied von einem Kirchengebäude: Entwidmung* (Hannover: Kirchenamt der VELKD, 2006).
517 Ganz ähnlich ist auch die jährliche Segnung der Häuser und Wohnungen durch die Sternsinger bzw. die „Heiligen drei Könige" zu verstehen, die in der Weihnachtsoktav bis Epiphanias (6. Januar) von Haus zu Haus ziehen: „C.M.B.: Christus mansionem benedicat!"
518 Vgl. Georg Rietschel, *Die Kasualien*, Bd. 2, *Lehrbuch der Liturgik* (Berlin: von Reuter & Reichard, 1909), 450.
519 Diesen Vorschlag unterbreitet Helmut Schwier, „Sind evangelische Realbenediktionen möglich?", in *On Demand: Kasualkultur der Gegenwart*, hg. v. Thomas Klie, Folkert Fendler und Hilmar Gattwinkel (Leipzig: Evang. Verlagsanstalt, 2017), 109–133 (v. a. 127–133).

im Unterschied zur Widmung, die einen stark deklaratorischen Charakter hat und darum auch eher angemessen ist für die Ingebrauchnahme liturgischer Geräte, ist das Anbefehlen semantisch offener: Es „verbleibt in einer zur Berakah analogen Redeweise: Unter dem Vorzeichen von Gebet und Lobpreis ist Gott das angesprochene Objekt menschlicher Rede und das erhoffte wie erbetene Subjekt von Gnade und Schutz."[520] Etwas wird in die Obhut Gottes gegeben: „Gott befohlen!" Dies wahre, so Schwier weiter, „die Grenze der Unverfügbarkeit, wehrt dem Magievorwurf und entspricht evangelischen Traditionen."[521] Die im allgemeinen wie im kirchlichen Sprachgebrauch belegte Bezeichnung „Weihe" (*consecratio*) bzw. „Einweihung" verwischt allerdings semantisch diese – protestantisch entscheidende – Differenz. Aus Gründen der Verständigung wird diese Unschärfe jedoch selbst in Agendenwerken in Kauf genommen, da sie rein sprachlich nur schwer substituierbar ist und zugleich eine – wenn auch trügerische – ökumenische Brücke schlägt.[522]

Liturgisch geordnete „Einweihungen" bzw. „Weihen" können agendarisch vollzogen werden aus Anlass der Ingebrauchnahme eines Kirchgebäudes („Kirchweihe"), gottesdienstlicher Gegenstände und Geräte (Altar, Kanzel, Taufstein, Orgel, Abendmahlsgeräte, Glocken) sowie kirchlicher Gebäude (Gemeindehaus, Kindergarten, Altenheim, Krankenhaus, Schule/Bildungseinrichtung, Friedhof/Friedhofskapelle), dann aber auch aus Anlass der Indienstnahme öffentlicher Gebäude des Gemeinwesens (Wohnhaus/Wohnung, kommunale Einrichtungen wie Kindergarten, Altenheim, Krankenhaus, Schule/Bildungseinrichtung, Verwaltungsgebäude, Verkehrsbauwerke wie Straßen oder Brücken, Freizeit- oder Sporteinrichtungen). Der Akzent in der lutherischen Agende IV liegt eindeutig auf kirchlichen Gebäuden und Geräten sowie auf öffentlichen Gebäuden – die Benediktion privaten Eigentums tritt demgegenüber deutlich in den Hintergrund.

Die protestantischen Ressentiments gegenüber „Einweihungshandlungen" erklären sich vor allem aus Luthers harschen Verdikten über die Vielzahl der katholischen Sachsegnungen, die zudem von der magischen Vorstellung geprägt waren, dass eine Weihe eine Wesensverwandlung bewirke, den geweihten Gegen-

---

520 H. Schwier, Realbenediktionen, 130.
521 Ebd.
522 In der lutherischen Agende IV ist von „Einweihungshandlungen" bzw. von der „Weihe von Kirchen" und „Weihe von gottesdienstlichen Gegenständen und Geräten" die Rede. Kirchenleitung der VELKD (Hg.), *Agende für evangelisch-lutherische Kirchen und Gemeinden; Bd. IV* (Hannover: Lutherisches Verlagshaus, 1987, 2. bearb. Aufl. 1997). Zum unterschiedlichen Sprachgebrauch in den liturgischen Büchern der beiden großen Konfessionen vgl. Hanns Kerner und Eberhard Amon (Hg.), *Ökumenische Segensfeiern: Eine Handreichung* (Paderborn: Bonifatius/Stuttgart: Calwer, [3]2010), 9.

stand also operativ dem Profanum entziehe und ihm die Qualität einer *res sacra* verleihe.[523]

Martin Luther zeigte sich zunächst noch verhältnismäßig liberal gegenüber der überbordenden Weihepraxis seiner Zeit[524], da die grassierenden Sachsegnungen des mittelalterlichen Katholizismus nicht im Zentrum der reformatorischen Neuorientierungen standen. Später rückte für ihn das unterscheidend Evangelische allerdings mehr und mehr in den Vordergrund. Ausschlaggebend für die kritischere Wahrnehmung dieser Praxis war Luthers Verständnis des Wortes Gottes, das er sowohl nach „links" (gegen die Schwärmer) und „rechts" (gegen die katholische Kirche) abzugrenzen genötigt sah. In Anspielung auf 1Tim 4,5 vergleicht Luther theologisch treffend die Gutsagung des Kreatürlichen mit dem Tischgebet (als Dank für das täglich' Brot) bzw. dem Nachtgebet (als Dank für das Gedeihen und die Bewahrung unter Gottes Fürsorge)[525]:

> „Nu were das wol fein, wenn man Gottes wort, segen oder gebet über die Creatur spreche, wie die Kinder über tische thun, und über sich selbs, wenn sie schlaffen gehen und auffstehen, davon S. Paulus sagt: ‚Alle Creatur ist gut und wird geheiliget durchs wort und gebet.' Denn daraus kriegt die creatur kein neue krafft, sondern wird bestetigt in irer vorigen krafft."[526]

Und im Kontext der eucharistischen Realpräsenz hebt er die Bedeutung des Glaubens hervor, um magisch-mechanistischen Missverständnissen zu wehren: „Es ist ein Unterschied unter seiner gegenwertickeit und deinem greiffen. [...] Darum das ein anders ist, wenn Gott da ist, und wenn er *dir* da ist."[527] Die Spannung zwischen der ubiquitären Präsenz Gottes und seinem Offenbarwerden ist nur im Glauben durch sein Wort aufgehoben. Eine transsubstantialistische Konsekrationsvorstellung zieht aber genau diese Spannung ein, indem sie die Präsenz Gottes letztlich zur realisierbaren Option priesterlichen Handelns degradiert. Theologiegeschichtlich wirkmächtig wurde dann vor allem Luthers Demarche durch den an prominenter Stelle vorgetragenen Protest im letzten Abschnitt der Schmalkaldischen Artikel, wo er die Kirchweihpraxis, die üblichen Glocken- und Altartaufen bis hin

---

523 Hierzu ausführlich Christian Eyselein, *Segnet Gott, was Menschen schaffen? Kirchliche Einweihungshandlungen im Bereich des öffentlichen Lebens* (Stuttgart: Calwer, 1993), 111–125.
524 Luther bezeichnete die Realsegnung als *ritus ecclesiasticus*, dem allerdings keine sakramentale Kraft zuzurechnen ist, da die Heilige Schrift diesbezüglich nichts von einer göttlichen *promissio* weiß, die auf ihr läge. *De captivitate Babylonica* (1520); WA 6, 561 passim.
525 Zum Verständnis von Tischgebet und Morgen- bzw. Abendsegen vgl. Frieder Schulz, „Die Hausgebete Luthers", *PTh* 72 (1983), 483–490.
526 Martin Luther, „Von den Konziliis und Kirchen" (1539); WA 50, 644, 24–29.
527 Martin Luther, „Daß diese Wort Christi ‚Das ist mein leib' noch fest stehen" (1527); WA 23, 150, 3 u. 13 f. (Kursivierung TK).

zu den Kerzen-, Palmen-, Gewürz-, Hafer- und Fladenweihen als „närrische und kindische Artikel" aus dem „Gaukelsack des Papstes" bezeichnete. Weil all diese Realien schlicht nicht Träger eines Segens sein können, habe man es hier nur mit „eitel Spott und Betrug" zu tun, zumal in der katholischen Praxis auch die sakramentale Grenzlinie überschritten werde.[528] Stilbildend für die religiöse *Praxis* wurde dagegen Luthers Einweihungspredigt für die Torgauer Schlosskapelle 1544, zwei Jahre vor seinem Tod[529]:

> „Darumb, damit es recht und Christlich eingeweihet und gesegnet werde, nicht wie der Papisten Kirchen mit irem Bischoffs Chresem und reuchern, sondern nach Gottes befehl und willen. Wollen wir anfahen Gottes Wort zu hören und zu handeln. Und das solchs fruchtbarlich geschehe auff sein gebot und gnedige Zusagung, mit einander in anruffen und ein Vater unser sprechen."[530]

Damit war die evangelische Lesart der Weihepraxis de facto dogmatisiert: als erinnernde Ingebrauchnahmen unter Schriftwort und Gebet.

4.9.3 Unklare Grenzverläufe

Obwohl die Benediktionspraxis im Protestantismus aufgrund konfessioneller Abgrenzungen mit dem Odium eines katholisierenden Weiheverständnisses versehen war, lässt der Umstand, dass in der praktisch-theologischen Literatur des 19. Jh. immer wieder der Unterschied zwischen evangelischer und katholischer Praxis aufgerufen wird, darauf schließen, dass Benediktionen durchaus im pastoralen Alltag vorkamen. So kann Paul Graff anhand zahlreicher Quellen nachweisen, dass „alle in Frage kommenden Weihehandlungen [...], falls nur Gelegenheit dazu da war, auch bereits im 16. und 17. Jh. ausgeführt" wurden.[531] Eduard Meuß, der Verfasser der ersten evangelischen Kasualtheorie, zeichnet die Benediktionen in einen ekklesiologischen Horizont ein, wenn er die „dinglichen Weihen" den Gemeinschaftsakten der Kirche („die Klasse der Kommuniongottesdienste") zurechnet.

---

528 AS XV (1537).
529 Vgl. Martin Luther, „Predigt am 17. Sonntag nach Trinitatis bei der Einweihung der Schlosskirche zu Torgau gehalten" (1544); WA 49, 588–614.
530 WA 49, 588, 18–22.
531 Bemerkenswert ist hier bei Graff der implizite Hinweis auf die kasuelle Veranlassung von Realbenediktionen: Sie geschehen, wenn sich „die Gelegenheit" bietet. Paul Graff, *Geschichte der Auflösung der alten gottesdienstlichen Formen in der evangelischen Kirche Deutschlands*, Bd. 1 (Göttingen: Vandenhoeck, ²1937), 401. Graff erwähnt, wenn auch nur knapp, die kirchlichen Einweihungen öffentlicher Gebäude wie „Schulen, Gymnasien und Universitäten". Ebd., 414.

Dabei erinnert er jedoch an die dogmatischen Differenzen zur Praxis der katholischen und orthodoxen Kirchen, die durch ihre Weihehandlungen „einem äußeren Stoffe" einen „heiligen Charakter" bzw. eine „heiligende, wohl gar sakramentliche Kraft einflößen"[532]:

> „Die evangelische Kirche kennt keine dingliche Feier als solche, sondern allein eine solche, die geeignet ist, die Gemeinde zu sammeln. [...] Auch die gottesdienstlich gestaltete Einweihung eines Denkmals wird nur zulässig sein, wenn man dabei eine Gemeinde voraussetzen kann, für welche das Denkmal wie z. B. ein Standbild von Luther, ein Mittel der Erbauung sein wird, ja schon im Augenblick der Enthüllung ist."[533]

Die Grenzen zu ontologisch missverständlichen Gesten und Sätzen waren offenbar in der Praxis oft fließend. So sieht Philipp Marheineke bereits 1837 die Gefahr von Seinszuschreibungen und mahnt die Pastoren dringend zu einer vorlaufenden Reflexion:

> „Wo die Gränze dieser Einweihungen sey, ist schwer zu sagen, nur zu sehen, daß sie nicht ins Kleinliche fallen. In den meisten Fällen sind Einweihungsreden dieser Art gefahrvolle Klippen, an denen selbst geschickte Prediger scheitern, weil sie den Begriff der Weihung solcher Dinge zuvor sich nicht gehörig entwickelt haben und daher leicht auf Abentheuerliches verfallen."[534]

Viel spricht dafür, dass der Ritus von den Kasualteilnehmenden oft anders verstanden wurde, als er von den Pfarrpersonen intendiert und in der Predigt gedeutet wurde. Je nach Inszenierungskontext kann auch heute noch die Performanz des rituellen Zeichens (Kreuz schlagen, Auflegen der Hände) die liturgischen Deutungsworte überlagern, so dass sich fast zwangsläufig magische Lesarten einstellen. Dies gilt vor allem dann, wenn in ökumenischer Gemeinschaft der katholische Priester vom *Weih*wasser Gebrauch macht, wo die evangelische Pastorin aus theologischen Gründen auf kein entsprechendes Medium zurückgreift, sondern ihre Kasualpredigt an der Heiligen Schrift *und* am Kasus orientiert.[535]

---

[532] Eduard Meuß, *Die gottesdienstlichen Handlungen von individueller Beziehung in der evangelischen Kirche* (Gotha: Perthes, 1892), 31.
[533] Ebd., 31 f.
[534] Ph. Marheineke, Entwurf, 296. Marheineke unterscheidet zwischen „Segnung" und „Weihung": „Die Segnung unterscheidet sich dadurch von der Weihung, daß jene sich stets bezieht auf die Freiheit einer That, diese hingegen auf die Nothwendigkeit der Natur." (289).
[535] Josuttis beschreitet innerhalb der Praktischen Theologie einen Sonderweg, wenn er in diesem Kontext auf den ontologisch aufgeladenen Atmosphärenbegriff zurückgreift: „Die Priesterinnen und Priester, die durch ihre Taufe geweiht sind, bringen bei allen Weihehandlungen an Personen, Gebäuden und Gegenständen eine Wirklichkeit zur Sprache, die ‚über allen und bei allen und in

Aber nicht nur pastoralästhetische Ambiguitäten haben dazu geführt, dass Pfarrpersonen eher reserviert auf ein entsprechendes Verlangen von Gemeindegliedern (z. B. bei Haussegnungen) bzw. Vertretern des politischen Lebens (z. B. bei Einweihungen) reagieren. So verstärkte auch und gerade das Phänomen der Waffensegnungen[536] durch deutsche Pfarrer im späten 19. und frühen 20. Jh. (v. a. im Deutsch-Französischen Krieg und im 1. Weltkrieg) nach 1945 die Vorbehalte gegenüber Realbenediktionen.[537] Schließlich war noch im 2. Weltkrieg auf dem Koppelschloss der deutschen Wehrmacht das Votum zu lesen: „Gott mit uns" (Jdt 13,11). Die engen Verflechtungen zwischen evangelischer Kirche und preußisch-militärischer Tradition ließen Geistliche Fahnen, Kanonen und Soldaten segnen und leider Gottes auch Kriegspredigten halten.[538] Noch 1950 weiß Günther Dehn in seiner Kasualtheorie von „Kriegervereinen" zu berichten, die „ihre Ziele aus geistlichem Munde anerkannt und ihre Fahnen von geistlicher Hand gesegnet wissen wollen" – ein Vorgang, den Dehn mit dem klaren Verdikt „Missbrauch kirchlicher Amtsvollmacht" belegt.[539]

In relativem Gegensatz zu dieser evangelischen Missbrauchsgeschichte mehren sich in jüngster Zeit die Berichte über Einweihungen unter pastoraler Mitwirkung.[540] Eyseleins empirische Befunde, wonach in den katholischen Diasporagebieten die von evangelischen Pfarrpersonen „privat erbetenen Handlun-

---

allen' (Epheser 4,6) ist und die jetzt mit der Präsenz Leibräume, Ortsräume, Sachräume gnädig erfüllen mag." Manfred Josuttis, *Religion als Handwerk: Zur Handlungslogik spiritueller Methoden* (Gütersloh: Gütersloher Vlg., 2002), 141.
536 Segensriten für *Schwerter* („Schwertleite") finden sich in den liturgischen Büchern der römischen Kirche bereits im 10. Jh.; vgl. Adolph Franz, *Die kirchlichen Benediktionen im Mittelalter*, Bd. 2 (Freiburg: Herder, 1909), 289–300.
537 Dass dieses fatale Sakrileg keineswegs nur eine kirchengeschichtliche Episode im Protestantismus darstellt, sondern durchaus auch noch heute als filmisches Narrativ Wirkung erzeugt, zeigt die zehnteilige dänische Serie „Die Wege des Herrn" (dänisch: *Herrens Veje*, Drehbuch: Adam Price; eine Koproduktion von DR und arte France; Erstausstrahlung 2017), wo der junge Militärpfarrer (Morton Hee Andersen) bei einem UN-Auslandseinsatz im Nahen Osten auf Bitten seiner Mitsoldaten deren Waffen segnet.
538 Vgl. Christoph Spehr, „Segenspraxis und Segenstheologie in der Christentumsgeschichte", in *Segen*, hg. v. Martin Leuenberger (Tübingen: Mohr Siebeck, 2015), 135–164 (158).
539 Günther Dehn, *Die Amtshandlungen der Kirche* (Stuttgart: Kohlhammer, 1950), 9.
540 Die Bandbreite der initialisierten Sachen ist groß: Sie reicht von der Segnung eines Zirkuszeltes (Rostock), einer innerstädtischen Shoppingmall (Schwerin; nach kontroversen öffentlichen Diskussionen wurde der religiöse Teil der Einweihung abgesagt), einer Reitanlage (Hann. Münden), einer Hotelanlage (Brandenburg) bis hin zum Fahrgeschäft eines Schaustellerbetriebs (Hamburg). Vgl. auch die Auflistung aufschlussreicher Beispiele bei Chr. Eyselein, Segnet, 8 f. (FN 32) u. 18 f.

gen", die der kirchlichen „um mehr als ein Drittel" übersteigen[541], zeigen an, dass diese Kasualie offenbar auch von einer katholischen Sogwirkung geprägt ist[542] bzw. die öffentliche Wahrnehmung der grundsätzlich zu begrüßenden ökumenischen Kooperation kaum etwas von den nach wie vor kirchentrennenden theologischen Differenzen ahnt. Nicht nur in Westdeutschland, sondern auch im entkirchlichten, postprotestantischen Ostdeutschland ist der Wunsch nach kirchlich praktizierten Realbenediktionen in erstaunlich hohem Maße präsent. Der Kasus drängt offenbar in die Deutung durch eine Institution, die systemisch dafür zuständig ist, das Zeitliche zu segnen. So stellt der ehemalige thüringische Landesbischof Christoph Kähler in seinem Synodalbericht von 2001 erstaunt fest, dass

> „die Kirchen nun auch im Osten bei öffentlichen Anlässen, den Einweihungen von Sportplätzen, Kaufhallen, Feuerwehren gefragt werden und häufig in schöner ökumenischer Arbeitsteilung durch Wortverkündigung hier und Weihezeremonien da miteinander praktizieren, was dem gelernten DDR-Bürger höchst erstaunlich ist. [...] Segen und Segenshandlungen haben Konjunktur. [...] Dem Segen wird inzwischen wieder etwas zugetraut."[543]

Der Landesbischof fordert in diesem Kontext ein, die „spürbare Leiblichkeit" des Segens rituell und theologisch sicherzustellen, ihn aber einerseits von einem „magisch-abergläubischen Tun und Treiben" abzusetzen und ihn andererseits aber auch dort vor religiösen Überhöhungen zu schützen, wo offensichtlich „geschäftliche, politische oder persönliche Interessen" im Spiel sind. Kähler kritisiert den inflationären Gebrauch, wortreiche Segensformulare und die pastorale Indifferenz im Blick auf den Wunsch nach Sachsegnungen:

> „Prinzipiell halte ich allerdings eine Grenze für unüberschreitbar: Wir segnen Personen und keine Sachen als solche. Wir bitten Gott um seinen Schutz und sprechen diesen denen zu, die sich als Feuerwehrleute um ihrer Mitmenschen willen in besondere Gefahr begeben. Ihr

---

[541] Eyseleins Fragebogen wurde allerdings schon Anfang der 1990er Jahre ausgewertet (die Dissertation erschien 1993). Erfahrungen aus dem mehrheitlich konfessionslosen Kontext Ostdeutschlands scheinen darauf hinzuweisen, dass die Nachfrage nach kirchlich begleiteten Einweihungshandlungen gerade auch in diesen Regionen gestiegen ist. Empirische Untersuchungen liegen allerdings nicht vor.

[542] 1993 benutzten immerhin 63 % der befragten evangelischen Pfarrpersonen in Bayern katholische Einweihungsordnungen. Chr. Eyselein, Segnet, 20. – Dagegen warnte Fr. Niebergall in seiner „Kasualrede" noch deutlich, den Versuchungen des *catholicismus naturalis decorativus* nicht zu erliegen. Friedrich Niebergall, *Die Kasualrede* (Göttingen: Vandenhoeck, ³1917), 167.

[543] Christoph Kähler, „Was tun wir, wenn wir segnen?", *Theologische Beiträge*, 33. Jg. (2002), 260–273 (262).

Spritzenhaus und ihr schönes neues Löschauto kann dafür den Anlass, aber nicht den eigentlichen Grund geben."[544]

4.9.4 Material turn und säkulares Unverfügbarkeitsmanagement

So sehr hier die „Grenze" des kasuell Vertretbaren theologisch einzuleuchten vermag, so wenig wird diese dogmatische Demarkationslinie dem gerecht, was aktuell in den Kulturwissenschaften unter dem Stichwort „material turn"[545] diskutiert wird.[546] Nicht nur treffen die evangelischen Restriktionen auf „eine völlig andere Erwartungshaltung"[547] innerhalb der kirchengemeindlichen und kommunalen Wirklichkeit, es lassen sich bei den Realbenediktionen auch die Sachen und die Personen nicht so einfach auseinanderhalten, wie es der o. g. Synodalbericht veranschlagt. So zeigt sich gerade bei den biografisch bedeutsamen Dingen in der materiellen Kultur eine wechselseitige Verschränkung von der menschlichen Prägung von Gegenständen und dem Geprägtwerden durch Vergegenständlichungen.[548] Artefakte sind weder einfach nur gegeben, noch stehen sie dem Menschen neutral gegenüber. Sie sind mehr als nur Gegenstände zum beliebigen Gebrauch. Gebrauchsgegenstände gehen über ihre Verwendung eine Beziehung mit ihren Nutzern ein. Eine Wohnung will bezogen werden, ein Löschfahrzeug sieht den Einsatz vor und eine Taufschale ist sakramental zuhanden. Oder andersherum: Was ein Akteur mit einer Wohnung anfängt, wie er sich zu einem Löschfahrzeug verhält bzw. wozu er eine Taufschale nutzt, ist keineswegs arbiträr. So bezeichnet der amerikanische Wahrnehmungspsychologe James J. Gibson solche als Eigenschaften des Objekts wahrgenommenen Handlungsangebote als Affordanz (*affor-*

---

544 Chr. Kähler, Segnen, 270.
545 Exemplarisch aus der Fülle der Literatur: Anamaria Depner, *Dinge in Bewegung: Zum Rollenwandel materieller Objekte* (Bielefeld: Transcript, 2015); Tilmann Habermas, *Geliebte Objekte: Symbole und Instrumente der Identitätsbildung* (Berlin u. a.: Suhrkamp, 1996); Gert Selle, *Siebensachen: Ein Buch über Dinge* (Frankfurt a.M.: Campus, 1997). Einen guten Überblick gibt das *Handbook of material culture*, hg. v. Christopher Tilley, u. a. (Los Angeles u. a.: Sage, 2006).
546 7.4 Kasual-Dinge.
547 H. Schwier, Realbenediktionen, 112.
548 Vgl. Inken Mädler, *Transfigurationen: Materielle Kultur in praktisch-theologischer Perspektive* (Gütersloh: Gütersloher Vlg., 2006), 15. – Mädlers Generalthese ist in jüngster Zeit prominent wieder aufgenommen worden durch Wolfgang Schivelbusch, *Das verzehrende Leben der Dinge: Versuch über die Konsumtion* (München: Hanser, 2015): „Wir werden die Sofas, auf denen wir sitzen, und die Sofas werden wir." (5).

dance – engl. Neologismus, der sich von „to afford": anbieten, gewähren, ableitet).[549] Folgt man dieser These, dann teilen die Dinge mit, was mit ihnen zu machen ist. Sie fordern gewissermaßen zum Gebrauch auf und leiten darüber die Alltagspraxis in bestimmter Weise an. Oder anders: Wer mit Artefakten hantiert, weiß sich durch ihre funktional relevanten Eigenschaften aufgefordert, sich ihrer in einem bestimmten Modus zu bedienen. Die soziomateriale Interaktion zwischen Subjekt und Ding ist durch dessen Angebotscharakter bestimmt, so Gibson. Die Relation zwischen Erkenntnisgegenstand und handelndem Subjekt besteht gerade nicht in einer unaufhebbaren Differenz, vielmehr sind beide Instanzen immer schon kulturell involviert. Die Welt der Dinge bietet nicht einfach nur die Medien moderner Welt*bewältigung*, sie sind auch Medien spätmoderner Welt*deutung*. Ein Stuhl ist eben sitz-bar, ein Haus bewohn-bar und eine Kanzel besteig-bar. Die (erlernte) Disposition eines Akteurs korrespondiert mit den materiellen Eigenschaften von Artefakten. Das interaktive Zusammenspiel beruht nach Gibson nicht auf einer deterministischen Wirkmacht, in ihm realisiert sich vielmehr ein verkörpertes Handlungswissen.

Festzuhalten ist: Eine Realie ist immer auch eine Instanz, die imprägniert ist von spezifischen Nutzungsgewohnheiten und den Bedeutungen, die ihnen dabei zugeschrieben werden. Wenn aber die materiale Kultur nicht nur einen rationalen Gebrauchswert hat, sondern ihr von ihren Nutzern auch ein durchaus sozialer Mehrwert zugeschrieben werden kann[550], dann können einzelne Artefakte durchaus zu „Doppelagenten" (Schivelbusch)[551] werden. Danach ginge es bei dem Wunsch, sein Haus beim Einzug segnen zu lassen, nicht nur darum, ein immobiles Anwesen mit „Segenskräften" aufzuladen[552] bzw. es der Obhut Gottes anheim zu stellen, sondern vielmehr auch darum, es als das das familiale Miteinander situierende Zuhause zuzueignen.[553] Der Segen gilt dem Haus, das Menschen beleben. Und

---

549 Vgl. James J. Gibson, *Wahrnehmung und Umwelt: Der ökologische Ansatz in der visuellen Wahrnehmung* (München: Urban & Schwarzenberg, 1982). Gibson beschreibt mit seiner Affordanz-These einen Mittelweg zwischen semiotisch-konstruktivistischen und objektivierenden Vorstellungen von Materialität. – 7.4 Kasual-Dinge.
550 Vgl. I. Mädler, Transfigurationen, 64 ff.
551 W. Schivelbusch, Leben, 24.
552 Vgl. hierzu Manfred Josuttis, *Segenskräfte: Potentiale einer energetischen Seelsorge* (Gütersloh: Gütersloher Vlg., 2000).
553 So zeigten die alten Hausmarken (Hauszeichen, Handgemal) nicht einfach nur einen Besitzanspruch an, sie verliehen der Generationenfolge, die in diesem Haus wohnte, eine Sippenidentität. Das Haus war oft Träger eines Namens, während seine Bewohner wechselten. Heute ist dieser Usus allenfalls noch bei alten Wirtshausnamen ablesbar. Vgl. VELKD (Hg.), *Segnung beim Umzug in eine neue Wohnung: Entwurf einer Handreichung zu Agende IV, Teilband 2* (Hannover: Amt d. VELKD, 2010).

so ist die Einweihung eines Feuerwehrhauses (einer Schule, einer Forschungseinrichtung) darum immer auch die anerkennende Autorisierung einer Institution, die einem Gemeinwesen von Nutzen ist – im konstitutiven Zusammenspiel von Ding und Person. Die Benediktion solcher Interaktionen kann ihrerseits nur von einer Institution vollzogen werden, die in besonderer Weise „über den Dingen" steht.

Zeichnet man das offenbar wachsende Interesse an Realbenediktionen in diesen *zeitdiagnostischen Kontext* ein, dann verliert dieses fast vergessene kirchliche Praxisfeld schnell seine religiös-folkloristische Patina. Segnungen menschlicher Sachbeziehungen sind auch insofern ein pastoraltheologisch ernstzunehmender Kasus[554], als sie kontingentes Leben als bedrohte Schöpfung markieren. Versteht man Kasualien als gottesdienstliche Feiern aus Anlass resonanter Lebensumstände, die auf Ansinnen einer vom Kasus betroffenen Person bzw. Personengruppe zustande kommen[555], dann fallen selbstverständlich auch Realbenediktionen unter diese Bestimmung. Der Kasus besteht hier in der initialen Ingebrauchnahme, gesegnet werden die Menschen *in ihrer unmittelbaren Nutzungsbeziehung zur Sache.*

Die durch aktuelle Untersuchungen empirisch noch zu quantifizierende Nachfrage nach Benediktionen lässt darauf schließen, dass Sachsegnungen eine Facette des postchristlichen Unverfügbarkeitsmanagements darstellen. Globale Krisenerfahrungen (Klimawandel, Corona-Pandemie, Katastrophen, Schicksalsschläge) sensibilisieren die öffentliche Wahrnehmung für die Frage, wie das Subjekt, eine Familie bzw. ein Gemeinwesen trotz aller Sicherungsbemühungen möglichen Widerfahrnissen prophylaktisch begegnen kann.[556] Das moderngesellschaftliche Lebensgefühl ist trotz aller Bemühungen um Lebensführungssicherheiten von latenten Unwägbarkeiten bestimmt. Virulente Zeiterfahrungen schaffen Lebensunsicherheiten, die vom Subjekt besondere Bewältigungsstrategien verlangen. Diese Deutung legen auch die Befunde in Eyseleins Untersuchung nahe, der z. B. einen Großteil der pastoralen Benediktionen im „Bereich der Zirkus- und Schausteller-

---

554 Nicht zuletzt quantitative Gründe sprechen für diese These: „Einweihungshandlungen sind in der Praxis keine Nebensache. Im Durchschnitt hat ein Pfarrer mehr Einweihungen zu halten als Konfirmationsgottesdienste." Chr. Eyselein, Segnet, 28.
555 Eyselein resümiert in empirischer Perspektive: „In der Regel ist von einer Initiative von Seiten des Besitzers oder Einrichtungsträgers auszugehen." Chr. Eyselein, Segnet, 19.
556 Vgl. hierzu in soziologischer bzw. kulturtheoretischer Perspektive: Andreas Reckwitz, „Zukunftspraktiken: Die Zeitlichkeit des Sozialen und die Krise der modernen Rationalisierung der Zukunft", in *Kreativität und soziale Praxis*, hg. v. Andreas Reckwitz (Bielefeld: Transcript, 2016), 115–136; Hartmut Rosa, *Unverfügbarkeit* (Wien und Salzburg: Residenz Verlag, 2018); Frank Becker, Benjamin Scheller und Ute Schneider, *Die Ungewissheit des Zukünftigen: Kontingenz in der Geschichte* (Frankfurt a.M.: Campus, 2016); Holger Zaborowski, „Kontingente Kontingenzbewältigung: Zur Dialektik von Religion und Aufklärung in der Moderne", in *Religion: Spurensuche im Alltag*, hg. v. Robert Hettlage und Alfred Bellebaum (Wiesbaden: Springer VS, 2016), 19–38.

seelsorge" vermerkt. Seine Deutung, dass sich hier das „Bewusstsein der besonderen Abhängigkeit vom Erfolg mit dem einzuweihenden Fahrgeschäft" mit „traditionellen und auch abergläubischen Gepflogenheiten" verbindet, greift jedoch zeitdiagnostisch zu kurz. Denn gerade in diesem beruflichen Segment verdichtet sich das allgemeine Unverfügbarkeitsbewusstein, hier hat das Risiko immer wieder wechselnder Inszenierungs- und Wertschöpfungsräume ungleich gravierendere Auswirkungen. Schaustellende wissen aus ihrer unmittelbaren Erfahrung heraus, dass Sicherungsbemühungen nicht nur eine Funktion zeitlicher (Zukunft), leiblicher (Artistik), sondern v. a. a. räumlicher Kontingenzen sind. Sie bilden also qua Profession eine (durchaus nicht nur, aber eben auch ökonomisch motivierte) Disposition dafür aus, möglichen Widerfahrnissen möglichst wirksam entgegentreten zu können. Und hier kommt die Religion ins Spiel. Sie kultiviert ein Verhalten zum Unverfügbaren, das auch und gerade dann öffentlich kommunizierbar ist, wenn die Fragilität gesellschaftlicher Sicherheitsverheißungen offen zutage tritt.[557] Sachsegnungen sind als eine spezifische Deutungs- und Gestaltungsoption im Umgang mit Kontingenz zu begreifen; als rituell-kommunikativ vermitteltes Empowerment[558] eröffnet sie spezifische Ermöglichungsräume, die die Handlungsmacht des Subjekts angesichts latent bedrohten Lebens konstituieren.

Man verkennt darum kirchlicherseits den Wunsch, „Habseligkeiten" einer profanen Lebenswelt in die Obhut Gottes zu stellen, wenn man das Begehren, lebensdienliche Artefakte gut sagen zu lassen, als voraufklärerisch oder katholisierend diskreditiert. Die religionskulturellen Dynamiken sind hier doch deutlich andere. Der Bedeutungsverlust öffentlicher Religion und die kaum noch identifizierbare *praxis pietatis* in den Familien[559] lassen mehr und mehr danach fragen, ob sich eine religiöse Deutungskultur nicht auch *diesseits* liturgischer Großgruppenstandards inszenieren lässt. Der Sonntagsgottesdienst als zentrale kirchliche Veranstaltung hat sich im Bewusstsein vieler Zeitgenossen immer weiter von der Lebenswirklich-

---

[557] 4.8 Riskante Liturgien – Irritationen gesellschaftlicher Sicherheitsverheißungen.
[558] Vgl. u. a. Susan Broadhurst, *Identity, Performance and Technology: Practices of Empowerment, Embodiment und Technicity* (Basingstoke: Palgrave Macmillan, 2012); Anne Polster, *Jugendliche und ihre Konfirmation: Theologische Diskurse – empirische Befunde – konzeptionelle Erwägungen* (Stuttgart: Kohlhammer, 2020), 297–308.
[559] Unter „Familie" soll hier nicht nur im engeren Sinne die bürgerliche Kleinfamilie verstanden werden. Familie steht hier vielmehr für eine plurale Lebensgemeinschaft, die ihren sozialen (z.T. auch durch Abstammung begründeten) Zusammenhalt durch die Führung eines gemeinsamen Haushalts konstituieren. Vgl. Rüdiger Peuckert, „Zur aktuellen Lage der Familie", in *Handbuch Familie*, hg. v. Jutta Ecarius (Wiesbaden: Springer VS, 2007), 36–56; Rosemarie Nave-Herz, *Familie heute: Wandel der Familienstrukturen und Folgen für die Erziehung* (Darmstadt: WBG, [6]2015), 13–29.

keit verabschiedet.[560] Im Gegenzug sind religionsästhetische Kleinformate gefragt, die im sozial überschaubaren Kontext die Realität funktionaler Sachbezüge zu transzendieren vermögen. Man erwartet sich von den Benediktionen, dass sie religiöse Evidenz generieren, weil sie in einem biografisch erfassbaren Biotop vollzogen werden. Schließlich gewährleisten Realbenediktionen eine sehr konkrete religiöse Zeichensetzung im Zusammenhang mit geläufigen Dingen. So wird die relative Fremdheit religiöser Deutung inszenatorisch limitiert durch die Vertrautheit der zu segnenden Sachen.

Der Wunsch nach einer kalkulierbaren Auratisierung der dinglichen Mitwelt kann aber auch als eine individuelle Reaktion auf ein evangelisches Ethikchristentum gelesen werden, dem das „religiöse Handwerk"[561] nicht nur im Laufe der Kirchengeschichte abhandengekommen ist, sondern das die handwerkliche Religionspraxis unter einen magischen Generalverdacht stellt.[562]

4.9.5 Sachverhalte gutsagen

Segnen, etwas von Gott her „gutzusagen" und darüber heilvoll eine Kraftsphäre zu stiften, hat sein auktoriales Subjekt im dreieinigen Gott. Nur weil der Schöpfergott der Urheber allen Segens ist, können Gesegnete den Gottessegen auch anderen zuteilwerden lassen. Das menschliche Segenshandeln verweist also immer auch explizit auf den unverfügbaren Grund der Segenserfahrung. Gesegnet wird demnach im Namen Gottes, der Anteil gibt an der heilschaffenden Kraftsphäre seines Segens. Der Geber des Segens wird mit dem Segen namhaft gemacht. Dieses Namhaftmachen Gottes kommt in der Regel auch gestisch zum Ausdruck. Die Zusage wird durch eine signifikante Gebärde (Handauflegen, Kreuzeszeichen) illustriert und so für den Adressaten leiblich intensiviert. Als Ausdruckshandlung bewirkt ein Segen, was er besagt – Segnen ist ein performativer Akt. Denn das göttliche Grundwort kann nicht abgelöst werden vom Schöpfer, es ist gleichsam

---

560 Grethlein moniert mit Recht: Realbenediktionen „sind eine mögliche, den ganzen Alltag nicht nur an herausgehobenen Übergängen im Lebenslauf betreffende Form solchen umfassenden gottesdienstlichen Handelns. Zwar sind sie in den evangelischen Kirchen Deutschlands weithin verloren gegangen, doch sollte ihnen wegen des Problems der Isolation liturgischer Praxis vom Alltag auch hier verstärkt Aufmerksamkeit geschenkt werden." Chr. Grethlein, Aspekte, 469.
561 M. Josuttis, Handwerk, 2002.
562 Friedrichs deutet in seiner Kasualtheorie den Aspekt der Magie im Kontext kasuellen Handelns als durchaus positiv. So bringt für ihn Magie als „sinnverfügendes Machthandeln" die „Unverfügbarkeit des Lebens expressiv zum Ausdruck"; Lutz Friedrichs, *Kasualpraxis in der Spätmoderne: Studien zu einer Praktischen Theologie der Übergänge* (Leipzig: Evang. Verlagsanstalt, 2008), 64 f.

verwoben in den Lebensgrund, der es belastbar macht (vgl. Dt 7,13; Dt 16,15). Das Neue Testament steht in dieser alttestamentlichen Segenstradition, doch es weist Jesus Christus als den personifizierten Segen aus (Apg 3,26; Gal 3,14). Christgläubige haben unmittelbaren Zugang zu dem in Christus präsenten Segensraum.

Im alttestamentlichen Begriff *barak* kommt ein reziprokes Verhältnis zum Ausdruck: Gott kann Menschen segnen, und Menschen können Gott (und andere Menschen) segnen. Diese Reziprozität des Berakah-Lobpreises wird im ökumenischen Bendiktionale[563] zum Ausgangspunkt gemeinsam gestalteter „Segensfeiern". Denn „unbemerkt von den Gemeinden hat sich in den letzten drei Jahrzehnten eine intensive liturgische Annäherung der beiden großen Kirchen vollzogen." Eyselein äußert sogar die Vermutung, dass „die Trennungslinie bei der Interpretation einer Benediktionsfeier heute weniger zwischen evangelischer und römisch-katholischer Einweihungstheologie" verläuft, als vielmehr „zwischen den Pfarrern beider Konfessionen auf der einen und den Teilnehmern an einer solchen Handlung auf der anderen Seite".[564] Um diese gefühlte Diskrepanz liturgisch zumindest abzufedern, legen sowohl die lutherische Agende IV wie auch das ökumenische Benediktionale einen besonderen Akzent auf die Mitwirkung von Beteiligten.[565]

Dabei muss deutlich werden, dass eine Realbenediktion im Rahmen der Kasualie darauf abzielt, die Realie in ihrem durch die Nutzenden definierten sozial förderlichen Gebrauchszusammenhang *als* Schöpfungsding zu signieren. Lob und Dank rubrizieren hier vor allem anderen den Gabecharakter des dinglich Gegebenen, sie machen den Kasus theologisch transparent für die Segensbeziehung Gottes zu seiner Schöpfung. Die Kasualie rückt also ein Stück Welt, von dem ein gesegneter Gebrauch erwartet und erbeten wird, in die Perspektive sich verdankenden Lebens. Zu segnen sind jedoch weder das Ding an sich noch die beteiligten Personen an sich, sondern die besondere Bezogenheit der die Kasualie einfordernden Nutzungsgemeinschaft auf die Realie. Diese Bezogenheit wird liturgisch im Modus des Anbefehlens zum Ausdruck gebracht. Das Schöpfungsding wird in seiner Dienlichkeit für die Geschöpfe in die Obhut Gottes gegeben. Die *commendatio* performiert damit eine doppelte Relation: Schöpfer – Geschöpfe (Lob), Geschöpfe – Schöpfung (Dank). Der Segen wird erbeten für den zukünftigen Umgang mit einem Gegenstand der materiellen Mitwelt zum Wohle der ihn nutzenden Personen.

Dieser Spannungsbogen kommt in exemplarischer Dichte in der Segensbitte des ökumenischen Benediktionale zum Ausdruck:

---

563 Vgl. H. Kerner u. E. Amon, Segensfeiern.
564 Ch. Eyselein, Segnet, 203 f. Ähnlich äußert sich auch H. Schwier, Realbenediktionen, 115–123.
565 Vgl. Agende IV, ²1997, 14 bzw. H. Kerner u. E. Amon, Segensfeiern, 11.

„Guter Gott, wir danken dir, dass wir nun diese(n/s) [...] in Gebrauch nehmen können. Wir bitten dich, lass ihn / sie / es allen Menschen, die [...], zum Segen werden, Leben fördern und Gemeinschaft stärken. Halte schützend deine Hände über uns und bewahre ihn / sie / es vor Unfall, Beschädigung und Zerstörung. Lass uns deine Güte erfahren. Durch Jesus Christus, unsern Herrn. – A: Amen."[566]

4.10 Das kasuelle Feld der Gegenwart

Die Grafik skizziert das – tendenziell offene – kasuelle Feld der Gegenwart. Es umfasst weit mehr als die vier „klassischen" Kasualien Taufe, Bestattung, Konfirmation und Trauung („Holy four"). Es waren sowohl historisch *nie nur vier* Kasualien[567], auch gegenwärtig übersteigt die Zahl der Angelegenheiten, die sich zu einer Kasualie verdichten, deutlich den klassischen Kanon. Seit den 1950er Jahren wurde die Vierzahl der „Amtshandlungen" in der Kasualliteratur kanonisiert – im relativen Widerspruch zur kirchlichen Wirklichkeit. Natürlich können die „Holy four" auch noch heute quantitativ eine gewisse Zentralstellung beanspruchen, aber das sie umgebende Feld ist durchaus bunter und reichhaltiger. Diese Weite ist natürlich auch theorierelevant.

Im inneren Kreis finden sich die *Holy four*. Ihnen direkt zugeordnet sind die verschiedenen auf sie ausgerichteten *Erinnerungsformate*[568]: Tauferinnerung(en), Konfirmations- und Traujubiläen sowie die Totenmemoria, die in Form des Totensonntags (mancherorts auch Karfreitags) im Kirchenjahr ihren jahreszyklischen Ort hat.

In einem weiteren Kreis finden sich die *kirchengemeindlichen und kirchlichen Anlässe:* Ordination[569], Einführungen, Beauftragungen, Emeritierungen), *Benediktionen* (Einweihungen, Realbenediktionen[570], Segnungen usw.) sowie die kasualisierten *Kirchenfeste im Jahreskreis* (Totensonntag, Heiligabend[571], Erntedank, noch selten: Valentinsgottesdienste).

Im äußeren Kreis ist eine Auswahl zivilreligiöser Casus aufgelistet: „Riskante Liturgien"[572], Kirmes/Kirchweih, nationale/internationale Gedenktage und im Nah-

---

566 H. Kerner u. E. Amon, Segensfeiern, 17.
567 Schon ein flüchtiger Blick in die Lehrbücher des 19. Jh. zeigt die Breite der damaligen Kasualkultur an. Vgl. 2. Kasualien – eine kleine Theoriegeschichte; 3.1 Der Kasus.
568 6. Erinnerungskasualien.
569 4.6 Ordination – Inszenierung eines feinen Unterschieds.
570 4.9 Realbenediktionen – dienliche Dinge Gott anbefehlen.
571 4.5 Heiligabend – das *Memento nasci* als Kasus.
572 4.8 Riskante Liturgien – Irritationen gesellschaftlicher Sicherheitsverheißungen.

bereich Einschulung[573], Schulentlassung (Abitur), Vereinsjubiläen, Stadtjubiläen sowie feierliche Anlässe der regionalen Festkultur.

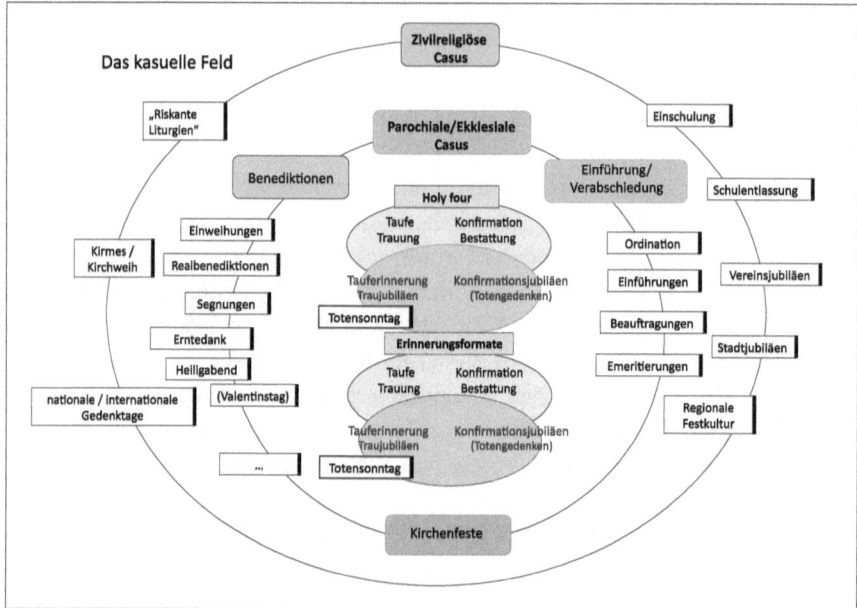

Abb. 1: Systematische Darstellung des kasuellen Feldes (occasional services); © Thomas Klie

---

573 4.2 Einschulung – fröhlicher Wechsel in die Kohorte der Gleichaltrigen.

5 Konkurrenzkasualien – zwischen ritueller Enteignung und Deutungsmacht

5.1 Concurrere – aneinandergeraten

Ein Genre heterogener religionshybrider Dienstleistungen[1] unter dem kategorialen Konstrukt *Konkurrenzkasualien* zusammenzufassen, ist insofern ein heikles Unterfangen, als sie sowohl in sich zeremoniell stark differieren und die hier beschriebenen Phänomene untereinander auch kaum gemeinsame Merkmale aufweisen. Von kohärenten Strukturmerkmalen kann in diesen Fällen nur aus der Perspektive und in direkter Analogie zur kirchlichen Kausalkultur gesprochen werden. Und hierbei ist das Hauptkriterium, dass sie sowohl von den Kasualbegehrenden wie auch von den kirchlichen Akteuren als konkurrierende Ritualangebote wahrgenommen und partiell auch in diesem adversativen Modus inszeniert werden.[2] Die weltliche Bestattung, die Jugendweihe, die freie Trauung und das Willkommensfest für Neugeborene sind allenfalls in urbanen Regionen als Gesamtpaket im Portfolio einzelner Ritualanbieter. Vielerorts fallen diese Optionen auseinander, sei es aus historischen (Jugendweihe), aus konfessionellen (freie Trauung) bzw. aus pragmatischen Gründen (freie Trauerreden). Das Taufsurrogat – wahlweise als „Willkommensfest", „Wasser-/Kinderweihe" o. ä. geführt – ist bislang rein numerisch (noch) eher zu vernachlässigen.

Bemerkenswert ist zunächst, dass die Gruppe der Konkurrenzkasualien mehrheitlich die traditionellen vier evangelischen Kasualien der Kirche abbilden. Sie kopieren dabei nicht nur das jeweilige kasuelle Format als solches, sondern sie assimilieren auch z. T. bis in kleinste Details hinein rituelle Sequenzen, die sie dann jedoch konfessionsfrei bzw. ohne expliziten Gottesbezug transformieren.[3] Sozial-

---

[1] Vgl. Peter A. Berger, Klaus Hock und Thomas Klie (Hg.), *Religionshybride: Religion in posttraditionalen Kontexten* (Wiesbaden: Springer, 2013), 7–45.
[2] Vgl. Jörg Stolz, „Kirchen im Wettbewerb: Religiöse und säkulare Konkurrenz in der modernen Gesellschaft", in *Kirche und Marketing: Beiträge zu einer Verhältnisbestimmung*, hg. v. Cla Reto Famos und Ralph Kunz (Zürich: TVZ, 2006), 95–116; auch in der großen Schweizer Studie zur Gegenwartsreligion ist das Modell religiöser Konkurrenz vorausgesetzt: Jörg Stolz, Judith Könemann u. a., *Religion und Spiritualität in der Ich-Gesellschaft: Vier Gestalten des (Un-)Glaubens* (Zürich: TVZ, 2014); Andreas Kubik, „Kasualien und ihre Konkurrenz: Ein Dilemma als religionspädagogische Chance", in *On demand: Kasualkultur der Gegenwart*, hg. v. Thomas Klie, Folkert Fendler und Hilmar Gattwinkel (Leipzig: Evang. Verlagsanstalt, 2017), 169–187.
[3] Schon ein flüchtiger Blick auf das jeweilige Inszenierungsmuster belegt die Copy-and-paste-Relation zwischen weltlichen und kirchlichen Trauerfeiern bzw. Konfirmation und Jugendweihe. In beiden Fällen stehen die nicht-kirchlichen Alternativen in einem deutlich parasitären Verhält-

psychologisch ließe sich dieser Prozess als Form einer gezielten *Akkulturation* identifizieren. Die agendarischen Usancen, die sich im Blick auf die Kasualien fest ins religionskulturelle Gedächtnis eingepasst haben, werden jeweils angepasst an die Deutungswünsche einer zunehmend säkularen Kundschaft. Dabei können das Setting (Einzug, Rede, Lesungen, zentraler Ritus, Musik/Gesang), der auratische Ort (hier oft: Schloss, Gutshaus, Außenlocations) und die persönliche Adressierung (in Ritus und Rede) friktionsfrei übernommen werden. Es ändern sich allerdings die Semantiken: Die Deutungen dessen, was der Fall ist, performieren sich in überwiegend biographischen bzw. generationellen Codierungen, Rekurse auf große Transzendenzen[4] bzw. auf die lebensorientierende Funktion heiliger Schriften werden vermieden. Die lebenshermeneutische Reichweite übersteigt im Normalfall kaum die Privatsphäre.

Konkurrenzkasualien sind religionskulturell eine Nebenfolge gesellschaftlicher Pluralisierungs- und Individualisierungsschübe, die auf ihrer Rückseite die kirchlichen Bindungen merklich lockern, vielfach aber auch komplett lösen. Auf Seiten der „Freischaffenden" sind heute allerdings die schroff antiklerikalen Attitüden der 1970er Jahre einer eher latenten Konvivenz gewichen. Man hat längst die Nische verlassen und kann die Anwahl der kasuellen Formate zwanglos der jeweiligen Nachfragesituation überlassen. Inszeniert wird, was bestellt wurde und bezahlt wird. In Ostdeutschland haben die kasuellen Alternativen zur Kirche quantitativ bei den Bestattungen und Jugendfeiern längst die religionskulturellen Prototypen abgelöst, bei den Trauungen zeichnet sich ein offenes Patt ab, und die weltliche Konkurrenz zur Taufe ist in der Regel die Nicht-Taufe. Mittlerweile sind selbst religiöse Lebensdeutungen in den „freien" Zeremonien keineswegs mehr kategorisch ausgeschlossen[5], dies umso mehr, als nicht wenige der rituellen Dienstleister eine theologische Erstausbildung absolviert haben, da sie von ihren Kirchen auf dem Höhepunkt der „Theologenschwemme"[6] in den 1980er/1990er Jahren nicht

---

nis zu den kirchlichen Initialkasualien. – Vgl. u. a. die Videoanalysen von Wilma Kauke-Keçeci, *Sinnsuche – die semiotische Analyse eines komplexen Ritualtextes: Am Beispiel der ostdeutschen Jugendweihe nach 1989* (Frankfurt a. M.: Peter Lang, 2002); Emilia Handke, *Religiöse Jugendfeiern „zwischen Kirche und anderer Welt": Eine historische, systematische und empirische Studie über kirchlich (mit)verantwortete Alternativen zur Jugendweihe* (Leipzig: Evang. Verlagsanstalt, 2016).

4 Luckmann unterscheidet „kleine", „mittlere" von „großen" Transzendenzen, bei denen „etwas überhaupt nur als Verweis auf eine andere, außeralltägliche und als solche nicht erfahrbare Wirklichkeit erfasst wird". Thomas Luckmann, *Die unsichtbare Religion* (Frankfurt a. M.: Suhrkamp, ²1993), 166 ff. (168).

5 Vgl. u.a. die empirischen Stichproben von Elina Bernitt, „Können weltliche Trauerfeiern Trost spenden?", in *Bestattung als Dienstleistung*, hg. v. Thomas Klie und Jakob Kühn (Stuttgart: Kohlhammer, 2019), 109–121.

6 Vgl. u.a. Gerd-Henning Gunkel, Nikolaus Lorenz und Hartwig Wrede, „Theologenschwemme und

in den Pfarrdienst übernommen worden sind. So bilanziert der studierte Theologe und Trauerredner Dirk Battermann lakonisch:

> „2017 hielt ich 235 Trauerfeiern, in denen ich 37-mal das Vaterunser, 11-mal eine Fürbitte sprach und 19-mal die Gestorbenen aussegnete und dabei Urne und Sarg berührte. Die Frage nach der Differenz von ‚weltlich' und ‚geistlich' verschwimmt angesichts dieser meiner Praxis."[7]

Ist dieses Beispiel, wenn es denn exemplarisch für das säkulare Kasualhandeln stünde, Ausdruck einer „Konkurrenz"? Formal haben heute Kasualbegehrende – unabhängig von ihrer Konfessionszugehörigkeit[8] – die Wahl zwischen einer kirchlichen und einer alternativen Dienstleistung bzw. dem „einfachen Abtrag" gänzlich ohne Feier[9] (bei Bestattungen) bzw. zwischen Konfirmation, Jugendweihe, „Jugendfeier"[10] oder Nicht-Feier bzw. zwischen kirchlich, weltlich und Nicht-Taufe (bei Taufen) bzw. zwischen kirchlicher und säkularer Zeremonie oder lediglich standesamtlicher Eheschließung (bei Trauungen). Die unterschiedlichen rituellen Formate stehen untereinander insofern in einem Konkurrenzverhältnis, als sie bei einer hohen Übereinstimmung in Setting, Ablauf und Rhetorik differente Deutungen aufrufen. Ob sich dabei auch die jeweiligen kasuellen Protagonisten als Konkurrenten wahrnehmen, ist schwer zu entscheiden, schließlich gestaltet jeder nur die ihm jeweils anvertrauten Kasualien.[11] Die offene Konkurrenz entstünde erst,

---

Wirtschaftskrise", *EvTh* 40, H.2 (1980), 148–160; Bernd Drößler, „Zwischen Amt und Beruf: Zur Problematik von Theologenarbeitslosigkeit", *ZThK* 82, H.4 (1985), 501–522; Andreas Finke, „Freie Theologen, freie Redner, freie Ritendesigner: Der neue Markt kirchenferner Riten", Materialdienst der EZW: Zeitschrift für Religions- und Weltanschauungsfragen, 67. Jg. (2004): 123–134; Thomas Klie, „Trauerredner zwischen Beruf und Berufung", in Dienstleistung, hg. v. Th. Klie u. J. Kühn, 99–107, insbes. 102f.
7 Dirk Battermann, „Die weltliche Trauerrede als Dienst für die Hinterbliebenen: Ein Praxisbericht", in Dienstleistung, hg. v. Th. Klie u. J. Kühn, 77–86 (84).
8 In der evangelischen Nordkirche wurden 2017 nur etwa 60 % der verstorbenen Evangelischen auch von einer evangelischen Pfarrperson bestattet. (Daten aus: Mitgliedschaftsentwicklung und Kasualien Nordkirche 2000–2017.pdf; Amt für Öffentlichkeitsdienst der Nordkirche, Hamburg). Allerdings wurden 2016 laut EKD-Statistik immerhin auch 12.787 Nicht-Evangelische evangelisch bestattet. Es ist davon auszugehen, dass es sich hierbei in der Mehrheit um Konfessionslose bzw. Ausgetretene handelte.
9 Vgl. hierzu Dieter Becker, „Solitarbestattung: Evangelische Bestattungen ohne Angehörige als theologische Herausforderung", *PTh* 9 (2013), 335–370.
10 Diese in Ostdeutschland neu entwickelte Form fällt bislang statistisch noch nicht ins Gewicht. Ausführlich hierzu: E. Handke, Jugendfeiern.
11 Erfahrungen aus Pfarrkonferenzen zeigen, dass nur sehr wenige Pfarrpersonen die säkularen Kasualformate aus eigener Anschauung kennen.

wenn man sich gegenseitig mit seinen Angeboten überböte (z. B. über Werbung[12]). Und wie jede Dienstleistung wird auch bei Kasualien die gewünschte Leistung in dem Moment konsumiert, in dem sie produziert wird. Rede und Ritus sind – kirchlich wie weltlich – performativ verfasst. Sie bewirken, was sie sagen, indem sie es sagen. Man kann sie erst beurteilen, wenn der Dienst geleistet ist. Erst *nach* einer Kasualie stellt sich Zufriedenheit (oder Unzufriedenheit) ein, erst am Ende eines rituellen Vollzugs können Kunden bzw. Kasualnehmer dessen Angemessenheit und Sorgfalt beurteilen. Erst nach einer Amtshandlung weiß man, dass es vielleicht besser gewesen wäre, sich an eine andere Pfarrperson zu wenden oder sich mit seinem rituellen Anliegen einem weltlichen Zeremonienmeister[13] anzuvertrauen. Manfred Josuttis resümiert im Blick auf die Bestattungspraxis:

> „Das pastorale Handeln ist nicht einfacher geworden, seitdem man die Situation nicht mehr eschatologisch, sondern marktwirtschaftlich definiert. Die Hörerschaft muss jetzt nicht mehr in ihrer Bedrohlichkeit, sondern in ihrer Bedürfnislage wahrgenommen werden. Ihre Erwartungen sollen nicht mehr abgewehrt, sondern soweit es möglich ist, erfüllt werden. […] Nicht mehr die Verfälschung des göttlichen Wortes, sondern die Enttäuschung menschlicher Ansprüche ist jetzt das Problem. Und zunehmend lauert an vielen Orten inzwischen die Konkurrenz freier Redner, deren Angebotspalette zahlreiche Varianten hochreligiöser oder ästhetisch profaner Gestaltungsformen der Beerdigungshandlung bereithält."[14]

Mit Recht präzisiert Jan Hermelink in diesem Zusammenhang, dass die funerale Konkurrenzsituation, in die die Kirchen geraten sind, weniger im Gegenüber zu den selbstständigen, von den Bestattern unabhängigen Trauerrednern besteht, sondern v. a. durch die Bestattungsinstitute generiert wird, die in der Regel den

---

12 Dieser Überbietungsgestus begegnet derzeit allenfalls in einigen Werbetexten auf den entsprechenden Homepages. Als exemplarisch kann hier der Text des Veranstalters „Omilia" gelten, der seine Bestattungen als „freie" Alternative gegenüber den Kirchen anpreist (bemerkenswert ist hier auch die Anrede in der 2. Person Plural): „Anders als die meisten kirchlichen Trauerfeiern verläuft eine freie Bestattung sehr persönlich und gefühlvoll. So könnt Ihr Elemente einbinden, die in einer Kirche nicht umgesetzt werden. Verbindet Ihr ein Lied, einen Spruch oder eine Geschichte mit Eurem lieben Verstorbenen? Oder möchtet Ihr bestimmte Symbole oder Rituale integrieren, die in Euch und Euren Gästen Erinnerungen auslösen? In der Gestaltung seid Ihr vollkommen frei." https://www.omilia.de/freie-beerdigung/; vom 10.9.2020.
13 Vgl. hierzu Haringke Gregor Fugmann, *Von Wendepunkten und Zeremonienmeistern: Kasualtheorien im Lichte zweier empirischer Untersuchungen* (Frankfurt a. M.: Hansisches Druck- und Verlagshaus, 2009).
14 Manfred Josuttis, „Die Toten", in *Heiligung des Lebens: Zur Wirkungslogik religiöser Erfahrung*, hg. v. Ders. (Gütersloh: Gütersloher Vlg., 2004), 253–268 (256).

Erstkontakt zur Trauerfamilie haben und dabei nicht zuletzt auch von ökonomischen Interessen geleitet sind.[15]

Das Etikett „Konkurrenz" löst in der Umgangssprache eher ambivalente Assoziationen aus im Sinne einer rivalisierenden Gegnerschaft bzw. einer unvereinbaren Interessenlage („Konkurrentenklage"). Andererseits steht „Konkurrenz" aber auch für das (oft) emotionale Ringen um Ansehen, Macht oder Anerkennung („Kontrahenten", „Nebenbuhler"). Und schließlich ist von „Konkurrenz" die Rede, wenn es im ökonomischen Sprachspiel um Marktanteile und Wettbewerb geht („Konkurrenz belebt das Geschäft"). Max Weber spricht z. B. in seiner soziologischen Kategorienlehre von „Konkurrenz", wenn es sich um eine „formal friedliche Bewerbung um eigene Verfügungsgewalt über Chancen" handelt, „die auch andre begehren".[16] – Schon diese Wortfeld-Skizze belegt, dass sich ein Konkurrenzverhältnis keineswegs nur durch Unvereinbarkeiten, Exklusionen und ausgeschlossene Drittheiten konstituiert.[17] Konkurrenzen haben immer auch einen spielerisch-kompetitiven Charakter[18], und sie zeigen emotionale Spannungen bzw. Entladungen an.[19] Auf der Folie dieses semantischen Spektrums soll im Folgenden von „Konkurrenzkasualien" die Rede sein.

5.2 Rituelle Pluralisierung

Es ist der spätmodernen Ausdifferenzierung der Lebenslagen und der damit einher gehenden Entkirchlichung der kulturellen Mitwelten geschuldet, dass die kirchliche Kasualkultur quantitativ an Boden verliert und an ihren Rändern immer weiter ausfranst. In der kasuellen Peripheriezone entstehen aber nicht nur immer profiliertere weltliche Alternativen, es weitet sich parallel dazu auch das Tableau kirchlicher Kasualhandlungen durch „neue" Kasualien[20] sowie die Kasualisierung

---

15 Vgl. Jan Hermelink, „Christlich, weltlich und von allem ein wenig: Gegenwärtige Bestattungsfeiern jenseits der kirchlichen Tradition", PrTh 37 (2002), 206–209 (209).
16 Max Weber, *Wirtschaft und Gesellschaft: Grundriss der verstehenden Soziologie* (Frankfurt a.M.: Zweitausendeins, 2005), 27.
17 Vgl. die Primärbedeutung von latein.: *concurrere* – im Sinne von (feindlich) zusammenstoßen, aneinandergeraten, anstürmen, angreifen.
18 Vgl. die Sekundärbedeutung von latein.: *concurrere* – räumlich: zusammenlaufen, -strömen, von allen Seiten herbeieilen bzw. temporal: zusammenfallen, -treffen, zugleich stattfinden.
19 Vgl. die Tertiärbedeutung von latein.: *concurrere* – freundlich: seine Zuflucht nehmen; von Zuständen (nachklass.): hereinbrechen.
20 1.7 Mehr als die Holy four, mehr als der Einzelne; 4.10 Das kasuelle Feld der Gegenwart.

der Gottesdienstkultur.[21] Zum einen ergeben sich v. a. mit den Benediktionen, der Krankensalbung[22], den Einschulungsgottesdiensten, den Scheidungsritualen neue kasuell wahrgenommene Anlässe. Zum anderen stehen dem noch weitgehend konventionalisierten Ritualangebot der großen Kirchen außerkirchliche Ritualanbieter gegenüber, die in der öffentlichen Wahrnehmung längst nicht mehr nur als „zweite Wahl" firmieren.[23] Im Wettstreit um den Möglichkeitssinn des Lebens gibt es mittlerweile deutlich mehr und deutlich kompetentere Anbieter.[24] Dass dieses Spiel heute auch auf dem Terrain der Stilgesten, Riten und symbolischen Ordnungen ausgetragen wird, ist allerdings neu. Der Religionssoziologe Thomas Luckmann sieht die spätmoderne Anwahl ritueller Lebensdeutung in der Spannung zwischen institutionell vorgehaltenen Relevanzstrukturen, alltagsweltlichen Wirklichkeitsansprüchen und der Sinnorientierung subjektiver Lebensführung:

> „Ist die Religion erst einmal zur ‚Privatsache' geworden, kann das Individuum nach freiem Belieben aus dem Angebot ‚letzter' Bedeutungen wählen. Geleitet wird es dabei nur noch von den Vorlieben, die sich aus seiner sozialen Biographie ergeben. Eine bedeutsame Folge dieser Situation besteht darin, dass der einzelne nun nicht mehr nur seine persönliche Identität konstruiert, sondern auch sein individuelles System ‚letzter' Bedeutungen."[25]

Luckmann spricht in diesem Zusammenhang von einer „Wahlverwandtschaft" zwischen privatisierter Religion und sakralisiertem Subjekt.[26]

---

21 Hiermit ist die in 1970er Jahren einsetzende Pluralisierung der liturgischen Propria gemeint: Neben- und Sondergottesdienste, Zielgruppengottesdienste und thematisch gebundene bzw. anlassbezogene Liturgien, Taizé-Andachten, Thomas-Messen und Evensongs usw. Vgl. hierzu die Aufstellung von Christian Grethlein (*Praktische Theologie* [Berlin/Boston: De Gruyter, ²2016], 406 f.), der dieses Phänomen als „Veränderungen in der liturgischen Partizipation" identifiziert und von der „grundsätzlichen Pluriformität von Gottesdiensten" spricht (406).
22 Der von Christian Grethlein unternommene Versuch, die Krankensalbung in den Kanon der Kasualien aufzunehmen, ist nicht unumstritten. Es fehlt dieser pastoralen Zuwendungsform zumindest die familiale Wahrnehmung (anstelle eines eher individuellen Ritus), der gottesdienstliche (statt poimenische) Zuschnitt und die Anfragestruktur (pastorale Offerte statt Kasualbegehren); vgl. Christian Grethlein, *Grundinformation Kasualien: Kommunikation des Evangeliums an Übergängen des Lebens* (Göttingen: Vandenhoeck, 2007), 358–389.
23 Vgl. u. a. Kim de Wildt, „Kasualien-Konkurrenz: Die Kirche und ihre ‚Kunden'", εύangel: Magazin für Missionarische Pastoral 3 (2015).
24 Der Kompetenzzuwachs spiegelt sich u.a.a. in der entsprechenden säkularen Anleitungsliteratur; vgl. Martin Diedrich, *Reden als Ritualkunst. Grundlagen für Hochzeits- und Trauerredner*innen* (Göttingen: Vandenhoeck, 2020).
25 Th. Luckmann, Religion, 141.
26 Ebd., 181.

Nannten sich die ersten Kasualkonkurrenten noch „freie Grab*redner*" bzw. „Hochzeits*rednerin*" und besetzten damit das protestantische Predigtparadigma, so begegnen derzeit vermehrt als professionelle Selbstzuschreibungen „Zeremonienleiter"[27], „Ritualbegleiter, Ritualleiter oder Ritualgestalter"[28] oder „Trauerbegleiter"[29], die darüber hinaus auch poimenische und inszenatorische Kompetenzen signalisieren. Viele eignen sich den Habitus autonomer Kulturvermittler an, ohne dabei auf etablierte Karrieren und berufliche Muster zurückgreifen zu können.

> „Im Kampf um Aufmerksamkeit kommt es [...] darauf an, Möglichkeiten der Weltdeutung und Handlungsorientierung zu offerieren, die sich vom vorherrschenden gesellschaftlichen Wertekanon abgrenzen, die es erlauben, ehemalige Selbstverständlichkeiten und Verbindlichkeiten zu relativieren und den innovativen Gehalt des eigenen Angebots unter Beweis zu stellen."[30]

Und so mehren sich parallel zur kirchlichen Praxis auch im alternativen Ritualsegment die Anlässe, für die man der Kundschaft seine Dienstleistungen anbietet. Neben den traditionellen, auf die kirchlichen Kasualien bezogenen Deutungshandlungen gibt es mittlerweile kaum Lebensereignisse, die nicht auch in einer säkularen Zeremonie begangen werden können.[31] Das weltliche Segment ist durch eine expansive Dynamik geprägt. Viele Anbieter sehen im Kasus einen Anlass für ein All-inclusive-Angebot: So werden vielfach auch „Eventlocations", Hochzeitsplanung und -fotografie, Floristik und die entsprechende Live-Musik mit offeriert.

Eine evangelische Kirche, die sich eher auf diskursive Deutungen versteht (und dies nicht immer zu Recht mit den kommunikativen Errungenschaften der Reformation legitimiert), trifft dieser Wettbewerb nicht gerade an ihrer stärksten Stelle. Protestantische Pfarrpersonen setzen weithin auf die Hegemonie des Wortes, die sich in der Kasualpraxis leider oft genug in einer Inflation der Wörter artikuliert. Die „Ritualisten in 1. Ableitung"[32] rechnen nicht wirklich damit, dass viele Men-

---

27 http://www.zeremonienleiter.de; vom 15.1.2020.
28 https://www.fachschule-rituale.ch; vom 8.9.2020. – An der im Jahr 2000 gegründeten Fachschule in Rüti/Schweiz wird berufsbegleitend ein anderthalbjähriger Lehrgang (13 Module) zur Ausbildung von Ritualkompetenzen angeboten.
29 https://bv-trauerbegleitung.de; vom 8.9.2020.
30 Markus Hero, *Die neuen Formen des religiösen Lebens: Eine institutionentheoretische Analyse neuer Religiosität* (Würzburg: Ergon, 2010), 139.
31 Exemplarisch für die Überfülle ritueller Deutungsofferten: Die „Ritualschmiede" im Schweizer Arch (Kanton Bern) bietet z. B. an: Rituale bei Trennung, Geburtstag, Pensionierung, Familienübergang; Begleitung nach Tot- oder Fehlgeburt sowie Haussegnung bzw. Räucherung.
32 Dieses treffende Bonmot hat Michael Meyer-Blanck geprägt: *Inszenierung des Evangeliums: Ein kurzer Gang durch den Sonntagsgottesdienst nach der Erneuerten Agende* (Göttingen: Vandenhoeck, 1997), 91.

schen auch und gerade über der Performanz ritueller Kommunikation und in der stillschweigenden Gravität sinnvoller Gesten ihrem Leben neu begegnen wollen.

Der Blick auf die Kasualkonkurrentinnen und Ritualwettbewerber ergibt ein uneinheitliches Bild. So werden in Ostdeutschland längst die meisten *Bestattungen* bereits von sog. „freien Rednern" gestaltet.[33] Oft übernehmen auch die Bestattungsunternehmen selbst diese kostenpflichtige Dienstleistung. Bei *Trauungen* zeigt sich vor allem in urbanen Milieus ein steigender Trend zu „Freien Trauungen" (rubriziert als „Paarritual" oder „Hochzeitszeremonie"), die von hierauf spezialisierten freiberuflichen Hochzeitsrednern oder Ritualleiterinnen arrangiert werden.[34] Während in Westdeutschland die *Konfirmation* immer noch weitgehend konkurrenzfrei von der Kirche verantwortet wird, ist sie in Ostdeutschland schon seit Jahrzehnten abgelöst worden durch ihr säkulares Pendant, die Jugendweihe. Ob sich die kirchlichen Jugendfeiern als dritte Alternative etablieren können, bleibt abzuwarten. Allein die *Taufe* ist weitgehend konkurrenzlos geblieben. Die Alternative zur Taufe ist die Nicht-Taufe bzw. die Jetzt-noch-nicht-Taufe.[35] In einigen Kirchgemeinden macht sich die Kirche mit niederschwelligen Kindersegnungen selbst Konkurrenz.[36] Säkulare „Willkommensfeiern" fallen allenfalls in den Metropolen numerisch ins Gewicht. Eine breite Palette weltlicher Ritualisierungen vervollständigt das Bild: säkulare Ehejubiläen, Hauseinweihungen, Beziehungsrituale, Segnungen bis hin zu Heilungsritualen.[37]

---

[33] Vgl. Jan Hermelink, „Die weltliche Bestattung und ihre kirchliche Konkurrenz: Überlegungen zur Kasualpraxis in Ostdeutschland", *Jahrbuch für Liturgik und Hymnologie* 39 (2000), 65–86; Birgit Janetzky, „Lebensdeutung und Abschiedsritual: Die Gestaltung ‚weltlicher' Trauerfeiern", in *Christliche Begräbnisliturgie und säkulare Gesellschaft*, hg. v. Albert Gerhards und Benedikt Kranemann (Erfurt: St. Benno, 2002), 231–251; Ingo Reuter, „Totenrede oder Predigt? Zur Plausibilitätsstruktur christlicher Verkündigung angesichts des Todes auf dem Markt der Abschiedsangebote", in *Performanzen des Todes: Neue Bestattungskultur und kirchliche Wahrnehmung*, hg.v. Thomas Klie (Stuttgart: Kohlhammer, 2008), 159–175; Julia Schäfer, *Tod und Trauerrituale in der modernen Gesellschaft: Perspektiven einer alternativen Trauer- und Bestattungskultur* (Stuttgart: Ibidem, ²2011).

[34] Imke Klie, „Freie Trauungen mit ‚Imke Klie Zeremonien'", in *Provozierte Kasualpraxis: Rituale in Bewegung*, hg. v. Ulrike Wagner-Rau und Emilia Handke (Stuttgart: Kohlhammer, 2019), 47–55 sowie die Replik auf diesen Beitrag von Kristian Fechtner, „Trauungen außerhalb und innerhalb der Kirche: Praktisch-theologische Beobachtungen und kasualtheoretische Erwägungen", in U. Wagner-Rau u. E. Handke, Kasualpraxis, 57–69.

[35] 4.1 Taufe – die fluide Freistellung des christlichen Subjekts.

[36] Zur Abgrenzungsproblematik vgl. Alex Kurz, *Gedanken zu Taufe und Kindertaufe* (Zürich: TVZ, ³2019).

[37] Vgl. Janina Karolewski, Nadja Miczek und Christof Zotter (Hg.), *Ritualdesign: Zur kultur- und ritualwissenschaftlichen Analyse „neuer" Rituale* (Bielefeld: Transcript, 2012); Sarah Demmrich, *Religiosität und Rituale: Empirische Untersuchungen an ostdeutschen Jugendlichen* (Leipzig: Evang. Verlagsanstalt, 2016); Dorothea Lüddeckens, „Neue Rituale in allen Lebenslagen: Beobachtungen zur

Über die Verbreitung und Akzeptanz dieser säkularen Kasualien gibt es kaum aussagekräftige Untersuchungen. Ein fachlich gebundenes Screening der einschlägigen Websites offenbart jedoch schnell, dass sich die Angebotspalette weitet und dabei die Dienstleistungen professioneller formuliert werden. Auch wird deutlich, dass diese explizit nicht-kirchlichen Angebote nicht unbedingt säkular im Sinne von religionsneutral sind. In vielen Zeremonien, soweit sie in der Literatur, in Ratgebern oder im Netz greifbar sind, beruft man sich oftmals recht unbefangen und kritiklos auf „uralte" Traditionen, auf „von der Kirche unterdrückte" Weisheitslehren sowie wahlweise auf indianische, keltische oder ostasiatische Religionen als beglaubigende Autoritäten. Die religionshybriden Angebote profitieren von der religiösen Indifferenz der Adressatengruppe und den verbreiteten religionskundlichen Wissenslücken. Die typisch spätmoderne Religionsproduktivität korreliert mit ihren wohlfeilen *invented traditions* eben nicht nur mit der Erosion großkirchlicher Religionspraxis, sondern auch mit einem gewissen Maß an Ahnungslosigkeit. Das fluide Feld spiritueller Praxis ist gekennzeichnet durch „verschliffene Grenzen, Phasen und Schwellen bei wachsender Abnahme kollektiv plausibler Rituale". Es zeichnet sich eine Tendenz zu einer „zunehmende[n] private[n] ‚Selbstritualisierung'" ab: „der Einzelne praktiziert ad-hoc-Rituale, teilt subkulturelle und mediale Lebensstil-Elemente, die rituelle Züge tragen, aber nicht mehr in ihrer religiösen Qualität erkennbar sind."[38] Die religiöse Imprägnierung der außerkirchlichen Kasualkultur vollzieht sich nicht nach Maßgabe dogmatischer Normen. Explorative Transitionen und soziale Bekräftigungen stehen neben rituell heillos übercodierten und ästhetisch intensivierten Begehungen.[39]

Die Bewältigungs- und Darstellungsformen im Resonanzraum biographischer Brennpunkte haben sich vom kirchlich hegemonialen Ritenkomplex emanzipiert und sich entlang persönlicher Lebensstilpräferenzen angelagert. In diesem Prozess werden ganz eigene professionelle Funktionen ausgebildet („Ritualbegleiter", „Zere-

---

Popularisierung des Ritualdiskurses", *Zeitschrift für Religions- und Geistesgeschichte* 56/1 (2004), 37–53; Barbara G. Walker, *Die spirituellen Rituale der Frauen: Zeremonien und Meditationen für eine neue Weiblichkeit* (München: Heyne, 2000).

38 Wolf-Eckart Failing und Hans-Günter Heimbrock, *Gelebte Religion wahrnehmen: Lebenswelt – Alltagskultur – Religionspraxis* (Stuttgart: Kohlhammer, 1998), 209. Vgl. hierzu in institutionentheoretischer Perspektive auch die Berliner Dissertation von Markus Hero, Formen, 2010.

39 Versteht man Religion als eine von mehreren Subjekten geteilte kulturelle bzw. soziale Praxis, verschiebt sich die religionstheoretische/-soziologische Wahrnehmung von den Motivlagen hin auf das Beziehungsgefüge, in dem Akteure miteinander interagieren und kommunizieren. Vgl. auch den methodischen Ansatz der 5. Kirchenmitgliedschaftsuntersuchung: Heinrich Bedford-Strohm und Volker Jung (Hg.), *Vernetzte Vielfalt: Kirche angesichts von Individualisierung und Säkularisierung* (Gütersloh: Gütersloher Vlg., 2015).

monienleiter", „Biographin")[40], die die von ihnen verantworteten Deutungshandlungen entsprechend bepreisen. Als Kunde delegiert man sein Anliegen an Spezialisten, die man dann auch entlohnt. In einer Medien- und Informationswelt zählen professionelle Reputation (Homepage, persönliche Empfehlungen), die vermutete Gestaltqualität der beauftragten Dienstleistung und der intendierte biographische Mehrwert, den das „freie" Ritual den Auftraggebern verheißt. Die Symbolhandlungen werden „von den Gesetzmäßigkeiten des ökonomischen Systems überformt"[41], und dies geschieht im Rahmen eines Milieus, das kirchlich durchaus ansprechbar wäre. So lassen die wenigen Untersuchungen der Klientel darauf schließen, dass man es hier mit „freiheitsbewussten und zugleich sozioökonomisch abgesicherten Milieus" zu hat, die „über ein bestimmtes Maß an kulturellem Kapital verfügen".[42]

5.3 Gegenspiele

5.3.1 Die weltliche Willkommensfeier

An jede der *Holy-four*-Kasualien haben sich Konkurrenzkasualien angelagert. Dies ist *auch* ein Indiz dafür, dass die Kirche mit ihren „Amtshandlungen" ein Feld bespielt, dass religiös wie ökonomisch so attraktiv ist, dass es von nicht-kirchlichen Akteuren adaptiert, fortgeschrieben und umformatiert wird. Diese konkurrierenden Fortschreibungen gestalten sich jedoch unterschiedlich, weil sie sich unterschiedlichen Entstehensbedingungen verdanken. Wer den Lebensbeginn seines Kindes gewusst gestaltet wissen will, aber für diese Dienstleistung nicht den kirchlich-sakramentalen Akt in Anspruch nimmt[43], kann sich heute der Dienste eines

---

[40] Wolfgang Steck resümiert: „Im Zuge der Auswanderung der Kasualienkultur aus der Institution Kirche und ihrer Überstellung in die säkulare Lebenswelt bildete sich schließlich das neuartige, aus dem Rollenspektrum des Pfarrberufs abgeleitete Berufsbild der freiberuflich tätigen ‚RitualbegleiterIn' heraus, die als versierte ExpertIn die in unterschiedliche Lebenslagen eingebetteten Zeremonien mit den Betroffenen zusammen konzipiert und ausführt. Die Säkularisierung der Kasualienreligion führte insofern zu einem partiellen Funktionsverlust sowohl des kirchlichen Sozialsystems als auch des Pfarrerberufs." – *Praktische Theologie: Horizonte der Religion – Konturen des neuzeitlichen Christentums – Strukturen der religiösen Lebenswelt, Bd. 2* (Stuttgart: Kohlhammer, 2011), 252.
[41] W. Steck, Praktische Theologie, Bd. 2, 251.
[42] So jedenfalls fasst Teresa Schweighöfer die noch spärlichen Befunde zusammen; „Von der Sehnsucht nach einem ganz eigenen Ritual: Wer sind die KundInnnen Freier RitualanbieterInnen?", *PrTh* 2 (2020), 212–217 (213).
[43] Immerhin geben bei der 5. Kirchenmitgliedschaftsuntersuchung rund 11 % der Evangelischen (und 92 % der Konfessionslosen) an, ihr Kind nicht taufen zu lassen, wenn sie dies zu entscheiden

freiberuflichen Ritualanbieters bedienen. Die Hamburger „Freie Rednerin" Imke Klie[44] bietet z. B. sogenannte „Willkommenszeremonien" an. Dieser formalisierte Gestus initiiert den symbolischen (Erst-)Kontakt, die rituelle Aufnahme eines Neugeborenen in die Familie. Die Eltern und Verwandten vergewissern sich über diese Darstellungshandlung ihrer neuen Rolle, nun als Elternpaar für ein Kind zu sorgen. Im Zentrum

> „dieser Zeremonie wird euer Nachwuchs feierlich willkommen geheißen. Manche Eltern wünschen sich Wegbegleiter für ihr Kind und ernennen Paten, denen in einer konfessionsfreien Zeremonie eine ganz besondere Aufgabe zukommen kann. Wunderschön ist es zum Beispiel, wenn für das Kind Wünsche gelesen werden oder den Paten zur Erinnerung an das Fest und ihre Patenschaft ein Geschenk überreicht wird. Auch Musik, Texte oder bedeutungsvolle Rituale können integriert werden. Wir beraten, ihr entscheidet: eure Werte, Wünsche und Visionen stehen im Mittelpunkt."[45]

Die Analogien zur hier zitierten kirchlichen Kasualie treten deutlich hervor. Wie in der kirchlichen Taufpraxis sind mit dieser Annoncierung Säuglingstaufen bzw. Taufen im frühen Kindesalter vorausgesetzt; einen Heranwachsenden „willkommen" zu heißen, erscheint wenig plausibel.[46] Wie bei der Taufe können auch im „konfessionsfreien" Pendant „Paten" benannt werden, die als „Wegbegleiter" des Kindes fungieren. Während bei der kirchlichen Taufe der *pater spiritualis* die Aufgabe hat, bei der Säuglingstaufe stellvertretend für den Täufling den christlichen Glauben zu bezeugen und den Kindern davon zu erzählen, besteht das hier zu repräsentierende Credo in der niederschwelligen Bekräftigung der engen sozialen Bindung zur Elternfamilie.[47] Das weltliche Patenamt besteht also in personaler Präsenz und in der Bekundung, sich auch in Zukunft für das Kind präsent zuhalten – eine Deutung, die durchaus mit volkskirchlichen Lesarten des kirchlichen Patenamtes korreliert.

Die soziale Gruppe, der das Kind entstammt und die es darum auch rituell willkommen heißt, ist die Familie; sie setzt mit der Wahl der Paten den personalen Rahmen für die Willkommensfeier. Als primäre Wertegemeinschaft bestimmt sie

---

hätten. H. Bedford-Strohm u. V. Jung (Hg), Vielfalt, 467.
44 Imke Klie ist mit dem Verfasser dieses Buches nicht verwandt, beide stehen jedoch seit längerer Zeit in Kontakt.
45 http://imkeklie.de/willkommenszeremonien/; Abruf am 15.1.2017. – Dieser Text steht in Form und Inhalt exemplarisch für das Gros entsprechender Ritualangebote, die Willkommensfeiern annoncieren.
46 Laut EKD-Statistik kamen 2022 auf insgesamt 160.198 Taufen 149.084 Kindertaufen (= rd. 93 %); https://www.ekd.de/statistik-amtshandlungen-44290.htm; vom 29.8.24.
47 In der volkskirchlichen Taufpraxis ist dieses Motiv für viele Tauffamilien durchaus auch relevant.

den normativen Zuschnitt der Feier. In diesem Ritus spiegeln sich biologische Notwendigkeit und familiale Bestimmung. Die begleitende Einführung in eine symbolische Welt entfällt hier, wenn man von der erwartbaren Konsonanz mit dem elterlichen Wertesystem absieht („Werte, Wünsche und Visionen"[48]). Andere kollektive Bezugsgrößen wie Staat, Gesellschaft oder Weltanschauungsgemeinschaften sind nicht im Fokus. Die performative Reichweite des Ritus ist das familiale Beziehungsnetz.

Dass für das Kind „Wünsche" formuliert werden können, rückt diese explizit konfessionsfreie Feier einmal mehr in die Nähe des kirchlichen Originals. Offen bleibt allein, welche „bedeutungsvollen Rituale" hier zentral gesetzt werden.[49] Klar ist jedoch, dass mit der Willkommensfeier eine Dienstleistung angeboten wird, bei der der Kunde „entscheidet", welches Symbolangebot in seinem Fall Gestalt annehmen soll. Das Spiel aus Angebot und Nachfrage steckt – ganz analog zur rituellen Marge im Kasualgespräch – den Rahmen ab für das Zustandekommen bzw. die Qualität der ausgehandelten Komposition und letztlich auch für die Zufriedenheit mit der bestellten Dienstleistung.[50]

Mit der Verheißung, die Freiheit individueller Präferenzen direkt in die Gestaltung der Feier einfließen zu lassen, ist indirekt auch die Kontrastfolie skizziert, von der sich die Willkommensfeier als Alterative abhebt. Während die kirchliche Taufe eingebunden ist in einen Begründungszusammenhang, der die familiale Herkunft übersteigt, ist die weltliche Willkommensfeier frei von transfamilialen Beziehungszumutungen. Ist die Taufe als Einbindung in die christliche Glaubensgemeinschaft, die mit sakramentaler Kraft zum Ausdruck gebracht wird, eingelagert in biblische Narrative, die bei der Tauffeier auch aufgerufen werden, ist es hier das kontingente Ethos familialer Orientierungen.

---

[48] Nach Hero ließe sich diese Alliterationen als Teil einer gezielten „Euphemisierungsstrategie" bezeichnen; M. Hero, Formen, 138.

[49] Die freie Rednerin Nicole Decker-Paxton aus Reilingen bei Heidelberg (www.diefrau-dietraut.de) formuliert ihr Taufritual („frei, kreativ oder klassisch"): „Es kann z.B. ein Koffer für die Reise, die Leben heißt, sein, ein Kompass, um immer die richtige Richtung im Leben zu finden oder ein Schlüsselbund, damit keine Tür je verschlossen bleibt." https://www.baby-willkommensfeier.de/ihre-willkommensfeier/; vom 10.9.2020.

[50] Auf der Seite www.zeremonienleiter.eu wird auch auf die Preisgestaltung eingegangen: „Die Kosten einer Willkommensfeier sind von der Wahl des Ortes und der Anzahl der Gäste abhängig. Der Preis für einen freien Redner, Theologen oder Ritualbegleiter beginnt ca. um die € 500,- je nach Aufwand und Leistung auch mehr." Abruf am 10.9.2020.

5.3.2 Die Jugendweihe

Die gesellschaftliche Wahrnehmung der Konfirmation ist spätestens seit dem 19. Jh. eine feste Bezugsgröße im öffentlichen und familiären Festkalender.[51] Ihre Popularität überragt bei Weitem ihre Funktion als genuin kirchliche Feier. Ihre kasuelle Unschärfe[52] und ihre weite kulturelle Semantik machte die Konfirmation im Kontext der sich seit der 1848er Revolution verstärkenden religionskritischen und antiklerikalen Kräfte zu einem probaten Angriffspunkt für rituelle Konkurrenzen. Die Konfirmation ist die kirchliche Kasualie, der als erste eine rituell ausgestaltete Opposition an die Seite gestellt wurde – die Jugendweihe.

Zu einem virulenten gesellschaftlichen Phänomen wurde der gezielt an die Konfirmationspraxis anknüpfende, säkulare Passageritus in der DDR (1949–89).[53] Ideen- und organisationsgeschichtlich reicht die Jugendweihe jedoch sehr viel weiter zurück. Vorschub leistete hier die aus dem kirchlichen Rationalismus der Aufklärungszeit fortwirkende Deutung der Konfirmation als der eines feierlichen Erweises von Mündigkeit und moralischer Reife. Erste konkrete Vorstufen lassen sich im Umfeld der freireligiösen, freidenkerischen und sozialistischen Bewegungen nachweisen. Bereits in den 1870er Jahren veranstaltete man in freireligiösen Gemeinden Feiern zur Schulentlassung und zur (religiösen) Mündigkeit. 1881 fanden diese Weiheveranstaltungen mit der Gründung des deutschen Freidenkerbundes dann eine organisatorische Basis. Die ersten proletarischen Jugendweihen gab es 1889 in Berlin und 1890 in Hamburg. Ab 1903 wurden „Schulentlassungsfeiern" (mit 14 Jahren) durch die damalige SPD auch in anderen Städten durchgeführt, wenn auch die Teilnahmezahlen bis 1918 relativ gering blieben. Im Vordergrund stand hier primär die Nachwuchsgewinnung. Im Nationalsozialismus konnte man unter anderen politischen Vorzeichen in einer paganen Synthese aus Deutschgläubigkeit und Freidenkertum an die freireligiöse Jugendweihetraditionen anknüpfen. Die Elemente „Schulentlassung", „Aufnahme in die Hitlerjugend (HJ)" bzw. in den „Bund deutscher Mädel (BDM)" wurden dann 1940 in Opposition zu Konfirmation und Firmung als „Nationalsozialistische Jugendleite" zusammengefasst.

In der DDR wurde, zunächst gegen den erbitterten Widerstand der Kirchen, die hierin ihren *status confessionis* berührt sahen, die Jugendweihe 1954 offiziell ein-

---

51 Zum Folgenden vgl. Thomas Klie, „Kasualgemeinde", in *Handbuch für Kirchen- und Gemeindeentwicklung*, hg. v. Ralph Kunz und Thomas Schlag (Neukirchen-Vluyn: Neukirchener Vlg., 2014), 281–287.
52 4.3 Konfirmation – kirchliche Mündigkeit initiieren.
53 Ausführlich hierzu v. a. Albrecht Döhnert, *Jugendweihe zwischen Familie, Politik und Religion: Studien zum Fortbestand der Jugendweihe nach 1989 und die Konfirmationspraxis der Kirchen* (Leipzig: Evang. Verlagsanstalt, 2000).

geführt. Aufgrund massiver Propaganda nahmen schon 1959 ca. 80 % der Jugendlichen an der Jugendweihe teil und verhalfen ihr damit zur allgemeinen Akzeptanz. In den ständig überarbeiteten Lehrplänen kristallisierten sich für die vorbereitenden, konfirmandenunterrichts-analogen „Jugendstunden" die Vermittlung eines materialistischen Weltbildes, das „Bekenntnis" zum sozialistischen Staat und das Bemühen um attraktive freizeitpädagogische Settings (Exkursionen, Filme, Sport) als didaktische Konstanten heraus.

Auch dramaturgisch ergab sich beim formalisierten Ablauf der eigentlichen Weiheveranstaltung eine große Nähe zu den agendarischen Üblichkeiten bei der Konfirmation: Einzug, Musik/Gesang, Bekenntnis (Bekenntnis zum sozialistischen Staat und zu seiner materialistischen und atheistischen Ideologie), Ansprache/Predigt, Überreichen eines Geschenkbandes[54]. Je mehr die Jugendweihe in der Spätzeit der DDR für die Teilnehmenden ihre Bedeutung als politischer Konfrontationsakt verlor, desto klarer trat ihr prominenter Platz im zivilreligiösen Familienleben Ostdeutschlands hervor. Hierin übernahm sie eine der Konfirmation im westdeutschen Festkalender vergleichbare Funktion, während die Jugendweihen hier kaum mehr als 1 % der Jugendlichen erreichten. In den neuen Bundesländern hat sich die Jugendweihepraxis – nach quantitativen Rückgängen kurz nach der Wende – wieder auf einem hohen Niveau stabilisiert. Sie speist sich aus einer rituellen Konstanz, aus einem in Ostdeutschland kaum mehr legitimationsbedürftigen a-religiösen Lebensgefühl und aus der Kontinuität eines diffusen Ost-Patriotismus. Ideologisch weitgehend entleert erfüllt sie für viele die Funktion eines käuflich erwerbbaren Dienstleistungsrituals.[55]

Anders als die durchaus mehrdeutige Konfirmation ist die Botschaft der Jugendweihe nach dem Ende der DDR von großer Klarheit: die Jugendlichen treten ihren Familien als Heranwachsende gegenüber.[56] Die Jugendweihe ist eine lupen-

---

54 Der Sammelband „Weltall, Erde, Mensch" war jahrzehntelang das offizielle Begleit- und Geschenkbuch der Jugendweihe. In seinen ständig angepassten Auflagen spiegelt sich exemplarisch das Verhältnis von Staat und Kirche wider. Mit seiner Auflage von über vier Millionen Exemplaren galt es als das am weitesten verbreitete Druckwerk der DDR. Vgl. Torsten Morche, *Weltall ohne Gott, Erde ohne Kirche, Mensch ohne Glaube: Zur Darstellung von Religion, Kirche und „wissenschaftlicher Weltanschauung" in ‚Weltall, Erde, Mensch' zwischen 1954 und 1974 in Relation zum Staat-Kirche-Verhältnis und der Entwicklung der Jugendweihe in der DDR* (Leipzig: Edition Kirchhof & Franke, 2006).

55 Je nach Anbieter differieren die Kosten für die Jugendweihe, zumeist liegen sie zwischen rund 80 bis 150 Euro. In diesem Preis sind enthalten: Vorbereitungsveranstaltungen, Festveranstaltung und die Urkunde bzw. das Buchpräsent. Eltern und Verwandte müssen zur Weiheveranstaltung eine Eintrittskarte kaufen.

56 Zu DDR-Zeiten wurde man in den Schulen nach der Jugendweihe von den Lehrpersonen in der Regel gesiezt.

reine Adoleszenzkasualie, die seit 1989 entlastet ist von einem kruden politischen Überbau. In der Liedauswahl (oft nostalgische DDR-Hits) und in der Auswahl der Redner und Rednerinnen (oft Sympathisanten der Partei DIE LINKE) werden sublime Reminiszenzen wachgerufen, die jedoch nur noch die Großelterngeneration realisiert. Träger der Jugendweihe sind heute sog. Jugendweihevereine, die sich regional bzw. auf Landesebene etabliert haben und die vor allem über die Schulen interessierte Jugendliche rekrutieren. Mittlerweile ist die Zahl der Jugendlichen, die weder die Jugendweihe noch die Konfirmation für sich anwählen, auf etwa 50 % angestiegen.[57] Das Interesse an den Jugendweihen – obwohl nach wie vor Mehrheitsritual – ist im Gegenzug drastisch gesunken: Waren es im Jahr 2000 noch ca. 96.000 Jugendweihlinge in Ostdeutschland, fiel die Zahl auf 25.000 im Jahr 2009.[58]

Seit Ende der 1990er Jahre hat sich in Ostdeutschland eine zweite Alternative zur Konfirmation herausgebildet: die von den Kirchen im Umfeld christlicher Schulen verantwortete *Jugendfeier*.[59] Thematisch werden in den vorbereitenden Kursen, in die oft auch Eltern mit eingebunden werden, altersspezifische Sinn- und Lebensfragen bearbeitet mit unterschiedlicher Gewichtung religiöser Deutungsperspektiven. Damit besetzt dieses Format einen intermediären Raum[60] zwischen einem explizit kirchlichem und einem explizit nicht-kirchlichem Ritualangebot. In den abschließenden Feiern ist in aller Regel der Segen für die Jugendlichen zentral gestellt. Vielfach werden für die Feiern Kirchen ausgewählt. Für die Eltern und Familien, deren Kinder kirchliche Schulen besuchen, ist die Teilnahme eine bewusste Entscheidung, denn sie bedingt eine Absage an die immer noch majoritäre Norm der Jugendweihe. Sie setzen allerdings kein Bekenntnis voraus, und sie wollen bewusst auch nicht als ein Aufnahmeritus verstanden werden. Jugendfeiern sind offene Angebote, um in einer sich säkular verstehenden Gesellschaft in Ostdeutschland kirchliche Deutungsräume zu öffnen.[61] Die rituelle Drittheit des

---

57 Vgl. hierzu Roland Degen, „‚Machst du dein Ding mit oder ohne Pfarrer?' Konfirmation, Jugendweihe, kirchliche Jugendfeier und Rituale ähnlicher Art", in *Konfirmandenunterricht: Didaktik und Inszenierung*, hg. v. Bernhard Dressler, Thomas Klie und Carsten Mork (Hannover: Luth. Verlagshaus, 2001), 152–174.
58 In Ostdeutschland nehmen von den 14-Jährigen etwa 30 % an der Jugendweihe, 13 % an der Konfirmation und 3 % an der Firmung teil. 2016 nahmen ca.1.200 Jugendliche an einer religiösen Jugendfeier teil. https://de.statista.com/statistik/daten/studie/158420/umfrage/teilnehmer-bei-jugendweihen-in-deutschland-seit-1991/; vom 28.8.2024.
59 Die Nomenklatur variiert je nach Region bzw. Konfession: „Feier zur Lebenswende", „Segensfeier", „Juventusfest", „Jugendfeier", „Jugendwendefeier"; E. Handke, Jugendfeiern, 15.
60 Vgl. E. Handke, Jugendfeiern, 467 ff.
61 Vgl. Michael Domsgen und Emilia Handke (Hg.), *Lebensübergänge begleiten: Was sich von religiösen Jugendfeiern lernen lässt* (Leipzig: Evang. Verlagsanstalt, 2016).

intermediären Raumes ist – wie auch bei den christlichen Kindersegnungen[62] – in beide Richtungen offen: Die Jugendlichen können sich, angeregt durch eine sorgfältig inszenierte Jugendfeier, für Taufe und Konfirmation entscheiden, sie können aber auch im Nachgang an der Jugendweihe teilnehmen.

5.3.3 Die weltliche Hochzeitszeremonie

Die kirchliche Trauung hat gleich zwei Konkurrenzen: die standesamtliche Trauung (seit Bismarcks Zivilgesetzgebung)[63] und die Feiern der freiberuflichen Zeremonieleiterinnen und -leiter. Anders als bei der Konfirmation, wo die standesamtliche Trauung lange Zeit als ein notwendiges Übel galt und die anschließende kirchliche Trauung als die „eigentliche" Trauung, hat sich dies in jüngster Zeit deutlich geändert. Konnte man bis vor einigen Jahren auf den Ablauf der standesamtlichen Trauung kaum gestalterischen Einfluss nehmen, bieten heute viele Standesämter auch besondere „Locations" (als Außenstellen des Standesamtes) und für gehobene ästhetische Ansprüche einen besonderen Service für ihre Trauungen an.[64] Die staatliche Trauung muss heute keinesfalls mehr nur der nüchterne Rechtsakt sein, das schmucklose Vorspiel vor dem opulenten Zeremoniell. Dies ist sicher einer der Gründe dafür, dass bei den Holy four die Zahl der kirchlichen Trauungen am stärksten rückläufig ist. Statistisch haben 2018 deutschlandweit zwar laut EKD-Statistik ca. 42.000 evangelische Trauungen stattgefunden, im gleichen Jahr haben aber 416.340 Paare standesamtlich geheiratet[65] (1950 waren es mit 750.452 noch fast doppelt so viele). Das heißt, nur etwa 10 % aller Paare haben evangelisch geheiratet. Dazu kommt, dass nur eine Minderheit evangelischer Paare auch kirchlich heiratet, was umso mehr ins Gewicht fällt, als bei den evangelisch-kirchlichen

---

62 In vielen Gemeinden werden Kindersegnungen angeboten, die die Kinder unter Gottes Segen stellen, ohne sie auf eine Kirchenmitgliedschaft zu verpflichten. Sie soll ihnen vielmehr ein Leben unter der mitgehenden Begleitung Gottes eröffnen, wie es bspw. auch bei Einschulungsgottesdiensten vollzogen wird. Da hier jedoch das theologische Verhältnis zur Taufe ungeklärt bleibt, wird diese Praxis vor allem von Kirchenleitungen kritisch gesehen.
63 Seit dem 1. Januar 1876 das bisherige kirchliche Monopol mit Führung von Tauf-, Trau- und Totenbüchern aufgehoben und die staatliche Beurkundung von Geburt, Heirat und Tod verpflichtend.
64 Exemplarisch für diese Tendenz: Birgit Adams, Die standesamtliche Trauung: Ideen für ein unvergessliches Fest: 60 Top-Standesämter und ausgefallene Locations (Niedernhausen: Falken, 2001).
65 Vgl. https://de.statista.com/statistik/daten/studie/227/umfrage/anzahl-der-eheschliessungen-in-deutschland/; vom 10.9.2020.

Trauungen nur etwa bei der Hälfte *beide* Partner evangelisch waren. Dies ist das statistische Hintergrundgeräusch für die Deutung weltlicher Trauungen.[66]

„Der klassische Zweischritt von standesamtlicher Eheschließung und kirchlicher Trauung mit Hochzeitsfest ist heute längst nicht mehr selbstverständlich."[67] Bei den Trauungen geht eine relativ hohe Anzahl – statistisch ist die weltliche Alternative nirgends erfasst – auf das Konto freier Anbieter. Wie auch bei den „Willkommensfeiern" handelt es sich hier (noch) um ein primär großstädtisches Phänomen. Auf der Website einer freien Hochzeitsrednerin (Untertitel: „stilvoll heiraten ohne Kirche") liest sich das so:

> „Weltliche Trauungen mit einer freien Hochzeitsrednerin sind die Alternative zu kirchlichen Hochzeiten. Frei von langjährigen Traditionen und festgeschriebenen Regeln stehen dem Paar alle Wünsche und Vorstellungen offen – lassen Sie Ihrer Fantasie freien Lauf. Reich an Ideen und Erfahrungen begleite ich die zu mir kommenden Paare und stehe ihnen mit Rat und Tat zur Seite. Ich gestalte eine unvergessliche Zeremonie und schaffe eine wertvolle Erinnerung, die die Paare mit auf den Weg in ihre Ehe nehmen. Die an das Hochzeitspaar gerichtete Rede und das feierliche Eheversprechen, das sich das Paar gibt, sind die Höhepunkte. Gekrönt wird die Trauungszeremonie mit dem Aufsetzen der Ringe."[68]

Trotz deutlicher Anleihen beim rituellen Kern der kirchlichen Trauung (Rede, Eheversprechen, Ringwechsel) setzt dieses Angebot auf die Freiheit in der Anwahl zeremonieller Kompositionsbausteine: Man sieht sich nicht an „langjährige Traditionen und festgeschriebene Regeln" gebunden, eine Verheißung, die offenbar Paare schätzen, die die kirchlichen Vorgaben als Einschränkung ihrer ästhetischen Freiheit verstehen.[69] Man darf seiner „Phantasie freien Lauf lassen", was sich empirisch vor allem an der Anwahl eines auratischen Ortes äußert. Wer die Kirche nicht mag, kann zwischen einer Open Air-Trauung (wahlweise: grüne Wiese, Park oder Wald) wählen, einem „romantischen Seeufer", einem Festsaal in einem Schloss oder gar einer Tropfsteinhöhle. Die Location definiert die Stimmung, und zugleich markiert sie die Individualität der zeremoniellen Dienstleistung. Der Habitus bestimmt das Habitat – diese zentrale Grundannahme der Soziologie Pierre Bourdieus gilt auch

---

66 Ausführlich hierzu: Birgit Janetzky, „Unsere Liebe ist einzigartig – wir wollen ein einzigartiges Ritual: Die Gestaltung nichtkirchlicher Hochzeitszeremonien", in *Hochzeit: Rituale der Intimität*, hg. v. Benedikt Kranemann und Joachim Hake (Stuttgart: Kohlhammer, 2006), 71–93.
67 K. Fechtner, Trauung, 57.
68 https://weltliche-trauungen.de/freie-trauungen/; vom 10.9.2020.
69 Dieses Motiv drückt sich auf einer anderen Website so aus: „Sie bestimmen den Rahmen, Sie bestimmen den Ablauf, Sie bestimmen den Zeitpunkt und den Ort, Sie allein bestimmen – ALLES." – So heißt es auf einer der vielen Webseites für Eheezeremonie und freie Trauung.

für die Wahl der Hochzeitslocation.⁷⁰ Und die stärkste Verheißung der säkularen Anbieter: Die Braut kann ihren Jungmädchentraum vom weißen Kleid auch ohne Kirche wahr machen. Die „freie Theologin" Birgit Janetzky merkt in diesem Zusammenhang an, dass diesen Service nicht nur Paare in Anspruch nehmen, die aus konfessionellen oder weltanschaulichen Gründen nicht kirchlich heiraten können, und denen die standesamtliche Trauung nicht ausreicht, sondern auch Paare, für die durchaus eine kirchliche Trauung in Frage kommt, die sich aber dagegen entscheiden. Als Motive werden hier genannt: „weil ihnen der zuständige Pfarrer/Pfarrerin nicht zusagt, sie keine/n nette/n Pfarrer/in kennen, den/die sie fragen könnten, weil der Pfarrer/die Pfarrerin in der Kirche bleiben will und nicht zu dem Wunschort des Paares kommt."⁷¹ Auch Hilde Schäffler arbeitet das gerade für diese Konkurrenzkasualie spezifische Spannungsverhältnis zwischen Authentizitätsansprüchen und geprägten Ordnungsmustern heraus.⁷² Trotz deutlicher „Tendenzen der Standardisierung"⁷³ innerhalb der zeremoniellen Dienstleistung identifizieren sich die Paare in hohem Maße mit ihrer Hochzeit als gefühlt persönlichem Ereignis. Methodisch wird dies v. a. dadurch erreicht, dass alle Gestaltungsentscheidungen von den Brautleuten selbst getroffen werden (müssen). Die rituelle Individualität erscheint als das Produkt einer professionellen Imagination.

Fechtner macht im Blick auf die alternativen Inszenierungen weltlicher Trauungen drei Charakteristika aus⁷⁴: 1. Bei den „Gestaltungslogiken" greifen sowohl die Zeremonienleiterinnen wie auch deren Kunden auf religionskulturelles Wissen zurück. Denn man kann – und dies wird im Grunde bei allen Konkurrenzkasualien deutlich – eine „freie" Trauzeremonie im mitteleuropäischen Kulturraum schlicht nicht frei erfinden. Was die Kirchen jahrhundertelang über ihre agendarischen Verbindlichkeiten tradiert haben, spiegelt sich auch als Grundmuster weltlicher Zeremonien. Zu stark sind die prägenden Bilder in Film, Literatur und bildender Kunst, als dass man sich umstandslos von ihnen im Modus des Nichtwissens emanzipieren könnte.⁷⁵ Die Agenden bieten sich an zur freien Entnahme. Der *gefühlte*

---

70 Vgl. Pierre Bourdieu, „Physischer, sozialer und angeeigneter physischer Raum", in *Stadt-Räume*, hg. v. Martin Wentz (Frankfurt a. M. / New York: Campus, 1991), 25–34 (32).
71 B. Janetzky, Liebe, 75.
72 Hilde Schäffler, *Ritual als Dienstleistung: Praxis professioneller Hochzeitsplanung* (Berlin: Reimer, 2012). In dieser sozial- und kulturanthropologischen Arbeit steht die Praxis professioneller Hochzeitsplanung in Österreich im Zentrum.
73 H. Schäffler, Ritual, 110.
74 Vgl. K. Fechtner, Trauungen, 59–63.
75 Zur empirischen Unmöglichkeit einer Tabula rasa-Vorstellung vgl. Yves Bizeul und Stefanie Wodianka (Hg.), *Mythos und Tabula rasa: Narrationen und Denkformen der totalen Auslöschung und des absoluten Neuanfangs* (Bielefeld: Transcript, 2018).

Unterschied ist auf Seiten der Alternativen die Verheißung auf Optionen. Sie suggeriert den Kunden, dass sie hier – im Unterschied zu den vermeintlich starren Vorfestlegungen der Kirche – eine einzigartige, auf ihre persönlichen Wünsche zugeschnittene Feier ordern. 2. Weltliche Trauungen erscheinen „durchgängig biographisiert". Von den ersten Vorgesprächen bis hin zu Ritus und Rede zieht sich das Motiv des Authentischen durch.

> „Das Narrativ vom verheißungsvollen Anfang, der erinnert und vergegenwärtigt wird, ist eine Art *biographischer Ursprungsmythos*, in dem das Individuelle und das Geheimnis dieser Lebensverbindung aufscheinen [...]."[76]

Dass dieses Narrativ jedoch ein Alleinstellungsmerkmal der freien Trauung ist, ist wohl der sorgsam gehegte Kontrastmythos, von dem Zeremonienleiterinnen leben. – 3. Auch bei der „Autorisierung" finden sich Strukturanalogien zur kirchlichen Trauung: Hier wie dort ist der Ritus stark auf die ritualgestaltenden Akteure zugeschnitten. Ihre ausgewiesenen (und für wahr genommenen) Kompetenzen gewährleisten, dass das gemeinsam geplante und inszenierte Fest-Unikat als passgenau und gefühlsecht erlebt wird.

5.3.4 Die weltliche Trauerfeier

Vor allem in Ostdeutschland, vermehrt aber auch in Westdeutschland, steht die kirchliche Trauerfeier unter einem deutlichen Konkurrenzdruck durch freie Redner, die zumeist von den Bestattungsinstituten vermittelt werden. Statistisch ist der Anteil evangelischer und katholischer Bestattungen in Deutschland 2017 auf 55 % gesunken. Im Jahre 2000 hat er immerhin noch bei über 70 % gelegen.[77] Vielfach werden auch Protestanten von weltlichen Trauerrednern bestattet, wenn dies der Wunsch des Verstorbenen bzw. der Angehörigen war.[78] Diese Entwicklung wird nicht zuletzt

---

76 K. Fechtner, Trauungen, 61 (Kursivierung i. O.).
77 Diese Daten wurden von der Verbraucherinitiative Aeternitas e. V., Königswinter zusammengestellt auf der Datenbasis des Statistischen Bundesamtes, der Kathol. Bischofskonferenz und der EKD; http://www.aeternitas.de/inhalt/aktuelles/meldungen/2016_07_26__08_32_14-Immer-weniger-Bestattungen-werden-kirchlich-begleitet/kirchliche_bestattungen.pdf; vom 10.9.2020. – Bei einer Umfrage aus dem Jahr 2013 gaben gut 40 % aller Befragten an, dass ihnen eine kirchliche Begleitung „sehr wichtig" (23 %) bzw. „eher wichtig" (20 %) ist. 28 % hielten sie für „eher unwichtig" und 27 % wünschten „keine kirchliche Begleitung". https://de.statista.com/statistik/daten/studie/281767/umfrage/umfrage-zur-wichtigkeit-der-kirchlichen-begleitung-fuer-die-eigene-bestattung/; vom 10.9.2020.
78 Laut EKD-Statistik wurden 2018 bundesweit jedoch auch knapp 6.000 Katholiken und etwa 8.000 Konfessionslose bzw. Andersgläubige von evangelischen Pfarrpersonen bestattet.

auch durch das finanzielle Eigeninteresse der Bestattungsunternehmen forciert, die die rituelle Dienstleistung aus naheliegenden organisatorischen und ökonomischen Gründen immer auch gern selbst arrangieren.[79] Oft werden aber auch die schlechte Erreichbarkeit oder Terminengpässe bei den Pfarrpersonen als Gründe für das Nichtzustandekommen einer kirchlichen Bestattung genannt.[80] Zudem sind kirchlich indifferente oder konfessionslose Angehörige in der ungewohnten Zwangssituation der Bestattungsorganisation meist überfordert und nehmen erleichtert das „All-inclusive-Angebot" des Bestattungshauses in Anspruch, das dann eben auch „die Rede" beinhaltet.[81] Jeden weiteren Kontakt zu anderen Dienstleistern (Pfarramt, Musiker, Friedhof) können die Trauernden an den Bestatter delegieren, der darüber natürlich auch seine finanziellen Interessen wahrt. In diesem Zusammenhang ist die Vermarktung einer Trauerrede immer auch ein fakultativer Bestandteil der funeralen Wertschöpfungskette. Eine kirchliche Trauerfeier ist demgegenüber für Kirchenmitglieder kostenfrei und insofern für das Bestattungshaus „kostenneutral", d. h. sie bringt nichts ein für die Bestattungsinstitute.

Die Ausbildung zum sog. „Trauerredner" ist in Deutschland nicht standardisiert.[82] Trotz berufskultureller Verbindlichkeiten gibt es in diesem Segment keine staatlichen Ausbildungsordnungen oder zertifizierte Abschlussprüfungen, zumindest wenn man diesbezüglich die Ordnungen des Berufsbildungsgesetzes in Anschlag bringt. Auf dem bunten Markt der Anbieter für Ausbildungen zum „Trauerredner/Trauerbegleiter" finden sich verschiedene Bildungsformate, die in unterschiedlicher Breite berufsqualifizierende Kompetenzen vermitteln. Verbände, Akademien, Bestattungshäuser und private Dienstleister bieten entsprechende „Kurse" an, die stark praxisorientiert ein mehr oder weniger umfangreiches Bündel von Befähigungen curricular zusammenbinden. Trauerredner wird man in aller Regel *on the job* – entweder nach einem Berufswechsel oder als Ausweitung eines sepulkral affinen Beschäftigungsverhältnisses. Viele üben diesen Beruf aber auch nebenberuflich aus. Die weitaus meisten Trauerredner sind Quereinsteiger aus anderen

---

79 Vgl. Jens Schlamelcher, „,Würdevoll und preisgünstig': Bestattung zwischen Pietät und Penunsen", in Dienstleistung, hg. v. Th. Klie u. J. Kühn, 21–38.
80 Vgl. hierzu ausführlich Thomas Klie, „Deutungsmachtkonflikte angesichts des Todes", in *Deutungsmacht: Religion und belief systems in Deutungsmachtkonflikten*, hg. v. Philipp Stoellger (Tübingen: Mohr Siebeck, 2014), 525–538.
81 Zum Folgenden vgl. Th. Klie, Trauerredner, 102f.
82 Staatlich geordnet sind derzeit (Stand: 2020) der Beruf des/der „Bestatter/in", für den eine Weiterbildung qualifiziert, die „Bestattungsfachkraft" wird im Dualen System ausgebildet (Lehre in Verbindung mit Berufsschule und überbetrieblichen Lehrgängen), „Bestattungsmeister/in" wird man über eine Meisterweiterbildung und den „Fachwirt/-in Bestattung" erwirbt man über eine kaufmännische Weiterbildung. Vgl. https://berufenet.arbeitsagentur.de; vom 13.9.20.

Berufen. Wenn sie nicht parallel dazu weiter in ihren Hauptberufen arbeiten, haben sie einen berufsbiographischen Spurwechsel hinter sich. In der Binnenperspektive sehen sich viele zu dieser für sie neuen beruflichen Tätigkeit berufen, weil sie über ein gewisses Maß an rhetorischer Begabung und Empathiefähigkeit verfügen.

Ein weiterer großer Rekrutierungspool für Trauerredner sind Theologinnen und Theologen (nach dem 1. oder 2. Examen), die entweder von ihrer Kirche nicht übernommen wurden oder die sich aus anderen Gründen von ihr abgewandt haben. Das führt u. a. dazu, dass die „freien Theologen" naturgemäß in beiden Welten zuhause sind. Die meisten bieten „weltliche" Feiern an, sind aber in der Regel auch bereit, auf Anfrage ein Vaterunser zu beten, Psalm 23 zu verlesen oder einen Segen zu spenden. Man hat im Theologiestudium ein oder mehrere homiletische Seminare besucht oder hat sogar im Vikariat praktische Predigterfahrungen sammeln können. Die rituelle und rhetorische Gestaltung einer Trauerfeier stellt für sie keine Herausforderung dar, auf die sie theoretisch und gestalterisch nicht eingestellt wären. Der Eintritt in eine affine berufliche Fachkultur verlangt von ihnen insofern weniger ein Neulernen, als vielmehr ganz pragmatische Auslassungen: expliziter Gottesbezug, kirchliche Semantiken in Ritus und Rede, Talar.

Ansonsten rekrutieren sich Trauerredner aus ganz heterogenen Erstberufen. Heilpraktiker, Öffentlichkeits- oder Sozialarbeiter, Krankenpfleger, Sterbebegleitung im Hospiz – viele nehmen diese Tätigkeit auch erst im Ruhestand auf. 1996 hat sich die „Bundesarbeitsgemeinschaft Trauer-Feier e.V." (BATF) gegründet mit Sitz in Berlin. Sie hat sich die Organisationsstruktur eines bundesweiten Berufsverbands von Trauerrednern und Trauerrednerinnen gegeben und für ihre Mitglieder durchaus ambitionierte Kompetenzanforderungen formuliert. Sie zeichnen sich aus durch:

> „absolute Zuverlässigkeit, korrekte Absprachen mit dem Bestatter und der Bestatterin in allen wichtigen Gestaltungsfragen, rücksichtsvolle Verständigung in jedem Trauerfall, Einfühlsamkeit im Umgang mit den Angehörigen, Freunden oder Bekannten der Toten sowie die unbedingte Achtung der von ihnen geäußerten Bedürfnisse, Vorbereitung einer guten Trauerfeier, die sorgfältig mit den Angehörigen z. B. beim Hausbesuch die Wünsche aller Beteiligten bedenkt, höchste sprachliche Kompetenz und fachliches Können auf gehobenem Niveau, die wachsame Bereitschaft, die Arbeit ständig zu überdenken; damit wir uns qualifiziert weiter entwickeln."[83]

Bemerkenswert ist bei diesen komplexen Selbstzuschreibungen, dass im Grunde die Qualitätsansprüche, die formal an *jede* evangelische Bestattung zu stellen sind – individuelle Würdigung des Einzelfalls, Sensibilität in den zentralen ästheti-

---

83 https://www.batf.de/index.php/trauerredner/trauerredner; vom 13.9.2020.

schen und poimenischen Belangen, hermeneutische Kompetenz und Innovation – hier umstandslos auch für die „freie" Konkurrenzkasualie reklamiert und damit implizit den kirchlichen Akteuren abgesprochen werden. Dieser Anspruch wird in seiner inhaltlichen Ausrichtung noch deutlicher unter der Rubrik „Der Sinn der Trauerrede"[84] formuliert. Hier kommt der säkulare Enteignungs- bzw. Ermächtigungsgestus auch im Blick auf den Trostzuspruch ungeschminkt zum Ausdruck:

> „Als Trauerredner und Trauerrednerinnen wollen wir: die Lebenden ansprechen und die Toten zur Sprache bringen; mit trauernden Menschen Symbole für das Leben mit dem Verstorbenen suchen; die Vergangenheit mit den Toten lebendig halten; dabei helfen, mit der Tatsache des Todes die Gegenwart zu gestalten; Räume öffnen und halten – mit Gefühl und für die Gefühle; mit Menschen auch angesichts des Todes das zukünftige Leben entdecken; unsere Bestattungskultur gemeinsam mit allen Beteiligten modern und konsequent interpretieren."

Wie auch bei den anderen Konkurrenzkasualien können diese übercodierten Formeln unmittelbar auf das evangelische Original abgebildet werden. Hermelink hebt in diesem Zusammenhang mit Recht hervor, dass die sog. weltliche Trauerfeier

> „dem protestantischen Ritual des 19. Jahrhunderts nachgebildet [ist ...], und zwar nicht nur in seiner strukturellen Konzentration auf *verbale Vollzüge*, die Gefühle sublimieren und körperliche Trauerreaktionen zurückhalten sollen, und durch die *Dominanz des Redners*, dem die übrigen Beteiligten stumm gegenübersitzen. Auch inhaltlich wird an die kirchlichen Vorgaben angeknüpft [...]."

Der evangelischen Ausrichtung auf die Trauernden bzw. auf die Biographie des Verstorbenen entspricht bei den freien Zeremonien der Frage „nach der rationalen, weltanschaulich und ethisch überzeugenden Lebensführung": „In der ‚weltlichen' Bestattung begegnet die Kirche also nicht zuletzt ihrer eigenen, im wahrsten Sinne ‚säkularisierten' Tradition."[85] Die evangelische Kasualkultur steht also vor dem Dilemma, entweder angesichts dieser Konkurrenzlage umso pointierter das ihr zur Auslegung aufgegebene Evangelium von der Rechtfertigung des Gottlosen mit seinem Wahrheitsanspruch zu kommunizieren oder die ohnehin beobachtbare Tendenz zur Biographisierung des Kasus in der kirchlichen Kasualrede voranzutreiben. Im ersten Fall liefe die Kirche Gefahr, durch Verstehensbarrieren und Abstoßungseffekte volkskirchlich weiter an Boden zu verlieren, zumal sich die Kasualgemeinde – je nach Kirchenregion – mehr und mehr als ein corpus permix-

---

84 https://www.batf.de/index.php/trauerredner/sinn; vom 14.9.2020.
85 J. Hermelink, Bestattungsfeiern, 207 (Kursivierung im Original).

tum mit den entsprechenden heterogenen Wahrnehmungsroutinen konstituiert. Im zweiten Fall würde die theologische Deutungsmacht[86] verspielt zugunsten einer möglicherweise höheren Akzeptanz bei den Hörern. Der lebensweltliche Plausibilitätsgewinn schlüge dann aber als Einebnung der realiter gegebenen Deutungskonkurrenzen zu Buche, und das kirchliche Kasualhandeln machte sich ununterscheidbar im Blick auf die säkularen Mitbewerber. Oder mit Jüngel: Handelt die Kirche angesichts des Todes

> „mit der Autorität einer in diesem Tod endenden und vielleicht sogar sich vollendenden Geschichte und also mit der Vollmacht und Kraft der Vergangenheit? Es war einmal ...? Oder mit der Kraft einer neu anhebenden Zukunft, die stark genug ist, um auch auf die Vergangenheit eines gelebten und im Tode beendeten Lebens schöpferisch so zurückzukommen, dass die Wahrheit und Bedeutsamkeit dieses Lebens und dieses Todes ans Licht kommt?"[87]

Zum Wesen eines Dilemmas zählt, dass es nicht auflösbar ist. Praktisch-theologisch spricht jedoch viel dafür, diese in kirchlichen Diskursen oft aufgerufene Opposition („Verkündigung" vs. Lebenswelt) je nach Kasus und Kontext neu auszutarieren, ohne dabei den theologischen Anspruch, der sich mit beiden Optionen verbindet, einseitig aufzulösen. Natürlich werden Pfarrpersonen aus Anlass einer Beisetzung ihren Umgang mit der Unumkehrbarkeit von Lebenswegen kultivieren, indem sie die Osterbotschaft homiletisch und liturgisch, aber eben auch poimenisch situationsangemessen zur Darstellung bringen. Wenn die Kirche hierbei religiöse Zeichen setzt, mit denen sie an der Grenze der Artikulierbarkeit begrenztes Leben als geschenktes rechtfertigt, dann ist sie an kein Ritualgesetz gebunden. Gebunden ist sie allenfalls an die Auslegung eines biblischen Textes, der in Form von Lesungen bzw. in Form von Predigttexten zum Kasus in Beziehung zu setzen ist. So zeigt sich die für evangelische Religion schlechthin entscheidende Kasualrede als eine „situationsbezogene, verständigungsorientierte Rede", in der – so formuliert es Gräb – „der biblische Text zum klärenden, öffnenden, distanzierenden, befreienden Medium des Umgangs mit dieser Situation" gemacht wird.[88] In dieser Deutungsbewegung wird die Bestattungspredigt zum Exemplarfall evangelischer Predigt überhaupt: Gelebtes Leben wird in die Perspektive eines Lebens ohne

---

[86] Vgl. Philipp Stoellger (Hg.), *Deutungsmacht: Religion und belief systems in Deutungsmachtkonflikten* (Tübingen: Mohr Siebeck, 2014); Thomas Klie, Ralph Kunz, Martina Kumlehn und Thomas Schlag (Hg.), *Machtvergessenheit: Deutungsmachtkonflikte in praktisch-theologischer Perspektive* (Berlin und Boston: De Gruyter, 2021).
[87] Eberhard Jüngel, *Das Evangelium von der Rechtfertigung des Gottlosen als Zentrum des christlichen Glaubens: Eine theologische Studie in ökumenischer Absicht* (Tübingen: Mohr Siebeck, ⁶2011), 3.
[88] So definiert es Wilhelm Gräb, „,... lass die Toten ihre Toten begraben': Überlegungen zu einer zeitgenössischen Begräbnishomiletik", *PTh* 83 (1994), 180–198 (183).

Ende gerückt, das nicht in dem aufgeht, was es für andere gewesen ist – ohne es jedoch in dieser Beziehung gering zu schätzen.[89] Eine solche Lebensdeutung wird den Horizont grundsätzlich weiter spannen können als das „ehrende Angedenken" von Angehörigen, geht es doch hier um „ein nicht-tödliches Leben in Gottes ewiger Gegenwart"[90].

5.4 Konkurrenz im Kontext

5.4.1 Das kuratierte Selbst

Folgt man der Kultursoziologie der Singularitäten von Reckwitz[91], dann verhält sich das spätmoderne Subjekt „seiner Welt und seinem Leben gegenüber in der Haltung des *Kurators*."[92] Wie ein Kurator, der im Prinzip nichts Neues erfindet, sondern Dinge des Lebens erst dadurch ästhetisch markiert, indem er sie öffentlich ausstellt, so sieht sich das Subjekt gegenwärtig in eine Welt gestellt, in der alles schon da ist, es „befindet sich in einem enormen, heterogenen, nicht zuletzt globalen und transhistorischen hyperkulturellen Netzwerk bereits bestehender, zirkulierender Praktiken und Objekte."[93] Wenn aber alles bereits gegeben, digital omnipräsent und umstandslos zugänglich ist, dann besteht die (Lebens-)Kunst[94] darin, klug und kreativ auszuwählen, das Ausgewählte neu zu arrangieren und sich darüber neu anzueignen. Das zeitgeistige Obligo besteht darin, solche Praktiken und Objekte zusammenzufügen, „die das eigene Leben zu einem ‚guten', qualitativ reichen und reizvollen machen"[95]. Diese Haltung des Kuratierens spiegelt sich auch in der Kasualpraxis, in den Aushandlungsprozessen, die das Kasualgespräch bestimmen, insbesondere aber in den Konkurrenzkasualien, wo die Anwahl des Authentisch-Besonderen einen zentralen Bestandteil einer kompositorischen Arbeit am Selbst ausmacht. Die Wahl eines bestimmten Festformats und die damit zusammenhängenden Darstellungs- und Selbstentfaltungsmöglichkeiten stellen die Weichen im Blick auf die eigenen Ansprüche und Idiosynkrasien.

---

89 Vgl. ebd., 197.
90 Ebd., 198.
91 Vgl. Andreas Reckwitz, *Die Gesellschaft der Singularitäten: Zum Strukturwandel der Moderne* (Berlin: Suhrkamp, 2017).
92 Reckwitz, Singularitäten, 295 (Kursivierung im Original).
93 Ebd.
94 Vgl. Wilhelm Schmid, *Philosophie der Lebenskunst: Eine Grundlegung* (Frankfurt a. M.: Suhrkamp, 1998).
95 A. Reckwitz, Singularitäten, 296.

Anders als Fechtner, der diese spätmoderne Subjektform vorwiegend für die Rezipientenseite (aus Anlass der eigenen Hochzeit) geltend macht[96], wird man den Konstitutionsbedingungen eines kuratierten Selbst- und Weltverhältnisses in seiner überbordenden Eigendynamik wohl nur dann gerecht, wenn man das Kuratieren auch in das reziproke Dienstleistungsverhältnis zwischen Kasualkunden und Zeremonieleiterin einzeichnet.[97] Schließlich reagieren Ritualdienstleistende immer direkt auf das Ansinnen ihrer Kunden, indem sie es zugleich wecken und es durch ihr Angebotsportfolio beflügeln. Dabei schöpfen sie, wie das Gestaltungsbegehren der Auftraggeber auch, aus dem fluiden Kosmos ritueller Ästhetiken und affektiver Befriedigungsgesten.[98] Die kirchliche Tradition ist dabei eine valide Bezugsgröße innerhalb der zitablen kulturellen Ressourcen, auch wenn ihre Religionshaltigkeit auf der Oberfläche ritueller Gestaltung sorgsam verschwiegen wird. In der „Co-Creation"[99], durch die jede moderne Dienstleistung zustande kommt, dominiert auf der einen Seite die Auswahl und explorative Aneignung und auf der anderen Seite die routinierte Transformation und Applikation.

Die auffällige Präsenz traditioneller Motive im spätmodernen „Kuratorium" hat insofern weniger damit zu tun, dass hier das Bewährte als selbstverständliches kulturelles Erbe weitergegeben wird, sondern eher damit,

---

96 Vgl. K. Fechtner, Trauung, 63f.
97 Sieht man mit Thorsten Moos eine Dienstleistung bestimmt durch die fünf Faktoren „Kundenorientierung", „auftrags- und vertragsförmige Zielbestimmung", „Marktförmigkeit", „Wettbewerb" und „Nutzenorientierung", dann firmieren kirchliche Kasualien nur unter Absehung ihres kirchlichen Verantwortungshorizonts als Dienstleistungen. Nichtsdestoweniger ist es praktisch-theologisch in vielerlei Hinsicht erhellend, sie als Dienstleistungen zu betrachten, um ihren gesellschaftlichen und ökonomischen Sitz im Leben genauer bestimmen zu können. Danach lassen sich weltliche Kasualien als „Anerkennungsdienstleistungen" sehen, während kirchliche Kasualien als Dienstleistungen in den Blick kommen, die soziale Anerkennungsverhältnisse zugleich voraussetzen und transzendieren. Thorsten Moos, „Segensdienstleistungen: Über die Kirche als Unternehmen und einen theologischen Dienstleistungsbegriff", *PrTh* 2 (2020), 202–207.
98 So auch Markus Hero, der die „habituelle Verwandtschaft" zwischen dem religionshybriden Entrepreneur und seiner Klientel als „unsichtbare Hand" auf den neuen Dienstleistungsmärkten identifiziert: M. Hero, Formen, 140.
99 In der Betriebswirtschaft meint die „Customer Co-Creation" den Einbezug von Kunden und Konsumenten in Entwicklungsprozesse. Statt passiver Abnehmer zu sein, leisten Kunden einen aktiven Beitrag vor, während und nach dem Austauschprozess. Sie treten als Wertschöpfungspartner auf, indem sie Dienstleistungen mitgestalten und deren Entwicklung mitbestimmen oder gar übernehmen. Vgl. Dominik Walcher und Michael Leube, *Kreislaufwirtschaft in Design und Produktmanagement: Co-Creation im Zentrum der zirkulären Wertschöpfung* (Wiesbaden: Springer, 2017).

> „dass klassische *Grenzen* des kulturell wertvollen *aufgelöst* werden, insbesondere die zwischen dem gegenwärtigen (Modernen) und dem Historischen, zwischen Hochkultur und Populärkultur sowie zwischen der eigenen Kultur und der fremden."[100]

Für ein kulturprotestantisches Relativierungsnarrativ, das in der Kopie implizit die Qualität des Originals bestätigt sieht, ist also kein Anlass. Denn im kuratierten Leben rangieren alle zirkulierenden Stilpräferenzen, die der ludischen Aneignung zugänglich gemacht werden, „im Prinzip auf derselben Ebene". Das gefühlt Neue ist allenfalls das relativ Neue. In diesem „Kultur-als-Ressource-Modell" werden alle Geltungsansprüche, die in den traditionellen Handlungs- und Deutungsmustern mitgeführt werden, radikal verflüssigt.[101] Liturgische Versatzstücke werden hierbei lediglich als ein willkommenes Accessoire für die Anreicherung des zeremoniellen Ambientes in Dienst genommen.

Für das Genus der Konkurrenzkasualien lässt sich dieses kultursoziologische Erklärungsmodell nicht in gleicher Weise übertragen. Die relativ konservative und formstabile Jugendweihe wird aus anderen Gründen angewählt als die ko-kreative Komposition einer imposanten Trauzeremonie, und die rituelle Gestaltungsmarge bei einer opulent-übercodierten Willkommensfeier ist weitaus größer als die bei einer weitgehend standardisierten weltlichen Trauerrede. Je mehr aber die Deutung eines Kasus die Alltagsroutine übersteigt, also existenzielle Entscheidungen getroffen werden müssen, desto eher kommt der Modus des Kuratierens ins Spiel. Und schon der Umstand, dass mit jeder der vier wichtigsten kirchlichen Kasualien gleich *mehrere* Alternativen konkurrieren, die grundsätzlich alle als Träger einer authentischen Lebensführung in Anspruch genommen werden können, macht die spätmoderne Kasualkultur zu einem Markt *prinzipiell äquivalenter* Möglichkeiten. Die Übergänge sind fließend und die Welt biographischer Gestaltungsanlässe ist in Bewegung. Auch der Kasus, für den *keine* Kasualie begehrt wird, folgt letztlich der Logik des Kuratierens.

5.4.2 Die Ökonomie des Einzigartigen

Indem Kasualien je besonderen biographischen Gegebenheiten rituellen Ausdruck verleihen, erhalten sie für die Kasualteilnehmenden den Wert eines individuellen Einzelstücks. Keine Trauerfeier ist wie die andere, denn das gelebte Leben, das aus diesem Anlass jeweils vergegenwärtigt wird, ist prinzipiell einzig-

---

100 A. Reckwitz, Singularitäten, 298 (Kursivierung im Original).
101 Vgl. Ebd.

artig und ohnegleichen. In christlicher Perspektive wäre hier die anthropologische Figur der Gottebenbildlichkeit (Gen 1,27) bzw. der unverwechselbaren Personalität (Jes 43,1) geltend zu machen. Die Signaturen des Persönlichen und Singulären werden aber auch durch das Darstellungs- und Deutungshandeln professioneller Akteure mitbestimmt. Die dramaturgische Handschrift, die unterschiedlichen hermeneutischen Kompetenzen und das Gespür für das jetzt Entscheidende machen den Festakt gefühlt exklusiv. Die Einzigartigkeit einer Kasualie, sei sie nun kirchlich oder säkular ausgelegt, kommt also durch den Kasus *und* durch die Kasualakteure zustande; das Zusammenspiel dieser beiden Instanzen macht die Kasualie zu einem unwiederholbaren, wenn auch erinnerungsfähigen[102] Unikat. Jede Kasualie hat trotz homologer Formelemente die Qualität eines rituellen Solitärs.

Das Problem für die Auftraggeber besteht nun darin, sich über Vergleiche eine Marktübersicht zu verschaffen, die es aber für singuläre und dazu hochgradig personalisierte Dienstleistungen nicht geben kann.[103] Die Option auf eine möglichst authentische Inszenierung bleibt also grundsätzlich zweifelhaft, denn wer sie in Anspruch nimmt, weiß schlicht nicht, was ihn erwartet. Wenn aber jede Wahl kontingent ist, hat man im Prinzip keine Wahl. Um diese strukturelle Unsicherheit zu minimieren, greift der Kunde auf die Expertise zurück, die ihm sein persönliches Netzwerk zur Verfügung stellt. Die Empfehlungen von Experten aus dem Beziehungsregime werden abgerufen, um dem Markt zumindest teilweise seine strukturelle Intransparenz zu nehmen. Aber die Expertisen von Bekannten und Freunden minimieren allenfalls die Qualitätsunsicherheit, gänzlich ausräumen können sie sie nicht. Glaubwürdige Netzauftritte, individuelle Reputationsstrategien (z. B. Zertifizierungen) und die kommunizierten Erfahrungen derjenigen, die bereits an Zeremonien teilgenommen haben (Empfehlungen), relativieren die asymmetrische Information.

Damit sind die zentralen Eckpunkte benannt, die das Zustandekommen von Konkurrenzkasualien steuern: Einzigartigkeit, Unsicherheit, Expertenwissen, Netzwerke und personalisierte Dienstleistung. Der französische Wirtschaftssoziologe Lucien Karpik hat in seiner „Ökonomie des Einzigartigen"[104] den Markt für singuläre Produkte und Dienstleistungen anhand dieser Systemstellen analysiert. Karpiks Generalthese ist, dass diese Märkte durch neoklassische Wirtschafts-

---

[102] 6. Erinnerungskasualien.
[103] Die Zeremonieleitenden sind überaus zurückhaltend, wenn es darum geht, filmische Einblicke in ihre Arbeit zu gewähren. Die Websites bieten zwar schöne Bilder von sympathischen Menschen, aber so gut wie nie werden Sequenzen aus den Feiern eingestellt. Dies ist ein Indiz dafür, dass auch die säkularen Anbieter untereinander in einem Konkurrenzverhältnis stehen. Rituelle Pointen fallen unter das „Betriebsgeheimnis".
[104] Vgl. Lucien Karpik, Mehr Wert: *Die Ökonomie des Einzigartigen* (Frankfurt a. M.: Campus, 2011).

lehren nicht zu erfassen sind. Denn bei singulären Produkten liegen die fragilen Tauschprozesse, denen sie sich verdanken, im Bereich des „Guten", „Schönen" und „Richtigen". Sie werden auf eigenlogischen Märkten gehandelt, die die kapitalistische Verwandlung von Qualität in Quantitäten wieder einziehen, indem sie eine gemeinsame Sphäre aus Markt und Kultur etablieren. Preis-Leistungsverhältnisse lassen sich bei einer persönlichen Feier nur ansatzweise vergleichen.

> „Das Schillern zwischen einer relativ feststehenden gemeinsamen Realität und der Vielfältigkeit individueller und allgemeiner Standpunkte ist für den Markt des Besonderen konstitutiv. Es lässt Gleichwertigkeit zu, ohne die Unvergleichlichkeit in Frage zu stellen. Singuläre Produkte sind also durch Qualitäten [...], Qualitätsunsicherheit und Unvergleichlichkeit bestimmt – *durch alles zugleich.*"[105]

Auf dem Markt des Besonderen spielen „Instanzen der Urteilsbildung" eine zentrale Rolle, weil bei dieser Art von Dienstleistungen die Grundvoraussetzungen für eine rein rationale Entscheidung kaum gegeben sind. Diese Instanzen müssen dann aber auch ihrerseits glaubwürdig sein, d. h. ihr Nutzen beruht auf dem Vertrauen, das ihnen entgegengebracht wird.[106]

Bezieht man diese Theorie auf den Markt der Kasualien[107] – und die soziale Realität der Konkurrenzkasualien legt diesen Theoriezugriff nahe –, dann geraten beim Abgleich der konkurrierenden Angebote das Kriterium des persönlichen Zuschnitts, das sich maßgeblich aus dem Anspruch auf Einzigartigkeit[108] speist, sowie die Kompetenzvermutung hinsichtlich der zeremoniellen Protagonisten, zu den beiden ausschlaggebenden Differenzfaktoren. Wem es gelingt, seine Kasualpraxis als professionell bewährte und authentisch ausgelegte glaubhaft zu machen, dessen Offerte hat auch die Chance realisiert zu werden. Dabei spielen die Kasualteilnehmenden, genauer: die Gruppen, die bereits an vergleichbaren Zeremonien teilgenommen *haben* und dementsprechend über ein befragbares Expertenwissen verfügen, eine wichtige Rolle. Denn sie und ihre Einschätzungen sind es, die andere für dieses oder jenes Angebot, diesen oder jenen Anbieter einnehmen lassen. Der in einem EKD-Diskussionspapier zu den Herausforderungen evangelischer Bestat-

---

105 L. Karpik, Ökonomie, 24 (Kursivierung im Original).
106 Vgl. Ebd., 27.
107 Unter Markt soll hier ein Aktionsraum verstanden werden, auf dem Kunden und Anbieter kommunizieren, um Preis und Qualität einer Dienstleistung (bzw. Ware) auszuhandeln.
108 Schweighöfer macht auf der Nachfrageseite von alternativen Kasualien drei „zentrale und wiederkehrende Motive" aus: den „Wunsch nach Authentizität", der sich mit der Vorstellung großer Gestaltungsfreiheit verbindet, die „Sehnsucht nach etwas Besonderem" und die „Unsicherheit im Umgang mit kirchlichen Gepflogenheiten"; T. Schweighöfer, Sehnsucht, 215.

tungskultur[109] zitierte Vergleich: „Denn bei Bestattungen ist es – ebenso wie bei Taufen, Trauungen, Konfirmationen – wie im Zugverkehr: Eine einzelne Verspätung richtet mehr ‚Imageschaden' an, als 50 pünktliche Bahnfahrten" greift insofern zu kurz, als hier lediglich in der Logik einer Schadensbegrenzung argumentiert wird. Wer aber „im kirchlichen Kerngeschäft" der Kasualien auf einem „stark umkämpften Markt der Angebote und Werte" agiert[110], der ist nicht nur angehalten, rituellen Schaden abzuwenden, sondern die Einzigartigkeit *und* Gestaltqualität seiner religiösen Dienstleistung sicherzustellen und öffentlich zu machen. Das konkurrenzkasuelle Marktgeschehen ist eingebunden in nachfrageseitige Netzwerkstrukturen.

5.4.3 Die Marktgängigkeit der Kirche

Peter L. Berger war einer der ersten Religionssoziologen, der ein Marktmodell konkurrierender religiöser Tauschbeziehungen vorstellte.[111] Im Fokus seiner Betrachtungen war damals der amerikanische Denominationalismus, dessen Vitalität – gegen die herrschende Säkularisierungsthese – er auf das rationale Nachfrageverhalten der Akteure zurückführt, was aber das religiöse Leben befördere und für ein breites Angebot sorge. Ihm folgten neben Thomas Luckmann in den 1980er Jahren u. a. der Religionssoziologe Rodney Stark[112] und der Wirtschaftswissenschaftler Laurence R. Iannaccone[113]. Aber erst in jüngster Zeit weitet sich die religionssoziologische Perspektive auch im Blick auf die weltanschaulichen Konkurrenzen zwischen kirchlicher Religionspraxis und explizit säkularen Sinndeutungen.[114] Ein Marktmodell im Blick auf die mit den kirchlichen Kasualien konkur-

---

[109] https://www.ekd.de/bestattungskultur.html; vom 15.9.2020.
[110] Ebd.
[111] Vgl. Peter L. Berger, „A Market Model for the Analysis of Ecumenicity", *Social Research* 30 (1963), 77–93.
[112] Vgl. Rodney Stark und William Sims Bainbridge, *The future of religion: Secularization, revival und cult formation* (Berkeley: Univ. of California Press, 1985).
[113] Vgl. Laurence Robert Iannaccone, *Consumption capital and habit formation with an application to religious participation* (Chicago: Univ. of Chicago, 1984). Seit dem Erscheinen dieser Schrift firmiert „Religionsökonomie" als fester Terminus in der Literatur; vgl. Anne Koch, *Religionsökonomie: Eine Einführung* (Stuttgart: Kohlhammer, 2014). Stark und Iannaccone reformulierten ihre Rational-choice-Theorie der Religion gemeinsam in Rodney Stark und Laurence R. Iannaccone, „A Supply-Side Reinterpretation of the ‚Secularization of Europe'", *Journal of the Scientific Study of Religion*, Vol. 33, No. 3, (1994), 230–252.
[114] Vgl. hier v. a. im Blick auf populärreligiöse Märkte Hubert Knoblauch, *Populäre Religion: Auf dem Weg in eine spirituelle Gesellschaft* (Frankfurt a. M./New York: Campus, 2009) sowie hinsicht-

rierenden Zeremonien in Anschlag zu bringen, ist bislang jedoch kein fester Topos in der Kasualtheorie. Zwar ist in kirchlichen Stellungnahmen viel davon die Rede, dass sich die Kirche mit ihrem Angebot auf dem „spirituellen Markt" behaupten müsse[115], aber die religionsökonomischen Überlegungen bezogen sich eher auf das Verhältnis von institutionalisierter Religion zu religionshybriden Phänomenen, wie den sog. „Jugendsekten" bzw. der Esoterik-Szene[116].

Betrachtet man das pastorale Kasualhandeln *als* marktförmige Kommunikation, dann drängt sich als Interpretament die paulinische Figur des *hōs mē* (ὡς μή) aus 1Kor 7 auf: „haben, als hätte man nicht" bzw. „gewissermaßen nicht habend". In der Selbstsicht leisten Pfarrpersonen zwar einen wichtigen Dienst an den Menschen (*ministerium*), verstehen dies aber nicht als Dienstleistung (*service*) und sehen sich selbst dabei mehrheitlich auch keineswegs als Dienstleister (*service provider*). Pfarrpersonen sprechen nicht von „Kunden", sondern von „Gemeindegliedern". Obwohl Kirche in religionssoziologischer Perspektive mit ihren Angeboten auf einem bunter werdenden religiösen Markt agiert, hat dies bislang nach innen keinerlei Auswirkungen auf die Qualitätssicherung kasueller Zuwendung. Kirchengemeinden werben allenfalls in einer gemeindlich-partikularen Öffentlichkeit für das, was Pfarrpersonen im traditionellen Portfolio liturgischer Lebensdeutung vorhalten.[117] Und selbst dies geschieht überaus zurückhaltend und vorwiegend über das binnenkirchliche Idiom.[118]

---

lich der religiösen Wahlfreiheit in Konkurrenz zu säkularen Freizeitangeboten J. Stolz, J. Könemann u. a., Religion, 2014.
115 Wolfgang Nethöfel und Arnd Brummer (Hg.), *Vom Klingelbeutel zum Profitcenter? Strategien und Modelle für das Unternehmen Kirche* (Hamburg: Konzept Marketing Nordelbien, 1997); Michael Schramm, *Das Gottesunternehmen: Die katholische Kirche auf dem Religionsmarkt* (Leipzig: St. Benno, 2000); Cla Reto Famos und Ralph Kunz (Hg.), *Kirche und Marketing: Beiträge zu einer Verhältnisbestimmung* (Zürich: TVZ, 2006).
116 In jüngster Zeit v. a. M. Hero, Formen, 71–189.
117 So ergaben Stichproben auf gemeindlichen Websites zweier großer protestantisch geprägter Kirchenkreise in Nord- und Westdeutschland, dass nur etwa die Hälfte der Kirchengemeinden Hinweise geben auf ihre Kasualpraxis. Ein Viertel rubriziert die Kasualien unter „Amtshandlungen", einer rein kirchenrechtlichen Nomenklatur. Das letzte Viertel bietet ein buntes Kaleidoskop teils unspezifischer, teils kryptisch-metaphorischer Keywords für die Navigationspunkte im Hauptmenü an: „Aktivitäten", „Fragen", „Gottesdienste", „Glauben", „mit uns", „häufig gefragt", „Seelsorge", „Infos", „was wir tun", „Anlässe und Feiern", „Gottesdienst für Lebenslagen", „Lebensfeste" (Stand: April 2020). Dazu Folkert Fendler, „Die Gottesdienst feiernde Kirche will keine Dienstleisterin sein, aber sie benimmt sich wie eine."; Ders., „Externer Faktor Heiliger Geist: Was Christen von gottesdienstlichen Dienstleistungen halten", in Dienstleistung, hg. v. Th. Klie und J. Kühn, 61.
118 Die Hamburger Kreativdirektorin Eva Jung hebt einerseits hervor, dass die Kirche im kulturellen Umfeld zwar sehr wohl als eine starke „Marke" gelten kann, sie aber „ihre Kommunikationsverantwortung bzw. ihre Marketingverantwortung […] Null-Komma-Null wahr(nimmt)". Eva

Das pastorale *hōs mē* hat institutionelle Gründe. Kasualien sind Obliegenheiten kirchlichen Selbstverständnisses, und sie legitimieren sich durch ihren Bezug zur Taufe als Grunddatum der Kirche. Die in den Kasualien zur Darstellung gebrachten Deutungen sind also eingelagert in einen nicht-beliebigen theologischen Horizont, der sich z. B. auch in Diakonie und Seelsorge, in der pädagogischen und sozialen Arbeit, in Gottesdienst und Predigt äußert. Im Unterschied zu den Anbietern konkurrierender Kasualangebote betreibt die Kirche gerade kein „Kerngeschäft" und schon gar keines, das sich unter Rentabilitätsgesichtspunkten aufbaut. Wenn überhaupt, dann agiert Kirche als eine selbstbezügliche Non-profit-Organisation, die keine erwerbswirtschaftlichen Gewinnziele verfolgt. Eine Kirche hat Mitglieder, für die sie – allerdings nicht *nur* für sie – eine breite Palette unterschiedlicher Güter bereithält: Dienstleistungen (Seelsorge, Beratung) *und* kollektive Aktivitäten (Freizeitgestaltung, Festkultur) *und* öffentliche Güter (Bildungseinrichtungen, Friedhöfe) *und* religiöse Güter (Verkündigung, Sakramente).[119] Die Fülle der Angebote lassen den „Marktauftritt" der Kirche gegenüber ihren säkularen, in der Regel hochspezialisierten Mitbewerbern funktional zwangsläufig diffuser geraten und ihn darum auch weniger professionell erscheinen. Und da die Kirchen über Mitgliederbeiträge, Spenden und Zuschüsse finanziert werden, geben sie ihre Güter auch weitgehend kostenfrei an ihre Mitglieder ab. Kirchliches Kasualhandeln funktioniert über Zuständigkeiten, die über die Parochie und die Konfession definiert werden.

In der öffentlichen Wahrnehmung macht der offene Rekurs auf letzte Gewissheiten die Kasualien für Mitglieder in dem Maße attraktiv, wie er sie für Nicht-Mitglieder bzw. religiös Indifferente unattraktiv macht.[120] Die starke Verheißung kirchlicher Inklusion beruht auf der Logik möglicher Exklusionen. Oder systemtheoretisch: Jede Inklusion führt funktional die andere Seite der Form gewissermaßen „unbeleuchtet" mit.[121] Was nach innen angebracht erscheint (Kasualien richten sich

---

Jung und Emilia Handke, „Kirchliche Kommunikation auf dem freien Markt: Interview mit einer Marketingexpertin", *PrTh* 2 (2020), 208–211 (208).
119 Differenzierungen nach J. Stolz, Wettbewerb, 100–104 u. 112f.
120 So auch bereits der katholische Religionssoziologe Michael Ebertz: „Je konkreter Riten Inhalte von Glaubenssätzen symbolisieren, je näher und ausschließlicher sie einem spezifisch kirchlichen bzw. konfessionellen Gedankengut stehen, desto geringer ist ihre Akzeptanz. Je allgemein-religiöser diese Inhalte symbolisiert werden, desto größer ist ihre Akzeptanz." Michael N. Ebertz, „Einseitige und zweiseitige liturgische Handlungen: Gottes-Dienst in der entfalteten Moderne", in *Heute Gott feiern: Liturgiefähigkeit des Menschen und Menschenfähigkeit der Liturgie*, hg. v. Benedikt Kranemann, Eduard Nagel und Elmar Nübold, Freiburg u. a.: Herder, 1999), 29.
121 Vgl. Niklas Luhmann, *Die Gesellschaft der Gesellschaft*, 2. Tlbd. (Frankfurt a. M.: Suhrkamp, 1997), 628.

an getaufte Mitglieder einer Parochie), trägt als Gegenstruktur (Kasualien stehen Konfessionslosen oder Andersgläubigen nicht zur Verfügung) „den Sinn und die Begründung der Form sozialer Ordnung".[122] Der kirchliche Aktionsrahmen schafft einen Orientierungsrahmen, der In- und Exkludierte erwartungskomplementär handeln lässt. Zygmunt Bauman deutet Trennlinien wie diese machttheoretisch:

> „Klare Trennlinien zwischen normal und unnormal, ordentlich und chaotisch [...] sind Leistungen der Macht. Solche Linien zu ziehen heißt zu herrschen [...]. Macht ist ein Kampf gegen Ambivalenz. Angst vor Ambivalenz entsteht aus der Macht: Sie ist die Angst (oder die Vorahnung?) der Macht vor der Niederlage."[123]

Doch die Herrschaft ordnungstheoretischer Distinktion geht in mehrfacher Hinsicht in der Praxis nicht auf. Die späte Moderne schafft Bedingungen, die das kirchlich approbierte Entweder-Oder unterlaufen und immer wieder ein Sowohl-als-Auch erzwingen. So werden Kasualien keineswegs nur von Kirchenmitgliedern wahrgenommen. Bei vielen Trauungen ist nur ein Partner evangelisch, auch Konfessionslose können u. U. evangelisch beigesetzt werden, Einschulungsgottesdienste sind oft an eine komplette Kohorte adressiert und bei Taufen sehen selbst Agenden heute die Mitwirkung von sog. „Taufzeugen"[124] vor. Und natürlich ist empirisch davon auszugehen, dass sich die Kasual„gemeinden" nicht nur aus Kirchenmitgliedern rekrutieren. Vor allem in urbanen Regionen gehört oft die Mehrheit der Anwesenden keiner Konfession an.[125] Die „Instanzen der Urteilsbildung" (Karpik), die von Interessierten für die mögliche Inanspruchnahme konkurrierender Zeremonien zu Rate gezogen werden, sind also oft durchaus *auch* auskunftsfähig hinsichtlich einer mitunter „unflexiblen", „dogmatistischen" und „unpersönlichen" Kasualpraxis der Kirche.

Auch hinsichtlich der Zuständigkeitsvoraussetzungen und Kommunikationsbedingungen liegen die konkurrierenden Offerten näher beieinander, als auf den ersten Blick zu vermuten ist. Liegt der Marktvorteil der säkularen Zeremonien in der ephemeren Transaktion, die sich allein über Beauftragung und Dienstleistung

---

122 Ebd., 621.
123 Zygmunt Bauman, *Moderne und Ambivalenz: Das Ende der Eindeutigkeit* (Frankfurt a. M.: Fischer, 1995), 215.
124 *Gottesdienstbuch für die Evangelische Landeskirche in Württemberg. Zweiter Teil: Sakramente und Amtshandlungen, Teilband: Die Heilige Taufe*, hg. v. Evang. Oberkirchenrat (Stuttgart: Verlag u. Buchhandlung der Ev. Gesellschaft, 2018), 34.
125 Pfarrpersonen in ostdeutschen Städten berichten von Trauerfeiern, bei denen lediglich sie selbst und der bzw. die Verstorbene evangelisch sind bzw. waren. Empirische Untersuchungen, die diese Beobachtungen validieren könnten, liegen hierzu bislang allerdings nicht vor.

konstituiert und darüber hinaus keinerlei Bindungen und Verpflichtungen nach sich zieht, so setzen Kasualien kirchenrechtlich eine geordnete Bindung sowie Partizipationserfahrungen vor und nach dem Kasus voraus. Getaufte, Konfirmierte, Getraute und Trauernde bleiben – zumindest theoretisch – auch noch weiterhin in Kontakt zur kirchlichen Religionskultur. Die Wirklichkeit sieht jedoch anders aus. Die Rede vom „Kasualchristentum", also von einem besonderen Typus kirchlichen Teilnahmeverhaltens, das sich in durchaus diskreten Intermezzi punktuell und aus Anlass artikuliert[126], rückt die für die Konkurrenzkasualien charakteristische Teilhabe in die Nähe kasualchristlicher Üblichkeiten. Dienstleistungsepisoden finden sich diesseits und jenseits der konfessionellen Demarkationslinien.

Die Kirche als eine der nach wie vor größten Institutionen im Gemeinwesen steht also vor einem Dilemma: In der Öffentlichkeit ist die kirchliche Kasualkultur in hohem Maße präsent und bekannt, selbst angesichts zurückgehender Nachfrage setzt die Kirche damit auf lange Sicht hin die rituellen Benchmarks. Dies erklärt auch, warum sich ihre weltlichen Adaptionen aufs engste an sie anlehnen. Doch es spricht viel dafür, dass das Vorhandensein konkurrierender, direkt auf die Substitution der vier konventionellen Kasualien zielenden Gestaltungsofferten die Kirchenmitgliedschaft als Voraussetzung für die Inanspruchnahme kirchlicher Kasualien immer entbehrlicher macht. Der Religionssoziologe Jörg Stolz prognostiziert: „Kirchen haben *ceteris paribus* umso mehr Probleme sich zu behaupten, je mehr säkulare, spezifische Konkurrenten vorhanden sind, die ein ähnliches Angebot in einer spezifischeren, oft professionelleren Version anbieten."[127]

---

[126] Jörg Dierken pointiert: „Mitnichten entspricht der dem volkskirchlichen Teilnahmeverhalten entnehmbaren Bedeutung der Amtshandlungen für die durchschnittlich ‚Distanzierten' die Bedeutung, die seitens der Theologie und der Pfarrer ihnen zugemessen wird." (Ders., *Amtshandlungen in der Volkskirche: Zum theologischen Umgang mit Kasualfrömmigkeit* (Zürich: TVZ, 1991), 6.
[127] J. Stolz, Wettbewerb, 115 (Kursivierung im Original).

6 Erinnerungskasualien

Die in der einschlägigen Literatur deutlich unterrepräsentierte Gruppe der gottesdienstlichen Erinnerungsformate soll hier in einem eigenen Abschnitt dargestellt werden. Zum einen zeigt sich bei genauerer Betrachtung, dass diese Formate keineswegs nur fakultative Komplemente von gemeindlich in der Regel deutlich höher ästimierten Ursprungskasualien bilden. Sie haben ein eigenes Sujet, weisen sich über ein eigenes Szenario aus und verfügen über einen besonderen Sitz im Leben der Menschen. Zum anderen wird hier der temporäre Bezug und die mnemische Relevanz herausgearbeitet. Beides geschieht im systematisierenden Abgleich mit gedächtnistheoretischen, zeitgeschichtlichen und demografischen Bezügen. Und schließlich geraten in diesem Kapitel die Erinnerungskasualien nicht nur in Relation zu ihren Initialkasualien, sondern – wenn auch in sich eher heterogen – als heortologisch eng miteinander verwandte Ritenfamilie in den Blick.[1]

6.1 Erinnerung, Gedächtnis und Vergessen

Gedächtnis und Erinnern hängen im umgangssprachlichen Gebrauch so eng zusammen, dass sie oft synonym verwendet werden. Für den theoriesprachlichen Gebrauch besteht jedoch über alle Fachdisziplinen hinweg, die sich retrospektiven Phänomenen widmen, eine weitgehende Einigkeit darüber, das *Gedächtnis* (latein.: *memoria*) als die Gesamtheit aller sozialen, mentalen und medialen Strukturen zu fassen, die ein Erinnern überhaupt erst ermöglichen. Gedächtnis steht für ein umfassendes, transpersonales Konstrukt. Dagegen meint *Erinnern* (latein.: *reminiscentia*) jenen Prozess, in dem Vergangenes aktualisiert und vor dem Vergessen bewahrt wird. Erinnerungen sind das Resultat eines Erinnerungsvorgangs, ihnen kommt eine (eher) subjektiv-private Bedeutung zu.[2] Das Gedächtnis bleibt dagegen für Außenstehende unbeobachtbar, es wird nur empirisch greifbar in konkreten Erinnerungsakten, die Rückschlüsse zulassen auf eine ihnen vorausliegende Struktur.[3] In diesem Sinne wäre das Narrativ eines vom irdischen Jesus gestifteten und auf Wiederholung angelegten Abendmahls Teil eines religionskulturellen Gedächt-

---

[1] Der Text dieses Kapitels stellt eine erweiterte und aktualisierte Fassung des Einleitungskapitels dar aus Kristian Fechtner und Thomas Klie (Hg.), *Erinnerungskasualien* (Gütersloh: Gütersloher Vlg. 2019), 9–21. Der Text ist für diese Publikation aktualisiert und erweitert worden.
[2] Harald Weinrich, *Lethe: Kunst und Kritik des Vergessens* (München: Beck, 1997), 12.
[3] Astrid Erll, *Kollektives Gedächtnis und Erinnerungskulturen* (Stuttgart und Weimar: J.B. Metzler, ²2011), 7 f.

https://doi.org/10.1515/9783112204948-006

nisses, während die eucharistische Feier am Sonntagmorgen eine aktiv vollzogene Erinnerungshandlung darstellt.

Weitet man den Blick auf biografienahe Gebrauchszusammenhänge, dann bleibt festzuhalten, dass Erinnerungen

> „keine objektiven Abbilder vergangener Wahrnehmungen, geschweige denn einer vergangenen Realität [sind]. Es sind subjektive, hochgradig selektive und von der Abrufsituation abhängige Rekonstruktionen. Erinnern ist eine sich in der Gegenwart vollziehende Operation des Zusammenstellens (*re-member*) verfügbarer Daten."[4]

Das Gedächtnis ist ein kulturelles bzw. individuelles Konstrukt und Erinnern ein imaginativer Akt des Subjekts bzw. eines Kollektivs, der sich auf zeitlich frühere Wahrnehmungen oder Narrative bezieht, dabei jedoch das Moment der Iteration einschließt. Erinnern ist also nicht mit einem Speicher zu vergleichen, aus dem sich Vergangenes objektiv und nach Bedarf abrufen lässt.[5] Es ist vielmehr ein untrügliches Indiz dafür, dass *in der Gegenwart* bei den sich Erinnernden bestimmte Bedürfnisse oder Interessen vorliegen, Vergangenes mental zu rekonfigurieren. Nur in der Gegenwart kann und will man sich erinnern – oder vergessen. Wer sich erinnert, bekommt es immer mit sich selbst zu tun. Denn kaum ein Gegenstand kulturwissenschaftlicher Forschung ist so sehr vom erinnernden Subjekt, seinen mentalen Fähigkeiten, aber auch seinen Einträgen und seinem Verlangen abhängig.

Das Antonym zur Erinnerung ist das Vergessen. Das Vergessen von Begebenheiten, das einer begrenzten Merkfähigkeit bzw. einer bewussten Verdrängung geschuldet ist, bildet eine wichtige Voraussetzung für die Erinnerung. Schließlich will nur erinnert werden, was entweder vergessen wurde oder aber so weit zurückliegt, dass es aktuell keine unmittelbaren Resonanzen mehr zeitigt. Der Mensch ist eben nicht Herr darüber, was er behält oder vergisst. Wohl aber kann er sich erinnern – auch wenn sich niemand an das erinnert, was er vergessen hat, sondern an das, *an das man sich erinnert*.[6] Erinnerungen stehen also immer im Dienst der Kohärenzerzeugung, sie schaffen Ordnungsräume im Zeitlauf.

---

4 A. Erll, Gedächtnis, 7 (Kursivierung im Original).
5 Aleida Assmann differenziert zwischen einem „Speichergedächtnis" und einem „Funktionsgedächtnis". Das Speichergedächtnis (z. B. schriftlich verfasste Texte) speichert „Informationen jenseits lebendiger Träger und unabhängig von der Aktualisierung in kollektiven Inszenierungen", während das Funktionsgedächtnis „aus einem Prozess der Auswahl, der Verknüpfung, der Sinnkonstitution" hervorgeht. Die kirchlichen Urkunden, die bei Taufe, Trauung und Konfirmation überreicht werden, sind Beispiele für das Speichergedächtnis. Aleida Assmann, *Erinnerungsräume: Formen und Wandlungen des kulturellen Gedächtnisses* (München: Beck, [5]2010), 137.
6 Elena Esposito, *Soziales Vergessen: Formen und Medien des Gedächtnisses der Gesellschaft* (Frankfurt a.M.: Suhrkamp, 2002), 13.

„Gerade weil das Gedächtnis das kondensiert, was stabil bleiben soll (und deshalb erinnert wird), gestattet es, alles andere zu vergessen; und gerade die Fähigkeit zu vergessen, ermöglicht es einem System, die Fähigkeit zu entwickeln, Neues zu erkennen und in Rechnung zu stellen."[7]

Der Romanist Harald Weinrich weist in seiner literaturwissenschaftlichen Rehabilitation des Vergessens darauf hin, dass sich das Vergessen sowohl im Deutschen als auch in anderen geläufigen Sprachen auf beide Aspekte der *Mneme* bezieht, also sprachlich nicht zwischen einem „Gedächtnis-Vergessen" und einem „Erinnerungs-Vergessen" unterschieden werden kann.[8] Dies ist als ein Indiz zu werten, dass das Vergessen gegenüber den (Re-)Konstruktionsleistungen von grundlegender Bedeutung ist.

6.2 Reset und Update

„Die Grundbedingung für die Erweiterung der Gegenwart um die Vergangenheit und eine Zukunft ist die Fähigkeit, sich erinnern zu können."[9] Mit dieser grundlegenden Verhältnisbestimmung zeichnet der Sozialpsychologe und Soziologe Harald Welzer das Erinnern ein in das menschliche Zeiterleben. Gedächtnisspuren bedeutsam erlebter Vergangenheit ragen in die Gegenwart hinein, sie ordnen das Innenleben und machen es zukunftsfähig. Amnesie verunmöglicht dagegen die Aufrechterhaltung von personaler Identität. Beim Erinnern vergewissern sich Menschen ihrer selbst im Lauf der Zeit; sie konstruieren eine biografische Kontinuität und machen ihre Geschichte narrativ zugänglich. Was erzählt werden kann, kann immer auch weitererzählt werden. Und so entsteht Lebensgeschichte, wo Menschen sich erinnern und es sich erzählen: wie alles gewesen ist, wie man das gelebte Leben deutet, und wie es geworden ist. Und inwiefern das, was sie erlebt haben, bedeutsam ist für die, die sich erinnern.

---

7 E. Esposito, Vergessen, 27 f.
8 H. Weinrich, Lethe, 12 f.: „Mit dem semantischen Reichtum, der für die Haben-Seite des Bewusstseins zu verzeichnen ist, geht nun aber ein gewisser Mangel einher. Zwar hat das Wort *Erinnerung* ein (reflexives Verb an seiner Seite: *sich erinnern*. Aber zu dem viel häufiger gebrauchten Wort *Gedächtnis* gibt es kein zugehöriges Verb." (13; Kursivierungen im Original).
9 Harald Welzer, *Das kommunikative Gedächtnis: Eine Theorie der Erinnerung* (München: Beck, ³2011), 92. – Welzer unterscheidet (mit Bezug auf Markowitsch und Tulving) zwischen fünf verschiedenen Funktionssystemen des Gedächtnisses: episodisches, semantisches, perzeptuelles, prozedurales Gedächtnis sowie das „Priming" (d. h. die unbewusste Aufnahme von Reizen, deren Bedeutung aber nicht abgerufen werden kann).

Gleiches gilt für Erinnerungsgemeinschaften wie Familien, Vereinigungen und Religionen. Der kategorische Imperativ „zachor" (erinnere dich!)[10] sichert bis heute die jüdische Tradition, und im Zentrum des christlichen Abendmahls steht die Erinnerungsforderung („Solches tut zu meinem Gedächtnis!"; 1Kor 11,24). Hier sind die Erinnerungserzählungen jeweils eingebunden in starke Riten, die die entscheidenden Heilsereignisse zur Darstellung bringen. Ritus und Fest sind darum auch die zentralen Erinnerungsformen eines kulturellen Gedächtnisses. Es ist angesiedelt im sozialen Raum, da es sich nur im repetitiven Austausch mit anderen herausbilden und stabilisieren kann. Zur gedeuteten Geschichte eines Kollektivs gehören darum immer auch Stationen, an denen sich die Erinnerungen an gemeinsam Erlebtes in besonderer Weise verdichten. In rituellen Begehungen transformieren sich kontingente Erfahrungen in formalisiertes Verhalten; der Ritus deklariert, ordnet und verkörpert den Erinnerungsakt.[11]

Im Kontext kirchlicher Praxis sind es „Erinnerungskasualien", die lebensgeschichtliches Erinnern für ein gemeindliches bzw. familiales Erinnerungskollektiv veranlassen. Denn die klassischen Kasualien haben jeweils eigenständige, liturgisch gestaltete und geordnete Formen gemeinschaftlicher und individueller Erinnerung hervorgebracht: Tauferinnerung[12], Konfirmationsjubiläen[13], Trauju-

---

[10] Yosef Hayim Yerushalmi, *Zachor: Erinnere Dich! Jüdische Geschichte und jüdisches Gedächtnis* (Berlin: Wagenbach, 1996). Vgl. a. Judith Gärtner, *Die Geschichtspsalmen: Eine Studie zu den Psalmen 78, 105, 106, 135 und 136 als hermeneutische Schlüsseltexte im Psalter* (Tübingen: Mohr Siebeck, 2012), v. a. 11–29; sowie Paul Petzel und Norbert Reck (Hg.), *Erinnern: Erkundungen zu einer theologischen Basiskategorie* (Darmstadt: WBG, 2003).

[11] In fundamentalliturgischer Perspektive hierzu vgl. Michael Meyer-Blanck, „Liturgie als Erinnerungsform", in Jahrbuch für Biblische Theologie (JBTh), 22/2007: *Die Macht der Erinnerung* (Neukirchen-Vluyn: Neukirchener Verlag, 2008), 361–379.

[12] Vgl. Leonie Grüning, „Taufgedächtnis", in: *Erinnerungskasualien*, hg. v. Kristian Fechtner und Thomas Klie (Gütersloh: Gütersloher Vlg., 2019), 22–30; vgl. a. VELKD (Hg.), *Die Feier des Taufgedächtnisses: Liturgische Handreichung* (Hannover: Amt d. VELKD, 2013); Traugott Schächtele, „Tauferinnerungsgottesdienst", in *Liturgische Hilfen für lebensgeschichtliche Anlässe: Gelegenheit macht Gottesdienst*, Bd. 2, hg. v. Ulrich Fischer, Reiner Marquard und Helmuth Mühlmeier (Stuttgart: Cawer, 1998), 22–36.

[13] Vgl. Kristian Fechtner, „Goldene Konfirmation", in *Erinnerungskasualien*, hg. v. Kristian Fechtner und Thomas Klie (Gütersloh: Gütersloher Vlg., 2019), 31–41. Kathrin Fenner, *Confirmatio et memoria per narrationem: Die Feier der Goldenen Konfirmation – Erinnerungskasualie oder Klassentreffen in kirchlichem Ambiente?* (Berlin: LIT, 2015); Christian Mulia, „Zehn Denkanstöße: Die Goldene Konfirmation als Kristallisationspunkt für eine kirchliche Kultur des Alterns", in *Übergänge I: Taufe, Konfirmation, Trauung*, hg. v. Doris Joachim-Storch (Frankfurt a.M.: Zentrum Verkündigung der EKHN, 2018), 240–247; Angelika Detrez, „Konfirmationsjubiläum", in *Gelegenheit macht Gottesdienst: Liturgische Hilfen für lebensgeschichtliche Anlässe*, Bd.1, hg. v. Ulrich Fischer, Reiner Marquard u. Helmuth Mühlmeier (Stuttgart: Calwer, 1996), 137–149.

biläen[14], Toten-Memoria[15]. Aber auch andere Kasualhandlungen können kirchliche Erinnerungsformate hervorbringen, wie z. B. die Ordination das Ordinationsjubiläum.[16]

Zum Verständnis ritueller Erinnerungsformate ist die Unterscheidung von *Reset-* und *Update*-Funktion von grundlegender Bedeutung.

Ein *Reset* steht in der Informationstechnik für einen Vorgang, durch den ein elektronisches System in den ihm eigenen Anfangszustand „zurückgesetzt" wird. Dies kann z. B. erforderlich sein, wenn das System nicht mehr ordnungsgemäß funktioniert; das Reset stellt also verlustfrei einen identischen Zustand wieder her. Im allgemeinen Sprachgebrauch ist hier auch, etwas ungenau, von *Neustart* die Rede. – Bezogen auf die rituellen Erinnerungsformate würde dies bedeuten, sie so zu inszenieren, wie es der religionsbiografische Vollzugssinn der Initialkasualie vorsieht.[17]

Demgegenüber versteht man unter einem *Update* (englisch: *up* – nach oben, und *date* – Datum) eine aktualisierende Fortschreibung eines vorliegenden Altfalls: entweder ein Nachfolgemodell oder die Optimierung bzw. Anpassung einer Software. Neue Funktionen oder Programme werden aufgespielt, um die Gebrauchsfähigkeit zu verbessern oder veraltete Bestimmungen zu überspielen. – Im Blick auf Erinnerungskasualien steht dieses Bild für eine liturgisch-homiletische Grundkonzeption, die sich anmisst an den aktuellen Gegebenheiten und die biografische Eigenlogik des Jubiläumsanlasses ernst nimmt. Die Erinnerung an die Ursprungskasualie misst sich also an den aktuell vorfindlichen Umständen.

Dementsprechend sollen hier Erinnerungskasualien verstanden werden als gottesdienstliche Feiern, die eine „Initialkasualie" reinszenieren. Sie wiederholen nicht einfach den anfänglichen Kasus (im Sinne eines „Reset"), sondern sie vergegenwärtigen ihn in einer erinnernden Wiederaufführung (in der Bedeutung eines „Update"). Sie transponieren damit den religiösen Sinngehalt der Ursprungs-

---

14 Vgl. Stefanie Wöhrle, „Ehejubiläen", in *Erinnerungskasualien*, hg. v. Kristian Fechtner und Thomas Klie (Gütersloh: Gütersloher Vlg., 2019), 42–52; Joachim-Storch, Doris. „Ehejubiläum gestalten: Theologische und praktische Hinweise sowie liturgische Bausteine", in Dies., *Übergänge I. Taufe, Konfirmation, Trauung*, Reihe Materialbücher des Zentrum Verkündigung der EKHN, Buch 129, hg. v. Doris Joachim-Storch, (Frankfurt a. M.: Zentrum für Verkündigung, 2018), 257–261.
15 Vgl. Thomas Klie, „Toten-Memoria", in *Erinnerungskasualien*, hg. v. Kristian Fechtner und Thomas Klie (Gütersloh: Gütersloher Vlg., 2019), 53–65; Katharina Stoodt-Neuschäfer, „Totengedenken", in *Gelegenheit*, hg. v. U. Fischer, R. Marquard und H. Mühlmeier, 173–184.
16 Vgl. Sieglinde Klie, „Ordinationsjubiläen", in *Erinnerungskasualien*, hg. v. Kristian Fechtner und Thomas Klie (Gütersloh: Gütersloher Vlg., 2019), 66–77.
17 Ein (unreflektiertes) Reset liegt vor, wenn z. B. aus Anlass einer Goldenen Hochzeit die Pfarrperson den Jubelbräutigam auffordert: „Sie dürfen die Braut jetzt küssen".

kasualie in eine neue lebensgeschichtliche Situation und öffnen sie für die aktuelle Selbstreflexion.[18]

6.3 Kasuelle Episoden und szenisches Erinnern

In den vergangenen Jahrzehnten hat die Gedächtnisforschung unterschiedliche Modi des menschlichen Gedächtnisses definiert. Erlernte Fertigkeiten oder angeeignetes Wissen werden anders erinnert als persönliche Erlebnisse und Erfahrungen. Erinnerungskasualien stimulieren in erster Linie das episodische bzw. (auto-) biografische Gedächtnis.[19] In diesem Gedächtnissystem erinnert man sich vor allem an den Kontext persönlich bedeutsamer Vorkommnisse, der sich mit einer emotionalen Bewertung verbindet (z. B. die Taufe der Tochter in der kalten Kirche oder der Kauf des ersten Anzuges aus Anlass der Konfirmation).[20] Menschen speichern und verarbeiten in diesem mnemischen System subjektive Erfahrungen, die man zeitlich einordnet. Das *episodische Gedächtnis* ist ein Bestandteil des Langzeitgedächtnisses. Es befähigt uns zu mentalen Reisen in die eigene Vergangenheit, aber es lässt uns auch zukünftige Ereignisse imaginieren. Wer sich episodisch erinnert, der erfährt – wie auch in vielen Träumen – sich selbst als Beteiligten an einem vergangenen Geschehen. Man weiß sich in das Imaginierte involviert, denn diese Gedächtnisform basiert auf Erfahrungen. Episodische Erinnerungsprozesse können auch ganze Ketten von Ereignissen speichern und wieder abrufen (z. B. die Beerdigung des Großvaters kurz vor dem Endspiel der Fußball-EM, als nebenan in die Wohnung eingebrochen wurde). Es werden hierbei immer auch das soziale Umfeld und der besondere Erlebniszusammenhang mit aufgerufen, die das jeweils Erinnerte situieren.

Aus kirchlicher Sicht bildet die gottesdienstliche Feier den Fluchtpunkt einer Erinnerungskasualie, also eine essenziell wichtige Zeremonie, die das episodische Gedächtnis bedient. Nimmt man deren lebensweltliche Einbettung ernst, dann tritt bei ihr in aller Regel viel mehr gelebtes Leben an die Oberfläche als nur der ein-

---

18 Taufe, Konfirmation, Trauung, Bestattung und Ordination werden in diesem Zusammenhang als „Initial-" bzw. „Ursprungskasualien" bezeichnet, Erinnerungskasualien beziehen sich retrospektiv auf sie.
19 Diese Kategorie formulierte als erster der estnisch-kanadische Gedächtnisforscher Endel Tulving; er unterschied zwischen einem episodischen und einem semantischen Gedächtnis; Endel Tulving, „Episodic and semantic memory", in *Organization of memory*, hg. v. Endel Tulving und Wayne Donaldson (St. Louis: Elsevier Science & Technology Books, 1972), 381–403.
20 Vgl. Hans J. Markowitsch, *Das Gedächtnis: Entwicklungen, Funktionen, Störungen* (München: Beck, 2009), 72 ff.

zelne liturgische Akt, der seinerzeit ohnehin schon durch eine Vielzahl von „Co-Inszenierungen" (Fechtner) gekennzeichnet war. Wie jeder Gottesdienst ist insbesondere auch der Kasualgottesdienst eingelagert in eine ganze Palette familialer Lebensäußerungen und religionskultureller Symboliken. Die Gedächtnisspuren im Resonanzraum von Erinnerungskasualien berühren vielfältige Episoden: z. B. die damals beteiligten Personen, die Symbolhandlung, in der sich der Kasus verdichtete, der Kirchenraum, die Predigt der Pfarrperson, das Festessen, die Familien- oder Gruppenaufstellung beim Erinnerungsfoto. Dass all dies miterinnert wird, gründet darin, dass Lebensgeschichte in besonderer Weise durch ein *szenisches Erinnern* geprägt ist.[21] Es ist die bestimmende Atmosphäre und es sind die leiblichen Gesten und Interaktionen, die im Gedächtnis das Geschehen als „Szene" festgehalten werden und durch Erinnerung in aktualisierter Form an die Oberfläche gelangen.

In dieser Weise werden Erinnerungskasualien für die Beteiligten bedeutsam, weil sich in und durch „relevant erscheinende Szenen"[22] der Biografie personale Identität artikuliert und ausbildet. In der Feier einer Goldkonfirmation oder eines Ehejubiläums, in familiären Akten der Tauferinnerung oder im gemeinschaftlichen Friedhofsbesuch am Totensonntag wird nachempfunden und es wird dem nachgedacht, was lebensgeschichtlich bedeutsam ist und bleiben soll: die Wünsche und Hoffnungen aus der Zeit des Erwachsenwerdens im Zuge der Konfirmation; die Zusage für den individuellen Lebensweg, der in der Taufe in die Obhut Gottes genommen wird; das Trauversprechen und die Segensbedürftigkeit eines Lebensbündnisses; die Bedeutung und der Wert eines Menschen, die über den Abschied von ihm hinausreichen. In den liturgischen und lebensweltlichen Reinszenierungen der Erinnerungskasualien ist all dies dann eben nicht nur ein Teil der eigenen Vergangenheit, sondern diese rituell verdichteten Szenen werden zu einer lebensgeschichtlichen Deutungsperspektive für die Jetztzeit: „Die situativ erinnerten und präsentierten Szenen spiegeln nicht die Begebenheiten der Vergangenheit, sondern stellen deren Transformation zu szenischen Elementen der Identität dar."[23] Wer ich bin, was mich als Person ausmacht, was eine Familie oder ein Erinnerungskollektiv als eigensinnige Gemeinschaft auszeichnet, wird in mnemischen Schlüsselszenen ansichtig, die – im Fall der Erinnerungskasualien – durch kirchliche Praxis mitgeprägt sind. Kasualien gelingen, wenn in ihnen etwas zur deutenden Darstellung

---

[21] Vgl. zu den Konturen einer „szenischen Anthropologie" und ihrer Bedeutung für das Verständnis des Gottesdienstes David Plüss, *Gottesdienst als Textinszenierung: Perspektiven einer performativen Ästhetik des Gottesdienstes* (Zürich: TVZ, 2007), 111–154.
[22] Ebd., 115.
[23] Ebd., 122.

gelangt, das sich als lebensgeschichtliche Erinnerung sedimentiert. Denn erst die rituelle Differenz macht die Zeit bedeutsam, erst die Erinnerung deutet die Gegenwart und öffnet sie für die Zukunft. Religiös erinnerte Vergangenheit schafft in gewisser Weise einen Sog nach vorn.

6.4 „Erinnerung" als Leitmotiv der Gegenwartskultur

Anders als in den geläufigen Epochenindices hat Aleida Assmann vorgeschlagen, neben der kulturellen Bruchstelle Ende der 1960er Jahre noch eine zweite Zeitenwende in den 1980er Jahren wahrzunehmen. In diesen Jahren – so ihre These – endete „die fraglose Geltung der temporalen Struktur des Modernisierungsparadigmas"[24], weil sich nun der Akzent und die kulturelle Aufmerksamkeit von der ‚Zukunft' (als das noch Ausstehende, zu Erhoffende und Hervorzubringende) hin zur ‚Vergangenheit' verschiebt. In dieser Zeit gründen sich vermehrt „Geschichtswerkstätten" und Mahnmalsinitiativen, geschichtliche Großausstellungen werden zu Publikumsmagneten, und immer mehr Museen entstehen.[25] Darüber wird Erinnerung zu einer Leitkategorie der Gegenwart; politisch, kirchlich und biografisch haben sich vielfältige Formen einer Erinnerungskultur etabliert. Zugleich hat sich – im Horizont einer Gesellschaft, in der sich der Wandel beschleunigt – der Blick auf die Vergangenheit verändert, sie erscheint nicht mehr als das, „was sich stetig durchhält und vertrauensstiftend identisch bleibt"[26]. Was als Vergangenheit in der Erinnerung zugänglich wird, verändert sich vielmehr retrospektiv, in sie und ihre Rekonstruktion gehen Einsichten, Bedürfnisse und Erfahrungen der Gegenwart ein. Das Interesse am Gedächtnis wächst heute in dem Maße, wie der Fortschrittsglaube bzw. der Drang nach Veränderung und Wandel als bedrängende Beschleunigung ihre Janusköpfigkeit offenbaren. Die Zukunft erscheint immer weniger kontrollierbar, in ihrem wirkmächtigen Sog nach vorn hinterlässt sie am Ort des Subjekts die Sehnsucht nach Verschonräumen, die man im Gedächtnis wähnt. Das Gedächtnis hält offenbar einen „Vorrat an Formen" bereit, „mit deren Hilfe die Gegenwart bewältigt und strukturiert werden kann".[27] Denn das Erinnern rekapituliert nicht nur Gedachtes und Gewesenes, es regelt immer auch das Verhältnis von Kontingenz und Bleibendem, Desorientierung und Bewährtem. So gesehen

---

24 Aleida Assmann, *Ist die Zeit aus den Fugen? Aufstieg und Fall des Zeitregimes der Moderne* (München: Hanser Verlag, 2013), 18.
25 Vgl. hierzu ausführlich E. Esposito, Vergessen.
26 A. Assmann, Zeit aus den Fugen, 241.
27 E. Esposito, Vergessen, 8.

fungiert die Vergegenwärtigung von Vergangenem implizit als eine Vorwegnahme und „vorausdeutende Darstellung der Zukunft". Sie schafft Orientierung durch die erinnernde Imagination von Ordnung, die, „wenn auch kontingent, darum nicht schon zufällig ist".[28]

Dies gilt auch und gerade für das episodische bzw. biografische Gedächtnis und für die Erinnerungskasualien, die das, was erinnert wird, als aktuell maßgeblich reinszenieren. Das alte Gruppenfoto der Konfirmanden gewinnt im Nachgang der Goldkonfirmandinnen auf dem Friedhof die Funktion eines Memento mori; das Lebensbündnis des Jubelbrautpaars konstituiert durch die fast erwachsenen Enkelkinder, die eine Fürbitte sprechen, familiale Kontinuität. Und die Tauferinnerung gewinnt lebensgeschichtliche Konturen, wenn im gleichen Gottesdienst Kinder getauft werden.

Erinnern – das zeigt uns ein Blick auf die gegenwärtige Popularkultur mit ihren Gedenk-Artefakten im öffentlichen Raum – ist nicht nur etwas für ältere Menschen. In einer flüchtigen Moderne ist Erinnern für jedes Lebensalter ein Bedürfnis, und zugleich ist heute die Zeitspanne lebensgeschichtlichen Erinnerungsvermögens durch die demografische Entwicklung erheblich gewachsen.

Vermehrt werden Diamantene Hochzeiten[29] oder Eiserne Konfirmationen gefeiert; die Tauferinnerung überspannt bei Hochaltrigen nicht selten vier Gesellschaftssysteme, und manche Menschen sind längst im Ruhestand, wenn sie ihre Eltern zu Grabe tragen. Ein Viertel der heute geborenen Mädchen hat die statistische Chance, 100 Jahre alt zu werden; mehr als 80 Prozent der Kinder, die 2017 das Licht der Welt erblicken, dürften am Ende dieses Jahrhundert noch leben. Mit der zunehmenden Lebenserwartung erhöht sich auch der Zeitanteil des nachberuflichen Lebens. Mit zunehmendem Alter – davon zeugen Familientreffen ebenso wie kirchliche Erzählcafés in der Seniorenarbeit oder die breite Palette autobiografischer Literatur – wächst das Bedürfnis, sich zu erinnern.

Auch für jüngere Menschen ist Erinnerung ein Thema. Eine materiell gut ausgestattete „Gesellschaft der Singularitäten"[30] sucht sich für existentielle Gefühlslagen wie Trauer und Liebe sichtbare Symbolisierungen. Als Beispiele können hier

---

28 Ebd.
29 Laut Angaben des Statistischen Amts für Hamburg und Schleswig-Holstein haben 1.447 Paare allein in Hamburg 2017 ihre Diamantene Hochzeit (60 Jahre) gefeiert, 411 Paare sogar die Eiserne Hochzeit (65 Jahre). 73 Paare haben die Gnadenhochzeit (70 Jahre) feiern können. Und 7 Hamburger Ehepaare können 2017 bei ihrer Kronjuwelen-Hochzeit sogar auf 75 Ehejahre zurückblicken. Vgl. https://www.statistik-nord.de/zahlen-fakten/bevoelkerung/dokumentenansicht/ehejubilaeen-in-hamburg-2017-59418; vom 2.9.20.
30 Andreas Reckwitz, *Die Gesellschaft der Singularitäten: Zum Strukturwandel der Moderne* (Berlin: Suhrkamp, ⁵2018).

die allgegenwärtigen *Straßenkreuze* für Unfallopfer und die *Liebesschlösser* als Unterpfand eines wechselseitigen Versprechens dienen. Jenseits der kirchlichen Kasualpraxis haben sich neue rituelle Formen etabliert, in denen die Akteure – Familienangehörige und Freundinnen, Ehe und Liebespaare – die Gestaltung ihrer Erinnerungsformate in die eigenen Hände nehmen und zugleich das Repertoire religionshybrider Symbole neu arrangieren. In beiden Fällen ist die Erinnerung ortsgebunden und sie manifestiert sich in materiellen Erinnerungszeichen.

Das *Straßenkreuz* wird am Unfallort errichtet, man schmückt es oft wie ein Grab mit Blumen und Kerzen. Das spätmoderne Subjekt bedient sich dabei bewusst oder unbewusst aus dem erinnerungskulturellen Reservoir christlicher Symbolisierungen, um seiner Trauer Ausdruck zu verleihen: Ein Kreuz wird errichtet. Deutlich wird an diesem Beispiel aber auch das Bedürfnis nach Erinnerung und deren Verortung im Zusammenhang mit einem Todesfall. Der Ort dieser Erinnerung ist hier nicht die Ruhestätte des Verstorbenen, sondern er markiert mit dem Ort auch das Geschehen, durch das ein Mensch sein Leben verloren hat. Wird hier der Unfalltote an einer falschen Stelle „festgehalten"? Viele Hinterbliebene, die an einem ihnen bekannten Straßenkreuz vorüberfahren, hupen an der Unfallstelle, es gibt eine Form passagerer Partizipation, ein extrem flüchtiges Memento mori.[31]

Doch nicht nur der Tod (*thanatos*), auch die Liebe (*eros*) sucht sich anamnetische Anker.[32] Je mehr Menschen in der späten Moderne ihre Zuneigung vom Scheitern bedroht sehen, desto stärker muss ihr Gelingen beschworen werden. Mit den *Liebesschlössern* bekommt die Liebe – vermeintlich unverwüstlich in Metall und unverbrüchlich gesichert – einen konkreten Ort. Mittlerweile hat sich der junge Brauch der sog. Liebesschlösser von Köln aus verbreitet; die Hohenzollernbrücke über den Rhein am Fuße des Doms trägt mittlerweile das Gewicht von vielen Tonnen Liebesbekenntnissen. In vielen deutschen Städten wird dieser Ritus an entsprechenden Brückengeländern nachgeahmt; zwei Ufer werden überspannt und an dieser Verbindungslinie wird die Brücke symbolisch mit dem Paarschloss versehen. Dabei zeigen die Gravuren auf den bunten Schlössern nicht nur Namen von (aktuell) Verliebten, es finden sich auch Erinnerungen an einen schönen Urlaub, an die Silberhochzeit oder an das verstorbene Haustier.[33]

---

31 Vgl. die kulturwissenschaftliche Arbeit von Christine Aka, *Unfallkreuze: Trauerorte am Straßenrand* (Münster: Waxmann, 2007).
32 Vgl. Sigmund Freud, „Jenseits des Lustprinzips" (1920), in Ders., *Studienausgabe, Bd. III: Psychologie des Unbewussten* (Frankfurt a. M.: S. Fischer, 1975).
33 Vgl. Ilona Nord, *Fest des Glaubens oder Folklore? Praktisch-theologische Erkundungen zur kirchlichen Trauung* (Stuttgart: Kohlhammer, 2017), 81–86; Dagmar Hänel und Mirko Uhlig, „Ein Vorhängeschloss für die ewige Liebe: In Köln etabliert sich ein neuer Brauch", in *Alltag im Rheinland 2010* (Bonn: LVR-Institut für Landeskunde und Regionalgeschichte, 2010), 68–75.

Was bedeutet das für die kirchlich verantwortete Religionspraxis? – Eine erste Antwort könnte lauten: Für die Gegenwartsgesellschaft ist es von bemerkenswerter Relevanz, der persönlichen Erinnerung Ausdruck zu verleihen. Man will sich erinnern und man weiß dabei sehr gut um die Flüchtigkeit der Erinnerung.[34] Und darum bedient man sich dafür vielerlei Artefakte und Rituale. Das Gefühl einer sich beschleunigenden Gegenwart (Hartmut Rosa), das Wissen um instabile Beziehungen und die Kontingenzen des Lebens lassen nach gestaltbaren Vergewisserungen suchen. Man sehnt sich nach Dingen und Szenen, die bleiben und die dem Werden und Vergehen entzogen sind. Zugleich zeigen beide Phänomene das Bedürfnis, existentielle Belange und Empfindungen zu veröffentlichen, ohne deren Intimität mit preiszugeben. Tod und Liebe beanspruchen hier einen öffentlich sichtbaren Ort, sie werden aber in einem privaten Ritual zum Ausdruck gebracht, an dem Fremde nicht teilhaben (sollen), dessen Vollzug aber zeichenhaft mitgeteilt wird. – Dies ist der kulturelle Kontext, in dem die Kirche ihre Erinnerungskasualien zu gestalten hat. Es sind eben keineswegs nur „Nebenhandlungen", die auf die „gravierenden Übergänge im Lebenslauf" bezogen sind.[35] Erinnerungskasualien performieren zentrale Themen des kompletten Lebens: Veränderungswille und Beharrungsvermögen, Zugehörigkeit und Individualität, Leben als Entwurf und als Fügung, die Kontinuitäten und die Brüche von Lebens- und Familiengeschichte. Indem sie erneut elementare Aspekte und Erfahrungen des Lebens im Horizont des christlichen Glaubens zur Sprache und zur Darstellung bringen, führen sie nicht nur in den initialen Kasus zurück, vielmehr transformieren und refigurieren sie ihn. Die in diesem Zusammenhang geforderte pastorale Deutungsleistung ist homiletisch wie liturgisch anspruchsvoll.

Im kulturellen Kontext der Gegenwart beschränkt sich Erinnerung aber keineswegs auf die Sphäre des privaten Lebens. Jubiläen, Feiern und Gedenkstunden prägen die öffentliche Kultur pluraler Gesellschaften.[36] Auch das Gemeinwesen hat einen hohen Bedarf an Vergewisserung und Orientierung. Dies spiegelt sich auch in der kirchlichen Praxis auf nahezu allen Ebenen wider: Gemeinden feiern ihre Kirchweih-Feste und Glocken- oder Ordinationsjubiläen; die städtischen Jubiläumsfeierlichkeiten werden mit einem Gottesdienst eröffnet, die Kirche in Rheinhessen feiert ihr Unionsjubiläum und die EKD eine Lutherdekade (2008–2017).

---

34 Im Volksmund kommt die Erosionsgefahr des Gedächtnisses z. B. in Redewendungen wie diesen zum Ausdruck: „Gedächtnis wie ein Sieb", „löcheriges Gedächtnis", „verblasste Erinnerung".
35 Christian Grethlein, „Benediktionen und Krankensalbung", in *Handbuch der Liturgik*, hg. v. Hans-Christoph Schmidt-Lauber u. a. (Göttingen: Vandenhoeck, ³2003), 551–574 (551).
36 Vgl. Gottfried Küenzlen, „Kulturelles Gedächtnis: Anmerkung zur Kulturbedeutung und zivilreligiösen Dimension von Jubiläen", *PrTh* 44 (2009), 161–171.

Holocaust-Gedenkgottesdienste (27. Januar) und Andachten zum Christopher Street Day (2. Juni) werden in vielen City-Kirchen begangen. Die Kirche ist über ihre biografisch-kasuelle Praxis hinaus ein Akteur innerhalb der öffentlichen Erinnerungskultur und sie bringt sie selbst mit hervor.

6.5 Kulturelles und kommunikatives Gedächtnis

Dass die Erinnerungskultur in den vergangenen Jahrzehnten praktisch und theoretisch verstärkt Aufmerksamkeit gefunden hat, hängt in Deutschland vermutlich auch damit zusammen, dass der Bezug auf den Nationalsozialismus, auf den II. Weltkrieg und den Holocaust, zu einem identitätsbildenden Prüfstein gesellschaftlicher Erinnerungskultur geworden ist. Mit dem zunehmenden zeitlichen Abstand und der immer kleiner werdenden Zahl von Zeitzeuginnen und Zeitzeugen stellt sich die Frage nach Erinnerung noch einmal neu. Dies ist Hintergrund für den gegenwärtigen Diskurs zur Gedächtniskultur, innerhalb dessen insbesondere die kulturwissenschaftlichen Arbeiten von Jan und Aleida Assmann eine prominente und orientierende Rolle spielen. Jan Assmann nimmt den von Maurice Halbwachs[37] geprägten Begriff des „kollektiven Gedächtnisses" auf und differenziert ihn noch einmal. Ausgangspunkt ist die Einsicht, dass das individuelle Erinnern eine Fähigkeit des Menschen als Subjekt ist, zugleich aber immer von sozialen Bedingungen lebt und sich innerhalb eines kulturell geprägten Sinnrahmens des Gemeinwesens oder einer Gruppe bewegt. Jan Assmann unterscheidet nun noch einmal zwei unterschiedliche Formen dieses kollektiven Gedächtnisses, er spricht von einem „kulturellen" und einem „kommunikativen" Gedächtnis.

Das *kulturelle Gedächtnis* fungiert als ein „Sammelbegriff für alles Wissen, das im spezifischen Interaktionsrahmen einer Gesellschaft Handeln und Erleben steuert und von Generation zu Generation zur wiederholten Einübung und Einweisung ansteht."[38] Das kulturelle Gedächtnis ist gleichsam der Vorrat gemeinsamer Werte, Erfahrungen und Deutungen, der in der gemeinsam geteilten Sprache, in Zeichen und Riten aufbewahrt und in der kulturellen Praxis immer wieder zur Geltung gebracht wird. In ihnen kristallisiert sich eine symbolische Sinnwelt, durch

---

37 Der französische Soziologe und Philosoph Maurice Halbwachs (1877–1945) wurde 1945 im KZ Buchenwald ermordet.
38 Jan Assmann, „Kollektives Gedächtnis und kulturelle Identität", in *Kultur und Gedächtnis*, hg. v. Jan Assmann und Tonio Hölscher (Frankfurt a. M.: Suhrkamp, 1988), 9.

die sich kollektive Identitäten auszudrücken vermögen.[39] Im staatlichen Bereich sind es insbesondere die öffentlichen Gedenktage (wie der 8. Mai, der 31. Oktober oder der 9. November), die in zeremonieller Form identitätsbestimmend sind. Im kirchlichen Kontext sind es nicht nur die großen christlichen Feste, sondern auch die biblischen Überlieferungen und liturgischen Gesten, die die Kirche zu einer „Erinnerungsgemeinschaft" machen. So wird jede Abendmahlsfeier durch ein Erinnerungsnarrativ eingeleitet: „In der Nacht, da unser Herr Jesus Christus verraten ward ...".

Vom kulturellen unterscheidet Jan Assmann nun das *kommunikative Gedächtnis*. Es ist nicht nur thematisch weniger festgelegt und unterliegt nicht dem institutionellen Zugriff, sondern ist auch alltagsnäher und erfahrungsbezogener. Während das kulturelle Gedächtnis vornehmlich an historischen Ereignissen orientiert ist, speist sich das kommunikative Gedächtnis wesentlich aus familien- oder generationenspezifischen Erlebnissen. Es hat seinen Ort in der Kommunikation von Erlebtem und Erfahrenem, in der Menschen sich gemeinschaftlich erinnern und diese Erinnerungen weitergeben. Das kommunikative Gedächtnis ist deshalb zeitlich begrenzt, es umfasst etwa drei Generationen (80 Jahre).

Beide Gedächtnisformen lassen sich analytisch unterscheiden, sie sind aber eng miteinander verzahnt und überlagern sich in der Praxis auf vielfältige Weise. Im kollektiven Gedächtnis der Jubilare, die ihre Konfirmation Ende der 1960er Jahre erinnern (im Gottesdienst wie im anschließenden bzw. voraufgegangenen Tischgespräch), verknüpfen die immer wieder auftauchenden Begriffe von Unruhe und Aufbruch beide Ebenen. Und im Totengedenken an den Großvater, der „in Stalingrad gefallen" ist, wird gleichermaßen eine familiengeschichtliche Wunde wie ein historisches Ereignis erinnert. Das kollektive Gedächtnis speist kulturelle Deutungsmuster ein, die kommunikativ durch gemeinschaftliches Erinnern unterfüttert (manchmal auch kontrastiert oder dementiert) werden. Hinzu kommen zwei weitere Aspekte: Zum einen lässt sich kultureller Sinn nur bedingt archivieren, er bedarf der Zirkulation in Darstellung und Mitteilung: „Das kulturelle Gedächtnis ist auf konkrete Verkörperung und aktuelle Inszenierung angewiesen. Es existiert in der Form gelebter und inszenierter Erinnerung."[40] Zum anderen sind Erinnerungen nicht nur ein Spiegel des Gewesenen, sie sind zugleich Ausdruck dessen,

---

[39] Vgl. Jan Assmann, „Der zweidimensionale Mensch: Das Fest als Medium des kollektiven Gedächtnisses", in *Das Fest und das Heilige: Religiöse Kontrapunkte zur Alltagswelt*, hg. v. Jan Assmann und Theo Sundermeier (Gütersloh: Gütersloher Vlg., 1991), 13–30.
[40] J. Assmann, Mensch, 25.

was Menschen in der Gegenwart bewegt, verbindet oder schmerzt.[41] Sie haben in dieser Weise auch einen prospektiven Zug, insofern sich in ihnen eben auch Hoffnungen, Erwartungen oder Befürchtungen artikulieren – sie sind immer auch ein Stück „erinnerter Zukunft" (Jürgen Ebach).

6.6 Was Erinnerungskasualien vollbringen

In diesen Kontext lassen sich auch die Erinnerungskasualien und ihre Bedeutung einzeichnen. Sie bilden eine Schnittstelle religiöser Gedächtniskultur und dies in einem mehrfachen Sinne. Erstens vergemeinschaften sie individuell Erlebtes und schaffen einen Kasus, der gemeinschaftliches Erinnern allererst ermöglicht und hervorruft. Zum anderen individualisieren sie im Gegenzug die kirchlichen Handlungen, deren Sinngehalt ohne ihren konkreten biografischen Bezug abstrakt, und d. h. irrelevant bleibt. Drittens machen sie Lebensgeschichte als einen Lebensprozess ansichtig, der nicht (nur) von außen beschreibbar, sondern von den Beteiligten als Dank, als Bitte, als Klage artikuliert wird. Viertens oszillieren die Erinnerungskasualien zwischen den persönlichen Erfahrungen der Beteiligten, die sie einbringen (kommunikatives Gedächtnis), und den theologischen Deutungen (religionskulturelles Gedächtnis), die in Segen und Gebet, Lesung und Lied, Danksagung und Predigt gottesdienstlich inszeniert werden. Fünftens rufen die Erinnerungskasualien die liturgischen und biografischen Szenen der Ursprungskasualie so auf, dass sie für die Gegenwart aktuell werden und einen Übergang auf Zukunft hin neu initiieren. Sechstens schließlich nehmen sie individuell und gemeinschaftlich gelebtes Leben in seinen Ambivalenzen im Horizont des christlichen Glaubens auf: In den Erinnerungskasualien werden die biografischen Erinnerungen religiös transzendiert, indem sie in die „Geschichte Gottes mit den Menschen" eingezeichnet werden.

In den Erinnerungskasualien performiert sich *szenisches Erinnern*. In Anlehnung an Eilert Herms lässt sich das Spezifikum der Erinnerungskasualien theologisch in drei Dimensionen bestimmen[42]: In den gottesdienstlichen und lebensweltlichen Szenen, die kasuell hervorgerufen werden, wird das Ganze des eigenen

---

41 Als exemplarisch für die liturgische Unterbestimmtheit der aktuellen Poimenik mag die ansonsten verdienstvolle Dissertation von Renja Rentz gelten: *Schuld in der Seelsorge: Historische Perspektiven und gegenwärtige Praxis* (Stuttgart: Kohlhammer, 2016). Hier finden sich keinerlei Rekurse auf die Kasualkultur. Im Sachregister gibt es kein Stichwort „Kasualien" bzw. „Amtshandlungen".
42 Vgl. Eilert Herms, „Die Sprache der Bilder und die Kirche des Wortes", in Ders., *Offenbarung und Glaube: Zur Bildung des christlichen Lebens* (Tübingen: Mohr Siebeck, 1992), 221–245 (230 f.).

Lebens zum Thema. Die Erinnerungsbilder sind perspektivisch, selektiv und nicht selten bruchstückhaft, sie geben aber etwas von dem zu erkennen, was ein Leben ausmacht, worauf es gründet und worin es seinen Sinn findet. In der Erinnerung kasueller Schlüsselszenen, die biografisch bedeutsam sind, wird den sich Erinnernden, so der zweite Aspekt, eine Deutung ihrer Lebenswirklichkeit zuteil. Erinnern ist ein reflexiver Akt, aber es ist nicht nur etwas, was das Ich tut, sondern was ihm widerfährt. In den kasuellen Reinszenierungen werden Erinnerungen unwillkürlich wach, die gegenwärtiges Leben in ein besonders Licht rücken. Schließlich ist, so der dritte Aspekt, das Erinnerungsbild, das sich einstellt, nicht nur individuelle Selbstmitteilung, sondern auch eine Narration und eine „Botschaft", die kommunikativ entsteht. Die Kasualgemeinde, die Familie und alle, die mitfeiern, haben ihren Anteil, insofern sie das, was geschieht und zum Ausdruck gebracht wird, szenisch miterleben und selbst über ihre Präsenz bzw. ihr Mitfeiern zur Darstellung bringen.

Dabei ist keine Erinnerungskasualie wie die andere, jede hat ihre eigenen lebensgeschichtlichen Themen, sie sind gewissermaßen rituelle Unikate. Betrachtet man das prinzipiell offene Feld der Erinnerungskasualien phänomenologisch, dann lassen sich zwei Grundtypen voneinander unterscheiden:

Die *Jubiläumskasualien* (Konfirmations-, Ehe- und Ordinationsjubiläen) haben einen definierten kasuellen Ort, der primär vom „Mythos der runden Zahl" bestimmt ist. Ein 25- oder 50-jähriges Gedenken begründet sich nicht aus der inneren Logik der je individuellen Lebensgeschichte heraus, sondern durch die Referenz auf ein numerisches System, das von einer Ganzheit (100) ausgeht und von hier aus Zwischenstufen konstruiert: 50 als halbe Wegstrecke bzw. 25 als die Hälfte der halben Wegstrecke usw.[43] Die Pointe dieses numerischen Abgleichs liegt in seiner Ordnungsfunktion. Das Jubiläum konfirmiert gewissermaßen den lebensweltlichen Kasus und deutet ihn als ein „geordnetes" Leben. Jubiläumskasualien sind nicht ohne Grund Teil einer bürgerlich-christlichen Normalbiografie.

Die beiden anderen Erinnerungskasualien (Tauferinnerung bzw. Toten-Memoria) hingegen sind *Prozesskasualien* und haben zunächst keinen vorab fixierbaren Zeitpunkt. Sich die Taufe zu vergegenwärtigen und der Toten zu gedenken, ist kein einzelner Akt, sondern ein lebensgeschichtlicher Prozess. Wann sie je und je als gottesdienstliche Taufgedächtnisfeier oder als liturgisch gestaltetes Totengedenken „an der Zeit sind", wird durch die kirchliche Praxis festgelegt, die sich an dem inneren Bedürfnis der Getauften oder Trauernden orientiert. Die Kindergartenkinder werden zu einem Tauferinnerungsgottesdienst eingeladen, weil sie nun selbst fragen können, was ihre Taufe bedeutet, und die Angehörigen der im vergange-

---

[43] Dem korrespondiert die ostdeutsch bzw. schwäbisch gebräuchliche Zeitangabe: viertel vier, halb vier, dreiviertel vier, fünf.

nen Jahr Verstorbenen werden am Totensonntag eingeladen, um noch einmal, im Abstand zur Beerdigung, einen gemeinschaftlichen Ort für ihre Trauer aufsuchen zu können. Auch die Prozesskasualien sind zumeist in bestimmte Zeitrhythmen eingebunden (wie z. B. den des Kirchenjahres); der Kasus selbst jedoch ist kirchlich „konstruiert". Die kirchlichen Akteure gehen in ihrer Praxis der Tauferinnerung und der Toten-Memoria davon aus, dass Menschen zu *diesem* Zeitpunkt Erinnerungspunkte „brauchen".

Sieht man die Erinnerungskasualien als konstitutiven Bestandteil der Kasualtheorie, wird man an ihnen immer auch Momente des Übergängigen wahrnehmen, aber sie kaum pauschal im klassischen Sinne als „Übergangsrituale" interpretieren. Vielmehr können Erinnerungskasualien den Charakter von *Unterwegskasualien* (Fechtner) bzw. *Gratifikationskasualien* (Klie) annehmen. So markieren bspw. die Silber-Kasualien keine signifikanten biografischen Passagen, sondern sie sind in der Mitte einer Lebensphase angesiedelt und dienen der Vergewisserung und Orientierung im Lebenslauf („unterwegs"). Demgegenüber erscheinen hochaltrige (goldene, diamantene etc.) Jubiläen eher als die Gratifikation einer Lebensleistung, sie performieren Motive des Ankommens und Erreichens („Bis hierher hat mich Gott gebracht", EG 329). Im Lichte der Erinnerungskasualien wird kasualtheoretisch zugleich noch einmal bewusster, dass auch die „Ursprungskasualien" eine theologische und biografische Erinnerungsdimension haben: Die Konfirmation ist selbst bereits Tauferinnerung (auch wenn sie gegenwärtig analog zur Jugendweihe eher als Adoleszenzkasualie begangen wird) und die Bestattungspredigt überführt das gelebte Leben der Verstorbenen in ein erinnertes; die Trauung erinnert den Anfang eines Lebensbündnisses und die Taufe vergegenwärtigt im „gnadenreich Wasser des Lebens" (Luther), was Gott Menschen zugesagt hat.[44]

Ein Blick nach vorne: Die hier vorgeschlagene Systematisierung der Erinnerungskasualien ist eine praktisch-theologische Momentaufnahme. Der demografische Wandel, die Entwicklung der Kirchenmitgliedschaft und die Flexibilisierung von Lebens- und Beziehungsverhältnissen werden auch die Gestalt und die Amplitude der Erinnerungskasualien massiv verändern. Womöglich werden sich in Zukunft auch neue Formate herausbilden. Bereits jetzt ist erkennbar, dass im Feld der Riskanten Liturgien gemeinschaftliche Erinnerungskasualien entstehen: An den Jahrestagen wird eines Unglücks gedacht und der zu Tode Gekommenen. In anderer Weise könnten – man denke an Einschulungsgottesdienste oder Schulentlassfeiern – auch die sich etablierenden neuen Kasualien erinnerungsproduktiv sein, womöglich entwickeln sich auch in diesem Bereich künftig gemeinschaftliche Formen. Das offene Feld der Erinnerungskasualien ist vital.

---

44 Vgl. 8. Kasualien als Erinnerungskunst.

7 Kasualtheoretische Umcodierungen

Dieses siebente Kapitel ist stärker kasual*theoretisch* ausgelegt. Was sich terminologisch in den vorausgehenden Abschnitten bereits an unterschiedlichen Stellen abzeichnete und in verschiedenen kasuellen Kontexten punktuell als Deutungsoption eingespielt wurde, soll nun hier systematisch auf einer anderen Abstraktionsebene entfaltet werden.

Wer die semiotische Kategorie der Umcodierung beansprucht, konstruiert einen Gegensatz. In diesem Fall sind es kirchliche Kommunikations-, v. a. a. praktisch-theologische Theoriekonventionen, die auf ihre Vorannahmen hin befragt und revidiert werden sollen. Damit wird nicht alles, was in den gängigen Kasualtheorien tradiert wurde, auf den Kopf gestellt, wohl aber sollen fachsprachliche Weichenstellungen vorgenommen werden, die das Ziel verfolgen, gewohnte Sichtweisen begründet zu irritieren. Umcodierungen stellen also zunächst einmal eine Diskursofferte dar. Die hier unterbreiteten Aufschläge fordern Returns in der wissenschaftlichen Forschung: empirisch, historisch, systematisch.

Die Thesen, die in den folgenden fünf Unterkapiteln entfaltet werden, haben sich, so jedenfalls die intendierte Lektürestrategie, bereits in den primär der Praxis gewidmeten Sinneinheiten als evidente Akzentverschiebungen erwiesen. Nun sollen die kasualtheoretischen Umcodierungen in methodisch geordneter Form zur Darstellung gebracht werden. Rückbezüge v. a. in den Fußnoten stellen jeweils die Verbindung zu den Praxiskapiteln her.

7.1 Von der Passage zur Confirmation

7.1.1 Ethnographische und sozialanthropologische Anleihen

Es gibt wohl kein Interpretament, das die Kasualtheorie in den zurückliegenden Jahrzehnten nachhaltiger geprägt, die Sicht auf die sprunghafte Ausdifferenzierung des kasuellen Feldes intensiver getrübt und die Komplexität kasueller Logiken wirkungsvoller reduziert hat als das Theoriestück der *Übergangsrituale*. Obwohl sich in der praktisch-theologischen Literatur die Hinweise mehren, die die kritiklose Adaption des 1909 von Arnold van Gennep formulierten ethnologischen Schemas für die Kasualtheorie zumindest relativieren[1], gibt die generalisierende Deutung

---

[1] Christian Grethlein definiert Kasualien „in kulturgeschichtlicher Perspektive" als „Schwellenrituale", und im Untertitel seiner „Grundinformation" siedelt er den kasuellen Ort an den „Übergängen des Lebens" an, doch sieht er in der „zeitlichen Zerdehnung der Übergänge im Leben" Gründe

kirchlicher Amtshandlungen *als* Passageriten nach wie vor das Narrativ ab, an dem man sich vorrangig vergewissert.² Die Diskussionslage ist diesbezüglich disparat. Zum einen immunisiert die ethnologische Relecture der Kasualpraxis gegen das kirchliche Verkündigungsparadigma, und zum anderen legitimiert sie reflexiv immer noch das gesellschaftlich mitunter als abständig empfundene kirchliche Handeln als kulturanthropologische Konstante. Und schließlich – hierin besteht wohl das gravierendste Rezeptionsproblem – hat sich das „Schema der Übergangsriten"³ schon so tief in das vorreflexive Alltagswissen abgesenkt, dass sein Theoriestatus und sein historischer Sitz im Leben notorisch abgeblendet werden.⁴ Wenn aber die Geltungsansprüche einer Deutungsfigur nicht mehr an ihre ursprünglichen Referenzen rückgebunden werden, dann wird eine Theorie unter der Hand zur Tatsache. Doch dass sich rituell in einer Kasualie *grundsätzlich* eine Passage abbildet, ist je länger je weniger eine soziale Tatsache, sondern eben nach wie vor eine Theorie – noch dazu ein Gedankengebäude, das aufgrund seines kolonialen Entstehungskontextes und seiner ausgreifenden Formalisierungen in der spätmodernen Kasualkultur mehr nivelliert als erklärt. Zudem beruht die Adaption der Theorie der Übergangsrituale – auch dies wird oft ausgeblendet – auf einer normativen Vorauswahl *bestimmter* Kasualien aus dem weiten Feld der Kasualkultur, die sich diesem Modell zu beugen scheinen. Eine Theorie hat sich also eine Praxis gesucht, die prima facie zu ihr zu passen *scheint*.

---

für eine Relativierung einer rein ritualtheoretischen Perspektive. Christian Grethlein, *Grundinformation Kasualien: Kommunikation des Evangeliums an den Übergängen des Lebens* (Göttingen: Vandenhoeck, 2007), 55. – Auch Christian Albrecht sieht in seinem Lehrbuch die kritiklose Übertragung der Theorie der Passageriten durch „massive Differenzierungen und Diffundierungen" im Lebenslauf gefährdet. Christian Albrecht, *Kasualtheorie: Geschichte, Bedeutung und Gestaltung kirchlicher Amtshandlungen* (Tübingen: Mohr Siebeck, 2006), 159.
2 Dies zeigt sich nicht zuletzt auch bei den einschlägigen Buchtiteln. Erich Garhammer, Heinz-Günther Schöttler und Gerhard Ulrich (Hg), *Zwischen Schwellenangst und Schwellenzauber: Kasualpredigt als Schwellenkunde* (München: Don Bosco, 2002); Lutz Friedrichs, *Kasualpraxis in der Spätmoderne: Studien zu einer Praktischen Theologie der Übergänge* (Leipzig: Evang. Verlagsanstalt, 2008); Cäcilie Blume, *Populäre Musik bei Bestattungen: Eine empirische Studie zur Bestattung als Übergangsritual* (Stuttgart: Kohlhammer, 2014). – Auch der praktisch-theologische Gesamtentwurf von Isolde Karle, *Praktische Theologie* (Leipzig, Evang. Verlagsanstalt, 2020) deutet Kasualien als Übergangsrituale (bes. 474 f.).
3 Arnold van Gennep, *Übergangsriten* (Frankfurt a.M.: Campus, 1986). Das französische Original erschien 1909 unter dem Titel *Les rites de passage: Étude systématique des rites* (Paris: É. Nourry, 1909).
4 Die Ethnologin Schomburg-Scherff merkt in ihrem Nachwort zur deutschen Ausgabe von *Les rites de passage* mit Recht an: „Jeder meint, es [van Genneps Hauptwerk; TK] zu kennen, es wird immerfort zitiert, aber selten wirklich gelesen." Sylvia M. Schomburg-Scherff, *Nachwort*, in A. van Gennep, Übergangsriten, 233–255 (233).

Der französische Ethnologe Arnold van Gennep (1873–1957), der sein weithin bekanntes „Schema" ausschließlich anhand von Literaturstudien[5] entwickelte, betrachtete das soziale Leben seiner Zeit entsprechend vornehmlich unter statischen Gesichtspunkten. Da jede Veränderung der sozialen Ordnung, z. B. durch einen Raum-, Status- oder Funktionswechsel, die Tektonik des Soziallebens irritiert, müssen die anfallenden Grenzüberschreitungen durch entsprechende Riten kultiviert werden. Vor allem in vor-industriellen Kulturen (van Gennep spricht hier von „Halbzivilisierten", denen man unten auf der „Stufenleiter der Zivilisation" begegne[6]) stellen die Dynamiken des sozialen Lebens potenzielle Gefährdungen dar, die rituell einzuhegen sind. Den Passageriten eignet also immer dieselbe *Funktion*. Sie haben in einer stratifikatorischen Gesellschaft eine primär prohibitive Aufgabe: Sie gewährleisten evolutionäre Wandlungsprozesse und zugleich reglementieren sie diese.

> „Das Leben eines Menschen besteht somit in einer Folge von Etappen, deren End- und Anfangsphasen einander ähnlich sind [...]. Zu jedem dieser Ereignisse gehören Zeremonien, deren Ziel identisch ist: Das Individuum aus einer genau definierten Situation in eine andere, ebenso genau definierte hinüberzuführen. Da das Ziel das gleiche ist, müssen auch die Mittel, es zu erreichen, zwangsläufig wenn nicht in den Einzelheiten identisch, so doch zumindest analog sein."[7]

Passageriten haben dabei immer dieselbe dreiphasige *Struktur*: In der Trennungsphase lösen sich die Neophyten der Initianden aus der angestammten Ordnung, die Schwellenphase markiert die Umwandlung, und die Angliederungsphase dient der Integration in die neuen Sozialpositionen. Modellhaft stellt van Gennep die räumlichen Übergänge allen anderen als das Leitparadigma voran.[8]

Die einflussreichste Fortschreibung erfuhr van Genneps Theorie der Passageriten durch den in Schottland geborenen Kulturanthropologen Victor Turner (1920–1983).[9] Anfang der 1950er Jahre führte Turner erste Feldstudien beim Stamm der Ndembu in Sambia (damals britische Kronkolonie Nordrhodesien) durch, die in der Theorie der „sozialen Dramen", einer Phänomenologie krisenhafter Brüche in

---

5 Nur zwei kurze Reisen führten van Gennep in die damalige französische Kolonie Algerien.
6 A. van Gennep, Übergangsriten, 27 passim.
7 Ebd., 15.
8 Ebd., 25–33.
9 Eine ausführliche Einleitung in die Theoriestatur und Wirkungsgeschichte bietet Peter J. Bräunlein (Hg.), *Zur Aktualität von Victor W. Turner: Einleitung in sein Werk* (Wiesbaden: VS Verlag, 2012).

die Sozialstruktur des Stammes mündeten.[10] Hierbei fungieren Rituale als Teil einer Lösungsstrategie. In seinem programmatischen Aufsatz „Betwixt and Between"[11] von 1964 nimmt Turner das van Gennepsche Schema auf, wobei er aber vor allem auf die mittlere Phase scharfstellt, die er als „liminal" bezeichnet. Sein Paradigma ist weniger der Raum wie bei seinem französischen Lehrer, sondern vielmehr die Initiation. In der liminalen Phase hat der Initiand weder Status noch Geschichte, er ist nach Turner Rohmaterial, *prima materia*[12] – er macht eine elementare Erfahrung von Gleichheit.

Wie van Gennep sein Konzept im Kulturkontext indigener Kulturen gewann, um es dann auf die industrielle Moderne in Frankreich zu Beginn des 20. Jh. zu übertragen, so identifiziert Turner sein anhand von Beispielen aus der Ethnographie Afrikas abgeleitetes Liminalitätskonzept jenseits indigener Kontexte in postindustriellen Kulturen Europas und Nordamerikas. Dort sind die Kulturen jedoch weniger rituell ausgeprägt, und Liminalitätsphänomene ergeben sich auch eher an den Rändern der Gesellschaft, wo sich die Sozialstrukturen auflösen: im Spiel, im Theater, in der Kunst- und Literaturszene und in der Performance.[13] Um die kulturanthropologische Differenz zu markieren, nennt Turner diese Erscheinungen „liminoid". Ihre Dynamik wirkt allerdings von liminoiden Schauplätzen auf die zentralen gesellschaftlichen Milieus zurück, so die Annahme. Als ästhetische Erfahrung der „konjunktivischen Antistruktur"[14] münden sie oft in eine politische Kritik der sozialen Verhältnisse.

Es war vor allem diese dramaturgische Entgrenzung des Ritualbegriffs, die dazu führte, dass Turners Ritualtheorie in der Ethnologie und in der Religionswissenschaft durchaus kontrovers diskutiert wurde. So ist ein Ritual für Turner

---

10 Turner sieht sein anthropologisches Konzept als ein Bestandteil der *condition humaine*, das ausdrücklich universelle Geltung beansprucht und insofern grundsätzlich der Religion zugeordnet ist. S. M. Schomburg-Scherff, Nachwort, 245 ff.
11 Victor Turner, „Betwixt and Between: The Liminal Period in Rites de Passage", in: *Proceedings of the 1964 Annual Spring Meeting of the American Ethnological Society*, hg. v. June Helm (Seattle: AmericanEthnological Society, 1964), 4–20.
12 S. M. Schomburg-Scherff, Nachwort, 247.
13 Victor Turner, *Vom Ritual zum Theater: Der Ernst des menschlichen Spiels* (Frankfurt a. M.: Campus, 1989). Die amerikanische Originalausgabe erschien unter dem Titel *From Ritual to Theater: The Human Seriousness of Play* in der von Brooks McNamara und Richrad Schechner herausgegebenen „Performance Studies Series" (New York: Performing Arts Journal, 1982). In der Einleitung formuliert Turner programmatisch: „Die in diesem Buch vereinigten Essays skizzieren eine Entdeckungsreise, die mich von der traditionellen ethnologischen Erforschung des Rituals wegführte und ein lebhaftes Interesse am modernen Theater, besonders dem experimentellen Theater, in mir weckte." 7.
14 V. Tuner, Theater, 132.

weniger durch Regelobservanz, Wiederholbarkeit und Stabilisierung definiert – dies wären die zentralen Aspekte eines traditionellen, auch praktisch-theologischen Ritualverständnisses[15] –, als vielmehr durch Emergenz, Energiefluss und Theatralität. Turner sieht in der „kunstvollen Darbietung" des liminoid-sozialen Dramas eher die wirkmächtige Expression (nach außen) und die Flow-Erfahrung[16] (nach innen) als einen Formbegriff im Sinne von Stereotypisierung, Struktur oder Liturgie. Analog zu dieser Dichotomie unterscheidet Turner auch zwischen einem (performativ-expressiven) Ritual und einer (lediglich affirmativen) Zeremonie. Gehen die Teilnehmenden nicht als Veränderte aus dem rituellen Spiel (im Konjunktiv) hervor, entsteht also keine egalisierende „communitas", handelt es sich lediglich um eine Zeremonie (im Indikativ). Letztlich liegt die Agency im Bereich des Liminoiden für Turner in der Universalität des sozialen Dramas und weniger bei den Akteuren, die diese Dramen kontextuell gestalten.

Die Theorie der Übergangsrituale wurde v. a. dann in der Turnerschen Fassung seit den 1990er Jahren in der Praktischen Theologie breit rezipiert.[17] Das Spektrum reicht hier von der Festtheorie über die Liturgik und Homiletik bis hin zu Pastoraltheologie, Religionspädagogik und Bibliodrama.[18]

---

[15] Vgl. z. B. die basale Ritualdefinition von Meyer-Blanck, die hier stellvertretend für viele andere Ritualkonzepte der Praktischen Theologie steht: „Rituale sind individuelle und kollektive Handlungsgewohnheiten mit repetitivem Charakter, bei denen dem Handeln als solchem wie der geplanten und bewussten Repetition individuelle und/oder kollektive Bedeutung zugeschrieben wird." Michael Meyer-Blanck, „Ritus und Rede: Eine Verhältnisbestimmung auf dem Hintergrund ökumenischer Theologie", in *Gottesdienst und Predigt – evangelisch und katholisch*, hg. v. Alexander Deeg, Erich Garhammer, Benedikt Kranemann und Michael Meyer-Blanck (Neukirchen: Neukirchener Vlg., 2014), 11–39 (12).
[16] Turner spricht hier von „ritueller Verpuppung"; V. Tuner, Theater, 128.
[17] Van Genneps Klassiker lag erst 77 Jahre nach seinem Erscheinen als Volltext in einer deutschen Übersetzung vor. Dies ist wahrscheinlich einer der Hauptgründe dafür, dass Werner Jetters Ritologie des Gottesdienstes (*Symbol und Ritual: Anthropologische Elemente im Gottesdienst* (Göttingen: Vandenhoeck, 1978) noch ganz ohne Hinweise auf van Gennep und Turner auskommt.
[18] Exemplarisch für die Fülle der Publikationen des „Turner-Booms": Henning Luther, „Schwellen und Passage: Alltägliche Transzendenzen", in Ders., *Religion und Alltag: Bausteine zu einer Praktischen Theologie des Subjekts* (Stuttgart: Radius, 1992), bes. 212–223; Hans-Günter Heimbrock, *Gottesdienst – Spielraum des Lebens: Sozial- und kulturwissenschaftliche Analysen zum Ritual in praktisch-theologischem Interesse* (Kampen: J. H. Kok; Weinheim: Deutscher Studien Verlag, 1993); Manfred Josuttis, *Die Einführung in das Leben: Pastoraltheologie zwischen Phänomenologie und Spiritualität* (Gütersloh: Gütersloher Vlg., 1996), bes. 34–49; Petra Bahr, „Ritual und Ritualisation: Elemente zu einer Theorie des Rituals im Anschluß an Victor Turner", *PrTh* 33 (1998), 143–158; Wilhelm Gräb, *Lebensgeschichten – Lebensentwürfe – Sinndeutungen: Eine praktische Theologie gelebter Religion* (Gütersloh: Gütersloher Vlg., 1998), bes. 184–188; Gerhard Marcel Martin, „Provozierte Krisen: Rituale in Religion und Gesellschaft", *EvTh* 58 (1998), 12–24; Dietrich Zilleßen, „Ritual

Aber auch in der Kasualtheorie[19] fanden die beiden Stufenmodelle bald eine rege Aufnahme. In der Phänomenologie von „Übergängen" und „Schwellen" schien (endlich) ein stimmiges Passepartout gefunden zu sein, das das religionsästhetisch pluriforme, kirchengeschichtlich heterogene und theologisch unebene Feld kirchlicher Amtshandlungen zumindest kulturtheoretisch auf einander abzubilden versprach. Fraglos zur anthropologischen Konstante erhoben, erklärte es die trotz abschmelzender Kirchlichkeit nach wie vor hohe Attraktivität der kirchlichen Kasualpraxis. Und schließlich ließ sich der bei Turner sublim mitgeführte katholische Mystizismus[20] für die Religionshaltigkeit der epigenetischen Formalstufen in Anschlag bringen. In Ermangelung empirischer Kasualforschung, die in der Praktischen Theologie nennenswert erst nach der Jahrtausendwende vorangetrieben wurde, verhieß das Modell der Übergangsrituale, die Komplexitätsreduktion[21] mit einer kulturtheologischen Perspektive zu verbinden und damit letztlich das Kasualverhalten einer evangelischen Mehrheit apologetisch einzufangen. Und zugleich – darauf weist Failing hin – schien die frühe Rezeption der ethnologischen Ritualforschung „in ritualkritischen Zeiten (sechziger und frühe siebziger Jahre!) geeignet, eine unbedachte protestantische, anti-ritualistische Verkündigungstheorie zurückzuweisen."[22]

Der wohl erste Bezug auf die Übergangsriten ist bereits 1971 in einer knappen Thesenreihe von Walter Neidhart greifbar: „Die K[asualien] haben manche Ähnlichkeit mit den Übergangsriten, in denen in anderen Kulturen die Grenzsituatio-

---

und Theater im Spiel des Lebens", *IJPT* 3/1999, 229–250; Kristian Fechtner: *Schwellenzeit: Erkundungen zur kulturellen und gottesdienstlichen Praxis des Jahreswechsels* (Gütersloh: Gütersloher Vlg., 2001), bes. 84–87; Harald Schroeter-Wittke, „Übergang statt Untergang: Victor Turners Bedeutung für eine kulturtheologische Praxistheorie", *ThLZ* 6 (2003): Sp. 575–588; Verena Puza, *Die Eucharistie als liminales Ritual: Ein praktisch-theologischer Beitrag im Gespräch mit der Ritualforschung Victor Turners* (Münster: LIT 2013).

[19] Exemplarisch: Ulrike Wagner-Rau, *Segensraum: Kasualpraxis in der modernen Gesellschaft* (Stuttgart: Kohlhammer, 2000), bes. 114–121 (2. Aufl. 2008); Lutz Friedrichs, *Kasualpraxis in der Spätmoderne: Studien zu einer Praktischen Theologie der Übergänge* (Leipzig: Evang. Verlagsanstalt, 2008), bes. 47–56.

[20] Peter J. Bräunlein, „Ritual als Offenbarung: Victor Turner als katholischer Mystiker", in *Zur Aktualität von Victor W. Turner: Einleitung in sein Werk*, hg. v. Ders. (Wiesbaden: VS Verlag, 2012), 43–48.

[21] Dies bedeutete nicht nur die rein quantitative Reduktion des kasuellen Feldes auf nur vier Kasualien, sondern auch eine monokausale Engführung der mannigfaltigen Interdependenzen zwischen vitaler Kasualpraxis und sozialer bzw. ästhetischer Praxis.

[22] Wolf-Eckart Failing, „Die kleine Lebenswelt und der umfassende Sinn", in Ders. und Hans-Günter Heimbrock, *Gelebte Religion wahrnehmen: Lebenswelt – Alltagskultur – Religionspraxis* (Stuttgart: Kohlhammer, 1998), 200–232.

nen des menschlichen Lebens geregelt werden. Sie können eine Entlastungsfunktion haben."[23] 1972 rezipiert Yorick Spiegel das Modell für die Bestattung[24], und 1976 deutet Helmut Fischer die kirchliche Trauung als Passageritual.[25] 1985 dient dann van Genneps Modell der Übergangsriten in der Kasualtheorie von Ahuis bereits als ein integraler „anthropologischer Begründungshorizont" *aller* Kasualien. Darin stellt Ahuis damals fest: „Trotz dem allgemein durchschlagenden Titel ist das Buch van Genneps ohne wesentliche Bedeutung für die Forschung geblieben [...]"[26]

Dies änderte sich dann schon sehr bald mit der Rezeption der Turnerschen Lesart des van Gennepschen Modells. Der einsetzende und im Grunde bis in die unmittelbare Gegenwart anhaltende „Turner-Boom" zeigte sich dabei weitgehend immun gegen die kritischen Einwürfe, die ebenfalls schon früh erhoben wurden. Failing stimmt 1998 einen ersten Abgesang an, indem er die pauschale Einordnung der Kasualien als Übergangsrituale grundsätzlich in Frage stellte.[27] So blende die pan-rituelle Sicht auf den Phänomenbereich andere, explizit nicht-rituelle Handlungsfiguren apriori aus: das professionelle Deutungsgeschehen in der Predigt, die liturgisch applizierten Gebete, das optionale Portfolio der Gesänge und Instrumentalstücke, die begleitende (traditionell anti-ritualistische) Seelsorge, das kontingente Kasualgespräch und das familiäre Setting aus antizipierenden, begleitenden und konsekutiven Obliegenheiten. Vor allem aber das für Kasualien konstitutive Wechselspiel von Rede und Ritus[28], in dem der Ritus (als „Kernszene" einer Kasualie) immer auch der homiletischen Auslegung ausgesetzt ist, findet im Turnerschen Modell keine Entsprechung, schließlich ist für ihn die Reflexion der natürliche Antagonist des Flow.

Ein weiterer Einwand hängt eng damit zusammen: Während Turner selbst eine harte Differenz markiert zwischen tranformatorischem Ritual und stabilisierender Zeremonie, zieht eine ausschließlich auf vermeintliche Übergänge fokussierte Ritualtheorie diese Dichotomie völlig ein. Angesichts der Hybridität spätmoderner

---

23 Walter Neidhart, „Die Bedeutung der nichttheologischen Faktoren: Thesen zu den Kasualien", *Hess. Pfarrerblatt* 1/1971, 4–7 (5). Ausführlicher fiel die Bezugnahme in der in vielerlei Hinsicht bemerkenswert liberalen Monographie zur Trauung von Fischer aus; Helmut Fischer, *Trauung aktuell: Analysen, Erwägungen und Impulse zum kirchlichen Handeln bei der Eheschließung* (München: Claudius Verlag, 1976).
24 Yorick Spiegel, *Der Prozess des Trauerns: Analyse und Beratung* (Gütersloh: Kaiser, 1972), bes. 93–123.
25 Helmut Fischer: *Trauung aktuell: Analysen, Erwägungen und Impulse zum kirchlichen Handeln bei der Eheschließung* (München: Claudius, 1976), bes. 110–118.
26 Ferdinand Ahuis, *Der Kasualgottesdienst: Zwischen Übergangsritus und Amtshandlung* (Stuttgart: Calwer, 1985), bes. 126–144 (126).
27 Zum Folgenden vgl. W.-E. Failing, Lebenswelt, 205 ff.
28 3.3 Rede und Ritus.

Kasualdynamiken kann diese Opposition die ambiguitären Wahrnehmungen eines Kasualgottesdienstes durchaus angemessen erfassen, dann jedoch nicht als einander ausschließende Lesarten. Je nach Perspektive und Involvement kann eine Kasualie starker Ritus *und* ergreifende Zeremonie zugleich sein. Während popkulturelle Musikstücke das Brautpaar zu Tränen rühren, sind sie möglicherweise für die Pfarrperson und den Organisten kaum mehr als heillos übercodierter Wedding-Kitsch.

Der gravierendste Kritikpunkt macht sich jedoch soziologisch an den theoriegeschichtlichen Reichweiten und an den behaupteten universellen Geltungsansprüchen fest. Sind Passage-Theorien, die zu Beginn des 20. Jh. aus der religionswissenschaftlichen Literatur (van Gennep) bzw. Mitte des 20. Jh. anhand eklektischer Studien aus der Ethnographie Afrikas (Turner) destilliert wurden und deren Kompatibilität von beiden Protagonisten für das Frankreich zu Beginn des 20. Jh. (van Gennep) bzw. das Nordamerika und das anglophone Europa der 1970er Jahre (Turner) behauptet wurden, wirklich in der Lage, ein spezifisches Segment spätchristlicher Festkultur zu erfassen, das eingelagert ist in eine polyzentrische, zeitoffene und hochgradig individualisierte Lebenswelt? Die homogene Gesellschaft, in der kollektive Bewältigungsmuster bereitgehalten werden, die von einer Bevölkerungsmehrheit dann auch fraglos abgerufen werden, gehört soziologisch längst der Vergangenheit an. Übergänge, wenn sie überhaupt als solche kenntlich werden, sind heute weitgehend „Übergänge in den Übergang" (Meyer-Blanck).[29] Das Konversionserleben bei Säuglingstaufen beschränkt sich weitgehend auf kirchlich hochverbundene Eltern, und bei Trauungen bzw. Konfirmationen geschieht viel, aber es „passiert" nichts. Schließlich ist bei Realbenediktionen, Erinnerungskasualien und Festkasualien der Konstruktcharakter behaupteter Lebensübergänge nur mühsam zu kaschieren.[30] Pierre Bourdieu merkt in soziologischer Perspektive kritisch an, dass die Theorie der Übergangsriten einen „wesentlichen Aspekt des

---

[29] Schon Walter Benjamin stellte in seinem Passagen-Werk (1927/40) das Vorhandensein lebensgeschichtlicher Übergänge grundsätzlich in Frage: „Rites de passage – so heißen in der Folklore die Zeremonien, die sich an Tod, Geburt, an Hochzeit, Mannbarwerden etc. anschließen. In dem modernen Leben sind diese Übergänge immer unkenntlicher und unerlebter geworden. Wir sind sehr arm an Schwellenerfahrungen geworden. Das Einschlafen ist vielleicht die einzige, die uns geblieben ist. (Aber damit auch das Erwachen.)" Walter Benjamin, „Das Passagen-Werk", in *Gesammelte Schriften*, hg. v. Rolf Tiedemann und Herrmann Schweppenhäuser, Frankfurt/M.: Suhrkamp, 1991) Bd. V), 617 f. – Der von Benjamins mehrfach in seinem Hauptwerk erwähnte Begriff „Rites de passage" lässt darauf schließen, dass er van Genneps Arbeit von 1909 kannte.

[30] Ganz ähnlich im Duktus fällt auch die Kritik an der Applikation der Übergangsritualtheorie von Christian Albrecht aus. Für ihn überwiegt die „diagnostische Leistung" einer modernen Festtheorie. Christian Albrecht, „Fest und Feier: Ritus/Alltag/Gottesdienst/Kasualien", in *Handbuch Praktische Theologie* hg. v. Wilhelm Gräb und Birgit Weyel (Gütersloh: Gütersloher Vlg., 2007), 275–286.

Ritus verdeckt": die Installierung bzw. konstatierende Setzung einer dauerhaften Unterscheidung.

> „Arnold van Gennep hat mit dem Begriff der Übergangsriten ein soziales Phänomen von großer Bedeutung *benannt*, auch beschrieben; viel mehr als das hat er aber, glaube ich, nicht getan, genauso wenig wie Victor Turner und andere, die seine Theorie aufgegriffen und die *Phasen* des Rituals ausführlicher und systematischer beschrieben haben. In Wirklichkeit, scheint mir, müssten – will man über diesen Stand hinauskommen – Fragen an die Theorie der Übergangsriten gestellt werden, die sie selber nicht stellt, insbesondere Fragen zur *sozialen* Funktion des Rituals und der sozialen Bedeutung der Linie oder Grenze, die das Ritual zu überschreiten beziehungsweise zu übertreten gestattet."[31]

In der praktisch-theologischen Modellierung der Kasualkultur korreliert die Theoriebildung ganz eng mit dem sozialen Handeln und dem Zeiterleben, so dass eine sich stetig verändernde Praxis immer wieder neue Theoriezugriffe und domänenspezifische Begriffssysteme erforderlich macht. Und so büßen Stufenmodelle in dem Maße ihre theoretische Auflösungsstärke ein, wie die kulturellen Konstellationen, die sie bedingen und hervorgebracht haben, unter Veränderungsdruck geraten. Dies gilt sowohl für die verhältnismäßig starren Formalstufen van Genneps wie für das idealistische Konzept Turners. Wenn die Gegenwart sich für die Subjekte mehr und mehr dem chronometrischen Zugriff entzieht, sie keine Eigenschaft von Ereignissen mehr ist[32] und stattdessen zerfällt in Episoden, Abbrüche und Beschleunigungen, dann erhellen überkommene und in ihrer Zeit durchaus plausible Modelle heute nur noch ihre eigene Theoriegeschichte. Die unkritische Repetition des immer selben Erklärungsmodells legt den Schluss nahe, als imaginiere sich eine Theorie eine Praxis, die letztlich nur noch die Theorie selbst affirmiert.

7.1.2 Rituale zwischen Abstinenz und Option

Der protestantischen Religionskultur sind religiöse Rituale eher fremd. Sie weiß natürlich um die stabilisierende Wirkung alltagsweltlicher Rituale und das reichhaltige Ritualinventar anderer Religionen, vornehmlich der katholischen und fernöstlichen, doch als kirchliche Akteure verhalten sich Evangelische zurückhaltend und diskret ablehnend gegenüber symbolisch vorgeformten Ausdruckshandlun-

---

31 Pierre Bourdieu, *Was heißt sprechen: Zur Ökonomie des sprachlichen Tausches* (Wien: Wilh. Braumüller Universitäts-Verlagsbuchhandlung, ²2005); Originalausgabe: *Ce que parler veut dire: L'économie des échanges linguistiques* (Paris: Librairie Arthème Fayard, 1982); Kursivierung im Original.
32 Dies ist die Generalthese von Ingolf U. Dalferth, *Gegenwart* (Tübingen: Mohr Siebeck, 2021).

gen.³³ Dies geschieht natürlich, weil sie in der religiösen Sozialisation kaum vorkamen, man sie nicht inkorporiert hat und sie darum auch nicht praktizieren kann. Die evangelische Freiheit gegenüber nicht-sakramentalen Routinen ist heute längst einer flächendeckenden Abstinenz gewichen. Sich abständig zu zeigen gegenüber religiös konnotierten Handlungsgewohnheiten, ist evangelisch nahezu selbstverständlich. Dieses Verhalten ist wirkungsgeschichtlich eine religionsethologische Nebenfolge der reformatorischen Einsprüche gegen den mittelalterlichen Katholizismus, in dem eine breite Palette von Alltagsritualen und Sakramentalien die gelebte Religion dominierte. Dementsprechend wurden in den Bekenntnisschriften äußere Vollzüge kaum theologischer Rede wertgehalten, galten sie doch weithin als Adiaphora, als „Mitteldinge" – von sich aus weder geboten noch verboten, aber nicht wichtig genug, um theologisch qualifiziert zu werden.³⁴ Aufklärung und Pietismus rückten schließlich rituelle Symbolhandlungen in die Nähe des Aberglaubens. In ihnen sah der sich damals formierende evangelische Antiritualismus einen eher moralabträglichen Mummenschanz, bestenfalls galten sie noch als Relikte einer vorreformatorischen Folklore. Eine rein äußerliche Religiosität schien kontraproduktiv für die angestrebte Vervollkommnung der Sittlichkeit.³⁵ Und so wirkt, wer heute religiöse Formäußerungen im Alltag bzw. in gottesdienstlichen Kommunikationen erkennen lässt, auf volkskirchliche Protestanten entweder katholisch oder überspannt spirituell. So ist z. B. selbst die signatio crucis – von Luther im Abend- und Morgensegen noch selbstverständlich vorgesehen – in der „späten Zeit der Volkskirche"³⁶ nahezu vollständig ins religiöse Vergessen abgesunken. Wer sich bekreuzigt, ist katholisch, so die vulgärprotestantische Mutmaßung. Danach gefragt, was unbedingt zum Evangelischsein dazugehört, wurden bei der letzten Kirchenmitgliedschaftsbefragung nach sieben ethisch markierten Items

---

33 Protestanten sind „Ritualisten erster Ableitung", wie es Meyer-Blanck treffend formuliert. Ihnen fehlt „insgesamt etwas von der Fähigkeit [...], sich dem Ritual gänzlich auszuliefern. Evangelische Christen verbleiben in einer durch Reflexion gebrochenen Ritualpartizipation." Michael Meyer-Blanck, *Inszenierung des Evangeliums: Ein kurzer Gang durch den Sonntagsgottesdienst nach der Erneuerten Agende* (Göttingen: Vandenhoeck, 1997), 91.
34 Nach CA 7 müssen Traditionen, Riten oder Zeremonien, die von Menschen eingeführt sind, nicht notwendig einheitlich sein. CA 26 sieht die äußeren Dinge unter Ordnungsaspekten: Sofern sie nicht dazu dienen, „daß man dadurch Gnad verdiene und für die Sünde genugtue", haben evangelische Christen „Freiheit in äußerlichen Ceremonien".
35 Vgl. Benedikt Kranemann, „Aufgeklärte Reflexion des Gottesdienstes: Evangelische und katholische Liturgik um 1800 im Vergleich", in *Ritual und Reflexion: Historische Beiträge zur Vermessung eines Spannungsfeldes*, hg. v. Dominik Fugger, Benedikt Kranemann und Jenny Lagaude (Darmstadt: WBG, 2013), 153–166.
36 So der treffende Titel einer Aufsatzsammlung von Kristian Fechtner, *Späte Zeit der Volkskirche: Praktisch-theologische Erkundungen* (Stuttgart: Kohlhammer, 2010).

erst an achter und neunter Stelle ritualaffine Vollzüge genannt („am Abendmahl teilnehmen" bzw. „die Bibel lesen").[37] Erfahrungsgemäß sind auch Pfarrpersonen über antiritualistische Affekte keineswegs erhaben.

Diese konfessionelle Abständigkeit gegenüber einer gestisch-körperlich bebilderten Religion wird durch den anhaltenden „Verschleiß religiöser Rituale in der modernen Gesellschaft"[38] noch weiter forciert. Die spätmoderne „Authentizitätsperformanz"[39] steht in direktem Widerspruch zu externalisierten Interaktionsformen, die tendenziell eher dem Regelinventar des Immergleichen folgen. Der evangelischen Religion der Innerlichkeit, die sich traditionell stark an der Gegenwartskultur ausrichtet, gilt geformtes Verhalten dementsprechend als unauthentisch und unpersönlich. Geblieben ist allerdings die gelebte Ritualität als ein evangelischer Sehnsuchtsort[40], der Protestanten punktuell pilgern und fasten lässt, sie bisweilen Taizé-Andachten und Thomas-Messen feiern[41] – und Kasualien begehren lässt. Religiöse Rituale werden zu einer Option, die tentativ als Ausdruck der Verbesonderung bzw. als Intensitätsklimax angewählt werden.[42]

Sind also Kasualien Rituale? Die Antwort auf diese Frage ist eine von der jeweiligen Theorietradition abhängige Variable. Da Rituale immer auch wissenschaftliche Konstrukte darstellen, erscheint die Ritualforschung immer zugleich auch als eine Geschichte unterschiedlicher Ritualdefinitionen.[43] Die Frage muss in praktisch-theologischer Perspektive auch anders gestellt werden: Welche den Diskurs

---

37 Heinrich Bedford-Strohm und Volker Jung (Hg.), *Vernetzte Vielfalt: Kirche angesichts von Individualisierung und Säkularisierung: Die fünfte EKD-Erhebung über Kirchenmitgliedschaft* (Gütersloh: Gütersloher Vlg., 2015), 466.
38 So titelt Gräb sein Kapitel zur Ritual-Theorie Turners; W. Gräb, Lebensgeschichten, 184 ff. Stollberg-Rillinger spricht vom „Antiritualismus" in der Moderne; Barbara Stollberg-Rillinger, *Rituale* (Frankfurt a. M. und New York: Campus, 2013 [²2019]), 235 ff.
39 So Reckwitz in soziologischer und Han und philosophischer Perspektive. Andreas Reckwitz, *Die Gesellschaft der Singularitäten: Zum Strukturwandel der Moderne* (Berlin: Suhrkamp, 2017), 137 ff. bzw. Byung-Chul Han, *Vom Verschwinden der Rituale: Eine Topologie der Gegenwart* (Berlin: Ullstein, ³2019), bes. 25–35.
40 Wagner-Rau notiert in der zweiten Auflage ihrer Kasualtheorie, dass heute einerseits rituelles Handeln in der lebensweltlichen Praxis „relativiert", „pluralisiert", „individualisiert" und „privatisiert" wird, aber auch eine „wachsende Aufmerksamkeit" und eine neue „experimentelle rituelle Praxis entstanden ist". Ulrike Wagner-Rau, *Segensraum: Kasualpraxis in der modernen Gesellschaft* (Stuttgart: Kohlhammer, ²2008), 116.
41 Nur 13,6 % der Befragten geben an, „gelegentlich Taizé-Andachten u. Ä." zu besuchen. H. Bedford-Strohm u. V. Jung, Vielfalt (KMU V), 483.
42 Vgl. Tristan Garcia, *Das intensive Leben: Eine moderne Obsession* (Frankfurt a.M.: Suhrkamp, 2020); französ. Original: *La vie intense: Une obsession moderne* (Paris: Autrement, 2016).
43 Vgl. B. Stollberg-Rillinger, Rituale, 8 f. Jörg Rüpke, *Ritual als Resonanzerfahrung* (Stuttgart: Kohlhammer, 2021), bes. 14 ff.

erhellenden Anschlusskommunikationen ergeben sich für die Kasualtheorie, wenn man Kasualien insgesamt *als* Rituale betrachtet?

Eine wirkungsträchtige ritualtheoretische Perspektivenerweiterung stellte Ende der 1970er Jahre Werner Jetters Ritologie des Gottesdienstes[44] dar, mit der ein neuer ethnologischer Blick auf Gottesdienst und Kasualien eröffnet wurde. Durch die Ritualfunktion verlagerte sich der theologische Akzent von der herkömmlichen Wortorientierung auf einen eher performativ-handlungsorientierten Zugang.[45] Ein weiterer Theorieertrag bestand darüber hinaus auch darin, die Affinität des Gottesdienstes zu kulturellen und gesellschaftlichen Routinen aufzuweisen, ist doch die Differenz zwischen religiösen und nicht-religiösen Ritualen ritualtheoretisch von nur geringer Bedeutung. Nicht zuletzt markierte aber Jetters (pan-)ritualistische Sicht auf die evangelische Gottesfeier auch einen zeitgebundenen Abgrenzungsdiskurs gegenüber der alleinigen Fixierung auf das Wortgeschehen, der sich dann Mitte der 1990er Jahre mit der Renaissance der Liturgik im praktisch-theologischen Fächerspektrum deutlich relativierte. Und mit der Semiotik ließ sich schließlich die ritualtheoretische Perspektive mit der homiletischen Lesart insofern versöhnen, als es mit diesem Instrumentarium möglich wurde, die gottesdienstliche Kommunikation in Rede und Handlung als unterschiedliche Zeichensorten zu begreifen.[46] Danach wird im Ritus also nichts anderes zum Ausdruck gebracht, es stellt sich nur anders dar. Damit war der Weg frei für eine integrale Gottesdienstlehre, die die traditionelle Entgegensetzung von Liturgie und Predigt überwand, wie sie jüngst – wenn auch in unterschiedlicher Ausrichtung – in den beiden gewichtigen Konvergenzmodellen von Meyer-Blanck[47] und Deeg[48] durchbuchstabiert wird. Um den Gottesdienst praktisch-theologisch angemessen zu beschreiben, sind Rede *und* Ritus bzw. Wort *und* Kult wechselseitig aufeinander zu beziehen und nicht (mehr) gegeneinander auszuspielen. Diese Relation spielt insofern für die Kasualien eine zentrale Rolle, als hier die Predigt als „Frucht des Protestantismus"[49] den Kasus pro-

---

[44] W. Jetter, Symbol, 1978.
[45] Ausführlich zur Theoriegeschichte: Richard Graupner, *Der Gottesdienst als Ritual: Entdeckung, Kritik und Neukonzeption des Ritualbegriffs in der evangelischen Liturgik* (Göttingen: Vandenhoeck, 2019).
[46] Hier sind vor allem folgende Publikationen zu nennen: Wilfried Engemann und Rainer Volp (Hg.), *Gib mir ein Zeichen: Zur Bedeutung der Semiotik für theologische Praxis- und Denkmodelle* (Berlin und New York: De Gruyter, 1992); Karl-Heinrich Bieritz, *Zeichen setzen: Beiträge zu Gottesdienst und Predigt* (Stuttgart u. a.: Kohlhammer, 1995).
[47] Michael Meyer-Blanck, *Gottesdienstlehre* (Tübingen: Mohr-Siebeck, 2011).
[48] Alexander Deeg, *Das äußere Wort und seine liturgische Gestalt: Überlegungen zu einer evangelischen Fundamentalliturgik* (Göttingen: Vandenhoeck, 2012).
[49] Friedrich Uhlhorn, *Die Kasualrede: Ihr Wesen, ihre Geschichte und ihre Behandlung nach den Grundsätzen der lutherischen Kirche* (Hannover: C. Meyer, 1896), 15.

minent in Erinnerung ruft und sich – damit eng korrelierend – der Kasus im Ritus symbolisch verdichtet.

Die hier knapp skizzierte Theorieentwicklung lässt den Schluss zu, dass von der pauschalen Rubrizierung der Kasualien *als* Rituale heute kaum noch Erkenntnisgewinne zu erwarten sind. Dagegen sprechen vor allem die sprunghafte Ausdifferenzierung der Kasualkultur (vgl. u. a. die bunte Segnungspalette der Kasualagenturen[50]) mit einem stetig wachsenden Anteil optionaler Gestaltungselemente[51] (v. a. Musikwahl, Zuwachs ritueller Elemente) und vor allem die kasualtheoretisch konstitutive Komplementarität von Rede und Ritus *innerhalb* von Kasualgottesdiensten. Will man die Predigt nicht auf ein Ensemble pastoraler Formeln mit hoher Vorhersagewahrscheinlichkeit reduzieren bzw. karikieren, dann kann für sie als individuell applizierte Deutungsleistung gerade keine Erwartungssicherheit im Sinne eines repetitiven Ritualskripts gelten. Die Predigt ist eine freie, eigensinnige Zuwendung zu den kasuellen Protagonisten. Sie tröstet und mahnt, erinnert und entwirft Zukunft, sie verheißt und spricht zu im Modus schriftgemäßer, aber in individuell verantworteter Rede. Das sie charakterisierende Element des Diskursiven kommt dramaturgisch wie inhaltlich als ein Kontrastereignis zum Ritus zur Geltung. Ganz ähnlich verhält es sich bei den Gebeten, die zwar durch den gehobenen Sprachduktus und die biblisch überformte Semantik in die Nähe formelhafter Kommunikation rücken, die aber ad personam und de tempore exklusiv adressiert und kontextualisiert sind.

Daneben tritt aber auch eine deutliche Entritualisierung im Bereich der musikalischen Modellierung des Gottesdienstes in Erscheinung, die längst schon in die Reichweite popkultureller Optionen geraten ist.[52] Natürlich trifft man bei Kasualien *auch* auf Handlungsgewohnheiten, aber sie werden je länger je weniger im allgemeinen Bewusstsein *als* Rituale konnotiert. Dies gilt umso mehr, wenn man die neuen und vergessenen Kasualien in den Blick nimmt (z. B. Realbenediktionen, riskante Liturgien oder Einschulungsgottesdienste), bei denen die Liturgie kaum

---

50 7.2 Vom stationären zum ambulanten Christentum.
51 3.3 Rede und Ritus.
52 Stephan Reinke, *Musik im Kasualgottesdienst: Funktion und Bedeutung am Beispiel von Trauung und Bestattung* (Göttingen: Vandenhoeck, 2009); Cäcilie Blume, *Populäre Musik bei Bestattungen: Eine empirische Studie zur Bestattung als Übergangsritual* (Stuttgart: Kohlhammer, 2014). – Hauschildt ordnet die musikalischen Präferenzen milieuspezifisch zu: Während das Niveaumilieu eher die musikalische Qualität ins Zentrum rückt, sollen die Musikstücke für das Harmoniemilieu besondere Stimmungen hervorrufen. Das Integrationsmilieu bevorzugt dagegen unprätentiöse klassische Musik und das Selbstverwirklichungsmilieu inszeniert ein Höchstmaß an musikalischer Individualität. Eberhard Hauschildt, „Unterhaltungsmusik in der Kirche: Der Streit um die Musik bei Kasualien" unveröff. Vortrag vom 17.2.1999, 1–8.

agendarischen Konventionen folgt und sie demzufolge nicht das Kriterium des Wiedererkennens erfüllen. Im Sog kompositorischer Innovationen tritt die Konventionalität der liturgischen Komposition, ihre Formvarianz und ihre Zeitgebundenheit an die Oberfläche. Es ist eben das radikale Abschmelzen religiöser Normalitätserwartungen, das eine fraglose Traditionsorientierung eher unwahrscheinlich macht. Die Passgenauigkeit einer symbolischen Handlung ergibt sich unter den moderngesellschaftlichen Bedingungen gewissermaßen *just in time* und *just for me*. Weder kann man sich auf die Autorität agendarischer Übereinkünfte berufen, noch gar auf binnenkirchliche Erwartungshaltungen. Außerhalb eng umgrenzter Deutungsgemeinschaften wird damit rituelles Handeln zu einem eher riskanten Unternehmen. Kasualien in Gänze als Rituale zu etikettieren, zeitigt nicht nur keine signifikanten Theoriegewinne, diese Rubrizierung verkennt auch die liturgischen Innovationen und die religionskulturellen Dynamiken. Und schließlich wird damit gerade die für die protestantische Kasualkultur charakteristische Komplementarität von zeremonieller Ausdruckshandlung und homiletischem Diskursraum eingezogen und zugleich die liturgische Eigenlogik aller anderen Kasualrubriken unterschlagen. So ist bspw. ein kasuell gebundenes Fürbittengebet *weder* Ritual noch Diskurs.[53]

Kurzum: Panrituelle Erklärungsmodelle können auf Kasualgottesdienste nur um den Preis einer verzerrenden Nivellierung des spezifisch evangelischen Ideolekts appliziert werden. Die Ritualmüdigkeit der Moderne, zumal das kultisch entwöhnte evangelische Kirchenchristentum, und die primär verbalsprachlich organisierten protestantischen Gottesfeiern führen zwar auf ihrer Rückseite eine – nur schwer messbare – gegenläufige Ritualappetenz mit sich, die sich aber angesichts der für Kasualien typischen Heterogenität der gottesdienstlichen Gemeinde nicht ohne weiteres inszenieren und schon gar nicht kollektiv abrufen lässt. Das Religionspublikum[54] hört und sieht in den Gottesdiensten aus konkretem Anlass eher eine Sequenz unterschiedlicher Stilgesten, die sich für agendarisch Ungeübte um die beiden ausdrucksstärksten Rubriken Kanzelrede und Zentralritus gruppieren. Und je stärker sich die Begleitmusik zum Wunschkonzert entwickelt, individuelle Gestaltungspräferenzen verhandelt werden, die Kasualkultur ausfranst und religionsästhetische Solitäre mehr und mehr die klassische Amtshandlung beerben, desto mehr werden Ritual-Definitionen dysfunktional, die auf *Standardisierung*, *Wiederholung, Symbolizität, Performanz* und *soziale Integration* abheben.[55]

---

53 Grundlegend hierzu Michael Meyer-Blanck, *Das Gebet* (Tübingen: Mohr Siebeck, 2019).
54 7.3 Vom Gottesdienstbesucher zum Publikum.
55 Die Historikerin Barbara Stollberg-Rillinger bietet in ihrem Standardwerk folgende Arbeitsdefinition von „Ritual": „Als *Ritual* im engeren Sinne wird hier eine menschliche Handlungsabfolge

So können nicht alle Strukturelemente, die fraglos in ethnologischen Erklärungsansätzen vorausgesetzt werden, auch für evangelische Kasualien in Anschlag gebracht werden. Im Einzelnen ist z. B. die *Wiederholbarkeit* im Blick auf die Taufe und die Konfirmation (theologisch) und die Bestattung (biologisch, zumindest für den Verstorbenen) apriori ausgeschlossen. Bei Trauungen sind zweite oder gar dritte kirchliche Zeremonien auch eher eine Ausnahmeerscheinung (umso mehr, wenn es sich um dasselbe Brautpaar handelt). Anders stellt es sich für die Kasualgemeinde dar, denn natürlich sind Gottesdienstteilnehmer mehrfach bei entsprechenden Kasualien zugegen. Dabei ist die Gemeinde allerdings jedes Mal neu zusammengesetzt, und zum anderen nimmt sie in einer völlig anderen Rolle teil als die kasuellen Protagonisten. Und noch einmal anders stellt sich die Kasualie für die Pfarrperson dar. Nur für sie kann das Kriterium der Wiederholbarkeit geltend gemacht werden, denn nur sie wiederholt mit agendarischer Regelmäßigkeit das sog. „Ritual". Nur für die pastoralen Akteure aktualisiert sich das liturgische Handeln im Sinne eines wiederholbaren Formenspiels. Bringt man das Kriterium der Wiederholbarkeit für die Ritualität einer Kasualie in Anschlag, dann muss hier die implizit pastoraltheologische Imprägnierung dieses Arguments mitgeführt werden. Für die Kasualbegehrenden dagegen ist die rituelle Form aus gegebenem Anlass ein Unikat, das sie zwar so oder ähnlich bei anderer Gelegenheit schon einmal erlebt haben, dessen Gestaltung und Sinngebung jedoch von Fall zu Fall durchaus unterschiedlich ausfällt.[56]

---

bezeichnet, die durch Standardisierung der äußeren Form, Wiederholung, Aufführungscharakter, Performativität und Symbolizität gekennzeichnet ist und eine elementare sozial strukturbildende Wirkung besitzt." B. Stollberg-Rillinger, Rituale, 9 (Kursivierung im Original). Ähnlich definieren die Autorinnen und Autoren des Sammelbandes „Ritual und Ritualdynamik" Rituale als „bewusst gestaltete, mehr oder weniger form- und regelgebundene, in jedem Fall aber relativ stabile, symbolträchtige Handlungs- und Ordnungsmuster, die von einer gesellschaftlichen Gruppe geteilt und getragen werden. (...) Sie vermindern die Unberechenbarkeit und Unsicherheit menschlicher Handlungsmöglichkeiten, indem sie allgemein akzeptierte Handlungsformen vorgeben, die aber durch ‚praktische Logik', Performanz und Aktualisierung stetig verändert und angepasst werden (Ritualdynamik)." Christiane Brosius, Axel Michaels und Paula Schrode (Hg.), *Ritual und Ritualdynamik: Schlüsselbegriffe, Theorien, Diskussionen* (Göttingen: Vandenhoeck, 2013), 15. Auch Rüpke macht (mit Rappaport) für das Ritual analoge Kriterien geltend: „Standardisierung", „Traditionalisierung", „Autorität", „Moralität", „Weltbild" (im Sinne eines *beliefs*) und „Zeit" (Wiederholung); J. Rüpke, Ritual, 212 f.

56 Sieht man jedoch wie der Literaturwissenschaftler Burckhard Dücker im Ritual „kein geschlossenes Register von Handlungen", sondern eher einen „Handlungstyp", der im Sinne einer *Ritualisierung* (Catherine Bell) alle die Handlungsabläufe zusammenfasst, „die die Merkmale ritueller Formung aufweisen", dann bezieht sich das Kriterium der Wiederholbarkeit „auf den Handlungsablauf der jeweiligen Ritualform, deren Aufführung für eine bestimmte Handlungskonstellation zu erwarten ist". Burckhard Dücker, *Rituale. Formen – Funktionen – Geschichte: Eine Einführung in die*

Auch im Blick auf das Kriterium der *Standardisierung* wird man differenzieren müssen. Eine Taufe im Sonntagsgottesdienst hat mit einem regionalen Tauffest am See oder einem gesonderten Taufgottesdienst für einzelne Täuflinge mit ihren Familien und Freunden allenfalls die rituelle Kernhandlung gemein. Während die Taufpredigt bei den volkskirchlich weitgehend konventionalisierten Sonntagstaufen in der Regel entfällt und der Kasus allenfalls in der Sonntagspredigt aufgenommen wird, verlangt ein Tauffest unter freiem Himmel eine ganz andere Inszenierung, da hier der Charakter einer öffentlichen Darstellung dominiert. Und im dritten Fall rückt der intime Rahmen den einzelnen Täufling in all seinen sozialen Bezügen ins Zentrum.

Dies gilt auch für andere Kasualien. Wenn die neueren Konfirmationsagenden die Konfirmation weniger als eine punktuelle Segenshandlung, sondern als einen gestreckten Vorgang betrachten, der mehrere liturgische Stationen mit unterschiedlichen rituellen Schwerpunkten und theologischen Inhalten vorsieht[57], dann findet hier die Rede vom „Ritual" ihre operationalisierbaren Grenzen. Dies gilt umso mehr, wenn hier selbst die sakramentalen Aspekte des konfirmierenden Handelns optional auf verschiedene liturgische Anlässe verteilt werden: Gottesdienst zu Beginn der Konfirmandenzeit, Taufe in der Konfirmandenzeit, Abendmahl während der Konfirmandenzeit, Beichte in der Konfirmandenzeit, Vorstellungsgottesdienst, Konfirmation (differenziert nach Form 1: Bekenntnis und Segnung sowie Form 2: Bekenntnis, Taufe, Segnung) bzw. Konfirmation Erwachsener, Abendandacht am Konfirmationstag, Gedächtnis der Konfirmation.

Bei der Bestattung führt v. a. die Ausdifferenzierung der Bestattungskultur zu einer so starken Auffächerung der liturgischen Formate, dass eine Kernhandlung kaum noch durchgehend bestimmt werden kann. So sieht z. B. die Bestattungsagende der UEK allein sechs verschiedene „Ordnungen für Trauergottesdienste" vor: Trauergottesdienst mit Grablegung zum Abschluss, mit Grablegung zu Beginn, später folgende Urnenbestattung oder Urnenbeisetzung, Trauerfeier mit unmittelbar anschließender Urnenbestattung oder Urnenbeisetzung, Trauerfeier ohne Bestat-

---

Ritualwissenschaft (Stuttgart und Weimar: J. B. Metzler, 2007), 1 u. 42. Das Konzept der „Ritualisierung" radikalisiert die Akteursperspektive differenztheoretisch. Die symbolische Form tritt dabei fast vollständig hinter den Habitus zurück. Die historisch gewachsene Syntax prästabiler Formen, wie sie sich z. B. in agendarischen Verläufen zeigt, liegt außerhalb dieses Theoriezugriffs.
57 *Konfirmation: Agende für evangelisch-lutherische Kirchen und Gemeinden und die Evangelische Kirche der Union*, Bd. 3, hg. v. der Kirchenleitung der VELKD und im Auftrag des Rates der Kirchenkanzlei der EKU (Hannover: Lutherisches Verlagshaus, Berlin: Ev. Haupt-Bibelges., Bielefeld: Luther-Verlag, 2001).

tung, Trauerfeier ohne Angehörige. Und zusätzlich werden noch Texte und Verläufe für „Trauergottesdienste in besonders schwierigen Situationen" aufgelistet.[58]

Demgegenüber erscheint die kirchliche Trauung noch eher formstabil und – bis auf die musikalische Gestaltung – als ein weitgehend konservatives Widerlager im Konzert sich ausweitender Kasualformate. Auch die Segnung gleichgeschlechtlicher Paare folgt weitgehend dem liturgischen Grundmuster der Trauagende.

Schon der knappe Blick auf die agendarischen Formulare zeigt, wie sehr religionskulturelle Modernisierungsprozesse die Entstandardisierung der Kasualien vorantreibt. Diese Prozesse werden durch die eigensinnigen Dynamiken evangelischer Individualitätskultur noch weiter verstärkt. Empirisch lässt sich vor diesem Hintergrund kaum noch vom Ritual *der* Taufe, *der* Konfirmation, *der* Trauung oder *der* Bestattung sprechen. Die Ritualkategorie hat sich in seiner theoretischen Auflösungsschärfe merklich verschliffen. Die Gebrauchsspuren haben es über die Jahre zu einem Signal ohne Signifikanz werden lassen.

Um angesichts dieser Dynamiken auch terminologisch zwischen den rituellen und diskursiven Bestandteilen eines Kasualgottesdienstes differenzieren zu können, ist in dieser Kasualtheorie – in einem relativen Gegensatz zum Ritual – vom *Ritus* die Rede.[59] Hiermit soll eine konventionelle und damit kontingente Formroutine im Resonanzbereich liturgischen Ausdruckshandelns zum Ausdruck gebracht werden. Ritus ist also eine rein liturgische Kategorie, die die liturgisch bzw. kasualtheoretisch kaum einzuhegenden Deutungsüberschüsse des Ritualbegriffs bewusst umgeht. Ein Ritus, darin dem Spiel kategorial durchaus vergleichbar, muss weder grundsätzlich repetierbar sein, noch basiert er automatisch auf einer gleichbleibenden Syntax. Auch heterologe Handlungsimpulse bzw. modifizierte Sujets können im Modus des Ritus erfasst werden. Weil der Ritusbegriff offen ist für eine semiotische Sichtweise, sprachgeschichtlich in der Liturgie verwurzelt ist[60] und semantisch ein weitaus engeres Feld besetzt, ist er zur Beschreibung kultischer

---

[58] *Bestattung: Agende für die Union Evangelischer Kirchen in der EKD*, Bd. 5 (Bielefeld: Luther-Verlag, 2004), 71–166.

[59] Ausführlich hierzu Thomas Klie, „Vom Ritual zum Ritus: Ritologische Schneisen im liturgischen Dickicht", *Berliner Theologische Zeitschrift (BThZ)*, 1/2009, 96–107 und Ders., „Jeden Sonntag dasselbe: Vom Ritual zum Ritus", in Ders., *Fremde Heimat Liturgie: Ästhetik gottesdienstlicher Stücke* (Stuttgart: Kohlhammer, 2010), 183–204.

[60] Ritus steht semantisch, vor allem aber etymologisch in einem engen Konnex zum (christlichen) Kulthandeln. In CA 7 wird Ritus syntaktisch den „Zeremonien" (*ceremonias*) und „menschlichen Gewohnheiten" (*traditiones humanas*) beigeordnet. Riten sind für Melanchthon vor allem deshalb theologisch inferior, weil sie kontingente menschliche Übereinkünfte bezeichnen, sie anfällig sind gegenüber zeitgeistigen Variationen (*vitio temporum*, CA 22) und die Lehre nicht unbedingt betreffen. Sie unterliegen keinem dogmatischen Zwang zur Formkonstanz. Niemand ist gegen sein Gewissen zu deren Gebrauch genötigt. Bei Riten besteht nach evangelischem Verständnis grund-

Vollzüge in evangelischer Perspektive besser geeignet, als ein Ritualbegriff, dem im Laufe seiner Theoriegeschichte kaum noch eindeutige Signifikate zugeordnet werden können. Anders als der übercodierte und primär ethnologisch bestimmte Ritualbegriff verabsolutiert Ritus keine überzeitlichen Strukturen und Passagen, sondern er hält evangelische Liturgien für kontextuell gebundene Deutungen transparent. Während zu den Spielregeln des Rituals dessen Iteration gehört, ist die wichtigste Spielregel des Ritus dessen Interpretation – das Ritual ist eingebunden in eine anerkannte Obligatorik, der Ritus bleibt im Rahmen biblischer Traditionen frei applizierbar.

7.1.3 Feine Unterschiede konstatieren

Riten, religiöse Formenspiele, stellen Verhaltensübereinkünfte auf Zeit und aus Anlass dar. Ihnen steht in Kasualien mit der Predigt eine sie deutende Rubrik zur Seite. Rede und Ritus regulieren gewissermaßen – um eine Metapher aus der Physik zu entlehnen – als kommunizierende Röhren den jeweiligen liturgischen Wasserstand. Der Weltausschnitt Kasus wird in zwei unterschiedlichen, aber eng aufeinander bezogenen Deutungsmodalitäten zur Darstellung gebracht. Die Frage, ob bzw. inwieweit Riten liturgisch angemessen sind, bedarf eines praktisch-theologischen Abgleichs mit der Ausrichtung der Predigt. Dies kann und muss von Fall zu Fall abgewogen werden. Genau hierin besteht die kommunikative Chance von Kasualien: in Ritus und Rede biographienah und kontextkompatibel ein Stück evangelischer Deutungskultur unter den Bedingungen ihrer Individualisierung zur Darstellung zu bringen. In diesem Zusammenhang lässt sich mittels eines semiotisch ausgelegten Ritusbegriffs viel genauer definieren, was jenseits der Predigt liturgisch gehandelt wird und dass dies durchaus offen ist, d. h. mit den Kasualbegehrenden abgesprochen und ausgehandelt werden kann.[61] Von Ritus statt von Ritual zu sprechen, ist darum mehr als nur eine liturgiewissenschaftliche Marginalie. Denn damit verschiebt sich der Schwerpunkt auf die vereinbarten Inszenierungsoptionen und deren Wahrnehmungskontexte. Diese Sichtweise will dabei keineswegs das „Gespenst der Beliebigkeit"[62] heraufbeschwören, sondern die grundsätzliche Freiheit protestantischer Deutehandlungen hervorheben.

---

sätzlich ein Ermessensspielraum. Darum kann in CA 15 gelassen unterschieden werden zwischen theologisch eher problematischen und eher unproblematischen Formgebungen.
61 3.2 Das Kasualgespräch.
62 Vgl. hierzu Volker Drehsen, *Wie religionsfähig ist die Volkskirche? Sozialisationstheoretische Erkundungen neuzeitlicher Christentumspraxis* (Gütersloh: Gütersloher Vlg. 1994), 250–285.

Was aber ist im Kontext einer individuell angewählten und kirchlich inszenierten Kasualie die *Funktion* des Ritus?

Was Nave-Herz[63] und Nüchtern[64] bereits für die Trauung vermerken, lässt sich mit Bourdieu genauer fassen: Die zentralen kasuellen Handlungen fungieren als *konstative Riten*, als „Einsetzungsriten".[65] Sie sanktionieren und bekräftigen zunächst einmal ganz formal eine Differenz zwischen den Protagonisten und anderen Anwesenden. Der Ritus im Kasus konstatiert eine soziale bzw. religiöse Grenze zwischen getauft und ungetauft, kirchlich oder standesamtlich geheiratet, konfirmiert oder jugendgeweiht bzw. nicht konfirmiert, „weltlich" oder kirchlich bestattet bzw. religiös initiiert versus in Gebrauch genommen (bei Realbenediktionen). Da der Ritus

> „für das förmliche Überschreiten einer Linie steht, die eine grundsätzliche Aufteilung der sozialen Ordnung festschreibt, lenkt er die Aufmerksamkeit des Beobachters auf das Überschreiten (daher der Begriff Übergangsriten), während doch das eigentlich Wichtige die Linie ist. [...] Dieser Haupteffekt des Ritus ist der Wahrnehmung vollkommen entzogen."[66]

Wahrnehmbar und auf Verstehen gerichtet ist allerdings zum einen das ritenbegleitende Votum, das den Unterschied performiert („Ich taufe Dich im Namen des Vaters ...", „Erde zu Erde ...", der Segensspruch unter Handauflegung bei Konfirmation und Trauung). Damit ist eine Differenz gesetzt – dies ist das zweite Kriterium – „zwischen denen, die von diesem Ritus betroffen, und denen, die nicht von ihm betroffen sind" und auch nicht zwangsläufig *qua Biographie* von ihm betroffen sein werden.[67] Für Bourdieu haben Riten also vor allem die Funktion eines Kontrastereignisses. Sie grenzen ab, indem sie institutionell normierte Dispositionen festlegen und Kompetenzen zuschreiben. Die den konstativen Riten eigene *Agency* besteht darin, dass sie Wirklichkeit im leiblich-mimetischen Vollzug setzen, wobei die verbal begleitete Handlung zugleich ihre Geltung bekräftigt. Die Wahrheit des

---

63 Rosemarie Nave-Herz, *Die Hochzeit: Ihre heutige Sinnzuschreibung seitens der Eheschließenden: eine empirisch-soziologische Studie* (Würzburg: Ergon, 1997), 44 passim. 4.4 Trauung – öffentliche Darstellung verantwortlicher Partnerschaft.
64 Michael Nüchtern, „Vom Schwellen- zum Vergewisserungsritual: Eine Standortbestimmung zum Traugottesdienst aus Anlass des neuen Trauagendenentwurfs der UEK", *PTh* 94 (2005), 160–174, bes. 170–172. – In feministischer Perspektive: Andrea D. Bührmann und Ulrike Thiele-Manjali, „Hochzeiten und Heiraten als „rite de confirmation": Performative Herstellung geschlechtlicher Eindeutigkeiten in Zeiten des Wandels", in *GENDER*, 2/2014, 9–23.
65 P. Bourdieu, Sprechen, 111 ff.
66 A. a. O., 111 f.
67 Ebd., 111; Kursivierung im Original. – Hiermit formuliert Bourdieu ein zentrales Differenzkriterium zu den Passageriten.

Ritus wird für die Teilnehmenden quasi mimetisch internalisiert. Insofern ist der Einsetzungsritus ein kontingenter „Akt sozialer Magie", ein „symbolischer Willkürakt".[68] Er verändert die Selbstwahrnehmung und die Fremdwahrnehmung der sozialen Akteure. Bourdieu plädiert dafür, von Einsetzungsriten bzw. *konstativen Riten* zu sprechen, weil „jeder Ritus auf Bestätigung oder Legitimierung abzielt".[69]

Ein Ritus setzt den „feinen Unterschied" im Modus eines leiblichen Anerkennungsprozesses. Der konstative Ritus ist so gesehen ein Kommunikationsakt besonderer Art:

> „Er *bedeutet* jemandem seine Identität, aber in dem Sinne, dass er sie ihm ausspricht und sie ihm zugleich, indem er sie ihm vor aller Augen ausspricht, auferlegt [...] und ihm auf diese Weise mit Autorität mitteilt, was er ist und was er zu sein hat."[70]

Das dritte Kriterium ist die „institutionalisierende Macht des autorisierten Sprechers"[71], die den konstativen Ritus überhaupt erst ermöglicht. Der Sprech-Akt, der die Differenz performiert, muss von einem von der Gruppe, hier: von der Kirche, autorisierten Mandatsträger vollzogen werden. Er verkörpert praktisch die Institution samt deren Wertekosmos; die exponierte rituelle Funktion kommt dem pastoralen „Wortführer" qua Beauftragung zu. Bourdieu bedient sich hier des Sprachspiels vom „Mysterium des Ministeriums"[72]; es besteht darin, dass „der Repräsentant die Gruppe darstellt, die ihn erstellt".[73] Der Wortführer spielt seine „Magie" aus, indem er eine kontingente Distinktion als natürlich erscheinen lässt. Mit Luhmann: Die rituelle Kommunikation orientiert sich „an ihrer eigenen Richtigkeit", ohne dabei zu leugnen, „dass sie in der Welt und in der Gesellschaft stattfindet".[74] Die Analogie dieser These zur pastoralen Deutungsmacht ist augenscheinlich. Die Pfarrperson kann nur deshalb mit ihren Worten wirken, weil im konstatierenden Sprech-Akt das „symbolische Kapital" konzentriert ist, das ihr von der Kirche, deren Bevoll-

---

68 Ebd., 113.
69 Bourdieu, Sprechen, 111. – Auch Steck hebt diesen Aspekt hervor, ohne jedoch die ritualtheoretischen Grundlagen zu diskutieren: „Der Kasualienreligion kommt somit in verschiedener Hinsicht eine wirklichkeitskonstitutive Funktion zu." Wolfgang Steck, *Praktische Theologie: Horizonte der Religion – Konturen des neuzeitlichen Christentums – Strukturen der religiösen Lebenswelt*, Bd. II (Stuttgart: Kohlhammer, 2011), 197.
70 P. Bourdieu, Sprechen, 114.
71 Pierre Bourdieu, *Sozialer Raum und „Klassen": Leçon sur la leçon: Zwei Vorlesungen* (Frankfurt a. M.: Suhrkamp, ²1991); französ. Originaltitel: „Espace social et genèse de ‚classe'", in *Actes de la recherche en sciences sociales*, 52/53, 6/1984, 37.
72 P. Bourdieu, Raum, 38.
73 Ebd., 37 f.
74 Niklas Luhmann, *Die Religion der Gesellschaft* (Frankfurt a. M.: Suhrkamp, 2000), 191.

mächtigte sie ist, verliehen wurde (rite vocatus, CA XIV). Ein Ritus ist darum vor allem dann gefährdet, wenn er von einer Person ausgeführt wird, die nicht die Macht dazu hat, die Differenz in Kraft zu setzen. Zugespitzt geht es dabei weniger darum, dass der Ritus in Gänze verstanden wird, sondern dass er von den Anwesenden anerkannt wird. Das äußere Zeichen dieser zugeeigneten Befugnis ist die Amtstracht bzw. das liturgische Gewand.[75]

Zusammengefasst: Ein konstativer Ritus ist definiert durch die simultane Laut-Geste, die performierte Differenz und die institutionelle Vollmacht. Er bedeutet den kasuellen Protagonisten, dass sie jetzt *in, mit und unter* der Kasualie andere geworden sind, also einen Statusgewinn erzielt haben, auf den hin sie nun von anderen ansprechbar sind. Dieser Statusgewinn ist allerdings nicht unirritierbar. Wie eine Ordination keinen *status indelebilis* verleiht, man nach Taufe und Konfirmation aus der Kirche austreten und sich auch trotz kirchlicher Trauung scheiden lassen kann, setzt der Ritus implizit ein kontinuierliches „Einüben bleibender Dispositionen" voraus.[76] Sowohl die Einsetzung wie auch das soziale Korrektiv der nachgängigen Bewährung ist bei kasuellen Riten darauf angewiesen, dass die Institution, die diesen Akt vollzieht, bei den Akteuren einen sozialen Rückhalt genießt.

7.2 Vom stationären zum ambulanten Christentum

7.2.1 Gefühlte Teilhabe und faktische Teilnahme

Nach wie vor sind die Kasualien für das Gros der Christenmenschen die zentrale Kontaktzone zur kirchlichen Religionspraxis. Protestantinnen und Protestanten identifizieren ihre Kirche vor allem mit den Kasualien bzw. den Gottesdiensten an hohen Festtagen. Evangelisch bestattet zu werden, wird nach wie vor als einer der Hauptgründe für die Kirchenmitgliedschaft genannt, auch die kirchliche Trauung motiviert viele Evangelische, ihrer Kirche treu zu bleiben.[77] Die zentrale Funktion der anlassbezogenen Gottesdienste für die Kirchenbindung der Evangelischen zieht sich wie ein Cantus firmus durch die bislang durchgeführten Kirchenmitglied-

---

75 Vgl. Thomas Klie und Jakob Kühn (Hg.), *FeinStoff: Anmutungen und Logiken religiöser Textilien* (Stuttgart: Kohlhammer, 2020).
76 P. Bourdieu, Raum, 116.
77 Bei der 5. Kirchenmitgliedschaftsuntersuchung (KMU V) gaben 57,4 % der Befragten an, dass sie in der Kirche sind, „weil ich einmal kirchlich bestattet werden möchte" (Platz 1 unter den Nennungen). Die Trauung rangiert dahinter auf Platz 10 mit knapp 40 %. *Vernetzte Vielfalt: Die Kirche angesichts von Individualisierung und Säkularisierung: Die fünfte EKD-Erhebung über Kirchenmitgliedschaft*, hg. v. Heinrich Bedford-Strohm und Volker Jung (Gütersloh: Gütersloher Vlg., 2015), 472 f.

schaftsuntersuchungen. Schon bei der ersten Befragung zur Kirchenmitgliedschaft 1972 („Wie stabil ist die Kirche?"[78]) zählte die „überraschend starke Verankerung" der Kasualien im evangelischen Bewusstsein zu den – damals frappanten – Befunden.[79] Auch heute noch – so Wolf-Eckart Failing – stellen sie für eine Mehrheit „das plausibelste Angebot" der verfassten Kirche dar.[80]

Doch Plausibilität ist relativ, und die Relationen verschieben sich – sowohl im tatsächlichen Vollzug als auch in der individuellen Zuschreibung. Vergleicht man die empirischen Befunde der Kirchenmitgliedschaftsuntersuchungen mit den Daten der kirchlichen Statistik, dann ergeben sich hier ganz überraschende Abweichungen. Wie sich die Selbsteinschätzungen bei den Angaben zur individuellen Teilnahmefrequenz am Gottesdienst stark vom empirisch messbaren Gottesdienstbesuch unterscheiden, so zeigen sich ähnliche Diskrepanzen zwischen der Bereitschaft zur Inanspruchnahme von Kasualien und den realen Vollzugszahlen. So gehen Evangelische in ihrer Selbsteinschätzung etwa sechsmal häufiger zur Kirche, als es die kirchlich gezählte Quote hergibt.[81] Sozialstatistisch ist hier also zu differenzieren zwischen einer „gefühlten" Teilhabe und einer „faktischen" Teilnahme. Befragte neigen anscheinend dazu, den eher selten besuchten Gottesdienst synekdochisch hochzurechnen auf die ihm *allgemein* zugeschriebene Resonanz. Auch für die Kasualien ergibt sich eine Kluft zwischen der immer noch erstaunlich hohen Taufbereitschaft der Evangelischen und dem deutlichen Rückgang der tatsächlich vollzogenen Taufen. Ähnliche Missverhältnisse zeigt der Blick auf die kirchlichen Trauungen und Bestattungen. Die für sich selbst reklamierte Kasualgewissheit lässt sich offenbar nicht umstandslos in eine gelebte Religion übertragen. Es legt sich die These nahe, dass Kasualien in der Wahrnehmung der Mitglieder von einem nicht geringen Bedeutungsüberschuss zehren. Die „gefühlte" Kasualie übertrifft in der Wertschätzung anscheinend noch die ohnehin schon relativ hohe Plausibilität faktisch vollzogener Kasualien. Was der religiöse Akteur in der Befragungssituation für sich selbst in jedem Fall anerkennt, ist keineswegs schon deshalb auch in der

---

78 Helmuth Hild (Hg.), *Wie stabil ist die Kirche? Bestand und Erneuerung* (Gelnhausen u. Berlin: Burckhardthaus, 1974).
79 Joachim Matthes, „Volkskirchliche Amtshandlungen, Lebenszyklus und Lebensgeschichte: Überlegungen zur Struktur volkskirchlichen Teilnahmeverhaltens", *Erneuerung der Kirche: Stabilität als Chance? Folgerungen aus einer Umfrage* hg. v. Joachim Matthes (Gelnhausen u. Berlin: Burckhardthaus, 1975), 83–112 (83).
80 Wolf-Eckart Failing, „Die kleine Lebenswelt und der umfassende Sinn: Weisheit des Alltags und kasuelles Handeln der Kirche", in Ders. und Hans-Günter Heimbrock: *Gelebte Religion wahrnehmen: Lebenswelt – Alltagskultur – Religionspraxis* (Stuttgart: Kohlhammer, 1998), 200–232 (201).
81 Jan Hermelink, Julia Koll und Anne Elise Hallwaß, „Liturgische Praxis zwischen Teilhabe und Teilnahme", in Vernetzte Vielfalt, hg. v. H. Bedford-Strohm u. V. Jung, 90–111 (97).

Realität ein klarer Fall. Religiöse Grundhaltungen müssen sich in einem pluralen Alltag bewähren, in dem Üblichkeiten selbst für hoch verbundene Kirchenmitglieder fraglich und Gegenstand von pragmatischen Abwägungsprozessen werden. Und so zählt heute zu den Opportunitätsgründen auch die Wahl des geringeren Widerstands. Wenn also ein konfessionsloser Partner Einwände gegen eine kirchliche Trauung bzw. die Taufe des gemeinsamen Kindes hat, erweist sich ein Aufschub als eine durchaus alltagstaugliche Option.[82] Die durch die Pluralisierung oft unvermeidbare Erfahrung kognitiver Dissonanz[83] führt bei vielen im Bereich religiöser Traditionen dazu, den offensichtlichen Spannungszustand durch temporäre Rationalisierungen aufzuheben („unser Kind soll später einmal selbst entscheiden" bzw. „der kirchliche Segen kann ja bei einem späteren Hochzeitstag nachgeholt werden"). Der Vorteil eines Aufschubs ist, dass mit solchen oder ähnlich gelagerten Dissonanzreduktionen die eigenen Überzeugungen und Werte nicht grundsätzlich revidiert werden müssen. Die widersprechenden Motive können miteinander versöhnt werden, indem man z. B. die grundsätzliche Entscheidung zeitlich verlagert, also eine Entscheidungssituation konstruiert wird, in der sich die Dissonanz verringert, im besten Fall aufgelöst wird. Bezieht man selektive Informationen mit ein, hebt sich die Dissonanz subjektiv auf. Denselben Effekt kann auch unter Zuhilfenahme konsonanter Faktoren erzielt werden. Wenn z. B. aus Anlass eines Todesfalls bei Teilen der Hinterbliebenen eine kirchliche Bestattung nicht in Frage kommt, ist der weltliche Redner selbst dann ein mehrheitsfähiger Kompromiss, wenn die eigenen Bestattungspräferenzen ganz anders gelagert sind, man sie aber den Verwandten aus Gründen religiöser Toleranz nicht aufnötigen will. Es gibt eben heute „keine nichtreligiösen Gründe mehr, sich zu einer Religion zu bekennen".[84]

Legt man die Befunde der EKD-Erhebungen über Kirchenmitgliedschaft zugrunde, dann verschiebt sich in jüngster Zeit trotz eines weiterhin hohen Ansehens der Kasualien unter den Kirchenchristen die Motivation für deren Inanspruchnahme. Dominierten früher eher Traditions- und Konventionsorientierung, so sind heute durchaus auch andere, v. a. a. thematische Motive identifizierbar:

> „Stärker als bislang scheint die Inanspruchnahme des kasuellen Angebots (besonders im Blick auf Taufen und Trauungen) aus der Sicht der Kirchenmitglieder einen inhaltlich-bekenntnishaften Aspekt zu bekommen und sich – zumindest in der Retrospektive – einer bewussten,

---

82 Zum Phänomen des „Taufaufschubs" vgl. 4.1.3 Soziologische Befunde.
83 Vgl. Leon Festinger, *Theorie der kognitiven Dissonanz* (Bern: Hogrefe, ³2020 [1978]).
84 Niklas Luhmann, *Die Religion der Gesellschaft* (Frankfurt a. M.: Suhrkamp, 2000), 136.

inhaltlich begründbaren Entscheidung zu verdanken; die Mitglieder verstehen sich jedenfalls in dieser Hinsicht tatsächlich als Akteure."[85]

Und als solche gestalten sie ihre Interaktionen mit der Kirche situationsbezogen und lebensstilspezifisch – inklusive der Option auf die Nichtinanspruchnahme kasueller Offerten.

Auf ihrer Rückseite führen diese facettenreichen und durchaus ambivalenten Dynamiken eine insgesamt doch recht einlinige Entwicklung mit sich: das deutliche Abschmelzen evangelischer Kasualteilnahmen. So sind im Zeitraum von 20 Jahren (2000–2019) in Berlin die Taufen um 53 % zurückgegangen (2000: 5.567 – 2019: 2.596), die Konfirmationen um 52 % (2000: 4.796 – 2019: 2.302), die Trauungen um 60 % (2000: 1.405 – 2019: 559) und die Bestattungen um 53 % (2000: 10.830 – 2019: 5.062).[86] Für die Nordkirche[87] liegen die Zahlen ganz ähnlich: Taufen verringerten sich um 45 % (2000: 23.112 – 2019: 12.685), Konfirmationen um 41 % (2000: 24.887 – 2019: 14.801), Trauungen[88] um 38 % (2002: 6.198 – 2017: 3.823) sowie Bestattungen um 36 % (2000: 32.213 – 2019: 20.469).[89] Die Rückgänge sind gravierend, sie liegen z. T. weit über dem prozentualen Rückgang der Kirchenmitgliederzahl im selben Zeitraum (Rückgang in Berlin 32 % bzw. in der Nordkirche 24 %).

7.2.2 Die Flaneure und ihre Kirche

Diese numerischen Abbrüche gehen natürlich in erster Linie auf das Konto der Kirchenaustritte[90], doch auch das kontinuierliche Abschmelzen einer kirchlichen Sozialisation führt dazu, dass immer mehr Menschen ihre religiöse Kommunikation an situativen Plausibilitäten ausrichten und sich dabei aber auch ein Leben ganz ohne Religion vorstellen können. Individualisierung und gesellschaftliche Ausdifferenzierung führen auf ihrer Rückseite – darauf hat nachdrücklich Hartmut Rosa hin-

---

85 *Engagement und Indifferenz: Kirchenmitgliedschaft als soziale Praxis: V. EKD-Erhebung über Kirchenmitgliedschaft*, hg. v. Evangelische Kirche in Deutschland (Hannover: EKD, 2014), 18.
86 Statistisches Jahrbuch 2001, Berlin, hg. v. Statistisches Landesamt Berlin (Berlin: Kulturbuch-Verlag, 2000), 194; Statistisches Jahrbuch 2019, Berlin, hg. v. Amt für Statistik Berlin-Brandenburg (Potsdam: Berliner Wissenschaftsverlag, 2019), 176.
87 Die Nordkirche wurde durch den Zusammenschluss der ehemals selbständigen Landeskirchen in Mecklenburg, Nordelbien und Pommern am 27. Mai 2012 gegründet. Die Statistik von 2000 bis 2012 setzen sich aus den Kasualzahlen der ehemaligen drei Landeskirchen zusammen.
88 Hier liegen bislang nur die Daten von 2002 bis 2017 vor (Stand: 12.5.2021).
89 https://www.nordkirche.de/ueber-uns/statistiken; vom 12.5.2021.
90 Im Jahr 2019 traten in Deutschland rund 270.000 Personen aus der Evangelischen Kirche aus.

gewiesen[91] – für das Subjekt auch eine veränderte Zeitstruktur mit sich. Und diese veränderte zeitliche Orientierung zeigt sich auch in der religiösen Praxis:

> „Neben die Sozialfigur des langfristig gebundenen, in seiner religiösen Zugehörigkeit unhinterfragten Kirchenmitglieds gesellt sich der experimentierende, an seinen situativ-biographischen Interessen orientierte Akteur."[92]

Nur eine Minderheit der Evangelischen gestaltet ihre Mitgliedschaft durch häufigen Gottesdienstbesuch, persönlichen Kontakt zum Ortspfarrer bzw. zur Ortspfarrerin oder beteiligt sich aktiv am kirchlichen Leben.[93] Für die Mehrheit der Kirchenmitglieder kommen die ortsgemeindliche Geselligkeitsformen trotz nach wie vor hohem Verbundenheitsgefühl kaum in den Blick.

Diese Splittung betrifft auch und gerade die Kasualien, denn hier zeigt sich, dass Kasualbegehrende die religiösen Deutungs- und Darstellungsangebote der Kirche „vor allem punktuell und situationsbezogen" in Anspruch nehmen.[94] Und dies geschieht nicht allein aufgrund des Ereignischarakters des Kasus[95], sondern auch und gerade als eine Nebenfolge passagerer Sozialroutinen. Der zeitweilige Aufenthalt in einer Kirche gerät mehr und mehr zur kirchlichen Normalität. Aus der ehedem selbstverständlichen und regelmäßigen Gottesdienst*teilnahme* ist längst schon ein Gottesdienst*besuch* geworden, der normalerweise aus konkretem Anlass und zu bestimmten Zeiten erfolgt. Eine evangelische Mehrheit wählt tendenziell ambulante Formen für ihren Kirchenkontakt.

Zwar ist die Parochie auch unter den Bedingungen gesellschaftlicher und religiöser Ausdifferenzierungen sowie einer intensivierten Mobilität ein Sozialraum, der „von hoher, ja gelegentlich identitätsstiftender Bedeutung"[96] für die Kirchenmitglieder, doch das heißt natürlich nicht, dass eine evangelische Mehrheit diese

---

91 Hartmut Rosa, Beschleunigung: Die Veränderung der Zeitstrukturen in der Moderne (Frankfurt a.M.: Suhrkamp, ¹²2020).
92 Markus Hero, „Religiöse Geselligkeitsformen in der Spätmoderne: Zum Wandel des zeitlichen Horizonts", in *Gemeinde auf Zeit: Gelebte Kirchlichkeit wahrnehmen*, hg. v. Peter Bubmann, Kristian Fechtner, Konrad Merzyn, Stefan Ark Nitsche und Birgit Weyel (Stuttgart: Kohlhammer, 2019), 30–39 (31).
93 Evangelische Kirche in Deutschland, Engagement, 2014, 8 f. Diese drei Merkmale konstituieren nach Maßgabe der Analysen der 5. Kirchenmitgliedschaftsuntersuchung eine „intensive Mitgliedschaftspraxis".
94 Evangelische Kirche in Deutschland, Engagement, 2014, 8.
95 3.1 Der Kasus.
96 Jan Hermelink und Gerald Kretzschmar, „Die Ortsgemeinde in der Wahrnehmung der Kirchenmitglieder – Dimensionen und Determinanten", in: Vernetzte Vielfalt, hg. v. H. Bedford-Strohm u. V. Jung, 59–67 (67).

auf den ersten Blick überraschende Verbundenheit auch über eine regelmäßige Partizipation einlöst.[97] Hinter der erstaunlich hohen Verbundenheit der Evangelischen mit ihrer Kirche – 69 % wissen sich der Kirche „sehr" (16 %), „ziemlich (28 %) oder „etwas" (25 %) assoziiert[98] – verbirgt sich das ganze Spektrum zwischen „gefühlter" Teilhabe und „faktischer" Teilnahme.

Die gängige Praxis der situativen religiösen Aktualisierung korreliert natürlich eng mit gesellschaftlichen Entwicklungen. So ist für den Soziologen und Philosophen Zygmunt Bauman der *Flaneur* – mit Bezug Charles Baudelaire und später Walter Benjamin – eine der vier Symbolfiguren einer spätmodernen Lebensform.[99] Je kürzer der Aufenthalt in der Gegenwart empfunden wird, je flexibler die Lebensumstände, je weniger Gewissheiten dauerhaft lebbar erscheinen, desto mehr wird das Flanieren für viele Zeitgenossen zu einer sinnvollen Lebensweise. Für Bauman verkörpert der Flaneur im Verein mit dem „Vagabunden", dem „Touristen" und dem „Spieler" die Furcht vor Gebundenheit und Festlegung in den Netzen aktueller Lebensstrategien. Es ist gerade diese Nicht-Zugehörigkeit, die dem Flaneur das Gefühl von Unabhängigkeit suggeriert. Er erschließt sich seinen Sozialraum durch Vorbeigehen und erprobt „die menschliche Realität als eine Reihe von Episoden"[100]. Darin stilisiert er sich als der alleinige Autor seiner Geschichte.[101] Ein Flaneur ist jemand, der keine widerspruchsfreie und kohärente Lebensstrategie mehr verfolgt. So sehr er sich auch danach sehnt wie nach einer fernen Heimat, so sehr sucht er jeder beheimatenden Fixierung zu entgehen. Im ambulanten Selbstkonzept des Flaneurs geht es vielmehr darum, den bergenden Horizont des Lebens als sublime Hoffnung „mittels eines unendlichen Aufschubs lebendig zu halten"[102]. Die Signaturen der Zeit lassen es zunehmend dysfunktional erscheinen, eine Identität zu finden, einen unveränderlichen Wesenskern zu bestimmen oder personale Kontinuität über Zugehörigkeit zu definieren: „Der Angelpunkt der postmodernen Lebensstrategie heißt nicht Identitätsbildung, sondern Vermeidung jeglicher Festlegung."[103]

---

97 Immerhin geben 75 % der befragten Evangelischen an, dass sie sich (abgesehen vom Gottesdienstbesuch) „überhaupt nicht" am kirchlichen Leben beteiligen; Vernetzte Vielfalt, hg. v. H. Bedford-Strohm u. V. Jung, 486.
98 J. Hermelink u. G. Kretzschmar, Ortsgemeinde, 67.
99 Zygmunt Bauman, *Flaneure, Spieler und Touristen: Essays zu postmodernen Lebensformen* (Hamburg: Hamburger Edition, 1997), 150–161.
100 Z. Bauman, Flaneure, 150.
101 Hierin ähnelt der Flaneur dem „Kurator", den Reckwitz als kultursoziologische Metapher einspielt. Andreas Reckwitz, *Die Gesellschaft der Singularitäten: Zum Strukturwandel der Moderne* (Berlin: Suhrkamp, 2017), 295–298. Vgl. 5. Konkurrenzkasualien – zwischen ritueller Enteignung und Deutungsmacht.
102 Z. Bauman, Flaneure, 82.
103 Ebd., 146 (im Original kursiv).

Der Flaneur sucht darum auch seine religiöse Vergewisserung *just in time*, braucht sie gewissermaßen *en passant* und kaum mehr als ein depositäres Kontinuum.

Folgt man dieser Analyse, dann nötigen die sich empirisch abzeichnenden neuen Zeit- und Partizipationssignaturen der institutionalisierten Kirche ab, ihre Raumordnungen stärker als bisher zu verzeitlichen und ihr Marktgebaren[104] zu flexibilisieren:

> „Je knapper die für religiöse Praxis zur Verfügung stehende Zeit, desto wertvoller ist diese Zeit, desto mehr will diese Zeit in einer besonderen, nicht alltäglichen Weise erlebt und in Erinnerung gehalten werden. Zweifellos steigen damit die Erwartungen an die religiösen Institutionen: Die kostbare Zeit will wohl investiert werden. Um den Erwartungen ihres Publikums entgegenzukommen, müssen religiöse Institutionen deshalb lernen, Präferenzen zu erkunden und zu differenzieren. Die Geschmäcker unterschiedlicher Milieus müssen respektiert werden."[105]

Diese neuen, gewissermaßen ambulanten Formen an kirchliche Religion heranzukommen, sie punktuell anzusteuern oder möglicherweise an ihr zu partizipieren, ist nur sehr bedingt kompatibel mit einem nach wie vor parochial und *stationär* organisierten Gemeindechristentum. Es ist darum eine durchaus naheliegende Option, wenn die Kirche hier neue Wege in der spätmodernen Kasualkultur beschreitet.

7.2.3 „Assimilieren" und „hineinverstehen": Kasualagenturen

2021/22 nahmen insgesamt vier sog. Kasualagenturen ihre Arbeit auf.[106] Ihr Anliegen ist es, die Kluft zwischen dem sich verändernden Kasualbegehren und dem amtskirchlichen Beharrungsgefüge zu verringern. Wer ohne direkten Kontakt zur Ortsgemeinde eine resonante Angelegenheit religiös gedeutet und ästhetisch dar-

---

104 5.4.3 Die Marktgängigkeit der Kirche.
105 M. Hero, Gesellungsformen, 35.
106 In Berlin (das „Segensbüro" wird getragen von den drei Kirchenkreisen Stadtmitte, Neukölln und Tempelhof-Schöneberg), in Hamburg („st.moment"; Träger sind die beiden Kirchenkreisen Hamburg-Ost und Hamburg-West), in Lübeck wird „Segensreich" getragen vom Kirchenkreis Lübeck-Lauenburg sowie in Bayern (Träger von „Segen. Servicestelle für Taufe, Trauung, Bestattung und mehr" ist die Bayerische Landeskirche). Überlegungen zur Gründung kirchlicher Kasualagenturen gibt es aktuell auch in anderen Landeskirchen (z. B. Bremen, Westfalen, Pfalz, Baden). – In Hamburg ging „st.moment" mit Beginn des Jahres 2022 an die Öffentlichkeit. – Bereits 2013 wurde von Samuel Diekmann, dem Pastor einer freikirchlichen Pfingstgemeinde in Dietzenbach, die Internetagentur „rent-a-pastor" gegründet, die es sich zur Aufgabe gemacht hat, einen Internetauftritt für Theologen zu gestalten, die von interessierten Kunden für Hochzeiten, Beerdigungen und weitere Anlässe gebucht werden können.

gestellt haben möchte, der soll bei den neuen Kasualagenturen sicher sein können, dass seinem Anliegen durch „Zugewandtheit, Schnelligkeit und Passgenauigkeit"[107] entsprochen wird – Qualitätsmerkmale, die landläufig kaum mit einer kirchlichen Administration in Verbindung gebracht werden, sondern eher mit säkularen Dienstleistern. Der Grundgedanke ist, das kirchliche Kasualhandeln gegen widrige pastorale Routinen und Idiosynkrasien zu imprägnieren und es behutsam in einen kameralen[108] Dienstleistungshorizont einzuzeichnen. Vor allem anderen soll verhindert werden, dass religiöse Bedarfsträger als „lästige Bittsteller" abgekanzelt werden, weil sie u. a. die territoriale Ordnung kirchlicher Praxis nicht durchschauen oder Mühe haben mit asymmetrischen Zuwendungsformen. Eine übergemeindliche Servicestelle, die von hauptamtlichen Pfarrpersonen geleitet wird, dient als zentrale Adresse für individuelle, außergewöhnliche oder auch nur indifferente Kasualwünsche. Dementsprechend werden diese Agenturen in den sozialen Medien beworben.

In der reformierten Schweiz organisieren sich die Kasualagenturen weniger im (landes-)kirchlichen Top-Down Modus, sondern eher vereins- bzw. netzwerkförmig auf Initiative einzelner Pfarrpersonen. Schon 2017 gründeten vier Berner Theologiestudentinnen den Verein „Feier & Flamme" und bieten seitdem Hochzeiten über eine eigene Webseite und auf eigene Rechnung an. Bald vervollständigten auch Taufen („Feiertaufen") und Trauerfeiern das Portfolio. Auf der Homepage heißt es:

> „Wir denken kritisch über Traditionen nach und versuchen, eigene Worte für das Unsagbare zu finden. Quelle unserer Inspiration sind Kunst und Kultur, philosophische und biblische Texte sowie die Natur und besonders die alltäglichen Begegnungen mit Menschen und ihren Geschichten."[109]

2020 gründeten ebenfalls in Bern zwei Pfarrerinnen und zwei Pfarrer den Verein „kirchliche Ritualagentur". Die Angebote richten sich an Kirchenmitglieder aus der Stadt Bern und Umgebung, an Menschen anderer Konfession sowie an Kon-

---

107 Elke Wewetzer und Jörg Hammerbacher, „Brauchen wir eine kirchliche ‚Kasualagentur'? Überlegungen einer Arbeitsgruppe des Großstadtdekanats Nürnberg in der Evangelisch-lutherischen Kirche in Bayern", in *Provozierte Kasualpraxis: Rituale in Bewegung*, hg. v. Ulrike Wagner-Rau und Emilia Handke (Stuttgart: Kohlhammer, 2019), 111–118 (115).
108 Trotz der augenfälligen Analogien zwischen Marketingstrukturen und kirchlichem Marktgebaren muss berücksichtigt werden, dass die Kirche keine vordergründige Gewinnerzielungsabsicht verfolgt. Die Agentur erwirtschaftet keine eigenen Erträge mit ihrem Kundenservice.
109 https://feierundflamme.ch/ueber-uns/; vom 29.8.2024. – Vgl. hierzu die explorative Studie von David Plüss, „Pastorale Grenzgängerinnen: Eine Fallstudie", in *PrTh 55*, 2020, H. 4, 224–230.

fessionslose. Für Mitglieder der reformierten Kirche sind hier die Ritualbegleitung und die Durchführung des Rituals kostenlos. Die kasuelle Arbeit wird im Rahmen der bestehenden Anstellung geleistet. Nichtmitgliedern wird eine Spende an eine Kirchgemeinde oder kirchliche Organisation empfohlen (für eine Trauung werden 1.500 CHF, für eine Trauerfeier etwa 680 CHF veranschlagt).[110] – 2022 ging mit Unterstützung der Reformierten Landeskirche in Aargau eine Plattform für Ritualangebote ans Netz: „Leben feiern". Auf der Website bieten 17 Pfarrpersonen ihre Dienste an und stellen sich in kurzen Porträts vor. Insgesamt 24 verschiedene Anlässe sind im Angebot, darunter auch eine Segnung für Tiere.

Im öffentlichen Leben vermittelt eine Agentur[111] in erster Linie Dienstleistungen. Zwei Marktakteure sollen im Rahmen von Vermittlungsleistungen mit dem Ziel eines gegenseitig gedeihlichen Übereinkommens zusammengebracht werden. Die Vermittlung vollzieht sich also interessegeleitet. Da eine Agentur in der Regel in anderem Namen agiert, bietet sie normalerweise keine eigenen Produkte an, sondern sie dient den jeweiligen Interessenten Produkte anderer Produzenten an.[112] Als Neologismus wird „Agentur" in jüngster Zeit auch im Rahmen von Umbenennungen gebraucht, um stark amtlich und formell konnotierte Bezeichnungen wie „Amt", „Behörde" oder „Anstalt" durch eine zeitgemäßere Nomenklatur zu ersetzen. In diesem Zusammenhang wurde dem Arbeitsamt die „Bundesagentur für Arbeit" und aus der früheren Regulierungsbehörde für Telekommunikation und Post die neue „Bundesnetzagentur".

Im Falle der kirchlichen Kasualagenturen dient die Bezeichnung Agentur lediglich als ein Arbeitsbegriff, wenn auch hier die Vermittlungsleistung im Vordergrund steht.[113] Das Stammpersonal nimmt die Wünsche der kasuellen Protagonisten entgegen und organisiert eine passende Zuordnung aus einem vorab ausgewählten Pool kausalflexibler Pfarrpersonen[114] und Wahlkirchen (oder anderer auratischer

---

110 https://ritualagentur.ch/de/ritualagentur; vom 29.8.2024.
111 Etymologisch ist ein *Agent*, wer im Auftrage eines anderen handelt (Mitte 16. Jh. entlehnt aus italien. *Agent:* Vertreter, Geschäftsträger, Geschäftsführer'). Als ‚kaufmännischer Vertreter, Geschäftsvermittler' ist es seit etwa 1600 belegt. Eine *Agentur* ist die ‚Geschäftsstelle eines Agenten, Vertretung' (1. Hälfte 19. Jh.). Für die schnelle Verbreitung des Wortes sprechen auch zahlreiche Komposita wie *Handels-, Nachrichten-, Versicherungs-, Werbe-, Künstleragentur*. – Das Digitale Wörterbuch der deutschen Sprache, https:// www.dwds.de/wb/Agentur, vom 27.05.2021.
112 Die *Deutsche Presseagentur* steht vornehmlich Redaktionen als Dienstleister zur Verfügung für die Sammlung, Verarbeitung und Verbreitung von Nachrichten, Archiv- und Bildmaterial.
113 Das Berliner Kasualagentur beschreibt ihre Arbeit: „Das ‚Segensbüro' vermittelt zwischen denen, die den Segen suchen und denen, die ihn spenden." https://www.neukoelln-evangelisch.de/segensbuero; vom 28.05.2021.
114 Auf der Homepage von *segensreich* (Lübeck/Lauenburg) werden zwölf Pastorinnen und Pastoren mit Foto und persönlichem Profil aufgeführt: „Hier kommen [...] die Pastor:innen zu Wort,

Orte). Findet sich aus verschiedenen Gründen keine Pfarrperson aus dem „zu koordinierenden Bereitschaftsteam", dann übernimmt jemand aus dem „theologischen Stammpersonal des Kasualbüros" die Kasualie.[115] Parochiale Grenzen und kirchliche Usancen sind in diesem Vermittlungsprozess von untergeordneter Bedeutung – wichtig ist vielmehr die Offenheit für die individuellen Gestaltungswünsche. Machte Schleiermacher im Zusammenhang mit der Kasualrede noch ein reziprokes Verhältnis geltend aus den Anpassungsleistungen des Pfarrers („assimilieren") und dem Verständnis der Zuhörer für den religiösen Deuterahmen der Kasualie („hineinverstehen")[116], verschiebt sich in der spätmodernen Variante dieses hermeneutischen Prozesses der Akzent deutlich in Richtung pastoraler Assimilation. Auf der Startseite von „segensreich. Dein Service für Taufe, Hochzeit und mehr im Kirchenkreis Lübeck Lauenburg" heißt es programmatisch: „Dein Segen ist unsere Leidenschaft. An uns kannst Du Dich wenden: mit Deinen Wünschen, Deinen Fragen, Deinen Ideen. Wir finden für Dich das Segensritual und die Location, die zu Dir passen."[117]

Obwohl über die konkrete Arbeit noch kaum belastbare Daten vorliegen[118], zeichnet sich schon jetzt ab, dass die Agenturen ihren Service unisono in einen segenstheologischen Rahmen einzeichnen. Dies zeigt sich bereits an der Namensgebung, aber auch in den konkreten Optionen auf eine zeremonielle Begleitung, die im kirchlichen Segenshandeln kulminiert. Diese Fokussierung entspricht letztlich auch dem allgemeinen Sprachgebrauch, der keinen der praktisch-theologischen Nomenklatur „Kasualie" bzw. „Amtshandlung" entsprechenden Oberbegriff kennt, wohl aber den Phänomenbereich „Segen" bzw. „segnen" abbilden kann. Komposita, idiomatische Wendungen und Sprichworte mit „Segen" oder „segnen" sind umgangssprachlich breit belegt und können von potentiellen Interessenten umstandslos verstanden werden. Während der Segen prominent annonciert wird, bleibt jedoch die klassische protestantische Deutungsleistung der Kasualpredigt in den zielsetzenden Texten deutlich unterbestimmt. Die kirchlichen Kasualagen-

---

die in der Stadt Lübeck in Verbundenheit mit Deiner Servicestelle *segensreich.* segnend unterwegs sind." https://segensreichrituale.com/locations-und-personen/personen-in-luebeck.html; vom 28.05.21.
115 E. Wewetzer u. J. Hammerbacher, Kasualagentur, 115.
116 Friedrich Schleiermacher, *Die praktische Theologie nach den Grundsätzen der evangelischen Kirche im Zusammenhange dargestellt* (Berlin: Reimer, 1850), 324.
117 https://segensreichrituale.com; vom 28.05.2021. – Auf der Startseite der bayerischen „Servicestelle für Taufe, Trauung, Bestattung & mehr" heißt es: „Wir helfen Ihnen, Ihren Ort zu finden und Menschen, die für Sie da sind. Wir beraten Sie bei besonderen Wünschen, knüpfen Kontakte, geben Informationen und Tipps, nehmen Ihre Ideen und Fragen ernst und sorgen dafür, dass Sie in guten Händen sind." https://segen.bayern-evangelisch.de/wer-wir-sind.php; vom 28.05.2021.
118 Stand: Juni 2021.

turen, deren weitere Entwicklung allerdings noch abzuwarten bleibt, konzentrieren sich in der Außendarstellung auf eine priesterlich-zeremonielle Darstellungshandlung, die – in fast alttestamentlicher Weite – auf eine breite Fülle denkbarer Anlässe appliziert wird. Neben den traditionellen kirchlichen Kasus führt z. B. die Agentur „segensreich" (Lübeck/Lauenburg) auf: „Segen für Schwangere und alle, die ein Kind erwarten", „Einschulung", „Konfirmation"[119], „Schulabschluss, „Veränderung in der Berufstätigkeit", „Transition", „eine bevorstehende Reise", „Veränderung in der Paarbeziehung", „Krankheit", „im Trauerfall".[120] Das spirituelle Leitbild dieses biographienahen Segensportfolios ist die Liturgisierung des Alltags, wie sie erstmals in der *Traditio Apostolica* im 3. Jh. formuliert wurde. Ob sich dieses Programm synchronisieren lässt mit einer protestantischen Religionskultur, die sich traditionell abständig verhält gegenüber einer religiösen Überformung, erscheint zweifelhaft. Legt man die aufs Ganze gesehen verhältnismäßig geringe Teilnahme an Segnungs- und Salbungsgottesdiensten zugrunde[121], verhält sich die Ausweitung von Segensräumen direkt proportional zu ihrer geringen Inanspruchnahme. Für die erfolgreiche Arbeit von Kasualagenturen wird es eine richtungweisende Entscheidung sein, ob man auf einem für die kirchlichen Deutungshandlungen enger werdenden Markt vorhandene Kompetenzen zeremoniell *diversifizieren* (und darüber eine rituelle Milieuverengung riskiert) oder ob man sich auf die kirchlich zweifellos gegebenen Stärken *spezialisiert* und diese über eine professionelle Marktkommunikation konkurrenzfähiger machen will. Beide Strategien zugleich zu verfolgen, wird auf mittlere Sicht die kirchlichen Ressourcen überstrapazieren.

Ganz obenan auf der Agenda der Agenturen steht die Verheißung hoher Flexibilität im Blick auf die Realisierung individueller Vorstellungen. Dies soll u. a. durch

---

[119] Hier wird lediglich auf die „Konfi-Kurse [...] in allen Kirchengemeinden unseres Kirchenkreises" verwiesen. Alternative Segensfeiern nach ostdeutschem Muster sind hier (noch) nicht im Blick. Man will offenbar diese verhältnismäßig starke volkskirchliche Kasualie nicht durch eine innerkirchliche Konkurrenz diskreditieren. Vgl. hierzu Emilia Handke, *Religiöse Jugendfeiern „zwischen Kirche und anderer Welt": Eine historische, systematische und empirische Studie über kirchlich (mit)verantwortete Alternativen zur Jugendweihe* (Leipzig: Evang. Verlagsanstalt, 2016).

[120] Die bayerische Servicestelle Segen führt „besondere Lebensmomente" als mögliche Kasus auf: Segen beim Eintritt in die Schule, Abschluss einer Ausbildung, Erreichen eines beruflichen Ziels, Wechsel der Aufgabe oder Erreichen des Ruhestandes, Segen beim Einzug, Richtfest, Projektabschluss, Firmenfeiern, Wohnungswechsel, Veränderung im Beruf, Trennung, Neuorientierung. https://segen.bayern-evangelisch.de/fur-besondere-lebensmomente-118.php; vom 29.05.2021.

[121] Nur etwa 30 % derer, die mindestens mehrmals im Jahr einen Gottesdienst besuchen (das sind nach eigenen Angaben 20 % aller Evangelischen), gehen „gelegentlich" in einen Segnungs- und Salbungsgottesdienst. Das heißt, dass nur für etwa 6 % der evangelischen Christenmenschen u. U. eine rituell formatierte Segnung bzw. Salbung in Frage kommt. Vgl. Vernetzte Vielfalt, hg. v. H. Bedford-Strohm u. V. Jung, 483 bzw. 479.

eine zielführende Beratung gewährleistet werden. Wer etwas Besonderes kasuell für sich beansprucht, soll es nach Möglichkeit auch bekommen. Ob und inwieweit diese Verheißung immer auch kirchenrechtlichen Limitierungen standhält, wird sich in der Praxis zeigen.[122] Im Zweifelsfall kann immer noch die individuelle Entscheidung „in das Arkanum seelsorgerlicher Gründe" verlagert werden.[123] Im Fall einer vermittelten Kasualie doppelt sich für die Interessenten das Kasualgespräch. Auf die erste Anamnese[124] mit einem Ansprechpartner der Agentur folgt dann ein ausführliches Gespräch mit der Pfarrperson, die die Kasualie verantwortet.

Es spricht kirchensoziologisch viel dafür, die Zielgruppe der Agenturen im Feld der kirchlich „etwas" (24,9 %) bzw. „kaum verbundenen" (18,1 %) Kirchenmitglieder zu suchen.[125] Konfessionslose und Ausgetretene werden sich nicht ohne weiteres durch ein kirchliches Entgegenkommen vereinnahmen lassen. Das Dienstleistungsportfolio der Kasualagenturen kommt mit seiner evangelischen Offenheit v. a. distanzierten Kirchenmitgliedern entgegen, die möglicherweise zeitlich aufgeschobene Diskrepanz zwischen latenter Kasualpräferenz und indifferentem Verhalten wieder in eine konsonante Beziehung zu bringen. Wer zuwartet oder pragmatisch von Fall zu Fall entscheidet, ist angesichts attraktiver Angebote eher bereit, eine kirchliche Kasualie zu realisieren, wie die Erfahrungen beim Hamburger Elbtauffest zeigen.[126]

Und schließlich sollen Kasualagenturen das Desiderat einlösen, die kirchliche Kasualarbeit übergemeindlich mit denjenigen Akteuren zu vernetzen, die diesbezüglich wichtige Systemstellen für zentrale Anschlusskommunikationen besetzen:

---

122 Hier sind v. a. im urbanen Kontext verschiedene pastoraltheologische Herausforderungen denkbar: die Segnung konfessionsloser Paare, die Selbsthochzeit (Sologamie), die Taufe eines Kindes konfessionsloser Eltern, Realbenediktionen privater Gegenstände, kirchliche Jugendfeiern (für nicht getaufte Jugendliche), Segen aus Anlass eines Firmenjubiläums usw.
123 Christian Albrecht, *Kasualtheorie: Geschichte, Bedeutung und Gestaltung kirchlicher Amtshandlungen* (Tübingen: Mohr Siebeck, 2006), 111.
124 3.2 Das Kasualgespräch.
125 Vernetzte Vielfalt, hg. v. H. Bedford-Strohm u. V. Jung, 468. Wer sich mit der Kirche „sehr" (15,7 %) bzw. „ziemlich verbunden" (28,3 %) wird sich mit seinen Kasualwünschen eher an die Ortsgemeinde wenden. – In den empirischen Clustern vom KMU VI wäre entsprechend die Zielgruppe am ehesten unter den „religiös Distanzierten" bzw. den „Alternativen" zu finden. Evangelischen Kirche in Deutschland (Hg.): *Wie hältst du's mit der Kirche? Zur Bedeutung der Kirche in der Gesellschaft. Erste Ergebnisse der 6. Kirchenmitgliedschaftsuntersuchung* (Leipzig: Evang. Verlagsanstalt 2023), 17 ff.
126 Beim vermutlich größten Tauffest in der Geschichte der evangelischen Kirche Deutschlands wurden 2019 am Pfingstsamstag 500 Täuflinge in der Elbe getauft. https://www.kirche-hamburg.de/nachrichten/details/moin-welt-5000-menschen-feiern-taufe-an-der-elbe.html.

Bestattungsunternehmen, Hochzeitsplaner, Schulen (Konfirmation!), Hochzeitsmessen, Beratungsstellen (Trauerrituale!), Kliniken („Sternenkinder"[127]).

Angesichts der kultursoziologischen Umbrüche scheint die Einrichtung von Kasualagenturen durchaus funktional. Den Flaneuren werden hier Angebote unterbreitet, die ein hohes Maß an persönlicher Passform verheißen. Man wird die Entwicklung dieser Agenturen u. a. auch deshalb praktisch-theologisch im Auge behalten müssen, weil sie empfindliche Seismographen im kasualkulturellen Feld darstellen. Werden sie in the long run ihrer Aufgabe als Erprobungsraum für eine „neue Kasualpraxis" gerecht, dann kommt der mit ihnen angestoßene Prozess – zugespitzt formuliert – an ein natürliches Ende, wenn sie sich selbst überflüssig gemacht haben. Haben die Gemeinden ihr kasuelles Repertoire regionalspezifisch erweitert, flächendeckend eine größtmögliche Sensibilität für die Angelegenheiten der Kasualnehmer entwickelt, ist die pastorale Kommunikation intentional auf eine religionsästhetische Co-Creation ausgerichtet; haben die gemeindlichen Instanzen ihre Netzauftritte interaktiv optimiert und Feedback-Schleifen implementiert, werden die parochialen Zuständigkeiten durchlässig gestaltet, damit ausgefallene Kasualwünsche an die Pfarrperson delegiert werden können, die ihnen mit viel Empathie, homiletischer Phantasie und theologischer Ritenkompetenz gerecht zu werden verspricht, dann hat das Kirchensystem an einer zentralen Systemstelle seine Zeitgenossenschaft unter Beweis gestellt.

Dass diese idealtypische Überzeichnung empirisch nicht jeder Grundlage entbehrt, zeigt die Darstellung der ersten Ergebnisse der jüngsten Kirchenmitgliedschaftsuntersuchung (KMU VI), die ganz ähnliche Konsequenzen aufzeigt: Sich vornehmlich säkular verstehende Menschen

> „sind inzwischen gesellschaftlich majoritär. Auch unter den Kirchenmitgliedern ist ihr Anteil nicht unerheblich, und sie zu ignorieren, käme einer Selbstmarginalisierung gleich. Säkulare sind mit einer religiösen Sprache schwer erreichbar."

Die Forschungsgruppe zur KMU VI schlägt darum in diesem Kontext vor,

> „durch das Beschreiten neuer religionshermeneutischer Wege Kontakt zu Menschen zu finden, die ganz unterschiedliche Einstellungen zu Religion und Kirche haben und in ganz unterschiedlichen Lebenssituationen stehen. [...] Zugespitzt könnte man Säkulare z. B. dazu einladen, sich spielerisch auf ‚nützliche Fiktionen' einzulassen. Das bedeutet, auch Annahmen einmal vorläufig zuzulassen, die man selbst für unplausibel hält, solange sie nur lebenspraktisch hilfreich sind, individuell oder sozial."

---

127 Vgl. Andrea Morgenstern, *Gestorben ohne gelebt zu haben: Trauer zwischen Schuld und Scham* (Stuttgart: Kohlhammer, 2005).

Zu diesen tentativen Offerten sind sicher auch die kirchlichen Kasualien zu nennen, wenn sie sich mehr als jetzt Angelegenheiten widmen, die als „hilfreich" empfunden werden, weil sie „individuelle" Zuwendung performieren und als „sozial" sinnvoll wahrgenommen werden. „Mit Blick auf die Religiös-Distanzierten, die größtenteils Mitglieder der Kirche sind", so die „Perspektiven für das Handeln der Kirchen",

> „besteht eine Herausforderung darin, möglichst viele in der Organisation Kirche zu halten, etwa durch passende Angebotsstrukturen (inkl. gezielter Mitgliederorientierung und -kommunikation). Es gilt zu verdeutlichen, weshalb eine Zugehörigkeit zur Kirche sinnvoll oder auch nützlich ist. Die Befunde zeigen, dass ein Zugang zu den Distanzierten vor allem über Quest-Religiosität[128] und die Begleitung in ‚schwierigen Lebenssituationen' möglich ist."[129]

7.3 Vom Gottesdienstbesucher zum Publikum

7.3.1 Ein inventiver Spaziergang mit Jacques Rancière

Die Texte des französischen Philosophen Jacques Rancière[130] zählen nicht zu den prominenten Systemreferenzen der Praktischen Theologie. Seine in den letzten Jahren erschienenen Arbeiten zur Ästhetik, vor allem aber sein viel beachteter Essay „Der emanzipierte Zuschauer"[131] machen ihn jedoch zu einem lohnenden Gesprächspartner im praktisch-theologischen Inszenierungsdiskurs. Dabei rückt Rancière, und dieser Aspekt ist bislang in der praktisch-theologischen Rezeption der Theatertheorie, die eher inszenatorisch bzw. ästhetisch ausgelegt ist, unberücksichtigt geblieben, das Verhältnis der Dramaturgen bzw. Bühnenakteure zum Publikum in eine machttheoretische Perspektive ein.[132] Kunst und Politik stellen in Rancières Philosophie keine Antipoden dar, sein Denken setzt vielmehr auf die ästhetische Umgestaltung menschlicher Erfahrung. Wenn er also die Rechtferti-

---

128 Mit „Quest-Religiosität" verbindet sich eine Zuschreibung, bei der die Beschäftigung mit religiösen Fragen das Zweifeln und Hinterfragen wesentlich ist. KMU VI, Erste Ergebnisse, 31.
129 Evangelischen Kirche in Deutschland (Hg.), *Wie hältst du's mit der Kirche? Zur Bedeutung der Kirche in der Gesellschaft. Erste Ergebnisse der 6. Kirchenmitgliedschaftsuntersuchung* (Leipzig: Evang. Verlagsanstalt 2023), 38.
130 Rancière (Jg. 1940) lehrte bis 2000 an der Universität Paris VII Philosophie.
131 Jacques Rancière, *Der emanzipierte Zuschauer* (Wien: Passagen, ²2015); französ.: *Le spectateur émancipé* (Paris: La Fabrique éditions, 2008).
132 Ausführlich hierzu: Thomas Klie, Ralph Kunz, Martina Kumlehn und Thomas Schlag (Hg.), *Machtvergessenheit: Deutungsmachtkonflikte in praktisch-theologischer Perspektive* (Berlin und Boston: De Gruyter, 2021).

gung des Zuschauens als eine *Emanzipation* des Zuschauers denkt, dann geht es ihm zunächst um die Destruktion der durchaus deutungsmächtigen Vorannahme, nach der sich beim theatralen Spiel[133] das Agieren auf der Bühne und das Betrachten der Handlung zueinander verhalten wie Aktivität zu Passivität. Zugespitzt: Wer einem Publikum Teilnahmslosigkeit unterstellt, macht dies aus einer Position heraus, die nicht nur die Fähigkeit eines Akteurs beschreibt, auf einem Schauplatz Handlungen zur Schau zu stellen, sondern dessen *Agency*[134] auch normativ postuliert. Vor diesem Hintergrund erscheint das kollektive Zuschauen gegenüber dem aktiven Spiel natürlich als ein defizitärer Modus.[135]

> „Emanzipation beginnt dann, wenn man den Gegensatz zwischen Sehen und Handeln in Frage stellt, wenn man versteht, dass die Offensichtlichkeiten, die in dieser Weise die Verhältnisse zwischen dem Sagen, dem Sehen und dem Machen strukturieren, selbst der Struktur der Herrschaft und der Unterwerfung angehören." (23)

Will man das Publikum ins rechte Licht rücken, um seine Eigentätigkeit als ein aktives Tun sui generis zu verstehen, müssen bestimmte Vorannahmen dekonstruiert werden. Die Befreiung des Schauens aus den Zuschreibungen eines unselbständigen Tuns ist ein erster emanzipatorischer Akt – ein Akt, der auch gerade im Rahmen einer rezipientenorientierten Kasualtheorie noch zu leisten wäre.

Sowohl Brecht und Artaud, mit denen Rancière hier exemplarisch im Gespräch ist, zielen dagegen darauf ab, die Zuschauer aus ihrer anscheinend passiv-optischen Distanz herauszulocken, um sie in den Handlungskreis des Dramas hineinzustellen, der der choreographischen Gemeinschaft „ihre kollektive Energie zurückgibt". (18) Die Aufhebung der „vierten Wand"[136] konfrontiere gewissermaßen das Publikum mit sich selbst als Kollektiv. Diese reformerische Intention, wonach das Theater zu etwas werden solle, das „seine getrennte Wirklichkeit verwendet, um sie zu beseitigen", ist allerdings in ein wirkmächtiges „Netz von Vorannahmen", in

---

133 Rancières Essay umfasst „alle Formen des Spektakels – dramatische Handlung, Tanz, Performance, Pantomime oder anderes"; Rancière, Zuschauer, 12. Die interlineare Zitation bezieht sich im Folgenden auf diesen Essay.
134 Zum Agency-Begriff vgl. 7.4 Kasual-Dinge.
135 Ganz analog argumentiert auch der österreichische Kulturphilosoph Robert Pfaller (mit Louis Althusser): „[V]on den meisten emanzipatorischen Bewegungen seit 1968 [wurde] unhinterfragt vorausgesetzt: dass Aktives besser ist als Passives, Subjektives besser als Objektives, Eigenes besser als Fremdes, Veränderliches besser als Festes, Immaterielles besser als Materielles, Konstruiertes besser als Essentielles etc." Robert Pfaller, *Ästhetik der Interpassivität* (Hamburg: Philo Fine Arts, 2008), 11.
136 Als „vierte Wand" wird in der Theorie des naturalistischen Theaters die zum Publikum hin offene imaginäre Seite einer Guckkastenbühne bezeichnet.

ein klandestines Spiel von „Gleichsetzungen und Entgegensetzungen" verstrickt, das über sich selbst nicht aufgeklärt ist. Rancière spricht hier von „fleischgewordenen Allegorien der Ungleichheit". (23) Von diesen Verstrickungen ist das Publikum freizusprechen, zu lösen aus Projektionen, die die Erfahrung überformen. Denn weder ist das Theaterpublikum eine Gemeinschaft und das Zuschauen a priori ein Ausdruck von Passivität, noch lassen sich Bild und lebendige Wirklichkeit als einfache Gegensätze bestimmen. (17)

Rancière sieht hier vielmehr eine „Logik der pädagogischen Beziehung" am Werk, einer Logik, von der auch viele liturgische Settings bestimmt sind: Zwar bestehe die Rolle der Belehrenden darin, „den Abstand zwischen seinem Wissen und der Unwissenheit der Unwissenden aufzuheben", doch dieser Abstand kann nur um den Preis verringert werden, dass sich die Distanz immer wieder neu in Szene setzt.

> „In der pädagogischen Logik ist der Unwissende nicht nur derjenige, der noch nicht weiß, was er alles nicht weiß, noch wie er es wissen kann. Der Lehrer ist nicht nur im Besitz des Wissens, das der Unwissende nicht hat. Er weiß auch, wie man daraus einen Gegenstand des Wissens macht, zu welchem Zeitpunkt und gemäß welchen Protokolls." (19)

Die Macht steckt also – ganz analog zur liturgischen Praxis – in den Regeln, über die die Meister des ritualisierten Geschehens durch ihr Regelwissen ungehindert verfügen.

Löst man aber die Distanz zwischen Meistern und Adepten aus ihrem hierarchischen Gefälle, trennt die Meisterschaft des Meisters von seinem Wissensvorsprung[137] und versteht Distanz semiotisch als „die normale Bedingung jeder Kommunikation", dann verändern sich die Rollen fundamental. Der Meister (der Schauspieler, die Dramaturgin) lehrt die Schüler (die Zuschauer, das Publikum) nicht sein Wissen, vielmehr „trägt er ihnen auf, sich ins Dickicht der Dinge und Zeichen vorzuwagen". (21) Es ist die Aufführung, das szenische Artefakt, das sich zwischen die beiden Subjektpositionen schiebt und damit Aktivität und Passivität performativ neu zuordnet. Das Spiel der Zeichen ist eine eigenlogische, weil ästhetische Drittheit, die über das Betrachten *aktiv* mit Bedeutung belehnt wird. In der Performanz wird aus dem Sehen ein tätiges Betrachten. Das das eigene Schauen und Hören stimulierende Schauspiel macht die distanzierten Zuschauer zu tätigen Interpreten dessen, was sich vor ihren Augen und Ohren abspielt. Oder in gottes-

---

137 Schon Schleiermacher reklamiert für die „darstellenden Kunsttätigkeiten" im Gottesdienst die Freiheit von „epideiktischen" Motiven: „Es soll nicht im Einzelnen darauf ankommen, seine persönliche Meisterschaft zu zeigen". Friedrich Schleiermacher, *Die praktische Theologie nach den Grundsätzen der evangelischen Kirche im Zusammenhange dargestellt* (Berlin: Reimer, 1850), 72. 82.

dienstlicher Lesart: Das liturgische Kunstwerk fordert ein rubriziertes Handeln, eine gekonnte Schaustellung, um religiöse Resonanzen und gelingendenfalls auch Konsonanzen zu ermöglichen. Regieanweisungen, Ablaufzettel und Mitmachappelle heben demgegenüber die Asymmetrie allererst ins Bewusstsein; sie schreiben sie fort, statt über die Verkörperung einen liturgischen Erfahrungsraum abzustecken, der eine freie „Zirkulation des religiösen Bewusstseins" initiiert (Schleiermacher).

> „Auch der Zuschauer handelt, wie der Schüler oder der Gelehrte. Er beobachtet, er wählt aus, er vergleicht, er interpretiert. Er verbindet das, was er sieht, mit vielen anderen Dingen, die er gesehen hat, auf anderen Bühnen und an anderen Arten von Orten. Er erstellt sein eigenes Gedicht mit den Elementen des Gedichts, das vor ihm ist." (24)

Der an seinem Schauplatz behaftete Zuschauer ist keineswegs untätig, aber er „lernt" nicht das Wissen des Lehrmeisters, sondern er lernt, sein „eigenes Gedicht" zusammenzustellen – durch die „Wirkung der Lehrmeisterschaft". (24 f.) Oder semiotisch: Zeichen lesen heißt Zeichen zu produzieren. Liturgie wie Theater kommen nicht umhin, mit einem sinnkreativen Publikum zu rechnen.

Vor diesem Hintergrund erweist sich die traditionelle Rollenteilung in passiv rezipierende Gottesdienstteilnehmer und aktiv produzierende Darsteller im Sonntagsgottesdienst als ein vortheoretisches Konstrukt bzw. empirischer Trugschluss. Publikums- und Protagonistenrollen koinzidieren vielmehr in der gemeinsamen Darstellung.[138] Beides sind Teilfunktionen des *einen* dramaturgischen Subjekts, die im Modus der Rezeption zusammenfallen. Zuschauende sind – indem sie sich den semantischen Appellen einer kasuellen Liturgie aussetzen, die szenischen Zeichen miterleben, sie deuten und nachvollziehen – diskrete, aber durchaus aktiv kooperierende Mitspieler innerhalb der Darstellung. Sie sind mit im Spiel, in dem sie die theatralen Signifikanten vervollständigen. Das paradoxe Zugleich von Rollenbewusstsein (als Zuschauende) und Selbstbewusstsein (als authentische Personen) besteht nicht nur für die Pfarrperson, sondern strukturanalog auch für alle mittelbar am Gottesdienst Beteiligten.

---

[138] Der Theaterwissenschaftler Klaus Lazarowicz spricht in diesem Zusammenhang von einer „triadischen Kollusion", einem dreistelligen Zusammenspiel zwischen Autor, Zuschauer und Spieler beim Theater. Überträgt man diese Deutung auf den Gottesdienst, dann wäre die Systemstelle des „Autors" sinngemäß zu ersetzen durch die biblischen Autoren (bei den Lesungen) bzw. die Pfarrperson (bei Gebeten, liturgischen Stücken und Predigt). – Klaus Lazarowicz, *Gespielte Welt: Eine Einführung in die Theaterwissenschaft an ausgewählten Beispielen* (Frankfurt a. M.: Peter Lang, 1997), 97 ff.

"[I]n einem Theater, vor einer Performance, ebenso wie in einem Museum, einer Schule oder auf der Straße, gibt es immer nur Individuen, die ihren eigenen Weg durch den Wald der Dinge, Handlungen und Zeichen gehen, denen sie gegenüberstehen und die sie umgeben. Die kollektive Macht, die den Zuschauern gemeinsam ist, liegt nicht in ihrer Eigenschaft Mitglieder eines Kollektivkörpers zu sein oder in irgendeiner spezifischen Form der Interaktion. Es ist die Macht, die jeder oder jede hat, das, was er/sie wahrnimmt, auf seine/ihre Weise mit dem besonderen intellektuellen Abenteuer zu verbinden, das sie jedem anderen ähnlich macht, insofern dieses Abenteuer keinem anderen gleicht." (27)

Das interaktive Spiel von Darstellung und Wahrnehmung beruht gerade auf der Distanz zwischen beiden Positionen, so Rancières These. Diese Distanz ist die Bedingung der Möglichkeit von Theater als dem „Ort, wo eine Handlung von bewegten Körpern vor lebendigen Körpern, die in Bewegung versetzt werden müssen, vollführt wird". (13). Obwohl das Publikum das, was sich vor ihm abspielt, kaum beeinflussen kann, ist es dennoch aktiv in das Geschehen einbezogen. Es ist, wie es Heiner Goebbels ausdrückt, „eher Teil des Dramas einer Erfahrung anstatt Zuschauer einer dramatischen Handlung [...], in der psychologisch motivierte Verhältnisse von Figuren auf der Bühne repräsentiert werden".[139]

Wie aber lässt sich das von Rancière emanzipierte, in seine eigenen Rechte als aktive Zuschauer eingesetzte Publikum kasualtheoretisch denken?

7.3.2 Publikum und „die ganze Gemeinde"

„Publikum" bezeichnet zunächst einmal – vornehmlich im Bereich der Bühnenkunst – eine Gesamtheit von Zuhörenden, Zuschauer bei öffentlichen Veranstaltungen bzw. Betrachter bei einer Ausstellung. Von einem Publikum kann nur die Rede sein in Bezug auf eine gemeinsam rezipierte allgemein zugängliche Inszenierung. Im übertragenen Sinn kann man aber auch „Menschen in der Öffentlichkeit" als „Publikum" benennen; etymologisch steht das Nomen für Allgemeinheit oder Öffentlichkeit.[140] Im Blick auf die spätmoderne Kasualkultur können beide semantischen Aspekte geltend gemacht werden: Kasualien gelten einerseits als öffentliche Gottesdienste[141], auch wenn nicht wenige Teilnehmer von Kasualgottes-

---

139 Heiner Goebbels, *Ästhetik der Abwesenheit: Texte zum Theater* (Berlin: Theater der Zeit, 2012), 13.
140 Anfang 18. Jh., aus mlat. *Publicum* (als Übersetzung von *gemain volck*, 15. Jh.), zu lat. *publicus*; vgl. DWDS – Digitales Wörterbuch der deutschen Sprache. Das Wortauskunftssystem zur deutschen Sprache in Geschichte und Gegenwart, hg. v. d. Berlin-Brandenburgischen Akademie der Wissenschaften, https://www.dwds.de/wb/Publikum; vom 30.10.2020.
141 Meuß spricht von „cultus publicus": „Auch die sogenannten Amtshandlungen, wie Taufe, Trauung, ob sie schon thatsächlich und mißbräuchlich zuweilen recht wenig oder gar keine Zeugen um

diensten dazu neigen, sich wie die Zuschauer bei einem Theaterstück zu verhalten. Man ist anwesend, schaut und hört zu, und man verkörpert formal die Allgemeinheit einer Gemeinde. In der Außensicht ist jedoch oft kaum zu entscheiden, ob eine rein somatische Präsenz schon als ein Zeichen von Teilnahmslosigkeit zu verstehen ist oder aber auf andere, qualitativ durchaus sinnstiftende Formen einer inneren Anteilnahme schließen lässt. Da diesbezüglich nur empirische Untersuchungen vorliegen, die die liturgische Wahrnehmung der kasuellen Protagonisten (anhand relativ geringer Fallzahlen) aufordnen[142], nicht jedoch die des Kasualpublikums, ist man hier auf theatertheoretische Analogien[143], semiotische Überlegungen[144] bzw. auf Befunde der empirischen Publikumsforschung[145] angewiesen.

Vordergründig steht das – auf den ersten Blick „passive" – Publikumsverhalten in einer gewissen Spannung zum protestantischen Gottesdienstverständnis. So ist fundamentalliturgisch vorauszusetzen, dass sich „die ganze Gemeinde für den Gottesdienst verantwortlich" weiß und sich mit „der Vielfalt der Geistesgaben" am Zustandekommen der Gottesfeier beteiligt.[146] Eine real präsente Gemeinde feiert Gottesdienst, indem sie sich versammelt und gemeinsam in verschiedenen Rollen das Evangelium im Modus öffentlichen Betens[147] unter (Predigt-)Wort und Sakrament zur Darstellung bringt. Das gemeinsame Darstellungshandeln ist für evangelische Gottesdienste genauso konstitutiv wie der liturgische Dialog[148] und die

---

sich sehen, sind doch nicht als Privatakte zu betrachten [...]". Eduard Meuß, *Die gottesdienstlichen Handlungen von individueller Beziehung in der evangelischen Kirche* (Gotha: Perthes, 1892), 3 f.

142 Vgl. Simone Fopp, *Trauung – Spannungsfelder und Segensräume: Empirisch-theologischer Entwurf eines Rituals im Übergang* (Stuttgart: Kohlhammer, 2007); Konrad Merzyn, *Die Rezeption der kirchlichen Trauung: Eine empirisch-theologische Untersuchung* (Leipzig: Evang. Verlagsanstalt, 2010); Regina Sommer, *Kindertaufe: Elternverständnis und theologische Deutung* (Stuttgart: Kohlhammer, 2009); Anne Polster, *Jugendliche und ihre Konfirmation: Theologische Diskurse, empirische Befinde, konzeptionelle Erwägungen* (Stuttgart: Kohlhammer, 2020).

143 Vgl. Erika Fischer-Lichte, *Die Entdeckung des Zuschauers: Paradigmenwechsel auf dem Theater des 20. Jahrhunderts* (Tübingen und Basel: Francke, 1997).

144 Exemplarisch Umberto Eco, *Lector in fabula: Die Mitarbeit der Interpretation in erzählenden Texten* (München und Wien: Hanser, 1987).

145 Vgl. Patrick Glogner-Pilz und Patrick S. Föhl (Hg.), *Das Kulturpublikum: Fragestellungen und Befunde der empirischen Forschung* (Wiesbaden: Springer VS, ²2011).

146 *Evangelisches Gottesdienstbuch: Agende für die Evangelische Kirche der Union und für die Vereinigte Evangelisch-Lutherische Kirche Deutschlands*, hg. v. der Kirchenleitung der VELKD und Kirchenkanzlei der EKU (Bielefeld: Lutherverlag/Hannover: Lutherisches Verlagshaus, ³2003), 15.

147 Vgl. hierzu Michael Meyer-Blanck, *Das Gebet* (Tübingen: Mohr Siebeck, 2019).

148 Programmatisch greifbar in Luthers „Torgauer Formel", mit der er seine Predigt zur Einweihung der Schlosskapelle zu Torgau am 5.10.1544 einleitet. Kirchen dienen dazu, „dass nichts anderes darin geschehe, denn dass unser lieber Herr selbst mit uns rede durch sein heiliges Wort, und wir wiederum mit ihm reden durch Gebet und Lobgesang". WA 49, 588, 15–18 (1544).

allgemein zugängliche Form der Inszenierung. Analog zum Theater gibt es zwar auch hier eine funktionale Rollenteilung zwischen Liturg/Akteur und Gemeinde/ Publikum. Die sich darüber einstellenden liturgischen Deutungen (inkl. Predigt) sind jedoch das Produkt eines interaktiven bedeutungsgenerierenden Geschehens, bei dem die Pfarrperson keineswegs nur für die Darstellung zuständig ist und der Gemeinde lediglich das Zusehen bleibt.

Im Idealfall relativiert die Liturgie an vielen Stellen die Opposition zwischen Darstellung und Wahrnehmung, wenn z. B. die Gemeinde ein Psalmlied anstimmt, gemeinsam das Credo spricht (bei der Taufe), der Predigt und dem Segen mit ihrem „Amen" beipflichtet und das Vaterunser betet.[149] Die Pfarrperson „hält" also nicht den Gottesdienst, wie es oft verkürzt und liturgisch missverständlich heißt, sondern eine mündige Gemeinde kommuniziert wechselseitig über Gebet und Gesang, Hören und Schweigen, Sitzen und Stehen, Bekenntnis und Mahlgemeinschaft. Alle Gottesdienstteilnehmer (nicht: -besucher!) müssen grundsätzlich alle Vollzüge verstehen, an ihnen teilhaben und sie mitvollziehen können, um die Lebensdienlichkeit des öffentlichen Dienstes gemeinsam und füreinander zur Darstellung zu bringen. Dabei korrelieren Teilhabe und Teilgabe. „Beim Gottesdienst gibt es keine Zuschauer, sondern die gesamte Gemeinde ist mit im Stück, in dem das Evangelium in Szene gesetzt und gemeinsam durchgespielt wird."[150] Trotzdem

---

[149] Das paradoxe Zugleich von Rollenbewusstsein (als Gottesdienstteilnehmer) und Selbstbewusstsein (als authentische Personen) besteht nicht nur für die aktiv Darstellenden, sondern strukturanalog auch für alle mittelbar am Gottesdienst Beteiligten, wie Steck betont: „Der einzelne erlebt sich selbst, wenn er singt oder betet oder hört. Er macht sich selbst zum Objekt seiner Wahrnehmung. Er hört sich singen. Und er erlebt sich selbst beim Hören. Er empfindet sich selbst beten, ob er schweigt oder spricht. Wer zum Gottesdienst kommt, kommt zu sich selbst. Und um zu sich selbst zu kommen, besucht er den Gottesdienst." Wolfgang Steck, *Praktische Theologie: Horizonte der Religion – Konturen des neuzeitlichen Christentums – Strukturen der religiösen Lebenswelt*, Bd. I (Stuttgart: Kohlhammer, 2000), 317.
[150] In seiner Berliner Antrittsvorlesung von 1996 formuliert Meyer-Blanck diese fundamentalliturgische Norm noch sehr in den engen Bahnen einer produktionsorientierten Liturgik: „Und selbst wenn davon auszugehen ist, dass viele in der Gemeinde sich doch eher als Zuschauer verstehen – ich denke etwa an Gottesdienste im Berliner Dom –, selbst dann müssen alle als Mitspielende ernstgenommen und nicht zum Publikum erklärt werden. Wie sonst könnte liturgisch präsent gebetet, gepredigt, gesegnet werden? Das Gebet verkäme zur frommen Vorführung, die Predigt zum religiösen Vortrag und der Segen zum Zeremoniell." Michael Meyer-Blanck, „Inszenierung und Präsenz: Zwei Kategorien des Studiums Praktischer Theologie", *Wege zum Menschen* 1/1997, 2–16 (15). In der Folgezeit relativiert Meyer-Blanck seinen schroffen Anfangsimpuls: „Auch der öffentliche Gottesdienst findet im Gegenüber von Darstellern und Publikum statt." Doch die liturgische Eigenlogik tendiert dazu, „das Gegenüber von Akteuren und Publikum außer Kraft zu setzen. […] Gottesdienst findet statt auf der relativierten, aber nicht verbotenen Bühne." Ders., *Agenda: Zur Theorie liturgischen Handelns* (Tübingen: Mohr Siebeck, 2013), 316 f.

sind Evangelische natürlich grundsätzlich frei, sich in diesen dialogischen Prozess hineinzubegeben oder sich wie ein Theaterzuschauer – aus welchen Gründen auch immer – vom Geschehen auf den verschiedenen liturgischen Bühnen (Kanzel, Altar, Chorraum) beobachtend zu distanzieren. Ein evangelischer Gottesdienst lanciert kein das kollektive Verhalten normierendes Zwangsregime, vielmehr feiert man Gott in der gestalterischen Freiheit der Kinder Gottes. Und diese Freiheit gilt auch und gerade für Kasualvoyeure.

Ursula Roth weist in diesem Zusammenhang auf eine theoretische Leerstelle hin:

„Dass sich Gottesdienstbesucher immer auch als Publikum verstehen und verhalten, dieser Befund wird im liturgie-theoretischen Diskurs weithin mit dem Ausdruck des Bedauerns als ‚kommunikative Realität' hingenommen und dem eigentlich ‚theologisch Gewünschten' entgegengesetzt, ‚Beobachten' sei vom ‚Mitfeiern' deutlich unterschieden und die liturgische Grundregel, dass der ‚Gottesdienst das Gegenüber von Akteuren und Publikum außer Kraft zu setzen' suche, bleibe gerade auch im Wissen um die liturgische Rollenverteilung in Geltung."[151]

Will man diese Leerstelle füllen, dann ist zunächst der Fokus auf die besonderen Rahmenbedingungen des Kasualgottesdienstes zu richten. Denn empirisch stellen sich hier die erwartbaren Rollenzuweisungen anders dar, da sie anderen Partizipations- und Inszenierungslogiken unterliegen als der sonntägliche „Normalfall"[152]. Das Auseinanderfallen von liturgischer Norm und realen Gegebenheiten ist ein Charakteristikum der gegenwärtigen Kasualkultur. Im Unterschied zum Gottesdienst der Ortsgemeinde ist die Teilnahme an Kasualien weniger durch ein gemeinsames Bedürfnis oder den Wunsch, evangelisch zu kommunizieren, motiviert. Die Teilnahme ist weder parochial noch konfessorisch bestimmt, sondern situativ und relational. Je nach Milieu und Region bilden Konfessionslose, Angehörige anderer Konfessionen bzw. Religionsgemeinschaften und kirchlich Distanzierte nicht selten, wenn nicht die Mehrheit, so doch eine wahrnehmbar große Gruppe innerhalb der Kasualgemeinde.[153] Schon Meuß spricht 1892 von einer „sehr gemischte[n]

---

151 Ursula Roth, *Die Theatralität des Gottesdienstes* (Gütersloh: Gütersloher Vlg., 2006), 226 f.; mit Verweis auf Grethlein und Meyer-Blanck.
152 Vgl. Kristian Fechtner und Lutz Friedrichs (Hg.), *Normalfall Sonntagsgottesdienst? Gottesdienst und Sonntagskultur im Umbruch* (Stuttgart: Kohlhammer, 2008).
153 Vor diesem Hintergrund erscheint die Forderung Grethleins, in den „Gottesdiensten an Übergängen im Lebenslauf" die familienzentrierte Religiosität v. a. über den Taufbezug zu erschließen und zu präzisieren bzw. dies liturgisch durch „solenne Tauferinnerungen" zum Ausdruck zu bringen, eher dysfunktional-exklusiv (Christian Grethlein, *Grundfragen der Liturgik: Ein Studienbuch zur zeitgemäßen Gottesdienstgestaltung* [Gütersloh: Gütersloher Vlg., 2001], 67.) – Religionssoziologisch ist die Gemengelage bei den Kasualteilnehmern noch nicht einmal ansatzweise erfasst.

Menge"[154], Fechtner weist im Kontext der Kirchenmitgliedschaftsuntersuchungen auf das volkskirchliche „Distanzverhalten" und „persönliche Abständigkeiten" hin[155], und Wagner-Rau attestiert eine „immer bunter, individueller, beweglicher, teilweise auch schriller" werdende Kasualpraxis.[156]

Dazu kommt, dass es bei Kasualien im Unterschied zum Sonntagsgottesdienst Personen(-gruppen) gibt, die sich hinsichtlich ihres inneren *Involvements* in den Kasus deutlich unterscheiden. Innerhalb der anwesenden Gemeinde lassen sich direkt Betroffene (Taufeltern, Paten, Brautpaar, Konfirmandinnen und Konfirmanden sowie Eltern/Großeltern, Schulanfänger sowie Eltern/Großeltern, Trauerfamilie etc.) und weniger Betroffene (entfernte Verwandte, Freunde, Bekannte etc.) voneinander unterscheiden. Die Sphären eines *high involvements* und die eines *low involvements* heben sich in der Regel auch räumlich klar voneinander ab. Ganz vorn sitzen die hoch involvierten Protagonisten (z. B. das Brautpaar, die Konfirmandengruppe, die Taufeltern samt Täufling), dahinter die mittelbar Betroffenen (Eltern von Braut und Bräutigam, Konfirmandeneltern, Paten, Verwandte des Verstorbenen etc.) und dann schließt sich die Gruppe derer an, die nicht zum engeren Familienkreis gehören.

Die aus Anlass Versammelten sind also nicht nur hinsichtlich ihrer religiösen Sozialisation bzw. konfessionellen Prägung heterogen, sondern auch und gerade in Bezug auf die emotionale Beteiligung an der liturgischen Kommunikation. Die Kasualgemeinde konstituiert sich in aller Regel durch enge Beziehungen zu den kasuell Hauptbetroffenen. Man wird zur Kasualie entweder persönlich eingeladen (Trauung, Konfirmation), man zählt zum engsten Freundes- und Verwandtenkreis (Einschulung, Ordination) oder man weiß sich anderweitig in den Kasus involviert (Bestattung, Heiligabend, Taufe[157]). Der Grad der persönlichen Miteinbezogenheit in den Kasus weist eine sehr viel größere Spannweite auf als bei gottesdienstlichen Anlässen, die grundsätzlich auf eine freiwillige Teilnahme und eine intrinsische Motivation setzen. Die Gruppe derer, die sich kopräsent im Kasualgottesdienst einstellt, konstituiert sich demgegenüber als eine grundverschiedene Gesamtheit auf Zeit. Sie wird sich in dieser Zusammensetzung, in dieser Kirche und mit dieser Liturgin kaum je erneut einfinden.

---

154 Eduard Meuß, Handlungen, 67.
155 Kristian Fechtner, *Kirche von Fall zu Fall: Kasualpraxis in der Gegenwart – eine Orientierung* (Gütersloh: Gütersloher Vlg., 2003), 13.
156 Ulrike Wagner-Rau, „Provozierte Kasualpraxis: Zur Einleitung", in *Provozierte Kasualpraxis: Rituale in Bewegung*, hg. v. Ders. und Emilia Handke (Stuttgart: Kohlhammer, 2019), 11–19 (12).
157 Findet die Taufe im Sonntagsgottesdienst statt, ist die „Kasualgemeinde" nicht eindeutig definiert, da die anwesende Gottesdienstgemeinde gemeinsam mit der Tauffamilie und deren Angehörigen am Kasus partizipiert.

Das von vielen Pfarrpersonen beklagte „Publikumsverhalten", im kirchlichen Jargon eine deutlich pejorative Zuschreibung, kann schon auf dieser empirischen Folie nicht als bewusste religiöse Enthaltsamkeit gewertet werden. Vielfach sind es ganz normale Verhaltensunsicherheiten, die schlichte Unkenntnis kirchlicher Usancen (z. B. das Aufstehen zu Vaterunser und Segen) und das Nicht-Vertraut-Sein mit dem religiösen Liedgut, das im Falle von Kasualien noch weniger geläufig ist als z. B. kirchenjahreszeitlich gebundene Gesänge.

Und schließlich steigern auch *Milieudifferenzen* die ohnehin schon hohe Disparatheit der Anwesenden. Diese äußern sich in bestimmten Verhaltensmustern, Musikkulturen und Dresscodes. Das Gefühl, in der Kirche ein familiär rekrutierter Zaungast in einer ansonsten zugangsbeschränkten Veranstaltung zu sein, veranlasst viele dazu, ihr beziehungsloses Inkognito durch den Verzicht auf aktive Teilnahme zum Ausdruck zu bringen. In einem kasuellen Setting wahrt das störungsfreie Zuschauen die gebotene Kontenance. Schließlich weiß man sich beobachtet (von den Banknachbarn wie von der Pfarrperson), und man will nicht durch unangemessenes Verhalten aus dem rituellen Beziehungsnetz herausfallen. Die ungewohnte Vergemeinschaftung lanciert das Abtasten von Situation und Schlüsselfiguren in einer Kombination aus Skepsis, Neugier, und Ängstlichkeit. Gruppendynamisch betrachtet befindet sich eine Kasualgemeinde durchweg in der Phase des „Forming", die sie aber liturgisch kaum je überschreitet (allenfalls im Verlauf der folgenden privaten „Co-Inszenierungen"[158]). Doch diese formalen Gründe erklären nur einen Teil des typisch kasuellen Teilnahmeverhaltens. Wenn heute z. B. bei Bestattungen im urbanen Kontext kaum noch Choräle erklingen[159], das Vaterunser nur vereinzelt mitgebetet wird und die angesprochene Gemeinde das Eingangsvotum nicht durch ihr Amen bekräftigt, dann lässt dies auf eine spezifische Form der Teilhabe schließen, bei der das veranlasste Stück kirchlicher Religion lieber „aus sicherer Entfernung" verfolgt wird.[160] So ist die Anzahl derjenigen, die bei den Hei-

---

[158] K. Fechtner, Kirche, 135 ff.

[159] Aufschlussreich hierzu Ulrike Wagner-Rau, *Segensraum: Kasualpraxis in der modernen Gesellschaft* (Stuttgart: Kohlhammer, 2. überarb. u. erw. Auflage 2008), 194–198. Vgl. a. Stephan Reinke, *Musik im Kasualgottesdienst: Funktion und Bedeutung am Beispiel von Trauung und Bestattung* (Göttingen: Vandenhoeck, 2010); Cäcilie Blume, *Populäre Musik bei Bestattungen: Eine empirische Studie zur Bestattung als Übergangsritual* (Stuttgart: Kohlhammer, 2014).

[160] Roßner hat in seiner Leipziger Dissertation junge ostdeutsche Gottesdienstteilnehmer im Blick auf ihr Verhalten im Gottesdienst befragt. Als einen Typus macht er dabei den „Zuschauer" aus, der durch ein Gottesdiensterleben „aus sicherer Entfernung" charakterisiert ist. Die „Zuschauer" wählen in der Kirche z. B. Plätze, „auf denen sie eine gute Übersicht über das Geschehen haben". Von dieser distanzierten Position „folgen sie dem Gottesdienst still, zurückhaltend und unauffällig". Die eigene liturgische Rolle beschreiben sie „durchgängig als passiv". Benjamin Roßner, *Das Verhältnis*

ligabendgottesdiensten mitsingen, deutlich geringer als im Sonntagsgottesdienst; bei großen Konfirmationsgottesdiensten sind z. B. beim Abendmahl in Altarnähe große Verhaltensunsicherheiten spürbar. Und bei Trauungen muss in der Regel die Regieanweisung des Liturgen die Unkenntnis dessen abfedern, was agendarisch vorgesehen ist.

Kasuelles Zuschauen gilt evangelisch-liturgisch jedoch als eine unbestimmte Position.[161] Das kasuelle Setting übt auf die Kasualgemeinde ohnehin den sublimen Zwang aus, sich unbeweglich auf den Bänken zu halten. Es gibt in Kasualgottesdiensten kaum Responsorien und außer den Liedern bzw. den Gebeten (v. a. dem gemeinsam verlautenden Vaterunser) keine Erwartungen an eine somatisch erkennbare Teilhabe. Sieht man vom feierlichen Introitus, der Teilnahme an den Fürbitten bzw. von den Segenswünschen (Trauung, Taufe) ab, bleiben die liturgische „Bühne" und der gottesdienstliche „Zuschauerraum" voneinander getrennte Räume.

7.3.3 *Interpassivität* und der *Spect-Actor*[162]

Versteht man mit Rancière die Distanz zwischen Publikum und Akteuren als Möglichkeitsbedingung von Kommunikation, Zuschauen und Zuhören als semiosische Aktivität und Ko-Präsenz als somatischen Ausgangspunkt von sinnkreativer religiöser „Zirkulation", dann ist das aufmerksame Betrachten und die stille Teilhabe eine durchaus mögliche Facette liturgischer Partizipation. Die Partizipation einer „Kasualgemeinde" als kontingente Aggregation sehr individueller Wahrnehmungen, bei der sich das aktuelle Verhalten aus ganz eigenen Bedürfnissen, religiösen Orientierungen und Motiven speist, lässt sich aber auch jenseits des theatralen Paradigmas deuten. Dadurch, dass bei Kasualgottesdiensten immer auch *Sphären einer gestuften Involviertheit* mitgesetzt sind, hat das Publikum die Möglichkeit, sein kasuelles Erleben auf die unmittelbaren Akteure zu verlagern bzw. anderen Partizipationsinstanzen zu unterstellen. Der zentrale Ritus wird im Rahmen der Kasualhandlung eben nicht an allen Gottesdienstteilnehmern vollzogen, sondern nur an den jeweiligen Protagonisten. Die Partizipation kann also vom Low-involvement-Publikum an die hoch involvierten Anwesenden gleichsam *delegiert* werden. Der

---

junger Erwachsener zum Gottesdienst: Empirische Studien zur Situation in Ostdeutschland und Konsequenzen für das gottesdienstliche Handeln (Leipzig: Evang. Verlagsanstalt, 2005), 288 f.
161 Roth konstatiert zu Recht: „Von der Rehabilitierung des liturgischen Publikums ist der praktisch-theologische Diskurs [...] weit entfernt." (U. Roth, Theatralität, 226).
162 Der brasilianische Regisseur und Theatertheoretiker Augusto Boal spricht vom Zuschauer als „Spect-Actor", als „Zuschauspieler". – Augusto Boal, *Theatre of the Opressed* (London: Pluto Press, 2008, xxi).

Kulturphilosoph Robert Pfaller spricht hier – in Anlehnung an Žižek und Lacan – in diesem Fall von Phänomenen der „Interpassivität"[163]. Damit ist eine auf den ersten Blick verstörende Praxis gemeint, bei der eigene Empfindungen in einem reziproken Prozess an Menschen (oder Dinge[164]) abgetreten werden, um ihre Stellvertretung sicherzustellen. Es geht hierbei um ein alltagskulturelles Verhalten, das für die meisten Akteure unterhalb der Bewusstseinsschwelle abläuft. Interpassivität beschreibt eine paradoxe Strategie des „Ersparens im Spiel" mit dem Ziel, einer (bedrängenden) Identifikation zu entgehen.[165] Man nimmt mit einer Sache Kontakt auf, um sich ihr darüber zu entziehen: „So, wie interaktive Medien die *Aktivität* auf die Seite der (im Übrigen für passiv erachteten) Betrachter transferieren, verlagern interpassive Medien gerade die *Passivität* von der Seite der Betrachter auf jene des Kunstwerks."[166] Interpassivität ist das Ergebnis einer Beobachtung zweiten Grades (Luhmann), gewissermaßen ein Strukturmerkmal persönlich applizierter Riten.

Übertragen auf den kasuellen Kontext bedeutet dies, dass das Publikum als stiller Teilhaber des Ritus mögliche religiöse Affekte bzw. emotionale Betroffenheiten *anderen* überlässt. Die stumme Betrachterin entlastet sich dadurch von der manifesten Aufgabe, sich selbst religiös zu verhalten.[167] Man *lässt* beten, man *lässt* singen, man *lässt* trauern – die exponierten Kasualprotagonisten sind dabei unbedingt notwendig, um sich selbst jedes Involvement ersparen zu können.[168] Worauf es ankommt, ist die eigene somatische Präsenz, nicht aber das aktive Tun. Die anderen fungieren als „Agenten" meiner an sie delegierten Wahrnehmung. Wer in einem Sakralraum in größerer Entfernung vom zentralen Geschehen sitzt, kann seine Emotionen delegieren, indem er z. B. bei einer Trauerfeier die Predigt als die anderen betreffend hört und dabei das Traurigsein der Angehörigen beobachtet, um sich selbst davon zu entbinden. Zugespitzt: Kasualgottesdienste sind ein Stück

---

163 Robert Pfaller (Hg.), *Interpassivität: Studien über delegiertes Genießen* (Wien und New York: Springer, 2000); Vgl. R. Pfaller, Ästhetik, 2008.
164 Vgl. 7.4 Kasual-Dinge.
165 R. Pfaller, Ästhetik, 16.20.
166 Ebd., 30 (Kursivierung im Original).
167 Žižek führt hier als Musterbeispiel die stellvertretende Trauer der „Klageweiber" an. Slavoj Žižek, „Die Substitution zwischen Interaktivität und Interpassivität", in *Interpassivität*, hg. v. Robert Pfaller (Wien und New York: Springer, 2000), 13–32.
168 In makrosoziologischer Perspektive hat die britische Religionssoziologin Grace Davie Phänomene wie diese als „vicarious religion" beschrieben: „The term has been coined in order to convey the notion of religion performed by an active minority but on behalf of a much larger number, who (implicitly at least) not only understand, but, quite clearly, approve of what the minority is doing." Grace Davie, „Vicarious religion. A methodological Challenge", in *Everyday Religion: Observing Modern Religious Lives*, hg. v. Nancy T. Ammerman (Oxford: University Press, 2006), 21–35 (22).

kirchlicher Religionskultur, das auf sehr spezifische Weise seine eigene Rezeption hervorbringt.[169]

Auch aus ritualtheoretischer Sicht ist das Phänomen des Zuschauerverhaltens bei Kasualgottesdiensten gut erklärbar. Bewertet man die Teilnahme an einem Ritus anhand einer Dreier-Skala, die sich zwischen den Polen „Mythos/sakral" als ein Extrem bzw. „Museum/ästhetisch" im anderen Extrem erstreckt, und nimmt dazu eine Mittelstellung an, die man als „Folklore/spielerisch" bezeichnen könnte[170], dann scheint das volkskirchliche Teilnahmeverhalten – je nach Inszenierungsmuster und Zusammensetzung der Kasualgemeinde – mehrheitlich irgendwo zwischen „spielerisch" und „ästhetisch" angesiedelt zu sein.

Die Ritualtheorie greift mit dieser Bestimmung die u. a. von Hermann Lübbe entwickelte „Musealisierungsthese" auf[171] und überträgt sie auf die Rezeption kirchlicher Riten. Die Musealisierungsthese besagt, dass soziale Akteure auf die belastende Erfahrung eines modernisierungsbedingten Vertrautheitsschwundes mit einer besonderen Geschichtskonstruktion reagieren. Eine fremd gewordene Vergangenheit nötigt sie in Erwartung weiterer Veränderungen zu ganz eigenen Aneignungsbemühungen. Die eigene Vergangenheit zu musealisieren bzw. in besonderer Weise zu verkürzen und festzuschreiben, entsteht aus einer gefühlten Desorientierung in der Gegenwart. – Der Transfer auf die kasuelle Partizipation liegt auf der Hand: Man spürt eine deutliche Distanz zu rituellen Selbstverständlichkeiten und kann oder will sich nicht mehr fraglos beteiligen. Die Rezipienten erleben die Kasualie als religiöse Aufführung eines Stückes, das in der Vergangenheit spielt. Wie auch auf anderen Schauplätzen (Museum, Theater) betrachtet man die Exponate mehr oder weniger interessiert. Unprofessionelles Mittun erscheint nicht opportun, um die Schaustellung von Religion nicht zu desavouieren. Der von der Pfarrperson vorausgesetzte religiöse Mitvollzug stößt auf kulturelle Barrieren, die sich in einem bloßen Zuschauen aktualisieren. Wie in einem kirchlichen Religionsmuseum (in dem man traditionelle Gesänge aufführt und archaisch anmutende Gebetsgesten vollzieht) lässt man sich als sitzender Betrachter auf das Geschehen ein, indem man ggf. die dichten Momente fotographiert oder sie u. U. mit Applaus goutiert. Dieses weitgehend habitualisierte Verhalten führt in aller Regel auf Seiten

---

169 Das von Pfaller apostrophierte „delegierte Genießen" ist so gesehen ein Nebenaspekt der *Spiegelfunktion*. Vgl. 7.5 Spiegelfunktion.
170 Paul Post, „Rituell-liturgische Bewegungen. Erkundungen von Trends und Perspektiven", in *Christliche Begräbnisliturgie und säkulare Gesellschaft*, hg. v. Albert Gerhards und Benedikt Kranemann (Leipzig: St. Benno, 2002), 25–60 (42 f.).
171 Vgl. Hermann Lübbe, *Geschichtsbegriff und Geschichtsinteresse: Analytik und Pragmatik der Historie* (Basel: Schwabe, 2012) und Wolfgang Zacharias, *Zeitphänomen Musealisierung: Das Verschwinden der Gegenwart und die Konstruktion der Erinnerung* (Essen: Klartext, 1990).

der Liturgisierenden zu einem – Protestanten ohnehin liturgisch vertrauten – Gestus des Erklärens, Kommentierens und Motivierens. Diese Aktivierungsbemühungen schlagen jedoch oft als doppelte Verödung auf die Gestaltqualität des Ritus zurück: Die Gemeinde erfährt nun, dass sie sich unangemessen verhält, weil die Pfarrperson angestrengt mit transrituellen Mitteln dagegen anarbeitet.

Die liturgische Interaktion spielt sich gewissermaßen zwischen zwei Fronten ab:

> „eine Entwicklung der Historisierung, einen unbestimmten Umgang mit der Vergangenheit, der unter anderem dazu neigt, kulturelle Elemente lediglich als Ausdruck eines fremden, anderen Lebens zu deuten, und eine Entwicklung der Ästhetisierung, die dazu führt, alles auf das Schöne und Gefällige zu reduzieren – und damit letztendlich auf Kosmetik, schönen Schein oder Show."[172]

7.3.4 Meister der Zeremonie und rubriziertes Handeln

Was folgt nun aus dieser Rezeptionssituation für die Inszenierung der Kasualie? Als gottesdienstliche Unikate stellen Kasualien v. a. aufgrund der heterogenen Gemeinde eine durchaus anspruchsvolle Präsentationsaufgabe dar. Sieht man dabei im Zuschauen weniger eine teilnahmslose Passivität, sondern eine Partizipation eigenen Rechts, dann verlagert sich das Problem der liturgischen Desintegration eines kasuellen Publikums auf die Performanz von Rede und Ritus. Darüber, was wie, mit wem und für wen zur Darstellung kommt, entscheidet die Pfarrperson nach Lage der Dinge. Dabei werden situationssensible und rituell präsente Meister der Zeremonie[173] die Distanznahmen des kasuellen Publikums eher nicht zum Anlass für pädagogische Übergriffe nehmen. Denn fortlaufende Regieanweisungen machen den Liturgen zum Oberlehrer, zeremonielle Verhaltensnötigungen lassen die Kasualie in einen Mitmach-Wettbewerb kippen und einfallslose „Programmzettel" diskreditieren die stilistische Prägnanz.[174] Auch wenn sie im Interesse der

---

172 Paul Post, a. a. O., 44.
173 Zu dieser pastoraltheologisch strittigen Zuschreibung vgl. Walter Neidhart „Die Rolle des Pfarrers bei der Beerdigung", in *Wort und Gemeinde: Probleme und Aufgaben der Praktischen Theologie* (FS Thurneysen), hg. v. Rudolf Bohren und Max Geiger (Zürich: EVZ-Verlag, 1968), 226–235 sowie Manfred Josuttis, *Der Pfarrer ist anders: Aspekte einer zeitgenössischen Pastoraltheologie* (München: Chr. Kaiser, 1982), 227 passim.
174 Ähnlich auch Roth (mit Bezug auf Peter Cornehl): „Das ‚Publikum' durch moderierende, informierende und animierende Bemerkungen zur direkten Teilnahme bewegen zu wollen, hieße, die Eigenlogik dieser Rezeptionsform zu missachten, und stünde in Gefahr, die selbst gewählte Distanz zum Beteiligungsmodus des Ensembles durch ‚die Zudringlichkeit der Unmittelbarkeit' und ‚den Terror der erpressten Gemeinschaft' zu unterwerfen." U. Roth, Theatralität, 254.

Aufrechterhaltung der agendarischen Choreographie geschehen, gefährden gut gemeinte Gängelungen die „Bedeutung schaffende Gemeinsamkeit"[175]. Viel wichtiger ist es demgegenüber, Sphären unterschiedlicher Partizipation überhaupt erst einmal zuzulassen und in der – nach außen hin – teilnahmslosen Präsenz des Publikums auch eine Chance für religiöse Einsichten zu sehen.

Viele Kasualgottesdienste bleiben gestalterisch unterbestimmt, weil die Pfarrpersonen aus ihrer Rolle fallen und abwechselnd den Conférencier, die Pädagogin oder den Freund spielen und damit den symbolischen Überschuss der verschiedenen liturgischen Zeichensprachen[176] disambiguieren. Die Konzentration auf das Erschließend-Einfache der behutsam zu operationalisierenden Vorgaben der Agende kann das liturgische Spiel durchaus auch für Distanzierte transparent machen. Darüber hinaus bringt es auch die Klarheit des Kasus mit sich, dass kaum etwas einer gesonderten Erklärung bedarf, wenn die agendarischen Formen kontrolliert und selbstbewusst zur Geltung gebracht werden. Die „als Erleben gestaltete Verkörperung" schützt die Gemeinde vor Überforderung.[177]

Wie jede Liturgie den Pfarrpersonen abverlangt, rubriziert zu handeln (statt fortwährend Rubriken zu erklären), so gilt dies für Kasualien in besonderem Maße. Denn Kasualien haben ihr orientierendes Zentrum jeweils in einem ausdrucksstarken und im Grunde selbstevidenten Ritus. In ihrer Kanzelrede ist die Pfarrperson frei, diesen Ritus in eine biblische Perspektive einzurücken und beides auf den Kasus zu applizieren. Dabei sind Rede und Ritus unaufdringlich, aber im aufmerksamen Blick auf die Anwesenden zu modellieren und in ihrer wechselseitigen Bezogenheit deutlich zu markieren. Wer erst einmal „nur" hören und schauen will (oder kann), dem sollte in der kasuellen Schaustellung auch Angehendes zu Gehör gebracht und Ansehnliches vor Augen gestellt werden, auch wenn eine angeschaute Religion vordergründig dem pastoralen Selbstverständnis widerspricht. „Aber die Summa sei die, dass ja alles geschehe, dass das Wort im Schwange gehe."[178]

---

175 Michael Meyer-Blanck, *Gottesdienstlehre* (Tübingen: Mohr Siebeck, 2011), 375.
176 Vgl. hierzu Karl-Heinrich Bieritz, *Liturgik* (Berlin: De Gruyter, 2004), 42–57.
177 Marcus A. Friedrich, *Liturgische Körper: Der Beitrag von Schauspieltheorien und -techniken für die Pastoralästhetik* (Stuttgart: Kohlhammer, 2001), 107.
178 Martin Luther, *Ordnung des Gottesdiensts in der Gemeinde* (1523), WA 12,3, 5–37.

7.4 Kasualdinge. Wenn die Sachen mithandeln

7.4.1 Die Tücke des Objekts

Bis zum Ringtausch lief alles gut.[179] Die Traupredigt rückte Love-Story, Zweisamkeit und Vermählung ins Licht des Evangeliums. Die Gemeinde nahm sichtbar Anteil am kasuellen Geschehen, die ausgewählte Musik kommentierte den Kasus unaufdringlich, und das Brautpaar fand mehr und mehr Gefallen an seiner rituellen Zentralstellung. Nach dem Trauversprechen der Ringwechsel. „Und nun reicht euch die Ringe als Zeichen eurer Liebe und Treue" – der Pfarrer nimmt den silbernen Teller mit den beiden Trauringen vom Altar und hält ihn in Brusthöhe dem vor ihm stehenden Brautpaar entgegen. Der zeremonielle Kulminationspunkt steht unmittelbar bevor. Handys werden gezückt, und die Gäste auf den Kirchenbänken suchen den freien Blick nach vorn. Eine religiöse Atempause. Man spürt, dass der folgende Ritus nichts weniger als das Versprechen bekräftigt, einander ein Leben lang treu zu bleiben. Mit spitzen Fingern greift der Bräutigam nach dem kleineren Ring seiner Frau und – der Ring entgleitet ihm. Die Preziose berührt mit einem gut hörbaren hell-metallischen Ton den Sandsteinboden des Altarraumes und rollt, wie von Geisterhand geführt, in Richtung Lüftungsschacht. Er umkreist das rechteckige Gitter und rollt sich – mit dem Nachlassen seiner kinetischen Energie – nach einer fast kompletten Umrundung in der Horizontale ein. Nur wenige Zentimeter vom Abgrund des Auslasses entfernt. Eine allgemeine liturgische Erstarrung hindert die Beistehenden daran, in die Mechanik des ungeplant-abgründigen Geschehens einzugreifen, das sich wie in Zeitlupe vor aller Augen abspielt. Der rollende Goldring immunisierte seine Eskapade über einen situativen Sach-Zwang, der alle nur denkbaren Reflexe lähmte. Hier nahm für die kleine Ewigkeit weniger Sekunden „etwas" seinen Lauf, das geballte Handlungsmacht für sich beanspruchte. Das „Ding" bestimmte die Situation und schickte sich an, sie auch zu deuten. Ein Omen? Ist das Symbolding trauter Einheit bereits auf Abwegen, bevor das Paar die pastorale Segenshand zu spüren bekommt? Glück im Unglück? Gar ein Fingerzeig des göttlichen Hausherrn? Man kann ein solches Missgeschick einfach nicht *nicht* deuten, auch weil es die eigenlogische Handlungsfolge selbstmächtig unterbricht,

---

[179] Die folgende Szene hat sich in der Göttinger St. Marienkirche ereignet, der Vikariatskirche des Vf. – Dieses Kapitel stellt die überarbeite Fassung meines gleichnamigen Beitrags in *Volkskirche in postsäkularer Zeit: Erkundungsgänge und theologische Perspektiven* (FS Fechtner), hg. v. Sonja Beckmayer u. Christian Mulia, (Stuttgart: Kohlhammer 2021), 179–188. – Ausführlich hierzu auch Thomas Klie u. Jakob Kühn (Hg.), *Kasualdinge: Anmutung und Logik kirchlicher Gegenstände* (Stuttgart: Kohlhammer, 2023).

indem es sie konterkariert. Es gehört eben auch zur Sperrigkeit einer Dingwelt, dass das, was ein Paar ein Eheleben lang begleiten und an seine Hochzeit erinnern soll, in Formgebung und Materialität bisweilen dazu neigt, sich dem Zugriff zu entziehen.[180] Konnotiert die Kreisform ohne Anfang und Ende Dauerhaftigkeit, verbirgt sich hinter der materialen Gestalt des kleinen polierten Rundstücks auch die Tücke des Objekts.

Diese kleine, für das Brautpaar wie für die Kasualgemeinde sicher unvergessliche Episode setzt die Rolle eines in diesem Fall zentralen Kasualdings auf die Agenda. Dass der Ringwechsel theologisch zwar möglich[181], aber keineswegs notwendig ist, spiegelt sich nicht im allgemeinen Bewusstsein von Christenmenschen. Für sie machen das Ja-Wort wie das wechselseitige Aufstecken der Trauringe[182] die Schlüsselszene nuptialer Religionspraxis aus. Das Ding spielt hier, wenn schon nicht die Hauptrolle, so doch eine im wahrsten Sinne des Wortes „tragende" Rolle. Ohne Ring keine Trauung, keine Trauung ohne Ring. Michel Serres bringt diese Ding-Funktion durch den von ihm geprägten Begriff „Quasi-Objekt" zum Ausdruck. Ein Quasi-Objekt unterläuft die Demarkationslinie zwischen erkennendem Subjekt und erkanntem Objekt. Mit dem „Quasi-" meint Serres, dass gegebene Dinge nicht einfach dem auctorialen Subjekt passiv gegenüberstehen und sich ihr Gegebensein auf das Zuhandensein beschränkt. Quasi-Objekte steuern gewissermaßen ein soziales Geschehen, sie erzeugen eine Zirkulation, die die Subjekte mitreißt.[183]

---

180 Einschlägige Ratgeber für den Fall eines verlorenen Eherings finden sich im Netz zuhauf; z. B. https://www.auronia.de/ratgeber/ehering-verloren; vom 30.8.2024.
181 Der Ringtausch ist seit dem 14. Jh. belegt. Luther zählt ihn zu den Adiaphora, die außerhalb des Gottesdienstes ihren Ort haben. Er schreibt in seinem Traubüchlein von 1529 die Zweiteilung von weltlichem und kirchlichem Akt fest: Konsenserklärung und Ringwechsel *vor* der Kirche, Lesung, Vermahnung, Gebet und Segensgeste *in* der Kirche. Erst verhältnismäßig spät setzte sich der Ringwechsel bei der kirchlichen Trauung durch, mit dem symbolisch das Treue- und Liebesversprechen des Brautpaars bebildert wird.
182 Den hohen ideellen Wert, den das Ringpaar beim Brautpaar besetzt, lässt sich auch daran ablesen, dass kreativ anspruchsvolle Brautleute diese Artefakte in einem Kurs selbst herstellen. Beim gemeinsamen Designen nimmt man sich Zeit füreinander und schmiedet mit dem gemeinsamen Trausymbol auch an der Beziehungsdynamik.
183 Michel Serres, *Der Parasit* (Frankfurt a.M.: Suhrkamp, 1987); vgl. Gustav Roßler, *Der Anteil der Dinge an der Gesellschaft: Sozialität – Kognition – Netzwerke* (Bielefeld: Transcript, 2015), 25 f.

7.4.2 Die Exkommunikation der Kasualdinge

Die stillschweigende Exkommunikation der Dinge[184] aus dem kasualtheoretischen Diskurs überrascht, aber sie hat natürlich Gründe und eine lange Geschichte. Die Praktische Theologie hat sich, beginnend mit Schleiermachers frühromantischer Gefühlstheologie, immer am selbstreflexiven und theonomen Subjekt bzw. an der religiösen Kommunikation (Verkündigung, Darstellung, Vermittlung) und Interaktion zwischen authentischen Subjekten (Lehre, Trost, Helfen) orientiert. In dieser Tradition blieb die Praktische Theologie, die fachlich noch am ehesten mit den konkreten Dingen des Lebens befasst ist, bis in die jüngste Vergangenheit hinein eher blind für die in den Dingen ruhenden Vermittlungsleistungen, ihre eigenlogische Gravität und ihre Widerspenstigkeit. Dazu kommt, dass Dinge im Kontext der kirchlichen Religionskultur aufgrund ihrer Vertrautheit und pastoralen Alltäglichkeit kaum die theologische Neugier wecken.

Seit den 1980er Jahren ist nun in den Kultur- und Sozialwissenschaften vermehrt von einem „material turn" die Rede, in dem die materielle Kultur in den Mittelpunkt der Betrachtung gerückt und damit neue, anfangs durchaus auch verstörende Perspektiven auf sozio-kulturelle Prozesse angeregt werden.[185] Ausschlaggebend war hier zunächst die schiere Quantität der Dinge, die jeden Menschen umgibt. Man schätzt, dass in der späten Moderne jeder Einzelne über durchschnittlich 10.000 Dinge in seinem unmittelbaren Umfeld verfügt[186], von denen die meisten allerdings eher ephemer wahrgenommen und genutzt werden. Die materielle Kultur in den Industrieländern hält primär dingliche Begleitmedien vor, die nur punktuell genutzt werden.

Als Anfang der 1960er Jahre der deutsche Volkskundler Karl-Sigismund Kramer den Begriff der „Dingbedeutsamkeit" prägte, gab es außerhalb der Ethnologie kaum Anschlusskommunikationen.[187] Erst in jüngster Zeit setzten die beiden

---

[184] Sonja Beckmayer spricht in ihrer Mainzer Dissertation von „Artefakten": *Die Bibel als Buch: Eine artefaktorientierte Untersuchung zu Gebrauch und Bedeutung der Bibel als Gegenstand* (Stuttgart: Kohlhammer, 2018).
[185] Einen guten Überblick gibt das *Handbook of Material Culture*, hg. v. Christopher Tilley u. a. (Los Angeles u. a.: Sage, 2013).
[186] Gottfried Korff zitiert hier die NZZ vom 11./12.10.2003: „Betörung durch Reflexion: Sechs um Exkurse ergänzte Bemerkungen zur epistemischen Anordnung von Dingen", in *Dingwelten: Das Museum als Erkenntnisort*, hg. v. Anke te Heesen und Petra Lutz (Köln und Weimar: Böhlau, 2005), 89–107.
[187] In seiner Dissertation von 1940 sprach Kramer (1916–1998) von „Dingbeseelung"; Karl-Sigismund Kramer, *Die Dingbeseelung in der germanischen Überlieferung* (München: Neuer Filser Verlag, 1940).

Franzosen Michel Serres[188] (Philosophie) und Bruno Latour[189] (Philosophie/Soziologe) wichtige Akzente. Für den deutschen Sprachraum waren dies u. a. die Kulturanthropologin Anamaria Depner[190], der Psychoanalytiker Tilman Habermas[191], der Ethnologe Karl-Heinz Kohl[192], der Gestaltungstheoretiker Gert Selle[193], der Soziologe und Philosoph Gustav Roßner[194] und der Historiker Wolfgang Schivelbusch[195]. Und quer dazu landet Neil MacGregor, der Gründungsintendant des Humboldt-Forums in Berlin, einen Bestseller, in dem er „Eine Geschichte der Welt in 100 Objekten" erzählt, die bis 2017 schon in 5. Auflage erschienen war.[196]

Wenn hier in diesem Zusammenhang, wie zumeist in den Kultur- und Sozialwissenschaften, der Oberbegriff „Ding" benutzt wird, dann ist damit eine Differenz in einem semantischen Feld markiert, das auch durch andere Begriffe wie „Sache", „Objekt" oder „Artefakt" besetzt wird. „Ding" bezeichnet zunächst einmal eine physische, unbelebte Entität menschlicher Produktion. Anders als „Sachen" konnotieren „Dinge" Materialität und Sperrigkeit, der Ding-Begriff ist insofern spezifischer ausgelegt, denn eine „Sache" kann auch ein nicht-materieller Umstand, eine Angelegenheit oder ein Phänomen bezeichnen. „Artefakt" wird in Kontexten herangezogen, wenn der Akzent auf dem (künstlerischen) Herstellungsprozess bzw. der Künstlichkeit des Gegenstands liegt. „Dinge" werden zu „Objekten" (latein. *obiectum* – das Entgegenworfene, Entgegengestellte) durch die kulturelle Bedeutung, die ihnen beigemessen wird.[197]

In der Praktischen Theologie war die unzeitgemäße Habilitationsschrift von Inken Mädler zum Interieur von „Frauenzimmern" die lange Zeit einzige Monographie, die an den kultur- und sozialwissenschaftlichen Diskurs anknüpfte. Sie

---

[188] M. Serres, Parasit, 2015.
[189] Bruno Latour, *Der Berliner Schlüssel: Erkundungen eines Liebhabers der Wissenschaften* (Berlin: Akademie Verlag, 1996); Ders., *Das Parlament der Dinge: Für eine politische Ökologie* (Frankfurt a. M.: Suhrkamp, 2001).
[190] Anamaria Depner, *Dinge in Bewegung: Zum Rollenwandel materieller Objekte* (Bielefeld: Transcript, 2015).
[191] Tilman Habermas, *Geliebte Dinge: Symbole und Instrumente der Identitätsbildung* (Berlin u. a.: Suhrkamp, 1996).
[192] Karl-Heinz Kohl, *Die Macht der Dinge: Geschichte und Theorie sakraler Objekte* (München: C. H.Beck, 2003).
[193] Gert Selle, *Siebensachen: Ein Buch über die Dinge* (Frankfurt a.M.: Campus, 1997).
[194] Gustav Roßler, Anteil, 2015.
[195] Wolfgang Schivelbusch, *Das verzehrende Leben der Dinge: Versuch über die Konsumtion* (München: Hanser, 2015).
[196] Neil MacGregor, Eine Geschichte der Welt in 100 Objekten (München: C.H.Beck, ⁵2017; ¹2011). Die 100 Objekte entstammen alle dem British Museum in London.
[197] Vgl. hierzu G. Roßler, Anteil, 19 ff.

fand jedoch als erratisches Theoriestück nach dem Erscheinen kaum Beachtung.[198] Ihr ging es um den metaphorischen Transfer, der im individuellen Erleben Gegenstände, die ans Herz gewachsen sind, und die Person, die sich auf sie bezieht, „verklärt" bzw. umgekehrt: Wie der Gegenstand durch die Person verklärt wird. Mädler entschlüsselt Prozesse gegenseitiger Verklärung. Sie enttrivialisiert die Dinge des Alltäglichen, indem sie sie als Hab*selig*keiten identifiziert.[199] – Diesen Faden nimmt dann erst wieder Sonja Beckmayer auf, die in ihrer 2018 erschienenen Mainzer Dissertation „Die Bibel als Buch" untersucht.[200] Sie fragt danach, wie Pfarrpersonen mit ihrer Arbeitsbibel umgehen. Wie arbeiten Theologen mit diesem Bibel-Buch, diesem papiernen Artefakt? Welche Rolle spielt es in ihrer alltäglichen Arbeit? Wo wird dieses Artefakt platziert?

Diese beiden Theologinnen haben in einem je spezifischen Feld Pionierarbeit geleistet, die derzeit verstärkt von verschiedenen Forschenden fortgeschrieben wird. So hat Besser der Verfasser dieses Bandes zusammen mit den beiden Passauer Thanato-Soziologen Thorsten Benkel und Matthias Meitzler das Phänomen der sog. Aschediamanten untersucht.[201] Es geht hier um die Frage, welche „Dingbedeutsamkeit" von den Besitzern industriell gefertigter Diamanten diesen Preziosen zugeschrieben wird, die aus der Kremierungsasche von Verstorbenen gewonnen werden. – In dem von Ursula Roth und Anne Gilly herausgegebenen Sammelband, dessen Beiträge an den interdisziplinären Forschungsschwerpunkt „Religiöse Positionierung. Modalitäten und Konstellationen in jüdischen, christlichen und islamischen Kontexten" anknüpfen, werden Materialität und Performativität religiöser Praxis aus unterschiedlichen fachwissenschaftlichen Perspektiven beleuchtet.[202]

Die epistemische Wahrnehmung der materiellen Umwelt, und hier insbesondere die Neuvermessung des Verhältnisses von Subjekt und Objekt, von Bedeutungszuschreibungen und -verweigerungen, von Aktivität und Passivität, beschreibt im Blick auf Sach-Verhalte einen Theoriezugriff, der die Sicht auf kasuelle Vollzüge

---

198 Vgl. Inken Mädler, *Transfigurationen: Materielle Kultur in praktisch-theologischer Perspektive* (Gütersloh: Gütersloher Vlg., 2006).
199 Vgl. die Würdigung von Mädlers Pionierarbeit durch Ulrike Wagner Rau, „Aufmerksamkeit für die Dinge, an denen das Herz hängt: Eine Relecture von Inken Mädlers Buch ‚Transfigurationen'", *PTh* 3 (2019), 99–106.
200 S. Beckmayer, Untersuchung, 2018.
201 Vgl. Thorsten Benkel, Thomas Klie u. Matthias Meitzler, *Der Glanz des Lebens: Aschediamant und Erinnerungskörper* (Göttingen: Vandenhoeck, 2019). Ebenfalls um „Erinnerungsdinge" geht es in dem Sammelband von Thomas Klie und Jakob Kühn (Hg.), *Die Dinge, die bleiben: Reliquien im interdisziplinären Diskurs* (Bielefeld: Transcript, 2020).
202 Ursula Roth und Anne Gilly (Hg.), *Die religiöse Positionierung der Dinge: Zur Materialität und Performativität religiöser Praxis* (Stuttgart: Kohlhammer, 2021).

durchaus zu ergänzen bzw. zu korrigieren vermag. Wenn Dinge auch „handeln" können – so die These –, dann sind die handelnden Subjekte auf eine Instanz verwiesen, die nicht vollends unter ihrer Kontrolle ist.

> „Dinglich realisierte, an Dinge delegierte, dinglich vermittelte Handlungen konterkarieren die allzu glatte Vorstellung vom instrumentellen Handeln; so als trüge das Instrument nur den menschlichen Zugriff auf Welt, Material und Dinge weiter und verblasste in der Hand des eigentlich handelnden menschlichen Subjekts. Damit würde die Handlungsmacht des menschlichen Handlungsträgers absolut gesetzt."[203]

Diese von Latour und Serre grundgelegte Spur im Terrain kirchlicher Religion weiterzuverfolgen, zumal einer von Grund auf spiritualisierten, an-ästhetischen Religion wie dem Protestantismus, wirft eine ganze Reihe offener Fragen auf.

7.4.3 Der Anteil der Dinge an den Kasualien

Kasuelle Handlungen sind immer auch dingliche Arrangements. Es handelt sich um Gottesdienste, die auf dingbasierten Riten aufruhen. Sieht man vom Abendmahl im Sonntagsgottesdienst ab (Vasa sacra), dann stellen sakral beanspruchte Dinge gerade in den Kasualien wichtige Ko-Aktanten dar. Nimmt man diese Spur auf, dann kommen hier handwerklich-zeremonielle[204], semiotisch-kognitive und pastoraltheologische Aspekte zum Tragen. Denn erst mit den Kasualdingen bekommen gottesdienstliche Handlungen einen rituell identifizierbaren Ort, gewinnt die liturgische Praxis an Prägnanz und Dauer. Die Dinge, mit denen kasuell hantiert wird, formulieren in der ihnen eigenen Materialität, Gravität und Widerspenstigkeit einen Anspruch an die Gestaltqualität des liturgischen Vollzugs.

A: Taufe – wie kann Wasser solch große Dinge tun?
Auch wenn die Taufe „nicht allein schlicht Wasser" ist, wie Martin Luther im Kleinen Katechismus lehrt, so ist sie doch ohne Wasser schlicht nichts.[205] Als fluider

---

203 G. Roßler, Anteil, 97.
204 Vgl. Manfred Josuttis, *Religion als Handwerk: Zur Handlungslogik spiritueller Methoden* (Gütersloh: Gütersloher Vlg., 2002).
205 Biblisch-theologisch ist die Wassertaufe (Joh 3,5) mit der Gabe des Heiligen Geistes (1Kor 12,13) verbunden. – Vgl. Christan Grethlein, „Die Taufe und die Taufdinge" in *Kasualdinge: Anmutung und Logik kirchlicher Gegenstände*, hg. v. Thomas Klie u. Jakob Kühn, (Stuttgart: Kohlhammer, 2023), 61–72.

Taufmittler ist es auf einen Taufstein[206] angewiesen, der ihm anlassbezogen Halt gibt, es in seiner Ausdehnung begrenzt und der es als kirchliches Urmedium dauerhaft präsent hält. In jedem Kirchraum beansprucht insofern der Taufstein die Rolle eines „Prinzipal-Dings"; neben Kanzel (Ambo) und Altar zählt er zu den ersten und vornehmsten immobilen Utensilien. Er ist der (zumeist) steinerne Platzhalter für das erste Sakrament. Anders als das Taufsupplement „Wort" hat er Masse, ist von Gewicht und handelt mit bei jeder Taufe, indem er sie materialiter ermöglicht und zentriert. Er weist dem Täufling, den Paten und Eltern sowie der taufenden Pfarrperson ihre Positionen und ihren Aktionsradius zu. Der Taufstein ist ein Handlungsträger im wahrsten Sinne des Wortes: Er trägt die Handlung, die die Kirche an ihn delegiert hat. – Die Taufkasualie zieht dingliche Komparsen regelrecht an: Taufkerze (als Erinnerungsträger und Christusverweis), Taufkleid[207] (als Christuskostüm; Gal 3,27), Salböl (als Messiasassimilation) und die Urkunde (die die sakramentale Performanz nachweislich macht).

B: Das Knie-Ding bei der Konfirmation
In lutherischen Gemeinden gibt der kniend empfangene Segen den zentralen Konfirmationsgestus ab.[208] In der Regel nötigt eine Kniebank oder ein Kniekissen vor dem Altar die Konfirmandinnen und Konfirmanden zu diesem Gestus. Das sakrale Kniemöbel weist den Jugendlichen unzweideutig ihre Rolle innerhalb der Segenshandlung zu. Es legt durch seine Positionierung und seine Gestalt die Demutsgebärde des Kniens nahe. Kniebank und Kniekissen sind Dinge, in denen ein erwünschtes soziales Handeln gleichsam eingefroren ist. Sie behaupten innerhalb der Konfirmationskasualie ihren Sinn darin, die Protagonisten für die Dauer des Segens und die Verlesung des Konfirmationsspruches eine Selbstverkürzung abzuverlangen. Der Kniefall markiert phänomenologisch eine Passage zwischen dem Ruf zum Altar unter Namensnennung (Jes 43,1) und der Wiedereingliederung in die Gruppe der Mitkonfirmanden. Im Knien performiert sich die Differenz zwischen noch-nicht-konfirmiert und konfirmiert; der konstatierende Segensritus[209] ist in vorausgehende und nachfolgende Ausdruckshandlungen eingebettet. Nach dem Aufrichten ist man konfirmiert. Das „Knie-Ding" strukturiert aber nicht nur den

---

206 Wahlweise: Taufbecken, Tauftisch, Taufstock oder (in Norddeutschland oft auch) Fünte (von latein. *fons* – Quelle, Brunnen).
207 Wahlweise: Westerhemd, Taufschal.
208 Ausführlich hierzu Sonja Beckmayer, „Konfirmationsdinge: Konfirmationsbibel, Urkunde und Gruppenfoto mit Pfarrpersonen und ihr Einfluss auf die Konfirmand:innenzeit" in *Kasualdinge* hg. v. Th. Klie u. J. Kühn, 2023, 73–84.
209 Zur Thematik konstatierender Riten vgl. Pierre Bourdieu, *Was heißt sprechen? Zur Ökonomie des sprachlichen Tausches* (Wien: new academic press, ²2005), 111 ff. (franz.: Paris ¹1982).

liturgischen Verlauf, sondern es sozialisiert auch die zu Segnenden, wenn mehrere Jugendliche zugleich und nebeneinander kniend eingesegnet werden. Als Zuhandenes fällt es nicht weiter auf, aus der Mitte der in der Regel bei Konfirmationen gut gefüllten Kirche wird es kaum wahrgenommen. Erst wenn es fehlt, kommen seine Dinglichkeit und Dienlichkeit zum Vorschein.[210] – Andere Dinge, die die Konfirmation als stumme Aktanten deuten, begleiten und steuern, sind Umhängekreuze (Präsente der Gemeinde, die die Konfirmierten zu Kreuzträgern machen; Mt 11,29; Mk 8,34), Myrtensträuße (die als Ko-Akteure zum kirchlichen Segen ein beständiges Treueverhältnis verheißen) und die Urkunde (die den ereignishaften Tatbestand versachlicht und erinnerungsfähig bebildert).

C: Bestattung – der Tote als Ding
Das deutsche Recht definiert den Leichnam bzw. die Kremierungsasche als „nicht eigentumsfähige Sache".[211] Der Sarg, als das archetypische Ur-Ding des Todes, entzieht die irdischen Reste den Blicken der Kasualgemeinde, er lässt „die Sache" gnädig verschwinden. Nach außen wahrt er gewissermaßen die Schamgrenze, während er nach innen den Toten fixiert und umhüllt. In beiderlei Hinsicht macht er das Kasualhandeln in diesem Fall überhaupt erst möglich: Als Hülle der sterblichen Hülle invisibilisiert er die leiblichen Folgen des Ablebens, auch wenn er im Unterschied zur Urne das Körperschema nachzeichnet. Särge gewährleisten die Totenruhe, indem sie den Leichnam horizontal in Schlafposition auf Dauer stellen, ihn transportabel machen und zugleich „Schlafes Bruder"[212] von der Gemeinde trennen. Der Sarg ist ein diskreter Agent der Pietät. Er zeigt an, dass das sepulkrale Handeln die Möglichkeiten eines personalen Handlungsträgers übersteigt; die Handlungsmacht aller, die mit Toten befasst sind, ist eben nicht absolut. – Der Einfluss der Dinge beschränkt sich bei Bestattungen nicht auf die Behältnisse Sarg und Urne; im Erdwurf verdichtet sich die Beerdigung (stofflich wie biblisch: Gen 2,7), das Großbild des Verstorbenen verbrämt die Brutalität des Verlustes, das Vortragekreuz bestimmt unmissverständlich die Richtung und den Fluchtpunkt des letzten Geleits und im „Erinnerungsdiamanten"[213] kommt das Relikt als Reliquie zu sich selbst.

---

210 Vgl. hierzu G. Roßler (Anteil, 29), der das Zuhandene von Quasi-Objekten unter der Rubrik „Zuhandenheit und konstruierte Benutzer" reflektiert.
211 Ausführlich zur Rolle von Dingen im Kontext der Bestattung Manuel Stetter: „Handschuh und Handschmeichler: Die Partizipation der Dinge an der Konstitution der Toten" in *Kasualdinge*, hg. v. Th. Klie u. J. Kühn, 2013, 97–130.
212 „Komm, o Tod, du Schlafes Bruder" (Text: Johann Franck; Komposition: J.-S. Bach).
213 Th. Benkel, Th. Klie u. M. Meitzler, Glanz, 2019.

D: Von Fall zu Fall

Auch in den anderen Kasualien[214] ist der kirchliche Ritus durch Sachzwänge bestimmt. Bei der Einschulung[215] versüßt die Zuckertüte den Übergang in den Ernst des Lebens. Die Heiligabendkasualie ist von stimmungsstimulierenden Bedeutungsdingen geradezu durchsetzt (Weihnachtsbaum, Krippe, Kerzen, Kulinaria).[216] Bei den Riskanten Liturgien[217] revitalisieren die in der Anzahl der Opfer aufgestellten Kerzen die Toten für die Dauer des Gottesdienstes („Lebenslichter"). Und bei den Realbenediktionen[218] löst sogar die Realie das Kasualbegehren allererst aus und fordert insofern die Theologie zu rituellen Grenzgängen heraus.

Als artifizielle Konstante übergreift die liturgische Kleidung die Kasualgottesdienste als praktisch-theologisch kaum reflektiertes Begleitmedium.[219] Wer den gottesdienstlichen Dress-Code vom jeweiligen Kasus bestimmen lässt, trägt bei Taufen z. B. eine Albe als symbolisches Taufkleid. Analog kann der Taufbezug auch bei Beerdigungen zum Ausdruck gebracht werden. Kleidung verhüllt, formt und moduliert den Körper. Liturgische Kleidung ist (Über-)Kleidung, sie firmiert gewissermaßen als „dritte Haut". In semiotischer Hinsicht markiert sie damit den Körper als zentrales Rollenrequisit. Dabei verschwindet der Körper nicht etwa, sondern das Gewand zeigt ihn in anderer Weise und in anderer Funktion. Das Gewand wirkt auf den Körper zurück, wenn sich aus den erhobenen Armen ein Segensgestus formt. Die Hände bekommen ihre religiöse Signifikanz, weil sie aus einem (liturgischen) Gewand herausragen. Das textile „Mittelding"[220] wird in der religiösen Praxis zu einer wichtigen Resonanzfläche des körperlichen Ausdrucks. Das Gewand bedeutet nicht nur, sondern es macht auch etwas. Denn auch die liturgische Bekleidung ist ein Bestandteil der materiellen Religionskultur, wenn man sie als einen veritablen Ko-Akteur der pastoral inszenierten Religion sieht. Das liturgische Gewand zu wechseln, ist nicht nur von Bedeutung für die ästhetische Anmutung des Gottesdienstes, sondern ist ein materieller Ausdruck der protestantischen Religionspraxis selbst.

---

214 Zur empirischen Vielzahl der Kasualien und zum Reduktionismus der klassischen Kasualtheorie vgl. Thomas Klie, Folkert Fendler und Hilmar Gattwinkel (Hg.), *On Demand: Kasualkultur der Gegenwart* (Leipzig: Evang. Verlagsanstalt, 2017).
215 4.2 Einschulung – fröhlicher Wechsel in die Kohorte der Gleichaltrigen.
216 4.5 Heiligabend – das *Memento nasci* als Kasus.
217 4.8 Riskante Liturgien – Irritationen gesellschaftlicher Sicherheitsverheißungen.
218 4.9 Realbenediktionen – dienliche Dinge Gott anbefehlen.
219 Vgl. Thomas Klie und Jakob Kühn (Hg.), *FeinStoff: Anmutungen und Logiken religiöser Textilien* (Stuttgart: Kohlhammer, 2020); hier v. a. die programmatische Einleitung von Kristian Fechtner und Thomas Klie: „Evangelische Textilien: Programmatische Überlegungen" (7–22).
220 Im zehnten Artikel der Konkordienformel firmieren die liturgischen Gewänder als Adiaphora.

7.4.4 Agency: die Macht der dinglichen Akteure

In den Kultur- und Sozialwissenschaften wird die Figur des Agierens der Dinge in Handlungszusammenhängen mit dem nur schwer übersetzbaren Begriff der *agency* konzeptualisiert.[221] *Agency* bezeichnet eine Dynamik bzw. Wirkungsmacht, die – und das ist seine Pointe – nicht explizit auf menschliche oder nicht-menschliche Handlungen anwendbar ist. Das Lexem ist semantisch schillernd: Es kann synonym für Handeln stehen, eine besondere Handlungsursache oder aber das Handeln als solches bezeichnen (i. S. v. *action*). In der wissenschaftlichen Literatur wird es übersetzt mit „Handlungsträgerschaft", „Handlungspotential", „Handlungsmacht", „Wirksamkeit" oder einfach unübersetzt gelassen.[222] Von der *Wirkungsmacht* nicht agierender Dinge zu sprechen, setzt einen „schwachen", eher dispositionalen und weniger intentionalen Handlungsbegriff voraus. So ließe sich z. B. die Wirkungsmacht ästhetischer Artefakte (Kirchraum, Altarretabel, Antependien etc.) beschreiben. Die zweite Facette der agency von Dingen besteht in ihrer *Akteurhaftigkeit*. So weist bspw. die Kanzel einer Predigt ihren Ort zu, sie erleichtert und ermöglicht sie. Eine analoge Komparsenrolle spielen Taufbecken, Altar und Ambo. Die dritte Bedeutung ist die der *Handlungsmacht*. Hier werden die Dinge als Handlungsträger gesehen, als bevollmächtigte Mitspieler in einer Handlungssequenz. Wenn z. B. Luther fordert, das Taufwasser solle unbedingt „sichtbarlich fließen", wenn die neue Taufagende der VELKD fordert: *„Der Liturg gießt dabei in einer für die Umstehenden deutlich sichtbaren Weise dreimal Wasser über den Kopf des Kindes."*[223], dann nötigt die Dinglichkeit des Wassers dem Täufer einen entsprechenden Gestus ab, eben deutlich in das Taufbecken hineinzufassen, in der hohlen Hand ein ausreichendes Quantum zu schöpfen, es mit einem gewissen Abstand zur Stirn des Täuflings fließen und von dort dann erkennbar ins Taufbecken zurückfließen zu lassen. Auch beim funeralen Erdwurf wird die Symbolhandlung an den Erdaushub (bzw. die zeremoniale Schaufel) delegiert. Der vierte Bedeutungsaspekt von *agency* ist die passive Variante der Handlungsmacht: das Vermitteln von Handeln im Sinne einer Agentur oder Vermittlungsinstanz. Im Zusammenhang von liturgischen Sequenzen bzw. normativen Vorgaben stellt sich durchaus die Frage nach dem Autor einer Handlung. Gerade bei einer agendarisch angeleiteten Liturgie sind es nicht selten mehrere Akteure, die gemeinsam, wenn auch nicht synchron, eine

---

221 Prominent u. a. bei Hartmut Böhme, *Fetischismus und Kultur: Eine andere Theorie der Moderne* (Frankfurt a. M.: Rowohlt, 2006).
222 Hier und im Folgenden vgl. G. Roßler, Anteil, 85 ff.
223 https://www.velkd.de/downloads/taufe-entwurf-zur-erprobung-uek-velkd_2018.pdf (S. 19); vom 24.8.2024.

Bedeutungswelt zur Geltung bringen. Die fünfte Bedeutung von *agency* ist die der Handlung selbst. Versteht man sie als intentional gesteuerten Akt, dann wird man hier Dinge schwerlich subsummieren können. Aber schon, wenn man Handlung „schwach" als Disposition denkt und löst von der Vorstellung eines Akteurssubjekt und es kontextuell als ein Feld betrachtet, in dem sich Handlungsverantwortung auf ein Netzwerk verteilt, dann erscheint es nur konsequent, auch in diesem Sinne den Dingen *agency* zuzugestehen.

7.4.5 Und der praktisch-theologische Ertrag?

Es ist dem aktuellen Forschungsstand in der Praktischen Theologie geschuldet, dass sich zu diesem Zeitpunkt noch keine operationalisierbaren Erträge abzeichnen. Für den Bereich der materiellen Religionskultur fehlen schlicht noch Untersuchungen, die in diesem Feld eine diakritische Masse bilden könnten. Allerdings deutet es sich schon jetzt an, dass gerade die Kasualkultur über diesen Theoriezugriff an Tiefenschärfe gewinnt. Zu dicht ist das Netz der Dinge mit den Kasualien verwoben. So könnte z. B. die Vorstellung einer um Dinge ergänzten und kontaminierten Kasualpraxis den praktisch-theologischen Inszenierungsdiskurs durchaus befruchten. Dieser Diskurs schien bis vor Kurzem an ein gewisses Ende gekommen zu sein. Hier könnte die Theoriebildung nicht nur um die postdramatischen Aufbrüche vorangetrieben werden[224], sondern eben auch um die Ko-Aktantenrolle von Requisiten, Accessoires und Staffagen. Latour hat in seiner „symmetrischen Anthropologie" die Ereignishaftigkeit bzw. Performanz als eine wichtige Dimension quer zur Natur/Kultur-Dichotomie ins Spiel gebracht.[225] Damit sind unmittelbar auch zeremonielle und religionsästhetische Fragen angesprochen. Außerhalb der liturgischen Darstellung weitet sich das pastoraltheologische Feld: Hier wären z. B. Feinjustierungen zu Habitus, Gebaren und professionstypischen Werthaltungen zu erwarten. Methodologisch können Forschungen zur materiellen Kultur nur in einem multidisziplinären Ansatz vorangetrieben werden. Dinge, auch und gerade Dinge, die religiös in Gebrauch genommen werden bzw. tragende Rollen in der Religion spielen, sprechen nicht aus sich selbst heraus.

---

[224] Vgl. die Rezeption postdramatischer Theatertheorien in Thomas Klie und Jakob Kühn (Hg.), *Das Jenseits der Darstellung: Postdramatische Performanzen in Kirche und Theater* (Bielefeld: Transcript, 2020).
[225] Bruno Latour, *Wir sind nie modern gewesen: Versuch einer symmetrischen Anthropologie* (Berlin: Suhrkamp, 1995).

7.5 Spiegelfunktion

7.5.1 Die vergessene Gemeinde

Die Feier des Sonntagsgottesdienstes adressiert das Evangelische Gottesdienstbuch an die „ganze Gemeinde". Wenn protestantische Christenmenschen sich einfinden, um miteinander und öffentlich Gott die Ehre zu geben, dann soll dies erfolgen – so das erste der „maßgeblichen Kriterien" – „unter der Verantwortung und der Beteiligung der ganzen Gemeinde".[226] Die Gemeinde ist das Subjekt des Gottesdienstes, die liturgische Partizipation aller Anwesenden, ihre Geistes- und Auffassungsgaben innerhalb dieses Kommunikationsereignisses hat die Reformation ausdrücklich zur Geltung gebracht. Alle sollen prinzipiell mittun, mitbeten, mithören und mitsingen können. Im Blick auf Kasualgottesdienste führt dieses Kriterium jedoch ein eher bescheidenes Schattendasein. Die traditionellen Kasualtheorien erwecken den Eindruck, als richteten sich diese Gottesdienste aus persönlichem Anlass ausschließlich an den sog. Kasualbegehrenden aus, also am persönlichen Geschick derjenigen Christenmenschen, um deretwillen der jeweils anliegende Kasus als Kasualie begangen wird. Diese Zentralstellung der kasuellen Protagonisten und ihrer religiösen Bedarfsmeldung[227] geschieht natürlich nicht grundlos, schließlich sind es die Täuflinge (bei Säuglingstaufen im Verein mit Eltern und Paten), die Konfirmandinnen und Konfirmanden (bzw. deren Eltern), das Brautpaar oder die nächsten Angehörigen im Todesfall, die einen Kasualgottesdienst veranlassen und insofern liturgisch zentral gestellt sind. Die Rede von den „Kasualbegehrenden" bringt diesen Initialakzent deutlich zum Ausdruck: Das organisierende Zentrum einer Kasualie sind diejenigen, die die Nachfragesituation verkörpern bzw. sie durch ihr Begehren allererst herbeiführen. Eine Kasualie wird gefeiert, wenn Menschen einen Kasus zum Anlass für eine kirchliche Deutungs- und Darstellungsleistung nehmen.

---

226 Kirchenleitung der VELKD (Hg.), *Evangelisches Gottesdienstbuch* (Hannover: Luth. Verl.-Haus et al., 1999), 15. – Offen bleibt bei dieser programmatischen Formulierung, welche Gestalt von „Gemeinde" hier gemeint ist (Parochie und/oder Gottesdienstgemeinde), bzw. ob hier eine ekklesiologisch-normative Bestimmung in Anschlag gebracht wurde. Der Kontext legt es nahe, hier eine Mehrfachcodierung vorauszusetzen: „Verantwortung" bezöge sich danach auf das *ius liturgicum* (Ortsgemeinde), „Beteiligung" beträfe dann eher die je anwesende Gottesdienstgemeinde.
227 Exemplarisch für die vergessene Gemeinde Christian Albrecht, *Kasualtheorie: Geschichte, Bedeutung und Gestaltung kirchlicher Amtshandlungen* (Tübingen: Mohr Siebeck, 2006), 259: „*Dieses Ideal bestünde darin, dass der Kasualprediger sich so genau wie irgend möglich auf den individuellen Fall einstellt; dass er die Kasualpredigt so genau wie irgend möglich auf diesen individuellen Fall hin konzipiert und vorträgt (...).*"

Doch empirisch sind die Protagonisten natürlich in den seltensten Fällen allein mit der Pfarrperson in der Kirche.[228] Sie sind Teil einer Kasualgemeinde, die sich primär aus Menschen zusammensetzt, denen man sich verwandtschaftlich und freundschaftlich verbunden weiß und die auch in aller Regel gesondert von der Familie zu diesem Gottesdienst eingeladen wurden.[229] Während der Kasualie weiß man diese Menschen hinter sich[230] – im direkten wie im übertragenen Sinn. Sie hören die Predigt, partizipieren vernehmlich oder schweigend an den Gebeten und Gesängen. Und sie haben unmittelbaren Anteil an der Geschichte der Hauptpersonen sowie an der Vorgeschichte des Kasus, um die sie selbstverständlich wissen. Die Kasualgemeinde konstituiert sich in einer dichten Atmosphäre der Empathie. Man hat Mitgefühl mit den Schlüsselpersonen, weiß sich ihnen und ihrem Geschick verbunden und hat dementsprechend Verständnis für die den Kasus bestimmenden Umstände. Der Kasus findet also ein hohes Maß an Resonanz bei der anwesenden Gemeinde. Bei Kasualien haben es die Pfarrpersonen eben nicht nur mit den Protagonisten zu tun, sondern auch mit einem sympathisierenden Publikum[231]. Die Gemeinde ist nicht einfach identisch mit dem Kasus, aber sie ist durchaus involviert.[232]

---

228 Eine der wenigen Ausnahmen von dieser Regel sind die sog. Solitarbestattungen, Trauerfeiern und Beisetzungen, bei denen außer der Pfarrperson niemand sonst anwesend ist. Dieter Becker, „Solitarbestattung: Evangelische Bestattungen ohne Angehörige als theologische Herausforderung", *PTh* 9 (2013), 335–370.
229 Niebergall spricht von „einem bestimmten kleineren Kreise von Angehörigen und Verpflichteten", Friedrich Niebergall, *Die Kasualrede* (Göttingen: Vandenhoeck, ³1917), 8.
230 Die räumlichen Anordnungen der Kasualgemeinde folgen in (fast) allen Kasualien derselben Hierarchisierung: Vorn bzw. in exponierter Stellung im Altarraum nehmen die betroffenen Hauptpersonen Platz: die Taufeltern samt Täufling, die Trauerfamilie, die Konfirmanden und ganz besonders hervorgehoben: das Brautpaar, das nicht nur einen herausgehobenen Sitzplatz beansprucht, sondern auch eigene Sitzgelegenheiten („Brautstühle"). Dahinter sitzen die unmittelbaren Angehörigen und daran schließt sich der weitere Kreis der Freunde und Bekannten an.
231 7.3 Vom Gottesdienstbesucher zum Publikum.
232 In dem Sammelband *Kasualien als Familienfeste: Familienkonstitution durch Ritualpraxis*, hg. v. Katharina Krause, Manuel Stetter u. Birgit Weyel (Stuttgart: Kohlhammer, 2022) wird mit Recht die konstitutive Funktion der Familie ins Zentrum gerückt. Die Kasualien gelten gar als Orte, in denen sich Familie (neu) konstituiert: „Die Kasualgemeinde besteht zu einem überwiegenden Teil aus Familienangehörigen und Freunden. Ob als Publikum der rituellen Inszenierung, direkte Adressatinnen des Gesagten und Gezeigten oder als liturgische Akteure prägen sie die gottesdienstliche *performance*. [...] Familien sind nicht nur Adressaten einer kirchlich verantworteten Ritualkultur; sie sind als deren Agenten zu betrachten." Ebd., 7 u. 9; Kursivierung i. O. So sehr diese Akzentverschiebung den kasualtheoretischen Diskurs zu erweitern vermag, so wenig kann in diesem Zusammenhang das Festhalten an der überkommenen Kasualdeutung als Passageriten bzw.

Obwohl diese Ausgangssituation im Grunde selbstverständlich ist, wird sie in den weitaus meisten Kasualtheorien lediglich als eine liturgisch-homiletische Leerstelle mitgeführt. Die mitfeiernde Kasualgemeinde wird in aller Regel systematisch ausgeblendet, indem Kasus und Kasualie in eins gesetzt werden und dabei die Kasualbegehrenden unter der Hand zur Pars-pro-toto-Gemeinde geraten.[233] Damit wird nicht nur die reale Gemeindesituation verkannt, auch die durchaus kasualtypischen Dynamiken *innerhalb* der Kasualgemeinde bleiben dadurch unreflektiert. Es ist aber nicht nur das stillschweigende Mitgemeintsein, die nachlässige Präsupposition der Gemeindesituation – das Einziehen der Kasus-Kasualie-Differenz, also die exklusive kasualtheoretische Fokussierung auf die Kasualbegehrenden, kann auch Folge eines spezifischen Theoriezugriffs sein. In jüngerer Zeit tritt eine solche Sicht der Dinge besonders deutlich als Konsequenz eines pan-poimenischen Zugriffs auf die Kasualien in Erscheinung, die sich mit der Seelsorgebewegung zu Beginn der 1970er Jahre etablierte.[234] So sah man in den Kasualien, vor allem im Kasualgespräch, *den* paradigmatischen Ort evangelischer Seelsorge. Der Ritus erschien – zugespitzt formuliert – allenfalls als eine untergeordnete Nebenfolge poimenischer Zuwendung. In einer für die damalige Zeit typischen Verengung auf das problembehaftete Subjekt stellte die Seelsorgetheorie auf die Einzelnen scharf und blendete im Gegenzug die gottesdienstliche Gemeinde ab, die allerdings die Kasualie überhaupt erst zu einem Gottesdienst macht. Hans-Joachim Thilo formuliert 1971 diesen subjektivistischen Reduktionismus programmatisch:

> „Es geht immer um einen Kasus, um einen ganz speziellen Fall. Dieser Fall ist nicht etwa *die Trauung* oder *die Taufe* oder *das Begräbnis*, sondern es ist der Kasus *dieser* beiden Menschen, die miteinander die Ehe eingehen wollen, *dieser* Eltern, die ihr Kind zur Taufe bringen, *dieser* Hinterbliebenen, die einen Menschen zu Grabe geleiten."[235]

---

als Riten, in denen sich „Konstitutionsverhältnisse von Übergängen" abbilden, einleuchten. Ebd. 239. – Vgl. hierzu 7.1 Von der Passage zur Confirmation.

233 Diese Leerstelle hat mehrere Gründe. Von besonderer Bedeutung ist sicher auch, dass es noch kaum empirische Untersuchungen im Blick auf das *Erleben* von Kasualgottesdiensten gibt, deren Ergebnisse sich metaempirisch systematisieren ließen.

234 Exemplarisch greifbar ist dieser pastoralpsychologische Theoriezugriff an Hans-Joachim Thilo, *Beratende Seelsorge: Tiefenpsychologische Methodik dargestellt am Kasualgespräch* (Göttingen: Vandenhoeck, 1971). Diese Monographie hat bis 1986 drei Auflagen erlebt. Das Grundanliegen, im Kontext der Kasualien den Hauptanlass für die pastorale Seelsorge zu sehen, begegnet bereits bei Hans Asmussen, *Die Seelsorge: Ein praktisches Handbuch über Seelsorge und Seelenführung* (München: Chr. Kaiser, 1934).

235 H.-J. Thilo, Seelsorge, 109. Es ist durchaus bemerkenswert, dass Thilo hier und in seinen materialen Kapiteln die Konfirmation ausspart. Sie versperrt sich als *Gruppen*kasualie, die kein Kasualgespräch, sondern nur einen vorlaufenden Lehrgang kennt, der Systemlogik seiner Theorie. – Vgl. 3.1.3 Der Kasus im Singular, Dual und Plural.

In der Kasualhandlung und in dem sie eröffnenden Kasualgespräch verdichtet sich für Thilo die Seelsorge theologisch wie methodisch.

Anders als Thilo, der die Subjektposition pastoralpsychologisch definiert, fokussiert Wilhelm Gräb in liberaltheologischer Perspektive auf die zu leistende Sinnarbeit der Betroffenen. Dabei kommt er zu ganz ähnlichen Konsequenzen. In seinem „subjektorientierten" Seelsorgeverständnis ist der Kasus der Kasualien durch „existenzielle Grunderfahrungen des Lebens" bestimmt. Dadurch wird die Seelsorge für ihn zu einer Form christlicher Sinndeutungspraxis. Kirchliche Kasualien sind geradezu das „Paradigma für eine subjektorientierte Seelsorge": „Die Kommunikation des Evangeliums wird von der professionellen kirchlichen Praxis – in der Form einer seelsorglichen Kommunikation lebensgeschichtlicher Sinndeutungen – vor allem in den Kasualien geleistet."[236]

Zwar tritt die Exklusion der Kasualgemeinde in einer poimenischen Perspektive auf die Kasualien am deutlichsten hervor, aber auch die ältere, liturgische Verortung der Kasualien und der sich mit der Dialektischen Theologie verstärkende homiletische Akzent stellen mit ihrem Segens- bzw. Verkündigungsmonismus in letzter Konsequenz auch jeweils nur auf den relevanten Lebensabschnitt der kasuellen *dramatis personae* scharf. Dieser Problemzuschnitt reicht weit bis in die Anfänge der wissenschaftlichen Praktischen Theologie zurück. Schon die erste evangelische Kasualtheorie von Eduard Meuß[237] sah 1892 in den Kasualien „gottesdienstliche Handlungen von individueller Beziehung" in der Kirche. Sie sind als „Gnadenvermittlung seitens der Gemeinde an einzelne" zu sehen.[238] Auch Philipp Marheineke, zeitgleich mit Schleiermacher Prediger an der Berliner Dreifaltigkeitskirche, rubriziert 1837 in seinem „Entwurf der practischen Theologie" die Kasualien unter: „Der Einzelne in der Gemeinde oder die Seelsorge".[239] Auch Carl Immanuel Nitzsch, ein Schüler Schleiermachers, der die Kasualien in seinem praktisch-theologischen Gesamtentwurf breit ausführt, sieht diese besonderen „Handlungen des evangelischen Gottesdienstes" als an Einzelne adressierte liturgische Akte: „Die Gemeine wäre nicht, was sie ist, wenn sie nicht in Verhältniß zu einzelnen Gliedern stände".[240]

---

[236] Wilhelm Gräb, „Ratsuchende als Subjekte der Seelsorge", in *Handbuch der Seelsorge: Grundlagen und Profile*, hg. v. Wilfried Engemann (Leipzig: Evang. Verlagsanstalt, ²2009), 128–142 (141).
[237] Eduard Meuß, *Die gottesdienstlichen Handlungen von individueller Beziehung in der evangelischen Kirche* (Gotha: Perthes, 1892).
[238] E. Meuß, Handlungen, 63.
[239] Philipp Marheineke, *Entwurf der practischen Theologie* (Berlin: Duncker und Humblot, 1837), 266 ff.
[240] Carl Immanuel Nitzsch, *Practische Theologie*, Bd. 2 (Bonn: Adolf Marcus, 1848), 437.

Die dialektisch-theologischen Arbeiten zu den Kasualien[241], die sich aus der tiefen „dogmatischen Skepsis"[242] speisen, dass in den Untiefen des Begehrens „die Botschaft verweltlicht oder gar verraten"[243] werden kann, verfallen demgegenüber ins andere Extrem. Nicht der Einzelne bzw. sein Anliegen gegenüber dem Pfarramt erscheinen hier kasuell zentral, sondern die Wortverkündigung, die sich gerade *nicht* anmisst an dem Begehren von Einzelpersonen bzw. einer Kasualgemeinde. In dieser Perspektive fielen zwangsläufig alle Kasualien unter den Generalverdacht, tendenziell das kreatürliche Leben zu verklären. Diese Sichtweise kommt exemplarisch in dem vielzitierten Diktum Bohrens von der „Baalisierung der Kasualrede" zum Ausdruck.[244] Die gottesdienstliche Gemeinde als ganze ist der Adressat, ihre kasuell bedingte Präsenz ist weder homiletisch noch liturgisch von ausschlaggebender Bedeutung: „Damit ist jede Behandlung des casus von vornherein abgewiesen, die nicht Verkündigung ist."[245]

Bestimmt man wie die von der Dialektischen Theologie beeinflussten Praktischen Theologen die Kasualien vom Verkündigungsauftrag her, dann wird zwar der gemeindliche Resonanzraum kasuellen Handelns theoretisch mitgeführt, doch kommt der Kasualgemeinde gegenüber der Sonntagsgemeinde gerade kein homiletisches Eigenrecht zu. Anders akzentuieren die Vertreter des Gemeindegedankens (exemplarisch: Emil Sulze[246], Martin Schian[247]), für die – bei deutlichen Differenzen in den jeweiligen Begründungen – die Kasualien grundsätzlich in die gottesdienstliche Versammlung der Ortsgemeinde zu integrieren sind. Die Gemeinde hat hier die Rolle, der kasuellen Protagonisten in ihrer Fürbitte zu gedenken und darüber hinaus den Kasus als Teil einer genuin kirchlichen Lebensäußerung erscheinen zu lassen.[248]

---

241 Vgl. Günther Dehn, *Die Amtshandlungen der Kirche* (Stuttgart: Kohlhammer, 1950); Manfred Mezger, *Die Amtshandlungen der Kirche*, Bd. 1, *Die Begründung der Amtshandlungen* (München: Chr. Kaiser, 1963).
242 Chr. Albrecht, Kasualtheorie, 2006, 29.
243 Günther Dehn, Die Amtshandlungen, 10.
244 Rudolf Bohren, *Unsere Kasualpraxis – eine missionarische Gelegenheit?* (München: Chr. Kaiser, 1968), 19; Erstveröffentlichung in TEH 147, München 1960.
245 Wolfgang Trillhaas, *Evangelische Predigtlehre* (München: Chr. Kaiser, ²1936), 178.
246 Emil Sulze, *Die evangelische Gemeinde* (Gotha: Perthes, 1891).
247 Martin Schian, *Grundriß der Praktischen Theologie* (Gießen: Töpelmann, 1922), v. a. 188 ff.
248 Erwiesen sich die Forderungen von Sulze, den rituellen Kasualkern in den Sonntagsgottesdienst zu verlegen und den eigentlichen Kasualgottesdienst auf Lesung, Gebet und Segen (Trauung) zu reduzieren (E. Sulze, Gemeinde, 82 ff.), als nicht realitätstauglich in der kirchlichen Praxis, kollidierte die von Schian geforderte kasuelle Eingemeindung mit der kirchengemeindlichen Realität: „Ist, wie bei großen Hochzeitsfeiern, eine zahlreiche Schar von Teilnehmern nur ‚Brautschauens' halber zugegen, so ist die Lage oft nicht besser, sondern schlechter; die Anwesenden betrachten das Ganze als Schauspiel und benehmen sich wohl auch dementsprechend." (M. Schian,

Dass sich diese Option in der Folgezeit nicht hat durchsetzen können, ist vor allem dem familialen Eigensinn der Kasualien geschuldet.[249]

7.5.2 Was sich zeigt

Nimmt man das Vorhandensein der Kasualgemeinde praktisch-theologisch ernst und stellt dabei das besondere liturgische Genus der Kasualien in Rechnung, wonach hier eben keine kontingente Sonntagsgemeinde zusammenkommt, sondern geladene Gäste bzw. Verwandte, Freunde und Bekannte[250], dann sind Partizipation und Rezeption eingebunden in ein komplexes Bündel von Nahbeziehungen erinnerter Gemeinsamkeiten und biographischer Weggenossenschaft. Es legt sich also unmittelbar nahe, dass sich solche Beziehungskonstellationen in einem dichten Netz an Identifikationen, Übertragungen und Zuschreibungen konstituieren, das für die Wahrnehmung der Kasualie durch die Kasualgemeinde von enormer Bedeutung ist. Steck bietet hier eine Erklärung an, die er nicht empirisch belegen kann, die sich aber an eine theatertheoretische Sichtweise anlehnt. Auch die nicht direkt betroffenen Besucher eines Kasualgottesdienstes (z. B. Freunde, Verwandte, Bekannte) müssen, obwohl sie nur bedingt biographisch involviert sind und sich im Gottesdienst nicht aktiv beteiligen, darum auch als distanziert gelten.

> „In abgestufter Intensität und in unterschiedlichen Rollen sind alle mit ihrer Person in die Handlungs- und Erlebnisszene verstrickt. […] Für die Betrachter der dramaturgischen Inszenierungen erschließt sich der Sinn der Handlung nicht nur und nicht vorwiegend auf dem Hintergrund der ihnen nur in Grenzen zugänglichen Privatwelten der Akteure. Vielmehr nutzen die Rezipienten die Inszenierungen fremder Lebensgeschichten als symbolische Medien ihrer eigenen Selbstvergewisserung und projizieren die sinnlichen Wahrnehmungen

---

Grundriß, 208). Auch Friedrich Niebergall, der die Kasualien ebenfalls als Gemeindeveranstaltungen versteht, muss zugestehen, dass dieses „an sich richtige Prinzip" sich als wenig praktikabel erweist: „Wir müssen uns damit abfinden, dass die Sitten und die sozialen Verhältnisse ganz anders geworden und viel zu mächtig sind, als dass wir mit Erfolg gegen sie ankämpfen könnten." F. Niebergall, Kasualrede, 10 f.

249 Bis in die Gegenwart hat sich allerdings der Usus erhalten, die Kasualien der vergangenen Woche in die sonntägliche Fürbitte aufzunehmen.

250 Hier sind v. a. die vier klassischen Kasualien (Taufe, Konfirmation, Trauung, Bestattung), die Trau- und Konfirmationsjubiläen sowie der Schulanfängergottesdienst und je nach Kasus auch Realbenediktionen im Blick. Wird die Taufe im Sonntagsgottesdienst vollzogen, dann geht es hier natürlich nur um die Kasualgemeinde im engeren Sinne. Im Gottesdienst sitzt sie genau nicht *in* der Gemeinde, sondern abgehoben und gut einsehbar *vor* ihr in den ersten Bankreihen.

im Zuge eines von einer spezifischen Reflexivität gesteuerten Symbolisierungsprozesses auf ihre eigene Lebensgeschichte."[251]

Bei Kasualien gibt es keine unbeteiligten Zuschauer, alle stehen, wenn es um konkrete Vergegenwärtigungen einer fremden Lebensgeschichte geht, immer auch mit eigenen Lebensszenen in einer direkten Beziehung zum kasuellen Vollzug.

So birgt jede angeschaute Taufe in sich Aspekte einer sublimen Tauferinnerung.[252] Der Schulanfängergottesdienst lässt v. a. die Eltern wie in einem Brennglas erahnen, dass sie nun eine andere Rolle im Leben der Kinder spielen werden.[253] Erinnerungen an die eigene Schulzeit werden wachgerufen, wobei die gefühlte biographische Beschleunigung ihre Schatten vorauswirft. Ähnlich verhält es sich bei der Konfirmation, wo die den Jugendlichen zugesprochene Mündigkeit mit der schleichenden Entmündigung der Eltern in Erziehungsdingen korreliert.[254] Was für die Konfirmanden als festlich bekräftigter Prestigegewinn zu Buche schlägt, mischt sich für die Eltern und Großeltern mit hochambivalenten Gefühlen. Trauungen setzen immer auch die eigene Ehe bzw. Partnerschaft auf die Tagesordnung. Die Love-Story des Brautpaares ruft eigene Erfahrungen oder Gegenerfahrungen wach. Und schließlich vermitteln sich bei Bestattungen nicht nur Trost und Erinnerung, der Ritus macht auch die Endlichkeit des eigenen Lebens unausweichlich präsent. Man wird seines Lebens gewahr im Lichte des Todes des anderen. Im Memento mori dringt der Tod des Angehörigen tief in die eigene Selbstwahrnehmung ein.[255]

Diese geteilte Wahrnehmung gilt auch in biographischer Hinsicht. Peter Cornehl zeichnet die Spiegelfunktion in eine lebensgeschichtliche Perspektive ein:

> „Man ist beteiligt einmal als Subjekt (die eigene Konfirmation, die eigene Trauung), dann als Nächstbetroffener (die Taufe der Kinder, die Beerdigung des Vaters), schließlich in unterschiedlicher Nähe und Distanz als Verwandter, Freund oder Nachbar. [...] [Damit ändert sich] auch der *theologische Sinn*, der dabei subjektiv realisiert wird: als Kind oder Gleichaltriger, als Vater oder Mutter, als Großmutter oder Onkel, Verheirateter oder Unverheirateter. Die Perspektiven wechseln und verbinden sich. Man erlebt die Feiern der anderen im Spiegel der eigenen Entwicklung und integriert das Erleben in die eigene Biographie. [...] Jede Handlung steht für sich und ist doch mit den anderen thematisch verknüpft."[256]

---

251 Wolfgang Steck, *Praktische Theologie: Horizonte der Religion – Konturen neuzeitlichen Christentums – Strukturen der religiösen Lebenswelt*, Bd. 2 (Stuttgart: Kohlhammer, 2011), 200 u. 201.
252 4.1.6 Spiegelperspektive – die Taufe der Anderen.
253 4.2.4 Spiegelperspektive.
254 4.3.5 Spiegelperspektive: Konfirmation als Elternkasus.
255 4.7.2 Das Memento mori: der Tod im Spiegel.
256 Peter Cornehl, „Teilnahme am Gottesdienst: Zur Logik des Kirchgangs – Befund und Konsequenzen", in *Kirchenmitgliedschaft im Wandel: Untersuchungen zur Realität der Volkskirche: Beträ-*

All dies legt die These nahe, dass sich der Kasus für die Kasualgemeinde im Gottesdienst im je Eigenen spiegelt. Lebensgeschichtliche Kongruenzen werden wahrgenommen bzw. konstruiert, Ähnlichkeiten und biographische Parallelen mental durchgespielt. Dies geschieht in unterschiedlichen Brechungen und Intensitäten. Nicht nur die Perspektive der Pfarrperson auf die unmittelbar in das Kasualhandeln Involvierten, sondern auch der empathische Blick der Gemeinde auf den Ritus wirkt sinnproduktiv. Niklas Luhmann würde hier von einer beobachteten Beobachtung sprechen.[257] Unvermitteltes und Vermitteltes wirken synchron. Für Umberto Eco sind Menschen qua Sozialisation fähig, ihr Gegenüber immer auch als Spiegel ihrer selbst zu sehen:

> „Wir sind als Erwachsene so, wie wir sind, gerade weil wir (auch) katoptrische Tiere sind: solche, die das doppelte Vermögen erworben haben, sich selbst (soweit möglich) und die anderen sowohl in der perzeptiven Realität wie auch in der reflexiven Virtualität zu betrachten."[258]

7.5.3 Theoriereferenzen

Die wohl bekannteste Untersuchung zum Phänomen des Spiegelns stammt vom französischen Psychoanalytiker Jacques Lacan. In dem einflussreichen Aufsatz „Das Spiegelstadium als Bildner der Ichfunktion"[259] geht er der Frage nach, wie im Menschen Selbstbewusstsein entsteht und funktioniert. Im sog. Spiegelstadium (französ.: *le stade du miroir*) entdeckt das Kind zwischen dem 6. und dem 18. Lebensmonat sich selbst in seinem Spiegelbild. „Dieses Erkennen wird signalisiert durch die illuminative Mimik des *Aha-Erlebnisses* (im Original auf deutsch), in dem [...] sich [...] die Wahrnehmung der Situation ausdrückt."[260] Lacan deutet dieses Erleben als eine basale und die menschliche Entwicklung nachhaltig beeinflussende Identifikation, die sich beim Subjekt als eine „Verwandlung" auswirkt. Dieses Ur-Erlebnis

---

ge zur zweiten EKD-Umfrage „Was wird aus der Kirche?", hg. v. Joachim Matthes (Gütersloh: Gütersloher Vlg., 1990), 15–53 (32 f.).
257 Vgl. Niklas Luhmann, *Die Gesellschaft der Gesellschaft* (Frankfurt a.M.: Suhrkamp, 1997).
258 Umberto Eco, *Über Spiegel und andere Phänomene* (München und Wien: Hanser, 1988), 33. Unter Katoptrik versteht man die Lehre von der Reflexion des Lichtes an spiegelnden Oberflächen.
259 Jacques Lacan, *Das Spiegelstadium als Bildner der Ichfunktion, wie sie uns in der psychoanalytischen Erfahrung erscheint* (Olten: Walter, 1966), 61–70). Der Vortrag wurde erstmals 1936 auf dem 14. Internationalen Kongress für Psychoanalyse in Marienbad gehalten. Eine überarbeitete Form präsentierte Lacan dann 1949 in Zürich. Schriftlich wurde der Aufsatz nur in der zweiten Fassung von 1949 in den *Écrits* veröffentlicht.
260 J. Lacan, Spiegelstadium, 63.

prägt die psychische Entwicklung – so die These – bis ins Erwachsenenalter hinein: Es situiert die Ich-Instanz „auf einer fiktiven Linie [...], die das Individuum allein nie mehr auslöschen kann"[261]. Ein sich spiegelndes Subjekt „geht schwanger" mit den Entsprechungen zwischen sich selbst und dem wahrgenommenen Bild, auf das hin sich der Spiegelnde projiziert. Lacan spricht in diesem Zusammenhang von einer „heteromorphen Identifikation", eine „Erkenntnis im Kraftfeld des Begehrens".[262]

Weit diesseits psychoanalytischer Zuschreibungen kann das Spiegelphänomen aber auch bildtheoretisch plausibilisiert werden. So deutet Bernhard Waldenfels diesen Zusammenhang als ein Phänomen der „Verähnlichung": „Das Aussehen-wie gehört zu den Fäden, aus denen sich das Gewebe der Erfahrung knüpft, so dass wir [...] von einer Verfertigung von Bildern in der Erfahrung sprechen dürfen."[263] Die Selbstvervielfältigung des Sichtbaren basiert vor allem auf biographischen Resonanzen, die sich spontan im Gesichtsfeld performieren.

> „Etwas tritt nicht nur *als etwas* auf, sondern in einem Zusammenhang, der mit darüber entscheidet, als was das Einzelne erscheint. Gestalttheoretisch gibt es kein Sehen ohne Gesichtsfeld."[264]

Was sich in der Kasualie für die Kasualgemeinde zeigt, verweist danach immer auch auf eine sinnenhafte Reflexion des Sinnlichen. Was sich zeigt, kann grundsätzlich als ein Erinnerungszeichen fungieren – dies umso mehr, als das Sich-ins-Bild-Bringen immer auf einer engen Beziehung beruht. Etwas Ähnliches wird gesehen als etwas, das das Eigene abbildet, und diese Spiegelung, eigentlich: diese Erinnerung, verselbständigt sich dann in der Phantasie. „Dass etwas aussieht wie [...], bedeutet, dass etwas im anderen sichtbar wird."[265] Sich und seine Geschichte im Anderen und dessen Geschichte sehen, ließe sich als eine im Grunde jede Kasualie diskret begleitende kreative Mimesis interpretieren. Der Anblick der kasuellen Protagonisten sucht den Beobachter der Szene „hinterrücks im Eigenen" heim. Was ins Auge fällt, lässt den Beobachter intuitiv durchspielen, was ihm hier als Ähnlichkeitsanmutung ankommt.

---

261 Ebd., 64.
262 Ebd., 66.
263 Bernhard Waldenfels, „Spiegel, Spur, Blick: Zur Genese des Bildes", in *Homo pictor*, hg. v. Gottfried Boehm (München: K. G. Saur, 2001), 14–31 (21 f.).
264 B. Waldenfels, Spiegel, 23.
265 Ebd., 22.

7.5.4 Perspektivenerweiterungen

Überträgt man diese These auf die Kasualgemeinde, dann legt es sich nahe, die beschriebenen Phänomene als *Spiegelungen* zu betrachten. In Spiegelungen kann sich der Betrachter gewissermaßen selbst verdoppeln; er kann sich in der Betrachtung des Gegenübers diesem anverwandeln. Dabei bleibt er natürlich derselbe Gottesdienstbesucher[266], doch er rückt im Modus der Anschauung in ein neues Selbstverhältnis ein. Die Spiegelung zeitigt gewissermaßen eine je individuelle Anverwandlung der kasuellen Situation. Der kopräsente Gottesdienstbesucher betrachtet sich selbst, sein Leben, seine sozialen Beziehungen oder seine Ambivalenzen im Spiegel des sich vor ihm an und mit anderen vollziehenden Ritus. Der Täufling, die Konfirmandin, die Braut bzw. der Bräutigam, der Verstorbene wird zu einem Alter Ego auf Zeit. In der angeschauten Kasualie brechen sich wie in einem Prisma die Projektionen und Retrojektionen der Kasualgemeinde. Die Kasualie synchronisiert das den Kasus mitbestimmende Resonanzverhältnis; die Freunde und Verwandten werden gleichsam automatisch in die sich in Ritus und Rede verdichtende Fallgeschichte hineingeholt. Ihre dynamische Bezogenheit auf das, was die Protagonisten zum Kirchgang bewegt hat, ist im Verein mit der existenziellen Thematik der Kasualie der Motor dieser sympathischen Anverwandlungen. Auch für scheinbar unbeteiligte Kasualgottesdienstbesucher, die zum Kasus selbst nur einen mittelbaren Kontakt haben, kann im Modus biographischer Spiegelungen ein emergentes *mea res agitur* aufleuchten. Es gibt zwar immer wieder auch Kasualgottesdienstbesucher, die von ihren Emotionen überwältigt werden, aber in der Regel ist die Gemeinde imstande, sich selbst als Teil der religiösen Handlung zu wissen und dabei *zugleich* eine reflexive Distanz zum Geschehen einzunehmen.

Natürlich bilden solche Spiegelphänomene nicht das Gesamt der gottesdienstlichen Rezeptionssituation ab. Aber sie sind – so die These – ein hochsignifikantes Spezifikum von Kasualgottesdiensten, das sich mit der besonderen Zusammensetzung der Gemeinde *und* der kasuellen bzw. existenziell-lebensgeschichtlichen Resonanz einstellt. Die Spiegelfunktion ergibt sich gewissermaßen zwangsläufig, und bei den meisten wird diese *pathische* Regung wohl unbewusst ablaufen. Sie kann aber homiletisch und rituell durchaus ins Bewusstsein gehoben werden, zumal Tauferinnerung (Taufe), Memento mori (Bestattung), Elternschaft (Einschulung, Konfirmation), Paarbeziehung (Trauung) biblisch gut belegt sind und sich erfahrungsgemäß das „Versprechen" von Biographie und religiösen Deutungsoffer-

---

[266] Plessner spricht in diesem Zusammenhang von der „Rückbezüglichkeit des Blickpunktes der Perspektive". Helmuth Plessner, *Diesseits der Utopie: Ausgewählte Beiträge zur Kultursoziologie* (Frankfurt a. M.: Suhrkamp, 1974), 184 f.

ten als homiletisch dankbar erweist. Grundsätzlich ginge es hier darum, die horizontalen Resonanzen in eine vertikale Resonanz einzuzeichnen, um mit Hartmut Rosa zu sprechen.[267] Mit dieser Perspektivenerweiterung wäre dann auch die *ganze* Gemeinde angesprochen.

---

[267] Hartmut Rosa, *Resonanz: Eine Soziologie der Weltbeziehung* (Berlin: Suhrkamp, 2016), 83 ff. Beziehungskonstellationen, die der Beobachter als attraktiv oder begehrenswert empfindet, sind nach Rosa prädestiniert für Resonanzerfahrungen: „In Form von Sympathie- und Empathiefähigkeit erzeugt und signalisiert Resonanz Interaktions- und Kooperationsverlangen." (58).

8 Kasualien als Erinnerungskunst

Als kasualtheoretischer Ertrag soll an dieser Stelle einleitend die Generalthese der hier vorliegenden Studie formuliert werden:

> *Das Geheimnis der Kasualien ist Erinnerung – der Segen ist das zentrale Medium, das das Erinnern heiligt. Die Kasualien segnen das Zeitliche, indem sie das Hier und Jetzt synchronisieren mit den ewigen Verheißungen des Alten und Neuen Bundes. Sie rufen diese Gleichzeitigkeit heilsam in Erinnerung und vergegenwärtigen sie in Rede und Ritus.*

Dieser Definition liegt ein besonderes Verständnis von Erinnerung zugrunde, wonach das Erinnern nicht etwa die mentale Zurückführung auf einen scheinbar vom Vergessen bedrohten Ursprung meint; Erinnerung konstruiert vielmehr sinnvolle „Strukturen für den momentanen Gebrauch".[1] Das individuelle Gedächtnis macht Vergangenes für den gegenwärtigen Zustand verfügbar, es konstituiert eine Gleichzeitigkeit des Ungleichzeitigen. Im Vordergrund steht beim Erinnern also nicht die Reise in die Vergangenheit, sondern in erster Linie das, was man sich als Erinnerungsgewinn für die Jetzt-Zeit erhofft. Die Zeit wird gewissermaßen für die, die sich im Rahmen einer Kasualie auf die rituell gesetzte Gleichzeitigkeit einlassen, nach den Anforderungen der Gegenwart synchronisiert. Das kasuelle „Update" macht Vergangenes „up to date". Die Kirche komponiert mit ihren Kasualien in der liturgischen Performanz eine Eigenzeit, in der das Erinnern rituell abgesichert ist und eine erkennbare Gestalt annimmt. Wohlgemerkt – sie tut dies prinzipiell mit *jeder* Kasualie, auch wenn in den meisten Fällen das Erinnerungsmotiv nicht prominent zum Ausdruck gemacht wird. Auf sublime Weise schwingt es jedoch für die Beteiligten mit, wenn sie im Kasualgespräch ihre Angelegenheiten offenlegen, indem sie deren Vorgeschichte kommunizieren. Und es schwingt mit, wenn diese Vorgeschichte in der Predigt für die Anwesenden vergegenwärtigt wird und im Ritus eine dichte Form erhält. Und drittens wird die Figur der Erinnerung virulent, indem nun die „Ereigniszeit" (W. Steck) der Kasualie selbst zu einem erinnerungsfähigen Anlass wird in der Lebens- und Familiengeschichte, in der Berufsbiographie (bei Ordinationen und Einführungen) oder in der Geschichte eines Gemeinwesens (z. B. bei Einweihungshandlungen). Das Referenzgeschehen ist aber sowohl bei der (biographischen, exegetischen) Retrospektive als auch im (theologischen) Ausblick bzw. im (biographischen) Prospekt die Gleichzeitigkeit. Oder mit Luhmann: „Die

---

[1] Niklas Luhmann, *Die Gesellschaft der Gesellschaft* (Frankfurt a. M.: Suhrkamp, 1997), Bd. 1, 44 f. – Vgl. 6. Erinnerungskasualien.

Gleichzeitigkeit ist eine aller Zeitlichkeit vorgegebene Elementartatsache."[2] Erinnerte Vergangenheit und erhoffte Zukunft sind als komplementäre Zeithorizonte nur gleichzeitig gegeben.

Im Rahmen der liturgischen Eigenzeit werden Erinnerungsfiguren – je nach Kasus – in unterschiedlicher Intensität aufgerufen. Bei den kirchlichen Jubiläen[3] (Trau-, Ordinations-, Konfirmationsjubiläen) und der Tauferinnerung ist das Gedenken explizit ins Bewusstsein der Kasualteilnehmer gerückt – der ganze Kasus subsistiert in der Memoria. Die Option auf Erinnern gibt hier den veranlassenden Kasus ab, sie bestimmt die Marge religionsästhetischer (Inter-)Aktionsformen im Kasualgottesdienst selbst wie auch in den von der Kirche oder den Betroffenen arrangierten Co-Inszenierungen (Fechtner) und sie dominiert in aller Regel auch die Kasualrede. Konfirmationsjubiläen basieren sogar auf einer doppelt rituell verfassten Erinnerungsschleife: Sie erinnern *an die Erinnerung* an die Taufe (wenn man denn die Konfirmation als Tauferinnerung ins Bewusstsein hebt). Bei den Erinnerungskasualien ist manifest, was theologisch auch jede Konfirmation legitimiert: die rituelle Vergegenwärtigung eines vergangenen Ritus. Lässt die Konfirmation an die eigene Taufe denken, so ist es bei den Erinnerungskasualien die Initialkasualie, die vergegenwärtigt wird. Dies gilt analog auch bei Emeritierungen bzw. Entpflichtungen.

Bei anderen Kasualien wird die Erinnerungsfunktion eher implizit mitgeführt. So werden Taufeltern, Paten und Großeltern bei einer (Säuglings-)Taufe[4] daran erinnert, dass eine Geburt stattgefunden hat bzw. wie sich seitdem das Leben mit einem Säugling neu strukturiert hat. Und diese aktuellen Erinnerungsbestände werden liturgisch-homiletisch, z. B. mit der Großerzählung von Gottes Schöpfung (Gen 2f., Ps 104) synchronisiert. In systemtheoretischer Sichtweise wird damit die „Einheit des Anwesenden und Abwesenden im Anwesenden" dargestellt.[5] Der biblische Deutungshorizont vermittelt sich als rituell anwesend. – Bei einer Einweihungshandlung werden die Kasualteilnehmer daran erinnert, dass alles was ist, sich verdankt und das Einzuweihende in eine dienende Funktion überstellt wird.

Bei Trauungen[6] wird Erinnerung in zweifacher Weise aktiviert: die obligatorische, von allen Anwesenden erwartete Veröffentlichung der „Love-Story" des Brautpaars und die Verheißung göttlichen Segens für das eheliche Zusammenle-

---

2 Niklas Luhmann, *Gleichzeitigkeit und Synchronisation*, in Ders., *Soziologische Aufklärung 5: Konstruktivistische Perspektiven* (Opladen: VS Verlag, 1990), 95–130 (94).
3 6. Erinnerungskasualien.
4 4.1 Taufe – die fluide Freistellung des christlichen Subjekts.
5 Ebd., 106.
6 4.4 Trauung – öffentliche Darstellung verantwortlicher Partnerschaft.

ben, die sich in den Lesungen, den Gebeten, im Trausegen und unter Umständen auch in den Segenswünschen der Freunde und Verwandten agendarisch vermittelt.

Und natürlich stehen Bestattungen[7] zwangsläufig ganz unter dem Vorzeichen des Gedenkens. Die Vita des Verstorbenen wird in der „Abdankung" vergegenwärtigt, und darüber hinaus wird menschliches Leben im Lichte der Auferstehungshoffnung mahnend (*memento mori*) und tröstend gedeutet. In den Trauerfeiern nach Großkatastrophen[8] bildet in den obligatorischen Schilderungen der Irritationen gesellschaftlicher Sicherheitsverheißungen das geordnete Leben vor dem Chaos die Kontrastfolie. Und zugleich wird ostinat die Hoffnung zum Ausdruck gebracht, dass Gemeinsinn und Solidarität im Leiden solche Katastrophen in Zukunft zu verhindern vermögen.

Am weitesten sind die memorialen Bezüge bei zivilreligiösen Anlässen gesteckt. Wessen hier jeweils gedacht wird, hängt mit der Spezifik des Kasus und den zeitlichen Lesarten seiner Veranlassung zusammen. Bei Stadtjubiläen (Kirmes/Kirchweih, nationalen/internationalen Gedenktagen) liegt die diachrone Vergegenwärtigung in der Logik des Festanlasses selbst. Bei Eröffnungen und Einweihungen gibt normalerweise das Davor des Neuen den Bezugsrahmen ab. Die „Riskanten Liturgien"[9] werden immer auch an das veranlassende Unglück erinnern und dabei das „Gedenken der Opfer" der heilenden Solidarität des Gemeinwesens anheimstellen. Im gottesdienstlich wahrgenommenen Unglücks- oder Katastrophenfall tritt ins öffentliche Bewusstsein, dass das Gemeinwesen dem Einzelnen etwas zu gewähren vorgibt, was es gar nicht gewährleisten kann. Es ist also grundsätzlich daran zu erinnern, das gesellschaftliches Leben riskant ist, insofern es immer auch Opfer fordert. Bei Ereignissen, in denen das Gemeinwesen an die Grenzen gesicherten Lebens stößt, sind die Ambivalenzen gelebten Lebens zu vergegenwärtigen.

Kasualien greifen also grundsätzlich über den aktuellen Zeithorizont hinaus, indem ein vordergründiger Kasus kirchlich refiguriert und dadurch mit Möglichkeiten angereichert wird. Erinnert wird gegen das Vergessen im Dienst einer erhofft heilvollen Zukunft. Eine gründende Vergangenheit wird ins Gedächtnis gerufen und damit Ungleichzeitiges gleichzeitig gemacht. Dies kann bei kirchenjahreszeitlich ausgelegten Kasualien[10] (Heiligabend, Totensonntag) auch jahreszyklisch abgestützt werden.

---

7 4.7 Bestattung – letzte Deutungen.
8 4.8 Riskante Liturgien – Irritationen gesellschaftlicher Sicherheitsverheißungen.
9 Kristian Fechtner und Thomas Klie (Hg.), *Riskante Liturgien: Gottesdienste in der gesellschaftlichen Öffentlichkeit*, (Stuttgart: Kohlhammer, 2011); Benedikt Kranemann und Brigitte Brenz (Hg.), *Trauerfeiern nach Großkatastrophen: Theologische und sozialwissenschaftliche Zugänge*. EKGP Bd. 3 (Neukirchen-Vluyn: Neukirchener Verlag, 2016).
10 4.5 Heiligabend – das *Memento nasci* als Kasus.

Bei den *Holy four* werden biographisch manifeste Vorkommnisse (z. B. die Geburt im Blick auf das Taufbegehren bzw. die Trauung im Blick auf die öffentlich verbindliche „Konfirmation" der Paarbeziehung, der Besuch des Konfirmandenunterrichts und das Konstatieren religiöser Mündigkeit, die aus Anlass des Ablebens eines Angehörigen resultierende Trostbedürftigkeit) synchronisiert mit dem in der Bibel codierten religionskulturellen Gedächtnis der Christenheit. Lebensvorkommnisse werden im Lichte der Heiligen Schrift deutend vergegenwärtigt. Dies erfolgt über die gottesdienstlichen Lesungen, die Predigt (die eine in aller Regel *ad personam* gewählte Textstelle auslegt), den Spruch (Taufspruch, Konfirmationsspruch, Trauspruch) und die verbale Kommentierung des rituellen bzw. sakramentalen Vollzugs: *„Ich taufe Dich im Namen des Vaters ..."* (Taufe); *„Erde zu Erde ..."* (Bestattung); *„Der Segen Gottes, des Vaters und des Sohnes und des Heiligen Geistes, erfülle euch und bleibe bei euch."* (Trausegen). Charakteristisch für die kasuelle Darstellung ist hierbei die Performanz des jeweiligen Ritus. Die Kasualpredigt konstituiert die Erinnerung und der Ritus performiert sie entsprechend.[11] Biblische Wortlaute werden stimmig auf einen (Segens-)Akt appliziert, mündliche und gestische Kommunikation korrelieren hierbei eng. Insofern ist keines der beiden Zeichensysteme entbehrlich, denn die Repräsentation biblisch gespeicherter Gotteserinnerungen konstituiert hier *ad personam* und gestensynchron den für das Gelingen kasueller Kommunikation entscheidenden *illud tempus*. Was die Kasualpartner sonst eher unmotiviert oder zufällig memorieren, bekommt in der Kasualie einen identifizierbaren biblischen Fokus. Der biographische Zeitlauf verdichtet sich im Kairos der Kasualie.[12] Die Kirche hält hier personell, agendarisch und räumlich die Möglichkeit der Erinnerung bereit: in Wort *und* Ritus bzw. über Schrift- *und* Lebensbezug. Der Kasus stellt im performativen Spiel liturgischer Rubrizierungen Gemeinsamkeit her[13] und macht sie teilöffentlich. Gegen die „miterlebte Verweisung ins Unbestimmte"[14] hält die Kirche prästabile, historisch bewährte Formen vor, um die Vorkommnisse des Lebens situationsadäquat zu heiligen.

Erinnern und gedenken kennzeichnen theologische Kernvollzüge, die schon biblisch von großer Reichweite sind.[15] So beschreibt die hebräische Wurzel *zachar*

---

11 3.3 Rede und Ritus.
12 In der Diktion Luhmanns: „Synchronisation bindet das Medium Zeit zu Formen (time binding) und versucht, günstige Formen zu finden." – N. Luhmann, Gleichzeitigkeit, 118.
13 Vgl. die Definition von Kommunikation durch Luhmann: ‚Communicatio' bedeutet: „Gemeinsamkeit herstellen, bekanntmachen". Niklas Luhmann, *Die Gesellschaft der Gesellschaft* (Frankfurt a. M.: Suhrkamp, 1997), Bd. 1, 299.
14 Niklas Luhmann, *Die Religion der Gesellschaft* (Frankfurt a. M.: Suhrkamp, 2000), 127.
15 Das Folgende orientiert sich exegetisch eng an Sandra Huebenthal, Art. „Gedächtnis / Erinnerung", in *WiBiLex*, http://www.bibelwissenschaft.de/stichwort/48895; Raik Heckl, Art. „Gedächtnis",

(an etwas denken, was einem schon bekannt ist, gedenken) und die davon abgeleiteten Nomina *zikaron* (Andenken, Gedächtnis) bzw. *zekaer* (Gedenken, Erinnerung, Gedächtnis) im Alten Testament mehr als nur einen innerpsychischen Vorgang. Semantisch ragt dieses Wortfeld weit über den Vorgang eines Wieder-ins-Bewusstsein-Rufens hinaus. Es ist religiös konnotiert und in diesem Kontext von geradezu kulturbildender Bedeutung. Wichtigstes Medium der Gedächtnissicherung ist das *Erzählen*. Es dient der Fortschreibung zentraler theologischer Geschichtskonstruktionen im Dienste einer lebendigen Tradition. So transportiert die erzählte Vergangenheit oft grundlegende Identitätskonzeptionen, z. B. die Väterzeit in der Genesis, die zentrale Erinnerungsfigur des Exodus oder die „Theologie des Gedenkens" (O. Michel) im Deuteronomistischen Geschichtswerk. Die Erinnerung dieser Narrationen hat hier klar eine die Gegenwart legitimierende Bedeutung.

In den atl. Erzählungen bekennt das Volk Israel seinen Gott als einen Gott, dessen Heilshandeln, seine tathafte Hilfe, zugunsten der Menschen in der Vergangenheit liegt. Erst der erinnernde Blick zurück stiftet das Vertrauen in die Kontinuität göttlicher Verheißung. Gottes Sein gründet geradezu darin, dass er eingedenk ist seines ewigen Bundes mit den Menschen, sich ihrer erinnert und auch selbst daran erinnerbar ist. Erinnert sich Gott seiner Geschöpfe, dann konsolidiert dies die heilvolle Beziehung von Seiten Gottes. Und im Gegenzug konstituiert sich Israel gewissermaßen über die Gotteserinnerung und die Heilsvergegenwärtigung. Die Erinnerung der Vergangenheit ist im Alten Testament also kein mentaler Selbstzweck, sondern man gedenkt mit der Absicht, gegenwärtige Lebenszusammenhänge zu verstehen und zu sichern. Erinnern ist so gesehen ein Vorgang, der sich, Deo volente, als wirksam erweist. Denn Vergegenwärtigung ist kein Abrufen von Vergangenem, sondern ein die Gegenwart schlechthin bestimmendes Ereignis. Individuell wie kollektiv ist mit *zachar* die Notwendigkeit angezeigt, das Vergessen nach Möglichkeit zu vermeiden.

In den neutestamentlichen Texten sind Erinnerungsvollzüge und Gedächtnisfiguren ebenfalls von großer Bedeutung. *Anamnesis* (Erinnerung) kommt, wie schon *zachar* im Alten Testament, eine hermeneutische Schlüsselfunktion zu. Auch hier kann ein besonderes Wort, aber auch eine Handlung eine Erinnerungsfunktion haben. Wie die Worte und die Passion Jesu nach der Auferstehung von den Jüngern erinnert und erst dann *ex post* verstanden werden (Lk 24,6–8), so dienen umgekehrt auch Worte und Handlungen der Jüngergemeinde dem Gedächtnis

---

in *Bibelwissenschaft*, https://bibelwissenschaft.de/stichwort/19098/ und Otto Michel, Art. „mimnäskomai etc.", in *ThWNT* Bd. IV, hg. v. Gerhard Kittel (Stuttgart: Kohlhammer, 1942), 678–687, vom 22.8.24.

Jesu. Wessen man sich erinnert, dessen Heilshandeln erkennt man an und zu dem bekennt man sich.

Die alttestamentliche Verbindung von narrativ verbalem und rituellem Handeln führt direkt zum Erinnerungsgeheiß im Kontext des Herrenmahls (1Kor 11,24). *Anamnesis* steht hier für die vergegenwärtigende Deutung eines sakrosankten Initialgeschehens. Diese Vergegenwärtigung beinhaltet Aspekte des Bekennens, der Vermittlung und der Verpflichtung. Die Symbolhandlung zu „seinem" Gedächtnis und das Wort vom Heilstod des Heilands gehören unmittelbar zusammen. Beides stellt in die Erwartung der Wiederkunft des Herrn.

Es ist diese memoriale Einheit aus Ritus und Rede, die direkt auf die Konstitutionsbedingungen einer jeden Kasualie verweist.[16] In beiden liturgischen Basisvollzügen geschieht Erinnerung durch Vergegenwärtigung im Rahmen gottesdienstlicher Performanz. Was war, wird jetzt im Namen Gottes[17] neu in Erinnerung gerufen, um die Gegenwart der Kasualgemeinde als verheißungsvoll und hoffnungsgesättigt verkünden zu können. Erinnerte Lebensgeschichte macht sich, mit der Gottesgeschichte versprochen, real präsent und gewährleistet darüber Ausblicke auf eine heilsame Zukunft. Was wird, zeigt sich am *coram Deo* Erinnerten.

Schon Albrecht Grözinger reklamiert 1998 in seiner kleinen zeitdiagnostischen Kirchentheorie[18] für das Pfarramt angesichts der „Herausforderung durch die Postmoderne"[19] ein „Amt der Erinnerung".[20] Im polyphonen Konzert säkularer Sinnanbieter erweise sich dieses dem Rabbinat entliehene Berufsprofil als *das* Alleinstellungsmerkmal des evangelischen Pfarramts. Durch

> „den Zwang zur Erfindung des eigenen Lebens [entsteht] ein neues Bedürfnis nach Traditionen mittels derer das eigene Leben gestaltet werden kann. (...) Die Postmoderne lässt Traditionen zerfallen und lechzt zugleich nach ihnen."[21]

Demgegenüber sichern die Pfarrpersonen durch ihr Erinnerungshandeln die eigenen Traditionsbestände und speisen sie so als tragende Gewissheiten in die

---

16 3.3 Rede und Ritus.
17 Das trinitarische Eingangsvotum eines jeden Kasualgottesdienstes hat nicht zuletzt vor diesem Hintergrund eine entscheidende hermeneutische Schlüsselfunktion. Die initial-vergewissernde Ansage des *Deus datur* ist durch keinen noch so leutseligen Willkommensgestus substituierbar.
18 Albrecht Grözinger (Hg.): *Die Kirche – ist sie noch zu retten? Anstiftungen für das Christentum in postmoderner Gesellschaft* (Gütersloh: Gütersloher Vlg., 1998), 134–141.
19 Ebd., 137.
20 Schon einige Zeit vor Grözingers Schrift hatte Rudolf Bohren als die Aufgabe des Predigers das „Amt der Erinnerung" in den homiletischen Diskurs eingetragen: Rudolf Bohren, *Predigtlehre* (Gütersloh: Gütersloher Verlag, 1971), 159–169.
21 A. Grözinger, Kirche, 137.

sozialen Kommunikationskanäle ein. Indem sie professionsbedingt auch für sie einstehen, können sie sie in spezifischen lebensgeschichtlichen Kontexten als Deutungsressourcen einsetzen. Durch das Interpretieren, Bilden und Vermitteln der Tradition wird das Pfarramt zum institutionellen Ort des biblisch-christlichen Gedächtnisses.[22] Die Kasualien werden von Grözinger nicht direkt benannt, obwohl die Bezüge unmittelbar auf der Hand liegen. Auch verwischen etwas die normativen und deskriptiven Aspekte dieses Leitbegriffs.

Im Rahmen dieser Kasualtheorie werden die Impulse Grözingers insofern aufgenommen, als sie sich direkt für das Handlungsfeld der kirchlichen Kasualien ausformulieren lassen. Dies geschieht zum einen durch das Freilegen impliziter Erinnerungsspuren in den einzelnen Anlässen sowie deren agendarisch vorgezeichneten Liturgien. Dazu gehören nicht zuletzt auch die Kirchgebäude als prominente kasuelle Austragungsorte. Durch ihre architektonische Gestalt, ihr Interieur und ihre Anmutungsqualitäten verstärken sie mnemische Resonanzen und werden als kasuelle Bühnen zu Erinnerungsräumen ganz eigener Art.

Ziel ist es, Erinnerungsfiguren mit guten Gründen als das offene Geheimnis der evangelischen Kasualkultur zu behaupten (deskriptiv). Und zugleich soll von hier aus die kirchliche Praxis motiviert werden, diese ohnehin vorhandenen Spuren aufzunehmen, zu verstärken und im jeweils vorliegenden Fall angemessen zu versprachlichen und rituell zu gestalten (normativ). Insofern ist hier auch bewusst die Zuschreibung „Kunst" gewählt worden. Im Modus theologischer Reflexion und sensibler Anamnese Erinnerung religiös zu performieren, gründet nicht nur auf kognitiv-hermeneutischen und liturgisch-homiletischen Kompetenzen, sondern auch auf inventiver Wahrnehmung, Intuition und (Lebens-)Erfahrung. In seiner Gesamtheit gestaltet sich *Erinnerungskunst* als ein kreatives Kompositum aus kognitiven, empathischen und ästhetischen Teilfunktionen. Qua kirchlichem Amt, akademischer Ausbildung und pastoralem Selbstverständnis sind Pfarrpersonen ohnehin dafür prädestiniert, als Gedächtnisvirtuosen ihre theologischen und religionsästhetischen Kompetenzen gegenüber dem Einzelnen, der Kirche und der sozialen Mitwelt unter Beweis zu stellen.

Die kasuelle Erinnerungskunst der Kirche trifft empirisch auf eine vorgelagerte Bedürfnisstruktur, denn Kasualien kommen in aller Regel „on demand" zustande. Das Bedürfnis besteht darin, in den Kontingenzen eigener Lebenswelt rituelle Marker einzuziehen, die das soziale Leben im erfahrbaren Nahbereich heilsam rekonstruieren. Wenn sich im Kasualbegehren „die religiöse Interpretationsbedürftigkeit lebensgeschichtlicher Krisen- und Kontingenzerfahrungen"

---

22 Ebd., 137.

ausdrückt[23], dann interpretieren die kirchlichen Akteure diese Erfahrungen über die ihnen aufgetragene Erinnerungsfigur der *Verheißung*. Die Verheißung zeugt in Vergangenheit, Gegenwart und Zukunft vom „Oberlicht der Geschichte" (Barth), der Gleichzeitigkeit und Selbigkeit Gottes in seinem Wort, der ur-geschichtlichen Bedingtheit aller Geschichte und allen Lebens. In der erinnernden Vergewisserung wird der jeweilige Kasus aus dem Fragmentarischen situativer Zeitläufe herausgelöst und in einen übergreifenden Sinnhorizont eingezeichnet. Darüber performiert sich in je unterschiedlicher Gestalt die „Idee der Freiheit": „Vergangenheit und Zukunft werden in einer solchen Weise mit der Gegenwart verspannt, dass sie in deren Ausdeutung als Transzendierungsprozesse eingehen."[24]

Kirche als traditionelle Darstellerin der Gotteszeit setzt mit den Kasualien rituelle Eigenzeiten. Sie werden von den Betroffenen zeitnah eingefordert bzw. die Umstände machen sie recht-zeitig erforderlich. Kirche agiert hier weniger „von Fall zu Fall" oder gar „bei Gelegenheit", sondern sie inszeniert religiöse Deutungen, die für die Menschen „an der Zeit" sind. In einer Lebenswelt, in der die Zeitpfade schneller werden und gefühlt die Gegenwart verdichten, heben Kasualien die prekäre Balance zwischen linearer Lebenszeit und zyklischen Zeiterfahrungen ins Bewusstsein. Über die evangelische Spielart von Rede und Ritus werden soziale Signaturen miteinander geteilt und in die Gotteszeit eingezeichnet.

---

23 Volker Drehsen, „Die Heiligung von Lebensgeschichten: Zur gesellschaftstheoretischen Bedeutung volkskirchlicher Amtshandlungen", in Ders., *Wie religionsfähig ist die Volkskirche? Sozialisationstheoretische Erkundungen neuzeitlicher Christentumspraxis* (Gütersloh: Gütersloher Vlg., 1994), 174–198 (189 f.).
24 Volker Drehsen, a. a. O., 191.

Literaturverzeichnis

Achelis, Ernst Christian. *Praktische Theologie*, Bd. 1 (Leipzig: Hinrichs, ³1911).
Adams, Birgit. *Die standesamtliche Trauung: Ideen für ein unvergessliches Fest: 60 Top-Standesämter und ausgefallene Locations* (Niedernhausen: Falken, 2001).
Ahrens, Petra-Angela und Wegner, Gerhard. *Ungebrochene Akzeptanz der Taufe bei verheirateten Eltern – Erhebliche Taufunterlassungen bei Alleinerziehenden – Verbesserungsmöglichkeiten beim Taufvollzug: Analysen zum Taufverhalten der evangelischen Bevölkerung in Deutschland* (Hannover: SI EKD, 2006).
Ahrens, Sabine und Pithan, Annebelle (Hg.). *KU, weil ich ein Mädchen bin: Ideen, Konzeptionen, Modelle für mädchengerechten KU* (Gütersloh: Gütersloher Vlg., ²2000).
Ahuis, Ferdinand. *Der Kasualgottesdienst: Zwischen Übergangsritus und Amtshandlung* (Stuttgart: Calwer, 1985).
Aka, Christine. *Unfallkreuze: Trauerorte am Straßenrand* (Münster: Waxmann, 2007).
Albrecht, Christian. „‚Karlchen', die Hirschrede und die Grasrede: Was darf man von einer Kasualpredigt erwarten?", in *On demand: Kasualkultur der Gegenwart*, hg. v. Thomas Klie, Folkert Fendler und Hilmar Gattwinkel (Leipzig: Evang. Verlagsanstalt, 2017), 61–85.
Albrecht, Christian. „Fest und Feier: Ritus/Alltag/Gottesdienst/Kasualien", in *Handbuch Praktische Theologie* hg. v. Wilhelm Gräb und Birgit Weyel (Gütersloh: Gütersloher Vlg., 2007), 275–286.
Albrecht, Christian. *Kasualtheorie: Geschichte, Bedeutung und Gestaltung kirchlicher Amtshandlungen* (Tübingen: Mohr Siebeck, 2006).
Albrecht, Michael von. *Vergil: Eine Einführung: Bucolica, Georgica, Aeneis* (Heidelberg: Winter, 2006).
Allgemeines Landrecht für die preußischen Staaten: von 1794 (Berlin: Decker, ²1794), 2 Teile u. Register in 3 Bden, mit e. Einführung v. Hans Hattenhauer u. einer Bibliografie v. Günther Bernert (Neuwied, Kriftel und Berlin: Luchterhand, erw. Auflage, ³1996).
Alt-Saynisch, Barbara und Raabe, Gerson. *Das Ende als Anfang: Rituale für Paare, die sich trennen* (Gütersloh: Gütersloher Vlg., 2002).
Amt für Statistik Berlin-Brandenburg (Hg.). Statistisches Jahrbuch 2019 (Potsdam: Berliner Wissenschaftsverlag, 2019).
Arnold, Jochen, Kraft, Friedhelm, Leonhard, Silke und Noß-Kolbe, Peter (Hg.). *Gottesdienste und religiöse Feiern in der Schule* (Hannover: LVH, 2015).
Asmussen, Hans. *Die Seelsorge: Ein praktisches Handbuch über Seelsorge und Seelenführung* (München: Chr. Kaiser, 1934).
Assmann, Aleida. *Der lange Schatten der Vergangenheit: Erinnerungskultur und Geschichtspolitik* (München: C. H. Beck, 2006).
Assmann, Aleida. *Erinnerungsräume: Formen und Wandlungen des kulturellen Gedächtnisses* (München: Beck, ⁵2010).
Assmann, Aleida. *Ist die Zeit aus den Fugen? Aufstieg und Fall des Zeitregimes der Moderne* (München: Hanser Verlag, 2013).
Assmann, Jan. „Der zweidimensionale Mensch: Das Fest als Medium des kollektiven Gedächtnisses", in *Das Fest und das Heilige: Religiöse Kontrapunkte zur Alltagswelt*, hg. v. Jan Assmann und Theo Sundermeier (Gütersloh: Gütersloher Vlg., 1991), 13–30.
Assmann, Jan. „Kollektives Gedächtnis und kulturelle Identität", in *Kultur und Gedächtnis*, hg. v. Jan Assmann und Tonio Hölscher (Frankfurt a. M.: Suhrkamp, 1988).
Austin, John Langshaw. *Zur Theorie der Sprechakte* (Stuttgart: Reclam, 1972); engl. Original: *How to do things with words* (Oxford: Clarendon Press, 1962).

Bahr, Petra. „Ritual und Ritualisation: Elemente zu einer Theorie des Rituals im Anschluß an Victor Turner", *PrTh* 33 (1998), 143–158.

Barth, Karl. „Das christliche Leben" (Fragment), *Die kirchliche Dogmatik* Bd. IV/4, (Zürich: EVZ-Verl., 1967).

Barth, Karl. *Die kirchliche Lehre von der Taufe: Theologische Studien 14* (Zollikon-Zürich: Evang. Verl., 1943).

Battermann, Dirk. „Die weltliche Trauerrede als Dienst für die Hinterbleibenden: Ein Praxisbericht", in *Bestattung als Dienstleistung: Ökonomie des Abschieds*, hg. v. Klie, Thomas und Kühn. Jakob (Stuttgart: Kohlhammer, 2019), 77–86.

Bauman, Zygmunt. *Flaneure, Spieler und Touristen: Essays zu postmodernen Lebensformen* (Hamburg: Hamburger Edition, 1997).

Bauman, Zygmunt. *Moderne und Ambivalenz: Das Ende der Eindeutigkeit* (Frankfurt a.M.: Fischer, 1995).

Baumann, Maurice und Hauri, Roland (Hg.). *Weihnachten – Familienritual zwischen Tradition und Kreativität* (Stuttgart: Kohlhammer, 2008).

Bäumler, Christof und Luther, Henning (Hg.). *Konfirmandenunterricht und Konfirmation: Texte zu einer Praxistheorie im 20. Jahrhundert* (München: Kaiser, 1982).

Bayer, Oswald. „Amt und Ordination", in *Ordinationsverständnis und Ordinationsliturgien: Ökumenische Einblicke*, hg. v. Irene Mildenberger und Wolfgang Ratzmann (Leipzig: Evang. Verlagsanstalt, 2007), 9–25.

Beck, Ulrich und Beck-Gernsheim, Elisabeth. *Das ganz normale Chaos der Liebe* (Frankfurt: Suhrkamp, 1990).

Becker, Dieter. „Solitarbestattung: Evangelische Bestattungen ohne Angehörige als theologische Herausforderung", *PTh* 102 (2013), 355–370.

Becker, Frank, Scheller, Benjamin und Schneider, Ute. *Die Ungewissheit des Zukünftigen: Kontingenz in der Geschichte* (Frankfurt a. M.: Campus, 2016).

Beckmann, Jan P. (1974). „Haecceitas", in: Historisches Wörterbuch der Philosophie, hg. v. Joachim Ritter, Karlfried Gründer und Gottfried Gabriel (Basel: Schwabe), DOI: 10.24894/HWPh.1476.

Beckmayer, Sonja. „'You'll never walk allone': Trauerfeier für Nationaltorhüter Robert Enke" (2009), in *Riskante Liturgien: Gottesdienste in der gesellschaftlichen Öffentlichkeit*, hg. v. Kristian Fechtner und Thomas Klie (Stuttgart: Kohlhammer, 2011), 107–125.

Beckmayer, Sonja. „Kasualsprüche. Sentenzenfrömmigkeit im beginnenden 21. Jahrhundert" (Arbeitstitel, Habil.-Schrift, erscheint).

Beckmayer, Sonja. „Konfirmationsdinge: Konfirmationsbibel, Urkunde und Gruppenfoto mit Pfarrpersonen und ihr Einfluss auf die Konfirmand:innenzeit" in *Kasualdinge: Anmutung und Logik kirchlicher Gegenstände*, hg. v. Thomas Klie u. Jakob Kühn, (Stuttgart: Kohlhammer, 2023), 73–84.

Beckmayer, Sonja. *Bibel als Buch: Eine artefaktorientierte Untersuchung zu Gebrauch und Bedeutung der Bibel als Gegenstand* (Stuttgart: Kohlhammer, 2018).

Bedford-Strohm, Heinrich und Jung, Volker (Hg.). *Vernetzte Vielfalt: Kirche angesichts von Individualisierung und Säkularisierung. Die fünfte EKD-Erhebung über Kirchenmitgliedschaft* (Gütersloh: Gütersloher Vlg., 2015).

Beetschen, Franziska. *Alternative Taufe: Möglichkeiten und Grenzen aktueller Taufpraxis* (Heidelberg: epubli, 2019).

Beile, Markus. *Herausforderungen und Perspektiven der Konfirmationspredigt: Empirische Einsichten und theologische Klärungen* (Stuttgart: Kohlhammer, 2016).

Benjamin, Walter. „Das Passagen-Werk", in *Gesammelte Schriften*, hg. v. Rolf Tiedemann und Herrmann Schweppenhäuser, (Frankfurt a. M.: Suhrkamp, 1991, Bd. V).

Benkel, Thorsten, Klie, Thomas und Meitzler, Matthias, *Der Glanz des Lebens: Aschediamant und Erinnerungskörper* (Göttingen: Vandenhoeck, 2019).
Benkel, Thorsten, Meitzler, Matthias und Preuß, Dirk. *Autonomie der Trauer: Zur Ambivalenz des sozialen Wandels* (Baden-Baden: Nomos, 2019).
Berger, Peter A., Hock, Klaus und Klie, Thomas (Hg.). *Religionshybride: Religion in posttraditionalen Kontexten* (Wiesbaden: Springer, 2013).
Berger, Peter L. „A Market Model for the Analysis of Ecumenicity", *Social Research* 30 (1963), 77–93.
Bernitt, Elina. „Können weltliche Trauerfeiern Trost spenden?", in *Bestattung als Dienstleistung: Ökonomie des Abschieds*, hg. v. Thomas Klie und Jakob Kühn (Stuttgart: Kohlhammer, 2019), 109–121.
Beuscher, Armin, Mackscheidt, Elisabeth und Miethe, Hartmut (Hg.). *Gewagtes Glück: Reflexionen – Gedichte – Liturgien – Impulse zu Trennung und Scheidung* (Nidderau: Neues Buch, 1998).
Bianca, Andrea Marco. *Scheidungsrituale: Globale Bestandsaufnahme und Perspektiven für eine glaubwürdige Praxis in Kirche und Gesellschaft* (Zürich: TVZ, 2015).
Bieritz, Karl-Heinrich. „Das Kirchenjahr", *Handbuch der Liturgik*, hg. v. Hans-Christoph Schmidt-Lauber, Michael Meyer-Blanck und Karl-Heinrich Bieritz (Göttingen: Vandenhoeck, ³2003), 355–390.
Bieritz, Karl-Heinrich. *Das Kirchenjahr: Feste, Gedenk- und Feiertage in Geschichte und Gegenwart* (München: Beck, ⁹2014).
Bieritz, Karl-Heinrich. *Liturgik* (Berlin und New York: De Gruyter, 2004).
Bieritz, Karl-Heinrich. *Von Zeit zu Zeit: Überlegungen zur christlichen Zeitrechnung und zum Wechsel der Jahre* (Hannover: VELKD, 2007).
Bieritz, Karl-Heinrich. *Zeichen setzen: Beiträge zu Gottesdienst und Predigt* (Stuttgart u. a.: Kohlhammer, 1995).
Binder, Christian. „Dass er über Lebende und Tote Herr sei: Gottes Handeln an den Lebenden und an den Toten in den liturgischen Texten der Bestattungsagenden", in *Praktische Theologie der Bestattung*, hg. v. Th. Klie, M. Kumlehn, R. Kunz und Th. Schlag (Berlin und Boston: De Gruyter, 2015), 87–103.
Binder, Christian, Fendler, Folkert, Goldschmidt, Stephan und Reinbold, Wolfgang (Hg.). *Öffentliche Trauerfeiern für Menschen unterschiedlicher Religionszugehörigkeit* (Hildesheim: EKD-Zentrum für Qualitätsentwicklung im Gottesdienst, 2016).
Bizeul, Yves und Wodianka, Stefanie (Hg.), *Mythos und Tabula rasa: Narrationen und Denkformen der totalen Auslöschung und des absoluten Neuanfangs* (Bielefeld: Transcript, 2018).
Bloth, Peter C. „Konfirmation", in *Handbuch der Praktischen Theologie*, hg. v. Peter Bloth, Karl-Fritz Daiber, Jürg Kleemann et al., Bd. 3: Praxisfeld: Gemeinden (Gütersloh: Gütersloher Vlg., 1983), 169–182.
Blume, Cäcilie. *Populäre Musik bei Bestattungen: Eine empirische Studie zur Bestattung als Übergangsritual* (Stuttgart: Kohlhammer, 2014).
Blumenberg, Hans. *Die Lesbarkeit der Welt* (Frankfurt a. M.: Suhrkamp 1981).
Boal, Augusto. *Theatre of the Opressed* (London: Pluto Press, 2008).
Böhme-Lischewski, Thomas und Lübking, Hans-Martin. *Engagement und Ratlosigkeit: Konfirmandenunterricht heute: Ergebnisse einer empirischen Untersuchung* (Bielefeld: Luther-Verlag, 1995).
Böhme, Hartmut. *Fetischismus und Kultur: Eine andere Theorie der Moderne* (Frankfurt a. M.: Rowohlt, 2006).
Böhme, Michael. „Einschulung: Anmerkungen zu einem Statusübergang aus der Sicht der Seelsorge", *Entwickeltes Leben: Neue Herausforderungen für die Seelsorge*, hg. v. Michael Böhme, Friedrich Wilhelm Lindemann, Bettina Naumann und Wolfgang Ratzmann [Leipzig: Evang. Verlagsanstalt, 2002], 263–281.

Bohren, Rudolf. *Unsere Kasualpraxis – eine missionarische Gelegenheit?* (München: Chr. Kaiser, 1968); Erstveröff. *TEH 147*, München 1960. Rudolf Bohren, Predigtlehre (Gütersloh: Gütersloher Verlag, 1971).

Bohren, Rudolf. *Predigtlehre* (Gütersloh: Gütersloher Verlag, 1971).

Bollinger, Regina (Hg.). *Die Umarmung lösen: Grundlagen und Arbeitsmaterialien zur Scheidung in Seelsorge und Gottesdienst* (Gütersloh: Güterloher Vlg., 1997).

Bourdieu, Pierre. „Physischer, sozialer und angeeigneter physischer Raum", in *Stadt-Räume*, hg. v. Martin Wentz (Frankfurt a.M. / New York: Campus, 1991), 25–34.

Bourdieu, Pierre. *Sozialer Raum und „Klassen": Leçon sur la leçon: Zwei Vorlesungen* (Frankfurt a. M.: Suhrkamp, ²1991); französ. Originaltitel: „Espace social et genèse de ‚classe'", in *Actes de la recherche en sciences sociales*, 52/53, 6/1984.

Bourdieu, Pierre. *Was heißt sprechen? Zur Ökonomie des sprachlichen Tausches* (Wien: Braumüller, ²2005), 111ff. (franz.: *Ce que parler veut dire: L'économie des échanges linguistiques* [Paris: Librairie Arthème Fayard, 1982]).

Bräunlein, Peter J. „Ritual als Offenbarung: Victor Turner als katholischer Mystiker", in *Zur Aktualität von Victor W. Turner: Einleitung in sein Werk*, hg. v. Ders. (Wiesbaden: VS Verlag, 2012), 43–48.

Bräunlein, Peter J. *Zur Aktualität von Victor W. Turner: Einleitung in sein Werk* (Wiesbaden: VS Verlag, 2012).

Broadhurst, Susan. *Identity, Performance and Technology: Practices of Empowerment, Embodiment und Technicity* (Basingstoke: Palgrave Macmillan, 2012).

Brosius, Christiane, Michaels, Axel und Schrode, Paula (Hg.). *Ritual und Ritualdynamik: Schlüsselbegriffe, Theorien, Diskussionen* (Göttingen: Vandenhoeck, 2013).

Brouwer, Christian. „Abschied von Dir: Die persönliche Anrede von Verstorbenen in protestantischen Trauer- und Begräbnisritualen", in *Praktische Theologie der Bestattung*, hg. v. Th. Klie, M. Kumlehn, R. Kunz und Th. Schlag (Berlin und Boston: De Gruyter, 2015), 229–250.

Buber, Martin. *Ich und Du* (Stuttgart: Reclam, 2008).

Bubmann, Peter. *Davon ich singen und sagen will: Die Evangelischen und ihre Lieder* (Leipzig: Evang. Verlagsanstalt, 2012).

Bühler, Maximilian. „Doing Family in Bestattungsgesprächen: Beobachtungen zur Gestalt narrativer und ritualdesignerischer Praktiken" in *Kasualien als Familienfeste. Familienkonstitution durch Ritualpraxis*, hg. v. K. Krause, M. Stetter u. B. Weyel (Stuttgart: Kohlhammer, 2022), 85–102.

Bühler, Maximilian. „Empirischer Beitrag zum Bestattungsgespräch: Reden angesichts des Todes: Empirische Einblicke in Form und Funktion gegenwärtiger Bestattungsgespräche", in *Kasualgespräche im Wandel: Eine kirchliche Praxis im Spannungsfeld von Tradition und gesellschaftlichem Umbruch*, hg. v. Maximilian Bühler, Miriam Pönnighaus und Florian Volke (Münster: LIT, 2020), 247–303.

Bühler, Maximilian, Pönnighaus, Miriam und Volke, Florian (Hg.). *Kasualgespräche im Wandel: Eine kirchliche Praxis im Spannungsfeld von Tradition und gesellschaftlichem Umbruch* (Münster: LIT, 2020).

Bührmann, Andrea D. und Thiele-Manjali, Ulrike. „Hochzeiten und Heiraten als ‚rite de confirmation': Performative Herstellung geschlechtlicher Eindeutigkeiten in Zeiten des Wandels", *GENDER*, 2/2014, 9–23.

Burgk-Lempart, Andrea. *Wenn Wege sich trennen: Ehescheidung als theologische und kirchliche Herausforderung* (Stuttgart: Kohlhammer, 2010).

Charbonnier, Lars. „Kasualien als Aushandlungsprozess: Ein Plädoyer für die stärkere Gewichtung einer bisher vernachlässigten Dimension kasuellen Handelns der Kirche", in *On demand:*

Kasualkultur der Gegenwart, hg. v. Thomas Klie, Folkert Fendler und Hilmar Gattwinkel (Leipzig: Evang. Verlagsanstalt, 2017), 37–60.

Comenius-Institut (Hg.). *Handbuch für die Arbeit mit Konfirmandinnen und Konfirmanden* (Gütersloh: Gütersloher Vlg., 1998).

Comenius-Institut (Hg.). *Handbuch für die Konfirmandenarbeit* (Gütersloh: Gütersloher Vlg., 1984).

Cornehl, Peter. „Teilnahme am Gottesdienst: Zur Logik des Kirchgangs – Befund und Konsequenzen", in *Kirchenmitgliedschaft im Wandel: Untersuchungen zur Realität der Volkskirche: Beträge zur zweiten EKD-Umfrage „Was wird aus der Kirche?"*, hg. v. Joachim Matthes (Gütersloh: Gütersloher Vlg., 1990), 15–53.

Cullmann, Oscar. *Die Entstehung des Weihnachtsfestes und die Herkunft des Weihnachtsbaumes* (Stuttgart: Quell, 1990).

Dahm, Karl-Wilhelm, Drehsen, Volker und Kehrer, Günter. *Das Jenseits der Gesellschaft: Religion im Prozeß sozialwissenschaftlicher Kritik* (München: Claudius Verlag, 1975).

Dalferth, Ingolf U. *Gedeutete Gegenwart: Zur Wahrnehmung Gottes in den Erfahrungen der Zeit* (Tübingen: Mohr Siebeck, 1997).

Dalferth, Ingolf U. *Gegenwart* (Tübingen: Mohr Siebeck, 2021).

Datenreport 2021: Ein Sozialbericht für die Bundesrepublik Deutschland, hg. v. d. Bundeszentrale für politische Bildung (Bonn, 2021).

Davie, Grace. „Vicarious religion. A methodological Challenge", in *Everyday Religion: Observing Modern Religious Lives*, hg. v. Nancy T. Ammerman (Oxford: University Press, 2006), 21–35.

Deckert-Peaceman, Heike und Scholz, Gerold. *Vom Kind zum Schüler: Diskurs-Praxis-Formationen zum Schulanfang und ihre Bedeutung für die Theorie der Grundschule* (Opladen: Budrich, 2016).

Deeg, Alexander, Garhammer, Erich, Kranemann, Benedikt und Meyer-Blanck, Michael (Hg.). *Gottesdienst und Predigt – evangelisch und katholisch* (Neukirchen: Neukirchener Vlg., 2014).

Degen, Roland. „‚Machst du dein Ding mit oder ohne Pfarrer?' Konfirmation, Jugendweihe, kirchliche Jugendfeier und Rituale ähnlicher Art", in *Konfirmandenunterricht: Didaktik und Inszenierung*, hg. v. Bernhard Dressler, Thomas Klie und Carsten Mork (Hannover: Luth. Verlagshaus, 2001), 152–174.

Dehn, Günther. *Die Amtshandlungen der Kirche* (Stuttgart: Kohlhammer, 1950).

Deleuze, Gilles. „Was ist ein Dispositiv?", in *Spiel der Wahrheit: Michel Foucaults Denken*, hg. v. François Ewald und Bernhard Waldenfels (Frankfurt a. M.: Suhrkamp, 1992), 153–162.

Demmrich, Sarah. *Religiosität und Rituale: Empirische Untersuchungen an ostdeutschen Jugendlichen* (Leipzig: Evang. Verlagsanstalt, 2016).

Depner, Anamaria. *Dinge in Bewegung: Zum Rollenwandel materieller Objekte* (Bielefeld: Transcript, 2015).

Detrez, Angelika. „Konfirmationsjubiläum", in *Gelegenheit macht Gottesdienst: Liturgische Hilfen für lebensgeschichtliche Anlässe*, Bd.1, hg. v. Ulrich Fischer, Reiner Marquard u. Helmuth Mühlmeier (Stuttgart: Calwer, 1996), 137–149.

de Wildt, Kim. „Kasualien-Konkurrenz: Die Kirche und ihre ‚Kunden'", εύangel: Magazin für Missionarische Pastoral 3 (2015).

Diedrich, Martin. *Reden als Ritualkunst. Grundlagen für Hochzeits- und Trauerredner*innen* (Göttingen: Vandenhoeck & Ruprecht, 2020).

Dierken, Jörg. *Amtshandlungen in der Volkskirche: Zum theologischen Umgang mit Kasualfrömmigkeit* (Zürich: TVZ, 1991).

Dierken, Jörg. *Selbstbewußtsein individueller Freiheit: Religionstheoretische Erkundungen in protestantischer Perspektive* (Tübingen: Mohr Siebeck, 2005).

Dingel, Irene und Lotz-Heumann, Ute (Hg.). *Entfaltung und zeitgenössische Wirkung der Reformation im europäischen Kontext* (Gütersloh: Gütersloher Vlg., 2015).

Döhnert, Albrecht. *Jugendweihe zwischen Familie, Politik und Religion: Studien zum Fortbestand der Jugendweihe nach 1989 und die Konfirmationspraxis der Kirchen* (Leipzig: Evang. Verlagsanstalt, 2000).

Dolto, Françoise und Dolto-Tolitch, Catherine. *Von den Schwierigkeiten, erwachsen zu werden* (Stuttgart: Klett-Cotta, ⁴1992); französ. Original: *Paroles pur adolescents ou le complexe du homard* (Paris: Hatier, 1989).

Domsgen, Michael. „Warum soll man sich das überhaupt antun?: Kasualien als Familienfeste" in: *Kasualien als Familienfeste. Familienkonstitution durch Ritualpraxis*, hg. v. Katharina Krause, Manuel Stetter u. Birgit Weyel (Stuttgart: Kohlhammer, 2022), 28–41.

Domsgen, Michael. Domsgen, Michael. *Familie und Religion* (Leipzig: Evang. Verlagsanstalt, 2004).

Dörken, Heidrun. „Trennung", in *Gelegenheit macht Gottesdienst: Liturgische Hilfen für lebensgeschichtliche Anlässe*, Bd. 1, hg. v. Ulrich Fischer, Reiner Marquard und Helmuth Mühlmeier (Stuttgart: Calwer, 1996), 125–136.

Drehsen, Volker. „Die Heiligung von Lebensgeschichten: Zur gesellschaftstheoretischen Bedeutung volkskirchlicher Amtshandlungen", in Ders., *Wie religionsfähig ist die Volkskirche? Sozialisationstheoretische Erkundungen neuzeitlicher Christentumspraxis* (Gütersloh: Gütersloher Vlg., 1994), 174–198.

Drehsen, Volker. „Kleines Lob der Kasualpredigt: Ein Nachwort zur vorliegenden Predigtsammlung" in *Ottokar Basse: Das Evangelium in Zeit in Ewigkeit: Ausgewählte Predigten*, hg. v. Ursula Basse-Soltau (Münster: LIT, 2003), 190–210.

Drehsen, Volker. „Tod – Trauer – Trost: Christlich-religiöse Kultur des memento mori zwischen Verdrängung und Vergewisserung", in Ders., *Wie religionsfähig ist die Volkskirche?: Sozialisationstheoretische Erkundungen neuzeitlicher Christentumspraxis* (Gütersloh: Gütersloher Vlg., 1994), 199–219.

Drehsen, Volker. *Wie religionsfähig ist die Volkskirche? Sozialisationstheoretische Erkundungen neuzeitlicher Christentumspraxis*, (Gütersloh: Gütersloher Vlg. 1994).

Dressler, Bernhard. „Schule und Gemeinde: Religionsdidaktische Optionen. Eine topographische Lageskizze zum Unterschied zwischen Religionsunterricht und Konfirmandenunterricht", in *Konfirmandenunterricht*, hg. v. Ders., Thomas Klie und Carsten Mork (Hannover: Lutherhaus, 2001), 133–151.

Drößler, Bernd. „Zwischen Amt und Beruf: Zur Problematik von Theologenarbeitslosigkeit", *ZThK* 82, H.4 (1985): 501–522.

Dücker, Burckhard. *Rituale. Formen – Funktionen – Geschichte: Eine Einführung in die Ritualwissenschaft* (Stuttgart und Weimar: J. B. Metzler, 2007).

Dumberger, Markus. „'Ich finde weiß ist viel schöner!': Eine ethnographische Studie zu Taufgesprächen", in *Kasualien als Familienfeste. Familienkonstitution durch Ritualpraxis*, hg. v. Katharina Krause, Manuel Stetter u. Birgit Weyel (Hg.): (Stuttgart: Kohlhammer, 2022), 103–118.

Durkheim, Emile. „La Famille conjugale", *Revue Philosophique* 1921.

DWDS – Digitales Wörterbuch der deutschen Sprache: Wortauskunftssystem zur deutschen Sprache in Geschichte und Gegenwart, hg. v. d. Berlin-Brandenburgischen Akademie der Wissenschaften, https:///www.dwds.de.

Ebertz, Michael N. „Einseitige und zweiseitige liturgische Handlungen: Gottes-Dienst in der entfalteten Moderne", in *Heute Gott feiern: Liturgiefähigkeit des Menschen und Menschenfähigkeit der Liturgie*, hg. v. Kranemann, Benedikt, Nagel, Eduard und Nübold, Elmar (Freiburg u. a.: Herder, 1999), 14–38.

Eco, Umberto. *Lector in fabula: Die Mitarbeit der Interpretation in erzählenden Texten* (München und Wien: Hanser, 1987).

Eco, Umberto. *Über Spiegel und andere Phänomene* (München und Wien: Hanser, 1988).
Engelsberger, Gerhard. *Scheidung auf evangelisch: Warum auch Christen sich trennen dürfen* (Zürich: Kreuz-Verlag, 1997).
Engemann, Wilfried. *Einführung in die Homiletik* (Tübingen: Narr Francke Attempto, ³2020).
Engemann, Wilfried. *Semiotische Homiletik: Prämissen – Analysen – Konsequenzen* (Tübingen und Basel: Francke, 1993).
Engemann, Wilfried und Volp, Rainer (Hg.), *Gib mir ein Zeichen: Zur Bedeutung der Semiotik für theologische Praxis- und Denkmodelle* (Berlin und New York: De Gruyter, 1992).
Erll, Astrid. *Kollektives Gedächtnis und Erinnerungskulturen* (Stuttgart und Weimar: J. B. Metzler, ²2011).
Esposito, Elena. *Soziales Vergessen: Formen und Medien des Gedächtnisses der Gesellschaft* (Frankfurt a. M.: Suhrkamp, 2002).
Eulenberger, Klaus. „Der Boden unserer Herzen ist aufgebrochen: Trauerfeiern nach den Amokläufen von Erfurt (2002) und Winnenden (2009)", in *Riskante Liturgien: Gottesdienste in der gesellschaftlichen Öffentlichkeit*, hg. v. Kristian Fechtner und Thomas Klie (Stuttgart: Kohlhammer, 2011), 33–42.
Evangelische Kirche in Deutschland (Hg.). *Engagement und Indifferenz: Kirchenmitgliedschaft als soziale Praxis: V. EKD-Erhebung über Kirchenmitgliedschaft* (Hannover: EKD, 2014).
Evangelische Kirche in Deutschland (Hg.). *Wie hältst du's mit der Kirche? Zur Bedeutung der Kirche in der Gesellschaft. Erste Ergebnisse der 6. Kirchenmitgliedschaftsuntersuchung* (Leipzig: Evang. Verlagsanstalt 2023).
Eyselein, Christian. *Segnet Gott, was Menschen schaffen? Kirchliche Einweihungshandlungen im Bereich des öffentlichen Lebens* (Stuttgart: Calwer, 1993).
Failing, Wolf-Eckart. „Die kleine Lebenswelt und der umfassende Sinn: Weisheit des Alltags und kasuelles Handeln der Kirche", in Ders. und Hans-Günter Heimbrock, *Gelebte Religion wahrnehmen: Lebenswelt – Alltagskultur – Religionspraxis* (Stuttgart: Kohlhammer, 1998), 200–232.
Failing, Wolf-Eckart und Heimbrock, Hans-Günter. *Gelebte Religion wahrnehmen: Lebenswelt – Alltagskultur – Religionspraxis* (Stuttgart: Kohlhammer, 1998).
Famos, Cla Reto und Kunz, Ralph (Hg.). *Kirche und Marketing: Beiträge zu einer Verhältnisbestimmung* (Zürich: TVZ, 2006).
Fechtner, Kristian. „Goldene Konfirmation", in *Erinnerungskasualien*, hg. v. Kr. Fechtner und Th. Klie (Gütersloh: Gütersloher Vlg., 2019), 31–41.
Fechtner, Kristian. „Gottesdienst zur Einschulung: Liturgische Erkundungen und kasualtheologische Erwägungen", in *Gottesdienste zur Einschulung und andere begleitende Gottesdienste im Kontext „Schule"*, hg. v. Birgit Müller (Frankfurt: Zentrum Verkündigung der EKHN, 2007), 161–179.
Fechtner, Kristian. „Trauungen außerhalb und innerhalb der Kirche: Praktisch-theologische Beobachtungen und kasualtheoretische Erwägungen", in *Provozierte Kasualpraxis: Rituale in Bewegung*, hg. v. Ulrike Wagner-Rau und Emilia Handke (Stuttgart: Kohlhammer, 2019), 57–69.
Fechtner, Kristian. *Diskretes Christentum: Religion und Scham* (Gütersloh: Gütersloher Vlg., 2015).
Fechtner, Kristian. *Kirche von Fall zu Fall: Kasualpraxis in der Gegenwart – eine Orientierung* (Gütersloh: Gütersloher Vlg., 2003 [²2011]).
Fechtner, Kristian. *Schwellenzeit: Erkundungen zur kulturellen und gottesdienstlichen Praxis des Jahreswechsels* (Gütersloh: Gütersloher Vlg., 2001).
Fechtner, Kristian und Friedrichs, Lutz (Hg.). *Normalfall Sonntagsgottesdienst? Gottesdienst und Sonntagskultur im Umbruch* (Stuttgart: Kohlhammer, 2008).
Fechtner, Kristian und Klie, Thomas (Hg.). *Erinnerungskasualien* (Gütersloh: Gütersloher Vlg., 2019).
Fechtner, Kristian und Klie, Thomas (Hg.). *Riskante Liturgien: Gottesdienste in der gesellschaftlichen Öffentlichkeit* (Stuttgart: Kohlhammer, 2011).

Fendler, Folkert. „Externer Faktor Heiliger Geist: Was Christen von gottesdienstlichen Dienstleistungen halten", in *Bestattung als Dienstleistung. Ökonomie des Abschieds*, hg. v. Klie, Thomas und Kühn. Jakob (Stuttgart: Kohlhammer, 2019), 61.

Fenner, Kathrin. *Confirmatio et memoria per narrationem: Die Feier der Goldenen Konfirmation – Erinnerungskasualie oder Klassentreffen in kirchlichem Ambiente?* (Berlin: LIT, 2015).

Festinger, Leon. *Theorie der kognitiven Dissonanz* (Bern: Hogrefe, ³2020 [1978]).

Finke, Andreas. „Freie Theologen, freie Redner, freie Ritendesigner: Der neue Markt kirchenferner Riten", *Materialdienst der EZW: Zeitschrift für Religions- und Weltanschauungsfragen*, 67. Jg. (2004), 123–134.

Fischer-Lichte, Erika. *Die Entdeckung des Zuschauers: Paradigmenwechsel auf dem Theater des 20. Jahrhunderts* (Tübingen und Basel: Francke, 1997).

Fischer, Helmut. *Trauung aktuell: Analysen, Erwägungen und Impulse zum kirchlichen Handeln bei der Eheschließung* (München: Claudius Verlag, 1976).

Fischer, Norbert. „Die Technisierung des Todes: Feuerbestattung – Krematorium – Aschebeisetzung", in *Raum für Tote: Die Geschichte der Friedhöfe von der Gräberstrasse der Römerzeit bis zur anonymen Bestattung*, hg. v. Arbeitsgemeinschaft Friedhof und Denkmal (Braunschweig: Haymarket Media, 2003), 145–162.

Fischer, Norbert. *Zwischen Trauer und Technik: Feuerbestattung, Krematorium, Flamarium. Eine Kulturgeschichte* (Berlin: Nora, 2002).

Fischer, Ulrich, Marquard, Reiner und Mühlmeier, Helmuth (Hg.). *Gelegenheit macht Gottesdienst: Liturgische Hilfen für lebensgeschichtliche Anlässe* (Stuttgart: Calwer, 1996).

Fischer, Ulrich, Marquard, Reiner und Mühlmeier, Helmuth (Hg.). *Liturgische Hilfen für lebensgeschichtliche Anlässe: Gelegenheit macht Gottesdienst*, Bd. 2 (Stuttgart: Calwer, 1998).

Flammer, August und Alsaker, Françoise D., *Entwicklungspsychologie der Adoleszenz: Die Erschließung innerer und äußerer Welten im Jugendalter* (Bern: Huber, 2001).

Fopp, Simone. *Trauung – Spannungsfelder und Segensräume: Empirisch-theologischer Entwurf eines Rituals im Übergang* (Stuttgart: Kohlhammer, 2007).

Förster, Hans. *Die Anfänge von Weihnachten und Epiphanias: Eine Anfrage an die Entstehungshypothesen* (Tübingen: Mohr Siebeck, 2007).

Foucault, Michael. *Die Ordnung des Diskurses: Mit einem Essay von Ralf Konersmann* (Frankfurt a. M.: Fischer, ¹⁰2007); französ. Original: *L'ordre du discours*, Paris: Gallimard, 1972.

Foucault, Michael. *Dispositive der Macht: Über Sexualität, Wissen und Wahrheit* (Berlin: Merve, 1978; Neuaufl. 2000).

Franz, Adolph. *Die kirchlichen Benediktionen im Mittelalter*, Bd. 2 (Freiburg: Herder, 1909), 289–300.

Frettlöh, Magdalene L. *Theologie des Segens. Biblische und dogmatische Wahrnehmungen* (Gütersloh: Chr. Kaiser und Gütersloher Vlg., 1998).

Freud, Sigmund. „Jenseits des Lustprinzips" (1920), in Ders., *Studienausgabe, Bd. III: Psychologie des Unbewussten* (Frankfurt a. M.: S. Fischer, 1975).

Friedrich, Marcus A. *Liturgische Körper: Der Beitrag von Schauspieltheorien und -techniken für die Pastoralästhetik* (Stuttgart: Kohlhammer, 2001).

Friedrichs, Lutz. „'Sie spielen mit'... Liturgischer Kommentar zu Reden angesichts des Todes: Empirische Einblicke in Form und Funktion gegenwärtiger Bestattungsgespräche", in *Kasualgespräche im Wandel: Eine kirchliche Praxis im Spannungsfeld von Tradition und gesellschaftlichem Umbruch*, hg. v. Maximilian Bühler, Miriam Pönnighaus und Florian Volke, (Münster: LIT, 2020), 335–351.

Friedrichs, Lutz. „Konfessionslosigkeit als homiletische Herausforderung", *PTh* 9/2011, 426–437.

Friedrichs, Lutz. *Kasualpraxis in der Spätmoderne. Studien zu einer Praktischen Theologie der Übergänge* (Leipzig: Evang. Verlagsanstalt, 2008).

Frisch, Helga. *Tagebuch einer Pastorin* (Frankfurt a. M.: Fischer TB, 1982).

Frowein, Thomas. „Glücklich geschieden", *Warum! Eine psychologische Zeitschrift* 3 (1981), 10–15.

Fugmann, Haringke Gregor. *Von Wendepunkten und Zeremonienmeistern: Kasualtheorien im Lichte zweier empirischer Untersuchungen* (Frankfurt a. M.: Hansisches Druck- und Verlagshaus, 2009).

Garcia, Tristan. *Das intensive Leben: Eine moderne Obsession* (Frankfurt a.M.: Suhrkamp, 2020); französ. Original: *La vie intense: Une obsession moderne* (Paris: Autrement, 2016).

Garhammer, Erich, Schöttler, Heinz-Günther und Ulrich, Gerhard (Hg.), *Zwischen Schwellenangst und Schwellenzauber: Kasualpredigt als Schwellenkunde* (München: Don Bosco, 2002).

Gärtner, Judith. *Die Geschichtspsalmen: Eine Studie zu den Psalmen 78, 105, 106, 135 und 136 als hermeneutische Schlüsseltexte im Psalter* (Tübingen: Mohr Siebeck, 2012).

Geertz, Clifford. *Dichte Beschreibung: Beiträge zum Verstehen kultureller Systeme* (Frankfurt a.M.: Suhrkamp, 1983); Original: Clifford Geertz, *Thick description: Toward an interpretive theory of culture*, in Ders., *The Interpretation of Cultures: Selected Essays* (New York: Basic Books Publishers, 1973).

Gennep, Arnold van. *Les rites de passage: Étude systématique des rites* (Paris: Émile Nourry, 1909; dt.: *Übergangsriten*, Frankfurt/M.: Campus, 2005).

Gerhards, Albert und Kranemann, Benedikt (Hg.). *Christliche Begräbnisliturgie und säkulare Gesellschaft* (Leipzig: Benno-Verlag, 2002).

Geue, Bernhard. *Macht und Ohnmacht im Alltag* (Norderstedt: Aurus, 2011).

Gibson, James J. *Wahrnehmung und Umwelt: Der ökologische Ansatz in der visuellen Wahrnehmung* (München: Urban & Schwarzenberg, 1982).

Globig, Christine. *Frauenordination im Kontext lutherischer Ekklesiologie: Ein Beitrag zum ökumenischen Gespräch* (Göttingen: Vandenhoeck, 1994).

Glogner-Pilz, Patrick und Föhl, Patrick S. (Hg.). *Das Kulturpublikum: Fragestellungen und Befunde der empirischen Forschung* (Wiesbaden: Springer VS, ²2011).

Goebbels, Heiner. *Ästhetik der Abwesenheit: Texte zum Theater* (Berlin: Theater der Zeit, 2012).

Gräb, Wilhelm. „‚... lass die Toten ihre Toten begraben': Überlegungen zu einer zeitgenössischen Begräbnishomiletik", *PTh* 83 (1994), 180–198.

Gräb, Wilhelm. „Ratsuchende als Subjekte der Seelsorge", in *Handbuch der Seelsorge: Grundlagen und Profile*, hg. v. Wilfried Engemann (Leipzig: Evang. Verlagsanstalt, ²2009), 128–142.

Gräb, Wilhelm. „Rechtfertigung von Lebensgeschichten: Erwägungen zu einer theologischen Theorie der kirchlichen Amtshandlungen", *PTh* 76 (1987), 21–38.

Gräb, Wilhelm. *Lebensgeschichten, Lebensentwürfe, Sinndeutungen: Eine praktische Theologie gelebter Religion* (Gütersloh: Chr. Kaiser und Gütersloher Vlg., 1998).

Graff, Paul. *Geschichte der Auflösung der alten gottesdienstlichen Formen in der evangelischen Kirche Deutschlands bis zum Eintritt der Aufklärung und des Rationalismus* (Göttingen: Vandenhoeck, 1921).

Graupner, Richard. *Der Gottesdienst als Ritual: Entdeckung, Kritik und Neukonzeption des Ritualbegriffs in der evangelischen Liturgik* (Göttingen: Vandenhoeck, 2019).

Greiner, Dorothea. *Segen und Segnen: Eine systematisch-theologische Grundlegung* (Stuttgart: Kohlhammer, 1998).

Grethlein, Christan. „Die Taufe und die Taufdinge" in *Kasualdinge: Anmutung und Logik kirchlicher Gegenstände*, hg. v. Thomas Klie u. Jakob Kühn, (Stuttgart: Kohlhammer, 2023), 61–72.

Grethlein, Christan. „Benediktionen und Krankensalbung", in *Handbuch der Liturgik*, hg. v. Hans-Christoph Schmidt-Lauber u. a. (Göttingen: Vandenhoeck, ³2003), 551–574.

Grethlein, Christan. „Die Kasualien: Empirische Aspekte", in *Handbuch der Liturgik*, hg. v. Hans-Christoph Schmidt-Lauber, Michael Meyer-Blanck und Karl-Heinrich Bieritz (Göttingen: Vandenhoeck, ³2003), 463–470.

Grethlein, Christan. *Grundinformation Kasualien: Kommunikation des Evangeliums an Übergängen des Lebens* (Göttingen: Vandenhoeck: 2007).

Grethlein, Christan. *Pfarrer – ein theologischer Beruf!* (Frankfurt a. M.: Hansisches Druck- und Verlagshaus, 2009).

Grethlein, Christan. *Praktische Theologie* (Berlin und Boston: De Gryuter, ²2016).

Greve, Nils. „Reframing", in *Techniken der Psychotherapie: Ein methodenübergreifendes Kompendium*, hg. v. Wolfgang Senf, Michael Broda und Bettina Wilms (Stuttgart: Thieme, 2013), 101–103.

Grevel, Jan Peter und Kretzschmar, Gerald. „Die Kasualfotographie: Praktisch-theologische Erkundungen eines konfliktreichen Phänomens", *PTh* 93 (2004), 280–298.

Grözinger, Albrecht. „Das Amt der Erinnerung: Überlegungen zum zukünftigen Profil des Berufs der Pfarrerinnen und Pfarrer", in *Die Kirche – ist sie noch zu retten? Anstiftungen für das Christentum in postmoderner Gesellschaft*, hg. von Albrecht Grözinger (Gütersloh: Gütersloher Vlg., 1998), 134–141.

Grözinger, Albrecht. (Hg.). *Die Kirche - ist sie noch zu retten? Anstiftungen für das Christentum in postmoderner Gesellschaft* (Gütersloh: Gütersloher Vlg., 1998).

Grözinger, Albrecht und Pfleiderer, Georg (Hg.). *„Gelebte Religion" als Programmbegriff systematischer und praktischer Theologie* (Zürich: TVZ, 2002).

Grüning, Leonie. „Taufgedächtnis", *Erinnerungskasualien*, hg. v. Kristian Fechtner u. Thomas Klie (Gütersloh: Gütersloher Vlg., 2019), 22–30.

Gumbrecht, Hans Ulrich. *Unsere breite Gegenwart* (Frankfurt a. M.: Suhrkamp, 2010).

Gunkel, Gerd-Henning, Lorenz, Nikolaus und Wrede, Hartwig. „Theologenschwemme und Wirtschaftskrise", *EvTh* 40, H.2 (1980), 148–160.

Gutmann, Hans-Martin. *Mit den Toten leben: Eine evangelische Perspektive* (Hamburg: Pawlas & Petersen, ²2011).

Haack, Hans Georg. *Die Amtshandlungen der evangelischen Kirche* (Gotha: Leopold Klotz Verlag, 1935).

Habermas, Tilman. *Geliebte Dinge: Symbole und Instrumente der Identitätsbildung* (Berlin u. a.: Suhrkamp, 1996).

Habermas, Tilman. „Die Veränderung von Lebensgeschichten im Laufe des Lebens", in *Erinnern und Vergessen. Psychosoziale Arbeit mit Überlebenden der Shoah und ihren Nachkommen*, hg. v. Zentralwohlfahrtsstelle der Juden in Deutschland, (Leipzig, Hentrich und Hentrich Verlag, 2020).

Hallberg, Bo. *Die Jugendweihe: Zur deutschen Jugendweihetradition* (Göttingen: Vandenhoeck, ²1979; Lund 1977).

Han, Byung-Chul. *Duft der Zeit* (Bielefeld: Transcript, 2009).

Han, Byung-Chul. *Vom Verschwinden der Rituale: Eine Topologie der Gegenwart* (Berlin: Ullstein, ³2019).

Handke, Emilia. *Religiöse Jugendfeiern „zwischen Kirche und anderer Welt": Eine historische, systematische und empirische Studie über kirchlich (mit)verantwortete Alternativen zur Jugendweihe* (Leipzig: Evang. Verlagsanstalt, 2016).

Handschuh, Gerhard. „Mit den langen Zuckertüten, schön und bunt gezackt", *Schönere Heimat. Erbe und Auftrag* 3 (1991) 142–152.

Hänel, Dagmar und Uhlig, Mirko. „Ein Vorhängeschloss für die ewige Liebe: In Köln etabliert sich ein neuer Brauch", in *Alltag im Rheinland 2010* (Bonn: LVR-Institut für Landeskunde und Regionalgeschichte, 2010), 68–75.

Harbsmeier, Götz. *Was wir an den Gräbern sagen* (Gießen: Wilh. Schmitz, 1947).

Hareide, Bjarne. *Die Konfirmation in der Reformationszeit: Eine Untersuchung der lutherischen Konfirmation in Deutschland 1520–1585* (Göttingen: Vandenhoeck, 1971).

Härle, Wilfried. *Von Christus beauftragt: Ein biblisches Plädoyer für Ordination und Priesterweihe von Frauen* (Leipzig: Evang. Verlagsanstalt, 2017).

Harms, Claus. *Pastoraltheologie: In Reden an Theologiestudierende*, Bd. 1: *Der Prediger* (Kiel: Universitätsbuchhandlung, 1830).

Harms, Claus. *Pastoraltheologie: In Reden an Theologiestudierende*, Bd. 2: *Der Priester* (Kiel: Universitätsbuchhandlung, 1831).

Harnack, Theodosius. *Praktische Theologie*, Bd. 2 (Erlangen: Deichert, 1878).

Hauschildt, Eberhard. „Unterhaltungsmusik in der Kirche: Der Streit um die Musik bei Kasualien", unveröff. Vortrag vom 17.2.1999, 1–8.

Hauser, Susanne und Schambeck, Franz (Hg.). *Übergangsraum Adoleszenz: Entwicklung, Dynamik und Behandlungstechnik Jugendlicher und junger Erwachsener* (Frankfurt a. M.: Brandes & Apsel, 2010).

Heimbrock, Hans-Günter. *Gottesdienst – Spielraum des Lebens: Sozial- und kulturwissenschaftliche Analysen zum Ritual in praktisch-theologischem Interesse* (Kampen: J. H. Kok; Weinheim: Deutscher Studien Verlag, 1993).

Heller, Birgit und Winter, Franz (Hg.). *Tod und Ritual: Interkulturelle Perspektiven zwischen Tradition und Moderne* (Münster: LIT, 2007).

Herbrecht, Dagmar (Hg.). *Der Streit um die Frauenordination in der Bekennenden Kirche: Quellentexte zu ihrer Geschichte im Zweiten Weltkrieg* (Neukirchen-Vluyn: Neukirchener, 1997).

Hermelink, Jan. „Christlich, weltlich und von allem ein wenig: Gegenwärtige Bestattungsfeiern jenseits der kirchlichen Tradition", *PrTh* 37 (2002), 206–209.

Hermelink, Jan. „Das Trauergespräch als soziale Praxis einer ästhetisch-biographischen Service-Organisation: Kirchentheoretischer Kommentar zu den Beispielen und ersten Einblicken von Miriam Pönnighaus", in *Kasualgespräche im Wandel: Eine kirchliche Praxis im Spannungsfeld von Tradition und gesellschaftlichem Umbruch*, hg. v. Maximilian Bühler, Miriam Pönnighaus und Florian (Münster: LIT, 2020), 225–237.

Hermelink, Jan. „Die weltliche Bestattung und ihre kirchliche Konkurrenz: Überlegungen zur Kasualpraxis in Ostdeutschland", *Jahrbuch für Liturgik und Hymnologie* 39 (2000), 65–86.

Hermelink, Jan und Kretzschmar, Gerald. „Die Ortsgemeinde in der Wahrnehmung der Kirchenmitglieder – Dimensionen und Determinanten, in *Vernetzte Vielfalt: Kirche angesichts von Individualisierung und Säkularisierung. Die fünfte EKD-Erhebung über Kirchenmitgliedschaft*, hg. v. Bedford-Strohm, Heinrich und Jung, Volker (Gütersloh: Gütersloher Vlg., 2015), 59–67.

Hermelink, Jan, Koll, Julia und Hallwaß, Anne Elise. „Liturgische Praxis zwischen Teilhabe und Teilnahme", in *Vernetzte Vielfalt: Kirche angesichts von Individualisierung und Säkularisierung. Die fünfte EKD-Erhebung über Kirchenmitgliedschaft*, hg. v. Bedford-Strohm, Heinrich und Jung, Volker (Gütersloh: Gütersloher Vlg., 2015), 90–111.

Herms, Eilert. „Die Sprache der Bilder und die Kirche des Wortes", in Ders., *Offenbarung und Glaube: Zur Bildung des christlichen Lebens* (Tübingen: Mohr Siebeck, 1992), 221–245.

Hero, Markus. „Religiöse Gesellungsformen in der Spätmoderne: Zum Wandel des zeitlichen Horizonts", in *Gemeinde auf Zeit: Gelebte Kirchlichkeit wahrnehmen*, hg. v. Peter Bubmann, Kristian Fechtner, Konrad Merzyn, Stefan Ark Nitsche und Birgit Weyel (Stuttgart: Kohlhammer, 2019), 30–39.

Hero, Markus. *Die neuen Formen des religiösen Lebens: Eine institutionentheoretische Analyse neuer Religiosität* (Würzburg: Ergon, 2010).

Hild, Helmut (Hg.). *Wie stabil ist die Kirche? Bestand und Erneuerung: Ergebnisse einer Meinungsbefragung* (Gelnhausen und Berlin: Burckhardthaus-Verlag, 1974).

Hill, Paul B. und Kopp, Johannes (Hg.). *Familiensoziologie: Grundlagen und theoretische Perspektiven* (Wiesbaden: Springer VS, ⁵2013).

Hobsbawm, Eric und Ranger, Terence. *The Invention of Tradition* (Cambridge: Cambridge University Press, 1992).

Höfling, Johann Wilhelm. *Das Sakrament der Taufe nebst anderen damit zusammenhängenden Akten der Initiation*, Bd. 2 (Erlangen: Palmsche Verlagsbuchhandlung, 1848).

Hofmann von, Johann Christian. „Die rechte Verwaltung der Konfirmation, eine Grundvoraussetzung rechter Kirchenverfassung", *Zeitschrift für Protestantismus und Kirche (ZPK)* 18 (1849), 1–18.

Hohm, Hans-Jürgen. *Soziale Systeme, Kommunikation, Mensch: Eine Einführung in soziologische Systemtheorie* (Weinheim: Juventa, 2006).

Höhn, Hans-Joachim. „Dialektik der Beschleunigung: Theologie als Zeitdiagnose", in *Zu schnell für Gott? Theologische Kontroversen zu Beschleunigung und Resonanz*, hg. v. Tobias Kläden und Michael Schüßler (Freiburg: Herder, 2017), 52–71.

Höhn, Hans-Joachim. *GegenMythen: Religionsproduktive Tendenzen der Gegenwart* (Freiburg: Herder, 1994; [³1996]).

Höllmüller, Hubert. *Entscheidungsprozesse und Erwartungserwartungen: Zur Genese von Entscheidungsprozessen auf Grundlage der Theorie selbstorganisierender Systeme* (Saarbrücken: VDM-Verlag, 2008).

Humboldt, Wilhelm von. *Über den Dualis* (Berlin: Königl. Akad. d. Wiss., 1827).

Iannaccone, Laurence Robert. *Consumption capital and habit formation with an application to religious participation* (Chicago: Univ. of Chicago, 1984).

Ilg, Wolfgang und Schweitzer, Friedrich, „Empirische Bestandsaufnahme aus den Studien zur Konfirmandenarbeit", in *Handbuch Konfi-Arbeit*, hg. v. Thomas Ebinger, Thomas Böhme, Matthias Hempel, Herbert Kolb und Achim Plagentz (Gütersloh: Gütersloher Vlg., ²2018), 67–78.

Jahr, Hannelore, Kähler, Christoph und Lesch, Jürgen-Peter (Hg.). *Die Revision der Lutherbibel 2017: Hintergründe, Kontroversen, Entscheidungen* (Stuttgart: Dt. Bibelgesellschaft, 2018).

Janetzky, Birgit. „Lebensdeutung und Abschiedsritual: Die Gestaltung ‚weltlicher' Trauerfeiern", in *Christliche Begräbnisliturgie und säkulare Gesellschaft*, hg. v. Albert Gerhards und Benedikt Kranemann (Erfurt: St. Benno, 2002), 231–251.

Janetzky, Birgit. „Unsere Liebe ist einzigartig – wir wollen ein einzigartiges Ritual: Die Gestaltung nichtkirchlicher Hochzeitszeremonien", in *Hochzeit: Rituale der Intimität*, hg. v. Benedikt Kranemann und Joachim Hake (Stuttgart: Kohlhammer, 2006), 71–93.

Jank, Werner und Meyer, Hilbert. *Didaktische Modelle* (Berlin: Cornelsen, ¹³2019).

Jeggle-Merz, Birgit. „Segnungsfeiern am Valentinstag: Eine Initiative aus dem Bistum Erfurt mit weitreichender Ausstrahlung", in *Segenfeiern in der offenen Kirche: Neue Gottesdienstformen in theologischer Reflexion*, hg. v. Julia Knop und Benedikt Kranemann (Freiburg: Herder, 2020), 149–176.

Jenssen, Hans-Hinrich. „Die kirchlichen Handlungen", in *Handbuch der Praktischen Theologie: Der Gottesdienst, Die kirchlichen Handlungen, Die Predigt; Bd. II*, hg. v. Heinrich Hammer, Jürgen Henkys, Gottfried Holtz u. a. (Berlin-Ost: Evang. Verlagsanstalt, 1974), 139–195.

Jetter, Werner. „Amtshandlungen", in *Theologie: VI x 12 Hauptbegriffe*, hg. v. Claus Westermann (Stuttgart und Berlin: Kreuz, 1967), 358–362.

Jetter, Werner. „Der Kasus und das Ritual: Amtshandlungen in der Volkskirche", *Wissenschaft und Praxis in Kirche und Gesellschaft* 65 (1976), 208–223.

Jetter, Werner. *Symbol und Ritual: Anthropologische Elemente im Gottesdienst* (Göttingen: Vandenhoeck, 1978).

Joachim-Storch, Doris. „Ehejubiläum gestalten: Theologische und praktische Hinweise sowie liturgische Bausteine", in Dies., *Übergänge I. Taufe, Konfirmation, Trauung*. Reihe Materialbücher des Zentrum Verkündigung der EKHN, Buch 129, hg. v Doris Joachim-Storch, (Frankfurt a. M.: Zentrum für Verkündigung, 2018), 257–261.

Jöst, Wolfgang. „Abschied vom Kindergarten", *Gelegenheit macht Gottesdienst: Liturgische Hilfen für lebensgeschichtliche Anlässe*, hg. v. Ulrich Fischer, Reiner Marquard und Helmuth Mühlmeier (Stuttgart: Calwer, 1996), 49–61.

Josuttis, Manfred. „Die Toten", in *Heiligung des Lebens: Zur Wirkungslogik religiöser Erfahrung*, hg. v. Ders. (Gütersloh: Gütersloher Vlg., 2004), 253–268.

Josuttis, Manfred. *„Unsere Volkskirche" und die Gemeinde der Heiligen: Erinnerungen an die Zukunft der Kirche* (Gütersloh: Gütersloher Vlg., 1997).

Josuttis, Manfred. „Weihnachten – das Fest und die Predigt", in *In der Schar derer, die da feiern: Feste als Gegenstand praktisch-theologischer Reflexion*, hg. v. Peter Cornehl, Martin Dutzmann und Andreas Strauch (Göttingen: Vandenhoeck, 1993), 88–97.

Josuttis, Manfred. *Der Pfarrer ist anders: Aspekte einer zeitgenössischen Pastoraltheologie* (München: Chr. Kaiser, 1982).

Josuttis, Manfred. *Die Einführung in das Leben: Pastoraltheologie zwischen Phänomenologie und Spiritualität* (Gütersloh: Gütersloher Vlg., 1996).

Josuttis, Manfred. *Praxis des Evangeliums zwischen Politik und Religion: Grundprobleme der Praktischen Theologie* (München: Kaiser, 1974).

Josuttis, Manfred. *Religion als Handwerk: Zur Handlungslogik spiritueller Methoden* (Gütersloh: Gütersloher Vlg., 2002).

Josuttis, Manfred. *Segenskräfte: Potentiale einer energetischen Seelsorge* (Gütersloh: Gütersloher Vlg., 2000).

Jung, Eva und Handke, Emilia. „Kirchliche Kommunikation auf dem freien Markt: Interview mit einer Marketingexpertin", *PrTh* 2 (2020), 208–211.

Jüngel, Eberhard. *Das Evangelium von der Rechtfertigung des Gottlosen als Zentrum des christlichen Glaubens: Eine theologische Studie in ökumenischer Absicht* (Tübingen: Mohr Siebeck, [6]2011).

Käfer, Anne. *Glauben bekennen, Glauben verstehen: Eine systematisch-theologische Studie zum Apostolikum* (Zürich: TVZ, 2014).

Kähler, Christoph. „Was tun wir, wenn wir segnen?", *Theologische Beiträge*, 33. Jg. (2002), 260–273.

Kaiserlich Statistisches Amt (Hg.). *Statistisches Jahrbuch für das Deutsche Reich, Zeitschriftenband 1905* (Berlin: Puttkammer & Mühlbrecht, 1906).

Karle, Isolde. *Praktische Theologie* (Leipzig, Evang. Verlagsanstalt, 2020).

Karolewski, Janina, Miczek, Nadja und Zotter, Christof (Hg.), *Ritualdesign: Zur kultur- und ritualwissenschaftlichen Analyse „neuer" Rituale* (Bielefeld: Transcript, 2012).

Karpik, Lucien. *Mehr Wert: Die Ökonomie des Einzigartigen* (Frankfurt a.M.: Campus, 2011).

Käsemann, Ernst. „Eine urchristliche Taufliturgie", in Ders., *Exegetische Versuche und Besinnungen 1* (Göttingen: Vandenhoeck, 1960).

Kauke-Keçeci, Wilma. *Sinnsuche – die semiotische Analyse eines komplexen Ritualtextes: Am Beispiel der ostdeutschen Jugendweihe nach 1989* (Frankfurt a.M.: Peter Lang, 2002).

Kerner, Hanns und Amon, Eberhard (Hg.). *Ökumenische Segensfeiern: Eine Handreichung* (Paderborn: Bonifatius/Stuttgart: Calwer, [3]2010).

Kipp, Heinz, Richter, Annette und Rosenstock-Heinz, Elke (Hg.). *Adoleszenz in schwierigen Zeiten: Wie Jugendliche Geborgenheit und Orientierung finden* (Gießen: Psychosozialverlag, 2017).

Kirchenamt der EKD (Hg.), „Soll es künftig kirchlich geschlossene Ehen geben, die nicht zugleich Ehen im bürgerlich-rechtlichen Sinne sind?", *EKD-Texte* 101 (Hannover 2009).

Klafki, Wolfgang. *Das pädagogische Problem des Elementaren und die Theorie der kategorialen Bildung* (Weinheim: Beltz, 1959).
Klessmann, Michael. *Das Pfarramt: Einführung in Grundfragen der Pastoraltheologie* (Neukirchen: Neukirchner Vlg., 2012).
Klie, Imke. „Freie Trauungen mit ‚Imke Klie Zeremonien'", in *Provozierte Kasualpraxis: Rituale in Bewegung*, hg. v. Ulrike Wagner-Rau und Emilia Handke (Stuttgart: Kohlhammer, 2019), 47–55.
Klie, Sieglinde. „Ordinationsjubiläen", in *Erinnerungskasualien*, hg. v. Kr. Fechtner und Th. Klie (Gütersloh: Gütersloher Vlg., 2019), 66–77.
Klie, Thomas. „Beschleunigte Kolonisierung: Neuinszenierung im Reich des Todes", in *Lebensvergewisserungen: Erkundungsgänge zur gegenwärtigen Bestattungs- und Trauerkultur in Kirche und Gesellschaft*, Kirchliches Jahrbuch der EKD, Lieferung 2/2007, hg. v. Karl-Heinz Fix und Ursula Roth (Gütersloh: Gütersloher Vlg., 2014), 61–90.
Klie, Thomas. „Bestattungskultur: Umgangsformen angesichts des Todes", in *Praktische Theologie des Alterns*, hg. v. Thomas Klie, Martina Kumlehn und Ralph Kunz (Berlin und New York: De Gruyter, 2009), 409–428.
Klie, Thomas. „Deutungsmachtkonflikte angesichts des Todes", in *Deutungsmacht: Religion und belief systems in Deutungsmachtkonflikten*, hg. v. Philipp Stoellger (Tübingen: Mohr Siebeck, 2014), 525–538.
Klie, Thomas. „Jeden Sonntag dasselbe: Vom Ritual zum Ritus", in Ders., *Fremde Heimat Liturgie: Ästhetik gottesdienstlicher Stücke* (Stuttgart: Kohlhammer, 2010), 183–204.
Klie, Thomas. „Kasualgemeinde", in *Handbuch für Kirchen- und Gemeindeentwicklung*, hg. v. Ralph Kunz und Thomas Schlag (Neukirchen-Vluyn: Neukirchener Vlg., 2014), 281–287.
Klie, Thomas. „Seinen Körper spenden: Kleine Phänomenologie einer finalen Gabe", in *Performanzen des Todes: Neue Bestattungskultur und kirchliche Wahrnehmung*, hg. v. Thomas Klie (Stuttgart: Kohlhammer, 2008), 223–232.
Klie, Thomas. „Toten-Memoria", in *Erinnerungskasualien*, hg. v. Kr. Fechtner und Th. Klie (Gütersloh: Gütersloher Vlg., 2019), 53–65.
Klie, Thomas. „Trauerredner zwischen Beruf und Berufung", in *Bestattung als Dienstleistung: Ökonomie des Abschieds*, hg. Thomas Klie und Jakob Kühn (Stuttgart: Kohlhammer, 2019), 99–107.
Klie, Thomas. „Vom Ritual zum Ritus: Ritologische Schneisen im liturgischen Dickicht", *Berliner Theologische Zeitschrift (BThZ)* 26/1 (2009), 96–107.
Klie, Thomas. Art. „Konfirmation", *Handbuch Praktische Theologie*, hg. v. Wilhelm Gräb und Birgit Weyel (Gütersloh: Gütersloher Vlg., 2007), 591–601.
Klie, Thomas. *Zeichen und Spiel: Semiotische und spieltheoretische Rekonstruktion der Pastoraltheologie* (Gütersloh: Gütersloher Vlg., 2003).
Klie, Thomas. „Kasualdinge: Wenn die Sachen mithandeln", in *Volkskirche in postsäkularer Zeit; Erkundungsgänge und theologische Perspektiven* (FS Fechtner), hg. v. Sonja Beckmayer u. Christian Mulia, (Stuttgart: Kohlhammer 2021), 179–188.
Klie, Thomas und Husmann, Bärbel. *Gestalteter Glaube: Liturgisches Lernen in Schule und Gemeinde* (Göttingen: Vandenhoeck, 2005).
Klie, Thomas und Kühn, Jakob (Hg.). *Das Jenseits der Darstellung: Postdramatische Performanzen in Kirche und Theater* (Bielefeld: Transcript, 2020).
Klie, Thomas und Kühn, Jakob (Hg.). *Bestattung als Dienstleistung: Ökonomie des Abschieds* (Stuttgart: Kohlhammer, 2019).
Klie, Thomas und Kühn, Jakob (Hg.). *Die Dinge, die bleiben: Reliquien im interdisziplinären Diskurs* (Bielefeld: Transcript, 2020).

Klie, Thomas und Kühn, Jakob (Hg.). *FeinStoff: Anmutungen und Logiken religiöser Textilien* (Stuttgart: Kohlhammer, 2020).
Klie, Thomas und Kühn, Jakob (Hg.). *Kasualdinge. Anmutung und Logik kirchlicher Gegenstände* (Stuttgart: Kohlhammer, 2023).
Klie, Thomas und Leonhard, Silke (Hg.). *Performative Religionsdidaktik: Religionsästhetik – Lernorte – Unterrichtspraxis* (Stuttgart: Kohlhammer, 2008).
Klie, Thomas und Leonhard, Silke (Hg.). *Schauplatz Religion: Grundzüge einer Performativen Religionspädagogik* (Leipzig: Evang. Verlagsanstalt, ²2006).
Klie, Thomas, Berger, Peter L. und Hock, Klaus (Hg.). *Religionshybride: Religion in posttraditionalen Kontexten* (Bielefeld: Transcript, 2013).
Klie, Thomas, Fendler, Folkert und Gattwinkel, Hilmar (Hg.). *On demand: Kasualkultur der Gegenwart* (Leipzig: Evang. Verlagsanstalt, 2017).
Klie, Thomas, Kumlehn, Martina, Kunz, Ralph und Schlag, Thomas (Hg.). *Machtvergessenheit: Deutungsmachtkonflikte in praktisch-theologischer Perspektive* (Berlin und Boston: De Gruyter, 2021).
Kliefoth, Theodor. *Die Confirmation* (Schwerin: Sandmeyer, 1856).
Kliefoth, Theodor. *Liturgische Abhandlungen. Erster Band* (Schwerin: Stiller 1854).
Kliefoth, Theodor. *Theorie des Kultus der evangelischen Kirche* (Parchim und Ludwigslust, 1844).
Klingberg, Lothar. *Einführung in die Allgemeine Didaktik: Vorlesungen* (Berlin: Volk und Wissen, 1972).
Knauth, Thorsten, Bräsen, Frie, Langbein, Eckehard und Schroeder, Joachim (Hg.), *KU, weil ich ein Junge bin: Ideen, Konzeptionen, Modelle für jungengerechten KU* (Gütersloh: Gütersloher Vlg., 2002).
Knoblauch, Hubert. *Populäre Religion: Auf dem Weg in eine spirituelle Gesellschaft* (Frankfurt a. M. / New York: Campus, 2009).
Knoblauch, Hubert, Krech, Volkhard und Wohlrab-Sahr, Monika (Hg.). *Religiöse Konversion: Systematische und fallorientierte Studien in soziologischer Perspektive* (Konstanz: Univ.-Verl. Konstanz, 1996).
Koch, Anne. *Religionsökonomie. Eine Einführung* (Stuttgart: Kohlhammer, 2014).
Kohl, Karl-Heinz. *Die Macht der Dinge: Geschichte und Theorie sakraler Objekte* (München: C.H.Beck, 2003).
Kohl, Peter. *Die Taufpredigt als Intervention: Eine Untersuchung zum homiletischen Ertrag des Interventionsmodells* (Würzburg: Echter, 1996).
Kohler, Erika. *Martin Luther und der Festbrauch* (Köln: Böhlau, 1959).
Korenhof, Mieke (Hg.). *Gehen: Scheidungs- und Trennungsliturgien* (Düsseldorf: Presseverband der Ev. Kirche im Rheinland, 1996).
Korff, Gottfried. „Betörung durch Reflexion: Sechs um Exkurse ergänzte Bemerkungen zur epistemischen Anordnung von Dingen", in *Dingwelten: Das Museum als Erkenntnisort*, hg. v. Anke te Heesen und Petra Lutz (Köln und Weimar: Böhlau, 2005), 89–107.
Korsch, Dietrich. *Dogmatik im Grundriß: Eine Einführung in die christliche Deutung menschlichen Lebens mit Gott* (Tübingen: Mohr Siebeck, 2000).
Korsch, Dietrich, Klie, Thomas und Wagner-Rau, Ulrike (Hg.). *DifferenzKompetenz: Religiöse Bildung in der Zeit* (Leipzig: Evang. Verlagsanstalt, 2012).
Koschorke, Albrecht. *Wahrheit und Erfindung: Grundzüge einer Allgemeinen Erzähltheorie* (Frankfurt a. M.: Fischer, 2012).
Kossatz, Lydia. *Zeichen im System: Eine ästhetische Poimenik in systemtheoretischer und semiotischer Perspektive* (Berlin und Boston: De Gruyter, 2017).
Kramer, Karl-Sigismund. *Die Dingbeseelung in der germanischen Überlieferung* (München: Neuer Filser Verlag, 1940).

Kranemann, Benedikt. „Aufgeklärte Reflexion des Gottesdienstes: Evangelische und katholische Liturgik um 1800 im Vergleich", in *Ritual und Reflexion: Historische Beiträge zur Vermessung eines Spannungsfeldes*, hg. v. Dominik Fugger, Benedikt Kranemann und Jenny Lagaude (Darmstadt: WBG, 2013), 153–166.

Kranemann, Benedikt und Brenz, Brigitte (Hg.). *Trauerfeiern nach Großkatastrophen: Theologische und sozialwissenschaftliche Zugänge* (Neukirchen: Neukirchener Verlag, 2016).

Kraus, Alfred. *Lehrbuch der Praktischen Theologie*, Bd. 1 (Freiburg: Mohr, 1890).

Krause, Katharina. „Familialität und Taufe: Überlegungen zur Gleichursprünglichkeit zweier Konstellationen", in *Kasualien als Familienfeste. Familienkonstitution durch Ritualpraxis*, hg. v. Katharina Krause, Manuel Stetter u. Birgit Weyel (Stuttgart: Kohlhammer, 2022), 148–169.

Krause, Katharina, Stetter, Manuel und Weyel, Birgit (Hg.). *Kasualien als Familienfeste. Familienkonstitution durch Ritualpraxis* (Stuttgart: Kohlhammer, 2022).

Kreplin, Matthias. „Veränderungen bei der Kasualie Taufe und angezeigte kirchliche Reaktionen", *Taufpraxis: Ein interdisziplinäres Projekt*, hg. v. Franziska Beetschen, Christian Grethlein und Fritz Lienhard (Leipzig: Evang. Verlagsanstalt, 2017), 17–37.

Kubach-Reutter, Ursula. „Rituale zur Offenkundigmachung der Ehe", in *Die Braut – geliebt, verkauft, getauscht, geraubt: Zur Rolle der Frau im Kulturvergleich*, hg. v. Gisela Völger und Karin von Welck (Köln: Rautenstrauch-Joest-Museum, 1985).

Kubik, Andreas. „Kasualien und ihre Konkurrenz: Ein Dilemma als religionspädagogische Chance", in *On demand: Kasualkultur der Gegenwart*, hg. v. Thomas Klie, Folkert Fendler und Hilmar Gattwinkel (Leipzig: Evang. Verlagsanstalt, 2017), 169–187.

Küenzlen, Gottfried. „Kulturelles Gedächtnis: Anmerkung zur Kulturbedeutung und zivilreligiösen Dimension von Jubiläen", *PrTh* 44 (2009), 161–171.

Kühn, Jakob. „Kleine Geschichte der Kasualrede", in *On demand: Kasualkultur der Gegenwart*, hg. v. Thomas Klie, Folkert Fendler und Hilmar Gattwinkel (Leipzig: Evang. Verlagsanstalt, 2017), 87–108.

Kühn, Jakob. *Die Kasualrede. Homiletische Konfigurationen im erzähl- und zeittheoretischen Kontext* (Dissertation, Arbeitstitel; erscheint 2025).

Kumlehn, Martina. „Einschulung: Den ‚Ernst des Lebens' beginnen – im Spannungsfeld von institutioneller Inszenierung und privater Erzählgemeinschaft", in *Valentin, Halloween & Co: Zivilreligiöse Feste in der Gemeindepraxis*, hg. v. Thomas Klie (Leipzig: Evang. Verlagsanstalt, 2006), 127–149.

Kuropka, Nicole. „Es bröckelt …: Auseinandersetzung mit der Forderung nach Scheidungsgottesdiensten", *PTh* 84 (1995), 504–516.

Kurz, Alex, *Gedanken zu Taufe und Kindertaufe* (Zürich: TVZ, ³2019).

Lacan, Jacques. *Das Spiegelstadium als Bildner der Ichfunktion, wie sie uns in der psychoanalytischen Erfahrung erscheint* (Olten: Walter, 1966), 61–70.

Lammer, Kerstin. *Trauer verstehen: Formen, Erklärungen, Hilfen* (Berlin: Springer, ⁴2014).

Latour, Bruno. *Das Parlament der Dinge: Für eine politische Ökologie* (Frankfurt a.M.: Suhrkamp, 2001).

Latour, Bruno. *Der Berliner Schlüssel: Erkundungen eines Liebhabers der Wissenschaften* (Berlin: Akademie Verlag, 1996).

Latour, Bruno. *Wir sind nie modern gewesen: Versuch einer symmetrischen Anthropologie* (Berlin: Suhrkamp, 1995).

Lazarowicz, Klaus. *Gespielte Welt: Eine Einführung in die Theaterwissenschaft an ausgewählten Beispielen* (Frankfurt a.M.: Peter Lang, 1997).

Leonhard, Silke. *Leiblich lernen und lehren: Ein religionsdidaktischer Diskurs* (Stuttgart: Kohlhammer, 2006).

Lexutt, Athina. *Die Reformation: Ein Ereignis macht Epoche* (Köln, Weimar und Wien: Böhlau, 2009).

Liturgische Institute Salzburg, Trier, Zürich (Hg.). *Benediktionale: Studienausgabe für die katholischen Bistümer des deutschen Sprachgebietes* (Benziger: Einsiedeln und Zürich/Herder: Freiburg und Wien, 1978).
Löwe, Hans-Günter. „Das Aufkommen der Schultüten in Hamburg", *Beiträge zur Deutschen Volks- und Altertumskunde*, Bd. 23, hg. v. Jürgen Bracker (Hamburg, 1984), 87–94.
Löwe, Hans-Günter. „Schulbeginn", *Geschenkt!: Zur Kulturgeschichte des Schenkens*, hg. v. Bettina Keß (Heide i.H.: Boyens, 2001), 136–139.
Lübbe, Hermann. *Geschichtsbegriff und Geschichtsinteresse: Analytik und Pragmatik der Historie* (Basel: Schwabe, 2012).
Luckmann, Thomas. *Die unsichtbare Religion* (Frankfurt a. M.: Suhrkamp, ²1993).
Lüddeckens, Dorothea. „Neue Rituale in allen Lebenslagen: Beobachtungen zur Popularisierung des Ritualdiskurses", *Zeitschrift für Religions- und Geistesgeschichte* 56/1 (2004), 37–53.
Luhmann, Niklas. *Die Gesellschaft der Gesellschaft* (Frankfurt a. M.: Suhrkamp, 1998).
Luhmann, Niklas. *Die Religion der Gesellschaft* (Frankfurt a. M.: Suhrkamp, 2000).
Luhmann, Niklas. *Funktion der Religion* (Frankfurt a. M.: Suhrkamp, 1977).
Luhmann, Niklas. „Gleichzeitigkeit und Synchronisation", in Ders., *Soziologische Aufklärung 5: Konstruktivistische Perspektiven* (Opladen: VS Verlag, 1990), 95–130.
Luther, Henning. „Schwellen und Passage: Alltägliche Transzendenzen", in Ders., *Religion und Alltag: Bausteine zu einer Praktischen Theologie des Subjekts* (Stuttgart: Radius, 1992), 212–223.
Luther, Martin. *Dass diese Wort Christi ‚Das ist mein leib' noch fest stehen* (1527); WA 23, 64–283.
Luther, Martin. *Predigt am 17. Sonntag nach Trinitatis bei der Einweihung der Schlosskirche zu Torgau gehalten* (1544); WA 49, 588–614.
Luther, Martin. *Von den Konziliis und Kirchen* (1539); WA 50, 509–653.
Luther, Martin. *De captivitate Babylonica* (1520); WA 6, 484–573.
Luther, Martin. *Ein Sermon von dem Neuen Testament, das ist von der heiligen Messe* [1520], WA 6, 353–378.
Luther, Martin. *Ein Traubüchlein für den einfältigen Pfarrherrn* (1529), WA 30/3, 74–80.
Luther, Martin. *Ordnung des Gottesdiensts in der Gemeinde* (1523), WA 12,3, 5–37.
Luther, Martin. *Sermon vom ehelichen Stand* (1519), WA 2, 166–171.
MacGregor, Neil. *Eine Geschichte der Welt in 100 Objekten* (München: C. H.Beck, ⁵2017; ¹2011).
Mädler, Inken. *Transfigurationen: Materielle Kultur in praktisch-theologischer Perspektive* (Gütersloh: Gütersloher Vlg., 2006).
Malik, Jamal und Manemann, Jürgen (Hg.). *Religionsproduktivität in Europa: Markierungen im religiösen Feld* (Münster: Aschendorf, 2009).
Mann, Thomas. *Wälsungenblut* (Frankfurt a. M.: Fischer, 1984 [1905]).
Marheineke, Philipp. *Entwurf der Practischen Theologie* (Berlin: Duncker und Humblot, 1837).
Markowitsch, Hans J. *Das Gedächtnis: Entwicklungen, Funktionen, Störungen* (München: Beck, 2009).
Marks, Matthias. „Trost im Angesicht des Toten? Zur Bedeutung der Kasualfotografie in der heutigen christlichen Trauer- und Bestattungskultur", in *Praktische Theologie der Bestattung*, hg. v. Thomas Klie, Martina Kumlehn, Ralph Kunz und Thomas Schlag (Berlin, München und Boston: De Gruyter, 2015), 543–574.
Markschies, Christoph. „Wer schrieb die sogenannte *Traditio apostolica*?", in *Tauffragen und Bekenntnis: Studien zur sogenannten „Traditio Apostolica", zu den „Interrogationes de fide" und zum „Römischen Glaubensbekenntnis"*, hg. v. Wolfram Kinzig, Christoph Markschies und Markus Vincent (Berlin und New York: De Gryuter 1999), 174.
Martig, Charles. „Kino als ritualisierte Hoch-Zeit", in *Hochzeit: Rituale der Intimität*, hg. v. Benedikt Kranemann und Joachim Hake (Stuttgart: Kohlhammer, 2006), 125–137.

Martin, Gerhard Marcel. „Provozierte Krisen: Rituale in Religion und Gesellschaft", *EvTh* 58 (1998), 12–24.
Marx, Karl. „Zur Kritik der Hegelschen Rechtsphilosophie: Einleitung", in Ders., *Die Frühschriften*, hg. v. Siegfried Landshut (Stuttgart: Kröner, 1968).
Matthes, Joachim. „Volkskirchliche Amtshandlungen, Lebenszyklus und Lebensgeschichte: Überlegungen zur Struktur volkskirchlichen Teilnahmeverhaltens", in *Erneuerung der Kirche: Stabilität als Chance? Konsequenzen aus einer Umfrage*, hg. v. Ders. (Gelnhausen und Berlin: Burckhardthaus-Verlag, 1975), 83–112.
Matthes, Joachim. „Volkskirchliche Amtshandlungen, Lebenszyklus und Lebensgeschichte: Überlegungen zur Struktur volkskirchlichen Teilnahmeverhaltens", hg. v. Ders., *Erneuerung der Kirche: Stabilität als Chance? Folgerungen aus einer Umfrage* (Gelnhausen u. Berlin: Burckhardthaus, 1975), 83–112.
Maurer, Wilhelm. „Geschichte der Firmung und Konfirmation bis zum Ausgang der lutherischen Orthodoxie", in *Confirmatio: Forschungen zur Geschichte und Praxis der Konfirmation*, hg. v. Kurt Frör (München: Evang. Presseverband, 1959), 9–38.
Mauss, Marcel. *Die Gabe: Form und Funktion des Austauschs in archaischen Gesellschaften* (Frankfurt/M.: Suhrkamp, 1968; französ. Original 1923/24).
Merian, Svende (Hg.). *Scheiden tut weh: Predigten und Ansprachen* [Gütersloh: Gütersloher Verlagshaus, 1995]).
Merian, Svende (Hg.). *Scheidungspredigten: Bestellt von Svende Merian* (Darmstadt und Neuwied: Luchterhand, 1986).
Mersch, Dieter. *Ereignis und Aura: Untersuchungen zu einer Ästhetik des Performativen* (Frankfurt a. M.: Suhrkamp, 2002).
Merzyn, Konrad. „Ritual und Inszenierung", *PTh* 9 (2011), 396–412.
Merzyn, Konrad. *Die Rezeption der kirchlichen Trauung: Eine empirisch-theologische Untersuchung* (Leipzig: Evang. Verlagsanstalt, 2010).
Meuß, Eduard. *Die gottesdienstlichen Handlungen von individueller Bedeutung in der evangelischen Kirche* (Gotha: Perthes, 1892).
Meyer-Blanck, Michael. „Die Dramaturgie von Wort und Sakrament: Homiletisch-liturgische Grenzgänge im ökumenischen Horizont", in Ders., *Agenda: Zur Theorie liturgischen Handelns* (Tübingen: Mohr Siebeck, 2013) 124–137.
Meyer-Blanck, Michael. „Geistliche Bildung: Wie lernen Pfarrerinnen und Pfarrer das öffentliche Gebet?", in Ders., *Agenda: Zur Theorie liturgischen Handelns* (Tübingen: Mohr Siebeck, 2013), 296–306.
Meyer-Blanck, Michael. „Inszenierung und Präsenz: Zwei Kategorien des Studiums Praktischer Theologie", *Wege zum Menschen* 1 (1997), 2–16.
Meyer-Blanck, Michael. „Konfirmation", in *Liturgisches Kompendium*, hg. v. Christian Grethlein und Günter Ruddat (Göttingen: Vandenhoeck, 2003), 329–347.
Meyer-Blanck, Michael. „Liturgie inszenieren – Konfirmation feiern: Thesen zur Liturgiedidaktik im KU und zur Liturgietheologie der Konfirmation", in *Konfirmandenunterricht: Didaktik und Inszenierung*, hg. v. Bernhard Dressler, Thomas Klie und Carsten Mork (Hannover: Lutherhaus 2001), 261–281.
Meyer-Blanck, Michael. „Ritus und Rede: Eine Verhältnisbestimmung auf dem Hintergrund ökumenischer Theologie", in *Gottesdienst und Predigt – evangelisch und katholisch*, hg. v. Alexander Deeg, Erich Garhammer, Benedikt Kranemann und Michael Meyer-Blanck (Neukirchen-Vluyn: Neukirchener Vlg., 2014), 11–39.

Meyer-Blanck, Michael. „Was macht die Ordination zur Ordination? Das Spezifikum der Ordinationsliturgie", in *Ordinationsverständnis und Ordinationsliturgien: Ökumenische Einblicke*, hg. v. Irene Mildenberger und Wolfgang Ratzmann (Leipzig: Evang. Verlagsanstalt, 2007), 27–40.
Meyer-Blanck, Michael. *Agenda: Zur Theorie liturgischen Handelns* (Tübingen: Mohr Siebeck, 2013).
Meyer-Blanck, Michael. *Das Gebet* (Tübingen: Mohr Siebeck, 2019).
Meyer-Blanck, Michael. *Gottesdienstlehre* (Tübingen: Mohr Siebeck, 2011).
Meyer-Blanck, Michael. *Inszenierung des Evangeliums: Ein kurzer Gang durch den Sonntagsgottesdienst nach der Erneuerten Agende* (Göttingen: Vandenhoeck, 1997).
Meyer-Blanck, Michael. *Liturgie und Liturgik: Der Evangelische Gottesdienst aus Quellentexten erklärt* (Gütersloh: Chr. Kaiser Verlag, 2001).
Meyer-Blanck, Michael. *Wort und Antwort: Geschichte und Gestaltung der Konfirmation am Beispiel der ev.-luth. Landeskirche Hannovers* (Berlin und New York: De Gruyter, 1992).
Meyer-Blanck, Michael und Kuhl, Lena (Hg.). *Konfirmandenunterricht mit 9/10jährigen: Planung und praktische Gestaltung* (Göttingen: Vandenhoeck, 1994).
Mezger, Manfred. *Die Amtshandlungen der Kirche als Verkündigung, Ordnung und Seelsorge. Band I. Die Begründung der Amtshandlungen* (München: Chr. Kaiser Verlag, ^{2}1963 [^{1}1957]).
Michael, Anne. *Das Winnicott'sche Übergangsobjekt als entwicklungspsychologischer Marker eines „zweiten Individuationsprozesses"* (Leipzig: Univ. Diss. 1999).
Moos, Thorsten. „Segensdienstleistungen: Über die Kirche als Unternehmen und einen theologischen Dienstleistungsbegriff", *PrTh* 2 (2020), 202–207.
Morche, Torsten. *Weltall ohne Gott, Erde ohne Kirche, Mensch ohne Glaube: Zur Darstellung von Religion, Kirche und „wissenschaftlicher Weltanschauung" in ‚Weltall, Erde, Mensch' zwischen 1954 und 1974 in Relation zum Staat-Kirche-Verhältnis und der Entwicklung der Jugendweihe in der DDR* (Leipzig: Edition Kirchhof & Franke, 2006).
Moretti, Franco. *Distant Reading* (Konstanz: University Press, 2016).
Morgenroth, Matthias. *Heiligabend-Religion: Von unserer Sehnsucht nach Weihnachten* (München: Kösel, 2003).
Morgenroth, Matthias. *Weihnachts-Christentum: Moderner Religiosität auf der Spur* (Gütersloh: Gütersloher Vlg., ^{3}2003).
Morgenstern, Andrea. *Gestorben ohne gelebt zu haben: Trauer zwischen Schuld und Scham* (Stuttgart: Kohlhammer, 2005).
Morgenthaler, Christoph. *Systemische Seelsorge: Impulse der Familien- und Systemtherapie für die kirchliche Praxis* (Stuttgart: Kohlhammer, ^{2}2000).
Mork, Carsten. „Körperspende: Ökumenische Gedenkgottesdienste in der Universitätskirche in Göttingen", in *Riskante Liturgien: Gottesdienste in der gesellschaftlichen Öffentlichkeit*, hg. v. Kristian Fechtner und Thomas Klie (Stuttgart: Kohlhammer, 2011), 146–154.
Mulia, Christian. „Zehn Denkanstöße: Die Goldene Konfirmation als Kristallisationspunkt für eine kirchliche Kultur des Alterns", in *Übergänge I: Taufe, Konfirmation, Trauung*, hg. v. Doris Joachim-Storch (Frankfurt a.M.: Zentrum Verkündigung der EKHN, 2018), 240–247.
Müller, Theophil. *Konfirmation, Hochzeit, Taufe, Bestattung: Sinn und Aufgabe der Kasualgottesdienste* (Stuttgart: Kohlhammer, 1988).
Munsonius, Hendrik. *Kirche und Recht* (Stuttgart: Kohlhammer, 2019).
Nave-Herz, Rosemarie. *Die Hochzeit: Ihre heutige Sinnzuschreibung seitens der Eheschließenden: eine empirisch-soziologische Studie* (Würzburg: Ergon, 1997).
Nave-Herz, Rosemarie. *Ehe- und Familiensoziologie: Eine Einführung in Geschichte, theoretische Ansätze und empirische Befunde* (Weinheim: Juventa, 2004).

Nave-Herz, Rosemarie. *Familie heute: Wandel der Familienstrukturen und Folgen für die Erziehung* (Darmstadt: WBG, ⁶2015).
Neidhart, Walter. „Die Bedeutung der nichttheologischen Faktoren für die Konfirmation", *PTh* 55 (1966), 435–446.
Neidhart, Walter. „Die Bedeutung der nichttheologischen Faktoren: Thesen zu den Kasualien", *Hessisches Pfarrerblatt* 1 (1971), 4–7.
Neidhart, Walter. „Die Rolle des Pfarrers bei der Beerdigung", in *Wort und Gemeinde: Probleme und Aufgaben der Praktischen Theologie*, FS Thurneysen, hg. v. Rudolf Bohren (Zürich: EVZ-Verlag, 1968), 226–235.
Neidhart, Walter. Art. „Konfirmation II. Praktisch-theologisch", *TRE* Bd. XIX (1990), 445–451.
Nethöfel, Wolfgang und Brummer, Arnd (Hg.), *Vom Klingelbeutel zum Profitcenter? Strategien und Modelle für das Unternehmen Kirche* (Hamburg: Konzept Marketing Nordelbien, 1997).
Niebergall, Friedrich. Art. *Kasualien* in RGG (Tübingen: Mohr Siebeck), ¹1912, Bd. 3, Sp. 949–957.
Niebergall, Friedrich. *Die Kasualrede* (Göttingen: Vandenhoeck, 1905).
Niebergall, Friedrich. *Menschliches, Allzumenschliches: Ein Buch für freie Geister* (Chemnitz: E. Schmeitzner, 1878).
Nitzsch, Carl Immanuel. *Die eigenthümliche Seelenpflege des evangelischen Hirtenamtes mit Rücksicht auf die innere Mission: Praktische Theologie*, Bd. III/1 (Bonn: Marcus, 1857).
Nitzsch, Carl Immanuel. *Praktische Theologie*, Bd. II/2 (Bonn: Marcus, 1851).
Nord, Ilona. *Fest des Glaubens oder Folklore? Praktisch-theologische Erkundungen zur kirchlichen Trauung* (Stuttgart: Kohlhammer, 2017).
Nüchtern, Michael. „Vom Schwellen- zum Vergewisserungsritual: Eine Standortbestimmung zum Traugottesdienst aus Anlass des neuen Trauagendenentwurfs der UEK", *PTh* 94 (2005), 160–174.
Nüchtern, Michael. *Kirche bei Gelegenheit: Kasualien – Akademiearbeit – Erwachsenenbildung* (Stuttgart: Kohlhammer, 1991).
Otto, Wilhelm. *Evangelische Praktische Theologie, Bd. 1, Die erbauenden Tätigkeiten* (Gotha: Perthes, 1869).
Pabst, Vera Christina. „Danken – Gedenken – Trauern? Die Bedeutung der Kasualie zum Abschluss des Präparierkurses im Medizinstudium", *Berliner Theologische Zeitschrift (BThZ)* 24 (2007), 80–103.
Palmer, Christian. *Evangelische Homiletik* (Stuttgart: Steinkopf, ²1845, [¹1842]).
Petzel, Paul und Reck, Norbert (Hg.). *Erinnern: Erkundungen zu einer theologischen Basiskategorie* (Darmstadt: WBG, 2003).
Peuckert, Rüdiger. „Zur aktuellen Lage der Familie", in *Handbuch Familie*, hg. v. Jutta Ecarius (Wiesbaden: Springer VS, 2007), 36–56.
Peuckert, Rüdiger. *Familienformen im sozialen Wandel* (Wiesbaden: Springer VS, ⁹2019).
Pfaller, Robert (Hg.). *Interpassivität: Studien über delegiertes Genießen* (Wien und New York: Springer, 2000).
Pfaller, Robert (Hg.). *Ästhetik der Interpassivität* (Hamburg: Philo Fine Arts, 2008).
Pfister, Sandra Maria. *Jenseits der Sicherheit: Deutungsmuster der Katastrophe und ihre Institutionalisierung im Katastrophenschutz* (Bielefeld: Transcript, 2020).
Plessner, Helmuth. *Diesseits der Utopie: Ausgewählte Beiträge zur Kultursoziologie* (Frankfurt a. M.: Suhrkamp, 1974).
Plüss, David. „Pastorale Grenzgängerinnen: Eine Fallstudie", *PrTh* 55, H. 4, (2020), 224–230.
Plüss, David. *Gottesdienst als Textinszenierung: Perspektiven einer performativen Ästhetik des Gottesdienstes* (Zürich: TVZ, 2007).
Pohl-Patalong, Uta. *Ortsgemeinde und übergemeindliche Arbeit im Konflikt: Eine Analyse der Argumentationen und ein alternatives Modell* (Göttingen: Vandenhoeck, 2003).

Polster, Anne. *Jugendliche und ihre Konfirmation: Theologische Diskurse – empirische Befunde – konzeptionelle Erwägungen* (Stuttgart: Kohlhammer, 2020).
Post, Paul. „Rituell-liturgische Bewegungen: Erkundungen von Trends und Perspektiven", in *Christliche Begräbnisliturgie und säkulare Gesellschaft*, hg. v. Albert Gerhards und Benedikt Kranemann (Leipzig: St. Benno, 2002), 25–60.
Prößdorf, Detlev. *Die gottesdienstliche Trauansprache: Inhalte und Entwicklung in Theorie und Praxis* (Göttingen: Vandenhoeck, 1999).
Pultke, Annemarie, „,Mein Vater soll mich in die Kirche führen': Pastoralpsychologische Erwägungen zum Wunsch des Brautvatergeleits zur kirchlichen Trauung", *Transformationen: Pastoralpsychologische Werkstattberichte*, 10 (2008), 4–58.
Puza, Verena. *Die Eucharistie als liminales Ritual: Ein praktisch-theologischer Beitrag im Gespräch mit der Ritualforschung Victor Turners* (Münster: LIT 2013).
Rackow-Mönkemeier, Brigitte. „Einschulung", *Gelegenheit macht Gottesdienst: Liturgische Hilfen für lebensgeschichtliche Anlässe*, Bd. 2, hg. v. Ulrich Fischer, Reiner Marquard und Helmuth Mühlmeier (Stuttgart: Calwer, 1998), 37–50.
Rancière, Jacques. *Der emanzipierte Zuschauer* (Wien: Passagen, ²2015); französ. Original: *Le spectateur émancipé* (Paris: La Fabrique éditions, 2008).
Rat der EKD (Hg.). *Die Taufe: Eine Orientierungshilfe zu Verständnis und Praxis der Taufe in der evangelischen Kirche* (Gütersloh: Gütersloher Vlg., 2008).
Reckwitz, Andreas. „Zukunftspraktiken: Die Zeitlichkeit des Sozialen und die Krise der modernen Rationalisierung der Zukunft", in *Kreativität und soziale Praxis*, hg. v. Andreas Reckwitz (Bielefeld: Transcript, 2016), 115–136.
Reckwitz, Andreas. *Die Gesellschaft der Singularitäten: Zum Strukturwandel der Moderne* (Berlin: Suhrkamp, ⁵2018).
Reinke, Stephan A. *Musik im Kasualgottesdienst: Funktion und Bedeutung am Beispiel von Trauung und Bestattung* (Göttingen: Vandenhoeck, 2010).
Rentz, Renja. *Schuld in der Seelsorge: Historische Perspektiven und gegenwärtige Praxis* (Stuttgart: Kohlhammer, 2016).
Reuter, Ingo. „Totenrede oder Predigt? Zur Plausibilität christlicher Verkündigung angesichts des Todes auf dem Markt der Abschiedsangebote", in *Performanzen des Todes: Neue Bestattungskultur und kirchliche Wahrnehmung*, hg. v. Thomas Klie (Stuttgart: Kohlhammer, 2008), 159–175.
Rietschel, Georg. *Die Kasualien*, Bd. 2, Lehrbuch der Liturgik (Berlin: Reuther & Reichard, 1909).
Rinder, Nicole und Rauch, Florian. *Das letzte Fest: Neue Wege und heilsame Rituale in der Zeit der Trauer* (Gütersloh: Gütersloher Vlg., 2016).
Rödding, Gerhard. *Ein neues Lied wir heben an: Martin Luthers Lieder und ihre Bedeutung für die Kirchenmusik* (Neukirchen-Vluyn: Neukirchener Vlg., 2015).
Rogmann, Heinz. *Die Bevölkerungsentwicklung im preußischen Osten in den letzten hundert Jahren* (Breslau: Hochschulschrift, 1937).
Roßler, Gustav. *Der Anteil der Dinge an der Gesellschaft: Sozialität – Kognition – Netzwerke* (Bielefeld: Transcript, 2015).
Roßner, Benjamin. *Das Verhältnis junger Erwachsener zum Gottesdienst: Empirische Studien zur Situation in Ostdeutschland und Konsequenzen für das gottesdienstliche Handeln* (Leipzig: Evang. Verlagsanstalt, 2005).
Rosa, Hartmut. *Beschleunigung: Die Veränderung der Zeitstrukturen in der Moderne* (Frankfurt a. M.: Suhrkamp, ¹²2020).
Rosa, Hartmut. *Resonanz: Eine Soziologie der Weltbeziehung* (Berlin: Suhrkamp, 2016).
Rosa, Hartmut. *Unverfügbarkeit* (Wien und Salzburg: Residenz, ⁷2020).

Rössler, Dietrich. *Grundriß der Praktischen Theologie* (Berlin und New York: De Gruyter, 1986).
Roth, Ursula. „Service-Hotline, PR-Büro, Pastoralagentur, Kompetenzzentrum: Ein kritischer Kommentar zur Idee einer Kasualagentur", in *Provozierte Kasualpraxis: Rituale in Bewegung*, hg. v. Ulrike Wagner-Rau und Emilia Handke (Stuttgart: Kohlhammer, 2019), 119–130.
Roth, Ursula. *Die Beerdigungsansprache: Argumente gegen den Tod im Kontext der modernen Gesellschaft* (Gütersloh: Gütersloher Vlg., 2002).
Roth, Ursula. *Die Theatralität des Gottesdienstes* (Gütersloh: Gütersloher Vlg., 2006).
Roth, Ursula und Gilly, Anne (Hg.), *Die religiöse Positionierung der Dinge: Zur Materialität und Performativität religiöser Praxis* (Stuttgart: Kohlhammer, 2021).
Rüpke, Jörg. *Ritual als Resonanzerfahrung* (Stuttgart: Kohlhammer, 2021).
Saß, Marcell. „Wie Kinder Einschulungsfeiern erleben: Kasualtheoretische und religionspädagogische Anschlüsse", *PTh* 9 (2011), 382–395.
Saß, Marcell. *Frei-Zeiten mit Konfirmandinnen und Konfirmanden: Praktisch-theologische Perspektiven* (Leipzig: Evang. Verlagsanstalt, 2005).
Saß, Marcell. *Schulanfang und Gottesdienst* (Leipzig: Evang. Verlagsanstalt, 2010).
Schächtele, Traugott. „Tauferinnerungsgottesdienst", in *Liturgische Hilfen für lebensgeschichtliche Anlässe: Gelegenheit macht Gottesdienst*, Bd. 2, hg. v. Ulrich Fischer, Reiner Marquard und Helmuth Mühlmeier (Stuttgart: Cawer, 1998), 22–36.
Schäfer, Hilmar (Hg.). *Praxistheorie: Ein soziologisches Forschungsprogramm* (Bielefeld: Transcript, 2016).
Schäfer, Julia. *Tod und Trauerrituale in der modernen Gesellschaft: Perspektiven einer alternativen Trauer- und Bestattungskultur* (Stuttgart: Ibidem, ²2011).
Schäfer, Rolf. „Zur kirchlichen Trauung", *ZThK* 70: 4 (1973), 474–488.
Schäfers, Bernhard. *Gesellschaftlicher Wandel in Deutschland: Ein Studienbuch zur Sozialstruktur und Sozialgeschichte der Bundesrepublik* (München u. a.: Dt. Taschenbuchverlag, ⁵1990).
Schäffler, Hilde. *Ritual als Dienstleistung: Praxis professioneller Hochzeitsplanung* (Berlin: Reimer, 2012).
Scharfenberg, Joachim. *Seelsorge als Gespräch: Zur Theorie und Praxis der seelsorgerlichen Gesprächsführung* (Göttingen: Vandenhoeck, ³1980).
Schatzler, Stephan. *Riten und Rituale der Postmoderne: Am Beispiel des Bistums Erfurt* (Hamburg: disserta Verlag, 2013).
Scheller, Christian. *Die glückliche Ehe: Partnerschaftsratgeber im historischen Vergleich* (Marburg: Tectum-Verlag, 2010).
Schian, Martin. *Grundriß der Praktischen Theologie* (Gießen: Töpelmann, 1922).
Schivelbusch, Wolfgang. *Das verzehrende Leben der Dinge: Versuch über die Konsumtion* (München: Hanser, 2015).
Schlamelcher, Jens. „‚Würdevoll und preisgünstig': Bestattung zwischen Pietät und Penunsen", in *Bestattung als Dienstleistung: Ökonomie des Abschieds*, hg. v. Th. Klie u. J. Kühn (Stuttgart: Kohlhammer, 2019), 21–38.
Schleiermacher, Friedrich. *Die Praktische Theologie nach den Grundsätzen der evangelischen Kirche im Zusammenhange dargestellt* (Berlin: Reimer, 1850).
Schmid, Wilhelm. *Philosophie der Lebenskunst: Eine Grundlegung* (Frankfurt a. M.: Suhrkamp, 1998).
Schneider, Ilona Katharina. *Einschulungserlebnisse im 20. Jahrhundert: Studie im Rahmen pädagogischer Biographieforschung* (Weinheim: Beltz, 1996).
Schneider, Norbert F. „Familie in Westeuropa", *Handbuch Familiensoziologie*, hg. v. Paul B. Hill und Johannes Kopp (Wiesbaden: Springer VS, 2015), 21–53.
Schneider, Norbert F. und Rüger, Heiko. „Wert der Ehe", *Zeitschrift für Soziologie* 36/2 (2007), 131–152.

Schober, Manfred. „Brauchtum um den Schuleintritt", in *Kultur und Lebensweise*, hg. v. Gesellschaft für Heimatgeschichte im Kulturbund der DDR, Zentraler Fachausschuss Kulturgeschichte/Volkskunde, Bd. 2 (Berlin: 1981), 64–77.

Schramm, Michael. *Das Gottesunternehmen: Die katholische Kirche auf dem Religionsmarkt* (Leipzig: St. Benno, 2000).

Schroeter-Wittke, Harald. „Übergang statt Untergang: Victor Turners Bedeutung für eine kulturtheologische Praxistheorie", *ThLZ* 6 (2003), Sp. 575–588.

Schroeter, Harald. *„Denn die Lehre feiert auch, und die Feier lehrt": Prospekt einer liturgischen Didaktik* (Waltrop: Spenner, 2000).

Schult, Maike. *Ein Hauch von Ordnung: Traumaarbeit als Aufgabe der Seelsorge* (Leipzig: Evang. Verlagsanstalt, 2019).

Schulz, Frieder. „Die Hausgebete Luthers", *PTh* 72 (1983), 483–490.

Schüßler, Michael. *Mit Gott neu beginnen: Die Zeitdimension von Theologie und Kirche in ereignisbasierter Gesellschaft* (Stuttgart: Kohlhammer, 2013).

Schwab, Ulrich. *Familienreligiosität: Religiöse Traditionen im Prozess der Generationen* (Stuttgart: Kohlhammer, 1995).

Schweighöfer, Teresa. „Von der Sehnsucht nach einem ganz eigenen Ritual: Wer sind die KundInnnen Freier RitualanbieterInnen?", *PrTh* 2 (2020), 212–217.

Seitz, Manfred. „Unsere Kasualpraxis – eine gottesdienstliche Gelegenheit!", in Ders., *Praxis des Glaubens: Gottesdienst, Seelsorge und Spiritualität* (Göttingen: Vandenhoeck, 1978), 42–50.

Selbert, Shevek K. *Autobiographisches Wiedererzählen: Eine interdisziplinäre Studie im qualitativen Längsschnitt* (Bielefeld: Transcript, 2024).

Selle, Gert. *Siebensachen: Ein Buch über die Dinge* (Frankfurt a. M.: Campus, 1997).

Serres, Michel. *Der Parasit* (Frankfurt a. M.: Suhrkamp, 1987).

Sixtus, Albert und Heinrich, Richard. *Der Zuckertütenbaum: Ein Bilderbuch* (Leipzig: Hegel & Schade, 1928).

Sommer, Regina. *Kindertaufe: Elternverständnis und theologische Deutung* (Stuttgart: Kohlhammer, 2009).

Spehr, Christoph. „Segenspraxis und Segenstheologie in der Christentumsgeschichte", in *Segen*, hg. v. Martin Leuenberger (Tübingen: Mohr Siebeck, 2015), 135–164.

Spiegel, Yorick. *Der Prozess des Trauerns: Analyse und Beratung* (Gütersloh: Kaiser, 1972).

Stark, Rodney und Bainbridge, William Sims. *The future of religion: Secularization, revival und cult formation* (Berkeley: Univ. of California Press, 1985).

Stark, Rodney und Iannaccone, Laurence R. „A Supply-Side Reinterpretation of the ‚Secularization of Europe'" *Journal of the Scientific Study of Religion*, Vol. 33, No. 3, (1994), 230–252.

Statistisches Bundesamt (Hg.), *Statistisches* Jahrbuch (Wiesbaden: Statistisches Bundesamt, 2016).

Statistisches Landesamt Berlin (Hg.). Statistisches Jahrbuch 2001, Berlin (Berlin: Kulturbuch-Verlag, 2000).

Stebler, Christoph. *Die drei Dimensionen der Bestattungspredigt: Theologie, Biographie und Trauergemeinde* (Zürich: TVZ, 2006).

Steck, Wolfgang. *Praktische Theologie: Horizonte der Religion – Konturen des neuzeitlichen Christentums – Strukturen der religiösen Lebenswelt*, Bd. 1 (Stuttgart: Kohlhammer, 2000); *Praktische Theologie: Horizonte der Religion - Konturen des neuzeitlichen Christentums - Strukturen der religiösen Lebenswelt*, Bd. 2 (Stuttgart: Kohlhammer, 2011).

Stetter, Manuel. „Das Jenseits der Familie: Wie man bleibt, obwohl man geht" in *Kasualien als Familienfeste. Familienkonstitution durch Ritualpraxis*, hg. v. Katharina Krause, Manuel Stetter und Birgit Weyel (Stuttgart: Kohlhammer, 2022), 199–215.

Stetter, Manuel. „Handschuh und Handschmeichler: Die Partizipation der Dinge an der Konstitution der Toten", in *Kasualdinge: Anmutung und Logik kirchlicher Gegenstände*, hg. v. Thomas Klie u. Jakob Kühn, (Stuttgart: Kohlhammer, 2023), 97–130.
Stoellger, Philipp (Hg.). *Deutungsmacht: Religion und belief systems in Deutungsmachtkonflikten* (Tübingen: Mohr Siebeck, 2014).
Stollberg-Rillinger, Barbara. *Rituale* (Frankfurt a. M. und New York: Campus, 2013 [²2019]).
Stolz, Jörg. „Kirchen im Wettbewerb: Religiöse und säkulare Konkurrenz in der modernen Gesellschaft", in *Kirche und Marketing: Beiträge zu einer Verhältnisbestimmung*, hg. v. Cla Reto Famos und Ralph Kunz (Zürich: TVZ, 2006), 95–116.
Stolz, Jörg, Könemann, Judith u. a. *Religion und Spiritualität in der Ich-Gesellschaft: Vier Gestalten des (Un-)Glaubens* (Zürich: TVZ, 2014).
Stoodt-Neuschäfer, Katharina. „Totengedenken", in *Gelegenheit macht Gottesdienst: Liturgische Hilfen für lebensgeschichtliche Anlässe*, Bd.1, hg. v. Ulrich Fischer, Reiner Marquard u. Helmuth Mühlmeier (Stuttgart: Calwer, 1996), 173–184.
Straub, Eberhard. *Das zerbrechliche Glück: Liebe und Ehe im Wandel der Zeit* (Berlin: wjs-Verlag, 2005).
Sulze, Emil. *Die evangelische Gemeinde* (Gotha: Perthes, 1891).
Sylvia M. Schomburg-Scherff, *Nachwort*, in A. van Gennep, *Übergangsriten* (Frankfurt a. M.: Campus, 1986), 233–255.
Thilo, Hans-Joachim. *Beratende Seelsorge: Tiefenpsychologische Methodik dargestellt am Kasualgespräch* (Göttingen: Vandenhoeck, 1971).
Tilley, Christopher u. a. (Hg.). *Handbook of Material Culture* (Los Angeles u. a.: Sage, 2013).
Timm, Hermann. *Sprachenfrühling: Perspektiven evangelisch-protestantischer Religionskultur* (Stuttgart: Radius, 1996).
Tran-Huu, Sarah-Franziska. *Faszination alternative Spiritualität: Zum Konversionsprozess in die neureligiöse Gruppierung „Terra Sagrada: Narrative Identität – Bedürfnisbefriedigung – Körperlichkeit* (Bielefeld: Transkript, 2021), 109–139.
Trillhaas, Wolfgang. *Evangelische Predigtlehre* (München: Chr. Kaiser, ²1936).
Tulving, Endel. „Episodic and semantic memory", in *Organization of memory*, hg. v. Endel Tulving und Wayne Donaldson (St. Louis: Elsevier Science & Technology Books, 1972), 381–403.
Turner, Victor. „Betwixt and Between: The Liminal Period in Rites de Passage", in: *Proceedings of the 1964 Annual Spring Meeting of the American Ethnological Society*, hg. v. June Helm (Seattle: American Ethnological Society, 1964), 4–20.
Turner, Victor. *Vom Ritual zum Theater: Der Ernst des menschlichen Spiels* (Frankfurt a. M.: Campus, 1989).
Uhlhorn, Friedrich. *Die Kasualrede. Ihr Wesen, ihre Geschichte und ihre Behandlung nach den Grundsätzen der lutherischen Kirche* (Hannover: Verlag von Carl Mayer, 1896).
Usener, Hermann. *Das Weihnachtsfest* (Bonn: Cohen, 1889).
Volp, Ulrich. *Tod und Ritual in den christlichen Gemeinden der Antike* (Leiden u. a.: Brill, 2002).
Wagner Rau, Ulrike. „Aufmerksamkeit für die Dinge, an denen das Herz hängt: Eine Relecture von Inken Mädlers Buch ‚Transfigurationen'", *PTh* 3 (2019), 99–106.
Wagner Rau, Ulrike. (Hg.), *Zeit mit Toten: Eine Orientierungshilfe der Liturgischen Konferenz* (Gütersloh: Gütersloher Vlg., 2015).
Wagner Rau, Ulrike. „Provozierte Kasualpraxis: Zur Einleitung", in *Provozierte Kasualpraxis: Rituale in Bewegung*, hg. v. Ders. und Emilia Handke (Stuttgart: Kohlhammer, 2019), 11–19.
Wagner Rau, Ulrike. *Segensraum: Kasualpraxis in der modernen Gesellschaft* (Stuttgart: Kohlhammer, 2000, [²2008]).
Walcher, Dominik und Leube, Michael. *Kreislaufwirtschaft in Design und Produktmanagement: Co-Creation im Zentrum der zirkulären Wertschöpfung* (Wiesbaden: Springer, 2017).

Waldenfels, Bernhard. „Spiegel, Spur, Blick: Zur Genese des Bildes", in *Homo pictor*, hg. v. Gottfried Boehm (München: K. G. Saur, 2001), 14–31.
Walker, Barbara G. *Die spirituellen Rituale der Frauen: Zeremonien und Meditationen für eine neue Weiblichkeit* (München: Heyne, 2000).
Wannhoff, Detlef. *Plädoyer für Scheidungsrituale: Bio-psycho-soziale Belastungen durch Ehescheidungen bei Menschen, die verbindlich in religiös determinierten Gruppen leben* (Berlin: Epubli, 2017).
Waßweiler, Gero. *Hoffnung predigen in einer Zeit der Krise: Eine Untersuchung aus einer homiletisch-hermeneutischen Perspektive* (Stuttgart: Kohlhammer, 2019).
Weber-Kellermann, Ingeborg (Hg.). „Erinnerungen der Henriette Herz von 1779", in *Die deutsche Familie: Versuch einer Sozialgeschichte* (Frankfurt: Suhrkamp, ⁶1976).
Weber-Kellermann, Ingeborg. *Das Weihnachtsfest: Eine Kultur- und Sozialgeschichte der Weihnachtszeit* (Luzern: Bucher, 1978).
Weber, Max. *Wirtschaft und Gesellschaft: Grundriss der verstehenden Soziologie* (Frankfurt a. M.: Zweitausendeins, 2005).
Weinrich, Harald. *Lethe: Kunst und Kritik des Vergessens* (München: Beck, 1997).
Welzer, Harald. *Das kommunikative Gedächtnis: Eine Theorie der Erinnerung* (München: Beck, ³2011).
Wewetzer, Elke, Hammerbacher, Jörg. „Brauchen wir eine kirchliche ‚Kasualagentur'? Überlegungen einer Arbeitsgruppe des Großstadtdekanats Nürnberg in der Evangelisch-Lutherischen Kirche in Bayern", in *Provozierte Kasualpraxis: Rituale in Bewegung*, hg. v. Ulrike Wagner-Rau und Emilia Handke (Stuttgart: Kohlhammer, 2019), 111–118.
Weyel, Birgit. „'Weil es halt einfach so ein Familiending is': Kasualien als Herstellungsleistung", in *Kasualien als Familienfeste. Familienkonstitution durch Ritualpraxis*, hg. v. Katharina Krause, Manuel Stetter u. Birgit Weyel, (Stuttgart: Kohlhammer, 2022), 216–239.
Winkler, Eberhard. *Tore zum Leben: Taufe – Konfirmation – Trauung* (Neukirchen-Vluyn: Neukirchener Vlg., 1995).
Winnicott, Donald W. *Vom Spiel zur Kreativität* (Stuttgart: Klett-Cotta, ¹¹2006, [¹1973]).
Wöhrle, Stefanie. „Ehejubiläen", in *Erinnerungskasualien*, hg. v. Kristian Fechtner und Thomas Klie (Gütersloh: Gütersloher Vlg., 2019), 24–52.
Yerushalmi, Yosef Hayim. *Zachor: Erinnere Dich! Jüdische Geschichte und jüdisches Gedächtnis* (Berlin: Wagenbach, 1996).
Zaborowski, Holger. „Kontingente Kontingenzbewältigung: Zur Dialektik von Religion und Aufklärung in der Moderne", in *Religion: Spurensuche im Alltag*, hg. v. Robert Hettlage und Alfred Bellebaum (Wiesbaden: Springer VS, 2016), 19–38.
Zacharias, Wolfgang. *Zeitphänomen Musealisierung: Das Verschwinden der Gegenwart und die Konstruktion der Erinnerung* (Essen: Klartext, 1990).
Zilleßen, Dietrich. „Ritual und Theater im Spiel des Lebens", *IJPT* 3/1999, 229–250.
Zimmermann, Petra. „Den Totensonntag erleben: Zur liturgischen Gestaltung und seelsorgerlichen Bedeutung eines Gottesdienstes", *PrTh*, Bd. 37/3 (2014), 209–214.
Zimmermann, Petra. *Das Wunder jener Nacht: Religiöse Interpretation autobiographischer Weihnachtserzählungen* (Stuttgart u. a.: Kohlhammer, 1992).
Žižek, Slavoj. „Die Substitution zwischen Interaktivität und Interpassivität", in *Interpassivität*, hg. v. Robert Pfaller (Wien u. New York: Springer, 2000), 13–32.

Agendenwerke

Die Bestattung: Agende für Evangelisch-lutherische Kirchen und Gemeinden III/5, hg. v. Kirchenleitung d. VELKD (Hannover: Lutherhaus, 1996).

Die Amtshandlungen: Agende III, Teil 2, Die Trauung, hg. v. Kirchenleitung d. VELKD (Hannover: Lutherisches Verlagshaus, 1988, ⁴2012).
Berufung, Einführung, Verabschiedung: Agende 6 für die UEK in der EKD, Agende IV, Tlbd. 1 der VELKD, hg. vom Kirchenamt der VELKD (Hannover: Luth. Verlagshaus/Bielefeld: Luther-Verlag, 2012).
Bestattung: Agende für die Union Evangelischer Kirchen in der EKD, Bd. 5, hg. v. Kirchenkanzlei der UEK (Bielefeld: Luther-Verlag, 2004).
Gottesdienstbuch für die Evangelische Landeskirche in Württemberg. Zweiter Teil: Sakramente und Amtshandlungen, Teilband: Die Heilige Taufe, hg. v. Evang. Oberkirchenrat (Stuttgart: Verlag u. Buchhandlung der Ev. Gesellschaft, 2018).
Die Taufe: Entwurf zur Erprobung: Taufbuch für die Union Evangelischer Kirchen in der EKD, Agende III, Teilband 1 der VELKD für evangelisch-lutherische Kirchen und Gemeinden, hg. v. Kirchenamt der EKD (Hg.). (als Manuskript gedruckt, Hannover o. J. [2018]).
Agende für die evangelisch-lutherischen Kirchen und Gemeinden, Bd. III, Teil 1: Die Taufe, hg. v. Kirchenleitung der VELKD, (Hannover: Lutherisches Vlg., ⁴2012).
Taufbuch: Agende für die Evangelische Kirche der Union, Bd. 2, hg. v. Kirchenkanzlei der Evang. Kirche der Union, (Berlin: Evang. Haupt-Bibelges. u. v. Cansteinsche Bibelanst; Bielefeld: Luther-Verlag, 2000).
Konfirmation: Agende für evangelisch-lutherische Kirchen und Gemeinden und die Evangelische Kirche der Union, Bd. 3, Kirchenleitung der VELKD (Hannover: Lutherisches Verlagshaus, Berlin: Ev. Haupt-Bibelges., Bielefeld: Luther-Verlag, 2001).
Ordination und Einsegnung, Einführungshandlungen, Einweihungshandlungen: Agende für evangelisch-lutherische Kirchen und Gemeinden; Bd. IV, hg. v. Kirchenleitung der VELKD (Hannover: Lutherisches Verlagshaus, 1987, 2. bearb. Aufl. 1997).
Evangelisches Gottesdienstbuch, hg. v. Kirchenleitung der VELKD (Hannover: Luth. Verl.-Haus et al., 1999).
Agende II/3: Die Trauung, hg. v. Landeskirchenamt der Evang. Kirche von Kurhessen-Waldeck (Kassel, Evang. Medienverband, 2012).
Agende IV: Die Bestattung hg. v. Landeskirchenamt der Evang. Kirche von Kurhessen-Waldeck (Kassel: Evang. Medienverband, 2006).
Die Feier des Taufgedächtnisses: Liturgische Handreichung, hg. v. Kirchenamt der VELKD (Hannover: Amt d. VELKD, 2013).
Segnung beim Umzug in eine neue Wohnung: Entwurf einer Handreichung zu Agende IV, Teilband 2, hg. v. Kirchenamt der VELKD (Hannover: Amt d. VELKD, 2010).

Sachregister

Abendmahl 12, 30, 50, 53, 84, 87, 107, 114, 120, 138, 142–147, 150, 152–155, 163, 165 f., 212 f., 234, 257, 304, 307, 316, 330, 335, 363, 373
Abendmahlsadmissio 114, 147, 153
Adiaphora 94, 182, 329, 369, 376
Affordanz 263 f.
Agency 17, 22, 324, 338, 354, 377 f.
Agende 2, 11, 28, 39, 48, 51, 55, 57, 59, 65, 79, 82, 84, 94, 106, 112 f., 118, 138, 149, 152, 154–156, 159, 161 f., 165, 170, 172, 182 f., 193, 211–213, 218, 222, 232, 236–239, 241, 243 f., 252, 255, 257, 264, 268, 277, 288, 302, 326, 329, 335 f., 338, 358, 367, 369, 377 f., 395
Amtshandlung 2–4, 8, 15 f., 28, 30 f., 33 f., 38 f., 42 f., 45 f., 50–53, 55–57, 59, 63, 66, 69–70, 75, 84, 89 f., 92, 101, 104, 111 f., 120, 139 f., 145, 150, 165, 172, 174, 182, 198, 211 f., 220, 228, 235, 261, 269, 274, 280 f., 300, 302 f., 317, 321, 325 f., 333, 341, 349, 351, 357, 379, 383, 397
Amtsjubiläum 51
Anamnese 15, 22, 50, 62, 66 f., 69, 71, 73, 75 f., 216, 313, 351, 394–396
– Fremdanamnese 75
– Ordinationsanamnese 216
Angelegenheiten 1–5, 7, 10, 17, 50, 52, 58 f., 97, 104, 169, 269, 352 f., 390
aptum 82
Auferstehung 105–107, 123, 141, 227, 238, 243, 392, 394
Auredit 74
Aushandlung 50, 66 f., 73, 81, 93, 160, 237, 251, 294

Beichte 30, 50, 53, 84, 87, 110, 138, 144, 154, 171, 177, 335
Benchmark 10, 233, 303
Benediktion 30, 42, 53, 122, 255–257, 259, 261, 265, 267, 269, 276, 314
Berufsanfang 50
Besonderung 55, 60, 75 f., 330
Bewältigungsstrategie 73, 265
Beziehungsebene 74, 81

Bildung 66, 79–80, 94, 130, 132, 153, 156, 161, 164, 176, 216, 317
Biographie 4, 16, 22, 40, 72, 97, 126, 238, 276, 292, 337 f., 350, 385, 388, 390
Brauchtum 11, 47, 129, 236, 247
Brautpaar 6, 20, 75, 82 f., 97, 119, 140, 170, 172, 177, 187, 189 f., 212, 312, 327, 334, 361, 368 f., 379 f., 385, 391
Brautvatergeleit 7, 92, 168, 182, 187, 212
Buße 112 f., 193

Cessio 70
Christi Himmelfahrt 108
Christvesper 9, 194, 196, 200 f., 207
close reading 24, 104
Co-Creation 295, 352
Co-Inszenierung 4, 68, 131, 200, 310, 362, 391
Confirmation 4, 17, 44–46, 54, 150, 181, 183 f., 219, 320, 338, 381
coram Deo 3, 171, 173, 395

Dedikation 256
Deixis 13 f., 83, 91, 355
Deutehorizont 73, 224, 235
Deuteworte 13, 83–85, 91, 219
Deutungsmacht 4, 6, 8, 10, 37, 48, 61, 75, 78, 84, 89, 94, 121, 134, 139, 150, 202, 233, 240, 271, 290, 293, 339, 345, 353
Didaktik 79, 143, 152, 154, 165, 285
Dienstleistung 3, 7, 37, 78, 119, 140, 224, 229 f., 237, 271–274, 277–280, 282, 284, 287 f., 290, 295, 297–303, 347 f., 351
Dimissoriale 70, 118
Dinge 2, 12, 16, 19, 21 f., 44, 48 f., 56, 64, 68, 75, 85, 130, 144, 171, 180, 184, 241, 252, 254–256, 260, 263–265, 267, 269, 294, 314, 328 f., 354–357, 364, 366, 368–378, 381, 385
Diskursregeln 72
Dissonanz, kognitive 342
distant reading 24, 104
Dramaturgie 15, 19, 86, 114, 127, 133 f., 186, 194, 198
Dresscode 67, 140, 362

Dual 19 f., 63–65, 140, 186, 381
Dyschronie 23

Echtzeit 7, 56, 105
Effekt 13, 55 f., 78, 88, 98, 151, 183, 190, 192, 225, 232, 292, 338, 342
Eheleben 17, 369
Eheschließung 54, 70, 82, 169 f., 173–175, 178, 181 f., 184 f., 273, 287, 326
Einschulungsgottesdienst 15, 44, 48, 67, 104, 126 f., 131, 134, 136 f., 276, 286, 302, 319, 332
Elternabend 67, 133, 140 f.
Emeritierung 269, 391
Empowerment 158, 266
Entkirchlichung 32, 275
Entstandardisierung 336
Epiklese 110
Erdwurf 13, 21, 83, 230, 243, 375, 377
Ereignis 4, 16, 30, 34, 44, 50, 55–62, 73, 78, 81, 92, 107, 132, 144, 223, 235, 245, 250, 288, 309, 316, 322, 390, 394
Erinnerung 1, 12, 22–24, 26, 30, 71, 73, 75, 99, 106–108, 122, 124, 128, 133, 166 f., 178, 185–188, 198, 207, 209, 212, 221 f., 225, 241, 243 f., 252, 256, 274, 281, 287, 304–308, 310–318, 332, 346, 365, 385, 387, 390 f., 393–396
– Erinnerung, Amt der 22, 99, 395
– Erinnerungshandlungen 11, 160, 226, 305, 395
– Erinnerungskasualien 19, 44, 59, 65, 107 f., 148, 178 f., 186, 191, 199, 241, 269, 297, 304, 307–310, 312, 314, 317–319, 327, 390 f.
– Erinnerungskollektiv 307, 310
Erntedank 9, 68, 134, 197, 269
– Erntedankfest 9, 197
Erstbegegnung 69
Erstkommunion 6, 110, 114 f., 144, 153, 164
Erwachsenentaufe 17, 59, 112, 117 f., 121, 124 f., 154, 213
Erwartungserwartungen 72, 97, 134, 160, 199, 207
Erzählen 13, 72, 74 f., 77 f., 100, 133, 190, 194, 207, 281, 306, 358, 394
– Erzählkette 72
– Erzählmotive 77
– Erzähltheorie 77

– Erzählung 12, 39, 72–74, 77 f., 107, 132, 151, 182, 198, 203, 307, 391, 394
Event 58 f., 117, 181, 204, 277
Ewigkeitssonntag 9, 108

Face-to-face-Kommunikation 15
Familienfest 72 f., 115, 122, 131, 136, 141, 189, 191, 198–200, 219, 242, 380
Familienfoto 12
Festkultur 9, 47 f., 148, 270, 301, 327
fides qua/fides quae 73, 145
Firmung 136, 144, 159, 171, 283, 285
Foto 12, 67, 73, 107, 126, 130, 133, 135, 140, 150 f., 188, 190, 277, 310, 312, 348, 365, 374
Friedhofseinweihung 30, 53
Friedhofskapelle 68, 107, 221, 234, 241 f., 257
Fürbitte 32, 82, 145, 162 f., 210, 228, 238, 243 f., 273, 312, 333, 363, 383 f.

Gedächtnis, individuelles 243
Gedenkfeier 67, 245–250, 252
Gefühlsqualität 77, 188
Gegenübertragung 74
Gemeinwesen 15, 19, 64, 150, 221, 247–249, 251 f., 257, 265, 303, 314 f., 390, 392
Gesprächssetting 72 f., 75
Gleichzeitigkeit 390 f., 393, 397
Gottesdienstbesucher 6, 49, 117, 119, 124, 196 f., 206, 333, 353, 360, 380, 388
Gregoriustag 129

Habitus 21, 157, 159, 241, 277, 287, 335, 378
haecceitas 61
Handauflegung 13, 83 f., 88, 111, 114, 136, 144–146, 212 f., 217–219, 338
Handlungslogik 2, 86, 261, 373
Hausbesuch 67, 69–70, 291
Hauseinweihung 14, 278
Heiligabend 8, 44, 66, 68, 83 f., 104, 134 f., 143, 149, 194, 196–201, 203 f., 207 f., 269, 361 f., 376, 392
Hephata-Ritus 110, 115
Himmelfahrt Christi 108
Hinterbliebene/r 76, 80, 93, 222, 228–230, 238, 240, 243, 313, 342, 381
Hochzeitskerze 92

holy four 17 f., 52, 57, 84, 92, 104, 269, 275, 286, 393

Identitätskonstruktion 78
Individualisierung 12, 47, 54, 61, 66, 93, 116, 229, 272, 279, 330, 337, 340, 343
Industrialisierung 29, 168, 170
Initialkasualie 194, 272, 304, 308, 391
Initiation 30, 53, 136, 146, 211, 323
Institution 2, 71, 136, 180, 202, 215, 219, 262, 265, 279 f., 303, 339 f., 346
invented tradition 168, 182, 279
Involvement 99, 327, 361, 363 f.

Kanzel 22, 37, 70, 74, 77 f., 82, 86, 97 f., 100, 105, 171, 195, 222, 235 f., 257, 264, 333, 347, 360, 367, 374, 377
– Kanzelrecht 70
Kasualagende 94
Kasualagentur 9 f., 12, 42, 95, 104, 332, 346–352
Kasualbegehrende 3, 6, 15, 20, 23, 34, 41, 71, 73, 80, 82, 94, 211, 271, 273, 334, 337, 344, 379, 381
Kasualchristentum 30 f., 37, 137, 194, 303
Kasualdinge 12, 21, 368, 370, 373–375
Kasualdruck 29
Kasualfotographie 133
Kasualfrömmigkeit 36, 39, 303
Kasualgespräch 15, 23, 50, 65–78, 81 f., 92 f., 96 f., 100 f., 124, 140 f., 177, 182, 188, 231, 237, 282, 294, 326, 337, 351, 381 f., 390
Kasualhomiletik 20, 96 f., 235
Kasualie, gestreckte 131, 136, 189, 232,
Kasualisierung 9, 51 f., 275
Kasualmusik 93
Kasualnehmer 72, 274, 352
Kasualpredigt 15, 31, 43, 85, 88, 90, 92, 94–97, 99–101, 238, 260, 321, 349, 379, 393
Kasualteilnehmer 6, 32, 360, 391
Kasualtheorie 2–5, 7, 16, 18, 20 f., 25, 28, 30–34, 36–40, 42 f., 45, 47–49, 51 f., 54–57, 63, 66, 68, 71, 76, 87 f., 90, 96, 101, 104, 108 f., 111, 115, 118, 127, 131, 182, 198, 211, 228 f., 259, 261, 267, 274, 300, 319–321, 325 f., 330 f., 336, 351, 354, 376, 379, 381–383, 396
Kasus 1–10, 14 f., 17, 19–23, 26 f., 30 f., 33–36, 38 f., 41, 43–46, 49–58, 60–66, 68 f., 71–73, 75–77, 80, 82 f., 85 f., 90 f., 93 f., 97–104, 124 f., 129, 131 f., 134, 137, 139 f., 142 f., 147, 150, 156, 159 f., 177, 183, 187, 191, 194, 196–199, 211 f., 220, 222–224, 232, 234, 238, 240, 243, 249–251, 260, 262, 265, 268 f., 277, 292 f., 296 f., 303, 308, 310, 314, 317–319, 331 f., 335, 337 f., 344, 350, 361, 367 f., 376, 379–384, 386, 388, 391–393, 397
Kindersegnung 121 f., 278, 286
Kindertaufe 59, 93, 102, 109, 111, 113, 115, 117, 119, 122, 124, 126, 143, 151, 154, 278, 281, 358
Kirchenbindung 340
Kirchenbuch 70, 165
Kirchenmitgliedschaft 5–6, 9–10, 37, 39, 70, 108, 116, 143, 148, 182 f., 198, 225, 279 f., 286, 303, 319, 329 f., 340–344, 351–353, 361, 385
Kirchgang 9, 28, 80, 194, 201, 385, 388
Kirchgemeinderat 70
Kleidung, liturgische 82, 376
Kniebank 21, 374
Kohorte 4, 16, 19, 51, 54, 63, 117, 126, 129, 135 f., 141, 156, 159 f., 163, 166, 199, 270, 302, 376
Kollektivkasualie 141
Kompetenz 2 f., 17, 74, 76, 81, 94 f., 132, 141, 146, 149, 182, 225, 237, 276 f., 289–292, 297 f., 338, 350, 352, 396
Kondolenzliste 21
Konfession 6, 149, 257, 268, 285, 301 f., 347, 360
– Konfessionslosigkeit 99
– Konfessionslose 6 f., 99, 116, 124, 126, 148, 196 f., 199, 225, 233, 244, 247, 262, 273, 280, 289 f., 302, 342, 347, 351, 360
Konfirmand/-in 6, 9, 18, 20, 63, 67, 86, 93, 114 f., 117, 137–139, 141–143, 145, 147–158, 160–166, 190, 194, 284 f., 312, 335, 361, 374, 379 f., 385, 388, 39
– Konfirmandenunterricht 114 f., 137, 142 f., 147, 150–154, 158, 161–165, 284 f., 393
Konfirmation 4–6, 11, 13–15, 17 f., 21, 30, 36, 50, 52 f., 58–60, 63, 66 f., 69–70, 83 f., 99, 103 f., 107–109, 113–115, 117, 126 f., 131, 137–156, 158–166, 197, 199 f., 211–213, 216, 218, 220, 242, 266, 269, 271, 273, 278, 283–286, 299, 305, 307–310, 312, 316, 319, 327, 334–336, 338, 340, 343, 350, 352, 358, 361, 374 f., 381, 384 f., 388, 391, 393
– Konfirmationsgeld 67, 140

– Konfirmationsspruch 101, 163, 374, 393
– Konfirmationsurkunde 12
Konkurrenzkasualie 5 f., 10, 78, 84, 94, 121, 150, 155, 233, 240, 271 f., 275, 280, 288, 292, 294, 296–298, 303, 345
Kontaktnahme 21, 66 f., 69 f.
Kontingenzbewältigung 57, 265
Konvention 47, 66, 76, 78, 93, 115, 121, 136, 186, 222, 333
Körperschaft 75
Körperspende 65, 67, 85
Krankenabendmahl 50
Krankensalbung 44, 171, 276, 314
Krise 31, 43, 45, 48, 76, 85, 176, 248, 265, 273, 322, 324, 396
Kulturprotestantismus 33

Lebensgemeinschaft 62, 170, 173, 177 f., 185, 266
Lebensgeschichte 8, 13, 22, 38, 41 f., 57, 62, 72, 77 f., 92, 96, 101, 123, 132, 163, 177, 202, 234 f., 243, 306, 310, 317 f., 324, 330, 341, 384 f., 395, 397
Lebenszyklus 37 f., 57, 341
Leichenschmaus 11, 68
Leichnam 13, 62, 227–230, 232, 239, 243, 368, 375
Lesung 22, 82, 100, 154, 171, 176, 188, 218 f., 224, 234, 239, 242, 250, 272, 293, 317, 339, 356, 359, 369, 374, 383, 392 f.
Lexis 13 f.
Liminalität 323
Liturgiedidaktik 143
liturgiedidaktisch 66, 79
Liturgie 13, 15, 17, 19, 26, 28, 36, 44, 48, 53, 59, 64, 67, 79, 82, 84–86, 89 f., 94, 104, 106, 111, 136, 143, 155, 161, 183, 189 f., 192, 206 f., 218, 224, 227, 244 f., 247–250, 252, 266, 269, 276, 301, 307, 319, 324, 331 f., 336 f., 356, 359, 367, 376 f., 392, 396

Markt 19, 64, 135, 195, 224 f., 273–275, 278, 290, 295–302, 346–348, 350
Materialität 55, 264, 369, 371–373
Memento mori 20, 77, 209, 225, 231, 242, 252, 312 f., 385, 388, 392

Milieu 4, 8, 11, 29, 69, 78, 92, 100, 130, 150 f., 153, 159, 169, 182, 200 f., 203, 221, 240, 254, 278, 280, 323, 332, 346, 350, 360, 362
Ministerium 213, 215, 219, 221, 300, 339
Mündigkeit 4, 17 f., 63, 67, 117, 137, 142 f., 146 f., 155, 160, 164, 283, 385, 393
Musealisierung 365

Narration 11, 75, 78, 80 f., 97, 101, 141, 148, 197, 223, 288, 307, 318, 394
Netzwerk 2, 69, 248, 294, 297, 299, 347, 369, 378
Notfallseelsorge 245–247, 252

On demand 3, 7, 81, 93, 95 f., 160, 256, 271, 376, 396
Ordinand 67, 210, 213, 216–218, 220 f.
Ordination 30, 44, 48, 50, 53, 59 f., 65, 67 f., 70, 83 f., 104, 146 f., 152, 191, 209–220, 242, 269, 308 f., 314, 318, 340, 361, 390 f.
Orthotomie 74
Ostern 106, 108, 121, 126, 130, 197, 199
– Osterkerze 105, 244

Paarkasualie 15, 66
Parochialkirche 70
Partizipation 6, 11, 31, 36, 82, 124, 162 f., 197, 276, 303, 313, 329, 345 f., 360, 363, 365–367, 375, 379, 384
Passage 4, 16 f., 39, 44–46, 54, 87, 90, 131, 136, 156, 158 f., 163, 183–185, 219, 320 f., 323 f., 327, 374, 381
Passageritus 131, 150, 183 f., 283
Pastor/in/en 32, 68 f., 71, 79, 94, 105, 117 f., 137–139, 170, 182, 194, 196, 209 f., 245–247, 252–254, 260, 346, 348
Pastorenkirche 35
Patenamt /Pate 7, 20, 79, 93, 99, 107 f., 111 f., 120–123, 126, 131, 151, 153, 159, 281, 361, 374, 379, 391
Patene 21
Performanz 13, 41, 46 f., 65, 67, 76, 78, 85 f., 92, 143, 159, 165, 208, 212, 218 f., 223–225, 260, 278, 330, 333 f., 355, 366, 374, 378, 390, 393, 395
– performative Rückkopplung s. *Rückkopplung*
Personenstand 70, 174

Pfarrer/in/Pfarrperson 2 f., 8, 10, 20, 22 f., 34 f., 48, 50, 54, 66, 68–83, 86, 91, 94, 97–101, 119, 140, 150, 182, 187, 209–212, 215 f., 219–221, 229, 233, 236 f., 240, 245–247, 261, 265, 268, 273 f., 280, 285, 288, 303, 308, 310, 326 f., 334, 339, 344, 347, 349, 351 f., 356, 359, 362, 365–368, 374, 380, 386
Pfingsten 108, 197, 199
Pluralisierung 8, 12, 37, 48, 52, 124, 192, 230 f., 233, 272, 275 f., 342
Pop-up-Taufe 12
Prozession 105–107, 129, 242 f.
Publikum 6, 34, 49, 89, 124, 134, 194, 197, 311, 333, 346, 353–360, 362–364, 366 f., 380

Realbenediktion 15, 17, 19, 44, 48, 64, 66–68, 85, 104, 252, 254–257, 259, 261–263, 265, 267–269, 327, 332, 338, 351, 376, 384
Realie 255 f., 259, 264, 268, 376
Realpräsenz 258
Rechtssphäre 70, 171
Rede 1, 3, 7, 13 f., 17–20, 22 f., 27, 31, 33 f., 47, 50, 52, 58, 64, 67, 70, 73, 76, 83 f., 86–93, 95 f., 98 f., 101, 132, 140 f., 167, 186, 188, 190, 193, 211, 219, 222, 224, 226, 229, 231, 237–242, 251 f., 254, 257, 272, 274 f., 287, 289–291, 293, 300, 303, 308, 324, 326, 329, 331 f., 335–337, 357 f., 366 f., 370, 379, 388, 390, 393, 395, 397
Reenactment 115, 223
Religionsästhetik 165
– religionsästhetisch 8, 11, 114, 203, 212, 220, 237, 267, 325, 333, 352, 378, 391, 396
Religionshybride 4, 92, 124, 203, 207, 271, 279, 295, 300, 313
– religionshybrid 4 f., 92, 124, 203, 207, 271, 279, 295, 300, 313
Relikt 12, 168, 329, 375
Reset 306, 308
Resonanz 1, 15, 20, 57, 59 f., 71, 94, 105, 107, 137, 183, 192, 194, 204, 219, 248, 250, 279, 305, 310, 330, 336, 341, 356, 376, 380, 383, 387–389, 396
Retrospektive 12, 304, 342, 390
Ringwechsel 4, 13, 19, 65, 83, 171–173, 186, 287, 368 f.

Riskante Liturgien 15, 17, 19, 44, 48, 59, 64, 67, 85, 104, 136, 245, 248, 250, 252, 266, 269, 332, 376, 392
Ritual 38 f., 44, 46 f., 54, 85, 90, 95, 150, 169, 182, 185, 192, 226, 237 f., 274, 277–282, 285, 287 f., 292, 314, 323–326, 328–337, 347, 361
Ritus 3, 7, 13–15, 17, 19 f., 22 f., 31, 33, 39, 47, 50, 64 f., 68, 70, 73, 76, 81, 83 f., 86–95, 98 f., 101, 107, 110, 113 f., 136, 140, 145, 147, 149 f., 171, 185, 188, 190, 193, 208, 217, 219, 222, 225, 231, 237, 239, 241, 248, 251, 254, 258, 260, 272, 274, 276, 282, 289, 291, 307, 313, 324, 326–328, 331 f., 336–340, 363–368, 376, 381, 385 f., 388, 390 f., 393, 395, 397
– Ritus, konstativ 17, 86, 219, 338–340
Rolle 5, 10 f., 21, 65, 68, 73, 76, 78, 89, 94, 112, 123, 125, 140, 163–166, 169, 180, 187, 227 f., 235–237, 240, 247 f., 281, 298, 315, 331, 334, 355, 358, 362, 366 f., 369, 372, 374 f., 378, 383–385
– Rollenzuweisung 72, 360
Rubrik 47, 79, 84, 88, 90, 110, 113, 237, 239, 292, 333, 337, 367, 375
Rückkopplung, performative 77, 78

Sakrament 6, 59, 86–88, 96, 112, 116, 122, 144, 146, 152, 163, 165, 171, 238, 301 f., 358, 374
– sakramental 61, 79, 87 f., 108, 111, 113–115, 122 f., 142, 144, 150, 153, 164, 170 f., 175, 214, 217, 254, 258 f., 263, 280, 282, 329, 335, 374, 393
– Sakramentalien 254, 329
Salbung 44, 83, 110 f., 114 f., 144, 151, 171, 226 f., 234, 241, 276, 314, 350
Sarg 13, 21 f., 83, 223, 225 f., 230, 232, 234–236, 239, 242 f., 273, 375
Scheidung 51, 180, 191–193
Schlüsselmoment 72
Schulanfängergottesdienst 3, 14, 16, 19, 63, 84, 384 f.
Schuld 193, 207, 245, 317, 352
Schwelle 35, 76, 84, 106, 124, 127, 159, 166, 188, 197
Seelsorgebewegung 14, 69, 75, 381
Seelsorgegespräch 15, 74, 76, 246
Segen 14, 19, 22, 26, 32, 39–42, 53, 62, 65, 81, 90, 93, 105, 107, 113, 123, 133, 142, 172, 186, 194,

196, 213, 218, 224, 239, 243, 254, 258, 261 f.,
264, 267–269, 285 f., 291, 317, 342, 346,
348–351, 359, 362, 374 f., 383, 390, 393
Selbstinszenierung 181, 204
Semiotik 331
– semiotisch 3, 73–75, 91, 124, 237, 241, 264, 272,
320, 336 f., 355 f., 358, 373, 376
Servicestelle 42, 346 f., 349 f.
Solitarbestattung 12, 222, 273, 380
Spende 67, 348
Spiegelfunktion 6, 18, 20, 49, 63, 99, 107, 124,
134, 225, 365, 379, 385, 388
Standesamt 17, 70, 173 f., 181, 183, 185, 187, 189,
232, 273, 286–288, 338
Stilpräferenz 68, 279, 296
Stolgebühr 96, 119
Symbol/Symbolik 38 f., 65, 84, 90, 98, 105, 201,
263, 274, 292, 313, 324, 331, 371
Synkretismus 206
Systemtheorie/systemtheoretisch 39 f., 75, 160,
301, 391

Taufaufschub 107, 112, 115 f., 121, 151, 342
Taufe 5–9, 11, 13–15, 17, 21, 27, 30, 36, 43, 50,
52 f., 59, 61, 65–72, 79 f., 83 f., 87 f., 93, 99,
103–127, 140–142, 144–146, 149–156, 163,
165 f., 171, 183, 193, 197, 199, 204 f., 211–213,
215, 220, 229, 233, 260, 269, 272 f., 278,
280–282, 286, 299, 301 f., 305, 307–310,
318 f., 334–336, 338, 340–343, 346 f., 349,
351, 357, 359, 361, 363, 373 f., 376, 381,
384 f., 388, 391, 393
– Taufeltern 6, 61, 79, 361, 380, 391
– Tauferinnerung 59, 105–108, 114, 124, 144, 147,
152, 155, 163, 269, 307, 310, 312, 318 f., 360,
385, 388, 391
– Tauferinnerungsgottesdienst 105, 107, 307, 318
– Taufkanne 21
– Taufkatechese 115
– Taufstein 21, 105, 257, 374
– Taufzeuge 7, 112, 302
Tischgebet 256, 258
Todesfall 20, 52, 58, 62, 76, 226, 235, 243, 313,
342, 379
Totensonntag 68, 197, 244, 269, 310, 319, 392
Tradition 7, 10–12, 18, 22 f., 39, 63, 67, 73 f., 81,
85, 92, 96, 98, 106, 113, 121, 129, 138 f., 144,

148, 150, 153, 158, 168, 170, 181 f., 184, 189,
198, 200, 203 f., 207, 238, 242, 257, 261, 275,
279, 287, 292, 295, 307, 329, 337, 342, 347,
370, 394–396
Traubibel 12
Trauerbegleiter 277, 290
Trauergespräch 73, 77, 222, 234
Trauerredner 224, 273 f., 276, 289–292
Traufragen 19, 65, 172 f., 186
Traujubiläum 19, 65, 186, 269, 307
Trauspruch 101, 177, 393
Trauung 4 f., 7, 9, 11, 13–15, 17–19, 21, 27 f., 30, 36,
50–55, 59 f., 62, 64–67, 69–71, 76 f., 80–84,
87, 93, 99, 102–104, 108 f., 118, 120, 127,
131, 140 f., 167 f., 170–175, 179, 181–194, 197,
199 f., 204, 207, 211–213, 218, 220, 222, 229,
231, 242, 269, 271–273, 278, 286–289, 295,
299, 302, 305, 307–309, 313, 319, 326 f., 332,
334, 336, 338, 340–343, 346, 348 f., 357 f.,
361–363, 369, 381, 383–385, 388, 391, 393
Trennungsgottesdienst/-kasualie 14, 191–193
Trinitatis 108, 259

Übergang 76, 109 f., 114, 131 f., 146, 155–157, 160,
185, 187, 220, 230, 317, 325, 327, 358, 376
– Übergangsritual, s. *Passageritus*
Übertragung 74, 111, 179, 212, 250, 321, 384
Unverfügbarkeit 53, 59, 85, 257, 263, 265–267
Update 306, 308, 390
Urne 21 f., 46, 50, 65, 83, 221–223, 225 f.,
230–231, 235 f., 240, 242 f., 247, 273,
322–328, 330, 335, 366, 375

Valentinstag 9, 14, 21, 51, 197
Valetsegen 234
Vaterunser 196, 212, 218, 224, 234, 239, 241, 243,
273, 291, 359, 362 f.
verbum audibile 14
verbum visibile 14, 88
Verheißung 41, 87, 90, 95, 115, 132, 172, 176, 219,
282, 287–289, 301, 350 f., 391, 394, 397
Verheißungen 23, 87, 390
Verkündigung 3, 33, 36, 88 f., 128, 183, 202, 224,
237, 239, 278, 293, 301, 307 f., 370, 383
Verlobung 167–169
vocatio externa 212
vocatio interna 59

Volksfrömmigkeit 106, 254
Volkskirche, volkskirchlich 8, 10, 26, 30, 34, 36–40, 42, 45, 49, 57, 61, 69, 92, 94, 109, 114 f., 118, 122, 137, 148, 151, 160, 197, 231, 233, 281, 292, 303, 329, 335, 337, 341, 350, 361, 368, 385, 397
Vorgeschichte 71, 73, 187, 380, 390
Vorhersagewahrscheinlichkeit 77, 332

Weihe 83, 254, 256 f., 259
– Brückenweihe 51
– Fahnenweihe 51
– Glockenweihe 9, 50, 68
– Jugendweihe 124, 146 f., 150, 155, 159 f., 271–273, 278, 283–286, 296, 319, 350
– Orgelweihe 68
– Weihehandlung 15, 104, 259 f.

Weltkindertag 50
Wiedererzählung 77
Willkommensfest 271
Wortverkündigung 33, 86, 140, 211, 215, 220, 262, 383

Zeremonie 8, 10, 21, 67, 80 f., 84, 86–89, 91, 93–94, 128, 132, 146, 161, 164, 182, 187 f., 190, 224, 236 f., 247, 250, 262, 271–274, 277–282, 286–289, 292, 295–298, 300, 302, 309, 316, 322, 324, 326 f., 329, 333 f., 336, 349 f., 359, 366, 368, 373, 378
Zeremonienmeister/in 89, 94, 182, 236 f., 247, 274
Zuschauer/in 2, 133, 190, 353–359, 362 f., 385

www.ingramcontent.com/pod-product-compliance
Lightning Source LLC
Chambersburg PA
CBHW031721230426
43669CB00007B/198